KB215324

세계의 사상

13

三國史記

삼국사기

하

김부식 지음

이병도 역주

을유문화사

차 례
(하)

삼국사기 권 제 34

삼국사기 권 제 35

삼국사기 권 제 36

삼국사기 권 제 37

삼국사기 권 제 38

삼국사기 권 제 39

삼국사기 권 제 40

삼국사기 권 제 47

삼국사기 권 제 48

삼국사기 권 제 49

삼국사기 권 제 50

범 례

1. 고전간행회(古典刊行會)에서 낸 책을 저본(底本)으로 하여 신구(新舊)의 여러 활자본(活字本)을 참고하였음.
2. 본문주(本文註)의 「신본(新本)」은 고판본(古板本)의 대칭(對稱)으로, 특히 후세의 주자본(鑄字本)을 가리킨 것임.
3. 역문(譯文) 가운데 〔　〕에는 사기(史記)의 원주(原註)를 번역한 부분과, 또 원문(原文)에 결자(缺字)로 되어 있는 것을 보역(補譯)한 부분이 있는데, 보역(補譯)의 경우에는 특히 별주(別註)에 그 뜻을 밝혔음.
4. 역문(譯文) 가운데 (　) 안의 것은 역자(譯者)의 보역(補譯) 또는 간단한 주(註)임.
5. 지명(地名)은 지금의 지명에 비정(比定)할 수 있는 것은 주기(註記)하고, 그렇지 아니한 것은 주기(註記)치 아니하였음.

삼국사기 권 제 23

백제 본기(百濟 本紀) 제 1
시조 온조왕(始祖 溫祚王) 다루왕(多婁王) 기루왕(己婁王) 개루왕(蓋婁王) 초고왕(肖古王)

백제(百濟)의 시조(始祖) 온조왕(溫祚王)[1]은 그 아버지가 추모(鄒牟)니 혹은 주몽(朱蒙)이라고도 한다. (朱蒙은) 북부여(北扶餘)에서 도망하여 졸본부여(卒本扶餘 : 渾江流域의 桓仁)로 왔는데, (卒本)부여(扶餘)의 왕(王)은 아들이 없고 세 딸만 있었다. 주몽(朱蒙)이 보통 인물(人物)이 아님을 알고 그의 둘째딸로 아내를 삼았다. 얼마 아니하여 (卒本)부여왕(扶餘王)이 돌아가니 주몽이 그 위(位)를 이었다. (주몽이) 두 아들을 낳았는데 장자(長子)는 비류(沸流)라 하고 둘째아들은 온조(溫祚)라 하였다[혹은 朱蒙이 卒本에 와서 건너편 고을(越郡)의 女子를 娶하여 두 아들을 낳았다고도 한다]. ○ 주몽이 북부여(北扶餘)에 있을

---

1) 始祖 溫祚說은 溫祚를 首長으로 한 慰禮部落系統의 傳說로, 뒤의 割註 속에 一說로 나타나는 始祖 沸流說과 對比된다. 王稱에 대한 固有한 말이 百濟本記에는 나타나지 않는다. 그러나 周書 異域傳 百濟條에는 ‘王姓, 扶餘氏, 號於羅瑕, 民呼爲鞬吉支, 夏言王也, 妻號於陸’이라 하였다. 즉 治者階級인 夫餘系統에서는 王을 ‘於羅瑕’라 하고, 被治階級인 馬韓系統의 백성들은 王을 ‘鞬吉支’라 한다는 것이며, 王室에서는 妻(王妃)를 ‘於陸’이라고 하였다는 것이다. 愚見으로는 ‘於羅瑕’는 종래 巫歌에 ‘어라아만 수(萬壽·萬歲)’云云의 ‘어라아’에 당하는 말 같고, ‘於陸’은 後世語에 男同生의 妻稱인 ‘올케’로 변한 것 같다. 그리고 日本書紀에서 百濟王을 ‘コニキシ(코니키시)’ 또는 ‘コキシ(코키시)’라고 訓讀한 것은 周書의 鞬吉支와 同音임을 알 수가 있다. ‘鞬’·‘コニ’·‘コ’(コ는 コニ의 略音)는 國語에 ‘큰(大)’의 寫音이고, ‘吉支’·‘キシ’는 吉師(百濟語)와 같이 貴人의 尊稱이다. 또 百濟王室에서 姓을 扶餘氏(略하여 餘氏라고 한다)라 하고, 高句麗와 같이 夫餘에서 유래하였다고 自言한 것은 蓋鹵王 18년(後魏 延興 2년)에 魏主에게 보낸 國書 중에 ‘與高句麗源出夫餘’라고 함에서 알 수 있거니와, 여기 이른바 夫餘는 卒本扶餘로 보아야 하겠다.

때 낳은 아들(琉璃)이 와서 태자(太子)가 되자 비류(沸流)와 온조(溫祚)는 태자
에게 용납되지 못할까 두려워하여 마침내 오간(烏干)·마려(馬黎) 등 열 명의
신하와 함께 남행(南行)하였는데, 따라오는 백성(百姓)이 많았다. 드디어 (北)
한산(漢山)에 이르러 부아악(負兒嶽 : 三角山)에 올라 가히 살 만한 곳을 바라보
았다. 비류(沸流)는 해변(海邊)에 살기를 원하였으나 열 명의 신하가 간하기를,
"생각건대 이 하남(河南)의 땅은 북(北)은 한수(漢水)를 띠고, 동(東)은 고악(高
岳)을 의지하였으며, 남(南)은 옥택(沃澤)을 바라보고, 서(西)로는 대해(大海)를
격하였으니, 그 천험지리(天險地利)가 얻기 어려운 지세(地勢)라 여기에 도읍
(都邑)을 이루는 것이 좋겠습니다"고 하였다. (그러나) 비류는 듣지 않고 그
백성을 나누어 미추홀(彌鄒忽 : 仁川)로 가서 살았다. (이에) 온조(溫祚)는 하남
위례성(河南慰禮城)[2]에 도읍을 정하고 열 신하로 보익(輔翼)을 삼아 국호(國號)
를 십제(十濟)[3]라 하니, 이 때가 전한(前漢) 성제(成帝)의 홍가(鴻嘉) 3년[4]이었
다. 비류(沸流)는 미추(彌鄒 : 忽)의 땅이 습하고 물이 짜서 안거(安居)할 수 없
으므로 돌아와 위례(慰禮)를 보았는데 도읍(都邑)이 안정되고 백성이 편안한지
라 참회(慙悔)하여 죽으니, 그 신민(臣民)이 모두 위례(慰禮)에 돌아왔다.[5] 올

---

2) 河南慰禮城은 지금 廣州의 春宮里와 南漢山城을 포함한 一帶이다. 그러나 처음의 都
城이 河北慰禮城에 있었음은 뒤에 河南으로 移都하였다는 記錄이 나옴으로써 알 수
가 있다(溫祚王 13년 및 14년條). 그러면 上記 기록은 河南 遷都時의 사실로 해석해
야 할 것이다(見後). 河北慰禮城(이 慰禮는 河南慰禮城인 漢城에 對稱하여 후에 北漢
城으로 改稱한 듯한데)은 그 위치가 漢水 이북인 것은 틀림없다. 茶山 丁若鏞은 慰
禮를 지금 서울의 東北方(지금 貞陵洞·三陽洞 부근)에 당한 양으로 말했으나(疆域
考 권 3 慰禮考), 그 방면에는 百濟時代의 遺物·遺跡은 물론, 後繼所有時代(高句麗
및 新羅)의 그것조차도 별로 나타나지 않는다. 北漢山 溪谷에 있어 後繼所有時代의
遺跡(특히 新羅時代)이 집중적으로 많이 남아 있는 곳은 彰義門 밖인 洗劍洞 일대를
내놓고는 찾아보기 어렵다. 碑峰上의 眞興王碑(현재 보관상 博物館內로 移置)를 비
롯하여 文殊庵의 石窟, 僧伽寺 및 新營洞의 藏義寺址 등등을 들 수 있다. 그래서 나
는 本慰禮를 洗劍洞 溪谷 一帶에 比定하고 있다(學術院論文集 제 13).
3) 처음에 國號를 十濟라고 하였다는 것은 믿을 수 없는 後日의 造作이다. 初期의 國名
은 그 國都名에 따라서 '慰禮'였을 것이다.
4) 鴻嘉 3년은 곧 西紀前 18년이다. 그러나 이 때에 溫祚가 建國했다는 것을 문자 그대
로 받아들일 수는 없다. 溫祚가 實在한 人物이라 하더라도 그는 北方으로부터 扶餘
氏族團을 거느리고 南下하여 한 流移部落을 건설한 首長에 불과하였을 것이다.
5) 후세 彌鄒部落의 세력이 쇠약하여 慰禮部落에 合倂된 것을 의미하는 것이라고 보아
야 하겠다.

때에 백성이 (모두) 즐겨 좇았으므로 후에 국호(國號)를 백제(百濟)라고 고쳤다.[6] 그 세계(世系)가 고구려(高句麗)와 한가지로 부여(扶餘)에서 나왔기 때문에 부여(扶餘)로써 성씨(姓氏)를 삼았다[혹은 이르기를, 始祖는 沸流王[7]으로서, 아버지는 優台니 北扶餘王 解扶婁의 庶孫이며, 어머니는 召西奴니 卒本人 延陀勃의 딸이다. (召西奴가) 처음 優台에게 시집가서 두 아들을 낳았는데, 長子는 沸流요 次子는 溫祚였다. 優台가 죽자 (召西奴는) 卒本에서 寡婦로 지내었다. 뒤에 朱蒙이 (北)扶餘에 容納되지 못하여 前漢 建昭 2년(西紀前 37) 2월에 南으로 卒本에 이르러 都邑을 세우고 國號를 高句麗라 하고 召西奴를 취하여 妃로 삼았다. 그(召西奴)가 建國에 內助의 공이 매우 많았기 때문에 朱蒙의 寵愛가 특히 두터웠고, 沸流 등을 마치 친아들과 같이 대우하였다. 朱蒙이 扶餘에 있을 때 禮氏에게서 낳은 아들 孺留가 오자 그를 太子로 세우고 (드디어) 位를 잇게 하였다. 이에 沸流가 溫祚에게 말하기를, '처음 大王이 扶餘에서 難을 피하여 여기로 도망하여 오자, 우리 어머니께서 家財를 기울여서 도와 邦業을 이룩해 그 勤勞가 많았다. 大王이 세상을 싫어하자(昇天),[8] 나라는 孺留의 것이 되었으니 우리는 한갓 여기에 (붙어) 있

---

6) 隋書 東夷傳 百濟條에는 '初以百家濟海, 因號百濟'라고 하였으나, 이러한 설은 모두 後日 百濟人의 附會에 지나지 않는다. 河南慰禮城(漢城)의 所在가 지금 廣州의 春宮里와 南漢山城 一帶인 것은 앞에서도 말한 바이지만, 百濟란 이름이 三國志 東夷傳 韓條에 나오는 伯濟國에서 유래되었음은 의심의 여지가 없다.

7) 이 始祖 沸流說은 沸流를 首長으로 받들던 彌鄒部落 系統의 전설인 듯하다. 上記 溫祚 始祖說의 경우와 비교하여 그 血統을 表示하면 다음과 같다.

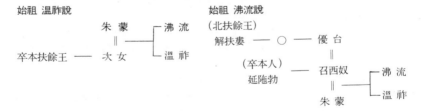

　이상의 兩者가 모두 高句麗의 建國過程에서 卒本地方의 原住勢力을 중요시하고 있는 점이 특히 주목된다.

8) 廣開土王陵碑에 始朝 鄒牟(朱蒙)王이 '不樂世位……黃龍負昇天, 顧命世子儒留王, 以道與治'라 한 것과 相應된다. 여기에 昇天說은 李奎報의 '東明王篇'에 인용된 '舊三國史記'에도 (在位 19년) '秋九月, 王升天不下……太子以所遺玉鞭, 葬於龍山'이라고 하였는데, 前引 碑文에 黃龍이 업고 昇天하였다는 傳說은 아마 王을 龍山에 장례하였다는 데 附會한 것으로 보아야 하겠다.

어 혹 (疟)과 같아 답답할 뿐이다. 차라리 어머니를 모시고 南쪽으로 가서 땅을 택하여 따로 國都를 세우는 것만 같지 못하다' 하고 드디어 아우(溫祚)와 함께 무리를 거느리고 浿水와 帶水의 두 江[9]을 건너 彌鄒忽에 가서 살았다 한다. 北史와 (隋)書에는 모두 이르기를 東明의 後孫에 仇台[10]란 이가 있어 仁信에 頓篤하였다. 처음 帶方故地[11]에 나라를 세웠는데 漢의 遼東太守 公孫度가 딸을 맞이하여 그 아내를 삼았다.[12] 드디어 東夷의 強國이 되었다고 한다. (그 建國說에 있어) 어느 편이 옳은지 알지 못하겠다.[13]]

원년 5월에 동명왕묘(東明王廟)를 세웠다.[14]

2년 정월에 왕이 군신(群臣)에게 이르기를 "말갈(靺鞨)[15]은 우리 북경(北境)에 연접(連接)하여 있고, 인성(人性)이 용감하고 다사(多詐)하니 마땅히 병기(兵器)를 수선하고 양곡을 저축하여 방수(防守)할 계획을 세워야 할 것이다" 하였다. ○ 3월에 왕은 족부(族父 : 再從叔父) 을음(乙音)이 지식(智識)과 담력

---

9) 浿水와 帶水는 시대에 따라 異同이 있지만, 여기서는 百濟時代의 浿水와 帶水를 가리킨 것으로, 前者는 지금의 禮成江, 後者는 지금의 臨津江이라고 생각된다.

10) 仇台는 혹은 三國志 東夷傳 夫餘條에 나오는 夫餘王 尉仇台에 比定하기도 하고(隋書 및 北史 百濟傳), 혹은 上記 沸流傳說에 나타나는 優台에 比定하기도 하였다(韓致奫 海東繹史 권 18 祭禮廟祭條). 그러나 이 仇台는 '구이'라고 音讀할 것으로(台의 原音이 以) 바로 古爾王이야말로 百濟의 진정한 建國主(太祖)로 推戴받을 人物이었으니, 百濟人은 後代에 仇台廟를 세워 四時로 제사를 지냈던 것이다. 그의 허다한 업적은 뒤의 古爾王條에 상세하다(拙稿「三韓問題의 新考察」5, 震壇學報 제6권 所載 참조).

11) 아마 百濟 建國의 땅이 곧 帶方郡의 前身인 舊眞番郡의 일부분이었기 때문에 帶方故地라고 말한 것이 아닌가 한다.

12) 公孫度가 그 宗女를 아내로 준 것은 夫餘의 尉仇台였다(三國志 東夷傳 夫餘條 참조). 그러므로 여기서 仇台가 公孫度의 딸을 娶하였다는 것은 百濟의 仇台를 扶餘의 尉仇台로 誤認한 때문이다.

13) 撰者는 仇台가 곧 百濟의 古爾王임을 터득하지 못한 까닭이다.

14) 이후 東明王廟에 배알했다는 기록이 자주 나온다. 溫祚王廟나 沸流王廟의 기록은 없으면서 東明王廟에 관한 기록이 자주 나오는 것은 百濟王室에서 東明이 溫祚나 沸流이상으로 숭배된 표시일 것이다. 百濟人이 東明을 始祖로 받들고 있었음은 日本史書에도 散見되는바, 續日本紀(40) 延曆 9년 7월條의 百濟人(歸化人의 子孫) 王仁貞 등의 말에 '夫百濟太祖都慕大王者, 日神降靈, 奄扶餘(卒本扶餘)而開國'이라고 한 것은 그 한 예이다. 都慕가 곧 東明임은 물론이다. 그러나 東明을 太祖라고 한 것은 建國의 太祖라는 뜻이라기보다는 王室 이전 世系의 鼻祖로서의 뜻에서일 것이다.

15) 이하에 자주 나오는 靺鞨은 咸鏡道 方面의 濊貊(東濊)을 잘못 지칭한 것이라고 생각된다.

(膽力)이 있으므로 우보(右輔)에 배(拜)하고 병마사(兵馬事)를 맡겼다.

3년 9월에 말갈(靺鞨 : 東濊의 誤稱)이 북경(北境)을 침범하므로, 왕이 강병 (强兵)을 거느리고 급히 쳐서 이를 대파(大破)하였는데 적(賊)의 생환(生還)한 자가 열에 한둘(뿐)이었다. ○ 10월에는 우뢰가 있고, 도리(桃李)에 꽃이 피었 다.

4년 봄과 여름에 가물어 기근(饑饉)이 생기고 역병(疫病)이 유행하였다. ○ 8월에 사신을 낙랑(樂浪)에 보내어 수호(修好)하였다.

5년 10월에 북변(北邊)을 순무(巡撫)하고 사냥하여 신록(神鹿)을 잡았다.

6년 7월 그믐 신미(辛未)에 일식(日蝕)이 있었다.

8년 2월에 말갈적(靺鞨賊) 3,000명이 내습하여 위례성(慰禮城)을 포위하므 로 왕이 성문(城門)을 닫고 나가지 않았다. 순일(旬日 : 10일)이 지나자 적(賊) 은 양식이 다하여 돌아갔다. 왕이 날랜 군사를 추려 (나아가) 대부현(大斧峴 : 平康)까지 쫓아가 싸워 이겼는데, 죽이고 사로잡은 자가 500여 명이었다. ○ 7월에 마수성(馬首城 : 위치 미상)을 쌓고 병산책(瓶山柵 : 위치 미상)을 세웠다. 낙랑 태수(樂浪太守)가 사신을 보내 고(告)하기를, "근자에 사빙(使聘)을 보내 어 우호(友好)를 맺었기에 일가(一家)와 같이 여겼는데, 지금 우리 강역(彊域) 가까이 성책(城柵)을 만드는 것은 혹시 잠식(蠶食)할 계책이 있어서가 아닌가. 만일 (지금까지의) 구호(舊好)를 저버리지 않고 성책(城柵)을 헐어 버린다면 시의(猜疑)할 바가 없겠지만 혹시 그렇지 않다면 싸워서 승부를 결(決)하자" 고 하였다. 왕이 회답(回答)하기를 "요새(要塞)를 베풀어 나라를 지키는 것은 고금(古今)의 상도(常道)이어늘 어찌 이로써 화호(和好)에 변함이 있을 것인가. 조금도 집사(執事 : 樂浪太守)의 의심할 바가 아닌 것 같다. 만일 집사(執事)가 강(强)함을 믿고 군사를 낸다면 우리도 이에 대응할 것이다"하였다. 이로 인 하여 낙랑(樂浪)과 실화(失和)하게 되었다.

10년 9월에 왕이 사냥을 나가서 신록(神鹿)을 잡아 마한(馬韓)에 보냈다. ○ 10월에는 말갈(靺鞨)이 북경(北境)을 침범하므로 왕이 군사 200명을 보내서 곤미천(昆彌川 : 위치 미상) 위에서 거전(拒戰)케 하다가 아군(我軍)이 패(敗)하 고 청목산(青木山 : 永平 ?)에 의거하여 스스로 보전하였다. (이에) 왕이 친히 정기(精騎) 100명을 거느리고 봉현(烽峴 : 위치 미상)으로 나아가 이를 구하니 적(賊)이 보고 곧 물러갔다.

11년 4월에 낙랑(樂浪)이 말갈(靺鞨)을 시켜 병산책(瓶山柵)을 쳐부수고 100

여 명을 죽이고 혹은 사로잡았다. ○ 7월에 독산(禿山 : 위치 미상)과 구천(狗
川 : 위치 미상)의 두 책(柵)을 세워 낙랑(樂浪)과의 통로(通路)를 막았다.

13년 2월에 왕도(王都)의 노구(老嫗)가 화(化)하여 남자(男子)가 되고, 다섯
마리의 범이 성(城) 안으로 들어왔다. ○ 왕모(王母)가 돌아가니 나이 61 세였
다. ○ 5월에 왕이 신하들에게 이르기를 "우리 나라의 동(東)에는 낙랑(樂浪)
이 있고, 북(北)에는 말갈(靺鞨)이 있어[16] 영토(領土)를 침노하여 오므로 편안
한 날이 적다. 하물며 이제 불길(不吉)한 징조가 자주 나타나고 국모(國母)가
돌아가시니 스스로 편안할 수 없는 형세라, 반드시 나라(國都)를 옮겨야 하겠
다. 내가 어제 나아가 한수(漢水)의 남쪽을 순관(巡觀)하였는데, 땅이 기름져서
마땅히 거기에 도읍(都邑)을 정하고 구안(久安)의 책(策)을 도모할 것이라"고
하였다. ○ 7월에 한산(漢山 : 廣州) 아래에 책(柵)을 세우고 위례성(慰禮城 : 河
北)의 민호(民戶)를 옮겼다.[17] ○ 8월에는 마한(馬韓)에 사신을 보내어 천도(遷
都)를 고하고 강역(疆場)을 획정하였는데, 북(北)은 패하(浿河 : 禮成江)에 이르
고, 남(南)은 웅천(熊川 : 安城川)에 한(限)하며, 서(西)는 대해(大海)에 이르고,
동(東)은 주양(走壤 : 春川)에 이르렀다.[18] ○ 9월에는 성궐(城闕)을 세웠다.

14년 정월에 천도(遷都)하였다.[19] ○ 2월에는 왕이 부락을 순무(巡撫)하고
농사(農事)를 권려(勸勵)하였다. ○ 7월에는 한강(漢江) 서북(西北)에 성을 쌓고
한성(漢城)의 백성을 분거(分居)케 하였다.

15년 정월에 새 궁실(宮室)을 지었는데, 검소하되 누추하지 아니하고, 화려
하되 사치스럽지 아니하였다.

17년 봄에 낙랑(樂浪)이 내침하여 위례성(慰禮城 : 河北)에 불질렀다. ○ 4월

---

16) 樂浪과 靺鞨(東濊)의 방위는 서로 착오가 된 것 같다. 즉 '北에는 樂浪이 있고 東에
   는 靺鞨이 있어'라고 고쳐야 할 것으로 생각한다.

17) 河南遷都한 年代가 溫祚王 13, 4년이라고는 믿을 수 없다. 오히려 上記 遷都의 원인
   에 비추어서 樂浪과 貊(東濊)의 군대에게 살해된 責稽王과, 汾西王의 뒤를 이은 比流
   王(西紀 304 – 344)의 初年일 것으로 여겨진다(拙稿「三韓問題의 新考察」5).

18) 여기 나타나 있는 疆域은 물론 溫祚王 때의 사실은 아니다. 慰禮國이 辰韓 諸部落을
   統一하여 古代國家를 건설하던 古尒王 때(27, 8년경)의 일이라고 推察되는 동시에
   全辰韓의 疆域을 암시해 주는 중요한 문자라고 보아야 할 것이다.

19) 前年의 것이 遷都의 準備過程에 관한 기록이라면 이번의 기록은 實質的인 遷都를
   의미하는 것으로 해석되는데, 河南遷都는 실상 후일 比流王 初年頃이 아닌가 생각된
   다(震檀學會編 韓國史 古代篇 356 면).

에는 사당(廟)을 세우고 국모(國母)[20]를 제사지냈다.

18년 10월에 말갈(靺鞨 : 東濊)이 엄습하여 오니, 왕이 군사를 거느리고 칠중하(七重河 : 臨津江)에서 맞아 싸워 추장(酋長) 소모(素牟)를 사로잡아 마한(馬韓)에 보내고,[21] 그 나머지 적(賊)들은 모두 갱살(坑殺)하였다.[22] ○ 11월에 왕이 낙랑(樂浪)의 우두산성(牛頭山城 : 黃海道 牛峰 ?)을 습격하려고 구곡(臼谷 : 위치 미상)에까지 이르렀으나, 대설(大雪)을 만나 돌아왔다.

20년 2월에 왕이 대단(大壇)을 설치하고 친히 천지(天地)를 제사지냈는데 이상한 새(異鳥) 다섯 마리가 날아왔다.

22년 8월에 석두(石頭 : 兎山 ?)와 고목(高木 : 連川 ?)의 두 성(城)을 쌓았다. ○ 9월에 왕이 기병(騎兵) 1,000명을 거느리고 부현(斧峴 : 平康 ?) 동에서 사냥을 하다가 말갈적(靺鞨賊 : 東濊)을 만나 한 번 싸움에 격파하고 사로잡은 생구(生口 : 奴隷)를 장사(將士)에게 나누어 주었다.

24년 7월에 왕이 웅천책(熊川柵 : 安城)을 세우니 마한왕(馬韓王)이 사신을 보내어 나무라기를, "왕이 처음 하수(河水)를 건너 용족(容足 : 발디딜)할 곳이 없자, 내가 동북(東北) 100리의 땅을 떼어 안거(安居)케 하였으니,[23] 왕을 대우함이 두터웠다 할 것이다. 마땅히 이에 보답할 생각이 있어야 할 것이어늘, 이제 나라가 완전하고, 인민(人民)이 (많이) 모여들어 대적(對敵)할 자가 없다 하고 크게 성지(城池)를 만들고 우리의 강역(疆域)을 침범하니 의리(義理)에 그러할 수가 있겠는가"하였다. 왕이 부끄러이 여겨 드디어 책(柵)을 헐었다.

25년 2월에 왕궁(王宮)의 우물물이 갑자기 넘치고, 한성(漢城) 인가(人家)의

---

20) 國母信仰은 高句麗에서도 볼 수가 있거니와(本書 권 32 祭祀志), 原始時代의 母系를 존중하던 遺風일 것이다.

21) 이 記載는 慰禮國이 馬韓의 지배를 받던, 아직 古代國家를 건설하기 이전의 것으로 보아야 하겠다.

22) 산 사람을 묻어 죽이는 것을 말한다.

23) 이 一節은 魏志 辰韓條에 '其耆老自言, 古之亡人, 避秦役(?)來適韓國, 馬韓割其東界地與之, 有城柵云云'에 相應한 記載로 볼 것이다. 그런데 溫祚傳說에 '王初渡河, 無所容足'의 河는 경계선으로서의 漢水를 말한 것이므로, 漢水의 界線的 意義를 잃은 溫祚時代의 이야기라고는 볼 수 없다. 뿐만 아니라 溫祚는 처음에 河北인 慰禮로 亡來하였다는 것이 아닌가? 그러므로 이 이야기는 溫祚에 관한 것이 아니라 저 北朝鮮에서 衛滿의 급습을 받고 창황히 달려온 朝鮮王 準에 관한 이야기가 잘못 溫祚에게 附會되었다고 나는 年來 주장하여 왔다. 이 때의 河水(漢水)야말로, 眞番(朝鮮版圖內)과 辰國(馬韓)과의 界線을 이루고 있던 때이었다.

말(馬)이 소(牛)를 낳았는데 머리는 하나요 몸은 둘이었다. 일관(日官)이 말하기를, "정수(井水)가 갑자기 넘친 것은 대왕(大王)이 발흥(勃興)할 징조요, 소가 1수 2신(一首二身)인 것은 대왕(大王)이 인국(鄰國)을 병합할 징조입니다" 하였다. 왕이 듣고 기뻐하여 드디어 진마(辰馬)²⁴⁾를 병탄(倂呑)할 생각을 품게 되었다.

26년 7월에 왕이 말하기를, "마한(馬韓)은 점점 쇠약해지고 상하(上下)의 인심(人心)이 이반(離叛)하니 능히 오래 지탱하지 못할 형세이다. 만일 남에게 먹힌(빼앗긴)다면 순망치한(脣亡齒寒)²⁵⁾의 격(格)이 될 것이니 후회하더라도 이미 늦을 것이다. 남보다 먼저 (馬韓을) 취하여 후환을 면하는 것만 같지 못하다"고 하였다. ○ 10월에 왕이 군사를 내어 겉으로 사냥을 한다 하고 몰래 마한(馬韓)을 쳐서 드디어 그 국읍(國邑)을 병합하였으나 다만 원산(圓山 : 위치 미상)과 금현(錦峴 : 위치 미상)의 두 성(城)은 고수(固守)하여 항복하지 아니하였다.

27년 4월에 두 성(圓山과 錦峴)이 항복하므로, 그 성민(城民)을 한산(漢山) 북쪽으로 옮겼다. (이에) 마한(馬韓)은 드디어 멸망하였다.²⁶⁾ ○ 7월에 대두산성(大豆山城 : 위치 미상)을 쌓았다.

28년 2월에 원자(元子) 다루(多婁)를 세워 태자(太子)로 삼고 내외(內外)의 병사(兵事)를 맡겼다. ○ 4월에 서리가 내려 보리를 해쳤다.

31년 정월에 국내(國內)의 민호(民戶)를 나누어서 남(南)·북부(北部)로 삼았다. ○ 4월에 우박이 왔다. ○ 5월에 지진(地震)이 있었고, 6월에도 지진이 있었다.

33년 봄과 여름에 크게 가물어서 백성이 굶주려 상식(相食)²⁷⁾하고 도적(盜賊)이 크게 일어나니 왕이 이(人民)를 안무(安撫)하였다. ○ 8월에 동서(東西) 2부(部)를 더 두었다.

---

24) 辰韓과 馬韓의 合稱이니, 慰禮는 실상 辰韓의 한 城邑에서 일어나 마침내 辰韓의 全域을 통일하고 후에는 馬韓의 餘土를 모두 平定하였기 때문에 一首二身의 附合說話가 생긴 것이다.

25) 입술이 없어지면 이(齒)가 시리(차)다는 말이니, 이웃이 망하면 自己네가 害를 입는다는 비유.

26) 溫祚 때에 馬韓이 멸망하였다는 것은 믿기 어렵다. 百濟가 馬韓을 완전히 멸망시킨 것은 대체로 近肖古王 24년의 일로 여겨진다(권 제 24 百濟本紀 제 2 註 20) 참조).

27) 이것은 相食할 정도였다는 것이요, 실제로 相食하였다는 것은 아닐 것이다.

34년 10월에 마한(馬韓)의 구장(舊將) 주근(周勤)이 우곡성(牛谷城:위치 미상)에 웅거하여 배반하자 왕이 친히 군사 5,000명을 거느리고 가서 치니 주근(周勤)이 자경(自經:목매어 自殺)하였다. 그 시체(屍體)의 허리를 베고 그의 처자(妻子)도 목베었다.

36년 7월에 탕정성(湯井城:溫陽)을 쌓고 대두성(大豆城:위치 미상)의 민호(民戶)를 나누어 있게 하였다. ○ 8월에는 원산(圓山)과 금현(錦峴)의 두 성(城)을 수리하고 고사부리성(古沙夫里城:古阜)을 쌓았다.[28]

37년 3월에 우박이 왔는데, 크기가 계란(鷄卵)만하였고, 오작(烏雀)이 이에 맞아 죽었다. ○ 4월에 가물었다가 6월에 가서야 비가 왔다. ○ 한수(漢水)의 동북 부락(東北部落)에 기근(饑饉)이 들어 고구려(高句麗)로 도망해 가는 자가 1,000여 호나 되니 패수(浿水:禮成江)와 대수(帶水:臨津江) 사이가 비어 사는 사람이 없었다.

38년 2월에 왕이 (地方을) 순무(巡撫)하여 동쪽으로는 주양(走壤:春川)에 이르고, 북쪽으로는 패하(浿河)에 이르렀는데, 5순(五旬:50일)이 지나서 돌아왔다. ○ 3월에 사람을 보내어 농상(農桑)을 권하고, 인민(人民)을 괴롭히는 일이나 급하지 않은 일은 모두 제거하였다. ○ 10월에 왕이 대단(大壇)을 쌓고 천지(天地)에 제사(祭祀) 지냈다.

40년 9월에 말갈(靺鞨:東濊)이 술천성(述川城:驪州)을 내공(來攻)하였다. ○ 11월에 또 부현성(斧峴城:平康?)을 엄습하여 100여 명을 노략하고 죽이므로, 왕이 경기(勁騎) 200명을 명하여 이를 막아 치게 하였다.

41년 정월에 우보(右輔:右相과 같음) 을음(乙音)이 죽었으므로 북부(北部)의 해루(解婁)를 배(拜)하여 우보(右輔)로 삼았다. 해루는 본시 부여인(扶餘人)으로 신묘(神妙)한 지식(知識)이 깊고 나이 70세를 넘었으나 기력(氣力)이 쇠(衰)하지 않으므로 채용(採用)한 것이다. ○ 2월에 한수(漢水)의 동북(東北) 여러 부락(部落)에 사는, 나이 15세 이상 된 자를 징발하여 위례성(慰禮城)을 수축(修築)하였다.

43년 8월에 왕이 아산원(牙山原:지금 牙山)에서 5일 동안 사냥을 하였다. ○ 9월에 큰 기러기 100여 마리가 왕궁(王宮)에 모여드니 일관(日官)이 말하기를 "큰 기러기는 백성의 상징이니 장차 원인(遠人)의 내투자(來投者)가 있을

---

28) 이상 諸城을 쌓은 것도 뒷날 發展期의 사실이라 할지언정 溫祚 때의 일이라고 볼 수 없다.

것입니다"하였다. ○ 10월에 남옥저(南沃沮)의 구파해(仇頗解) 등 20 여 호가
부양(斧壤 : 平康)에 이르러 귀의(歸依)하니, 왕이 이를 받아들여 한산(漢山) 서
쪽에 안치(安置)하였다.

45년 봄과 여름에 크게 가물어 초목(草木)이 말라 죽었다.○ 10월에는 지진
이 있어서 인가(人家)가 무너졌다.

46년 2월에 왕이 돌아갔다.

다루왕(多婁王)은 온조왕(始祖 溫祚王)의 원자(元子)이니 도량(度量)이 넓고
위망(威望)이 있었다. 온조왕 재위(在位) 28년에 태자(太子)로 책립되었고, 46
년에 왕이 돌아가므로 위(位)를 계승하였다.

2년 정월에 시조(始祖) 동명묘(東明廟)에 배알(拜謁)하였다. ○ 2월에는 남단
(南壇)에서 천지(天地)에 제사지냈다.

3년 10월에 동부(東部)의 흘우(屹于)가 말갈(靺鞨)과 마수산(馬首山 : 金化 ?)
서쪽에서 싸워 이겼는데, 살획(殺獲)함이 매우 많았다. 왕이 기뻐하며 흘우(屹
于)에게 말 10 필과 벼 500 석을 상 주었다.

4년 8월에 고목성(高木城 : 連川 ?)의 곤우(昆優)가 말갈(靺鞨)과 싸워서 크게
이기고 200 여 명의 목을 베었다. ○ 9월에 왕이 횡악(橫岳 : 위치 미상) 아래에
서 사냥을 하였는데, 한 쌍의 사슴을 연달아 맞히니 뭇사람이 탄미(歎美)하였
다.

6년 정월에 원자(元子) 기루(己婁)를 태자(太子)로 세우고 (죄수를) 대사(大
赦)하였다. ○ 2월에 나라 남쪽의 주군(州郡)에 영(令)을 내려 처음으로 논(稻
田)을 만들게 하였다.

7년 2월에 우보(右輔) 해루(解婁)가 죽으니 나이 90 세였다. 동부(東部)의 흘
우(屹于)로 우보(右輔)를 삼았다. ○ 4월에 동방(東方)에 적기(赤氣)가 있었다.
○ 9월에 말갈(靺鞨)이 마수성(馬首城 : 金化 ?)을 공격하여 함락시키고 백성의
집들을 불질러 태워 버렸다. ○ 10월에 또 병산책(瓶山柵 : 위치 미상)을 습격하
였다.

10년 10월에 우보(右輔) 흘우(屹于)로 좌보(左輔 : 左相과 같음)를 삼고, 북부
(北部)의 진회(眞會)로 (대신) 우보(右輔)를 삼았다. ○ 11월에 지진이 있었는데
소리가 우뢰와 같았다.

11년 가을에 곡식이 잘 되지 못하여 백성이 사사로이 양주(釀酒)하는 것을

금하였다. ○ 10월에 왕이 동서(東西) 두 부락을 순무(巡撫)하여 가난하고 자활(自活)할 수 없는 자에게는 한 사람에 곡식 두 석씩을 나누어 주었다.

21년 2월에 궁중(宮中)의 큰 괴목(槐木)이 저절로 말라 죽었다. ○ 3월에 좌보(左輔) 흘우(屹于)가 죽으니 왕이 슬피 곡하였다.

28년 봄과 여름에 가물었다. (이에) 죄수(罪囚)를 조사하고 사죄(死罪)를 사(赦)하여 주었다. ○ 8월에 말갈(靺鞨)이 북경(北境)에 침입하였다.

29년 2월에 왕이 동부(東部)에 명하여 우곡성(牛谷城 : 위치 미상)을 쌓아 말갈에 대비케 하였다.

36년 10월에 왕이 낭자곡성(娘子谷城 : 淸州)까지 국토(國土)를 넓히고, 신라(新羅)에 사신을 보내어 회견(會見)하기를 청하였으나[29] (新羅가) 듣지 아니하였다.

37년에 왕이 군사를 보내어 신라(新羅 ?)의 와산성(蛙山城 : 報恩)을 쳤으나 이기지 못하고, 군사를 옮겨 구양성(狗壤城 : 沃川 ?)을 쳤다. 신라(新羅)가 기병(騎兵) 2,000 명을 일으키므로 이를 역격(逆擊)하여 패주(敗走)시켰다.

39년에 와산성(蛙山城)을 쳐서 빼앗고 200명에게 주둔(駐屯)시켜 지켰는데, 얼마 아니하여 신라(新羅)에 패(敗)하였다.

43년에 군사를 보내어 신라를 침공(侵攻)하였다.

46년 5월 그믐날 무오(戊午)에 일식(日蝕)이 있었다.

47년 8월에 장병(將兵)을 보내어 신라를 침공하였다.

48년 10월에 또 와산성(蛙山城)을 쳐서 함락시켰다.

49년 9월에 와산성이 신라(新羅)의 소유(所有)로 돌아갔다.

50년 9월에 왕이 돌아갔다.

기루왕(己婁王)은 다루왕(多婁王)의 원자(元子)이니 의지(意志)와 식견(識見)이 굉원(宏遠)하여 사소한 일에는 마음을 쓰지 아니하였다. 다루왕의 재위(在位) 6년에 태자(太子)가 되었고, 50년에 왕이 돌아가므로 위(位)를 계승하였다.

9년 정월에 군사를 보내어 신라(新羅)의 변경을 침공(侵攻)하였다. ○ 4월

---

29) 이 당시는 아직 百濟가 지금의 淸州인 娘子谷城에까지 國土를 넓혔다든가 新羅와 國境을 접하지는 못하였다. 따라서 여기의 使臣派遣의 記事나, 뒤이어 나오는 新羅와의 軍事的 衝突記事는 모두 後代의 일일 것이다.

을사(乙巳)에 객성(客星)이 자미(紫微)로 들어갔다.[30]

11년 8월 그믐날 을미(乙未)에 일식(日蝕)이 있었다.

13년 6월에 지진이 있어 민가(民家)가 무너지니 죽은 자가 많았다.

14년 3월에 크게 가물어 보리가 되지 아니하였다. ○ 6월에는 큰 바람이 불어 나무를 뽑아뜨렸다.

16년 6월 초하루 무술(戊戌)에 일식(日蝕)이 있었다.

17년 8월에 횡악(橫岳 : 위치 미상)의 큰 돌 다섯 개가 일시에 굴러 떨어졌다.

21년 4월에 두 용(龍)이 한강(漢江)에 나타났다.

23년 8월에 서리가 내려 콩을 해(害)하였다. ○ 10월에는 우박이 있었다.

27년에 왕이 한산(漢山)에서 사냥하여 신록(神鹿)을 잡았다.

29년에 사신을 신라(新羅)에 보내어 화친을 청하였다.

31년 겨울에 얼음이 얼지 아니하였다.

32년 봄과 여름에 가물어 기근(饑饉)이 드니 백성이 서로 잡아먹을 정도였다. ○ 7월에 말갈(靺鞨)이 우곡(牛谷 : 위치 미상)에 들어와서 민구(民口)를 약탈하여 갔다.

35년 3월에 지진(地震)이 있었다. 10월에 또 지진이 있었다.

37년에 사신을 보내어 신라와 통(通)하였다.

40년 4월에 황새(鸛)가 도성(都城) 문 위에 집을 지었다. ○ 6월에 큰 비가 협순(浹旬 : 10일)이나 와서 한강(漢江)의 물이 넘쳐 민가(民家)가 무너지거나 떠내려갔다. ○ 7월에 유사(有司 : 담당관)에게 명하여 수해(水害)를 입은 전답을 보수(補修)케 하였다.

49년에 신라(新羅)가 말갈(靺鞨)의 침략을 받자, 국서(國書)를 보내어 군사를 청하므로 왕이 5명의 장군(將軍)을 보내어 이를 구원하였다.

52년 11월에 왕이 돌아갔다.

개루왕(蓋婁王)은 기루왕(己婁王)의 아들이니, 품성(品性)이 공순(恭順)하고 조행(操行)이 있었다. 기루(己婁)가 재위(在位) 52년에 돌아가자 즉위하였다.

---

30) 紫微는 天帝의 居所를 상징하는 星座이다. 客星(他星座에 들어가는 별)이 紫微로 들어갔다는 것은, 미천한 자가 天子의 居所를 침입함을 말하는 것이므로, 王威의 衰弱을 의미하는 것이라고 생각하였다.

4년 4월에 왕이 한산(漢山)에서 사냥하였다.

5년 2월에 북한산성(北漢山城)을 쌓았다.

10년 8월 경자(庚子)에 형혹(熒惑 : 火星)이 남두(南斗)[31]를 침범하였다(一은 衍文).

28년 정월 그믐날 병신(丙申)에 일식(日蝕)이 있었다. ○ 10월에 신라(新羅)의 아찬(阿飡) 길선(吉宣)이 모반(謀叛)하다가 일이 탄로되어 (百濟로) 도망해 왔다. 신라왕(新羅王)이 서(書)를 보내서 (吉宣을 돌려 주기를) 청하였으나 보내지 아니하였다. 신라왕이 노하여 군사를 거느리고 쳐왔는데, 여러 성(城)이 굳게 지키어 나가 싸우지 아니하니 신라 군사는 식량(食糧)이 떨어져 돌아갔다.

(史臣이) 논(論)하여 말하기를, 춘추시대(春秋時代)에 거복(莒僕)이 노(魯)로 도망하여 왔다.[32] 계문자(季文子 : 魯大夫)가 말하기를, "자기(自己) 임금에게 예(禮)로써 하는 자를 보면 임금 섬기기를 마치 효자(孝子)가 부모를 봉양함과 같이 하고, 자기 임금에게 무례(無禮)한 자를 보면 임금 죽이기를 마치 매가 조작(鳥雀)을 쫓는 것과 같다. (이제) 거복(莒僕)을 보니 선(善)을 꾀하지 아니하고 (도리어) 흉덕(凶德)에 머물러 있다"하고 이로 인하여 그를 퇴거(退去)시켰다. 지금 길선(吉宣)도 간적(姦賊)의 사람인데, 백제왕(百濟王)이 이를 받아들여 숨겼으니 이것이 '엄적위장(掩賊爲藏 : 賊을 掩護하고 숨기는 것)이라고도 하는 것이다. 이 때문에 인국(鄰國)과의 화(和)를 잃고 백성들을 전역(戰役)으로 괴롭히니 그 밝지 못함이 심하다.

39년에 왕이 돌아갔다.

초고왕(肖古王[혹은 素古라고도 함])은 개루왕(蓋婁王)의 아들이니, 개루(蓋婁)가 재위(在位) 39년에 돌아가므로 위(位)를 계승하였다.

2년 7월에 몰래 군사를 보내어 신라(新羅) 서경(西境)의 두 성(城)을 습격하여 깨뜨리고 남녀 1,000명을 사로잡아 가지고 돌아왔다. ○ 8월에 신라왕(新羅王)이 일길찬(一吉飡) 흥선(興宣)을 시켜 군사 2만 명을 거느리고 백제(百濟)

---

31) 斗宿를 말하는 것으로, 天子의 壽命과 宰相의 爵祿을 主管한다고 한다.

32) 春秋時代 莒의 紀公이 太子 僕과 季佗를 낳았는데, 季佗를 사랑하여 僕을 내쫓고 또 無禮한 行動이 많았다. 이에 僕은 國人의 힘을 빌어 紀公을 죽이고 그 財寶를 가지고 魯로 來奔하여 왔던 것이다(左傳 권 9 文公 18년條 참조).

의 동쪽 여러 성(城)을 내침(來侵)케 하고, 신라왕(新羅王)도 친히 정기병(精騎兵) 8,000명을 거느리고 뒤이어 한수(漢水)에까지 엄습하여 왔다. 왕은 신라병(新羅兵)의 수(數)가 많아 대적(對敵)할 수 없음을 헤아리고 앞서 약취(掠取)한 것을 돌려보냈다.

5년 3월 그믐날 병인(丙寅)에 일식(日蝕)이 있었다. ○ 10월에 군사를 내어 신라의 변경(邊境)을 침공(侵攻)하였다.

21년 10월에 눈(雪)이 오지 않고 우뢰가 있었고 혜성(彗星)이 서북(西北)에 나타나 20일 만에 없어졌다.

22년 5월에 왕도(王都)의 우물과 한수(漢水)가 모두 말랐다.

23년 2월에 궁실(宮室)을 중수(重修)하였다. ○ 군사를 내어 신라의 모산성(母山城:雪峰)을 쳤다.

24년 4월 초하루 병오(丙午)에 일식(日蝕)이 있었다. ○ 7월에 아군(我軍)이 신라(新羅)와 구양(狗壤:沃川 ?)에서 싸워 패배하였는데 사자(死者)가 500여 명이었다.

25년 8월에 군사를 내어 신라 서경(西境)의 원산향(圓山鄉:聞慶 龍宮 ?)을 엄습하고 나아가서 부곡성(缶谷城:軍義缶溪)을 포위하였다. 신라 장군(新羅將軍) 구도(仇道)가 병마(兵馬) 500명을 이끌고 거전(拒戰)하였는데, 우리 군사가 거짓 퇴각(退却)하니 구도(仇道)가 와산(蛙山:報恩)까지 추격(追擊)하여 오는지라 우리 군사가 반격(反擊)하여 크게 이겼다.

26년 9월에 치우기(蚩尤[33]旗)가 각(角)·항(亢)[34]에 나타났다.

34년 7월에 지진이 있었다. ○ 군사를 보내어 신라의 변경을 침공하였다.

39년[35] 7월에 군사를 내어 신라의 요거성(腰車城:尙州의 舊要濟院 ?)을 공격하여 이를 함락하고 성주(城主) 설부(薛夫)를 죽였다. 신라왕(新羅王) 내해(奈解)가 노(怒)하여 이벌찬(伊伐飡) 이음(利音)을 장수로 삼아 6부(部)의 정병(精兵)을 거느리고 와서 우리의 사현성(沙峴城:위치 미상)을 침공하였다. ○ 10월에는 동정(東井)에 혜성(彗星)이 나타났다.

40년 7월에 태백(太白:金星)이 달(月)을 범(犯)하였다.

---

33) 星名. 慧星과 같으나 뒤가 굽은 것. 이 별이 나타나면 兵亂이 일어난다고 한다.

34) 角과 亢은 다 28宿의 하나로, 東方에 위치함.

35) 新羅本記에는 奈解尼師今 19년(肖古王 49년)條에 실려 있으니, 年代는 10년의 차가 있다.

43년 가을에 누리와 가뭄이 있어 곡식이 순조롭게 자라지 못하였다. ○ 도적(盜賊)이 많이 일어나니 왕이 (백성을) 안무(安撫)하였다.

44년 10월에 큰 바람이 불어 나무를 뽑아뜨렸다.

45년 2월에 적현(赤峴 : 위치 미상)과 사도(沙道 : 위치 미상)의 2성(城)을 쌓고 동부(東部)의 민호(民戶)를 거기로 옮겼다. ○ 10월에 말갈(靺鞨)이 사도성(沙道城)에 쳐들어 왔으나 이기지 못하고 단지 성문(城門)을 불지르고 달아났다.

46년 8월에 나라 남쪽에서 누리가 곡식을 해(害)하니 인민(人民)이 굶주렸다. ○ 11월에 얼음이 얼지 아니하였다.

47년 6월 그믐날 경인(庚寅)에 일식(日蝕)이 있었다.

48년 7월에 서부(西部) 사람 회회(茴會)가 흰 사슴을 잡아서 바쳤다. 왕이 상서롭다 하여 곡식 100석을 주었다.

49년 9월에 북부(北部)의 진과(眞果)를 명하여 군사 1,000명을 거느리고 말갈(靺鞨)의 석문성(石門城 : 위치 미상)을 습격하여 빼앗았다. ○ 10월에 말갈이 경기(勁騎)로 내침(來侵)하여 술천(述川 : 驪州)에 이르렀다. ○ 왕이 돌아갔다.

〔原文〕
三國史記 卷 第二十三
百濟本紀 第一
始祖 溫祚王　多婁王　已婁王　蓋婁王　肖古王

百濟始祖**溫祚王**, 其父鄒牟, 或云朱蒙, 自北扶餘逃難, 至卒本扶餘, 扶餘王無子, 只有三女子, 見朱蒙, 知非常人, 以第二女妻之, 未幾扶餘王薨, 朱蒙嗣位, 生二子, 長曰沸流, 次曰溫祚(或云, 朱蒙到卒本, 娶越郡女, 生二子), 及朱蒙在北扶餘所生子來爲太子, 沸流·溫祚, 恐爲太子所不容, 遂與烏干·馬黎十臣南行, 百姓從之者多, 遂至漢山, 登負兒嶽, 望可居之地, 沸流欲居於海濱, 十臣諫曰, 惟此河南之地, 北帶漢水, 東據高岳, 南望沃澤, 西阻大海, 其天險地利, 難得之勢, 作都於斯, 不亦宜乎, 沸流不聽, 分其民, 歸彌鄒忽以居之, 溫祚都河南慰禮城, 以十臣爲輔翼, 國號十濟, 是前漢成帝鴻嘉三年也, 沸流以彌鄒土濕水鹹, 不得安居, 歸見慰禮, 都邑鼎定, 人民安泰, 遂慙悔而死, 其臣

民皆歸於慰禮, 後以來時百姓樂從, 改號百濟, 其世系與高句麗同出扶餘, 故以
扶餘爲氏. (一云, 始祖沸流王, 其父優台, 北扶餘王解扶婁庶孫, 母召西奴, 卒本
人延陀勃之女, 始歸于優台, 生子二人, 長曰沸流, 次曰溫祚, 優台死, 寡居于卒本,
後朱蒙不容於扶餘, 以前漢建昭二年春二月, 南奔至卒本, 立都, 號高句麗, 娶召西
奴爲妃, 其於開基創業, 頗有內助, 故朱蒙寵接之特厚, 待沸流等如己子, 及朱蒙在
扶餘所生禮氏子孺留來, 立之爲太子, 以至嗣位焉, 於是沸流謂弟溫祚曰, 始大王避
扶餘之難, 逃歸至此, 我母氏傾家財助成邦業, 其勤勞多矣, 及大王厭世, 國家屬於
孺留, 吾等徒在此, 鬱鬱如疣贅, 不如奉母氏南遊卜地, 別立國都, 遂與弟率黨類,
渡浿帶二水, 至彌鄒忽以居之, 北史及隋書皆云, 東明之後有仇台, 篤於仁信, 初立
國于帶方故地, 漢遼東太守公孫度以女妻之, 遂爲東夷強國, 未知孰是.)

元年, 夏五月, 立東明王廟.

二年, 春正月, 王謂羣臣曰, 靺鞨連我北境, 其人勇而多詐, 宜繕兵積穀爲拒
守之計, 三月, 王以族父乙音有智識膽力, 拜爲右輔, 季以兵馬之事.

三年, 秋五月, 靺鞨侵北境, 王帥勁兵, 急擊大敗之, 賊生還者十一二, 冬十
月, 雷, 桃李華.

四年, 春夏, 旱, 饑疫, 秋八月, 遣使樂浪修好.

五年, 冬十月, 巡撫北邊, 獵獲神鹿.

六年, 秋七月辛未晦, 日有食之.

八年, 春二月, 靺鞨賊三千來圍慰禮城, 王閉城門不出, 經旬賊糧盡而歸, 王
簡銳卒, 追及大斧峴, 一戰克之, 殺虜五百餘人, 秋七月, 築馬首城, 堅甁山柵,
樂浪太守使告曰, 頃者, 聘問結好, 意同一家, 今逼我疆, 造立城柵, 或者其有
蠶食之謀乎, 若不渝舊好, 隳城破柵, 則無所猜疑, 苟或不然, 請一戰以決勝
負, 王報曰, 設險守國, 古今常道, 豈敢以此有渝於和好, 宜若執事之所不疑也,
若執事恃強出師, 則小國亦有以待之耳, 由是, 與樂浪失和.

十年, 秋九月, 王出獵獲神鹿, 以送馬韓, 冬十月, 靺鞨寇北境, 王遣兵二百
拒戰於昆彌川上, 我軍敗績, 依靑木山自保, 王親帥精騎一百, 出烽峴救之, 賊
見之卽退.

十一年, 夏四月, 樂浪使靺鞨襲破甁山柵, 殺掠一百餘人, 秋七月, 設禿山・
狗川兩柵, 以塞樂浪之路.

十三年, 春二月, 王都老嫗化爲男, 五虎入城, 王母薨, 年六十一歲, 夏五月,
王謂臣下曰, 國家東有樂浪, 北有靺鞨, 侵軼疆境, 少有寧日, 況今妖祥屢見,

國母棄養, 勢不自安, 性將遷國, 子昨出巡觀漢水之南, 土壤膏腴, 宜都於彼, 以圖久安之計, 秋七月, 就漢山下立柵, 移慰禮城民戶, 八月, 遣使馬韓告遷都, 遂畫定疆場, 北至浿河, 南限熊川, 西窮大海, 東極走壤, 九月, 立城闕.

十四年, 春正月, 遷都, 二月, 王巡撫部落, 務勸農事, 秋七月, 築城漢江西北, 分漢城民.

十五年, 春正月, 作新宮室, 儉而不陋, 華而不侈.

十七年, 春, 樂浪來侵, 焚慰禮城, 夏四月, 立廟以祀國母.

十八年, 冬十月, 靺鞨掩至, 王帥兵逆戰於七重河, 虜獲酋長素牟送馬韓, 其餘賊盡坑之, 十一月, 王欲襲樂浪牛頭山城, 至臼谷, 遇大雪乃還.

二十年, 春二月, 王設大壇, 親祀天地, 異鳥五來翔.

二十二年, 秋八月, 築石頭・高木二城, 九月, 王帥騎兵一千獵斧峴東, 遇靺鞨賊, 一戰破之, 虜獲生口, 分賜將士.

二十四年, 秋七月, 王作熊川柵, 馬韓王遣使責讓曰, 王初渡河, 無所容足, 吾割東北一百里之地安之, 其待王不爲不厚, 宜思有以報之, 今以國完民聚, 謂莫與我敵, 大設城池, 侵犯我封疆, 其如義何, 王慙壞其柵.

二十五年, 春二月, 王宮井水暴溢, 漢城人家馬生牛, 一首二身, 日者曰, 井水暴溢者, 大王勃興之兆也, 牛一首二身美, 大王幷鄰國地應也, 王聞之喜, 遂有幷呑辰馬之心.

二十六年, 秋七月, 王曰, 馬韓漸弱, 上下離心, 其勢不能久, 儻爲他所幷, 則脣亡齒寒, 悔不可及, 不如先人而取之, 以免後艱, 冬十月, 王出師陽言田獵, 潛襲馬韓, 遂幷其民邑, 唯圓山・錦峴二城, 固守不下.

二十七年, 夏四月, 二城降, 移其民於漢山之北, 馬韓遂滅, 秋七月, 築大豆山城.

二十八年, 春二月, 立元子多婁爲太子, 委以內外兵事, 夏四月, 隕霜害麥.

三十一年, 春正月, 分國內民戶爲南北部, 夏四月, 雹, 五月, 地震, 六月, 又震.

三十三年, 春夏, 大旱, 民饑相食, 盜賊大起 王撫安之, 秋八月, 加置東西二部.

三十四年, 冬十月, 馬韓舊將周勤據牛谷城叛, 王躬帥兵五千討之, 周勤自經, 腰斬其尸, 幷誅其妻子.

三十六年, 秋七月, 築湯井城, 分大豆城民戶居之, 八月, 修葺圓山・錦峴二城, 築古沙夫里城.

三十七年, 春三月, 雹, 大如雞子, 烏雀遇者死, 夏四月, 旱, 至六月乃雨, 漢水東北部落饑荒, 亡入高句麗者一千餘戶, 浿帶之間空無居人.

三十八年, 春二月, 王巡撫, 東至走壤, 北至浿河, 五旬而返, 三月, 發使勸農桑, 其以不急之事擾民者, 皆除之, 冬十月, 王築大壇, 祀天地.

四十年, 秋九月, 靺鞨來攻述川城, 冬十一月, 又襲斧峴城, 殺掠百餘人, 王命勁騎二百拒擊之.

四十一年, 春正月, 右輔乙音卒, 拜北部解婁爲右輔, 解婁本扶餘人也, 神識淵奧, 年過七十, 膂力不愆, 故用之, 二月, 發漢水東北諸部落人年十五歲以上, 修營慰禮城.

四十三年, 秋八月, 王田牙山之原五日, 九月, 鴻鴈百餘集王宮, 日者曰, 鴻鴈民之象也, 將有遠人來投者乎, 冬十月, 南沃沮仇頗解等二十餘家至斧壤納款, 王納之, 安置漢山之西.

四十五年, 春夏, 大旱, 草木焦枯, 冬十月, 地震, 傾倒人屋.

四十六年, 春二月, 王薨.

多婁王, 溫祚王之元子, 器宇寬厚有威望, 溫祚王在位第二十八年立爲太子, 至四十六年王薨, 繼位.

二年, 春正月, 謁始祖東明廟, 二月, 王祀天地於南壇.

三年, 冬十月, 東部屹于與靺鞨戰於馬首山西克之, 殺獲甚衆, 王喜, 賞屹于馬十匹, 租五百石.

四年, 秋八月, 高木城昆優與靺鞨戰大克, 斬首二百餘級, 九月, 王田於橫岳下, 連中雙鹿, 衆人歎美之.

六年, 春正月, 立元子己婁爲太子, 大赦, 二月, 下令國南州郡, 始作稻田.

七年, 春二月, 右輔解婁卒, 年九十歲, 以東部屹于爲右輔, 夏四月, 東方有赤氣, 秋九月, 靺鞨攻陷馬首城, 放火燒百姓廬屋, 冬十月, 又襲甁山柵.

十年, 冬十月, 右輔屹于爲左輔, 北部眞會爲右輔, 十一月, 地震聲如雷.

十一年, 秋穀不成, 禁百姓私釀酒, 冬十月, 王巡撫東西兩部, 貧不能自存者給穀人二石.

二十一年, 春二月, 宮中大槐樹自枯, 三月, 左輔屹于卒, 王哭之哀.

二十八年, 春夏, 旱, 慮囚赦死罪, 秋八月, 靺鞨侵北鄙.

二十九年, 春二月, 王命東部, 築牛谷城, 以備靺鞨.

三十六年, 冬十月, 王拓地至娘子谷城, 仍遣使新羅請會, 不從.

三十七年, 王遣兵攻新羅蛙山城, 不克, 移兵攻狗壤城, 新羅發騎兵二千, 逆擊走之.

三十九年, 攻取蛙山城, 留二百人守之, 尋爲新羅所敗.

四十三年, 遣兵侵新羅.

四十六年, 夏五月戊午晦, 日有食之.

四十七年, 秋八月, 遣將侵新羅.

四十八年, 冬十月, 又攻蛙山城拔之.

四十九年, 秋九月, 蛙山城爲新羅所復.

五十年, 秋九月, 王薨.

己婁王, 多婁王之元子, 志識宏遠, 不留心細事, 多婁王在位第六年立爲太子, 至五十年王薨, 繼位.

九年, 春正月, 遣兵侵新羅邊境, 夏四月乙巳, 客星入紫微.

十一年, 秋八月乙未晦, 日有食之.

十三年, 夏六月, 他震裂陷民屋, 死者多.

十四年, 春三月, 大旱無麥, 夏六月, 大風拔木.

十六年, 夏六月戊戌朔, 日有食之.

十七年, 秋八月, 橫岳大石五, 一時隕落.

二十一年, 夏四月, 二龍見漢江.

二十三年, 秋八月, 隕霜殺菽, 冬十月, 雨雹.

二十七年, 王獵漢山獲神鹿.

二十九年, 遣使新羅請和.

三十一年, 冬, 無冰.

三十二年, 春夏, 旱, 年饑民相食, 秋七月, 靺鞨入牛谷, 奪掠民口而歸.

三十五年, 春三月, 地震, 冬十月, 又震.

三十七年, 遣使聘新羅.

四十年, 夏四月, 鸛巢于都城門上, 六月, 大雨浹旬, 漢江水漲, 漂毁民屋, 秋七月, 命有司補水損之田.

四十九年, 新羅爲靺鞨所侵掠, 移書請兵, 王遣五將軍救之.

五十二年, 冬十一月, 王薨.

蓋婁王, 己婁王之子, 姓恭順有操行, 己婁在位五十二年薨, 卽位.

四年, 夏四月, 王獵漢山.

五年, 春二月, 築北漢山城.

十年, 秋八月庚子, 熒惑犯南斗一(一, 衍文)

二十八年, 春正月丙申晦, 日有食之, 冬十月, 新羅阿湌吉宣謀叛, 事露來奔, 羅王移書請之, 不送, 羅王怒出師來伐, 諸城堅壁自守不出, 羅兵絶糧而歸.

論曰, 春秋時莒僕來奔魯, 季文子曰, 見有禮於其君者, 事之如孝子之養父母也, 見無禮於其君者, 誅之如鷹鸇之逐鳥雀也, 觀莒僕, 不度於善而在於凶德, 是以去之, 今吉宣亦姦賊之人, 百濟王納而匿之, 是謂, 掩賊爲藏者也, 由是, 失鄰國之和, 使民困於兵革之役, 其不明甚矣.

三十九年, 王薨.

肖古王(一云素古), 蓋婁王之子, 蓋婁在位三十九年薨, 嗣位.

二年, 秋七月, 潛師襲破新羅西鄙二城, 虜獲男女一千而還, 八月, 羅王遣一吉湌興宣, 領兵二萬, 來侵國東諸城, 羅王又親帥精騎八千繼之, 掩至漢水, 王度羅兵衆不可敵, 乃還前所掠.

五年, 春三月丙寅晦, 日有食之, 冬十月, 出兵侵新羅邊鄙.

二十一年, 冬十月, 無震而雷, 星孛于西北, 二十日而滅.

二十二年, 夏五月, 王都井及漢水皆竭.

二十三年, 春二月, 重修宮室, 出師攻新羅母山城.

二十四年, 夏四月丙午朔, 日有食之, 秋七月, 我軍與新羅戰於狗壤敗北, 死者五百餘人.

二十五年, 秋八月, 出兵襲新羅西境圓山鄕, 進圍缶谷城, 新羅將軍仇道帥馬兵五百拒之, 我兵佯退, 仇道追至蛙山, 我兵反擊之大克.

二十六年, 秋九月, 蚩尤旗見于角亢.

三十四年, 秋七月, 地震, 遣兵侵新羅邊境.

三十九年, 秋七月, 出兵攻新羅腰車城拔之, 殺其城主薛夫, 羅王奈解怒, 命伊伐湌利音爲將, 帥六部精兵, 來攻我沙峴城, 冬十月, 星孛于東井.

四十年, 秋七月, 太白犯月.

四十三年, 秋, 蝗, 旱, 穀不順成, 盜賊多起, 王撫安之.

四十四年, 冬十月, 大風拔木.

四十五年, 春二月, 築赤峴・沙道二城, 移東部民戶, 冬十月, 靺鞨來攻沙道城不克, 焚燒城門而遁.

四十六年, 秋八月, 國南蝗害穀, 民饑, 冬十一月, 無冰.

四十七年, 夏六月庚寅晦, 日有食之.

四十八年, 秋七月, 西部茴會獲白鹿獻之, 王以爲瑞, 賜穀一百石.

四十九年, 秋九月, 命北部眞果領兵一千, 襲取靺鞨石門城, 冬十月, 靺鞨以勁騎來侵至于述川, 王薨.

삼국사기 권 제 24

백제 본기(百濟本紀) 제 2

구수왕(仇首王) 사반왕(沙伴王) 고이왕(古尒王) 책계왕(責稽王) 분서왕(汾西王) 비류왕(比流王) 계왕(契王) 근초고왕(近肖古王) 근구수왕(近仇首王) 침류왕(枕流王)

구수왕(仇首王〔혹은 貴須라고도 함〕)은 초고왕(肖古王)의 장자(長子)로, 신장(身長)이 7 척이요 위의(威儀)가 특이(特異)하였다. 초고왕(肖古王)이 재위(在位) 49년에 돌아가므로 그가 즉위하였다.

3년 8월에 말갈(靺鞨)이 와서 적현성(赤峴城 : 위치 미상)을 공위(攻圍)하였는데, 성주(城主)가 굳게 막으니 적(賊)이 물러갔다. 왕이 경기(勁騎) 800 명을 이끌고 이를 추격, 사도성(沙道城 : 위치 미상) 아래에서 격파하여 살획(殺獲)함이 매우 많았다.

4년 2월에 사도성(沙道城) 옆에 두 책(柵)을 설치하였는데, 동서(東西)의 거리가 10 리였다. 적현성(赤峴城)의 군졸(軍卒)을 나누어 지키게 하였다.

5년에 왕이 군사를 보내어 신라(新羅)의 장산성(獐山城 : 위치 미상)을 포위하였다. 신라왕(新羅王)이 친히 군사를 거느리고 와서 치니 아군(我軍)이 패하였다.

7년 10월에 왕성(王城) 서문(西門)에 불이 났다. ○ 말갈(靺鞨)이 북변(北邊)을 침범하므로, 군사를 보내어 막았다.

8년 5월에 국도(國都) 동(東)편에 큰물이 나서 산(山)이 40 여 개소(個所)나 무너졌다. ○ 6월 그믐날 무진(戊辰)에 일식(日蝕)이 있었다. ○ 8월에 한수(漢水) 서쪽에서 군사를 대열(大閱)하였다.

9년 2월에 유사(有司 : 담당관)에게 명하여 제방(堤防)을 수리하게 하였다. ○

3월에 영(令)을 내려 농사(農事)를 권장하였다. ○ 6월, 왕도(王都)에서 비에 물고기가 (섞여) 떨어졌다. ○ 10월에 군사를 보내 신라(新羅)의 우두진(牛頭鎭)[1]에 들어가서 민호(民戶)를 노략하였다. 신라(新羅)의 장수 충훤(忠萱)이 군사 5,000 명을 거느리고 웅곡(熊谷 : 善山)에서 (我軍을) 맞아 싸웠으나 대패(大敗)하고 단기(單騎)로 도망하여 갔다. ○ 11월 그믐날 경신(庚申)에 일식(日蝕)이 있었다.

11년 7월에 신라의 일길찬(一吉湌) 연진(連珍)이 쳐들어왔는데, 아군(我軍)이 봉산(烽山 : 위치 미상) 밑에서 맞아 싸웠으나 이기지 못하였다. ○ 10월에 태백(太白 : 金星)이 낮에 나타났다.

14년 3월에 우박이 왔고, 4월에 크게 가물었다. 왕이 동명묘(東明廟)에 빌었더니 비가 왔다.

16년 10월에 왕이 한천(寒泉 : 龍仁 ?)에서 사냥을 하였다. ○ 11월에는 질역(疾疫)이 크게 번졌다. ○ 말갈(靺鞨)이 우곡(牛谷 : 위치 미상)의 지경에 들어와 사람과 물건을 약탈하므로 왕이 정병(精兵) 300 명을 보내어 막았으나, 적(賊)의 복병(伏兵)이 협격(挾擊)하여 아군(我軍)이 대패(大敗)하였다.

18년 4월에 우박이 왔는데, 크기가 밤(粟)만하여 조작(鳥雀)이 맞아서 죽었다.

21년에 왕이 돌아갔다.

고이왕(古尒王)[2]은 개루왕(蓋婁王)의 둘째 아들이다. 구수왕(仇首王)이 재위(在位) 21년에 돌아가자 장자(長子) 사반(沙伴)이 위(位)를 계승하였으나, 어려서 정치를 할 수가 없으므로,[3] 초고왕(肖古王)의 모제(母弟)인 고이(古尒)가 즉

1) 牛頭의 이름을 가진 곳이 몇이 있지만, 여기의 牛頭는 아마 慶北 醴泉 西方 20里에 있던 近朝鮮時代의 牛頭院에 比定하는 것이 어떨까 한다.
2) 周書 異域傳 百濟條와 隋書 東夷傳 百濟條 및 北史 百濟傳에 百濟 建國의 始祖로 나오는 '仇台'가 바로 이 古尒王을 持稱한 것이라 함은 앞에서도 말하였거니와, 仇台의 台의 原音은 '合'니, 仇台(구이)와 古尒(고이)가 音이 相通할뿐더러 고이왕 27, 8년條에 나타나는 그의 治績은 百濟의 事實上의 建國太祖로 인정할 만하기 때문이다. 이에 대하여는 拙稿「三韓問題의 新考察」5(震檀學報 6)에 詳說한 바 있으므로 참조를 바람.
3) 本書 年表에도 '幼少見廢'라 하여 廢位되었다고 한다.

위하였다.

3년 10월에 왕이 서해(西海)의 대도(大島 : 江華島 ?)에서 사냥을 하였는데, 손수 40마리의 사슴을 쏘았다.

5년 정월에 천지(天地)에 제사지내는 데 고취(鼓吹 : 북과 피리)를 사용하였다. ○ 2월에는 부산(釜山 : 振威)에서 사냥하고 오순(五旬 : 50일)만에 돌아왔다. ○ 4월에 왕궁(王宮) 문주(門柱)에 낙뢰(落雷)가 있더니 황룡(黃龍)이 그 문에서 날아 나왔다.

6년 정월(부터) 비가 오지 않다가 5월에 가서야 비가 왔다.

7년에 군사를 보내어 신라(新羅)를 침범하였다. ○ 4월에 진충(眞忠)을 좌장(左將)으로 삼아 병마사(兵馬事)를 맡겼다. ○ 7월에 석천(石川 : 위치 미상)에서 군사를 대열(大閱)하였는데, 한 쌍의 기러기가 천상(川上)에서 날아 오르므로 왕이 쏘아 모두 맞히었다.

9년 2월에 나라 사람에게 명하여 남택(南澤)에다 논(稻田)을 개척하도록 하였다. ○ 4월에 숙부(叔父) 질(質)을 우보(右輔)로 삼았는데, 질(質)은 성품이 충의(忠毅)롭고 모사(謀事)에 실수함이 없었다. ○ 7월에는 서문(西門)을 나가 활 쏘는 것을 관람(觀覽)하였다.

10년 정월에 대단(大壇)을 베풀고 천지산천(天地山川)에 제사(祭祀)지냈다.

13년 여름에 크게 가물어서 보리가 여물지 않았다. ○ 8월에 위(魏)의 유주 자사(幽州刺史) 관구검(毋丘儉)[4]이 낙랑 태수(樂浪太守) 유무(劉茂)와 삭방 태수(朔(帶)方太守)[5] 왕준(王(弓)遵)이 고구려(高句麗)를 치므로 왕은 그 틈을 타서 좌장(左將) 진충(眞忠)을 보내어 낙랑(樂浪)의 변민(邊民)을 쳐 빼앗았다.[6] (劉)무(茂)가 듣고 노(怒)하니 왕이 침범할까 두려워하여 민구(民口)를 돌려주었다.

---

4) 毋丘儉의 高句麗 侵略은 魏의 正始 5, 6년의 일로서 고이왕 11, 2년에 해당한다.

5) 朔方太守는 帶方太守의 잘못이다(三國志 東夷傳 韓條 참조).

6) 이것은 아마 三國志 東夷傳 濊條에 '正始六年, 樂浪太守劉茂, 帶方太守弓遵, 以領東 濊屬句麗, 興師伐之, 不耐侯等擧邑降'이라고 한 記事에 의하여 附會한 것 같으나, 그 보다도 同上 韓條에 '(帶方郡)部從事吳林, 以樂浪本統韓國, 分割辰韓八國, 以與樂浪, 吏譯轉有異同, 臣智激韓忿, 攻帶方崎離營, 時太守弓遵, 樂浪太守劉茂, 興兵伐之, 遵戰 死, 二部遂滅韓이라고 한 韓·魏 충돌에 관한 사실의 訛傳인 것 같다. 그래서 나는 魏의 압력이 韓社會 내부의 自覺·反撥·團結의 기운을 초래하여 드디어 고이왕에 의한 百濟의 建國을 촉진시킨 것으로 여겨진다.

14년 정월에 남단(南壇)에서 천지(天地)에 제사(祭祀)지냈다. ○ 2월에 진충 (眞忠)을 배(拜)하여 우보(右輔)로 삼고, 진물(眞勿)을 좌장(左將)으로 삼아 병 마사(兵馬事)를 맡겼다.

15년 봄과 여름에 가물었다. ○ 겨울에 인민(人民)이 굶주리므로 창름을 열 어 진휼(賑恤)하고, 또 1년간의 조(租：地稅)와 조(調：戶稅)를 면제해 주었다.

16년 정월 갑오(甲午)에 태백(太白：金星)이 달(月)을 범하였다.

22년 9월에 군사를 내어 신라(新羅)를 침공(侵攻)하여, 신라병(新羅兵)과 괴 곡(槐谷：槐山 ?) 서쪽에서 싸워 이를 패배시키고, 그 장수(將帥) 익종(翊宗)을 죽였다. ○ 10월에 군사를 보내어 신라의 봉산성(烽山城：榮州)을 쳤으나 이기 지 못하였다.

24년 정월에 크게 가물어 수목(樹木)이 모두 말랐다.

25년 봄에 말갈(靺鞨)의 장(長：두목) 나갈(羅渴)이 양마(良馬) 10 필을 바쳤 다. 왕이 사자(使者)를 후히 위로하여 돌려 보냈다.

26년 9월에 궁성(宮城) 동쪽에 청자색(靑紫色)의 구름이 일어났는데 마치 누 각(樓閣)과 같았다.

27년 정월에 내신좌평(內臣佐平)을 두어 선납(宣納：王命出納)에 관한 일을 맡고, 내두좌평(內頭佐平)은 고장(庫藏：財政)에 관한 일을 맡고, 내법좌평(內法 佐平)은 예의(禮儀：禮式)에 관한 일을 맡고, 위사좌평(衛士佐平)은 숙위병(宿衛 兵：親衛兵)에 관한 일을 맡고, 조정좌평(朝廷佐平)은 형옥(刑獄：司法)에 관한 일을 맡고, 병관좌평(兵官佐平)은 외방(外方)의 병마(兵馬：軍事)에 관한 일을 맡게 하였다.

또 달솔(達率)·은솔(恩率)·덕솔(德率)·한솔(扞率)·내솔(奈率) 및 장덕(將 德)·시덕(施德)·고덕(固德)·계덕(季德)·대덕(對德)·문독(文督)·무독(武督) ·좌군(佐軍)·진무(振武)·극우(克虞)를 두었다.

6 좌평(佐平)은 모두 1 품(品)이요, 달솔(達率)은 2 품, 은솔(恩率)은 3 품, 덕 솔(德率)은 4 품, 한솔(扞率)은 5 품, 내솔(奈率)은 6 품, 장덕(將德)은 7 품, 시 덕(施德)은 8 품, 고덕(固德)은 9 품, 계덕(季德)은 10 품, 대덕(對德)은 11 품, 문독(文督)은 12 품, 무독(武督)은 13 품, 좌군(佐軍)은 14 품, 진무(振武)는 15 품, 극우(克虞)는 16 품이었다. 2월에 영(令)을 내려 6 품(品) 이상은 자색(紫色) 을 입고, 은화(銀花)로써 관(冠)을 장식하며, 11 품 이상은 비색(緋色)을 입고, 16 품 이상은 청색(靑色)을 입게 하였다. ○ 3월에 왕제(王弟) 우수(優壽)로 내

신좌평(內臣佐平)을 삼았다.[7]

28년 정월 초길(初吉)에 왕이 자대수포(紫大袖袍)와 청금과(靑錦袴)·금화식오라관(金花飾烏羅冠)·소피대(素皮帶)·오위리(烏韋履)[8]를 신고 남당(南堂)[9]에 앉아 정사(政事)를 보았다.

○ 2월에 진가(眞可)를 배(拜)하여 내두좌평(內頭佐平:財政을 掌함)을 삼고, 우두(優豆)로 내법좌평(內法佐平:儀禮를 掌함)을 삼고, 고수(高壽)로 위사좌평(衛士佐平:宿衛兵을 掌함)을 삼고, 곤노(昆奴)로 조정좌평(朝廷佐平:刑獄을 掌함)을 삼고, 유기(惟己)로 병관좌평(兵官佐平:外方의 兵馬事를 맡음)을 삼았다.

○ 3월에 사신을 신라(新羅)에 보내어 화친을 청하였으나 듣지 아니하였다.

29년 정월에 영(令)을 내려, 무릇 관인(官人)으로 재물(財物)을 받은 자와, 도적질한 자는 장물(臟物)[10]의 3배(倍)를 징수하고, 종신금고(終身禁錮)케 하였다.

33년 8월에 군사를 보내어 신라(新羅)의 봉산성(烽山城:榮州)을 공격하니, 성주(城主) 직선(直宣)이 장사(壯士) 200명을 거느리고 출격하여 아군(我軍)을 파하였다.

36년 9월에 패성(孛星:彗星)이 자궁(紫宮)에 나타났다.

39년 11월에 군사를 보내어 신라를 침범하였다.

45년 10월에 군사를 보내어 신라를 쳐서 괴곡성(槐谷城:槐山?)을 포위하였다.

---

7) 學者에 따라서는 百濟本紀에 나타나는 記錄 中 契主 이전의 것은 신용할 수 없고 近肖古王 이후라야 그 연대를 신용할 수 있는 역사적 사실로 인정된다고 한다. 그러나 나는 이 古尒王 27, 8년간에 있어서의 일련의 國家制度 整備에 관한 기록은 거의 그대로 신용할 수 있는 것으로 생각한다. 즉 나는 이것을 百濟가 일개 城邑國家에서 탈피하여 뚜렷한 古代國家로 변모하는 轉換을 말하는 중요한 기사라고 생각한다.

8) 紫大袖袍는 소매가 큰 紫色 두루마기, 靑錦袴는 靑色 비단 바지, 金花飾烏羅冠은 金花로 장식한 검은 비단의 冠(근년 公州 武寧王陵에서 出土된 王冠 附飾의 金花가 烏羅冠의 그것), 素皮帶는 흰 가죽띠, 烏韋履는 검은 가죽신이다.

9) 南堂은 政事를 論議執行하던 政廳. 상세한 것은 拙稿「古代南堂考」(서울대학교 論文集 人文·社會科學 제1집) 참조.

10) 臟物은 犯罪行爲로 얻은 財物. 周書 異域傳 百濟條에 의하면 2倍를 징수한다고 하였다.

(47년)[11]

50년 9월에 군사를 보내어 신라의 변경을 침범하였다.

53년 정월에 신라에 사신을 보내어 화친을 청하였다. ○ 11월에 왕이 돌아 갔다.

책계왕(責稽王[혹은 靑稽[12]라고도 함])은 고이왕(古介王)의 아들로서 키가 크고 지기(志氣)가 웅걸(雄傑)하였는데, 고이가 돌아가자 즉위하였다. ○ 왕이 정부(丁夫)를 징발하여 위례성(慰禮城)을 수즙(修葺)하였다. ○ 고구려(高句麗)가 대방(帶方)을 치니[13] 대방(帶方)이 우리에게 구원을 청하였다. 이에 앞서 왕이 대방의 왕녀(王女 : 太守女) 보과(寶菓)를 취하여 부인(夫人)을 삼았으므로, 이로 인하여 이르기를, "대방(帶方)은 우리의 구생(舅甥)의 나라이니 그 청에 응하지 않을 수 없다"하고, 드디어 군사를 내어 구원하니, 고구려(高句麗)가 원망하였다. 왕은 고구려의 침구(侵寇)를 두려워하여 아단성(阿旦城 : 서울 廣津 峨嵯山)과 사성(蛇城 : 風納里 土城)을 수리하여 이에 대비하였다.[14]

2년 정월에 동명묘(東明廟)에 배알(拜謁)하였다.

13년 9월에 한(漢 : 樂浪)이 맥인(貊人 : 東濊)과 함께 쳐들어오므로 왕이 나아가 막다가 적병(敵兵)에게 해(害)를 입어 돌아갔다.

분서왕(汾西王)은 책계왕(責稽王)의 장자(長子)로, 어려서부터 총명하고 또 외모(外貌)가 영특하니 왕(責稽)이 사랑하여 좌우(左右)를 떠나지 못하게 하였

---

11) 晉書 東夷傳 辰韓條에 의하면, 辰韓王이 太康 원년(고이왕 47년), 太康 2년(고이왕 48년), 太康 7년(고이왕 53년, 責稽王 원년)에 晉에 사신을 보냈다고 한다. 여기의 이른바 '辰韓王'은 辰韓의 땅에 새로 일어난 慰禮國(百濟)王을 가리켜 말한 것인 듯하고, 또 사절을 자주 보낸 것은 新興의 國家가 서로 國際의 修好를 트기 위해서고, 특히 太康 7년의 遣使는 고이왕의 逝去와 責稽王의 繼位를 알리기 위한 것인 듯하다.

12) 三國遺事(王曆)에는 '一作青替, 誤'라고 하였다. 責과 青, 稽와 替의 字形의 비슷함으로 인한 잘못일 것이다.

13) 責稽王과 帶方과의 婚姻關係는 설령 事實이라 하더라도 이 때에는 아직 高句麗와 帶方 사이에 樂浪이 介在하였으므로 고구려의 대방 침략은 있을 수 없다. 또 그러한 南侵態勢도 이 때에는 갖추어 있지도 못하였다. 고구려가 대방을 친 것은 樂浪을 侵奪한 翌年인 美川王 15년, 즉 百濟의 比流王 11년의 일이었다. 그러므로 여기에 고구려의 대방 侵伐에 관한 기사는 比流王 11년條에 移置해야 할 것이라고 생각한다.

14) 이것도 실상 河南 遷都 이후의 사실을 追記한 것인 듯.

는데 왕이 돌아가자 뒤를 이어 즉위하였다. ○ 10월에 (罪囚를) 대사(大赦)하였다.

2년 정월에 동명묘(東明廟)에 배알(拜謁)하였다.

5년 4월에 혜성(彗星)이 낮에 나타났다.

7년 2월에 몰래 군사를 보내어 낙랑(樂浪)의 서쪽 현(縣)을 공취(攻取)하였다. ○ 10월에 왕이 낙랑 태수(樂浪太守)가 보낸 자객(刺客)에게 해를 입어 돌아갔다.[15]

비류왕(比流王)은 구수왕(仇首王)의 둘째 아들이니 성품이 너그럽고 인자(仁慈)하며, 남을 사랑하고 또 힘이 세어 활을 잘 쏘았다. 오랜 동안 민간(民間)에 있어 칭찬이 널리 퍼지더니 분서(汾西)가 돌아가자, 비록 왕의 아들이 있었으나 모두 어려서 즉위할 수 없으므로 (比流가) 신민(臣民)의 추대(推戴)를 받아 즉위하였다.

5년 정월 초하루 병자(丙子)에 일식(日蝕)이 있었다.

9년 2월에 사람을 보내어 백성(百姓)의 질고(疾苦)를 순문(巡問)케 하고, 홀아비와 과부(寡婦)・고아(孤兒)・독신자(獨身者)로서 자활(自活)할 수 없는 자에게 곡식을 한 사람에 3석씩 주었다. ○ 4월에 동명묘(東明廟)에 배알(拜謁)하였다. ○ 해구(解仇)를 배(拜)하여 병관좌평(兵官佐平)을 삼았다.

10년 정월에 남교(南郊)에서 천지(天地)에 제사지냈는데, 왕이 친히 희생(犧牲 : 祭祀에 바치는 動物)을 베었다.

13년 봄에 가뭄이 있었고, 큰 별이 서쪽으로 흘러갔다. ○ 4월에는 왕도(王都)의 우물물이 넘치더니, 흑룡(黑龍)이 그 속에서 나타났다.

17년 8월에 궁성(宮城) 서쪽에 사대(射臺 : 활 쏘는 돈대)를 지었는데 매월 초하루와 보름에 활 쏘는 연습을 하였다.

18년 정월에 왕의 서제(庶弟 : 異母弟) 우복(優福)으로 내신좌평(內臣佐平 : 王命의 出納을 掌함)을 삼았다. ○ 7월에는 태백(太白 : 金星)이 낮에 나타났다.

---

15) 앞서 責稽王과 汾西王의 樂浪 및 貊(東濊)에 의한 戰死와 암살은 百濟의 國家的 危機를 조성하였다. 백제가 河北 慰禮城에서 河南 慰禮城(漢城)으로 遷都하게 된 동기도 바로 이러한 데 있었던 것이다. 따라서 백제의 河南 천도는, 愚見으로는 比流王 卽位 원년이나 그 翌年頃에 구할 수밖에 없고, 百濟란 國號를 사용한 것도 河南 천도와 동시라고 보아야겠다.

○ 나라 남쪽에 누리가 생겨 곡식을 해(害)하였다.

22년 10월에 풍랑(風浪)이 서로 부딪치는 것 같은 소리가 하늘에서 났다. ○ 11월에 왕이 구원(狗原) 북쪽에서 사냥을 하여 손수 사슴을 쏘았다.

24년 7월에 적오(赤烏 : 붉은 까마귀)와 같은 구름이 해(日)를 끼(夾)고 있었다. ○ 9월에 내신좌평(內臣佐平) 우복(優福)이 북한성(北漢城)[16]에 웅거하여 반(叛)하니 왕이 군사를 보내어 쳤다.

28년 봄과 여름에 크게 가물어서 초목(草木)이 마르고 강물이 말랐는데, 7월에 가서야 비가 왔다.

이 해에 기근(饑饉)이 들어 사람들이 상식(相食)하였다(相食할 정도라는 말로 活看하는 것이 좋겠다).

30년 5월에 별이 떨어졌다. ○ 왕궁(王宮)에 불이 나서 민가(民家)를 연소(連燒)하였다. ○ 10월에 궁실(宮室)을 수리하였다.

○ 진의(眞義)를 배(拜)하여 내신좌평(內臣佐平)을 삼았다. ○ 12월에 우뢰가 있었다.

32년 10월 초하루 을미(乙未)에 일식(日蝕)이 있었다.

33년 정월 신사(辛巳)에 혜성(彗星)이 규(奎)[17]에 나타났다.

34년 2월에 신라(新羅)가 사신을 보내어 내빙(來聘)하였다.

41년 10월에 왕이 돌아갔다.

계왕(契王)은 분서왕(汾西王)의 장자(長子)다. 타고난 자질이 강직하고 용감하며 기사(騎射)를 잘하였다. 처음 분서왕(汾西王)이 돌아갔을 때 계왕(契王)은 어려서 왕위(王位)에 오르지 못하더니, 비류왕(比流王)이 재위(在位) 41년에 돌아가자 즉위하였다.

3년 9월에 왕이 돌아갔다.

---

16) (河北) 慰禮城에 대하여 河南 慰禮城(漢城)의 이름이 생기듯이, (本)漢城에 對稱하여 北漢城(本慰禮)의 명칭이 생겼다고 본다. 그것은 比流王 卽位初(?) 河南 遷都 이후로 는 慰禮城의 이름이 보이지 않고 北漢城 또는 北城의 이름이 대신 나타나고 있음을 보아도 알 수 있다. 설령 이 北漢城이 河北 慰禮城을 가리킨 것이 아니라 하더라도 그것이 漢江 이북에 있었던 것은 두말할 필요도 없다. 따라서 北漢城에서 반란을 일 으킬 수 있었다는 것은 先行한 河南 천도의 證左라 하겠다.

17) 奎는 38宿의 하나로, 서쪽에 위치함.

근초고왕(近肖古王)[18]은 비류왕(比流王)의 둘째 아들이다. 체모(體貌)가 기위(奇偉)하고 원대한 식견이 있었다. ○ 계왕(契王)이 돌아가자 위(位)를 계승하였다.

2년 정월에 천신(天神)과 지신(地神)에게 제사하였다. ○ 진정(眞淨)을 배(拜)하여 조정좌평(朝廷佐平)을 삼았다. 정(淨)은 왕후(王后)의 친척으로서 성품이 사납고 어질지 못하여서 일에 당하여 까다로우며, 세력을 믿고 모든 일을 제 마음대로 처리하니 나라 사람이 미워하였다.

21년 3월에 사신을 보내어 신라(新羅)에 빙문(聘問)하였다.

23년 3월 초하루 정사(丁巳)에 일식(日蝕)이 있었다. ○ 신라에 사신을 보내어 양마(良馬) 2필을 주었다.

24년 9월에 고구려왕(高句麗王) 사유(斯由 : 故國原王)가 보병(步兵)과 기병(騎兵) 2만 명을 거느리고 와서 치양(雉壤 : 黃海道 白川)에 주둔(駐屯)하고 군사를 나누어 민가(民家)를 침탈하였다. 왕이 태자(太子 : 近仇首)로 하여금 군사를 거느리고 (나아가게 하자 太子는) 곧장 치양(雉壤)에 이르러 고구려군(高句麗軍)을 급히 쳐 깨뜨리고 5,000여 명을 사로잡았는데, 그 노획(虜獲)은 장사(將士)에게 나누어 주었다.[19] ○ 11월에 한수(漢水) 남쪽에서 군사를 대열(大閱)하였는데 기치(旗幟)는 모두 황색(黃色)을 사용하였다. (是歲)[20]

---

18) 近肖古王은 晉書에 餘句라 하였다. 餘는 姓이요, 句는 諱이다. 古事記에는 照古王, 日本書紀에는 肖古王, 新撰姓氏錄에는 速古王이라고 하였는데, 원래는 이와 같이 肖古 위에 '近'字가 없는 것이 옳은 것 같다. 후에 同名의 제5대 王과 구별하기 위하여 '近'字를 첨가한 듯하다.

19) 帶方지방을 사이에 두고 高句麗와 百濟 사이에 맹렬한 爭奪戰이 벌어지던 모습을 이 記事에서 엿볼 수 있다. 雉壤會戰의 승리는 곧 百濟의 帶方制霸를 의미하는 것이다.

20) 24년에 百濟는 또 馬韓의 餘土를 평정하고 中部 이남 西海岸 地帶를 완전히 차지하였다. 이에 대한 기사는 불행히 우리 나라 史書에는 나타나지 않지만, 日本書紀(권9) 神功紀 49년(己巳)條에 半說話的 形態로 그 片鱗이 전해지고 있다. 즉 당시 日本軍이 건너와 新羅와 比自㳫(昌寧) 등 7國을 치고, 나아가서 軍을 西向시켜 馬韓지방을 공략한 기사가 다음과 같이 나오고 있다. '仍移兵西廻至古奚律(지금 全南 康津), 屠南蠻忱彌多禮, 以賜百濟, 於是, 其王肖古及王子貴須亦領軍來會, 時, 比利·辟中·布彌支·半古西邑, 自然降服, 是以百濟王父子及荒田別·本羅斤資等, 共會意流村, 相見欣感, 厚禮送遣之.' 이에 의하면, 百濟의 肖古王(近肖古王)은 王子 貴須(近仇首)와 함께 日本軍의 원조를 받으면서 比利(未詳)·辟中(寶城)·布彌支(羅州)·半古(羅州潘南面) 등 全南지방에 있는 馬韓의 殘邑을 공략한 것으로 되어 있다.

26년에 고구려가 군사를 일으켜 오므로, 왕이 듣고 패하(浿河 : 禮成江) 강변에 군사를 매복시켰다가 그 옴을 기다려 급격(急擊)하니 고구려병(高句麗兵)이 패배(敗北)하였다. ○ 겨울에 왕이 태자(太子)와 함께 정병(精兵) 3만 명을 거느리고 고구려에 침입(侵入)하여 평양성(平壤城)을 공격하였다. 고구려왕 사유(斯由)가 역전(力戰)하여 막다가 유시(流矢)에 맞아 죽으니 왕이 군사를 이끌고 물러왔다. ○ 서울을 한산(漢山)으로 옮겼다.[21]

27년 정월에 사신을 진(晉[22] : 東晉)에 보내어 조공(朝貢)하였다.[23] ○ 7월에 지진이 있었다. (是歲)[24]

28년 2월에 사신을 진(晉)에 보내어 조공(朝貢)하였다. ○ 7월에 청목령(靑木嶺 : 開城 부근)에 성(城)을 쌓았다. ○ 독산성주(禿山城(華城郡 ?)主)가 300명을 거느리고 신라(新羅)로 달아났다.

30년 7월에 고구려(高句麗)가 북변(北邊)의 수곡성(水谷城 : 新溪)을 내공(來攻)하여 함락시켰다. 왕이 장수(將帥)를 보내어 막게 하였으나 이기지 못하였다. 왕이 또 장차 크게 군사를 일으켜 보복하려 하였으나 흉년(凶年)이 들어 수행(遂行)하지 못하였다. ○ 11월에 왕이 돌아갔다. 고기(古記)에 이르기를 "백제(百濟)는 개국(開國) 이래 아직 문자(文字)로 사실(事實)을 기록함이 없더

---

21) 여기의 漢山은 글자 그대로 漢山, 즉 지금의 南漢山을 가리킨 것이니, 平地城인 漢城(春宮里)에서 連接한 山城으로 옮긴 것이다. 아마 高句麗의 來侵을 염려해서의 일시적인 遷都인 것 같다. 마치 近朝鮮 仁祖 4년에 淸人의 侵寇를 우려하여 南漢山城을 수축하고 治所를 古邑(春宮面)에서 山城內로 옮겨 最近世에까지 이른 것과 같다 하겠다(廣州郡廳을 山城에서 지금 京安으로 옮긴 것은 日帝 때의 일임). 後來의 史書에 이 漢山 遷都를 모두 北漢山으로 인식한 것은 잘못임.

22) 西晉이 前趙에 멸망단한 후(西紀 317년) 元帝가 江南의 땅으로 가서 建康에 도읍하였는데 이를 東晉이라고 부른다. 宋에게 멸망할 때까지(西紀 420년) 약 백년간 계속하였다.

23) 近肖古王은 帶方과 馬韓을 併合하는 동시에 東晉·日本 등과 外交的 활동을 개시한 것이니 그의 國際的 眼識이 넓음을 알 수 있다.

24) 近肖古王 27년(西紀 372년)은 壬申歲이니, 日本書紀(권 9) 神功紀 52년(壬申)에 해당한다(이 때의 日本紀年은 120년을 연장시킨 것이므로 그만큼 削減하여야 우리 年代와 맞는다). 書紀에 의하면 이 해 9월에 百濟에서 使臣(久氏 등)을 倭國에 보내어 七枝刀 1口와 七子鏡 1面 및 종종의 重寶를 보냈다고 하였다. 七枝刀는 七支刀라고도 하여, 奇異하게도 이 때 百濟에서 보낸 그것이 현재 日本 奈良縣의 石上神宮에 所藏되어 온다. 이 七支刀의 來歷과 銘文에 대해서는 拙稿「百濟七支刀考」(震檀學報 37호)에 자세히 논술하였다.

니,[25] 이에 이르러 박사(博士) 고흥(高興)을 얻어 비로소 서기(書記)를 가지게 되었다"고 하였다. 그러나 고흥(高興)은 일찍이 타서(他書)에는 나타나지 않으므로 어떤 사람인지 알지 못하겠다.

근구수왕(近仇首王〔혹은 諱를 須[26]라고 함〕)은 근초고왕(近肖古王)의 아들이다. 앞서 고구려(高句麗)의 국강왕(國岡王 : 故國原王) 사유(斯由)가 친히 내침(來侵)하므로 근초고왕(近肖古王)이 태자(太子)를 보내어 이를 막게 하였는데, 반걸양(半乞壤)[27] : 지금의 黃海道 白川)에 이르러서 장차 싸우려 하였다. 고구려 사람 사기(斯紀)는 본시 백제인(百濟人)으로서 잘못하여 국용마(國用馬)의 발굽을 상(傷)하자 죄(罪) 줄까 두려워서 고구려로 도망하였는데, 이 때 다시 돌아와 태자(太子)에게 이르기를, "저(高句麗) 군사가 비록 많기는 하나 모두 수(數)만을 채운 의병(疑兵 : 擬兵, 즉 虛僞兵)일 뿐입니다. 날래고 용감한 자들은 오직 적기(赤旗)뿐이니, 만일 먼저 이를 깨뜨리면 나머지는 치지 않더라도 저절로 무너질 것입니다"라고 하였다. 태자가 이에 좇아 진격하여 크게 적(敵)을 깨뜨리고, 도망치는 것을 뒤따라 북(北)으로 좇아 수곡성(水谷城 : 新溪) 서북(西北)에까지 이르렀다. 장군(將軍) 막고해(莫古解)가 간(諫)하기를, "일찍이 도가(道家)의 말을 들으니 '족(足)할 줄 알면 욕(辱)되지 않고 그칠 줄 알면

---

25) 百濟는 辰韓에서 일어난 나라인만큼 開國 이전서부터 漢字를 사용하여 왔으므로, 여기에 '未有以文字記事云云'은 결코 글자 그대로 이때껏 漢字記事가 없었다는 것이 아니라 書記(國史)의 編修가 아직 없었다는 것으로 보아야 할 것이다. 즉 近肖古王 때에 이르러 비로소 史記를 編修하게 되었다는 것이다. 그러나 이 때에 編纂된 書記는 後世에 전하지 아니한다. 오직 日本書紀中에는 「百濟記」·「百濟本記」·「百濟新撰」 등의 史書가 인용되어 있으므로, 前記 高興의 「書記」 이외에도 많은 史書가 편찬된 사실을 알 수 있다.

26) 晉書에 須라고 하였다. 日本書紀에는 貴須王·貴首王으로 나타나 있다. '近'字를 붙인 것은 近肖古王의 경우와 같이 同名의 제 6 대 王과 구별하기 위한 後代의 일일 것이다. 또 百濟人 자신이 王名에 '仇'자를 사용하지는 아니하였을 것인, 이는 아마 新羅人의 改作일 것이다. 본시는 日本書紀의 이른바 貴須王 혹은 貴首王이었을 것이다.

27) 이 半乞壤 싸움은 前記 近肖古王 24년條의 雉壤會戰을 말한 것이니, 雉壤은 輿地勝覽 白川條에 '本高句麗刀臘縣—云雉嶽城'이라 하고, 실제 그 鎭山에 雉岳이 있다. 그리고 보면 雉壤은 이 雉岳山 아래의 平野地帶를 가리킨 말일 것이며, 半乞壤은 이 雉壤의 別稱으로 半乞은 '밝을', 壤은 古音 '내'로 읽는다면, 합해서 '밝은 내'가 되니, 後名 '白川'도 여기서 유래된 것이라 하겠다.

위태롭지 않다'고 하였습니다. 지금 얻은 바가 많으니 어찌 구할 것이 (무엇) 있겠습니까" 하였다. 태자가 이 말을 선(善)히 여겨 (추격하기를) 그만두고 돌(石)을 쌓아 표지(表識)를 삼았다. (태자가) 그 위에 올라가 좌우(左右)를 돌아다보며, "금후(今後)에 누가 다시 여기에 이를 수 있을까" 하였다. 그 곳에는 마치 말 발굽같이 틈이 생긴 암석(岩石)이 있는데, 사람들이 지금도 태자(太子)의 말자취(馬迹)라고 부르고 있다. 근초고왕(近肖古王)이 재위(在位) 30년에 돌아가자 즉위하였다.

2년에 왕이 장인 진고도(眞高道)를 내신좌평(內臣佐平)을 삼아 정사(政事)를 맡겼다.

○ 11월에 고구려(高句麗)가 북변(北邊)을 침범해 왔다.

3년 10월에 왕이 장병 3만 명을 거느리고 고구려의 평양성(平壤城)을 침공(侵攻)하였다. ○ 11월에는 고구려가 내침(來侵)하였다.

5년 3월에 사신을 진(晉 : 東晉)에 보내어[28] 조공(朝貢)케 하였는데, 그 사신이 해상(海上)에서 폭풍을 만나 도달하지 못하고 돌아왔다. ○ 4월에는 흙비(土雨)가 종일 왔다.

6년에 질역(疾疫 : 流行病)이 크게 번졌다. ○ 5월에는 땅이 갈라져 깊이 5장, 너비 3장이나 되었는데, 3일 만에 합하였다.

8년 봄에 비가 오지 아니하여 6월까지 계속하였다. 백성이 굶주려 자식을 파는 자까지 생기게 되었으므로 왕이 관곡(官穀)을 내어 구제하였다.

10년 2월에 해에 3 중(重)의 무리(暈)가 생겼고, 궁중(宮中)의 큰 나무가 저절로 뽑아졌다. ○ 4월에 왕이 돌아갔다.

침류왕(枕流王)은 근구수왕(近仇首王)의 원자(元子)요 어머니는 아이(阿尒)부인[29]이니, 아버지를 이어서 즉위하였다.

○ 7월에 사신을 진(晉)에 보내어 조공(朝貢)하였다. ○ 9월에 호승(胡僧) 마

---

28) 百濟記에는 없으나 梁書 諸夷傳 百濟條에 의하면 晉 太元年間에 王須(近仇首王)가 사신을 보내어 生口(奴隸)를 바쳤다는 기록이 나온다.

29) 阿尒는 阿爾兮(三國史記 2 助賁尼師今 원년條)·阿尼(三國遺事 王曆 眞德女王條) 등과 같은 말임이 분명하며, 女性을 표시하는 우리의 古語인 것으로 생각된다. 新羅本紀와는 달리 母系의 표시가 없는 百濟本紀에서 枕流王의 어머니가 기록되어 있는 것은 주의를 요한다. 梵語에서 女僧을 阿尼라고 부른다는데, 만일 이 梵語의 借用이라면 이것은 혹 枕流王 때의 佛敎傳來와 관련을 가졌는지도 모르겠다.

라난타(摩羅難陀)[30]가 진(晉)에서 들어오니 왕이 그를 맞이하여 궁내(宮內)에 두고 예경(禮敬)하므로, 불법(佛法)이 이로부터 비롯하였다.

2년 2월에 한산(漢山)에 불사(佛寺)를 세우고 10명의 승려(僧侶)를 두었다. ○ 11월에 왕이 돌아갔다.

[原文]

三國史記 卷 第二十四

百濟本紀 第二

仇首王　沙伴王　古尒王　責稽王　汾西王　比流王　契王　近肖古王　近仇首王　枕流王

仇首王(或云貴須), 肖古王之長子, 身長七尺, 威儀秀異, 肖古在位四十九年薨, 卽位.

三年, 秋八月, 靺鞨來圍赤峴城, 城主固拒, 賊退歸, 王帥勁騎八百追之, 戰沙道城下破之, 殺獲甚衆.

四年, 春二月, 設二柵於沙道城側, 東西相去十里, 分赤峴城卒戌之.

五年, 王遣兵圍新羅獐山城, 羅王親帥兵擊之, 我軍貝績.

七年, 冬十月, 王城西門火, 靺鞨寇北邊, 遣兵拒之.

八年, 夏五月, 國東大水, 工崩四十餘所, 六月戊辰晦, 日有食之, 秋八月, 大閱於漢水之西.

九年, 春二月, 命有司修隄防, 三月, 下令勸農事, 夏六月, 王都雨魚, 冬十月, 遣兵入新羅牛頭鎭, 沙掠民戶, 羅將忠萱領兵五千, 逆戰於熊谷大敗, 單騎而遁, 十一庚申晦, 日有食之.

十一年, 秋七月, 新羅飡連珍來侵, 我軍逆戰於烽山下, 不克, 冬十月, 太白晝見.

十四年, 春三月, 雨雹, 夏四月, 大旱, 王祈東明廟, 乃雨.

---

30) 摩羅難陀가 온 것은 그의 개인적인 행동인 것같이 기록되어 있지만, 그가 오자 곧 宮內에 맞아들여 禮敬했다는 것을 보면, 오히려 2개월 전에 東晉에 파견된 百濟의 사절과 同途하여 왔거나, 혹은 東晉의 사신에 隨伴해서 왔다고 보는 것이 타당한 것 같다.

十六年, 冬十月, 王田於寒泉, 十一月, 大疫, 靺鞨入牛谷界, 奪掠人物, 王遣精兵三百拒之, 賊伏兵獨擊, 我軍大敗.

十八年, 夏四月, 雨雹, 大如粟, 鳥雀中者死.

二十一年, 王薨.

古尒王, 蓋婁王之二子也, 仇首王在位二十一年薨, 長子沙伴嗣位, 而幼少不能爲政, 肖古王母弟古尒卽位.

三年, 冬十月, 王獵西海大島, 手射四十鹿.

五年, 春正月, 祭天地用鼓吹, 二月, 田於釜山, 五旬乃返, 夏四月, 震王宮門柱, 黃龍自其門飛出.

六年, 春正月, 不雨, 至夏五月, 乃雨.

七年, 遣兵侵新羅, 夏四月, 拜眞忠爲左將, 委以內外兵馬事, 秋七月, 大閱於石川, 雙鴈起於川上, 王射之皆中.

九年, 春二月, 命國人開稻田於南澤, 夏四月, 以叔父質爲右輔, 質性忠毅, 謀事無失, 秋七月, 出西門觀射.

十年, 春正月, 設大壇, 祀天地山川.

十三年, 夏, 大旱無麥, 秋八月, 魏幽州刺史毋丘儉與樂浪太守劉茂·朔(朔, 當作帶)方太守王(王, 當作弓)遵伐高句麗, 王乘虛遣左將眞忠, 襲取樂浪邊民, 茂聞之怒, 王恐見侵討, 還其民口.

十四年, 春正月, 祭天地於南壇, 二月, 拜眞忠爲右輔, 眞勿爲左將, 委以兵馬事.

十五年, 春夏, 旱, 冬, 民饑, 發倉賑恤, 又復一年租調.

十六年, 春正月甲午, 太白襲月.

二十二年, 秋九月, 出師侵新羅, 與羅兵戰於槐谷西敗之, 殺其將翊宗, 冬十月, 遣兵攻新羅烽山城, 不克.

二十四年, 春正月, 大旱, 樹木皆枯.

二十五年, 春, 靺鞨長羅渴獻良馬十匹, 王優勞使者以還之.

二十六年, 秋九月, 靑紫雲起宮東, 如樓閣.

二十七年, 春正月, 置內臣佐平掌宣納事, 內頭佐平掌庫藏事, 內法佐平掌禮儀事, 衛士佐平掌宿衛兵事, 朝廷佐平掌刑獄事, 兵官佐平掌外兵馬事, 又置達率·恩率·德率·扞率·奈率·及將德·施德·固德·季德·對德·文督·

武督·佐軍·振武·克虞, 六佐平並一品, 達率二品, 恩率三品, 德率四品, 扞率五品, 奈率六品, 將德七品, 施德八品, 固德九品, 季德十品, 對德十一品, 文督十二品, 武督十三品, 佐軍十四品, 振武十五品, 克虞十六品, 二月, 下令六品已上服紫, 以銀花飾冠, 十一品已上服緋, 十六品已上服靑, 三月, 以王弟優壽爲內臣佐平.

二十八年, 春正月, 初吉, 王服紫大袖袍, 靑錦袴, 金花飾烏羅冠, 素皮帶烏韋履, 坐南堂聽事, 二月, 拜眞可爲內頭佐平, 優豆爲內法佐平, 高壽爲衞士佐平, 昆奴爲朝廷佐平, 惟己爲兵官佐平, 三月, 遣使新羅請和, 不從.

二十九年, 春正月, 下令, 凡官人受財及盜者, 三倍徵贓, 禁錮終身.

三十三年, 秋八月, 遣兵攻新羅烽山城, 城主直宣率壯士二百人, 出擊敗之.

三十六年, 秋九月, 星孛于紫宮.

三十九年, 冬十一月, 遣兵侵新羅.

四十五年, 冬十月, 出兵攻新羅, 圍槐谷城.

五十年, 秋九月, 遣兵侵新羅邊境.

五十三年, 春正月, 遣使新羅請和, 冬十一月, 王薨.

責稽王(或云, 靑(靑, 恐責之訛刻)稽), 古尒王子, 身長大, 志氣雄傑, 古尒薨, 卽位, 王徵發丁夫葺慰禮城, 高句麗伐帶方, 帶方請救於我, 先是, 王娶帶方王女寶菓爲夫人, 故曰, 帶方我舅甥之國, 不可不副其請, 遂出師救之, 高句麗怨, 王慮其侵寇, 修阿旦城·蛇城備之.

二年, 春正月, 謁東明廟.

十三年, 秋九月, 漢與貊人來侵, 王出禦爲敵兵所害薨.

汾西王, 責稽王長子, 幼而聰惠, 儀表英挺, 王愛之不離左右, 及王薨繼而卽位, 冬十月, 大赦.

二年, 春正月, 謁東明廟.

五年, 夏四月, 彗星晝見.

七年, 春二月, 潛師襲取樂浪西縣, 冬十月, 王爲樂浪太守所遣刺客賊害薨.

比流王, 仇首王第二子, 性寬慈愛人, 又强力善射, 久在民間, 令譽流聞, 及汾西之終, 雖有子皆幼得立, 是以, 爲臣民推戴, 卽位.

五年, 春正月丙子朔, 日有食之.

九年, 春二月, 發使巡問百姓疾苦, 其鰥寡孤獨不能自存者, 賜穀人三石, 夏四月, 謁東明廟, 拜解仇爲兵官佐平.

十年, 春正月, 祀天地於南郊, 王親割牲.

十三年, 春, 旱, 大星四流, 夏四月, 王都井水溢, 黑龍見其中.

十七年, 秋八月, 築射臺於宮西, 每以朔望習射.

十八年, 春正月, 以王庶弟優福爲內臣佐平, 秋七月, 太白晝見, 國南蝗害穀.

二十二年, 冬十月, 天有聲, 如風浪相激, 十一月, 王獵於狗原北, 手射鹿.

二十四年, 秋七月, 有雲如赤烏夾日, 九月, 內臣佐平優福據北漢城叛, 王發兵討之.

二十八年, 春夏, 大旱, 草木枯江水竭, 至秋七月乃雨, 年饑, 人相食.

三十年, 夏五月, 星隕, 王宮火連燒民戶, 冬十月, 修宮室, 拜眞義爲內臣佐平, 冬十二月, 雷.

三十二年, 冬十月乙未朔, 日有食之.

三十三年, 春正月辛巳, 彗星見于奎.

三十四年, 春二月, 新羅遣使來聘.

四十一年, 冬十月, 王薨.

契王, 汾西王之長子也, 天資剛勇, 善騎射, 初汾西之薨也, 契王幼不得立, 比流王在位四十一年薨, 卽位.

三年, 秋九月, 王薨.

近肖古王, 比流王第二子也, 體貌奇偉, 有遠識, 契王薨, 繼位.

二年, 春正月, 祭天地神祇, 拜眞淨爲朝廷佐平, 淨王后親戚, 性狠戾不仁, 臨事苛細, 恃勢自用, 國人疾之.

二十一年, 春三月 遣使聘新羅.

二十三年, 春三月丁巳朔, 日有食之, 遣使新羅送良馬二匹.

二十四年, 秋九月, 高句麗王斯由帥步騎二萬, 來屯雉壤, 分兵侵奪民戶, 王遣太子以兵徑至雉壤, 急擊破之, 獲五千餘級, 其虜獲分賜將士, 冬十一月, 大閱於漢水南, 旗幟皆用黃.

二十六年, 高句麗舉兵來, 王聞之伏兵於浿河上, 俟其至急擊之, 高句麗兵敗北, 冬, 王與太子帥精兵三萬, 侵高句麗攻平壤城, 麗王斯由力戰拒之, 中流矢死, 王引軍退, 移都漢山.

二十七年, 春正月, 遣使入晉朝貢, 秋七月, 地震.

二十八年, 春二月, 遣使入晉朝貢, 秋七月, 築城於青木嶺, 禿山城主率三百人奔新羅.

三十年, 秋七月, 高句麗來攻北鄙水谷城陷之, 王遣將拒之, 不克, 王又將大舉兵報之, 以年荒不果, 冬十一月, 王薨.

古記云, 百濟開國已來, 未有以文字記事, 至是, 得博士高興, 始有書記, 然高興未嘗顯於他書, 不知其何許人也.

近仇首王(一云諱須), 近肖古王之子, 先是, 高句麗國岡王斯由親來侵, 近肖古王遣太子拒之, 至半乞壤將戰, 高句麗人斯紀本百濟人, 誤傷國馬蹄, 懼罪奔於彼, 至是還來, 告太子曰, 彼師雖多, 皆備數疑兵而已, 其驍勇唯赤旗, 若先破之, 其餘不攻自潰, 太子從之, 進擊大敗之, 追奔逐北, 至於水谷城之西北, 將軍莫古解諫曰, 嘗聞道家之言, 知足不辱, 知止不殆, 今所得多矣, 何必求多, 太子善之止焉, 乃積石爲表, 登其上顧左右曰, 今日之後, 疇克再至於此乎, 其地有巖石, 礓若馬蹄者, 他人至今呼爲太子馬迹, 近肖古在位三十年薨, 卽位.

二年, 以王舅眞高道爲內臣佐平, 委以政事, 冬十一月, 高句麗來侵北鄙.

三年, 冬十月, 王將兵三萬, 侵高句麗平壤城, 十一月, 高句麗來侵.

五年, 春三月, 遣使朝晉, 其使海上遇惡風, 不達而還, 夏四月, 雨雹日.

六年, 大疫, 夏五月, 地裂, 深五丈, 橫廣三丈, 三日乃合.

八年, 春, 不雨至六月, 民饑, 至有鬻子者, 王出官穀, 贖之.

十年, 春二月, 日有暈三重, 宮中大樹自拔, 夏四月, 王薨.

枕流王, 近仇首王之元子, 母曰阿尒夫人, 繼父卽位, 秋七月, 遣使入晉朝貢, 九月, 胡僧摩羅難陀自晉至, 王迎致宮內禮敬焉, 佛法始於此.

二年, 春二月, 創佛寺於漢山, 度僧十人, 冬十一月, 王薨.

삼국사기 권 제 25

백제 본기(百濟本紀) 제 3

진사왕(辰斯王) 아신왕(阿莘王) 전지왕(腆支王) 구이신왕(久尒辛王) 비유왕(毗有王) 개로왕(蓋鹵王)

진사왕(辰斯王)[1]은 근구수왕(近仇首王)의 중자(仲子 : 둘째 아들)요 침류(枕流)(王)의 아우다. 사람됨이 강용(強勇)하고 총명하며 지략(智略)이 많았다. 침류(枕流 : 王)가 돌아가자 태자(太子 : 阿莘)의 나이가 어리므로 숙부(叔父) 진사(辰斯)가 즉위하였다.[2]

2년 봄에 국내(國內) 사람의 15세 이상을 징발하여 관방(關防)을 설치하였는데, 청목령(靑木嶺 : 開城 부근)에서 시작해서 북쪽은 팔곤성(八坤城 : 위치 미상)에, 서쪽은 바다에 이르렀다. ○ 7월에 서리가 내려 곡물(穀物)을 해(害)하였다. ○ 8월에 고구려(高句麗)가 침범(侵犯)하여 왔다.

3년 정월에 진가모(眞嘉謨)를 배(拜)하여 달솔(達率)로 삼았고, 두지(豆知)를 은솔(恩率)로 삼았다. ○ 9월에는 말갈(靺鞨 : 東濊)과 관미령(關彌嶺 : 위치 미상)에서 싸웠으나 이기지 못하였다.

5년 9월에 왕이 군사를 보내서 고구려(高句麗)의 남변(南邊)을 침략하였다.

6년 7월에 패성(孛星 : 彗星)이 북하(北河)에 나타났다. ○ 9월에 왕이 달솔(達率) 진가모(眞嘉謨)를 명하여 고구려를 쳐 도곤성(都坤城 : 위치 미상)을 함락시키고 200명을 노획(虜獲)하였다. 왕이 가모(嘉謨)를 배(拜)하여 병관좌평(兵官佐平)을 삼았다. ○ 10월에 구원(狗原 : 위치 미상)에서 사냥하고 7일 만에 돌

---

1) 晉書(9) 孝武帝紀 太元 11년 4월條에는 姓名을 餘暉라고 했다.
2) 日本書紀(9) 神功紀 65년條에는 '百濟枕流王薨, 王子阿花年少, 叔父辰斯奪立爲王'이라 하여, 辰斯가 왕위를 簒奪하였다고 하였다. 阿花는 阿莘이다(註 5 참조).

아왔다.

7년 정월에 궁실(宮室)을 중수(重修)하고 못(池)을 파고 산(山)을 만들어서 이상한 짐승과 화초(花草)를 길렀다. ○ 4월에 말갈(靺鞨)이 북변(北邊)의 적현성(赤峴城 : 위치 미상)을 쳐서 함락시켰다. ○ 7월에는 나라 서쪽의 대도(大島 : 江華島 ?)에서 사냥하였는데 왕이 친히 사슴을 쏘았다. ○ 8월에 또 횡악(橫岳 : 지금의 橫城 ?)의 서쪽에서 사냥을 하였다.

8년 5월 초하루 정묘(丁卯)에 일식(日蝕)이 있었다. ○ 7월에 고구려왕(高句麗王) 담덕(談德 : 廣開土王)이 병사 4만 명을 거느리고 와서 북변(北邊)을 쳐 석현(石峴 : 지금의 開豊郡 靑石洞 ?) 등 10여 성을 함락시켰다. 왕은 담덕(談德)이 용병(用兵)에 능하다는 말을 듣고 나가 막지 못하니, 한수(漢水) 이북의 여러 부락이 많이 함락되었다. ○ 10월에 고구려가 관미성(關彌城[3] : 지금의 喬桐島 ?)을 쳐서 함락시켰다. ○ 왕이 구원(狗原)에서 사냥을 하였는데, 10일이 지나도 돌아오지 아니하였다. ○ 11월에 구원(狗原)의 행궁(行宮)에서 돌아갔다.[4]

아신왕(阿莘王)[5][혹은 阿芳이라고도 함]은 침류왕(枕流王)의 원자(元子 : 長子)니, 처음 한성(漢城) 별궁(別宮)에서 태어날 때 신령한 빛이 밤(의 어둠)을 비추었다. 장성(長成)함에 이르자 지기(志氣)가 호매(豪邁)하고 매(鷹) 사냥과 말(馬)타기를 좋아하였다. 왕(枕流王)이 돌아갈 때에 나이가 어린 까닭에 숙부(叔父) 진사(辰斯)가 위(位)를 계승하였는데, 8년에 돌아가자 즉위하였다.

---

3) 高句麗本紀 廣開土王 卽位年(실상은 2년) 冬 10月條에, '攻陷百濟關彌城, 其城四面峭絕, 海水環繞云云'이라고 하였다. 지금 喬桐島는 京畿 西海의 한 要鎭으로, 近朝鮮時代에는 京畿 水軍節度使 兼 三道統禦使의 本營이 되었던 곳이며, 島內에는 하늘을 찌를 듯한 높은 華蓋山이 있고, 또 그 산 위에는 英祖 때에 改築한 山城의 遺址가 있는데, 아마 이것이 옛날 三國時代의 關彌城 자리가 아니었던가 推察된다.

4) 日本書紀(권 10) 應神紀 3년條의 半說話의 記事에 의하면, 辰斯王은 피살된 것으로 되어 있다. 즉 '是歲, 百濟辰斯王立之, 失禮於貴國天皇, 故遣紀角宿禰 · 羽田矢代宿禰 · 石川宿禰 · 木菟宿禰 嘖讓其無禮狀, 由是百濟國殺辰斯王以謝之, 紀角宿禰等便立阿花爲王而歸'라고 하였는데, 이른바 '失禮於貴國天皇'이라고 한 文句 자체부터가 우스운 말이며, 또 그 無禮함을 나무라자, 國人이 辰斯王을 죽이고 사과하였다는 것도 물론 믿을 수 없는 이야기다. 단 王이 狗原에서 사냥하다가 그 곳 行宮에서 (갑자기) 돌아갔다고 한 것을 보면 어떤 事故로 非命에 돌아갔던 것이 아닐까 推察된다.

5) 阿莘은 阿華의 잘못인 듯. 日本書紀에는 阿花로 되어 있다. 그러면 (阿莘의 一名인) 阿蒡과도 서로 통하게 된다.

2년 정월에 동명묘(東明廟)에 배알(拜謁)하였고, 또 남단(南壇)에서 천지(天地)에 제사지냈다. ○ 진무(眞武)를 배(拜)하여 좌장(佐將)을 삼고 병마사(兵馬事)를 맡겼다. 무(武)는 왕(王)의 외숙(外叔)으로 침착·과감하고 큰 지략(智略)이 있어서 당시 사람들이 복종하였다. ○ 8월에 왕이 무(武)에게 이르기를, "관미성(關彌城)은 우리 북변(北邊)의 요해지(要害地)인데 지금은 고구려(高句麗)의 소유가 되었으니 이는 과인(寡人)의 통석(痛惜)하는 바다. 경(卿)은 마땅히 마음을 써서 설욕(雪辱)하라"고 하였다. ○ 드디어 병사 1만 명을 거느리고 고구려의 남경(南境)을 칠 것을 계획하고, 무(武)가 몸소 사졸(士卒)에 앞장서서 시석(矢石)을 무릅쓰고, 석현(石峴) 등 다섯 성(城)을 회복하려 하여, 먼저 관미성(關彌城)을 둘러쌌으나 고구려 사람이 성을 굳게 지켰다. 무(武)는 양도(糧道)가 이어지지 못하므로 군사를 이끌고 돌아왔다.

3년 2월에 장자(長子) 전지(腆支)를 세워 태자(太子)로 삼았다. ○ 죄수(罪囚)를 대사(大赦)하였다. ○ 서제(庶弟 : 異母弟) 홍(洪)을 배(拜)하여 내신좌평(內臣佐平)을 삼았다. ○ 7월에 고구려(高句麗)와 수곡성(水谷城 : 新溪) 아래에서 싸워 패배(敗北)하였다. ○ 태백(太白 : 金星)이 낮에 나타났다.

4년 2월에 패성(孛星 : 彗星)이 서북(西北)쪽에 나타났다가 20일 만에 없어졌다. ○ 8월에는 왕이 좌장(佐將) 진무(眞武) 등을 명하여 고구려를 치게 하였는데, 고구려왕(高句麗王) 담덕(談德 : 廣開土王)이 친히 군사 7,000 명을 거느리고 패수(浿水 : 禮成江) 강변(江邊)에 진을 치고 항거(抗拒)하니, 아군(我軍)이 크게 패(敗)하여 사자(死者)가 8,000 명이었다. ○ 11월에 왕은 패수전(浿水戰)을 보복하려 하여 친히 군사 7,000 명을 거느리고 한수(漢水)를 건너 청목령(靑木嶺 : 開成 부근) 밑에 이르렀으나, 대설(大雪)을 만나 사졸(士朝)이 많이 동사(凍死)하므로 회군(廻軍)하여 한산성(漢山城)에 이르러서 군사를 위로하였다.

6년 5월에 왕이 왜국(倭國)과 우호(友好)를 맺고 태자(太子) 전지(腆支)를 볼모로 삼았다.[6] ○ 7월에 한수(漢水) 남쪽에서 군사를 대열(大閱)하였다.

---

6) 日本書紀(권 10) 應神紀 8년 3월 '百濟人來朝' 下에 인용된 百濟記에는 '阿花王立, 无禮於貴國, 故奪我枕彌多禮及 峴南·支侵·谷那·東韓之地, 是以遣王子直支于天朝, 以脩先王之好也'라 하였다. 이 기록에도 日本人의 任意的인 改筆로 엮어져 있음을 알수 있다. 즉, 貴國이니 天朝니 하는 文句는 물론이고, 阿花王이 日本에 無禮하였다는 것도 造作인 筆法으로 보아야 하겠다. 百濟가 이 때 倭와 긴밀한 관계를 맺고자 한 것은 高句麗(廣開土王)의 南侵勢力에 대항하기 위한 政策에서 나온 것이라 하겠다.

7년 2월에 진무(眞武)로써 병관좌평(兵官佐平)을 삼고 사두(沙豆)로 좌장(佐將)을 삼았다. ○ 3월에 쌍현성(雙峴城 : 위치 미상)을 쌓았다. ○ 8월에 왕이 장차 고구려(高句麗)를 치려고 군사를 내어 한산(漢山) 북책(北柵 : 蛇城, 즉 지금의 風納里土城인 듯)에 이르렀는데, 그날 밤에 큰 별이 군영(軍營) 안에 떨어져 소리가 났다. 왕이 심히 꺼려 (征伐을) 중지하였다. ○ 9월에 도내(都內)의 인민(人民)을 모아 서대(西臺)에서 활쏘기를 연습케 하였다.

8년 8월에 왕이 고구려를 치려 하여 크게 병마(兵馬)를 징발하였다. 백성들은 병역에 괴로워 신라로 많이 도망하니 민호(民戶)가 쇠잔(衰殘)하였다.

9년 2월에 패성(孛星)이 규(奎)·루(婁 : 서쪽)에 나타났다. ○ 6월 초하루 경진(庚辰)에 일식(日蝕)이 있었다.

11년 여름에 크게 가물어 벼싹이 타서 마르므로 왕이 친히 횡악(橫岳)에 제사지냈더니 비가 왔다. ○ 5월에 사신을 왜국(倭國)에 보내어[7] 큰 구슬(大珠)을 구하였다.

12년 2월에 왜국(倭國)에서 사자(使者)가 오니 왕이 이를 맞아 위로함이 특히 후하였다. ○ 7월에 군사를 보내어 신라(新羅)의 변경을 침범하였다.

14년 3월에 백기(白氣)가 왕궁(王宮) 서쪽에서 일어났는데 마치 필련(匹練 : 비단)과 같았다. ○ 9월에 왕이 돌아갔다.

전지왕(腆支王)〔혹은 直支[8]라고도 함〕은 양서(梁書)에는 이름을 영(映 : 腆의

---

7) 日本書紀(권 10) 應神 14년 2월條에 의하면, 이 해 2월에 百濟는 眞毛津이라는 縫衣工女를 倭에 보냈다 하고(應神 14년 癸卯는 그 延長 120년을 削減하면 阿莘王 12년 癸卯에 해당한다), 또 同年에 弓月君이 百濟에서 倭로 갔다는 설화도 보인다. 그리고 翌年(應神 15년, 百濟 阿莘王 13년) 8월條에 의하면, 百濟王이 阿直岐를 보내어 良馬 2필을 전하고 倭太子(菟道稚郎子)에게 經典을 가르쳤으며, 또 翌年(應神 16년)에는 王仁이 가서 역시 太子의 스승이 되어 모든 典籍을 가르쳤다고 한다. 그런데 古事記(中卷) 應神條에 의하면, 阿直岐를 阿知吉師, 王仁을 和邇吉師(와니키시)라 하여 모두 百濟의 照古王(近肖古王) 때의 人物로 되어 있고, 和邇吉師는 특히 論語 10권과 千字文(鍾繇作)을 전하였다고 한다. 이 밖에 冶工(名 卓素)·吳服師(織造工, 名 西素) 등도 倭에 보냈다고 한다. 古書記 쪽이 더 자세하나 年代는 阿莘王(阿花王) 때로 보는 日本書紀 편이 옳은 것 같다.

8) 三國遺事 王曆篇에는 '一作眞支王'이라고 하였는데, 眞支는 直支의 잘못일 것이다. 翰苑 所引 宋書에는 腆이라 하고, 通典에도 腆이라고 하였다. 腆(映)이 옳을 것이다. 梁書의 映은 字體의 近似에서 생긴 착오일 것이다.

誤 ?)이라고 하였다. 아신(阿莘)의 원자(元子)로서 아신왕(阿莘王) 재위(在位) 3년에 태자(太子)에 책립되었다. 그 6년에 왜국(倭國)에 볼모로 갔다가, 14년에 왕(阿莘)이 돌아가자 왕의 차제(次弟) 훈해(訓解)가 섭정(攝政)을 하며 태자(太子)의 환국(還國)을 기다렸는데, 계제(季弟: 末弟) 설례(碟禮)가 훈해(訓解)를 죽이고 스스로 왕이 되었다. 전지(腆支)가 왜(倭)에서 (阿莘王의) 부음(訃音)을 듣고 곡읍(哭泣)하며 귀국(歸國)하기를 청하니 왜왕(倭王)이 병사(兵士) 100명으로써 호송(護送)하였다. 국경(國境)에 이르자 한성(漢城) 사람 해충(解忠)이 와서 고(告)하기를, "대왕(大王)이 돌아가자 왕제(王弟) 설례(碟禮)가 형(兄)을 죽이고 스스로 왕이 되었으니, 원컨대 태자(太子)는 경솔히 들어가지 마소서"라고 하였다. 전지는 왜인(倭人)을 머물게 하여 자위(自衛)하며 해도(海島)에 의거하고 기다렸는데 나라 사람이 설례를 죽이고 전지를 맞아 즉위케 하였다. 비(妃)는 팔수(八須)부인이니, 아들 구이신(久尒辛)을 낳았다.

2년 정월에 왕이 동명묘(東明廟)에 배알(拜謁)하고 남단(南壇)에서 천지(天地)에 제사(祭祀)지냈으며, 죄수를 대사(大赦)하였다. ○ 2월에 사신을 진(晉: 東晉)에 보내어 조공(朝貢)하였다. ○ 9월에 해충(解忠)으로 달솔(達率)을 삼고 한성(漢城)의 조(租) 1,000석을 주었다.

3년 2월에 서제(庶弟: 異母弟) 여신(餘信)을 배(拜)하여 내신좌평(內臣佐平)을, 해수(解須)로 내법좌평(內法佐平)을, 해구(解丘)로 병관좌평(兵官佐平)을 삼으니 모두 왕의 친척이었다.

4년 정월에 여신(餘信)을 배(拜)하여 상좌평(上佐平)[9]을 삼고, 군국정사(軍國政事)를 맡겼다. 상좌평(上佐平)의 직(職)은 이로부터 비롯하니, 마치 오늘의 총재(冢宰: 首相)와 같다.

5년에 왜국(倭國)이 사신을 보내어 야명주(夜明珠)를 보내니 왕이 그 사신을 우례(優禮)로 대접하였다.

11년 5월 갑신(甲申)에 혜성(彗星)이 나타났다.

---

9) 上佐平은 마치 新羅의 上大等에 對比되는 職과도 같이 생각된다. 그런데 日本書紀 (권 19) 欽明紀 4년 12월條에는 百濟의 三佐平으로, 上佐平·中佐平·下佐平 등의 官職名이 나타나고 있다. 上佐平에게 軍國政事를 맡기고, 그 職이 冢宰와 같았다는 本文記事로 보면, 上佐平은 6佐平 上位에 있는 首相職인 것이 틀림없다. 日本書紀에 보이는 中佐平·下佐平은 上佐平을 輔佐하는 職이었던가 생각된다.

12년에 동진(東晉)의 안제(安帝)가 사신을 보내어 왕(王)을 책명(册命)하여 '사지절도독백제제군사진동장군백제왕(使持節都督百濟諸軍事鎭東將軍百濟王)'[10]을 삼았다.

13년 정월 초하루 갑술(甲戌)에 일식(日蝕)이 있었다. ○ 4월에 가물어서 백성이 굶주렸다.

○ 7월에 동북(東北) 2부(部)의 사람으로 15세 이상을 징발하여 사구성(沙口城 : 위치 미상)을 쌓았는데, 병관좌평(兵官佐平) 해구(解丘)로 하여금 역사(役事)를 감독케 하였다.

14년 여름에 사신을 왜국(倭國)에 보내어 백면(白綿 : 蠶綿) 10필을 보냈다.

15년 정월 무술(戊戌)에 패성(孛星)이 태미(太微)[11]에 나타났다. ○ 11월 초하루 정해(丁亥)에 일식(日蝕)이 있었다.

16년 3월에 왕이 돌아갔다.[12]

구이신왕(久尒辛王)[13]은 전지왕(腆支王)의 장자(長子)니, 전지왕이 돌아가자 즉위하였다. (是歲)[14]

8년 12월에 왕이 돌아갔다.

---

10) 宋書 夷蠻傳 東夷 百濟條에 '百濟略有遼西, 百濟所治, 謂之晉平郡晉平縣, 義熙 十二年(東晉安帝), 以百濟王餘映(腆의 誤) 爲使持節都督百濟諸軍事鎭東將軍百濟王'이라 한 것이 그것인데, 여기에 '百濟略有遼西'云云은 사실상 믿기 어려운 말이다.

11) 星垣名. 3垣의 하나.

12) 日本書紀(권10) 應神紀 25년條에는 이 해에 百濟 直支王(腆支王)이 돌아가고 아들 久尒辛이 즉위한 양으로 되어 있으나, 이 연대는 잘못이다. 당시의 日本紀年은 우리 三國紀年보다 꼭 120년을 위로 연장시켰으므로, 그만큼 削減시키면 應神 21년(庚申)에 해당하니, 百濟本紀의 王의 崩年과 들어맞는다. 그러므로 書紀의 25년說은 잘못이다.

13) 宋書 百濟傳에는 위에서 이미 말한 바와 같이 東晉 安帝 義熙 12년(百濟 전지왕 12년)에 百濟 餘映(腆의 잘못)을 책봉한 기사가 보이고, 그 밑에 또 宋武帝 卽位初와 文帝 元嘉 2년(久尒辛王 6년)에도 映을 책봉한 기사가 보이는데, 後節의 記載는 前王이 계속 生存한 양으로 誤認한 것이니, 이러한 예는 많다.

14) 宋書 武帝紀 및 百濟傳에 의하면, 久尒辛王은 永初 원년(구이신왕 원년)에 宋에 사신을 보내 鎭東大將軍의 號를 받았고, 景平 2년(구이신왕 5년)에는 長史 張威를 사신으로 보냈다. 上述과 같이 元嘉 2년(구이신왕 6년)에도 宋太祖(文帝)가 사신을 보내어 百濟王의 충성을 기리는 詔書를 내렸는데, 그 후 每歲 百濟는 사신을 宋에 보냈다고 한다. 구이신왕代에 宋과의 通交가 활발했음을 알 수가 있다.

비유왕(毗有王)[15]은 구이신왕(久이辛王)의 장자(長子[16][혹은 腆支王의 庶子라고도 하나 어느 것이 옳은지 알 수 없다]니 외모(外貌)가 아름답고 구변(口辯)이 있어서 사람들에게 추중(推重)을 받았다. 구이신왕이 돌아가자 즉위하였다.

2년 2월에 왕이 4부(部)[17]를 순무(巡撫)하고 가난한 자에게 차등을 두어 곡식을 주었다. ○ 왜국(倭國)의 사신이 왔는데[18] 종자(從者)가 50명이었다.

3년 가을에 사신을 송(宋)에 보내어 조공(朝貢)하였다. ○ 10월에 상좌평(上佐平) 여신(餘信)이 죽었으므로 해수(解須)로 상좌평(上佐平)을 삼았다. ○ 11월에 지진이 있었고, 큰 바람이 불어 기와를 날렸다. ○ 12월에 얼음이 얼지 아니하였다.

4년 4월에 송(宋)의 문황제(文皇帝)는 왕이 다시 직공(職貢)을 닦으므로, 사신을 보내어 선왕(先王) 영(映)[19]의 작호(爵號)를 책수(册授)하였다[腆支王 12년에 東晉이 册命하여 使持節都督百濟諸軍事鎭東將軍百濟王을 삼았다].

7년 봄과 여름에 비가 오지 않았다. ○ 7월에 사신을 신라(新羅)에 보내어 화친(和親)을 청하였다.[20]

8년 2월에 사신을 신라에 보내어 양마(良馬) 2필을 주었다. ○ 9월에 또 백응(白鷹 : 흰 매)을 보냈다. ○ 10월에 신라가 양금(良金 : 新羅紀에는 黃金이라 함)과 명주(明珠)로써 보빙(報聘)하였다.

14년 4월 초하루 무오(戊午)에 일식(日蝕)이 있었다. ○ 10월에 사신을 송(宋)에 보내어 조공(朝貢)하였다.

<hr>

15) 宋書 夷蠻傳 百濟條에는 姓名을 餘毗라 하였는데, 王名을 이렇게 中國式으로 單綴音으로 한 例는 많다.
16) 三國遺事(王曆)에도 구이신왕의 아들이라고 하였다.
17) 東西南北의 4部를 말하는 것 같으나, 구체적인 내용을 잘 알 수 없다.
18) 日本書紀(권 10) 應神紀 39년 2月條에는 도리어 이 해에 百濟의 直(腆)支王이 그 妹 新齊都媛을 倭國에 보냈는데, 그 때 新齊都媛이 7人의 婦女를 거느리고 갔다고 하였다. 虛僞延長된 당시의 日本紀年을 우리 紀年에 맞추어 보면 구이신왕 2년(辛酉)에 해당하므로, 應神 39년의 年代는 잘못이고, 또 直支王이라 한 것도 잘못이다.
19) 宋에서는 구이신왕 시대를 前王 腆支王이 계속 生存한 양으로 誤認하였기 때문에 映이라 한 것이다.
20) 新羅本紀 訥祇麻立干 17년條에 의하면, 新羅는 百濟의 요구에 '從之'라 하였고, 또 翌年條에 나타나는 濟·羅의 相互交聘記事를 보면, 이것은 兩國間의 역사적인 友好關係를 의미하는 것이니, 아마 高句麗의 압박에 대응하기 위한 양국의 提携라고 볼 수 있다.

(17년)²¹⁾

21년 5월에 궁성(宮城) 남쪽 못(池) 속에서 수레바퀴와 같은 불꽃이 일어나 밤새도록 타다가 꺼졌다. ○ 7월에 가물어 곡식이 되지 아니하니 인민(人民)이 굶주려 신라(新羅)로 유이(流移)하는 자가 많았다.

(24년)²²⁾

28년에 별이 비처럼 떨어지고, 패성(孛星 : 彗星)이 서북(西北)에 나타났는데, 길이가 2장 가량 되었다. ○ 8월에 누리가 있어 곡물(穀物)을 해(害)하였다. 이 해에 기근(饑饉)이 들었다.

29년 3월에 왕이 한산(漢山)에서 사냥을 하였다. ○ 9월에 흑룡(黑龍)이 한강(漢江)에 나타났는데 잠깐 동안 운무(雲霧)가 끼어 캄캄하더니 날아가 버렸다. ○ 왕이 돌아갔다.

개로왕(蓋鹵王)²³⁾〔혹은 近蓋婁²⁴⁾라고도 함〕은 휘(諱)가 경사(慶司)²⁵⁾니 비유왕(毗有王)의 장자(長子)다. 비유왕이 재위(在位) 29년에 돌아가자 위(位)를 계승하였다.²⁶⁾

(4년)²⁷⁾

---

21) 이 해에도 宋에 사신을 보냈다(宋書 권 5 文帝紀 元嘉 20년條).
22) 이 해(元嘉 27년)에도 宋에 사신을 보낸 바 있는데, 이 때 易林式占과 腰弩를 求해 받아 왔다 한다(宋書 夷蠻傳 百濟條).
23) 日本書紀(권 14) 雄略紀 5년 4월條에는 '加須利君'이라고도 하였다.
24) 近肖古·近仇首와 같이 제 4대 蓋婁王과 구별하기 위하여 後代에 '近'字를 添加한 것이다(蓋鹵와 蓋婁는 同音異字).
25) 宋書·魏書 등에 餘慶이라 하여 諱를 慶(單綴音)이라 했다.
26) 日本書紀(권14) 雄略紀 2년 7월條에 인용된 百濟新撰에 의하면, 蓋鹵王은 己巳年에 즉위하였다고 한다. 蓋鹵王 전후의 己巳年은 西紀 429년(毗有王 3년) 및 489년(東城王 11년)에 해당하므로 도저히 믿을 수 없다.
27) 宋書 夷蠻傳 百濟條에 의하면, 宋의 大明 원년(蓋鹵王 3년)·大明 2년(개로왕 4년)과, 同書(권 8) 明帝紀에 의하면 泰始 3년(개로왕 13년)·泰始 7년(개로왕 17년) 등에 사신을 보낸 바 있었다. 그 중 大明 2년(개로왕 4년)에는 濟王이 行冠軍將軍 右賢王 餘紀 등 11人을 보내면서 그들에 대한 賜爵을 請하였던바, 宋에서는 行冠軍將軍 右賢王 餘紀는 冠軍將軍을 삼고, 行征虜將軍 左賢王 餘昆과 行征虜將軍 餘暈는 다 征虜將軍으로, 行輔國將軍 餘都와 餘乂는 다 輔國將軍으로, 行龍驤將軍 沐衿과 餘爵은 龍驤將軍으로, 行寧朔將軍 餘流와 麋貴는 다 寧朔將軍을, 行建武將軍 于西와 餘婁는 다 建武將軍을 삼았다고 한다.

(7년)[28]

14년 10월 초하루 계유(癸酉)에 일식(日蝕)이 있었다.

15년 8월에 장수를 보내어 고구려(高句麗)의 남변(南邊)을 침범하였다. ○ 10월에 쌍현성(雙峴城 : 위치 미상)을 수리하고, 청목령(靑木嶺 : 위치 미상)에 대책(大柵)을 설치하고, 북산산성(北漢山城)의 사졸(士卒)을 나누어 지키게 하였다.

18년에 사신을 위(魏 : 北魏)에 보내어 글월을 전하여 말하기를, "신이 나라를 극동(極東)에 세웠는데 시랑(豺狼 : 高句麗를 말함)이 길을 막으니, 대대로 (大國의) 영화(靈化 : 敎化)를 받으나 번병(藩屛 : 諸侯)을 받들 길이 없으니 멀리 제궐(帝闕)을 바라보면 달리는 정(情)이 끝없건만 양풍(涼風 : 北風)의 응(應)함이 없었습니다. 생각건대 황제폐하(皇帝陛下)는 천휴(天休 : 天命)에 협화(協和)하니 앙모(仰慕)의 정(情)을 이길 수 없습니다. 삼가 본국(本國)의 관군장군부마도위불사후장사(冠軍將軍駙馬都尉弗斯候長史) 여례(餘禮)와 용양장군대방태수사마(龍驤將軍帶方太守司馬) 장무(張茂) 등을 보내어 험한 해도(海濤)에 배를 띄워 명진(溟津)으로 길을 찾아 목숨을 자연의 운수에 맡기고 정성의 만분의 일이나마 보내는 것이니, 바라건대 천신지기(天神地祇)가 (이에) 감동하시고 황령(皇靈 : 皇帝의 神靈)이 크게 보호하여 천정(天庭 : 皇帝의 居處)에 능히 도달해서 신의 뜻을 통달하게 된다면 비록 (그 소식을) 아침에 듣고 저녁에 죽더라도 길이 여한(餘恨)이 없겠습니다"하였다. 또 이르기를 "신은 고구려(高句麗)와 더불어 근원이 부여(扶餘)에서 나왔으므로 선세시(先世時)에는 (고구려가) 구의(舊誼)를 굳게 존중하더니, 그 조(祖) 소(釗 : 소, 斯由의 反切, 즉 故國原王)가 가벼이 우호(友好)를 깨뜨리고 친히 군사를 거느리고 우리의 국경을 침범하므로, 신의 조(祖) 수(須 : 近仇首)가 군사를 정비하여 번개같이 달려가 기회를 타서 공격하니 잠시 교전 끝에 소(釗 : 故國原王)의 목을 베어 효시(梟示)하게 된 것입니다.[29] 이로부터는 감히 남쪽을 돌아보지 못하더니 풍씨(馮氏)의

---

28) 日本書紀(권 14) 雄略紀 5년(辛丑)條에 인용된 百濟新撰에 의하면 이 해(辛酉)에 王은 아우 琨支를 日本에 보내어 先王의 友好를 닦았다고 한다. 이른바 琨支는, 즉 三國史記(濟紀)의 昆支인데, 史記에는 昆支를 文周王의 아우요, 東城王의 아버지라고 하였다(권 제 26 百濟本紀 제 4 東城王條 참조).

29) 須(近仇首)는 父王(近肖古王)과 함께 出戰하였지만, 平壤 進擊에는 아마 太子만이 遂行하였기 때문에 특히 須를 내세운 것 같고, 또 梟斬釗首云云은 물론 과장된 표현이다. 실은 麗王이 流矢에 맞아 전사하였던 것이다.

운수(運數)가 다하여[30] 그 여류(餘類)가 도망해 온 이래로 추류(醜類 : 高句麗의 일컬음)가 점차 성(盛)하여져서[31] 드디어 (百濟는) 업수이여김과 핍박을 당하게 되므로 원한(怨恨)을 맺고 화(禍)를 연속(連續)함이 30 여 년을 지나니 재물(財物)이 다하고 힘이 다하여 점차 저절로 쇠약(衰弱)하여졌습니다. 만일 황제(皇帝)의 인자(仁慈)와 간절한 긍휼(矜恤)이 멀리 미치지 않는 곳이 없다면 속히 장수(將帥)를 보내어 우리 나라를 와서 구해 주소서. 마땅히 비녀(鄙女)를 보내어 후궁(後宮)을 소제(掃除)케 하고, 아울러 자제(子弟)를 보내어 외양간에서 양마(養馬)케 하며, 한 척의 땅, 한 사람의 지아비라도 감히 자유(自有)하지 않겠습니다"하였다. 또 이르기를, "지금 연(璉 : 長壽王)이 죄(罪)가 있어 나라가 스스로 어육(魚肉)이 되고, 대신(大臣) · 호족(豪族)의 살륙(殺戮)이 그지없어 죄악(罪惡)이 (天地에) 차(盈)고 쌓여 인민(人民)이 이산(離散)하니 이는 멸망의 시기요, 가수(假手 : 힘을 빎)의 때입니다. 게다가 풍족(馮族 : 北燕)의 군사와 군마(軍馬)는 조축(鳥畜)[32]의 변(變)을 가지고 있으며, 낙랑(樂浪) 제군(諸郡)은 수구지심(首丘之心)[33]을 품고 있으니, 천자(天子)의 위엄(威嚴)이 한 번 움직여 토벌(討伐)을 행한다면 싸울 것도 없을 것이며 신도 비록 불민(不敏)하지만, 온 힘을 다하려고 마음을 먹고 있으므로 마땅히 통솔(統率)하려는 바(軍隊)를 거느리고 성풍(聲風)을 이어 호응(呼應)할 것입니다. 또 고구려(高句麗)는 불의(不義)하여 반역(叛逆)과 사위(詐僞)가 한 가지만이 아니니, 밖으로는 외효(隗囂)[34]의 번수(藩守)의 말을 사모(思慕)하고, 안으로는 흉악한 시돌(豕突 : 猪突)의 행위를 품어, 혹은 남(南)으로 유씨(劉氏[35] : 宋)와 통(通)하고 혹은

30) 北魏의 征伐을 받고 망한 北燕의 王馮弘이 高句麗로 망명하여 온 것을 말하는 것이다(長壽王 24년, 毗有王 10년, 西紀 436년).
31) 馮弘의 亡命 이래로 高句麗가 漸盛하여졌다고 한 것은 北魏의 敵愾心을 일으키려는 煽動的 語句에 불과하다.
32) 집에서 기르는 새와 짐승이 主人을 따르는 정을 말함.
33) 禮記(檀弓上)에 '狐死, 正首丘, 仁也'라고 한 데서 나온 말이다. 여우는 죽을 때에 머리를 본래 살던 언덕으로 향한다는 것이니, 그 근본을 잊지 않는 마음이란 말이다.
34) 隗囂는 王莽 末에 隴西에 웅거하여 西州上將軍이라 일컫고 劉玄을 받들더니, 뒤에 後漢의 光武帝를 섬겼다. 그러나 다시 叛하여 公孫述에게 붙었는데, 光武帝의 征伐을 받고 西域으로 도망가 죽었다. 反覆無常한 人物.
35) 南朝의 하나로서 劉裕가 東晋으로부터 禪讓을 받아 建國하였다. 建康(江蘇 江寧)에 都邑을 정하고 揚子江과 珠江 일대를 지배하였는데, 八主 59년 만에 南齊에게 망하였다.

북(北)으로 연연(蠕蠕)³⁶⁾과 맹약(盟約)하여 서로 순치(脣齒)와 같이 상의(相依)하여 왕략(王略)을 능범(凌犯)하려고 꾀합니다. 옛날 당요(唐堯)는 지성(至聖)이었지만, 단수(丹水)에서 벌하였으며,³⁷⁾ 맹상군(孟嘗君)³⁸⁾은 인자(仁者)라 일컬었지만 길에서 꾸짖는 말을 외면(外面)하지 아니하였습니다. 조그마한 물줄기도 마땅히 빨리 막아야 하는 것이니, 지금 만일 정복(征服)하지 않으면 장차 후회를 남기게 될 것입니다. 지난 경진년(庚辰年 : 毗有王 14년, 長壽王 廿8년) 후에 우리 서계(西界)의 소석산(小石山) 북쪽·해중(海中)에서 10여 명의 시체를 발견하고 아울러 의기(衣器 : 衣服과 器物)·안륵(鞍勒 : 안장과 굴레)을 얻었는데, 보니까 고구려(高句麗)의 것이 아니라, 뒤에 들으니 이는 곧 황제(皇帝)의 사신이 우리 나라로 내려오던 중 장사(長蛇 : 高句麗를 일컬음)가 길을 막아 바다에 침몰시킨 것이었습니다. 비록 자세히 알 수는 없으나 깊이 분노를 느끼게 됩니다. 옛날 송(宋)이 신주(申舟)를 죽이니 초장왕(楚莊王)이 맨발로 걸었고,³⁹⁾ 새매(鷂)가 놓아준 비둘기를 잡으니 신릉군(信陵君)⁴⁰⁾이 식사(食事)를 하지 않았다 합니다. 적(敵)을 이겨 이름을 세우는 것은 그지없이 아름답고 높은 일입니다. 저 조그마한 변방(邊方)의 나라들도 오히려 만대(萬代)의 신의(信義)를 사모하는데 하물며 폐하(陛下)는 천지(天地)의 기(氣)를 모으고 세(勢)는 산해(山海)를 기울이니 어찌 이제 소견(小堅 : 어린애)으로 하여금 황제(皇帝)의 통로를 막게 하십니까. 지금 얻은 안장(鞍) 하나를 바치어 실제 징험케 하는 것입니다" 하였다. ○ 현조(顯祖 : 魏 孝文帝)는 (百濟가) 매우 먼 곳에서 험난을 무릅쓰고 조공(朝貢)하였다 하여 예우(禮遇)를 심히 후하게 하고 사신 소안(邵安)을 시켜 (百濟의) 사신과 함께 돌아가게 하였다. (宋帝의) 조서(詔

---

36) 柔然이라고도 하는 北狗의 일종이다. 처음 拓跋氏에 속하였으나 社崙이 柔然可汗이 되면서 內外蒙古를 統領하더니, 후에 後魏에게 패하고, 이어 突厥에게 멸하였다.

37) 丹水는 江名. 堯가 이 丹水浦에서 苗蠻과 싸워 그에게 항복받은 사실을 가리킨 것이다.

38) 名은 田文. 中國 戰國時代 齊의 宰相으로, 賢士를 招致하여 食客이 數千人에 달한 유명한 사람이다. 일찍이 孟嘗君이 趙에 들렀을 때 趙人이 그를 비웃으니, 怒하여 同行者와 함께 數百人을 擊殺하고 1縣을 멸하였다 한다.

39) 申舟는 戰國時代 楚의 大夫. 楚莊王의 命을 받아 齊에 사신으로 갔었는데 도중에 宋에게 살해당하였다. 莊王은 이 말을 듣고 극도로 분노하여 맨발로 걸어 나왔다고 한다. 莊王은 드디어 군사를 일으켜 宋을 쳤다.

40) 名은 無忌. 戰國時代 魏昭王의 公子로 食客 3千人을 길러 유명하다.

書)에 이르기를, "(그대의) 글월을 받고 무양(無恙)함을 알게 되니 매우 기쁘다. 그대가 동변(東邊) 오복외(五服外)⁴¹⁾에 있으면서 산해(山海)를 멀다 하지 않고 위궐(魏闕)에 정성을 바치니 지극한 뜻을 기꺼이 여겨 가슴에 품었도다. 나는 만세(萬世)의 업(業)을 이어 사해(四海)에 군림(君臨)하고 군생(群生)을 통어하니, 지금 천하가 태평하고 팔방(八方) 밖에서까지 귀순하여 어린애를 강보(襁褓)에 싸업고 이르는 자가 수(數)를 헤아릴 수 없다. 풍속(風俗)의 화순(和順)과 사마(士馬)의 성(盛)함은 모두 그대의 사신인 여례(餘禮) 등이 친히 듣고 본 바다. 그대는 고구려(高句麗)와 화목(和睦)지 못하여 누차 침범을 당하였지만, 진실로 능히 의(義)에 순응(順應)하고 인(仁)으로써 지킨다면 구수(寇讐)를 근심할 것이 무엇 있으리요. 앞서 보낸 사신은 바다에 떠서 황외(荒外)⁴²⁾의 나라(百濟 등)를 위무(慰撫)케 하였는데, 지금까지 여러 해가 되도록 돌아오지 않으니, 살았는지 죽었는지 (거기에) 도착했는지 못했는지를 분명히 알 수가 없다. 그대가 보낸 안장(鞍)은 옛것과 비교해 보았더니 중국(中國)의 물건이 아니다. 비슷하다고 생각하는 것을 가지고 반드시 그렇다고 단정하는 과오(過誤)를 일으켜서는 아니된다. 경략(經略)의 요(要)는 별지(別旨)에 갖추어 있다"고 하였다. 또 (그) 조서(詔書)에 이르기를, "(아래의 事實을) 알았다. (즉) 고구려(高句麗)가 강함을 믿고 그대의 국토(國土)를 침범하여 선군(先君 : 故國原王의 일컬음)의 구원(舊怨)을 갚으려고 백성을 편안케 하는 대덕(大德)을 버리고 말았다. 전쟁(戰爭)이 여러 해에 걸치니 먼 변경(邊境)을 단속키 어려울 것이다. 그래서 사절(使節)은 신서(申胥)의 성(誠)⁴³⁾을 겸하고 나라에는 초월(楚越)의 급(急)⁴⁴⁾이 있으니, 이에 응당 의(義)를 펴고 약(弱)을 도와 기회를 타서 뇌격(雷擊)해야 할 일이다. 그러나 고구려는 선조(先祖)에 칭번(稱藩)하여 봉공(奉供)함이 오래이고, (또) 비록 저(高句麗)에게는 예로부터의 간극(間隙)이 있

---

41) 京師를 중심으로 천하를 甸, 侯, 綏, 要, 荒의 五服으로 나누었으니, 五服外라면 지극히 먼 外地를 의미한다.

42) 五服의 맨 마지막인 荒服의 밖이란 뜻.

43) 申胥는 申包胥를 이름이니, 春秋時代 楚의 大夫였다. 吳의 군사가 楚에 쳐들어오자 包胥는 秦에 가서 구원병을 청하였는데 담(牆)에 의지하여 哭하며 晝夜로 그치지 않았고, 한 모금의 물도 마시지 않기를 7일 동안이나 하였다. 이에 秦이 軍隊를 내어 楚의 困難을 救하여 주었다고 한다.

44) 楚昭王이 吳의 침략을 받아 秦에게 구원을 請하던 일과, 越王 句踐이 吳王 夫差에게 敗하여 會稽山에서 항복을 哀乞하던 것과 같은 위급한 형세를 말함.

었지만, 나라(魏)에 대하여 아직 영(令)을 범(犯)한 잘못이 없다. 그대의 사명
이 처음으로 통(通)하여 정벌할 것을 요구하나 사리(事理)를 검토하여 보니 이
유가 또한 충분치 못하다. 그러므로 왕년(往年)에 예(禮) 등을 시켜 평양(平壤)
에 가서 그 사유(事由)를 징험하려 하였던 것이다. 그러나 고구려의 주청(奏
請)이 빈번하고 사리(辭理)가 모두 맞으니, 행인(行人:使臣을 말함)이 그 청
(請)을 막을 수 없고, 사법(司法:刑律을 맡은 官)이 그 죄책(罪責)을 만들 수가
없었다. 그래서 그 아뢰는 바를 들어 예(禮) 등에게 명하여 돌아오게 하였다.
만일 이제 다시 (나의) 뜻을 어긴다면 그의 잘못이 더욱 드러날 것이요, 뒤에
비록 스스로 변명한다 하더라도 죄(罪)를 벗을 수가 없을 것이니, 그런 연후에
군사를 일으켜 친다면 의(義)에 합당할 것이다. 구이(九夷)의 나라들은 대대
(代代)로 해외(海外)에 살면서 도(道)가 창달되면 번례(藩禮)를 받들고 은혜가
그치면 자국(自國)을 보전(保全)할 뿐이었다. 그러므로 기미(羈縻:隷屬關係)의
일은 전적(典籍)에 나타나되 고시(楛矢)의 공(貢)[45]은 세시(歲時)에 그쳤다. 그
대가 강약(強弱)의 형세(形勢)를 구진(具陳)하고 과거의 행적(行迹)을 열거하였
는데 풍속(風俗)과 사정(事情)이 수이(殊異)하며 (무엇을) 주려고 하되 마음에
맞지 않는다. (中國의) 큰 규례(規例)와 큰 책략(策略)은 아직도 존재하고 지금
중하(中夏:中華)는 평정 통일(平定統一)하여 국내(國內)에 근심이 없으므로 매
양 극동(極東)에 위(威)를 펴고 역외(域外)에 정기(旌旗)를 날려 편방(偏方)에서
황려(荒黎:外方의 百姓)를 구(救)하고 원방(遠方)에 황풍(皇風)을 펴려고 하는
그것이 실제로 고구려(高句麗) 때문에 나타나려고 하였으나 미처 정벌(征伐)을
도모하지 못하였다. 지금 만일 (고구려가) 조지(詔旨)를 따르지 않는다면 그대
의 요구가 나의 뜻에 합치하는 것이다. 대군(大軍)의 출동이 장차 멀지 않다고
할 것이니, 미리 함께 동원(動員)하여 사기(事機)를 기다릴 것이며, 때로 보사
(報使)를 보내어 속히 저들이 정황(情況)을 구명(究明)하여라. 군사를 일으키는
날에는 그대가 향도(嚮導)의 우두머리가 될 것이요, 대첩(大捷)한 뒤에는 또
원훈(元勳)의 상(賞)을 받을 것이니 또한 좋지 않겠는가. 공헌(貢獻)한 금포(錦
布)와 해물(海物)은 비록 모두 도달하지는 않았으나 그대의 지극한 마음을 명
언(明言)하는 바이다. 지금 별지(別紙)와 같은 잡물(雜物)을 증여(贈與)한다"고
하였다. 또 연(璉:長壽王)에게 조서(詔書)를 내려 안(安:魏使의 이름) 등을 (百

---

45) 楛矢는 광대싸리로 만든 화살. 石砮(石鏃)와 한가지로 古來 東夷族의 所産으로 유명
하다.

濟에) 호송케 하였다. 안(安) 등이 고구려(高句麗)에 이르니, 연(璉)이 말하기를, 전일에 여경(餘慶 : 蓋鹵王)과 원수졌다 하고 동(東)으로 통과시키지 아니하였다. 안(安) 등이 이에 모두 돌아왔다. 조서(詔書)를 (高句麗에) 보내어 준절히 책망하였다. 뒤에[46] 안(安) 등으로 하여금 동래(東萊 : 登州)로부터 해로(海路)로 가서 여경(餘慶 : 蓋鹵王)에게 새서(璽書)[47]를 전하여 그 성절(誠節)을 포창케 하였는데, 안(安) 등이 해변(海邊)에 이르러 바람을 만나 부동(浮動)하다가 끝내 도달하지 못하고 귀국하였다. ○ (蓋鹵)왕은 고구려인(高句麗人)이 누차 변경(邊境)을 침범하므로 위(魏)에 글월을 보내어 군사를 청하였으나 듣지 아니하였다. 왕이 이를 원망하여 드디어 조공(朝貢)을 끊었다.

21년[48] 9월에 고구려왕(高句麗王) 거련(巨璉 : 長壽王)이 군사 3 만 명을 거느리고 와서[49] 왕도(王都) 한성(漢城 : 南漢山城과 그 北側의 春宮里)을 포위하였다. 왕은 성문(城門)을 닫고 능히 나가 싸우지 못하였다. 고구려인(高句麗人)이 군사를 네 길로 나누어 협공(挾攻)하고, 또 바람을 이용하여 불을 질러 성문을 태우니 사람들이 두려워하여 나아가 항복하려는 자도 있었다. 왕은 궁박(窮迫)하여 어찌할 바를 몰라 수십 명의 기병을 거느리고 문(門)을 나서 서쪽으로 달아났으나, 고구려인이 쫓아가 살해하였다. ○ 이 앞서 고구려 장수왕(長壽王)이 몰래 백제(百濟)를 도모하려 하여 간첩(間諜)으로 갈 수 있는 자를 구하였다. 이 때에 승(僧) 도림(道琳)이 응모(應募)하여 말하기를, "우승(愚僧)이 아직 도(道)를 알지 못하였으므로 (돌이켜) 국은(國恩)에 보답(報答)하고자 생각합니다. 원컨대 대왕(大王)은 신(臣)을 어리석다 마시고 쓰시면 기약코 왕명(王命)을 욕되게 하지 않겠습니다"고 하였다. 왕이 기뻐하여 비밀리에 보내어 백제(百濟)를 속이게 하였다. 이에 도림(道琳)은 거짓 죄(罪)를 짓고 도망하여 온 것같이 하고 백제로 들어왔다. 이 때에 백제왕(百濟王) 근개루(近蓋婁 : 蓋鹵)가 바둑을 좋아하였는데, 도림(道琳)이 궐문(闕門)에 나아가 고(告)하기를,

---

46) 魏書 百濟傳에 의하면, 安 등이 東萊로 길을 취하여 오려고 한 것은 延興 5년, 즉 蓋鹵王 21년이었다.

47) 皇帝의 印章이 찍힌 詔書.

48) 新羅本紀(慈悲麻立干 17년條)에 의하면 長壽王의 漢城 陷落은 蓋鹵王 20년으로 되어 있고, 日本書紀(14) 雄略紀 20년條에 의하면 文周王 2년의 일로 되어 있으나 모두 잘못이다.

49) 高句麗本紀(長壽王 63년)에도 麗王이 親征한 양으로 되어 있으나, 濟紀의 下文을 보면 將帥를 보내어 侵入한 것으로 되어 있다.

"신(臣)은 어려서 바둑을 배워 자못 묘경(妙境)에 들어갔사온데, 왕께 알려드리기를 원합니다"고 하였다. 왕이 불러들여 바둑을 두었더니 과연 국수(國手)였다. 드디어 상객(上客)으로 받들어 매우 친근히 하고, 늦게 만난 것을 한(恨)하였다. 도림(道琳)이 하루는 왕을 모시고 앉았다가 조용히 말하기를, "신(臣)은 이국인(異國人)이지만, 상(上 : 王)께서 (臣을) 소외시(疏外視) 않으시고 은총이 매우 두터운데 오직 한 가지 기술(技術)로써 보답할 뿐, 일찍이 털끝만한 도움도 드린 일이 없습니다. 지금 한 말씀을 드리려 하옵는데, 상(上)의 뜻이 어떠신지 알지 못하겠습니다"하자, 왕이 이르기를 "말해 보라. 만일 나라에 이(利)가 된다면 이는 그대에게 바라는 바이다"하였다. 도림(道琳)이 말하기를 "대왕(大王)의 나라는 사방(四方)이 모두 산악(山岳)과 하해(河海)이니 이는 하늘이 베푼 험요(險要)요, 인위적인 형세(形勢)가 아닙니다. 그러므로 주위의 나라들이 감히 엿볼 생각을 품지 못하고 오직 받들어 섬기기를 원하여 마지않습니다. 그런즉 왕께서는 마땅히 숭고(崇高)한 위세(威勢)와 부유(富有)한 실적(實績)으로써 남의 이목을 놀라게 해야 할 것이온데, 성곽(城郭)과 궁실(宮室)은 수리되지 아니하고, 선왕(先王)의 해골(骸骨)은 노지(露地 : 빈 들판)에 가장(假葬)되어 있고, 백성(百姓)의 가옥(家屋)은 자주 하류(河流)에 무너지니 신(臣)은 대왕(大王)을 위하여 좋게 여기지 않습니다"하였다. 왕이 말하기를, "옳다. 내가 그렇게 하리라"하고 이에 나라 사람을 징발하여 흙을 쪄서(蒸)[50] 성(城)을 쌓고 안에는 궁실(宮室)·누각(樓閣)·대사(臺榭 : 돈대와 그 위의 建物) 등을 지었는데, 모두가 장려(壯麗)하였다. 또 욱리하(郁里河[51] : 지금 漢江의 일컬음)에서 큰 돌을 캐다가 곽(槨)을 만들어 부왕(父王)의 뼈를 (改)장(葬)하고 강(江 : 漢江) 연변(沿邊)에 따라 둑을 쌓되 사성(蛇城 : 風納里 土城) 동쪽에서 시작하여 숭산북(崇山北 : 黔丹山 後麓의 倉隅里)에까지 이르렀다. 이로 인하여 창름이 비고 인민(人民)이 곤궁하니 나라의 위태로움이 알(卵)을 쌓아 놓음보다 더하였다. 도림(道琳)이 도망해 돌아와서 이 사실을 고하니, 장수왕(長壽王)이 기뻐하여 (百濟를 치려고) 곧 군사를 장수(將帥)에게 내주었다. 근개루왕(近蓋婁王 : 蓋鹵王)이 이를 듣고 아들 문주(文周)에게 이르기를, "내가 어리석고 밝지 못하여 간인(姦人)의 말을 신용하고 이 지경에 이르렀다. 백성은

---

50) 土城을 쌓을 때 속에는 진흙을 쪄서 굳게 쌓아올리고 겉에는 띠를 입힌다.
51) 廣開土王 陵碑에 漢水를 阿利水라고 하였는데, 郁里도 阿利와 音近한 것으로 보아 지금의 漢江에 比定된다.

쇠잔하고 군대는 약하니 비록 위태한 일이 있다 하더라도 누가 나를 위하여 힘써 싸우기를 즐겨하겠는가. 나는 마땅히 사직(社稷)을 위하여 죽겠지만 너도 여기서 함께 죽는 것은 무익(無益)한 일이다. 너는 (難을) 피하여 나라의 계통을 잇도록 하라"고 하였다. 문주(文周)는 이에 목협만치(木劦滿致)・조미걸취(祖彌桀取)[木劦과 祖彌는 모두 複姓이다. 隋書[52]에는 木劦이 두 개의 姓으로 되어 있으니 어느 것이 옳은지 알 수 없다]와 함께 남(南)으로 갔다. 이 때 고구려(高句麗)의 대로(對盧:官職名)인 제우(齊于)・재증걸루(再曾桀婁)・고이만년(古尒萬年)[再曾・古尒는 모두 複姓이다] 등이 병사를 거느리고 와서 북성(北城[53]:서울 彰義門 밖)을 쳐 7일 만에 함락하고, 옮겨 남성(南城:南漢山城과 春宮里)을 치니 성중(城中)이 흉흉하였다. ○ 왕이 도망해 나갔는데, 고구려의 장수(將帥) 걸루(桀婁) 등이 왕을 보고 말(馬)에서 내려 절을 하고, 조금 있다가 왕의 얼굴을 향하여 세 번 침을 뱉고 그 죄(罪)를 세어 책망하면서 아단성(阿旦城:서울 廣壯里 峨嵯山城) 밑으로 박송(縛送)하여 살해하였다. 걸루(桀婁)와 만년(萬年)은 본국(本國:百濟) 사람이었는데 죄를 짓고 고구려로 도망한 것이었다.

(史臣이) 논(論)하여 말하기를, 초(楚)의 명왕(明[昭]王)[54]이 (郧땅으로) 도망했을 때에 운공(郧公) 신(辛)의 아우 회(懷)가 왕을 시해하려고 하여 말하기를, "평왕(平王:楚 昭王 父)이 내 아버지를 죽였으므로 내가 그 아들(昭王)을 죽이는 것이 또한 옳지 아니하냐"고 하니, (兄) 신(辛)이 말하기를, "임금이 신하를 치는 것을 누가 감히 원수로 삼으리요. 군명(君命)은 천(天:命)이다. 만일 죽음이 천명(天命)이라면 누가 복수를 할 것이랴"고 하였다. 걸루(桀婁) 등은

---

52) 隋書 東夷傳 百濟條에 '國中大姓有八族, 沙氏・燕氏・劦氏・解氏・貞氏・國氏・木氏・苗氏'라고 하였다(그러나 通典邊防門 百濟條에 의하여 貞氏는 眞氏로, 苗氏는 苩氏로 고쳐야 한다). 위의 木氏와 劦氏가 別姓이 아니라는 것은 津田左右吉의 「百濟에 관한 日本書紀의 記載」(滿鮮地理歷史研究報告 제8)에 이미 언급되어 있다.

53) 日本書紀(권 14) 雄略紀 20년條에 인용된 百濟紀에 '蓋鹵王乙卯年冬, 狛大軍夾攻大城七日七夜, 王城降陷, 遂失慰禮國, 王及大后・王子等, 皆沒敵手'라고 기록되어 있다. 여기에는 北城이 아니라 南城인 大城이 七日七夜에 함락한 것으로 되어 있고, 또 王뿐 아니라 大后・王子 등도 敵手에 몰사하였다고 한 것이 三國史記와 다르다.

54) 明王은 곧 昭王이니, 高麗 제 4 대 光宗의 諱(昭)를 피한 것이다. 楚의 平王이 成然을 죽이고 그 아들 辛을 郧에 있게 한 일이 있었는데(左傳 권 23 昭公 14년條), 뒤에 平王의 아들 昭王이 蔡・吳에게 패하여 郧으로 도망한 일이 있었다. 여기의 기사는 이 때의 일이었다(左傳 권 27 定公 4년條 참조).

스스로 (지은) 죄(罪)로 인하여 나라에 용납되지 못하고 적병(敵兵)을 인도
(引導)하여 전군(前君)을 결박(結縛)하여 죽이니, 그 의롭지 못함이 심하도
다. 혹은 이르기를, 그러면 오자서(伍子胥)가 영(郢)에 들어가서 시체(屍體)
에 채찍질한 것[55]은 무엇이냐고 할지 모르겠다. 그러나 양자법언(楊子法言:
楊雄의 著書)에 이를 평(評)하여, 덕(德)에 말미암은 것이 아니라고 하였다.
소위 덕(德)이란 것은 인(仁)과 의(義)뿐이니, 자서(子胥)의 사나움은 운공
(鄖公)의 어짊만 같지 못한 것이다. 이로써 논(論)할진대 걸루(桀婁) 등의 의
롭지 못함은 명백한 것이다.

[原文]
三國史記 卷 第二十五.
百濟本紀 第三
辰斯王 阿莘王 腆支王 久尒辛王 毗有王 蓋鹵王

辰斯王, 近仇首王之仲子, 枕流之弟, 爲人強勇, 聰惠多智略, 枕流之薨也,
太子少, 故叔父辰斯卽位.

二年, 春, 發國內人年十五歲已上, 設關防, 自靑木嶺, 北距八坤城, 西至於
海, 秋七月, 隕霜害穀, 八月, 高句麗來侵.

三年, 春正月, 拜眞嘉謨爲達率, 豆知爲恩率, 秋九月, 與靺鞨戰關彌嶺, 不
捷.

五年, 秋九月, 王遣兵侵掠高句麗南鄙.

六年, 秋七月, 星孛于北河, 九月, 王命達率眞嘉謨伐高句麗, 拔都坤城, 虜
得二百人, 王拜嘉謨爲兵官佐平, 冬十月, 獵於狗原, 七日乃返.

七年, 春正月, 重修宮室, 穿池造山, 以養奇禽異卉, 夏四月, 靺鞨攻陷北鄙
赤峴城, 秋七月, 獵國西大島, 王親射鹿, 八月, 又獵橫岳之西.

八年, 夏五月丁卯朔, 日有食之, 秋七月, 高句麗王談德帥兵四萬, 來攻北

---
55) 伍子胥는 春秋時代 사람이니, 처음 楚의 平王을 섬겼는데 父奢, 兄 尙이 平王에게
죽음을 당하자 敵國 吳로 가서 闔閭에게 採用되어 그 宰相이 되고, 드디어 楚를 擊
破하였다. 이 때 伍子胥는 楚都 郢으로 들어가서 平王의 무덤을 파헤치고 그 시체에
채찍질하여 복수를 하였다(史記 伍子胥列傳).

鄙, 陷石峴等十餘城, 王聞談德能用兵, 不得出拒, 漢水北諸部落多沒焉, 冬十月, 高句麗攻拔關彌城, 王田於狗原, 經旬不返, 十一月, 薨於狗原行宮.

阿莘王(或云 阿芳), 枕流王之元子, 初生於漢城別宮, 神光炤夜, 及壯志氣豪邁, 好鷹馬, 王薨時年少, 故叔父辰斯繼位, 八年薨, 卽位.

二年, 春正月, 謁東明廟, 又祭天地於南壇, 拜眞武爲左將, 季以兵馬事武王之親舅, 沈毅有大略, 時人服之, 秋八月, 王謂武曰, 關彌城者我北鄙之襟要也, 今爲高句麗所有, 此寡人之所痛惜, 而卿之所宜用心而雪恥也, 遂謀將兵一萬伐高句麗南鄙, 武身先士卒以冒矢石, 意復石峴等五城, 先圍關彌城, 麗人嬰城固守, 武以糧道不繼, 引而歸.

三年, 春二月, 立元子腆支爲太子, 大赦, 拜庶弟洪爲內臣佐平, 秋七月, 與高句麗戰於水谷城下敗績, 太白晝見.

四年, 春二月, 星孛于西北, 二十日而滅, 秋八月, 王命佐將眞武等伐高句麗, 麗王談德親帥兵七千, 陣於浿水之上拒戰, 我軍大敗, 死者八千人, 冬十一月, 王欲報浿水之役, 親帥兵七千人過漢水, 次於靑木嶺下, 會大雪, 士卒多凍死, 廻軍至漢山城, 勞軍士.

六年, 夏五月, 王與倭國結好, 以太子腆支爲質, 秋七月, 大閱於漢水之南.

七年, 春二月, 以眞武爲兵官佐平, 沙豆爲左將, 三月, 築雙峴城, 秋八月, 王將伐高句麗, 出師至漢山北柵, 其夜大星落營中有聲, 王深惡之, 乃止, 九月, 集都人習射於西臺.

八年, 秋八月, 王欲侵高句麗, 大徵兵馬, 民苦於役, 多奔新羅, 戶口衰減減, 舊本作減, 今校之).

九年, 春二月, 星孛于奎婁, 夏六月庚辰朔, 日有食之.

十一年, 夏, 大旱, 禾苗焦枯, 王親祭橫岳, 乃雨, 五月, 遣使倭國求大珠.

十二年, 春二月, 倭國使者至, 王迎勞之特厚, 秋七月, 遣兵侵新羅邊境.

十四年, 春三月, 白氣自王宮西起, 如匹練, 秋九月, 王薨.

腆支王(或云 直支), 梁書, 名映(映, 必是腆之訛), 阿莘之元子, 阿莘在位第三年立爲太子, 六年出質於倭國, 十四年王薨, 王仲弟訓解攝政, 以待太子還國, 季弟碟禮殺訓解, 自立爲王, 腆支在倭聞訃, 哭泣請歸, 倭王以兵士百人衛送, 皆至國界, 漢城人解忠來告曰, 大王棄世, 王弟碟禮殺兄自立, 願太子無輕入, 腆支留倭人自衞, 依海島以待之, 國人殺碟禮, 迎腆支卽位, 妃八須夫人, 生子久尒辛.

二年, 春正月, 王謁東明廟, 祭天地於南壇, 大赦, 二月, 遣使入晉朝貢, 秋九月, 以解忠爲達率, 賜漢城租一千石.

三年, 春二月, 拜庶弟餘信爲內臣佐平, 解須爲內法佐平, 解丘爲官佐平, 皆王戚也.

四年, 春正月, 拜餘信爲上佐平, 委以軍國政事, 上佐平之職始於此, 若今之冢宰.

五年, 倭國遣使送夜明珠, 王優禮待之.

十一年, 夏五月甲申, 彗星見.

十二年, 東晉安帝遣使冊命王爲使持節都督百濟諸軍事鎭東將軍百濟王.

十三年, 春正月甲戌朔, 日有食之, 夏四月, 旱, 民饑, 秋七月, 徵東北二部人年十五已上, 築沙口城, 使兵官佐平解丘監役.

十四年, 夏, 遣使倭國, 送白綿十匹.

十五年, 春正月戊戌, 星孛于大微, 冬十一月丁亥朔, 日有食之.

十六年, 春三月, 王薨.

久尒辛王, 腆支王長子, 腆支王薨, 卽位.

八年, 冬十二月, 王薨.

毗有王, 久尒辛王之長子(或云, 腆支王庶子, 未知孰是), 美姿貌, 有口辯, 人所推重, 久尒辛王薨, 卽位.

二年, 春二月, 王巡撫四部, 賜貧乏穀有差, 倭國使至, 從者五十人.

三年, 秋, 遣使入宋朝貢, 冬十月, 上佐平餘信卒, 以解須爲上佐平, 十一月, 地震, 大風飛瓦, 十二月, 無冰.

四年, 夏四月, 宋文皇帝以王復修職貢, 降使冊授先王映爵號. (腆支王十二年, 東晉冊命爲使持節都督百濟諸軍事鎭東將軍百濟王).

七年, 春夏, 不雨, 秋七月, 遣使入新羅請和.

八年, 春二月, 遣使新羅, 送良馬二匹, 秋九月, 又送白鷹, 冬十月, 新羅報聘以良金明珠.

十四年, 夏四月戊午朔, 日有食之, 冬十月, 遣使入宋朝貢.

二十一年, 夏五月, 宮南池中有火, 焰如車輪終夜而滅, 秋七月, 旱, 穀不熟, 民饑, 流入新羅者多.

二十八年, 星隕如雨, 星孛于西北, 長二丈許, 秋八月, 蝗害穀, 年饑,

二十九年, 春三月, 王獵於漢山, 秋九月, 黑龍見漢江, 須臾, 雲霧晦冥, 飛去, 王薨.

蓋鹵王(或云 近蓋婁), 諱慶司, 毗有王之長子, 毗有在位二九年薨, 嗣.

十四年, 冬十月癸酉朔, 日有食之.

十五年, 秋八月, 遣將侵高句麗南鄙, 冬十月, 葺雙峴城, 設大柵於靑木嶺, 分北漢山城士卒戍之.

十八年, 遣使朝魏上表曰, 臣立(立, 魏書作建, 蓋避麗祖諱(建))國東極, 豺狼隔路, 雖世承靈化, 莫由奉藩, 瞻望雲闕, 馳情罔極, 涼風微應, 伏惟皇帝陛下, 協和天休, 不勝係仰之情, 謹遣私署冠軍駙馬都尉弗斯侯長史餘禮 · 龍驤將軍帶方太守司馬張茂等, 投舫波阻, 搜徑玄津, 託命自然之運, 遣進萬一之誠, 冀神祇垂感, 皇靈洪覆, 克達天庭, 宣暢臣志, 雖旦聞夕沒, 永爲餘恨, 又云, 臣與高句麗, 源出扶(扶, 魏書作夫)餘, 先世之時, 篤崇舊款, 其祖釗輕廢鄰好, 親率士衆, 凌踐臣境, 臣祖須整旅電邁, 應機馳擊, 矢石暫交, 梟斬釗首, 自爾已來, 莫敢南顧, 自馮氏數終, 餘燼奔竄, 醜類漸盛, 遂見凌逼, 搆怨連禍, 三十餘載, 財殫力竭, 轉自孱蹙, 若天慈曲矜, 遠及無外, 速遣一將, 來救臣國, 當奉送鄙女, 執□(□, 魏書作掃, 而新本作掃)後宮, 幷遣子弟, 牧圉外廐, 尺壤匹夫, 不敢自有, 又云, 今璉有罪, 國自魚肉, 大臣彊族, 戮殺無已, 罪盈惡積, 民庶崩離, 是滅亡(舊本無亡字據魏書補充)之期, 假手之秋也, 且馮族士馬, 有鳥畜之變, 樂浪諸郡, 懷首丘之心, 天威一擧, 有征無戰, 臣雖不敏, 志效畢力, 當率所統, 承風響應, 且高句麗不義逆詐非一, 外慕隗囂藩卑之辭, 內懷凶禍豕突之行, 或南通劉氏, 或北約蠕蠕, 共相脣齒, 謀凌王略, 昔唐堯至聖, 致罰丹水, 孟嘗稱仁, 不捨塗詈, 涓流之水, 宜早壅塞, 今若不取, 將貽後悔, 去庚辰年後, 臣西界小石山北國海中, 見屍十餘, 幷得衣器鞍勒, 視之非高句麗之物, 後聞乃是王人來降臣國, 長蛇隔路, 以沈于海, 雖未委當, 深懷憤恚, 昔宋戮申舟, 楚莊徒跣, 鴟攝放鳩, 信陵不食, 克敵立名, 美隆無已, 夫以區區偏鄙, 猶慕萬代之信, 況陛下合氣天地, 勢傾山海, 豈令小豎, 跨塞天逵, 今上所得鞍一以實驗, 顯祖以其僻遠冒險朝獻, 禮遇尤厚, 遣使者邵安, 與其使俱還, 詔曰,

得表聞之, 無差甚善(善, 魏書作喜), 卿在東隅, 處五服之外, 不遠山海, 歸誠
魏闕, 欣嘉至意, 用戢于懷, 朕承萬世之業, 君臨四海, 統御羣生, 今宇內淸一,
八表歸義, 襁負而至者, 不可稱數, 風俗之和, 士馬之盛, 皆餘禮等親所聞見,
卿與高句麗不穆, 屢致凌犯, 苟能順義, 守之以仁, 亦何憂於寇讎也, 前所遣使,
浮海以撫荒外之國, 從來積年往而不返, 存亡達否, 未能審悉, 卿所送鞍, 比校
舊乘, 非中國之物, 不可以疑似之事, 以生必然之過, 經略權要, 以具別旨, 又
詔曰, 知高句麗阻彊, 侵軼卿上(上, 土之訛刻, 魏書作土), 修先君之舊怨, 棄息
民之大德, 兵交累載, 難結荒邊, 使兼申胥之誠, 國有楚越之急, 乃應展義扶微,
乘機電擧, 但以高句麗稱藩先朝, 供職日久, 於彼雖有自昔之釁, 於國未有犯令
之愆, 卿使命始通, 便求致伐, 尋討事會, 理亦未周, 故往年遣禮等至平壤, 欲
驗其由狀, 然高句麗奏請頻煩, 辭理俱詣, 行人不能抑其請, 司法無以成其責,
故聽其所啓, 詔禮等還, 若今復違旨, 則過咎益露, 後雖自陳, 無所逃罪, 然後
興師討之, 於義爲得, 九夷之國世居海外, 道暢則奉藩, 惠戢則保境, 故羈縻著
於前典, 楛貢曠於歲時, 疆備陳彊弱之形, 具列往代之迹, 俗殊事異, 擬睍(睍,
據魏書改之)乖夷, 洪規大略, 其致猶在, 今中夏平一, 宇內無虞, 每欲陵威東
極, 懸旌域表, 拯荒黎於偏方, 舒皇風於遠服, 良由高句麗卽敍, 未及卜征, 今
若不從詔旨, 則卿之來謀, 載協朕意, 元戎啓行, 將不云遠, 便可豫率同興, 具
以待事, 時遣報使, 速究彼情, 師擧之日, 卿爲鄕導之首, 大捷之後, 又受元功
之賞, 不亦善乎, 所獻錦布海物, 雖不悉達, 明卿至心, 今賜雜物如別, 又詔璉
護送安等, 安等至高句麗, 璉稱昔與餘慶有讎, 不令東過, 安等於是皆還, 乃下
詔切責之, 後使安等從東萊浮海, 賜餘慶璽書, 褒其誠節, 安等至海濱, 遇風飄
蕩, 竟不達而還, 王以麗人屢犯邊鄙, 上表乞師於魏, 不從, 王怨之, 遂絶朝貢.

　二十一年, 秋九月, 麗王巨璉帥兵三萬來圍王都漢城, 王閉城門, 不能出戰,
麗人分兵爲四道夾攻, 又乘風縱火, 焚燒城門, 人心危懼, 或有欲出降者, 王窘
不知所圖, 嶺數十騎出門西走, 麗人追而害之, 先是, 高句麗長壽王陰謀百濟,
求可以間諜於彼者, 時浮屠道琳應募曰, 愚僧旣不能知道, 思有以報國恩, 願大
王不以臣不肖, 指使之, 期不辱命, 王悅密使諜百濟, 於是道琳佯逃罪, 奔入百
濟, 時百濟王近蓋婁好博奕, 道琳詣王門告曰, 臣少而學碁, 頗入妙, 願有聞於
左右, 王召入對碁, 果國手也, 遂尊之爲上客, 甚親昵之, 恨相見之晚, 道琳一
日侍坐, 從容曰, 臣異國人也, 上不我疏外, 恩私甚渥, 而惟一技之是效, 未嘗
有分毫之益, 今願獻一言, 不知上意如何耳, 王曰, 第言之, 若有利於國, 此所

望於師也, 道琳曰, 大王之國四方皆山丘河海, 是天設之險, 非人爲之形也, 是
以四鄰之國, 莫敢有覦心, 但願奉事之不暇, 則王當以崇高之勢, 富有之業, 竦
人之視聽, 而城郭不葺, 宮室不修, 先王之骸骨權攢於露也, 百姓之屋廬屢壞於
河流, 臣竊爲大王不取也, 王曰諾, 吾將爲之, 於是盡發國人, 烝土築城, 卽於
其內作宮室樓閣臺榭, 無不壯麗, 又取大石於郁里河, 作槨以葬父骨, 緣河樹
堰, 自蛇城之東, 至崇山之北, 是以倉庾虛竭, 人民窮困, 邦之阽杌甚於累卵,
於是道琳逃還以告之, 長壽王喜將伐之, 乃授兵於帥臣, 近蓋婁聞之, 謂子文周
曰, 予愚而不明, 信用姦人之言, 以至於此, 民殘而兵弱, 雖有危事, 誰肯爲我
力戰, 吾當死於社稷, 汝在此俱死無益也, 蓋避難以續國系焉, 文周乃與木劦滿
致・祖彌桀取(木劦・祖彌皆複姓, 隋書以木劦爲二姓, 未知孰是), 南行焉, 至
是, 高句麗對盧齊于・再曾桀婁・古尒萬年(再曾・古尒皆複姓)等, 帥兵來攻
北城, 七日而拔之, 移攻南城, 城中危恐, 王出逃, 麗將桀婁等, 見王下馬拜,
已向王面三唾之, 乃數其罪, 縛送於阿且(且, 當作旦)城下戕之, 桀婁・萬年本
國人也, 獲罪逃竄高句麗.

　論曰, 楚明(明, 當作昭)王之亡也, 鄖公辛之弟懷, 將弑王曰, 平王殺吾父,
我殺其子, 不亦可乎, 辛曰, 君討臣, 誰敢讎之, 君命天也, 若死天命, 將誰讎,
桀婁等自以罪不見容於國, 而導敵兵, 縛前君而害之, 其不義也甚矣曰然則伍子
胥之入郢鞭尸何也, 曰楊子法言評此, 以爲不由德, 所謂德者仁與義而已矣, 則
子胥之狠, 不如鄖公之仁, 以此論之, 桀婁等之爲不義也明矣.

삼국사기 권 제 26

백제 본기(百濟本紀) 제 4
문주왕(文周王)　삼근왕(三斤王)　동성왕(東城王)　무녕왕(武寧王) 성왕(聖王)

　문주왕(文周王)[혹은 汶洲[1]라고도 쓴다]은 개로왕(蓋鹵王)의 아들이다.[2] 처음 비유왕(毗有王)이 돌아가니 개로(蓋鹵)가 왕위(王位)를 계승하고 문주(文周)가 그를 도와 관직(官職)의 상좌평(上佐平)에 이르렀다. 개로가 재위(在位)한 지 21년에 고구려(高句麗)가 내침(來侵)하여 한성(漢城)을 포위(包圍)하므로, 개로가 농성(籠城)하여 굳게 지키고 문주(文周)로 하여금 신라(新羅)에 구원(救援)을 청하게[3] 하였는데, (文周는) 군사 1만 명을 얻어 가지고 돌아왔다. 고구려 병(高句麗兵)이 비록 물러갔으나 성(城)은 함락되고 왕(王)은 돌아갔으므로 드디어 즉위하였다. (왕은) 성품(性品)이 우유부단(優柔不斷)하였으나 백성을 사랑한 까닭에 백성도 그를 사랑하였다. ○ 10월에 서울을 웅진(熊津 : 公州)으로 옮겼다.[4]

　2년 2월에 대두산성(大豆山城 : 위치 미상)을 수리하고 한강(漢江) 이북의 민호(民戶)를 이주(移住)시켰다. ○ 3월에는 사신을 송(宋)에 보내어 조공(朝貢)하려 하였는데, 고구려(高句麗)가 길을 막아서 이르지 못하고 돌아왔다. ○ 4월

---

1) 三國遺事(王曆)에는 '文州'라고도 한다고 하였다. 모두 同音異字이다.
2) 日本書紀(권 14) 雄略紀 21년 3月條의 割註에는 文周王을 蓋鹵王의 母弟라고 하였으나 잘못일 것이다.
3) 당시 百濟와 新羅는 同盟關係에 있었다(見前).
4) 日本書紀(권 14) 雄略紀 21년 3月條에는 이 해, 즉 文周王 3년(西紀 477년)의 일로 되어 있으나 잘못이다.

에 탐라국(耽羅國 : 濟州道)이 방물(方物)을 바치니[5] 왕이 기뻐하여 사자(使者)를 배(拜)하여 은솔(恩率 : 第3位)을 삼았다. ○ 8월에 해구(解仇)를 배(拜)하여 병관좌평(兵官佐平)을 삼았다.

3년 2월에 궁실(宮室)을 중수(重修)하였다. ○ 4월에 왕제(王弟) 곤지(昆支)를 배(拜)하여 내신좌평(內臣佐平)을 삼고, 장자(長子) 삼근(三斤)을 봉(封)하여 태자(太子)로 삼았다. ○ 5월에 흑룡(黑龍)이 웅진(熊津)에 나타났다. ○ 7월에 내신좌평(內臣佐平) 곤지(昆支)가 죽었다.

4년(衍文 ?)[6] 8월에 병관좌평(兵官佐平) 해구(解仇)가 권세를 오로지하고 법(法)을 문란히 하며, 임금을 무시하는 마음이 있었으나, 왕이 능히 제어치 못하였다. ○ 9월에 왕이 사냥을 나가 외숙(外宿)하였는데, 해구가 몰래 도둑을 시켜 그를 해(害)하게 하여 드디어 돌아갔다.

삼근왕(三斤王)[7] 〔혹은 王乞[8]이라고도 함〕은 문주왕(文周王)의 장자(長子)다. 왕이 돌아가자 위(位)를 계승하였는데, 나이 13세였으므로 군국(軍國)의 정사(政事) 일체(一切)를 좌평(佐平) 해구(解仇)에게 위임하였다.

2년 봄에 좌평(佐平) 해구(解仇)가 은솔(恩率) 연신(燕信)과 더불어 무리를 모아 대두성(大豆城 : 위치 미상)에 거(據)하여 반(叛)하였다. 왕이 좌평(佐平) 진남(眞男)을 명하여 군사 2,000명으로써 치게 하였으나 이기지 못하였다. 다시 덕솔(德率) 진로(眞老)를 명하여 정병(精兵) 500명을 거느리고 해구(解仇)를 격살(擊殺)케 하였다. 연신(燕信)이 고구려(高句麗)로 달아나니, 그 처자(妻子)

---

5) 耽羅가 百濟에 통한 최초의 기록이다. 耽羅와의 관계에 있어서는 뒤의 東城王 20년 條에도 보인다. 日本書紀(권17) 繼體紀 2년 12월條에 의하면, 이 해 즉 武寧王 8년에 耽羅가 百濟에 始通한 양으로 되어 있다.

6) 年表에 의하면, 文周王은 즉위 3년 만에 崩하여(三國遺事 王曆에도 다음 三斤王의 즉위를 丁巳, 즉 文周王 3년으로 하였음), 本紀와 1년의 差가 있다. 만일 本文의 年代대로 한다면 後代의 百濟本紀의 그것과도 어긋나므로 年表의 것이 옳다고 해야 할 것이다. 아마 본문의 '4년' 2字를 衍文으로 보고, 8월을 前年條에 계속시켜야 할 것이라고 생각된다.

7) 梁書에는 三斤王의 존재가 전혀 언급이 없고 東城王(牟大)이 文周王의 뒤를 이은 것으로 되어 있으나, 그것은 잘못이다.

8) 三國遺事(王曆)에는 三乞王이라고 하였고, 또 日本書紀(권14) 雄略紀 23년 4월條에는 文斤王이라고 하였다.

를 잡아다가 웅진(熊津) 저자(市)에서 목 베었다.

(史臣이) 논(論)하여 말하기를, 춘추(春秋)의 법(法)에 임금이 시해(弑害)를 당하고도 적(賊)을 치지 않으면 이를 깊이 책(責)하여 신자(臣子)가 없다고 하였다. 해구(解仇)가 문주(文周)를 시해하였는데, 그 아들 삼근(三斤)이 위(位)를 이어 그를 죽이지 못할 뿐 아니라 그에게 국정(國政)을 맡기고 1성(城)에 거하여 반란(叛亂)을 일으키게까지 된 후에야 대병(大兵)을 두 차례나 일으켜 이겼다. 이는 소위 서리를 밟으면서 경계하지 않으면 점점 견빙(堅冰)의 때가 오며, 반짝거리는 불빛이 꺼지지 않으면 염염(炎炎)한 불꽃이 되는 것을 말함이니, 그 말미암은 바가 점차로 되는 것이다. 당(唐)의 헌종(憲宗)이 시해(弑害)를 당하였으나 삼세(三世) 뒤에야 겨우 그 적(賊)을 죽였거늘,[9] 하물며 해우(海隅)의 황벽(荒僻)한 곳의 삼근(三斤)과 같은 어린애야 어찌 또 족히 말할 나위가 있으랴.

○ 3월 초하루 기유(己酉)에 일식(日蝕)이 있었다.

3년 봄과 여름에 크게 가물었다.

○ 9월에 대두성(大豆城)을 두곡(斗谷 : 위치 미상)으로 옮겼다.

○ 11월에 왕이 돌아갔다.

동성왕(東城王)은 휘(諱)가 모대(牟大)[혹은 摩牟[10]라고도 함]니 문주왕(文周王)의 아우 곤지(昆支)의 아들이다.[11] 담력(膽力)이 남보다 빼어나고 활을 잘 쏘아 백발백중(百發百中)하였다. 삼근왕(三斤王)이 돌아가자 즉위하였다.

4년 정월에 진로(眞老)를 배(拜)하여 병관좌평(兵官佐平)을 삼고 내외(內外)의 병마사(兵馬事)를 겸하여 맡게 하였다. ○ 9월에 말갈(靺鞨)이 한산성(漢山

---

9) 唐憲宗은 宦官에게 殺害되었는데, 그의 曾孫 昭宗 때에 이르러서 朱全忠에 의해서 비로소 제거할 수 있었다.

10) 三國遺事(王曆)에는 '王名 牟大, 一云 摩帝, 又餘大'라고 하였으니, 摩牟는 摩帝의 잘못일 것이요, 餘大는 扶餘氏와 王名(牟大)을 略한 것이다. 또 日本書紀(권15) 雄略紀 23년 4월條에는 東城王을 末多王이라고 하였는데, 牟大·摩帝와 同音異寫임을 알 수 있다.

11) 南齊書 東南夷傳 百濟條에는 東城王인 牟大를 牟都의 孫인 양하였고, 梁書 諸夷傳 百濟條에는 牟都의 아들이라고 하였다. 그러나 牟都는 牟大의 訛傳된 것이므로 傳承의 錯誤로 돌릴 수밖에 없다.

城 ?)[12]을 습파(襲破)하고 300여 호를 노획(虜獲)하여 돌아갔다. ○ 10월에 대설(大雪)이 일 장 남짓이나 왔다.

5년 봄에 왕이 사냥으로 한산성(漢山城 ?)에 이르러서 군민(軍民)을 위문(慰問)하고 협순(浹旬 : 10일)에 돌아왔다. ○ 4월에는 웅진(熊津 : 公州) 북쪽에서 사냥을 하여 신록(神鹿)을 잡았다.

6년 2월에 왕이 남제(南齊)의 조(祖 : 高祖) 도성(道城 : 蘇氏)이 고구려(高句麗)의 거련(巨璉 : 長壽王)을 책봉하여 표기대장군(驃騎大將軍)을 삼았다는 말을 듣고 사신을 보내어 글월을 전하고, 내부(內附)하기를 청하니 허락되었다. ○ 7월에 내법좌평(內法佐平) 사약사(沙若思)를 시켜 남제(南齊)에 가서 조공(朝貢)케 하였는데, 약사(若思)가 서해중(西海中)에 이르러 고구려병(高句麗兵)을 만나 가지 못하였다.

7년 5월에 사신을 보내어 신라(新羅)에 빙문(聘問)하였다.

8년 2월에 백가(苩加)를 배(拜)하여 위사좌평(衛士佐平)을 삼았다. ○ 3월에 남제(南齊)에 사신을 보내어 조공(朝貢)하였다. ○ 7월에 궁실(宮室)을 중수(重修)하고 우두성(牛頭城 : 위치 미상)을 쌓았다. ○ 10월에 궁성(宮城) 남쪽에서 군사를 대열(大閱)하였다.

10년에 위(魏)가 군사를 보내어 쳐 왔으나 우리에게 패(敗)한 바 되었다.[13]

11년 가을에 크게 풍년이 들었다. 나라 남쪽의 해촌(海村) 사람이 이삭이 합쳐 있는 벼를 바쳤다. ○ 10월에 왕이 단(壇)을 베풀고 천지(天地)를 제사(祭祀)지냈다. ○ 11월에 남당(南堂)[14]에서 군신(群臣)에게 연회(宴會)를 베풀었다.

12년 7월에 북부(北部) 사람 15세 이상을 징발하여 사현(沙峴 : 위치 미상)과

---

12) 이 때 (漢江流域을 포함하여) 竹嶺·鳥嶺에서 東嶺山脈에 이르는 일대가 대체로 濟麗의 國境을 이루고 있었으므로, 여기에 이른바 漢山城은 분명히 百濟의 所有가 될 수 없었다. 이하에도 百濟가 마치 漢江流域 일대를 점유하고 있는 것 같은 記事가 자주 나오는데 모두 그 신빙성이 없다.

13) 資治通鑑 齊紀 世祖 上之下 永明 6년條(末尾)에 의거한 것이다. 南齊書 東南夷傳 百濟條에 의하면 永明 8년(東城王 12년)에 '魏虜又發騎數十萬, 攻百濟入其界, 牟大遣將沙法名·贊首流·解禮昆·木干那, 寧衆襲擊虜(魏)軍, 大破之'라고 하였는데, 이는 東史綱目 撰者 安鼎福의 說과 같이 魏主가 百濟의 '不修貢職'을 이유로 하여 海路로 군사를 보내어 來攻하다가 敗한 것이라고 해석된다.

14) 南堂은 처음에 政事를 論議·執行하던 政廳이었으나, 후에 儀禮的인 것으로 되었다 (서울大 論文集 제1집 所載 拙稿 「古代南堂考」 참조).

이산(耳山 : 위치 미상)의 두 성(城)을 쌓았다. ○ 9월에 왕이 나라 서쪽의 사비
원(泗沘(扶餘)原)에서 사냥을 하였다. ○ 연돌(燕突)을 배(拜)하여 달솔(達率)을
삼았다. ○ 11월에 얼음이 얼지 않았다.

13년 6월에 웅천(熊川 : 錦江)의 물이 넘쳐서 왕도(王都 : 公州)의 200여 집을
표몰(漂沒)케 하였다.○ 7월에 백성이 굶주려 신라(新羅)로 도망하는 자가 600
여 호나 되었다.

14년 3월에 눈이 왔다. ○ 4월에는 큰 바람이 불어 나무를 뽑아뜨렸다. ○
10월에 왕이 우명곡(牛鳴谷 : 위치 미상)에 사냥하여 친히 사슴을 쏘았다.

15년 3월에 왕이 신라(新羅)에 사신을 보내어 혼인(婚姻)을 청하니, 신라왕
(新羅王 : 炤知麻立干)이 이찬(伊飡) 비지(比智)의 딸을 보냈다.[15]

16년 7월에 고구려(高句麗)가 신라로 더불어 살수원(薩水(槐山 靑川)原)에서
싸웠는데, 신라가 이기지 못하고 물러가 견아성(犬牙城 : 聞慶 西)을 보전하니
고구려가 이를 포위하였다. 왕이 군사 3,000명을 보내어 구원(救援)하니 (고
구려가) 포위를 풀었다.

17년 5월 초하루 갑술(甲戌)에 일식(日蝕)이 있었다. ○ 8월에 고구려가 와
서 치양성(雉壤城 : 위치 미상)을 포위(包圍)하므로 왕이 신라에 사신을 보내어
구원을 청하였다. 신라왕(新羅王)이 장군(將軍) 덕지(德智)에게 명하여 군사를
거느리고 이를 구하게 하니 고구려병(高句麗兵)이 물러갔다. (是歲)[16]

19년 5월에 병관좌평(兵官佐平) 진로(眞老)가 죽으니 달솔(達率) 연돌(燕突)
을 배(拜)해 병관좌평(兵官佐平)을 삼았다. ○ 6월에 큰 비로 민가(民家)가 표
몰(漂沒)하였다.

20년에 웅진교(熊津橋)를 가설(架設)하였다. ○ 7월에 사정성(沙井城 : 위치 미
상)을 쌓고 한솔(扜率) 비타(毗陀)로 진수(鎭戍)케 하였다. ○ 8월에 왕은 탐라
(耽羅 : 濟州島)가 공부(貢賦)를 바치지 않으므로 친정(親征)하여 무진주(武珍州 :

---

15) 이것은 百濟와 新羅가 婚姻同盟을 맺은 것을 말한다. 高句麗의 壓力에 대항하기 위
   한 毗有王 이래의 동맹을 한층 강화한 셈이다. 이 婚姻同盟의 事實을 로맨틱하게 꾸
   며 낸 것이 유명한 薯童說話로서, 薯童은 '마동'이라고 부를 수 있으며, 傳說에 이른
   바 末通大王(輿地勝覽 益山條), 日本書紀(見上)의 末多王 등과 함께 牟大와 音이 통
   하는 것이다(拙稿「薯童說話에 대한 新考察」歷史學報 제 1 집 所載 참조).

16) 南齊書 東南夷傳 百濟條에 의하면 이 해(東城王 17년, 齊 建武 2년)에 牟大가 齊에
   사신과 글월을 보내어, 沙法名・贊首流・解禮昆・木干那・拔臺舫, 그리고 또 慕遺・
   王茂・張塞・陳明 등 諸臣의 封爵을 청하였다.

光州)에까지 이르렀다. 탐라(耽羅)가 이를 듣고 사신을 보내어 죄(罪)를 청하
므로 그만두었다[耽羅는 즉 耽牟羅이다].

21년 여름에 크게 가물어 백성이 굶주려서 상식(相食)하고, 도적(盜賊)이 많
이 일어났다. 신하들이 창름을 열어 백성(百姓)들에게 베풀어 주기를 청하였
으나 왕이 듣지 아니하였다. ○ 한산(漢山 ?) 사람이 고구려(高句麗)로 도망하
여 가는 자가 2,000명이나 되었다. ○ 10월에는 질역(疾疫 : 流行病)이 대행(大
行)하였다.

22년 봄에 궁성(宮城) 동쪽에 임류각(臨流閣)을 세웠는데 높이가 5장이었다.
또 못을 파고 진기(珍奇)한 짐승들을 길렀다. ○ 간신(諫臣)이 반대의 상소(上疏)
를 올렸으나 듣지 아니하였고, 또 간(諫)하는 자가 있을까 하여 궁문(宮門)을
닫아 버렸다.

(史臣이) 논(論)하여 말하기를, 양약(良藥)이 입에는 쓰나 병(病)에는 이로우
며, 충언(忠言)이 귀에는 거슬리나 행실에는 이로운 것이다. 그러므로 옛날 명
군(明君)은 자기(自己)를 허심(虛心)하여 남에게 정사(政事)를 물었으며, 얼굴
을 부드럽게 하여 간언(諫言)을 받아들였고, 오히려 남이 말하지 않을까 두려
워하여 간쟁(諫諍)하는 북을 달고 비방하는 나무를 세워[17] 마지않았다. 지금
모대왕(牟大王)이 간(諫)하는 글월이 올라왔으나 돌보지 않고, 또 문(門)을 닫
고서 이를 막았다. 장자(莊子)가 말하기를, "잘못을 알고서 고치지 않고, 간
(諫)함을 듣고서 더욱 심해짐은 사납다 할 것이라"고 하였는데, 이것은 모대
왕(牟大王)을 말한 것일까.

4월에 우두성(牛頭城 : 위치 미상)에서 사냥을 하였는데 비와 우박을 만나 그
쳤다. ○ 5월에 가물었다. ○ 왕이 좌우(左右 : 近臣)와 함께 임류각(臨流閣)에서
연회(宴會)를 베풀고 밤새도록 환락(歡樂)을 다하였다.

23년 정월에 왕도(王都)의 노파(老婆)가 여우가 되어 사라졌고, 두 범이 남
산(南山)에서 싸웠는데 잡지 못하였다. ○ 3월에 서리가 내려 보리를 해(害)하
였다. ○ 5월부터 가을까지 비가 오지 아니하였다. ○ 7월에 탄현(炭峴 : 大田
東方 馬道嶺)에 책(柵)을 설치하고 신라(新羅)에 대비하였다. ○ 8월에 가림성
(加林城 : 林川 聖興山城)을 쌓고 위사좌평(衛士左平) 백가(苩加)로 하여금 진수

---

17) 堯는 朝廷에 북을 달아서 임금에게 諫하려고 하는 자로 하여금 이를 쳐서 通하게 하
  였고, 舜은 橋梁 위에 나무를 세워 政治의 過失을 쓰게 하여 반성하였다는 故事를
  말한 것이다.

(鎭戌)케 하였다. ○ 10월에 왕이 사비(泗沘 : 扶餘)의 동원(東原)에서 사냥을 하였다. ○ 11월에 웅천(熊川) 북원(北原)에서 사냥을 하였고, 또 사비서원(泗沘西原)에서 사냥을 하였는데, 대설(大雪)에 막혀 마포촌(馬浦村[18] : 지금의 舒川郡 韓山面)에 머물렀다. ○ 처음 왕이 백가(苩加)에게 가림성(加林城)을 진수케 하였는데 가(加)는 가려고 하지 않고 병(病)을 이유로 사퇴하였으나 왕이 허락하지 아니하였다. 이 때문에 (加는) 왕을 원망하더니 이에 이르러 사람을 시켜 왕을 칼로 찌르게 하였다.[19] ○ 12월에 이르러 (王이) 돌아갔다. 시호를 동성왕(東城王)이라 하였다[册府元龜에 이르기를, 南齊(高祖) 建元 2년(百濟 東城王 2년)에 百濟王 牟都(이는 확실히 牟大의 異寫)가 사신을 보내어 貢物을 전하였다. 詔書에 '寶命이 새로워 恩澤이 遠城에까지 미쳤다. 牟都는 代代로 東方에서 藩國이 되어 職貢을 遠地에서 지켰으니 가히 使持節都督百濟諸軍事鎭東大將軍을 授與할지어다'라고 하였다. 또 (武帝) 永明 8년(百濟 東城王 12년)에 百濟王 牟大가 사신을 보내어 글월을 올리므로, 謁者僕射(官職名) 孫副를 보내어 (牟)大를 策命하여 亡祖父[20] 牟都를 承襲해서 百濟王을 삼게 하고 (동시에) 이르기를, '아아, 생각건대 그대는 代代로 忠勤하여 精誠이 遠方에 드러났다. 海路가 고요하고 朝貢이 변함없기를 바라며, 常典에 따르고 天命을 이어갈수록 삼갈지어다. 國家의 大業을 이어받으니 삼가지 않을 수 있으랴. 行都督百濟諸軍事鎭東大將軍 百濟王을 삼는다'고 하였다. 그런데 三韓古記에는 牟都가 王이 되었다는 事實이 없다.[21] 또 생각하건대 牟大는 蓋鹵王의 孫이요, 蓋鹵의 第2子인 昆支의 아들이다. 그 祖를 牟都라고는 하지 아니하였으니 齊書의 記錄은 의심하지 않을 수 없다].

---

18) 王의 田獵地가 泗沘의 西原이라 하고, 王에게 刺客을 보낸 苩加의 鎭戌한 城이 加林城(지금의 扶餘郡 林川面)임과, 또 韓山(舒川郡 韓山面)의 古名이 馬山·馬邑 등임을 考慮하여, 筆者는 馬浦村을 韓山 等地에 比定한다.

19) 日本書紀(권 16) 武烈紀 4년條에 인용된 百濟新撰에는 '末多王無道, 暴虐百姓, 國人共除'라고 하였다. 왕이 土木工事를 자주 일으켜 國人을 酷使한 듯하므로 '暴虐百姓'이라 한 것은 그럴 듯하나, 國人共除라 한 것은 과장된 筆致로 보아야 하겠다. 그리고 日本書紀에 이 事實을 武烈紀 4년(즉 東城王歿後 翌年)에 記入한 것은 잘못으로 보아야 할 것이다.

20) 中國측 史料에는 이러한 杜撰이 非一非再하거니와, 牟都를 앞에서는 牟大, 즉 東城王의 이름으로 인정하였으면서도, 후에는 牟都를 牟大의 亡祖父라 하였으니, 妄發도 심하다고 하지 않을 수 없다.

21) 史記 撰者 역시 牟都가 牟大의 同名異寫인 것을 모르기 때문에 이러한 註說을 실은 것이다.

무녕왕(武寧王)은 휘(諱)가 사마(斯摩)[22][혹은 隆[23]이라고도 함]니 모대왕(牟
大王 : 東城王)의 둘째 아들이다. 신장(身長)이 8 척이요 미목(眉目)이 그림과 같
으며, 인자(仁慈)·관후(寬厚)하여 민심(民心)이 순종하였다. 모대(牟大)가 재위
(在位) 23년에 돌아가자 즉위하였다. ○ 정월에 좌평(佐平) 백가(苩加)가 가림
성(加林城)에 거(據)하여 반(叛)하니 왕이 병마(兵馬)를 거느리고 우두성(牛頭
城 : 위치 미상)에 이르러 한솔(扞率 : 第5位) 해명(解明)을 명하여 치게 하였다.
백가가 나와 항복하니, 왕이 그를 베어 백강(白江 : 錦江 入口)에 던졌다.

(史臣이) 논(論)하여 말하기를, 춘추(春秋 : 公羊傳)에 이르기를, "인신(人臣 :
本文 作君親)에 돕는 자가 없으므로, (대신) 반드시 도와서 (弑逆하려는 자를)
주(誅)한다"고 하였다. 백가와 같은 극악한 역적은 하늘과 땅이 용납지 못할
자인데, 즉시 죄(罪)주지 못하고 스스로 면(免)하기 어려움을 알고 반란(叛亂)
을 꾀한 뒤에야 이를 죽였으니 늦은 감이 있다.

○ 11월에 달솔(達率) 우영(優永)을 시켜 군사 5,000 명을 거느리고 고구려
(高句麗)의 수곡성(水谷城 : 新溪)을 치게 하였다.

2년 봄에 민간(民間)에 기근(饑饉)이 들고 또 역질(疫疾)이 유행(流行)하였
다. ○ 11월에 군사를 보내어 고구려의 변경(邊境)을 침범하였다.

3년 9월에 말갈(靺鞨)이 마수책(馬首柵)을 태우고(?) 고목성(高木城)으로 진
공(進攻)하니(?), 왕이 군사 5,000 명을 보내어 이를 격퇴하였다. ○ 겨울에 얼
음이 얼지 아니하였다.

6년 봄에 역질(疫疾)이 대행(大行)하였다. ○ 3월에서 5월에 이르기까지 비

---

22) 日本書紀(권16) 武烈紀 4년條 註에 百濟新撰을 이끌어 '(前略) 武寧王立, 諱斯麻'라
   하고, 그 밑에 書紀 撰者의 說로서 '是混支王之者, 則未多王(은), 異母兄也, 混支向倭
   時, 至筑紫嶋, 生斯麻王, 自嶋還送, 不至於京(倭京), 産於嶋, 故因名焉, 今各羅海中有
   主嶋, 王所産嶋, 故百濟人號爲主嶋'라 하여, 그가 섬에서 났기 때문에 '섬王' 즉 斯麻
   王이라고 하였다는 說話를 싣고 있다. 이는 斯麻와 日本語 '시마'(島)가 비슷한 音에
   서 지어 낸 이야기에 불과하거니와, 前年 公州 武寧王陵에서 出土된 王의 誌石에 의
   해서도 王의 諱가 斯麻인 것과, 崩年도 史記와 일치함을 또한 확인하였고, 또 거기에
   나타난 왕의 享壽(62歲)로 인하여 그 誕生이 蓋鹵王 8년, 南遷時(西紀 475년)의 나
   이가 14세, 즉위한 때의 나이가 정히 40 세였음을 알게 되었다. 그런데 前記 日本書
   紀 撰者가 斯麻를 混支(昆支)의 아들이라 하고, 末多王(東城王)을 斯麻의 異母兄이라
   하였는데, 이는 한 異說로 볼 것이다.

23) 梁書 南史 등에 餘隆이라고 하였는데, 이는 아마 中國과의 外交文書에 사용하기 위
   한 中國式 王名인지 모르겠다.

가 오지 아니하여 천택(川澤)이 마르고 민간(民間)에 기근(饑饉)이 들어 창름을 열어서 백성(百姓)을 구제(救濟)하였다. ○ 7월에 말갈(靺鞨)이 침범해 와서 (?) 고목성(高木城)을 깨뜨리고 600 여 명을 (혹은) 죽이고 (혹은) 잡아갔다.

7년 5월에 고목성 남쪽에 두 책(柵)을 세우고 또 장령성(長嶺城)을 쌓아서 말갈(靺鞨)에 대비하였다(?). ○ 10월에 고구려(高句麗)의 장수 고로(高老)가 말갈(靺鞨)과 공모(共謀)하고 한성(漢城 ?)을 치려하여 횡악(橫岳) 아래에 진둔(進屯)하므로 왕이 군사를 내어 격퇴시켰다.

10년 정월에 영(令)을 내려 제방(堤防)을 완고(完固)히 하고 내외(內外)의 유식(遊食)하는 자를 몰아 귀농(歸農)케 하였다.

12년 4월에 사신을 양(梁)에 보내어 조공(朝貢)하였다. ○ 9월에 고구려(高句麗)가 가불성(加弗城 : 위치 미상)을 공취(攻取)하고 군사를 옮겨 원산성(圓山城 : 위치 미상)을 깨뜨리고 살륙(殺戮)과 약탈(掠奪)함이 매우 많았다. 왕이 날랜 기병(騎兵) 3,000 명을 거느리고 위천(葦川 : 위치 미상) 북(北)에서 싸웠는데, 고구려인(高句麗人)이 왕의 군사가 적은 것을 보고 업신여겨 진(陣)을 베풀지 않았으므로 왕이 기계(奇計)를 써서 급격(急擊)하여 (이를) 대파(大破)하였다. (是歲)[24]

(13년)[25]

16년 3월 초하루 무진(戊辰)에 일식(日蝕)이 있었다. (是歲)[26]

21년 5월에 홍수(洪水)가 났다. ○ 8월에 누리가 곡물(穀物)을 해치고 민간(民間)에 기근이 생기자, 신라(新羅)로 도망하여 가는 자가 900 호나 되었다. ○ 11월에 사신을 양(梁)에 보내어 조공(朝貢)하였다. 이에 앞서 고구려(高句

---

24) 日本書紀(권17) 繼體紀 6년 12월條에 의하면, 이 해에 百濟는 任那(여기 이른바 任那는 阿羅加耶(咸安)인 듯)의 上哆唎·下哆唎·娑陀·牟婁의 4 縣(蟾津江 流域의 東岸인 듯)을 合倂하였다고 한다.

25) 日本書紀(권17) 繼體紀 7년 6월條에는, 이 해에 百濟가 五經博士 段楊爾를 日本에 보냈다 한다.

26) 日本書紀(권17) 繼體紀 10년 9월條에는, 이 해에 百濟가 五經博士 漢人(실상은 樂浪의 歸化人 ?) 高安茂를 보내어(앞서 渡來한) 段楊爾와 交代케 하였다고 한다. 이러한 交代制는 이후에도 계속되는데, 筆者의 견해로는 百濟의 우수한 文人·學者·技術者 내지 僧侶가 渡東하여 倭人의 優待를 받는 바람에 本國에 돌아올 줄을 잊고 長期滯在, 혹은 永住함으로 해서 百濟는 그만큼 損失을 보게 되니까 이러한 交代制를 마련하였던 것 같다.

麗)에게 패(敗)한 바가 되어 여러 해 동안 쇠약해 있더니 이에 이르러 (梁에) 글월을 보내어 고구려를 누파(累破)했다고 일컫고 처음으로 우호(友好)를 통(通)하였는데, 다시 강국(強國)이 되었다.[27] ○ 12월에 (梁의) 고조(高祖)가 조서(詔書)를 보내어 왕(王)을 책봉(冊封)해 이르기를, "행도독백제제군사진동대장군백제왕(行都督百濟諸軍事鎭東大將軍百濟王) 여릉(餘隆)은 해외(海外)에서 번방(藩邦)을 지키고 멀리서 공직(貢職)을 닦아 이에 성의(誠意)를 보이니, 내가 가상히 여긴다. 마땅히 구법(舊法)에 따라서 이에 영명(榮命)을 제수하여, 사지절도독 백제제군사 영동대장군(使持節都督百濟諸軍事寧東大將軍)이 가(可)하다"고 하였다.

22년 9월에 왕이 호산원(狐山原)에서 사냥을 하였다. ○ 10월에 지진이 있었다.

23년 2월에 왕이 한성(漢城)에 가서 좌평(佐平) 인우(因友), 달솔(達率) 사오(沙烏) 등을 명하여 한수(漢水) 이북(以北)[28] 주군(州郡)의 백성 15세 이상을 징발하여 쌍현성(雙峴城)을 쌓았다. ○ 3월에 한성(漢城 ?)으로부터 돌아왔다. ○ 5월에 이르러 왕이 돌아가니[29] 시호(諡號)를 무녕(武寧)이라 하였다.

성왕(聖王)은 휘(諱)가 명농(明襛)[30]이니 무녕왕(武寧王)의 아들이다. 지혜(智慧)와 식견(識見)이 뛰어나고 일에 결단성이 있었다. 무녕(武寧)이 돌아가자 위(位)를 계승하였는데 나라 사람이 성왕(聖王)이라 일컬었다. ○ 8월에 고구려병(高句麗兵)이 패수(浿水 ?)에 이르므로 왕이 좌장(左將) 지충(志忠)에게 명하여 보기병(步騎兵) 1만 명을 거느리고 출전(出戰)하여 이를 물리쳤다.

2년에 양고조(梁高祖)가 조서(詔書)를 보내어 왕(王)을 지절도독 백제제군

27) 이는 百濟國書에 의한 말로서, 좀 과장된 표현인 듯하나, 어떻든 이 때 高句麗와 자주 싸워 다소 威勢를 떨쳤던 것 같다.
28) 百濟 南遷 이후의 記載 중에 왕왕 漢水 流域 내지 그 이북에 관한 이야기가 나오는데, 이는 모두 믿을 수 없다.
29) 梁書 諸夷傳 百濟條에는 武寧王의 崩年이 보통 5년(西紀 524년), 즉 聖王 2년으로 되어 있으나 이는 잘못이다. 年前 武寧王陵 出土의 誌石에도 王의 崩年이 癸卯(武寧 23년, 聖王 원년)로 되어 있다.
30) 梁書 諸夷傳 百濟條에는 諱를 明이라 하였고, 日本書紀(권 19) 欽明紀에는 明王 혹은 聖明王이라 하였다.

사 수동장군 백제왕(持節都督百濟諸軍事綏東將軍百濟王)으로 책봉(册封)하였다.[31]

3년 2월에 신라(新羅)와 더불어 사빙(使聘)을 교환하였다.

4년 10월에 웅진성(熊津城 : 公州)을 수리하고 사정책(沙井柵 : 위치 미상)을 세웠다. (是歲)[32]

7년 10월에 고구려왕(高句麗王) 흥안(興安 : 安臧王)이 친히 군사를 거느리고 침입하여 북변(北邊)의 혈성(穴城 : 위치 미상)을 함락하였다. 좌평(佐平) 연모(燕謨)에게 명하여 보기병(步騎兵) 3만 명을 거느리고 오곡원(五谷原 : 瑞興 ?)에서 거전(拒戰)케 하였으나 이기지 못하고 전사자(戰死者)가 2,000여 명이나 되었다.

10년 7월 갑진(甲辰)에 별이 비(雨)처럼 떨어졌다.

12년 3월에 사신을 양(梁)에 보내어 조공(朝貢)하였다. ○ 4월 정묘(丁卯)에 형혹(熒惑 : 火星)이 남두(南斗)[33]를 범(犯)하였다.

16년 봄에 사비(泗沘 : 扶餘)〔一名 所夫里〕에 서울을 옮기고[34] 국호(國號)를 남부여(南扶餘)라 하였다.

18년 9월에 왕이 장군(將軍) 연회(燕會)에게 명하여 고구려(高句麗)의 우산

---

31) 이 때에 온 梁의 사신의 見聞錄인 듯한 기록이 梁書 諸夷傳 百濟條에 나타난다. 그 중에 당시의 地方行政組織에 관한 귀중한 文字가 다음과 같이 실려 있다. '號所治城 曰固麻, 諸邑曰檐魯, 如中國之言郡縣也, 其國有二十二檐魯, 皆以子弟宗族分據之', 固麻는 '고마'·'곰'이니 熊津을 가리킴이요, 檐魯는 擔魯로, 大邑城을 말하는 百濟語 '다라'의 寫音일 것이다. 日本서 百濟를 'クダラ'라고 訓讀하여 온 것도 '큰 다라(大城)'의 뜻이라 하겠다(震檀學報 제 10 所載 拙稿 「風納里 土城과 百濟時代의 坨城」 참조).

32) 彌勒佛先寺蹟에 의하면, 이 해에 百濟의 僧 謙益이 律을 求하기 위하여 印度로 갔는데, 그는 中印度의 常伽耶大律寺에 이르러서 梵文을 배우기 5년, 쓰語에 通達하여 깊이 律部를 研究하고 梵僧 倍達多三藏과 더불어 梵本阿曇藏五部律文을 가지고 돌아왔다. 이 때 聖王은 羽葆와 鼓吹로써 이를 歡迎하였으며, 國內의 名僧 18人을 불러서 謙益과 함께 律部 72권을 飜譯하게 하였다 한다. 또 曇旭과 惠仁이 律疏 36권을 지어 聖王께 바쳤고, 聖王 자신도 毘曇新律序를 지었다고 전한다.

33) 星名. 天子의 壽命과 宰相 爵祿의 位를 主管한다고 함.

34) 泗沘 遷都는 결코 高句麗의 壓力으로 再次 南遷한 것이 아니라 협착한 避難都市인 熊津을 버리고 좀 넓은 平地에 대규모의 雄都를 건설하여 國家의 中興運動을 일으키려는 뜻에서 나온 것이었다.

성(牛山城 : 위치 미상)을 쳤으나 이기지 못하였다.

19년에 왕이 사신을 양(梁)에 보내어 조공(朝貢)하고, 동시에 글월로써 모시박사(毛詩博士) 열반(涅槃) 등의 경의(經義) 및 공장(工匠)[35] · 화사(畫師) 등을 청하니 이를 허락하였다.

25년 정월 초하루 기해(己亥)에 일식(日蝕)이 있었다.

26년 정월에 고구려왕(高句麗王) 평성(平成 : 陽原王)이 (東)예(濊)와 공모(共謀)하고 한북(漢北 ?) 독산성(獨山城[36] : 지금의 禮山인 듯)을 치니, 왕이 사신을 신라(新羅)에 보내어 구원을 청하였다. 신라왕(新羅王)이 장군(將軍) 주진(朱珍)을 명하여 갑졸(甲卒) 3,000 명을 거느리고 떠나게 하였다. 주진(朱珍)이 밤낮을 겸행(兼行)하여 독산성(獨山城) 아래에 이르러 고구려병(高句麗兵)과 일전(一戰)하여 이를 크게 파하였다. (10월)[37]

27년 정월 경신(庚申)에 흰 무지개가 해를 관통(貫通)하였다. ○ 10월에 왕은 양(梁)의 서울(지금의 南京 東南쪽인 江寧)에 구적(寇賊[38] : 侯景의 일컬음)이 있는 줄을 모르고 사신을 보내어 조공(朝貢)하였다. 사신이 거기에 가서 성궐(城闕)이 황폐(荒廢)한 것을 보고 정문(正門) 밖에서 모두 호곡(號哭)하니, 길을 가다가 보는 사람이 눈물을 뿌리지 않는 자가 없었다. 후경(侯景)이 이를 듣고 대노(大怒)하여 잡아 가두었는데, 후경의 난(亂)이 평정(平定)되어서야 겨우 환

---

35) 新都 泗沘의 經營을 위하여 필요한 것이었던 듯하다.

36) 日本書紀(권 19) 欽明紀 9년 4월條에는 이를 '馬津城之役'이라 하고, 그 註에 '正月 辛丑, 高麗率衆圍馬津城'이라고 하였다. 馬津은 百濟의 亡後 唐置州縣中 支潯州 屬縣 中의 '馬津縣本孤山'이라고 한 馬津縣에 해당한 것 같고, 또 輿地勝覽 禮山縣條에는 禮山은 本百濟의 烏山이었는데, 新羅에서는 孤山을 任城이라 改稱하였다고 한다. 그 러면 烏山은 실상 孤山의 別命인 듯, 金正浩의 大東地志 禮山條에도 '本百濟孤山, 一 云烏山, 唐改馬津'云云이라고 하였다. 그러나 馬津도 百濟時代 이래의 一名으로 보아 야 하겠고, 本紀의 獨山城도 실상 孤山과 같은 뜻의 地名인즉, 獨山은 역시 오늘의 禮山에 比定된다. 당시 漢水 流域은 엄연히 高句麗의 版圖에 속하고 있었으므로, 漢 北云云은 당치 아니한 말이다.

37) 이 해 10월에 日本도 百濟에 370人을 보내서 得爾辛(위치 미상)이라는 城을 助築하 였다고 한다(日本書紀 欽明紀 9년 10월條).

38) 侯景을 가리킨 것이니, 侯景은 본시 朔方人으로서 東魏를 섬기다가 梁에 歸附하였는 데, 梁武帝가 그를 河南王으로 삼았다. 뒤에 叛亂을 일으켜 建康(지금 南京 東南, 江 寧)을 포위하고 臺城을 함락시키니, 武帝는 鬱憤하여 죽고 侯景은 自立하여 漢帝라 칭하였다. 그러나 얼마 아니하여 陳霸先 · 王僧辨에게 討平되고 말았다.

국(還國)할 수 있었다.

28년 정월에 왕이 장군(將軍) 달사(達巳)를 보내어 군사 1만 명을 거느리고 고구려(高句麗)의 도살성(道薩城 : 지금의 天安)을 공취(攻取)하였다. ○ 3월에 고구려병(高句麗兵)이 금현성(金峴城 : 全義인 듯)을 포위하였다.

(29년)[39]

(30년)[40]

31년 7월에 신라(新羅)가 (百濟의) 동북변(東北邊)을 취하여 신주(新州 : 지금의 廣州를 중심으로)를 두었다.[41] ○ 10월에 왕녀(王女)가 신라로 시집갔다.[42]

32년 (2월)[43]

○ 7월에 왕이 신라를 침습(侵襲)하려 하여 친히 보기병(步騎兵) 50명을 이끌고 밤에 구천(狗川 : 지금의 沃川 부근)에 이르렀다. 신라의 복병(伏兵)이 일

---

39) 三國史記(권 44) 居柒夫傳에 의하면, 眞興王 12년, 즉 聖王 29년에 百濟와 新羅의 聯合軍이 北進하여 高句麗의 漢江 流域에 진공하였다. 百濟軍이 먼저 (南)平壤(지금 서울 부근)을 攻破하고, 新羅軍은 漢江 上流로 진입하여 竹嶺 이북 高峴(鐵嶺) 이남의 10郡의 땅을 취하였다고 한다. 이리하여 百濟는 漢江 下流의 舊土를 회복하였던 것이다. 日本書紀(권 19) 欽明紀 12년條에 의하면, 聖王은 新羅, 任那의 援軍을 얻어서 漢城(廣州)・(南)平壤 등의 6郡의 땅을 취하였다고 한다.

40) 日本書紀(권 19) 欽明紀 13년 10월條에 보면, 百濟의 聖明王[更名 聖王]이 西部 姬氏 達率 怒唎斯致契 등을 보내어 釋迦佛 金銅像 1軀, 幡蓋 약간, 經論 약간卷을 전하고, 또 따로 佛의 功德을 찬양하는 글월까지 보냈는데, 이것이 처음으로 日本에 佛敎를 전한 것이었다.

41) 이것은 新羅의 背信的인 침략 행위이어니와, 이로 인하여 百濟는 다시 舊土를 잃고 동시에 120년간이나 계속하던 소위 羅濟同盟은 깨지고 말았다. 그러나 日本書紀(권 19) 欽明紀에는 13년(佛敎 傳來의 年), 즉 聖王 30년의 사실로 記錄되어 1년의 差를 보이고 있는데, 이는 잘못된 것이다.

42) 新羅와 仇讐의 관계에 놓이게 된 이 때에 兩王室간에 혼인이 맺어졌다는 것은 믿어지지 않는다.

43) 日本書紀(欽明紀 15년)에는 이 달(2월)의 記事로 하여, 百濟에서 下部 扞率(5品) 將軍 三貴, 上部 奈率(6品) 物部烏 등을 (日本에) 보내어 救援兵을 청하는 동시에 達率(4品) 東城子莫古를 보내어 前者에 갔던 (渡東) 奈率(6品) 東城子言과 교대하게 하고, 五經博士 柳貴로써 (前者에 간) 固德(9品) 馬丁安과 교대케 하고, 僧 曇惠 등 9人으로써 僧 道深 등 7人과 교대케 하였다. 또 倭國의 所請에 의하여 따로이 易博士 施德(8品) 王道良, 曆博士 固德(9品) 王保孫, 醫博士 奈率(6品) 王有悷陀, 採藥師 施德(8品) 潘良豐, 固德(9品) 丁有陀, 藥人 施德 三斤, 季德(10品) 己麻次, 季德 進奴, 對德(11品) 進陀를 보내어 교대하게 하였다 한다.

어나 함께 싸우다가 (聖王이) 난병(亂兵)에게 해를 입고[44] 돌아갔다. 시호(諡號)를 성(聖)이라고 하였다.

〔原文〕
三國史記 卷 第二十六
百濟本紀 第四
文周王　三斤王　東城王　武寧王　聖王

　　文周王(或作 汶洲), 蓋鹵王之子也, 初毗有王薨, 蓋鹵嗣位, 文周輔之, 位至上佐平, 蓋鹵在位二十一年, 高句麗來侵圍漢城, 蓋鹵嬰城自固, 使文周求救於新羅, 得兵一萬廻, 麗兵雖退, 城破王死, 遂卽位, 性桑不斷, 而亦愛民, 百姓愛之, 冬十月, 移都於熊津.

　　二年, 春二月, 修葺大豆山城, 移漢北民戶, 三月, 遣使朝宋, 高句麗塞路, 不達而還, 夏四月, 耽羅國獻方物, 王喜, 拜使者爲恩率, 秋八月, 拜解仇爲兵官佐平.

　　三年, 春二月, 重修宮室, 夏四月, 拜王弟昆支爲內臣佐平, 封長子三斤爲太子, 五月, 黑龍見熊津, 秋七月, 內臣佐平昆支卒.

　　四年(四年, 恐是衍文, 據年 表在位不過 三年), 秋八月, 兵官佐平解仇, 擅權亂法, 有無君之心, 王不能制, 九月, 王出獵宿於外, 解仇使盜害之, 遂薨.

　　三斤王(或云 壬乞), 文周王之長子, 王薨, 繼位, 年十三歲, 軍國政事一切委於佐平解仇.

---

44) 日本書紀(권 19) 欽明紀 19년條에 의하면, 王子 餘昌(威德王)이 新羅에 침입하여 久陀牟羅塞(久陀는 管, 牟羅는 山, 즉 管山이니 지금 沃川)를 쌓았는데, 聖王이 王子를 위문하러 가는 도중에 新羅軍의 습격을 받아 被殺되었다고 한다. 그리고 聖王의 목을 벤 자는 奴의 苦都라고 하였는데, 書紀의 記載는 너무도 이야기식으로 되어 있기 때문에 믿기 어렵다. 三國史記(권 4) 眞興王 15년條에는 이와는 달리, 百濟王이 加良(加耶)과 더불어 管山城(지금의 沃川)을 來攻하므로, 처음에는 新羅軍이 逆戰하다가 利를 보지 못하더니, 新州(廣州) 軍主 金武力이 州兵으로써 來戰하자 裨將 三年山都(지금의 報恩) 高干(職名) 都刀(人名)의 急擊에 의하여 濟王을 살해하였다고 한다. 이것이 사실일 것이다.

二年, 春, 佐平解仇與恩率燕信聚衆, 據大豆城叛, 王命佐平眞男, 以兵二千討之, 不克, 更命德率眞老, 帥精兵五百, 擊殺解仇, 燕信奔高句麗, 收其妻子, 斬於熊津市.

論曰, 春秋之法, 君弑而賊不討, 則深責之, 以爲無臣子也, 解仇賊害文周, 其子三斤繼位, 非徒不能誅之, 又委之以國政, 至於據一城以叛, 然後再興大兵以克之, 所謂履霜不戒, 馴致堅冰, 熒熒不滅, 至于炎炎, 其所由來漸矣, 唐憲宗之弑, 三世而後僅能殺其賊, 況海隅之荒僻, 三斤之童蒙又烏足道哉.

三月己酉朔, 日有食之.

三年, 春夏, 大旱, 秋九月, 移大豆城於斗谷, 冬十一月, 王薨.

東城王, 諱牟大(或作　摩牟(據遺事王曆一云摩帝, 則此謂摩牟之牟, 疑是帝之誤也), 文周王弟昆支之子, 膽力過人, 善射百發百中, 三斤王薨, 卽位.

四年, 春正月, 拜眞老爲兵官佐平, 兼知內外兵馬事, 秋九月, 靺鞨襲破漢山城, 虜三百餘戶以歸, 冬十月, 大雪丈餘.

五年, 春, 王以獵出至漢山城, 撫問軍民, 浹旬乃還, 夏四月, 獵於熊津北, 獲神鹿.

六年, 春二月, 王聞南齊祖道成册高句麗巨璉爲驃騎大將軍, 遣使上表請內屬, 許之, 秋七月, 遣內法佐平沙若思如南齊朝貢, 若思至西海中, 遇高句麗兵, 不進.

七年, 夏五月, 遣使聘新羅.

八年, 春二月, 拜苩加爲衛士佐平, 三月, 遣使南齊朝貢, 秋七月, 重修宮室, 築牛頭城, 冬十月, 大閱於宮南.

十年, 魏遣兵來伐, 爲我所敗.

十一年, 秋, 大有年, 國南海村人獻合穎禾, 冬十月, 王設壇祭天地, 十一月, 宴羣臣於南堂.

十二年, 秋七月, 徵北部人年十五歲已上, 築沙峴・耳山二城, 九月, 王田於國西泗沘原, 拜燕突爲達率, 冬十一月, 無冰.

十三年, 夏六月, 熊川水漲, 漂沒王都二百餘家, 秋七月, 民饑, 亡入新羅者六百餘家.

十四年, 春三月, 雪, 夏四月, 大風拔木, 冬十月, 王獵牛鳴谷, 親射鹿.

十五年, 春三月, 王遣使新羅請婚, 羅王以伊飡比智女歸之.

十六年, 秋七月, 高句麗與新羅戰薩水之原, 新羅不克, 退保犬牙城, 高句麗圍之, 王遣兵三千救, 解圍.

十七年, 夏五月甲戌朔, 日有食之, 秋八月, 高句麗來圍雉壤城, 王遣使新羅請救, 羅王命將軍德智帥兵救之, 麗兵退歸.

十九年, 夏五月, 兵官佐平眞老卒, 拜達率燕突爲兵官佐平, 夏六月, 大雨, 漂毀民屋.

二十年, 設熊津橋, 秋七月, 築沙井城, 以扞率毗陁鎭之, 八月, 王以耽羅不修貢賦, 親征至武珍州, 耽羅聞之, 遣使乞罪, 乃止(耽羅卽耽牟羅).

二十一年, 夏, 大旱, 民饑相食, 盜賊多起, 臣寮請發倉賑救, 王不聽, 漢山人亡入高句麗者二千, 冬十月, 大疫.

二十二年, 春, 起臨流閣於宮東, 高五丈, 又穿池養奇禽, 諫臣抗疏, 不報, 恐有復諫者, 閉宮門.

論曰, 良藥苦口利於病, 忠言逆耳利於行, 是以古之明君, 虛己問政, 和顔受諫, 猶恐人之不言, 懸敢諫之鼓, 立誹謗之木而不已, 今牟大王諫書上而不省, 復閉門以拒之, 莊子曰, 見過不更, 聞諫愈甚, 謂之狼, 其牟大王之謂乎.

夏四月, 田於牛頭城, 遇雨雹乃止, 五月, 旱, 王與左右宴臨流閣, 終夜極歡.

二十三年, 春正月, 王都老嫗化狐而去, 二虎鬪於南山, 捕之不得, 三月, 降霜害麥, 夏五月, 不雨至秋, 七月, 設柵於炭峴以備新羅, 八月, 築加林城, 以衞士佐平苩加鎭之, 冬十月, 王獵於泗沘東原, 十一月, 獵於熊川北原, 又田於泗沘西原, 阻大雪, 宿於馬浦村, 初王以苩加鎭加林城, 加不欲往, 辭以疾, 於不許, 是以怨王, 至是, 使人刺王, 至十二月乃薨, 諡曰東城王. (冊府元龜云, 南齊建元二年, 百濟王牟都遣使貢獻, 詔曰, 寶命惟新, 澤被絶域, 牟都世蕃東表, 守職遐外, 可卽授使持節都督百濟諸軍事鎭東大將軍, 又永明八年, 百濟王牟大遣使上表, 遣謁者僕射孫副, 策命大, 襲亡祖父牟都爲百濟王, 曰於戲惟爾世襲忠勤, 誠著遐表, 海路肅澄, 要貢無替, 式循彝典, 用纂縣命, 往敬哉, 其敬膺休業, 可不愼歟, 行都督百濟諸軍事鎭東大將軍百濟王, 而三韓古記無牟都爲王之事, 又按牟大蓋鹵王之孫, 蓋鹵第二子昆支之子, 不信其祖牟都, 則齊書所載不可不疑.

武寧王, 諱斯摩(或云 隆), 牟大王之第二子也, 身長八尺, 眉目如畫, 仁慈寬厚, 民心歸附, 牟大在位二十三年薨, 卽位, 春正月, 佐平苩加據加林城叛, 王帥兵馬至牛頭城, 命扞率解明討之, 苩加出降王斬之, 投於白江.

論曰, 春秋曰, 人臣無將, 將而必誅, 若苟加之元惡大憝, 則天地所不容, 不卽罪之, 至是, 自知難免謀叛, 而後誅之, 晚也.

冬十一月, 遣達率優永, 帥兵五千, 襲高句麗水谷城.

二年, 春, 民饑且疫, 冬十一月, 遣兵侵高句麗邊境.

三年, 秋九月, 靺鞨燒馬首柵, 進攻高木城, 王遣兵五千擊退之, 冬, 無冰.

六年, 春, 大疫, 三月至五月, 不雨, 川澤竭, 民饑, 發倉賑救, 秋七月, 靺鞨來侵破高木城, 殺虜六百餘人.

七年, 夏五月, 立二柵於高木城南, 又築長嶺城, 以備靺鞨, 冬十月, 高句麗將高老與靺鞨謀, 欲攻漢城, 進屯於橫岳下, 王出師戰退之.

十年, 春正月, 下令完固隄防, 驅內外游食者歸農.

十二年, 夏四月, 遣使入梁朝貢, 秋九月, 高句麗襲取加弗城, 移兵破圓山城, 殺掠甚衆, 王帥勇騎三千, 戰於葦川之北, 麗人見王軍少, 易之不設陣, 王出奇急擊, 大破之.

十六年, 春三月戊辰朔, 日有食之.

二十一年, 夏五月, 大水, 秋八月, 蝗害穀, 民饑, 亡入新羅者九百戶, 冬十一月, 遣使入梁朝貢, 先是爲高句麗所破, 衰弱累年, 至是上表, 稱累破高句麗, 始與通好, 而更爲強國, 十二月, 高祖詔册王曰, 行都督百濟諸軍事鎭東大將軍百濟王餘隆, 守藩海外, 遠修貢職, 迺誠款到, 朕有嘉焉, 宜率舊章, 授玆榮命, 可使持節都督百濟諸軍事寧東大將軍.

二十二年, 秋九月, 王獵于狐山之原, 冬十月, 地震.

二十三年, 春二月, 王幸漢城, 命佐平因友・達率沙烏等, 徵漢北州郡民年十五歲已上, 築雙峴城, 三月, 至自漢城, 夏五月, 王薨, 諡曰武寧.

聖王, 諱明禮, 武寧王之子也, 智識英邁能斷事, 武寧薨, 繼位, 國人稱爲聖王, 秋八月, 高句麗兵至浿水, 王命左將志忠, 帥步騎一萬, 出戰退之.

二年, 梁高祖詔, 册王爲持節都督百濟諸軍事綏東將軍百濟王.

三年, 春二月, 與新羅交聘.

四年, 冬十月, 修葺熊津城, 立沙井柵.

七年, 冬十月, 高句麗王興安躬帥兵馬來侵, 拔北鄙穴城, 命佐平燕謨, 領步騎三萬, 拒戰於五谷之原, 不克, 死者二千餘人.

十年, 秋七月甲辰, 星隕如雨.

十二年, 春三月, 遣使入梁朝貢, 夏四月丁卯, 熒惑犯南斗.

十六年, 春, 移都於泗沘(一名 所夫里), 國號南扶餘.

十八年, 秋九月, 王命將軍燕會, 攻高句麗牛山城, 不克.

十九年, 王遣使入梁朝貢, 兼表請毛詩博士, 涅槃等經義, 并工匠·畫師等, 從之.

二十五年, 春正月己亥朔, 日有食之.

二十六年, 春正月, 高句麗王平成與濊謀, 攻漢北獨山城, 王遣使請救於新羅, 羅王命將軍朱珍領甲卒三千發之, 朱珍日夜兼程, 至獨山城下, 與麗兵一戰, 大破之.

二十七年, 春正月庚申, 白虹貫日, 冬十月, 王不知梁京師有寇賊, 遣使朝貢, 使人旣至, 見城闕荒毁, 並號泣於端門外, 行路見者莫不灑涙, 侯景聞之大怒執囚之, 及景平方得還國.

二十八年, 春正月, 王遣將軍達巳, 領兵一萬, 攻取高句麗道薩城, 三月, 高句麗兵圍金峴城.

三十一年, 秋七月, 新羅取東北鄙置新州, 冬十月, 王女歸于新羅.

三十二年, 秋七月, 王欲襲新羅, 親帥步騎五十, 夜至狗川, 新羅伏兵發與戰, 爲亂兵所害薨, 諡曰聖.

삼국사기 권 제 27

백제 본기(百濟本紀) 제 5
위덕왕(威德王) 혜왕(惠王) 법왕(法王) 무왕(武王)

위덕왕(威德王)의 휘(諱)는 창(昌)¹⁾이니 성왕(聖王)의 원자(元子)다. 성왕이 재위(在位) 32년에 돌아가자 위(位)를 계승하였다.²⁾

원년 (9월)³⁾ ○ 10월에 고구려(高句麗)가 크게 군사를 일으켜 와서 웅천성(熊川城 ?)을 쳤으나 패(敗)하여 돌아갔다.

(2년)⁴⁾

6년 5월 초하루 병진(丙辰)에 일식(日蝕)이 있었다.

8년 7월에 군사를 보내어 신라(新羅)의 변경(邊境)을 침략하였는데⁵⁾신라병(新羅兵)의 출격(出擊)을 받아 패(敗)하니 사자(死者)가 1,000 여 명이었다.

---

1) 三國遺事 王曆篇에 名을 또 明이라고도 한다고 한 것은 잘못이다. 아마 父王(聖王)의 諱(明襘)와 혼동한 것 같다.

2) 日本書紀(권 19) 欽明紀 16년 8월條를 보면, 百濟의 餘昌(威德王)이 父王을 위하여 出家修道하려고 하다가 諸臣과 百姓의 諫言에 의해서 그만두고 대신 僧 百人을 度하고 幡蓋 등 種種의 功德을 지었다고 한다. 그리고 同上 18년 3월條에는 王의 즉위를 마치 同年(欽明 18년), 즉 (三國史記의) 威德王 4년에 된 것과 같이 하였는데, 이는 물론 잘못이다.

3) 三國遺事(권 1) 紀異 眞興王條에 의하면, 承聖 3년, 즉 威德王 원년 9월에 百濟는 新羅의 珍城(慶南 丹城)에 침입하여 男女 3 만 9,000, 말 8,000 匹을 掠奪하여 갔다고 한다. 좀 과장된 數字인 것 같으나, 어떻든 史記의 新羅本紀·百濟本紀에도 闕漏된 逸事로 보겠다.

4) 이 해에 威德王 餘昌이 弟 惠(惠王)를 倭國에 보내어 聖王의 被殺에 대한 보복을 위하여 군사를 청하였다고 한다(日本書紀 권 19 欽明紀 16년條 및 17년條).

5) 新羅本紀에는 翌年인 眞興王 23년(威德王 9년)의 사실로 되어 있다.

14년 9월에 사신을 진(陳)[6]에 보내어 조공(朝貢)하였다.

17년 고제(高齊)[7]의 후주(後主)[8]가 왕을 배(拜)하여 사지절시중거기대장군 대방군공 백제왕(使持節侍中車騎大將軍[9]帶方郡公百濟王)을 삼았다.

18년에 고제(高齊)의 후주(後主)가 또 왕을 사지절도독 동청주제군사 동청주자사(使持節都督東靑州諸軍事東靑州刺史)를 삼았다.

19년에 사신을 제(齊 : 北齊)에 보내어 조공(朝貢)하였다. ○ 9월 초하루 경자(庚子)에 일식(日蝕)이 있었다.

24년 7월에 사신을 진(陳)에 보내어 조공(朝貢)하였다. ○ 10월에 신라(新羅)의 서변(西邊) 주군(州郡)을 침공하였는데, 신라의 이찬(伊湌) 세종(世宗)이 군사를 거느리고 이를 격파(擊破)하였다. ○ 11월에 사신을 우문주(宇文周)[10]에 보내어 조공(朝貢)하였다. (是歲)[11]

25년에 사신을 우문주(宇文周)에 보내어 조공하였다.

26년 10월에 장성(長星 : 彗星)이 하늘에 뻗쳤다가 20일 만에 없어졌다.

---

6) 6 朝의 하나. 陳霸先이 梁의 禪을 받아 建康(江蘇省 江寧=南京 東南쪽)에 都邑을 정하고 國號를 陳이라고 하였는데, 5王 32년 만에 隋에게 망하였다.

7) 北朝의 하나. 高洋이 東魏의 禪을 받아 鄴(河南省 安陽)에 都邑을 정하고 國號를 齊라 하니, 이것이 北齊요, 高氏의 建國한 바이므로 高齊라고도 한다. 5王 28년 만에 北周에게 멸망당하였다. 百濟가 처음 北齊에 遣使 朝貢한 것은 威德王 14년의 일이다(北齊書 8 後主紀 天統 3년 10월條).

8) 後主는 溫公 緯를 말하는 것이다.

9) 北齊書(권 8) 後主紀 武平 원년 2月 癸亥條에는 (車騎大將軍이) 驃騎大將軍으로 되어 있다.

10) 北周를 이름이니, 혹은 後周라고도 하는 北朝의 하나. 宇文覺이 西魏의 禪을 받아 建國하여 長安에 都邑하고 北齊를 멸하여 北方을 통일하였다. 宇文氏의 周나라이기 때문에 宇文周라고 한 것이다.

11) 이 해 11월에 百濟에서는 倭使가 (自國으로) 돌아가는 편에 經論 약간 卷과 律師·禪師·比丘尼·呪禁師·造佛工·造寺工 등 6인과 함께 보냈다고 한다(日本書紀 권 20 敏達紀 6년 11月條).

○ 周書 異域傳 百濟條에 실린 기사는 대개 이즈음 泗沘時代의 百濟에 관한 사실들을 기재한 것이어니와, 그 중의 중요한 것은 5部·5方과 22官府의 제도가 있었다는 것, 仇台를 始祖로 제사하였다는 것 등 政治·宗敎·學問·經濟에 관한 단편적이나마 매우 귀중한 자료를 제공하고 있다. 隋書 東夷傳 百濟條의 記載는 역시 이즈음의 見聞에 의한 바가 많거니와, 그 중 몇 가지 주의할 만한 것은 中國에 本姓이 8族이 있었다는 것과 新羅·高句麗·倭·中國人 등이 섞여 살고 있었다는 것 등이다.

○ 지진이 있었다.

28년에 왕이 사신을 수(隋)에 보내어 조공하였다. ○ 수(隋)의 고조(高祖)가 조(詔)를 내려 왕(王)을 배(拜)하여 상개부의동삼사 대방군공(上開府儀同三司帶方郡公)을 삼았다.

29년 정월에 사신(使臣)을 수(隋)에 보내어 조공하였다.

(30년)[12]

31년 11월에 사신을 진(陳)에 보내어 조공하였다. (是歲)[13]

33년에 사신을 진(陳)에 보내어 조공하였다.

(35년)[14]

36년에 수(隋)가 진(陳)을 평정(平定)하였다. ○ (中國의) 전선(戰船) 1척(隻)이 탐모라국(耽牟羅國:濟州島)에 표류(漂流)하여 왔다. 그 배가 (自國으로) 돌아가려고 국계(國界)를 경과(經過)하므로, 왕이 매우 후(厚)히 자송(資送:必需品을 주어 보내는 것)하고 아울러 사신과 글월을 (隋에) 보내어 진(陳)을 평정한 것을 치하하였다. (隋의) 고조(高祖:文帝)가 이를 선(善)히 여겨 조서(詔書)를 보내어 이르기를, "백제왕(百濟王)이 이미 진(陳)을 평정(平定)한 것을 듣고 멀리서 글월을 보내 왔다. 왕복(往復)이 지극히 곤란하여 만일 풍랑(風浪)을 만나면 곧 손상(損傷)을 입게 되리라. 백제왕(百濟王)의 마음과 행적이 지극히 순량(淳良)함은 내가 이미 자세히 알고 있다. 상거(相距)가 비록 멀다 하여도 대면하여 말함과 같으니 하필 자주 사신을 보내어 직접 서로 존문(存問)하여야 하겠는가. 이제부터는 해마다 입공(入貢)할 것이 없으며, 나도 또한 사신을 보내지 않을 것이니, 왕은 그리 알지어다"고 하였다.

39년 7월 그믐 임신(壬申)에 일식(日蝕)이 있었다.

---

12) 倭國이 任那를 부흥시키기 위하여 百濟의 達率·日羅를 불러갔다는 이야기가 전한다(日本書紀 권 20 敏達紀 12년條.

13) 이 해에 倭使 鹿深臣과 佐伯連이 百濟로부터 彌勒石像 1軀와 佛像 1軀를 각기 本國으로 가져갔다고 한다(日本書紀 권 20 敏達紀 13년 9월條).

14) 이 해에 百濟가 사신 및 僧 惠摠·令斤·惠寔 등을 倭國에 보내어 佛舍利를 전하고, 또 恩率(3품) 首信, 德率(4품) 蓋文, 那(奈)率(6품) 福富味身 등을 보내어 禮物과 아울러 佛舍利와 僧 聆照律師·令威·惠衆·惠宿·道嚴·令開 등과 寺工 太良未太·文賈古子, 鑪盤博士, 將德(7품) 白昧淳, 瓦博士 麻奈父奴·陽貴文·陵貴文·昔麻帝彌, 畫工 白加 등을 傳送하였다. 또 倭國의 善信尼 등이 戒法을 배우기 위하여 百濟에 왔다가 다음 해에 돌아갔다(日本書紀 권 21 崇峻紀 원년).

41년 11월 계미(癸未)에 패성(孛星)이 각항(角亢)[15]에 나타났다.

(42년)[16]

(44년)[17]

45년 9월에 왕이 장사(長史) 왕변나(王辯那)를 수(隋)에 사신으로 보내어 조공(朝貢)을 하였다. ○ 왕이 수(隋)가 요동(遼東)의 싸움[18]을 일으킨다는 것을 듣고 사신을 보내어 글월을 전하며 군도(軍導 : 戰爭의 案內者)가 되기를 청하였다. 제(帝)가 조서(詔書)를 보내 이르기를 "왕년(往年)에 고구려(高句麗)가 공물(貢物)을 바치지 않고 인신(人臣)의 예(禮)를 닦지 아니하므로 장수에게 명하여 치게 하였다. 고원(高元 : 嬰陽王)의 군신(君臣)이 두려워하여 귀죄(歸罪)하므로 내가 이미 용서하였으니 징벌치 않겠다"하고 우리 사자(使者)를 후히 대접하여 돌려보냈다. 고구려(高句麗)가 이 사실을 모두 알고 군사로써 국경(國境)을 침범하였다. ○ 12월에 왕이 돌아가니 군신(群臣)이 논의하여 시호(諡號)를 위덕(威德)이라고 하였다.

혜왕(惠王)은 휘(諱)가 계(季)니 명왕(明王 : 聖王)의 둘째 아들[19]이다. 창왕(昌王 : 威德王)이 돌아가자 즉위하였다.

2년에 왕이 돌아가니 시호(諡號)를 혜(惠)라고 하였다.

법왕(法王)은 휘(諱)가 선(宣)[혹은 孝順이라고도 함]이니 혜왕(惠王)의 장자(長子)다. 혜왕이 돌아가자 아들 선(宣)이 위(位)를 계승하였다[隋書에는 宣(法王)을 昌王(威德王)의 아들이라고 하였다[20]] ○ 12월에 영(令)을 내려 살생(殺

---

15) 角과 亢은 모두 28 宿의 하나로, 東方에 위치한다.

16) 日本書紀(권 22) 推古紀 3년條에 의하면 이 해에 百濟 僧 惠聰이 倭國에 가서 同年에 歸化한 高句麗 僧 慧慈와 함께 日本 佛敎의 棟梁이 되었다 한다.

17) 日本書紀(권 22) 推古紀 5년 4월 丁丑條에 의하면, 百濟王이 王子 阿佐를 (倭에) 보냈다고 하였다.

18) 隋의 高句麗 侵略을 말하는 것이다.

19) 三國遺事 王曆에는 '一云獻王'이라 하고, 또 '威德王子'라고 하였는데, 이는 同王曆에, 威德王의 名을 또 明이라고도 한다는 데서 생긴 착오인 것 같다.

20) 隋書 東夷傳 百濟條에는 餘宣(法王)은 昌(威德王)의 아들로서 昌의 뒤를 이은 것같이 말하였는데, 이는 잘못이다. 惠王의 短命으로 그 在位가 전하지 않기 때문에 생긴 착오인 것 같다.

生)을 금(禁)하고, 민가(民家)에서 기르는 응요(鷹鷂)를 거두어 놓아 주었으며, 어렵도구(漁獵道具)는 태워 버렸다.

2년 정월에 왕흥사(王興寺)를 세우고 승려 30 명을 두었다. ○ 크게 가물어서 왕이 칠악사(漆岳寺)에 가서 비를 빌었다. ○ 5월에 (왕이) 돌아가니 시(諡)를 법(法)이라고 하였다.

무왕(武王)[21]은 휘(諱)가 장(璋)이니 법왕(法王)의 아들이다. 풍모(風貌)가 영특하고 지기(志氣)가 뛰어났다. 법왕이 즉위하였다가 익년(翌年)에 돌아가니 아들이 위(位)를 계승하였다.

3년 8월에 왕이 군사를 내어 신라(新羅)의 아막산성(阿莫山城〔一名 母山城〕: 雲峰)을 포위하였다. 신라왕(新羅王) 진평(眞平)이 정기병(精騎兵) 수천 명을 보내어 거전(拒戰)하니 우리 군사가 이(利)를 잃고 돌아왔다. 신라가 소타(小陀: 위치 미상)·외석(畏石: 위치 미상)·천산(泉山: 위치 미상)·옹잠(甕岑: 위치 미상)의 네 성(城)을 쌓고 우리 국경(國境)을 침범하여 오므로 왕이 노(怒)하여 좌평(佐平) 해수(解讐)로 하여금 보기병(步騎兵) 4 만 명을 거느리고 그 네 성(城)을 진공(進攻)케 하였다. 신라 장군(將軍) 건품(乾品)과 무은(武殷)이 무리를 이끌고 거전(拒戰)하므로, 해수(解讐)가 불리(不利)하여 군사를 천산(泉山) 서쪽 대택(大澤) 안에서 복병(伏兵)하고 기다렸다. 무은(武殷)이 승승(乘勝)하여 갑졸(甲卒) 1,000 명을 거느리고 대택(大澤)으로 쫓아왔는데, 복병(伏兵)이 일어나 급히 치니 무은(武殷)이 말에서 떨어졌다. (이에) 사졸(士卒)이 놀라서 어찌할 바를 몰랐다. 무은(武殷)의 아들 귀산(貴山)이 크게 소리지르기를, "내가 일찍이 스승(圓光法師)에게 가르침을 받기를, 군사(軍士)는 전쟁(戰爭)에서 물러서지 않는다고 하였는데, 어찌 감히 도망쳐 물러가 스승의 가르침을 저버리랴" 하고 말을 아버지(武殷)에게 주고 소장(小將) 추항(箒項)과 함께 창을 휘두르며 힘껏 싸우다가 (壯烈히) 죽었다.[22] 나머지 군사가 이를 보고 더욱 분발하니 아군(我軍)이 패(敗)하고 해수(解讐)는 겨우 면(免)하여 단기(單騎)로 돌

21) 三國遺事(王曆篇)에는 혹은 武康·獻丙이라 한다 하였고, 小名을 一耆篩德이라 한다고도 하였다. 武康은 즉 武寧의 同義異寫임을 모르고 武王의 別稱으로 誤認한 것일 것이다.
22) 貴山과 箒項의 武勇譚은 권 45 貴山傳에 자세하다.

아왔다. (10월)[23]

6년 2월에 각산성(角山城 : 위치 미상)을 쌓았다. ○ 8월에 신라(新羅)가 동쪽 국경(國境)을 침범하였다.

7년 3월에 왕도(王都 : 扶餘邑)에 흙비가 와서 낮인데도 어두웠다. ○ 4월에 크게 가물어 기근(饑饉)이 있었다.

8년 3월에 한솔(扞率 : 5品) 연문진(燕文進)을 수(隋)에 보내어 조공(朝貢)하였다. 또 좌평(佐平) 왕효린(王孝鄰)을 보내어 조공하고 아울러 고구려(高句麗)를 칠 것을 청하였는데, 양제(煬帝)가 이를 허락하고 고구려의 동정(動靜)을 엿보게 하였다.[24] ○ 5월에 고구려가 송산성(松山城 : 위치 미상)을 치더니 함락되지 아니하고, 옮겨 석두성(石頭城 : 위치 미상)을 치고 남녀 3,000명을 사로잡아 돌아갔다.

9년 3월에 사신을 수(隋)에 보내어 조공(朝貢)하였다. ○ 수(隋)의 문림랑(文林郎) 배청(裴淸)이 사신으로 왜국(倭國)에 가는데 우리 나라의 남로(南路)를 거쳤다.

12년 2월에 사신을 수(隋)에 보내어 조공하였다. 수(隋)의 양제(煬帝)가 장차 고구려(高句麗)를 치려고 하므로, 왕이 국지모(國智牟)로 하여금 가서 군기(軍期)를 청하였다. 제(帝)가 기뻐서 후(厚)히 상(賞)을 주고 상서기부랑(尚書起部郎) 석률(席律)을 보내어 왕과 함께 모의(謀議)케 하였다. ○ 8월에 적암성(赤嵒城 : 위치 미상)을 쌓았다.

○ 10월에 신라(新羅)의 가잠성(椵岑城 : 위치 미상)을 포위하여 성주(城主) 찬덕(讚德)을 죽이고 그 성(城)을 멸(滅)하였다.

13년에 수(隋)의 6군(軍)이 요하(遼河)를 건너오자, 왕이 국경(國境)에 군비(軍備)를 엄히 하고 수(隋)를 돕는다고 성언(聲言)하였으나 실은 양단책(兩端策)을 쓰고 있었다. ○ 4월에 궁성(宮城) 남문(南門)에 벼락이 떨어졌다. ○ 5월에는 큰물이 나서 인가(人家)가 표몰(漂沒)하였다. (是歲)[25]

---

23) 百濟 僧 觀勒이 日本에 曆書·天文地理書 및 遁甲方術之書를 전하였다고 한다(日本書紀 권22 推古紀 10년 10월). 뒤에 觀勒은 僧正이 되었다.

24) 隋書 百濟傳에는 이 대목에 계속하여 '然, 璋(武王) 內與高(句)麗 通和, 挾詐以窺中國'이라고 하였다.

25) 이 해에 百濟人 味摩之가 倭國에 가서 伎樂舞를 가르쳤다(日本書紀 권22 推古紀 20년).

17년 10월에 달솔(達率 : 2品) 백기(苩奇)를 명하여 군사 8,000명을 거느리고 신라의 모산성(母山城 : 雲峰)을 쳤다. ○ 11월에 왕도(王都)에 지진이 있었다.

19년에 신라의 장군 변품(邊品) 등이 와서 가잠성(椵岑城)을 쳐 회복(回復)하였는데 (이 때) (羅將) 해론(奚論)이 전사(戰死)하였다.[26]

22년 10월에 사신을 당(唐)에 보내어 과하마(果下馬 : 키가 작은 在來種)를 증(贈)하였다.

24년 가을에 군사를 보내어 신라의 늑로현(勒弩縣 : 위치 미상)을 침공하였다.

25년 정월에 대신(大臣)을 당(唐)에 보내어 조공(朝貢)하였다. 고조(高祖)가 그 성의(誠意)를 가상히 여겨 사신을 보내어 대방군왕 백제왕(帶方郡王百濟王)을 책봉하였다. ○ 7월에 사신을 당(唐)에 보내어 조공하였다. ○ 10월에 신라(新羅)의 속함(速含 : 咸陽)・앵잠(櫻岑 : 위치 미상)・기잠(歧岑 : 위치 미상)・봉잠(烽岑 : 위치 미상)・기현(旗縣 : 위치 미상)・용책(冗(穴)柵 : 위치 미상) 등 6성(城)을 쳐서 빼앗았다.

26년 11월에 사신을 당(唐)에 보내어 조공하였다.

27년에 사신을 당(唐)에 보내어 명광개(明光鎧)[27]를 전하고, 인하여 고구려(高句麗)가 길을 막고 당(唐)에 내조(來朝)하는 것을 허(許)하지 않는다고 호소하였다. (당)고조(高祖)가 산기상시(散騎常侍) 주자사(朱子奢)를 보내어 조서(詔書)로, 아국(我國)과 고구려가 원한을 풀 것을 달랬다.

○ 8월에 군사를 보내어 신라(新羅)의 왕재성(王在城[28] : 위치 미상)을 쳐서 성주(城主) 동소(東所)를 잡아죽였다. ○ 12월에 사신을 당(唐)에 보내어 조공하였다.

28년 7월에 왕이 장군(將軍) 사걸(沙乞)을 명하여 신라 서변(西邊)의 두 성(城)을 함락케 하고 남녀 300명을 사로잡았다. 왕이 신라가 빼앗은 토지(土地)를 회복하려 하여 크게 군사를 일으켜 웅진(熊津 : 公州)에 주둔(駐屯)하였다. 신라왕(新羅王) 진평(眞平)이 이를 듣고 사신을 당(唐)에 보내어 위급을 고(告)하니 왕이 듣고 그만두었다. ○ 8월에 왕이 조카 복신(福信)을 당(唐)에 보내

---

26) 三國史記 권 47 奚論傳 참조.
27) 黃漆로 바른 갑옷이니, 光彩가 人目을 끈다.
28) 新羅本紀(眞平王 48년 8월條)에는 主在城이라고 하였다.

조공(朝貢)하니 (唐의) 태종(太宗)이 이르기를, "(百濟가) 신라와 대대(代代)로 원수가 되어 서로 자주 침벌(侵伐)한다" 하고 왕에게 새서(璽書)를 보내어 "왕이 대대로 군장(君長)이 되어 동번(東藩)을 무유(撫有)하고, 바다 귀퉁이에 있어 거리가 멀고 풍도(風濤)가 험난하건만 충성(忠誠)이 지극하여 조공이 잇달고, 더욱이 (그대의) 가유(嘉猷 : 좋은 꾀)를 생각하니 심히 기쁘오. 짐은 총명(寵命)을 이어받아 구우(區宇 : 疆土)에 군림하고 정도(正道)를 넓히려고 서민(庶民)을 애육(愛育)하며, 주거(舟車)가 통하고 풍우(風雨)가 미치는 곳마다 성명(性命)을 완수(完遂)케 하여 모두 승평무사(承平無事)하도록 기대하고 있는 것이오. 신라왕(新羅王) 김진평(金眞平)은 짐의 번신(藩臣)이요 왕(王)의 인국(鄰國)인데 (그대가) 군사를 내어 쉴새없이 친다고 들었오. 군사를 믿고 잔인(殘忍)한 일을 행하는 것은 (나의) 바라는 바에 매우 어긋나는 일이오. 짐은 이미 왕의 조카 복신(福信)과, 고구려(高句麗)와 신라(新羅)의 사신에게 모두 화호(和好)를 통하여 다 화목할 것을 일러 두었으니, 왕은 반드시 전원(前怨)을 잊고 짐의 본뜻을 알아서 인국(鄰國)으로서의 정(情)을 두터이하고 즉시 싸움을 그치도록 하시오" 하였다. 왕은 이에 사신을 보내어 글월로써 사례하였는데, 비록 겉으로는 명(命)에 순종한다고 하였지만 속으로는 서로 원수짐이 옛날과 마찬가지였다.

29년 2월에 군사를 보내어 신라의 가봉성(椵峰(岑)城 : 위치 미상)을 쳤으나 이기지 못하고 돌아왔다.

30년 9월에 사신을 당(唐)에 보내어 조공(朝貢)하였다.

31년 2월에 사비(泗沘 : 扶餘)의 궁성(宮城)을 중수(重修)하고 왕이 웅진성(熊津城)으로 거둥하였다. ○ 여름에 가물어서 사비의 역사(役事)를 그쳤다. ○ 7월에 왕이 웅진(熊津)에서 돌아왔다.

32년 9월에 사신을 당(唐)에 보내어 조공하였다.

33년 정월에 원자(元子) 의자(義慈)를 봉하여 태자를 삼았다. ○ 2월에 마천성(馬川城 : 위치 미상)을 개축(改築)하였다. ○ 7월에 군사를 내어 신라를 쳤으나 이롭지 못하였다.

○ 왕이 생초원(生草原 : 위치 미상)에서 사냥을 하였다. ○ 12월에 사신을 당(唐)에 보내어 조공하였다.

34년 8월에 장수(將帥)를 보내어 신라의 서곡성(西谷城 : 위치 미상)을 쳐서 13일 만에 함락하였다.

35년 2월에 왕흥사(王興寺[29]:扶餘郡 窺岩面)가 낙성(落成)되었다. 왕흥사(王興寺)는 강수(江水:錦江의 支流)에 임하고 채식(彩飾)이 장려(壯麗)하였는데, 왕이 매양 배를 타고 절에 가서 행향(行香)하였다.[30] ○ 3월에 궁성(宮城) 남(南)에 못을 파고 물을 20여 리나 끌어들였으며 사방 (못의) 언덕에 버드나무를 심고 못 속에 섬을 만들어서 방장선산(方丈仙山)[31]에 비겼다.

37년 2월에 사신을 당(唐)에 보내어 조공(朝貢)하였다. ○ 3월에 왕이 좌우(左右) 신료(臣寮)들을 거느리고 사비하(泗沘河:錦江) 북포(北浦)에서 연유(宴遊)하였다. 양쪽 강기슭에는 기암괴석(奇巖怪石)이 착립(錯立)한데다가 간간이 기화이초(奇花異草)가 끼어 있어서 마치 그림과 같았다. 왕은 술을 마시고 즐거움이 극도에 이르러 북과 거문고를 타며 스스로 노래를 불렀고, 종자(從者)들도 여러 차례 춤을 추었다. 당시 사람들이 그 곳을 대왕포(大王浦)라고 일렀다. ○ 5월에 왕은 장군(將軍) 우소(于召)를 명하여 갑사(甲士) 500 명을 이끌고 가서 신라(新羅)의 독산성(獨山城:위치 미상)을 침습(侵襲)하였다. 우소(于召)가 옥문곡(玉門谷)[32]에 이르자 해가 지므로 안장을 풀고 군사를 쉬게 하였는데, 신라의 장군 알천(閼川)이 군사를 이끌고 엄습하여 와서 무찔렀다. 우소(于召)는 큰 돌 위에 올라가서 활을 당겨 거전(拒戰)하다가 화살이 다하여 사로잡혔다. ○ 6월에 가물었다. ○ 8월에 망해루(望海樓)[33]에서 군신(群臣)에게 잔치(宴會)를 베풀었다.

38년 2월에 왕도(王都)에 지진이 있었고, 3월에 또 지진이 있었다. ○ 12월에 사신을 당(唐)에 보내어 철갑(鐵甲)과 조부(雕斧)를 증(贈)하였는데, 태종

---

29) 王興寺는 앞서 法王 2년(西紀 600)에 시작하여 이 때 (西紀 634)에 完成을 告한 것으로, 新羅의 皇龍寺에 비길 만한 百濟의 護國道場이다. 往年에 扶餘郡 窺岩面 新九里 王興寺址에서 '興王' 2字의 陽刻이 있는 瓦片이 발견된 후부터 그 位置를 분명히 알게 되었다.

30) 香爐를 쥐고 佛會中을 繞行하는 佛敎儀式. 帝王이 行香할 때에는 자신은 輦을 타고 繞行할 뿐이고 他人이 香爐를 쥐고 그 뒤를 따라가는 것이다. 近世에 와서는 入廟·焚香·叩拜하는 것도 行香이라고 한다.

31) 蓬萊·瀛州와 함께 三神山의 하나. 中國의 옛 說話에 三神山에는 仙人과 不死藥이 있고, 黃金으로 白銀으로 궁궐을 만들었다는 것이다.

32) 三國遺事(권 1) 善德王 知幾三事에는 富山 아래의 女根谷이라고 하였는데, 너무도 믿기 어려운 이야기로 되어 있다.

33) 望海樓는 35년에 만들었다고 하는 方丈仙山이 있는 못 가에 지은 듯하다. 그렇다면 후일 新羅의 雁鴨池와 臨海殿은 이것의 模倣이 아닌가 한다.

(太宗)이 후히 위로하고 금포(錦袍) 및 채백(彩帛) 3,000 단(段)을 주었다.

39년 3월에 왕이 빈부(嬪婦)들과 함께 대지(大池 : 南池인 듯)에 배를 띄우고 놀았다.

40년 10월에 또 사신을 당(唐)에 보내어 금갑(金甲)과 조부(雕斧)를 증(贈)하였다.

41년 정월에 패성(孛星 : 彗星)이 서북(西北)에 나타났다. ○ 2월에 자제(子弟)를 당(唐)에 보내어 국학(國學)에 입학(入學)을 청하였다.

42년 3월에 왕이 돌아가니 시(諡)를 무(武)라고 하였다.

사신이 당(唐)에 가서 소복(素服)을 입고 글월을 올려, "외신(外臣) 부여장(扶餘璋)이 죽었습니다"고 하니, 제(帝)가 현무문(玄武門)에서 애도식(哀悼式)을 거행(擧行)하고 조(詔)를 보내어 이르기를, "원자(遠者)를 위무(慰撫)하는 도(道)는 총명(寵命)보다 나은 것이 없고, 최종(最終) (死者를) 의식(儀式)하는 의리(義理)는 원방(遠方)이라고 막혀 있는 것은 아니다. 고주국대방군주 백제왕부여장(故柱國帶方郡主百濟王扶餘璋)은 산(山)과 바다를 넘어 멀리서 정삭(正朔)을 받고 보배를 바치고 글월을 올려 시종(始終)이 한결같았다. (이제) 문득 돌아가니 깊이 추도(追悼)하는 바다. 마땅히 상례(常例)에 더하여 애영(哀榮 : 슬픈 榮典)을 표(表)하여 광록대부(光祿大夫)를 추증(追贈)하노라." 하고 부물(賻物)을 매우 후(厚)히 주었다.

〔原文〕
三國史記 卷 第二十七
百濟本紀 第五
威德王　惠王　法王　武王

威德王, 諱昌, 聖王之元子也, 聖王在位三十二年薨, 繼位.
元年, 冬十月, 高句麗大擧兵來攻熊川城, 敗衄而歸.
六年, 夏五月丙辰朔, 日有食之.
八年, 秋七月, 遣兵侵掠新羅邊境, 羅兵出擊敗之, 死者一千餘人.
十四年, 秋九月, 遣使入陳朝貢.
十七年, 高齊後主拜王, 爲使持節侍中車騎大將軍帶方郡公百濟王.

十八年, 高齊後主又以王, 爲使持節都督東青州諸軍事東青州刺史.

十九年, 遣使入齊朝貢, 秋九月庚子朔, 日有食之.

二十四年, 秋七月, 遣使入陳朝貢, 冬十月, 侵新羅西邊州郡, 新羅伊飡世宗帥兵擊破之, 十一月, 遣使入宇文周朝貢.

二十五年, 遣使入宇文周朝貢.

二十六年, 冬十月, 長星竟天, 二十日而滅, 地震.

二十八年, 王遣使入隋朝貢, 隋高祖詔拜王, 爲上開府儀同三司帶方郡公.

二十九年, 春正月, 遣使入隋朝貢.

三十一年, 冬十一月, 遣使入陳朝貢.

三十三年, 遣使入陳朝貢.

三十六年, 隋平陳, 有一戰船漂至耽牟羅國, 其船得還, 經于國界, 王資送之甚厚, 并遣使奉表賀平陳, 高祖善之下詔曰, 百濟王旣聞平陳, 遠令奉表, 往復至難, 若逢風浪, 便致傷損, 百濟王心迹淳至, 朕已委知, 相去雖遠, 事同言面, 何必數遣使來相體悉, 自今已後, 不須年別入貢, 朕亦不遣使往, 王宜知之.

三十九年, 秋七月壬申晦, 日有食之.

四十一年, 冬十一月癸未, 星孛于角亢.

四十五年, 秋九月, 王使長史王辯那入隋朝獻, 王聞隋興遼東之役, 遣使奉表請爲軍道, 帝下詔曰, 往歲高句麗不供職貢, 無人臣禮, 故命將討之, 高元君臣, 恐懼畏服歸罪, 朕已赦之, 不可致伐, 厚我使者而還之, 高句麗頗知其事, 以兵侵掠國境, 冬十二月, 王薨, 羣臣議諡曰威德.

惠王, 諱季, 明王第二子, 昌王薨, 卽位.

二年, 王薨, 諡曰惠.

法王, 諱宣(或云孝順), 惠王之長子, 惠王薨, 子宣繼位(隋書以宣爲昌王之子), 冬十二月, 下令禁殺生, 收民家所養鷹鷂放之, 漁獵之具焚之.

二年, 春正月, 創王興寺, 度僧三十人, 大旱, 王幸漆岳寺祈雨, 夏五月薨, 上諡曰法.

武王, 諱璋, 法王之子, 風儀英偉, 志氣豪傑, 法王卽位翌年薨, 子嗣位.

三年, 秋八月, 王出兵圍新羅阿莫山城(一名 母山城), 羅王眞平遣精騎數千拒戰之, 我兵失利而還, 新羅築小陁·畏石·泉山·甕岑四城, 侵逼我疆境, 王怒令佐平解讎, 帥步騎四萬, 進攻其四城, 新羅將軍乾品·武殷帥衆拒戰, 解讎不利, 引軍退於泉山西大澤中, 伏兵以待之, 武殷乘勝, 領甲卒一千追至大澤, 伏兵發急擊之, 武殷墜馬, 士卒驚駭, 不知所爲, 武殷子貴山大言曰, 吾嘗受敎於師, 曰士當軍無退, 豈敢奔退以墜師敎乎, 以馬授父, 卽與小將箒項揮戈力鬪以死, 餘兵見此益奮, 我軍敗績, 解讎僅免, 單馬以歸.

六年, 春二月, 築角山城, 秋八月, 新羅侵東鄙.

七年, 春三月, 王都雨土, 晝暗, 夏四月, 大旱, 年饑.

八年, 春三月, 遣扞率燕文進入隋朝貢, 又遣佐平王孝鄰入貢, 兼請討高句麗, 煬帝許之, 令覘高句麗動靜, 夏五月, 高句麗來攻松山城, 不下, 移襲石頭城, 虜男女三千而歸.

九年, 春三月, 遣使入隋朝貢, 隋文林郞裴淸奉使倭國, 經我國南路.

十二年, 春二月, 遣使入隋朝貢, 隋煬帝將征高句麗, 王使國智牟入請軍期, 帝悅, 厚加賞錫, 遣尙書起部郞席律來, 與王相謀, 秋八月, 築赤喦城, 冬十月, 圍新羅椵岑城, 殺讚主讚德, 滅其城.

十三年, 隋六軍度遼, 王嚴兵於境, 聲言助隋, 實持兩端, 夏四月, 震宮南門, 五月, 大水, 漂沒人家.

十七年, 冬十月, 命達率苩奇領兵八千, 攻新羅母山城, 十一月, 王都地震.

十九年, 新羅將軍邊品等來攻椵岑城復之, 奚論戰死.

二十二年, 冬十月, 遣使入唐獻果下馬.

二十四年, 秋, 遣兵侵新羅勒弩縣.

二十五年, 春正月, 遣大臣入唐朝貢, 高祖嘉其誠款, 遣使就冊爲帶方郡王百濟王, 秋七月, 遣使入唐朝貢, 冬十月, 攻新羅速含·櫻岑·歧岑·烽岑·旗懸·冗柵等六城取之.

二十六年, 冬十一月, 遣使入唐朝貢.

二十七年, 遣使入唐獻明光鎧, 因訟高句麗梗道路, 不許來朝上國, 高祖遣散騎常侍朱子奢, 來詔諭我及高句麗, 平其怨, 秋八月, 遣兵攻新羅王(王, 羅紀作主)在城, 執城主東所殺之, 冬十二月, 遣使入唐朝貢.

二十八年, 秋七月, 王命將軍沙乞拔新羅西鄙二城, 虜男女三百餘口, 王欲復新羅侵奪地分, 大擧兵出屯於熊津, 羅王眞平聞之, 遣使告急於唐, 王聞之乃止, 秋八月, 遣王姪福信入唐朝貢, 太宗謂與新羅世讎, 數相侵伐, 賜王璽書曰,王世爲君長, 撫有東蕃, 海隅遐曠, 風濤難阻, 忠款之至, 職貢相尋, 尙想嘉猷, 甚以欣慰, 朕祇承寵命, 君臨區宇, 思弘正道, 愛育黎元, 舟車所通, 風雨所及, 期之遂性, 咸使乂安, 新羅王金眞平, 朕之蕃臣, 王之鄰國, 每聞遣師征討不息, 阻兵安忍, 殊乖所望, 朕已對王姪福信高句麗新羅使人, 具勅通和, 咸許輯睦, 王必須忘彼前怨, 識朕本懷, 共篤鄰情, 卽停兵革, 王因遣使奉表陳謝, 雖外稱順命, 內實相仇如故.

二十九年, 春二月, 遣兵攻新羅椵峰(峰, 羅紀作岑)城, 不克而還.

三十年, 秋九月, 遣使入唐朝貢.

三十一年, 春二月, 重修泗沘之宮, 王幸熊津城, 夏旱, 停泗沘之役, 秋七月, 王至自熊津.

三十二年, 秋九月, 遣使入唐朝貢.

三十三年, 春正月, 封元子義慈爲太子 二月, 改築馬川城, 秋七月, 發兵伐新羅, 不利, 王田于生草之原, 冬十二月, 遣使入唐朝貢.

三十四年, 秋八月, 遣將攻新羅西谷城, 十三日拔之.

三十五年, 春二月, 王興寺成, 其寺臨水, 彩飾壯麗, 王每乘舟, 入寺行香, 三月, 穿池於宮南, 引水二十餘里, 四岸植以楊柳, 水中築島嶼, 擬方丈仙山.

三十七年, 春二月, 遣使入唐朝貢, 三月, 王率左右臣寮, 遊燕於泗沘河北浦, 兩岸奇巖怪石錯立, 間以奇花異草如畫圖, 王飮酒極歡, 鼓琴自歌, 從者屢舞, 時人謂其地爲大王浦, 夏五月, 王命將軍于召, 帥甲士五百, 往襲新羅獨山城, 于召至玉門谷, 日暮解鞍休士, 新羅將軍閼川將兵掩至鏖擊之, 于召登大石上, 彎弓拒戰, 矢盡爲所擒, 六月, 旱, 秋九月, 燕羣臣於望海樓.

三十八年, 春二月, 王都地震, 三月, 又震, 冬十二月, 遣使入唐獻鐵甲雕斧, 太宗優勞之, 賜錦袍幷彩帛三千段.

三十九年, 春三月, 王與嬪御泛舟大池.

四十年, 冬十月, 又遣使於唐獻金甲雕斧贈.

四十一年, 春正月, 星孛于西北, 二月, 遣子弟於唐, 請入國學.

四十二年, 春三月, 王薨, 諡曰武, 使者入唐, 素服奉表曰, 君外臣扶餘璋卒, 帝擧哀玄武門, 詔曰, 懷遠之道, 莫先於寵命, 飾終之義, 無隔於遐方, 故柱國帶方郡王百濟王扶餘璋, 棧山航海, 遠稟正朔, 獻琛奉贄, 克固始終, 奄致薨殂, 追深愍悼, 宜加常數, 式表哀榮, 贈光祿大夫, 賻賜甚厚.

삼국사기 권 제 28

백제 본기(百濟本紀) 제 6
의자왕(義慈王)

의자왕(義慈王)은 무왕(武王)의 원자(元子)로 웅위(雄偉) 용감(勇敢)하고 담력(膽力)과 결단성이 있었다. 무왕(武王) 재위(在位) 33년에 태자(太子)에 책립되었는데, 어버이 섬기기를 효도로써 하고 형제간에 우애(友愛)가 있어 당시에 해동증자(海東曾子)의 일컬음이 있었다. 무왕(武王)이 돌아가자 태자(太子)가 위(位)를 계승하였다. (唐)태종(太宗)이 사부낭중(祠部郞中) 정문표(鄭文表)를 보내어 (王에게) 주국대방군왕 백제왕(柱國帶方郡王百濟王)을 책봉하였다. ○ 8월에 사신을 당(唐)에 보내어 글월로써 감사하고 겸하여 방물(方物)을 전하였다.

2년 정월에 사신을 당(唐)에 보내어 조공(朝貢)하였다. (是月)[1] ○ 2월에 왕이 주군(州郡)을 순무(巡撫)하고 죄수(罪囚)를 관성(寬省 : 너그럽게 살핌)하여 사죄(死罪) 이외는 모두 놓아 주었다. ○ 7월에 왕이 친히 군사를 이끌고 신라(新羅)를 쳐서 미후(獼猴)[2] 등 40여 성(城)을 함락시켰다. ○ 8월에 장군(將軍) 윤충(允忠)을 보내어 군사 1만 명을 거느리고 신라의 대야성(大耶城 : 陜川)을 쳤다. 성주(城主) 품석(品釋)[3]이 처자(妻子)와 함께 나와 항복하니, 윤충(允忠)

---

1) 日本書紀(권 24) 皇極紀 원년 2월條에 의하면, 百濟使臣이, 義慈王 2년 정월에 百濟 國內에서 政治的 波動이 있었음을 다음과 같이 전하였다고 한다. '今年正月, 國主母薨, 又弟王子兒翹岐及其母妹女子四人・內佐平岐味・有高名之人四十餘, 被放於嶋,'
2) 新羅本紀 善德女王 11년條에는 단지 國西 40餘城이라고 하였는데, 獼猴의 분명한 위치는 알 길이 없다.
3) 品釋은 金春秋(後의 武烈王)의 사위였다.

이 모두 죽이고 그 머리를 잘라 왕도(王都 : 扶餘)에 전하였다. (또) 남녀 1,000 여 명을 사로잡아 나라 서쪽 주현(州縣)에 분거(分居)케 하고 군사를 머물러 그 성(城)을 지키게 하였다. 왕이 윤충(允忠)의 공(功)을 논상(論賞)하여 말(馬) 20 필과 곡(穀) 1,000 석을 주었다.

3년 정월에 사신을 당(唐)에 보내어 조공(朝貢)하였다. ○ 11월에 왕이 고구려(高句麗)와 화친(和親)하고 신라(新羅)의 당항성(党項城 : 南陽)을 취하여 입조(入朝 : 通唐)의 길을 막으려고 군사를 일으켜 쳤다.[4] ○ 신라왕(新羅王) 덕만(德曼 : 善德王)이 당(唐)에 사신을 보내어 군사를 청하니 왕이 듣고 군사를 파(罷)하였다.

4년 정월에 사신을 당(唐)에 보내어 조공(朝貢)하였다. ○ (唐)태종(太宗)이 사농승(司農丞) 상리현장(相里玄奬)을 보내어 양국(兩國)에 고유(告諭)하니, 왕이 글월을 보내어 사과하였다. 왕자(王子) 융(隆)[5]을 세워 태자(太子)를 삼고 대사(大赦)하였다. ○ 9월에 신라 장군(新羅將軍) 유신(庾信)이 군사를 거느리고 내공(來攻)하여 일곱 성(城)[6]을 취하였다.

5년 5월에 왕은 (唐)태종(太宗)이 고구려를 친정(親征)하는 동시에 신라의 군사를 징발한다는 말을 듣고 그 틈을 타서 신라의 일곱 성[7]을 습취(襲取)하니, 신라에서는 장군 유신(金庾信)을 보내어 내침(來侵)하였다.

7년 10월에 장군 의직(義直)이 보(步)·기병(騎兵) 3,000 명을 이끌고 신라의 무산성(茂山城 : 茂朱郡 茂豊面) 아래에 진둔(進屯)하여 군사를 나누어 감물(甘物 : 金陵郡 開寧面)·동잠(桐岑 : 위치 미상)의 두 성(城)을 쳤다.[8] 신라의 장군 유신(庾信)이 친히 사졸(士卒)을 격려하여 결사적(決死的)으로 싸워 (我軍을) 크게 깨뜨렸고, 의직(義直)이 필마(匹馬 : 한 필 말)로 돌아왔다.

8년 3월에 의직이 신라 서변(西邊)의 요거(腰車 : 尙州 舊要濟院 ?) 등 10여 성을 쳐 빼앗았다. ○ 4월에 옥문곡(玉門谷 : 見前)으로 진군하였는데, 신라 장

---

4) 新舊唐書 東夷傳 百濟傳에는 義慈王 2년의 일로 되어 있다.

5) 新舊唐書 및 唐平百濟國碑銘 등 唐側 史料에 의하여 隆이라고 한 것 같다. 그러나 義慈王 20년條를 보면 太子의 이름은 孝였고 隆은 第 3王子였다. 이것이 정확한 것으로 생각된다. 唐側 史料에 隆을 太子라고 한 것은 泗沘城 함락에 솔선하여 항복해 온 그를 義慈王의 후계자로 정했던 때문일 것이다.

6) 金庾信傳(上)에 의하면 7城은 加兮城·省熱城·同火城 등이었는데 위치는 미상.

7) 金庾信傳(上)에는 買利浦城(미상) 등이라고 하였다.

8) 金庾信傳(上) 및 丕寧子傳에 詳細하다.

군 유신(庚信)이 이를 맞아 두 번 싸워 크게 파하였다.

9년 8월에 왕이 좌장(左將) 은상(殷相)을 명하여 정병(精兵) 7,000 명을 거느리고 신라의 석토(石吐 : 위치 미상) 등 일곱 성(城)을 쳐 빼앗았다. 신라 장군 유신(庚信)·진춘(陳春)·천존(天存)·죽지(竹旨) 등이 이를 맞아 쳤으나 이(利)를 보지 못하고 산졸(散卒)을 거두어 도살성(道薩城 : 지금의 天安) 아래에 유둔(留屯), 재차 싸웠는데 아군(我軍)이 패배(敗北)하였다. ○ 11월에 우뢰가 있었고 얼음이 얼지 아니하였다.

11년에 사신을 당(唐)에 보내어 조공(朝貢)하였다. 사신이 돌아오는 편에 고종(高宗)이 새서(璽書)를 주어 왕을 달래어 이르기를, "해동(海東) 삼국(三國)이 개국한 지 세월이 오래며 강계(疆界)를 나란히 하여 땅이 견아(犬牙 : 서로 들쭉날쭉 끼어)의 세(勢)를 이루고 있소. 근대(近代) 이래로부터 드디어 혐극(嫌隙)을 일으켜, 전쟁(戰爭)이 교기(交起)하니 거의 편안할 해가 없고, 삼한(三韓) 백성으로 하여금 목숨을 칼 도마 위에 올려놓게 하고, 무기(武器)를 가지고 분(憤)을 발함이 조석(朝夕)으로 잇게 하였소. 짐은 하늘을 대신하여 만물(萬物)을 다스리는 터이라 매우 (그것을) 애달피 여기는 바이다. 지난 해에 고구려(高句麗)·신라(新羅) 등의 사신이 아울러 입조(入朝)하였을 때, 짐은 그들에게 원수(怨讐)를 풀고 다시 화목을 도타이할 것을 명하였는데 신라의 사신 김법민(金法敏 : 武烈王의 아들로 뒷날의 文武王)이 아뢰기를, '고구려(高句麗)와 백제(百濟)가 순치(脣齒)와 같이 서로 의지하여 마침내 무기(武器)를 들고 번갈아 침략하여 오니 대성(大城)과 중진(重鎭)이 모두 백제에게 병합된 바가 되어 강토(疆土)는 날로 줄어들고 위력(威力)마저 떨어졌습니다. 바라건대 백제에 조서(詔書)를 내려 침략한 성(城)을 돌려주게 해주십시오. 만일 조명(詔命)을 받들지 않거든 곧 스스로 군사를 일으켜 공취(攻取)할 것이나 다만 고지(故地)를 얻으면 곧 화호(和好)를 청할 것입니다'하므로 짐은 그 말이 (이치에) 타당하므로 허락하지 않을 수 없었소. 옛날 제(齊)의 환공(桓公)[9)]은 제후(諸侯)의 자리에 있었으나 오히려 망국(亡國)을 존속시켰는데 하물며 짐은 만국(萬國)의 주로서 어찌 위급한 번국(藩國)을 구휼(救恤)하지 않으리요. 왕이 겸병(兼倂)한 신라(新羅)의 성(城)을 모두 그 본국(本國)에 돌려줄 것이며, 신라도 또한 잡아간 백제의 포로(捕虜)를 왕에게 돌려보낼지니, 그러한 뒤에 환난(患

---

9) 春秋時代의 諸侯로서 五霸의 하나니, 管仲을 宰相으로 임명하고 尊周攘夷를 내세워 諸侯를 통합하고 終身 盟主가 되었다.

難)과 분규(紛糾)를 풀고 무기(武器)를 거두어들이면 백성(百姓)은 몸을 안식(安息)시킬 소원(所願)을 얻고, 삼국(三國)은 전쟁의 괴로움이 없을 것이오. (이를) 저 변계(邊界)에서 피를 흘리고 강역(疆場)에 시체(屍體)가 쌓이며, 농사(農事)와 직조(織造)를 모두 폐하여 사녀(士女)가 근심하는 그것과 어찌 한 가지로 말할 수 있으랴. 왕이 만일 짐의 처사에 따르지 않는다면 짐은 법민(法敏)의 소청에 의하여 왕과 결전(決戰)할 것을 맡길 것이요, 또 고구려(高句麗)와 약속하여 멀리서 서로 구원(救援)하지 못하게 할 것이오. 고구려가 만일 명령을 받들지 아니하면 곧 거란(契丹) 제번(諸藩)으로 하여금 요하(遼河)를 건너 깊이 (쳐)들어가 구략(寇掠)케 할 것이니 왕은 깊이 짐의 말을 생각하고 스스로 다복(多福)하기를 구(求)하고 양책(良策)을 도모하여 후회를 끼침이 없도록 하시오"하였다.

12년 정월에 사신을 당(唐)에 보내어 조공(朝貢)하였다.

13년 봄에 크게 가물어서 백성이 굶주렸다. ○ 8월에는 왕이 왜국(倭國)과 우호(友好)를 통하였다.

15년 2월에 태자궁(太子宮)을 지극히 화려하게 수리하였고, 왕궁(王宮) 남쪽에 망해정(望海亭)을 세웠다. ○ 5월에 붉은 말(赤色馬)이 북악(北岳)의 오함사(烏含寺)에 들어와 울면서 불사(佛寺)를 돌기 수일(數日)에 죽었다. ○ 7월에 마천성(馬川城 : 舊 韓山 ?)을 중수(重水)하였다. ○ 8월에 왕이 고구려(高句麗)·말갈(靺鞨)과 함께 신라(新羅)의 30여 성(城)을 공파(攻破)하니, 신라왕(新羅王) 김춘추(金春秋 : 太宗 武烈王)가 사신을 당(唐)에 보내어 글월로써 "백제(百濟)가 고구려·말갈과 함께 우리의 북계(北界)를 침범하여 30여 성(城)을 함락시켰다"고 하였다.

16년 3월에 왕이 궁인(宮人)과 더불어 음황(淫荒)·탐락(耽樂)하여 술 마시기를 그치지 아니하였다. 좌평(佐平) 성충(成忠)[혹은 淨忠이라고도 함]이 극간(極諫)하니, 왕이 노(怒)하여 옥중(獄中)에 가두었다. 이로 인하여 감히 간하는 자가 없었다.[10] 성충(成忠)은 유사(瘦死)하였는데, 죽음에 임하여 상서(上書)하기를 "충신(忠臣)은 죽더라도 임금을 잊지 않는 것이니, 한 말씀 올리고 죽고자 합니다. 신(臣)이 항상 시세(時勢)의 변천(變遷)을 살펴보건대, 반드시 전쟁

---

10) 唐平濟塔에는 '外棄直臣, 內信妖婦'라 하고, 日本書紀(권 26) 齊明紀 6년條에 인용된 高句麗 沙門 道顯의 日本世紀에는 '或曰百濟自亡, 由君大夫人妖女之無道, 擅奪國柄, 誅殺賢良, 故召斯禍矣'라고 하였다.

이 있을 것입니다. 무릇 용병(用兵)에는 반드시 그 지리(地理)를 살펴 택할 것이니, (江의) 상류(上流)에 처하여 적(敵)을 맞이한 후에야 보전(保全)할 수 있습니다. 만일 다른 나라의 군사가 (쳐)오면 육로(陸路)에서는 침현(沈峴 : 忠南 大德郡 馬道嶺)을 넘지 못하게 하고 수군(水軍)을 기벌포(伎伐浦 : 지금 長項) 연안(沿岸)에 들어오지 못하게 하소서. 이러한 험애(險隘)한 곳에 의하여 적(敵)을 막은 후에야 가(可)합니다"고 하였다. 왕이 돌보지 아니하였다.

17년 정월에 왕이 중자(衆子) 41 인을 배(拜)하여 좌평(佐平)을 삼고 각기 식읍(食邑)을 주었다. ○ 4월에는 크게 가물어 적지(赤地)가 되었다.

19년 2월에 여러 마리 여우가 궁중(宮中)으로 들어갔는데 한 마리의 백호(白狐)가 상좌평(上佐平)의 책상 위에 앉았다. ○ 4월에 태자궁(太子宮)의 암탉이 참새와 교미(交尾)하였다. ○ 장수를 보내 신라(新羅)의 독산(獨山 : 위치 미상)과 동잠(桐岑 : 위치 미상)의 두 성(城)을 쳤다. ○ 5월에 왕도(王都) 서남(西南)의 사비하(泗沘河 : 錦江)에 큰 고기가 나와 죽었는데, 길이가 3 장이었다. ○ 8월에 여자 시체가 생초진(生草津 : 위치 미상)에 떠올랐는데, 길이가 18 척이었다. ○ 9월에 궁중(宮中)의 괴목(槐木)이 (마치) 사람의 곡성(哭聲)과 같이 울었으며, 밤에는 귀신(鬼神)이 궁성(宮城) 남로(南路)에서 곡(哭)했다.

20년 2월에 왕도(王都)의 우물물이 핏빛이 되었다. ○ 서해(西海) 해변(海邊)에는 작은 물고기가 나와 죽었는데 백성(百姓)이 이것을 다 먹을 수가 없었다. ○ 사비하(泗沘河)의 물이 핏빛처럼 붉었다.

○ 4월에 두꺼비와 개구리 수만 마리가 나무 위에 모여들었다. ○ 왕도(王都)의 시인(市人)이 까닭없이 놀라 달아나는데 마치 잡으러 오는 사람이라도 있는 것같이 하여 엎드러져 죽는 자가 100 여 명이나 되었고, 재물(財物)을 잃는 자는 셀 수 없었다.

○ 5월에 폭풍우(暴風雨)가 불고, 천왕사(天王寺)와 도양사(道讓寺) 두 절의 탑(塔)에 벼락이 떨어졌으며, 또 백석사(白石寺)의 강당(講堂)에도 벼락이 떨어졌다. ○ 검은 구름이 용(龍)과 같이 공중(空中)에서 동서(東西)로 (갈려) 서로 싸웠다.

○ 6월에 왕흥사(王興寺) 승려(僧侶)들은 모두, 마치 배의 돛과 같은 것이 대수(大水)를 따라 절 문(門)으로 들어오는 것을 보았다. ○ 야록(野鹿)과 같은 개 한 마리가 서쪽에서 사비하안(泗沘河岸)에 와서 왕실(王室)을 향해 짖더니 조금 있다가 간 곳을 몰랐다. ○ 왕도(王都)의 군견(群犬)이 노상(路上)에 모여

혹은 짖고 혹은 곡(哭)하더니 조금 있다가 곧 흩어졌다. ○ 귀신 하나가 궁중에 들어와서 "백제(百濟)가 망(亡)한다, 백제가 망한다"고 크게 외치고는 곧 땅 속으로 들어갔다. 왕이 괴이하게 여겨 사람을 시켜 땅을 파 보게 했더니 깊이 3자쯤 가량에서 한 마리의 거북이 나왔다. 그 등에 글이 써 있었는데, 이르기를 "백제(百濟)는 월륜(月輪 : 달바퀴)과 같고 신라(新羅)는 신월(新月)과 같다"고 하였다. 왕이 이를 무자(巫者)에게 물었더니 (그가) 말하기를, "월륜 (月輪)과 같다는 것은 찼다(滿)는 것이니, 차면 기울 것이요, 신월(新月)과 같다고 함은 아직 차지 않았다는 것이니, 차지 않으면 점점 차게 될 것입니다" 하였다. 왕이 노(怒)하여 그를 죽였다. 어떤 자가 말하기를, "월륜(月輪)과 같다는 것은 성(盛)을 의미한 것이요, 신월(新月)과 같다는 것은 미약(微弱)을 뜻한 것이니, 생각건대 국가(國家 : 百濟)는 성(盛)하고 신라는 점점 미약해진다는 것일까 합니다"고 하니 왕이 기뻐하였다.

○ (唐)고종(高宗)이 조서(詔書)를 내려 좌위대장군(左(武)衞大將軍) 소정방(蘇定方)을 신구도행군대총관(神丘道行軍大摠管)을 삼아, 좌위장군(左(驍)衞將軍) 유백영(劉伯英)과 우무위장군(右武衞將軍) 풍사귀(馮士貴), 좌효위장군(左驍衞將軍) 방효공(龐孝公)을 거느리고 군사 13만 명을 통솔하고 (百濟에) 쳐왔다. 동시에 신라왕(新羅王) 김춘추(金春秋)를 우이도행군총관(嵎夷道行軍摠管)을 삼아 그 나라(新羅)의 군사를 거느리고 합세하게 하였다. 소정방(蘇定方)이 군사를 거느리고 성산(城山 : 지금 山東半島 東端 ?)에서 바다를 건너 나라 서쪽의 덕물도(德物島 : 德積島)에 이르니 신라왕(新羅王)이 장군 김유신(金庾信)을 보내어 정병(精兵) 5만 명을 거느리고 (百濟 방면으로) 가게 하였다. 왕이 듣고 군신(群臣)을 모아 방어할 대책을 물었다. 좌평(佐平) 의직(義直)이 나아가 말하기를, "당병(唐兵)은 멀리서 바다를 건너왔으므로 물에 익숙지 못한 자는 배에서 반드시 피곤할 것이니, 처음 육지(陸地)에 내려서 사기(士氣)가 정정(定定)치 못할 때에 급히 치면 가히 뜻을 얻을 수 있을 것입니다. 신라인(新羅人)은 대국(大國)의 도움을 믿는 까닭에 우리를 가벼이 여기는 마음이 있을 것이니, 만일 당인(唐人)의 불리(不利)함을 보면 반드시 두려워하여 감히 날쌔게 나오지 못할 것입니다. 그러므로 먼저 당인(唐人)과 결전하는 것이 좋을 것입니다" 하였다. 달솔(達率) 상영(常永) 등은 말하기를, "그렇지 않습니다. 당병(唐兵)은 멀리서 와서 속전(速戰)할 의욕을 가지고 있으므로, 그 예봉(銳鋒)을 당하지 못할 것이요, 신라인(新羅人)은 앞서 아군(我軍)에게 여러 번 패(敗)하

였으므로 지금은 우리의 병세(兵勢)를 바라보고 두려워하지 않을 수 없으므로 오늘의 계획은 당인(唐人)의 길을 막아 그 군사의 피로함을 기다리고, 먼저 일부 군사로 하여금 신라군(新羅軍)을 쳐서 그 예기(銳氣)를 꺾은 후에 적당한 때를 엿보아 합전(合戰)하면 군사를 온전히 하고 국가(國家)를 보전할 수 있을 것입니다"하였다. 왕은 (이에) 주저하여 어느 말을 따를지 알지 못하였다. 이 때에 좌평(佐平) 홍수(興首)가 죄(罪)를 얻어 고마미지현(古馬彌知縣 : 지금 全南 長興)에 유배(流配)되어 있었는데, 사람을 보내어 "일이 급하니 어찌하면 좋겠느냐"고 물었다. 홍수(興首)가 말하기를, "당병(唐兵)은 (數가) 많고 군율(軍律)이 엄명(嚴明)하고 더구나 신라(新羅)와 공모하여 기각(掎角 : 前後相應)의 세(勢)를 이루고 있으니, 만일 평원광야(平原廣野)에서 대진하면 승패를 알 수 없습니다. 백강(白江)[혹은 伎伐浦라 함]과 탄현(炭峴[혹은 沈峴이라 함] : 忠南 大德郡 東面 馬道嶺은 아국(我國)의 요로(要路)입니다. 일부단창(一夫單槍)을 만인(萬人)도 당할 수 없을 것이니 마땅히 용사(勇士)를 가려서 (거기에) 가 지키게 하여, 당병(唐兵)으로 하여금 백강(白江)에 들어오지 못하게 하고, 신라인(新羅人)으로 하여금 탄현(炭峴)을 넘지 못하게 하며, (그리고) 대왕(大王)은 중폐(重閉)·고수(固守)하고 있다가 (敵의) 군량(軍糧)이 다하고 사졸(士卒)이 피로함을 기다려서 이를 분격(奮擊)한다면 반드시 적병을 깨뜨릴 것입니다"하였다. 이 때에 대신(大臣)들은 믿지 않고 말하기를, "홍수(興首)는 오랫동안 유배중(流配中)에 있어 임금을 원망하고 나라를 사랑하지 않을 것이니 그 말을 쓸 수가 없습니다. 당병(唐兵)으로 하여금 백강(白江)에 들어와서 흐름에 따라 배를 정열(整列)할 수 없게 하고, 신라군(新羅軍)은 탄현(炭峴)에 올라서 소로(小路)를 따라 말을 정열(整列)할 수 없게 한 다음, 이 때를 당하여 군사를 놓아 치면, 마치 조롱 속에 있는 닭을 죽이고 그물에 걸린 물고기를 잡는 것과 같습니다"하니 왕이 그러이 여기었다. 그러던 중 당(唐)·나(羅)의 군사가 이미 백강(白江)과 탄현(炭峴)을 거쳤다는 말을 듣고 장군(將軍) 계백(堦伯)[11]으로 하여금 결사대(決死隊) 5,000명을 거느리고 황산(黃山 : 連山)에 나아가 신라병(新羅兵)과 싸우게 하였는데, 네 번 회전(會戰)에 모두 이겼으나 병력(兵力)이 적고 힘이 꺾여 드디어 패(敗)하고 계백도 죽었다. 이에 군사를 합하여 웅진구(熊津江口)를 막고 강변(江邊)에 군사를 둔수(屯守)케 하였다. 정

---

11) 列傳(권 47)에는 階伯으로 되어 있는데, 黃山戰에 관하여는 同人傳 및 官昌傳에 상세히 보인다.

방(定方)이 강(江)의 좌편(左便) 언덕으로 나와 산(山)에 올라 진(陣)을 치니 아군(我軍)이 싸워서 대패(大敗)하였다. 당군(唐軍)이 조수(潮水)를 타고 선함(船艦)을 연달아 나아가며 북을 치고 떠들어 댔다. 정방(定方)이 보기병(步騎兵)을 거느리고 그 도성(都城)¹²)으로 직향(直向)하여 일사(一舍)¹³)쯤 되는 곳에서 머물렀다. 아군(我軍)은 모든 병력(兵力)을 다하여 막았으나 또 패(敗)하여 사자(死者)가 만여 명이었다. 당병(唐兵)은 승전(乘戰)하여 성(城)으로 육박하니 왕은 벗어나지 못할 것을 알고 탄식하며 말하기를, "성충(成忠)의 말을 듣지 않고 이에 이른 것을 후회한다"하고 드디어 태자(太子) 효(孝)¹⁴)와 함께 북변(北邊)¹⁵)으로 도망하였다. 정방(定方)이 그 성(泗泚城)을 포위하니 왕의 둘째 아들 태(泰)가 스스로 왕이 되어 무리를 거느리고 굳게 지켰다. 태자(太子:孝)의 아들 문사(文思)가 왕자(王子) 융(隆:셋째 아들)에게 이르기를, "왕과 태자가 밖으로 나갔는데 숙부(叔父)가 자의(恣意)로 왕이 되니, 만일 당병(唐兵)이 포위를 풀고 가면 우리들이 안전할 수 있겠습니까"하고 드디어 좌우(左右)를 거느리고 밧줄에 매달려 (城 밖으로) 나갔다. 백성들이 모두 그를 따르므로 태(泰)가 말릴 수 없었다. 정방(定方)이 병사(兵士)로 하여금 성역(城域)에 뛰어올라 당(唐)의 기치(旗幟)를 세우게 하니 태(泰)가 궁박(窮迫)하여 문(門)을 열고 명(命:性命의 安全)을 청하였다.¹⁶) 이에 왕 및 태자(太子) 효(孝)가 여러 성(城)과 함께 모두 항복하였다. 정방(定方)이 왕 및 태자 효(孝), 왕자(王子) 태(泰)·융(隆)·연(演) 및 대신(大臣)·장사(將士) 88명과 백성(百姓) 1만 2,807명을 당경(唐京:長安)으로 보내었다. ○ 백제국(百濟國)에는 본래 5부(部)¹⁷)

---

12) 資治通鑑(200) 唐紀 高宗 顯慶 5년 8月條에는 '其都城'으로 되어 있다. 이것이 옳을 것이다.
13) 軍隊行軍에 있어 一宿을 一舍라 하고, 혹은 30里를 一舍라고도 한다. 여기는 後者의 가리킴인 듯하다.
14) 이것이 옳다. 隆은 이미 말한 바와 같이 第3王子였다.
15) 新羅本紀에는 熊津城(公州)이라고 하였다.
16) 百濟 國都의 陷落日을 新羅本紀에는 7월 13일로 되어 있다. 日本書紀(권卄6) 齊明紀 9년 7월條 註에 인용된 或本에도 '同月(7월) 13일, 始破王城(泗泚城)'이라고 하였다.
17) 5部는 上部(東部)·前部(南部)·中部·下部(西部)·後部(北部)를 말함이니 首都 泗泚城의 행정 구획이다. 그러나 여기선 5方의 잘못이 아닌가 생각된다. 5方은 즉 地方行政區域의 大單位로, 中方은 古沙城(古阜), 東方은 得安城(恩津), 南方은 久知下城(長城 ?), 西方은 刀先城(미상), 北方은 熊津城(公州)이다(北史 百濟傳 참조).

37 군(郡)[18] 200 성(城)[19] 76 만 호(戶)[20]가 있었는데, 이에 이르러 그 지역(地域)을 나누어 웅진(熊津)·마한(馬韓)·동명(東明)·금련(金漣)·덕안(德安)의 5 도독부(都督府)[21]를 설치하고 각기 주현(州縣)[22]을 통합(統轄)하게 하였다. (그리고 이 곳의) 거장(渠長)들을 가려서 도독(都督)·자사(刺史)·현령(縣令)을 삼아 다스리게 하고, 낭장(郞將) 유인원(劉仁願)으로 도성(都城)을 지키게 하였으며, 또 좌위낭장(左衛郞將) 왕문도(王文度)를 웅진 도독(熊津都督)으로 삼아 그 (百濟) 남은 군중을 위무(慰撫)하게 하였다. ○ 정방(定方)이 포로를 상(上 : 高宗)에게 보이니 (高宗이) 꾸짖고는 용서하였다. ○ 왕(義慈)이 (唐에서) 병사(病死)하니, 금자광록대부위위경(金紫光祿大夫衛尉卿)을 추증(追贈)하고 구신(舊臣)의 부상(赴喪)을 허락하고, 조서(詔書)로써 손호(孫皓 : 吳 孫權의 손자)·진숙보(陳叔寶 : 陳 後主)의 묘(墓) 옆에 장사하고 아울러 비(碑)를 세웠다. ○ 융(隆)에게는 사가경(司稼卿)을 제수하였다. ○ (王)문도(文度)가 바다를 건너와서 죽었으므로, 유인궤(劉仁軌)로써 대신케 하였다. ○ 무왕(武王)의 종자(從子 : 조카) 복신(福信)[23]이 일찍이 장수의 경력이 있는데, 이 때 승(僧) 도침(道琛)과 함께 주류성(周留城)[24] : 舊 韓山邑)에 거(據)하여 반(叛)하고, 일찍이 왜

---

18) 北史 百濟傳에는 '方有十郡'이라고 하였으나, 翰苑 所引 括地志에는 '每方管郡, 多者 至十, 小者六七'이라고 하였으니, 五方에 37郡이면 後者가 정확한 표현이라고 하겠다. 三國史記 地理志의 新羅統一時代의 熊州·全州·武州의 州·小·京·郡의 數는 合 43이다. 이들은 대개 原百濟 행정구역에 배치했던 것이므로, 여기서 國都 사비성의 扶餘郡과 5方의 소재지였을 熊州 등 5個地를 빼면 37이 된다.
19) 方城·郡城 및 이에 딸린 縣城과 小城을 총합한 수인 것 같은 데, 唐平百濟國碑銘에 唐이 百濟 故地에 '37州, 250縣'을 新置하였다는 數字와 방불하다. 즉 唐置州郡은 대개 百濟 舊 州郡에 의거한 듯하다.
20) 唐平百濟國碑銘에는 '戶二十四萬, 人口六百二十萬'이라고 하였다. 그러면 戶當 25명이 넘으므로 이 통계는 잘못된 것 같다. 만일 本紀 記載대로 76萬 戶로 계산하면 戶當 약 8명이 된다. 이것은 首肯할 수 있으므로, 前記 24萬은 74萬의 잘못이 아닌가 한다.
21) 여기의 5都督府는 原 5方에 설치된 것 같으나 熊津과 德安 이외에는 상호간의 比定이 불가능하다.
22) 唐平百濟國碑銘에는 위에 보임과 같이 5都督府 밑에 37州, 250縣이 설치되었다고 한다.
23) 福信이 마치 王文度의 死(9월)後에 擧兵한 것같이 씌어 있는 것은 잘못이다. 福信은 이미 8월에 擧兵하고 있었다.
24) 福信과 道琛은 처음 周留城이 아니라 任存城(大興)에 據하여 黑齒常之 등과 함께 擧兵한 것 같다. 劉仁願紀功碑에 '卽有偽僧道琛·偽扞率鬼室福信, 出自閭巷, 爲其魁首, 招集狂狡, 堡據任存, 蜂屯蝟起, 彌山滿谷'이라고 하였다.

국(倭國)에 볼모로 가 있던 고왕자(故王子) 부여풍(扶餘豊)²⁵⁾을 맞아 왕을 삼았
다. 서북부(西北部)가 모두 이에 응(應)하니 군사를 이끌고 인원(仁願)을 도성
(都城 : 泗沘)에서 포위(包圍)하였다.²⁶⁾ (이에) 조서(詔書)로써 유인궤(劉仁軌)를
기용(起用)하여 검교대방주자사(檢校帶方州刺史)를 삼고 왕문도(王文度)의 중
(衆 : 兵)을 거느리고 편도(便道)로 신라병(新羅兵)을 보내어 인원(仁願)을 구하
게 하였다. 인궤(仁軌)가 기뻐서 말하기를, "하늘이 장차 이 늙은이를 부귀(富
貴)케 하려 한다"하고 (그는) 당력(唐曆)과 묘휘(廟諱 : 廟에 祭祀할 先帝의 諱)
를 청하여 가지고 가면서 이르기를 "내가 동이(東夷)를 평정(平定)하고 대당
(大唐)의 정삭(正朔)²⁷⁾을 해외(海外)에 반포(頒布)하고자 한다"하였다.²⁸⁾ 인궤

---

25) 日本書紀(권 23) 舒明紀 3년(百濟 武王 32년) 3월 庚申條에는, 百濟王 義慈가 王子
   豐章을 볼모로 倭國에 보냈다고 하였으나, 이 年代는 믿을 수 없다. 왜냐하면 이 때
   에는 義慈王이 아직 즉위하지 아니하였던 때문이다. 그리고 王子 豐이 돌아온 것은
   泗沘城의 함락 후 翌翌年인 文武王 2년(西紀 662)이었고, 倭國의 援軍도 동시에 도
   착하였던 것이다. 당시 百濟 叛亂軍의 中心據點은 이미 周留城으로 옮겨져 있을 때
   였다. 王子 豐과 함께 온 倭國의 援軍大將은 阿曇比邏夫連이었는데, 이에 관하여는
   日本書紀 天智紀 원년條에 자세히 실려 있거니와, 또 거기에 의하면 이 때 新王 豐
   과 福信 등이 主據地에 대하여 倭將들과 相議한 內容이 실려 있다. 이 기록은 周留
   城과 避城의 위치를 고찰하는 데 자못 중요한 示唆를 주고 있으나, 末尾의 避城遷都
   說만은 사실과 다르다. 왜냐하면 이들이 최후까지 唐羅軍에 저항한 곳은 周留城이요
   避城이 아니었던 것이다. 아마 일시적인 결론을 실제로 실행한 것과 같이 誤傳되었
   던 것이 아닌가 생각된다. 避城의 위치는 지금의 沃溝郡 臨陂面에 比定되니, 臨陂는
   본시 百濟의 屎山郡 一云 陂山이라고 하였다(輿覽). 즉 이 陂山이 避城에 당한다. 이
   臨陂야말로, 西北으로 江河(錦江 下流)를 帶하고, 東南으로 巨堰의 防(金堤 碧骨堤)
   을 가지고, 田畓으로 둘려 있는, 生活條件이 좋은 곳이다. 이에 대하여 周留城은 이
   러한 生活條件에는 큰 遜色을 지니고 있지만 그 地形이 험준하여 敵을 防守하는 데
   는 그 要를 얻고 있다는 것이다. 그러면 周留(州柔)城의 위치는 어디에 당하는가가
   문제인데, 이 곳이 첫째 險高하다는 것과 또 泗沘城과의 거리가 그렇게 멀지 않다는
   점, 熊津江(錦江)口 부근에 있어 倭國과의 교통이 便利한 점 등을 생각해 볼 때, 나
   는 흔히들 말하는 바와 같이 이를 지금 舒川郡 韓山面(舊 韓山邑)의 乾芝山城에 比
   定하고 싶다.

26) 百濟 復興軍이 泗沘를 둘러싼 것은 武烈王 7년 9월 23일이었으니 義慈王이 항복한
   7월 18일보다 약 2개월 후의 일이다. 함락될 위기에 있었던 泗沘城은 武烈王의 親征
   으로 겨우 危機를 면하였다(권 5, 武烈王 7년條 참조).

27) 正朔은 정월 1일이니, 古代에는 王朝가 바뀌면 正朔도 변하였으므로, 唐의 正朔을
   받들게 한다는 것도 곧 唐曆을 쓰게 한다는 것으로, 그 藩國을 삼는다는 意味가 된
   다.

28) 劉仁軌가 百濟에 도착한 것은 武烈王 8년 初였다.

(仁軌)가 군사를 엄정(嚴整)히 통솔하고 전전(轉戰)[29]하면서 전진(前進)하니, 복신(福信) 등이 웅진강구(熊津江口)에 두 책(柵)을 세우고 막았다. 인궤가 신라병(新羅兵)과 합쳐 이를 치니 아군(我軍)이 퇴각(退却)하여[30] 책(柵)으로 들어와 강(江)으로써 막았는데, 다리(橋)가 좁아서 떨어져 빠지고, 싸우다 죽는 자가 만여 명이 되었다. 복신(福信) 등이 이에 도성(都城)의 포위를 풀고[31] 물러와 임존성(任存城: 大興)을 보전(保全)하였는데, 신라인(新羅人)은 양식이 다하여[32] 군사를 이끌고 돌아가니 용삭(龍朔) 원년(사비성 함락 翌年, 武烈王 8년) 3월이었다. 이에 도침(道琛)은 스스로 영거장군(領車(軍)將軍)이라 일컫고, 복신(福信)은 상잠장군(霜岑將軍)이라 하며 도중(徒衆)을 초집(招集)하니 그 형세(形勢)가 더욱 떨쳤다. 사람을 보내어 인궤(仁軌)에게 고하기를, "듣건대 대당(大唐)이 신라(新羅)와 서약(誓約)하고 백제인(百濟人) 노소(老少)를 묻지 않고 모두 죽인 후에 나라를 신라에 넘겨준다 하니, (앉아서) 죽음을 받음이 어찌 싸워서 죽는 것만 같으리요. 이것이 (우리가) 서로 모여 굳게 지키는 까닭이다" 하였다. 인궤(仁軌)가 글월을 지어 화복(禍福)을 자세히 말하고 사람을 보내어 효유(曉諭)하였다. ○ 도침(道琛) 등이 군사의 많음을 믿고 교만하여 인궤의 사자(使者)를 외관(外館)에 두고 비웃으며 보(報)하기를, "사인(使人)의 관위(官位)가 낮다. 나는 일국(一國)의 대장(大將)이니 만나기에 합당치 않다" 하고 서한(書翰)에 답(答)하지 않고 그대로 돌려보냈다. ○ 인궤는 군사가 적으므로 인원(仁願)과 합군(合軍)하여 사졸(士卒)을 쉬게 하고 (高宗에게) 글월을 올려 신라와 합하여서 도모하기를 청하였다. ○ 신라왕(新羅王) 김춘추(金春秋)가 (唐主의) 조서(詔書)를 받고 장수 김흠(金欽)을 시켜 군사를 거느리고 인궤 등을 구하게 하였다.[33] (金欽이) 고사(古泗: 古阜)에 이르렀는데 복신(福信)이 요

---

29) 轉戰하면서 前進했다는 것은 과장된 표현인 듯. 劉仁軌는 熊津江口에서 비로소 百濟軍과 對戰하였다.

30) 이것은 百濟軍의 일시적인 敗北를 말하는 것으로 唐과 新羅의 聯合軍은 百濟光復軍을 극복하지 못하였다. 그래서 新羅軍은 아무런 성과 없이 4월 19일에 退軍하였다 (新羅本紀 武烈王 8년條).

31) 熊津江 入口의 戰鬪에서 敗北한 劉仁軌의 唐軍은 新羅軍이 물러난 후 泗沘城으로 가서 劉仁願의 軍隊와 합하여 사비성의 포위를 풀어 준 것으로 생각된다.

32) 新羅軍이 退軍한 것은 사비성의 포위가 해제되기 전이었고, 양식이 다하여 退軍한 것이 아니라 敗戰의 결과였다(권 5 武烈王 8년條 참조).

33) 金欽이 거느린 新羅軍의 出動은 上記 劉仁軌軍이 도착한 때의 일로 해석해야 할 것이다.

격(邀擊)하여 이를 파(破)하니 흠(欽)이 갈령도(葛嶺道 : 위치 미상)로부터 도망하여 돌아왔다. 신라는 감히 다시 출동(出動)하지 못하였다. ○ 얼마 아니하여 복신이 도침(道琛)을 죽이고 그 군사를 합병하니, 풍(豐)이 능히 제어(制御)하지 못하고 다만 제사(祭祀)를 주관할 뿐이었다. ○ 복신(福信) 등은 인원(仁願) 등이 고성(孤城)에서 원병(援兵)이 없음을 알고 사람을 보내어 위로하기를, "대사(大使)들이 언제나 서쪽(本國)으로 돌아가는지, 마땅히 사람을 보내어 전송(餞送)하겠노라"고 하였다. ○ (朔龍) 2년 7월에 인원(仁願)·인궤(仁軌) 등이 웅진(熊津) 동쪽[34]에서 복신(福信)의 잔당을 크게 깨뜨리고 지라성(支羅城 : 大德郡 鎭岑面) 및 윤성(尹城 : 大德郡 부근)과 대산(大山 : 위치 미상)·사정(沙井 : 위치 미상) 등의 책(柵)을 함락시켜, 죽이고 사로잡은 것이 매우 많았다. 이에 군사를 나누어 진수(鎭戍)케 하였다. ○ 복신(福信) 등은 진현성(眞峴城)[35]이 강(江)에 임(臨)하고 높고 험하여 요충(要衝)에 마땅하므로 군사를 더하여 지키게 하였다. ○ 인궤(仁軌)가 밤에 신라병(新羅兵)을 거느리고 성(城)에 육박(肉薄)하여 판첩(板堞 : 널빤지 성첩)을 세웠다가 밝는 것을 기다려 성(城)으로 들어가 800명을 참살(斬殺)하므로, 드디어 신라의 군량 수송로(軍糧輸送路)가 뚫렸다. ○ 인원(仁願)이 군사를 더해 줄 것을 청하니 (唐高宗이) 조(詔)를 내려 치주(淄州 : 山東省 濟南府)·청주(靑州 : 山東省 膠東)·내주(萊州 : 山東省 萊州)·해주(海州 : 江蘇省 淮安)의 군사 7,000명을 징발하여 좌위위장군(左威衛將軍) 손인사(孫仁師)로 하여금 무리를 거느리고 바다를 건너[36] 유인원(劉仁願)의 군사를 증원(增援)케 하였다. ○ 이 때에 복신(福信)이 이미 권세(權勢)를 오로지하더니 부여풍(扶餘豐)과도 점차 시기(猜忌)가 생겼다. 복신은 칭병(稱病)하고 굴실(窟室)에 누워서 풍(豐)이 문병(問病) 오는 것을 기다려 잡아죽이려고 하였다. 풍이 이것을 알고 친근하고 신임하는 자들을 이끌고 복신을 엄살(掩殺)하였다. 그리고 (豐은) 사신을 고구려(高句麗)와 왜국(倭國)에 보내서

---

34) 이들 錦江 以東의 여러 성에 百濟軍이 웅거한 것은 熊津·泗沘의 唐軍과 新羅와의 통로를 끊어 軍糧의 수송을 막으려는 데에 그 목적이 있었던 것 같다.

35) 眞峴은 지금의 鎭岑이다. 그러나 鎭岑에는 臨江高險한 곳이 없으므로 이것은 잘못인 것 같다. 新羅本紀 文武王 2년 8월條의 內斯只城(儒城山城)의 記事는 여기의 眞峴城의 기사와도 같은 戰鬪를 가리키는 것이므로 오히려 內斯只城으로 訂正해야 할 것이다. 儒城山城은 臨江高險한 要塞다.

36) 孫仁師가 德物島(德積島)에 도착한 것은 文武王 3년 5월이었다(新羅本紀 文武王 3년 5월條).

군사를 청하여 당병(唐兵)을 막았는데, 손인사(孫仁師)가 중도(中途)에서 이를 맞아 격파하고 드디어 인원(仁願)의 무리와 합치니 사기(士氣)가 크게 떨치었다. 이에 제장(諸將)이 갈 방향을 의논하였는데 혹자(或者)는 "가림성(加林城 : 林川 聖興山城)은 수륙(水陸)의 요충(要衝)이니 먼저 이를 치자"하였다. 인궤(仁軌)가 말하기를, "병법(兵法)에는 실(實)을 피하고 허(虛)를 치라고 하였으니, 가림(加林)은 험고(嶮固)하여 치면 군사를 상(傷)할 것이요, 지키면 오래 지탱할 것이다. 주류성(周留城 : 韓山)은 백제(百濟)의 소혈(巢穴 : 根據地)로서 무리가 많이 모여 있으니 만일 이것을 쳐 이기면 제성(諸城)은 절로 떨어질 것이다"하였다. 이에 인사(仁師)와 인원(仁願) 및 신라왕(新羅王) 김법민(金法敏 : 文武王)이 육군(陸軍)을 거느리고 (거기로) 향하고, 유인궤(劉仁軌) 및 별장(別將) 두상(杜爽)·부여륭(扶餘隆)[37]은 수군(水軍)과 양선(糧船)을 이끌고 웅진강(熊津江 : 錦江)에서 백강(白江 : 錦江 입구)으로 가서 육군(陸軍)과 만나 함께 주류성(周留城)으로 갔다. 백강구(白江口)에서 왜인(倭人)을 만나 네 번 싸워 모두 이기고[38] 배 400척(隻)을 불태우니 연기(煙氣)와 불꽃이 하늘을 붉게 하고 해수(海水)도 붉었다. ○ 왕 부여풍(扶餘豐)이 몸을 피해 달아나니 간 곳을 알지 못하는데, 혹은 고구려(高句麗)로 갔다고도 한다. ○ 그의 보검(寶劍)을 얻었다. ○ 왕자(王子) 부여충승(扶餘忠勝)·충지(忠志) 등이 그의 무리를 거느리고 왜인(倭人)과 함께 모두 항복하였으나,[39] 홀로 지수신(遲受信)만이 임존성(任存城 : 大興)에 웅거하여 항복하지 아니하였다.[40] ○ 처음에 흑치상지(黑齒常之)가 유망산일(流亡散佚)한 자들을 불러 모으니 10일 사이에 귀부(歸附)하는 자가 3만여 명이었다. 정방(定方)이 군사를 보내어 쳤으나 상지(常之)가 거전(拒戰)하여 이를 깨뜨리고 다시 200여 성(城)을 취(取)하니 정방(定方)이 이기지 못하였다. 상지(常之)가 별부장 사타상여(別部將沙吒相如)와 함께 험한 곳에 거(據)하여 복신(福信)에게 호응(呼應)하였으나 이에 이르러 모두 항복하였다. 인궤(仁軌)가 (常之에게) 진심(眞心)을 보이면서 (그로 하여금) 임존성(任存城)을 취하여 스스로 공(功)을 나타내게 하려 하고 곧 무기(武器)와 군량(軍

---

37) 扶餘隆은 孫仁師와 함께 온 것 같다.
38) 白江戰의 모양은 日本書紀(권 27) 天智紀 2년 8월條에 자세하다.
39) 周留城을 함락시킨 것은 9월 8일이었다(資治通鑑 唐紀 高宗龍朔 3년 9월 戊午條).
40) 周留城을 함락시킨 新羅軍은 이 任存城을 10월 21일부터 공격하였으나 실패하고, 11월 4일에 退軍하고 말았다(新羅本紀 권 6 文武王 3년條).

糧)을 주었다. 인사(仁師)가 말하기를 "야심(野心 : 叛心) 유무(有無)를 믿기 어려우니 만일 무기(武器)와 군량(軍糧)을 얻는다면 구략(寇略)의 편의(便宜)를 주는 것이라"고 하였다. 인궤(仁軌)가 "내가 상여(相如)와 상지(常之)를 보건대 충성(忠誠)과 지모(智謀)가 있으니 기회를 얻어 공(功)을 세우게 하면 또 무엇을 의심하리요" 하였다. 두 사람이 마침내 그 (任存)성(城)을 함락시켰는데, 지수신(遲受信)은 처자(妻子)를 버리고 고구려(高句麗)로 달아났으며 남은 무리는 모두 평정(平定)되었다. 인사(仁師) 등이 개선(凱旋)하여 돌아가니, 인궤(仁軌)에게 조명(詔命)하여 머물러 군사를 통솔하고 진수(鎭守)케 하였다. 전쟁(戰爭) 끝이 되어 즐비하던 가옥(家屋)은 황폐(荒廢)하고 시체(屍體)는 초망(草莽)과 같았다. 인궤가 비로소 명(命)하여 해골(骸骨)을 묻고, 호구(戶口)를 적(籍)에 올리고, 촌락을 다스리며 관장(官長)을 두고, 도로를 통하게 하고, 교량(橋梁)을 세우고, 제언(提堰 : 저수지)을 보수(補修)하고, 파당(坡塘)을 복구(復舊)하고, 농상(農桑)을 과(課)하고, 빈자(貧者)를 진급(賑給)하여 고아(孤兒)와 노인(老人)을 양육하고, 당(唐)의 사직(社稷)을 세우고 정상(正朔)과 삭묘(朔廟)를 휘포(諱布)하니, 백성이 모두 기뻐하고 각기 제자리에 안주(安住)하게 되었다. 제(帝)가 부여륭(扶餘隆)을 웅진 도독(熊津都督)으로 삼아 귀국(歸國)케 하여[41] 신라(新羅)의 옛 원한(怨恨)을 풀게 하고, 나머지 무리를 불러 돌아오게 하였다.

○ 인덕(麟德) 2년(西紀 665)에 신라왕(新羅王 : 文武王)과 웅진성(熊津城)에서 만나 백마(白馬)를 죽여서 맹서(盟誓)하였는데,[42] 인궤(仁軌)가 맹사(盟辭)를 지어 금서철계(金書鐵契)로 만들어서 신라 종묘중(宗廟中)에 간직하였다. 맹사(盟辭)는 신라 본기(新羅本紀 : 文武王 5년條)에 나타나 있다. 인원(仁願) 등이 돌아가니 융(隆)은 무리가 흩어질까 두려워하여 역시 경사(京師 : 長安)로 돌아

---

41) 이것은 唐이 百濟의 遺民을 慰撫하는 한편 新羅의 百濟에 대한 욕망을 억제하여 百濟 舊疆에서의 唐의 支配를 확립하려는 목적에서 행한 것 같다. 本書 地理志의 끝에 기재되어 있는 無名의 1 都督府와 東明州·支潯州·魯山州·古四州·沙泮州·帶方州·分嵯州의 7州는 바로 이 때에 劃定된 熊津都督府와 그 屬州일 것으로 여겨진다 (池內宏,「百濟 멸망 후의 動亂 及 唐·羅·日 三國의 관계」, 滿鮮地理歷史研究報告 14 所載 및 末松保和,「百濟의 故地에 설치된 唐의 州縣에 대하여」 靑丘學叢 19 所載 참조).

42) 熊津 就利山에서 맹세를 하였으니 이것은 文武王 4년에 金仁問과 扶餘隆과의 맹세에 이은 제 2 차 맹약이었다.

갔다.[43] 의봉연간(儀鳳年間 : 西紀 676~8)에 융(隆)으로 웅진도독대방군왕(熊津都督帶方郡王)을 삼아 귀국하여 남은 군중을 안집(安集)케 하였으며, 이어 안동도호부(安東都護府)를 신성(新城 : 奉天 東北)으로 옮겨 통할케 하였다.[44] 이때 신라가 강성(強盛)하므로 융(隆)은 감히 고국(故國)에 들어가지 못하고 고구려(高句麗)에서 기류(寄留)하다가 죽었다. 무후(武后 : 唐의 則天武后)는 또 그의 손자 경(敬)으로써 왕위(王位)를 잇게 하였으나 그 땅은 이미 신라(新羅)·발해(渤海)·말갈(靺鞨)에게 분할(分割)되고[45] 드디어 국계(國系)가 끊기고 말았다.

(史臣이) 논(論)하여 말하기를, "신라 고사(新羅古事)에 이르기를, "하늘이 금궤(金樻)를 내렸으므로[46] 성(姓)을 김씨(金氏)라 하였다"고 하였는데, 그 말이 괴이하여 믿을 수 없다. 신(臣)이 사기(史記)를 닦음에 있어 그것이 오랜 전승(傳承)임으로 해서 그 말을 산삭(刪削)할 수가 없었다. 그런데 또 듣건대 신라인(新羅人)은 스스로 소호김천씨(小昊金天氏)의 후예이므로 성을 김씨(金氏)라 하였다고 한다[新羅의 國子博士 薛因宣이 撰한 金庾信碑 및 朴居勿의 撰이요 姚克一의 書인 三郎寺碑文에 보인다]. 고구려(高句麗)도 역시 고신씨(高辛氏)의 후예(後裔)이므로 성(姓)을 고씨(高氏)라고 하였다 한다[晉書의 載記[47]에 보인다]. 고사(古史)에 이르기를 "백제(百濟)는 고구려와 함께 부여(扶餘)로부터 나왔다"고 하였으며, 또 "진(秦)이 망(亡)하고 한(漢)이 일어나는 난리에 중국인(中國人)이 많이 해동(海東)으로 도망하여 왔다"고 하였으니 삼국(三國)의 선조(先祖)가 혹시 옛 성인(聖人)의 후예(後裔)인지 모르며, 국가(國家)를 향유(享有)함이 어찌 그리 장구(長久)하였는가. 백제의 말기(末期)에 이르러는 무도

---

43) 隆이 唐으로 간 것은 文武王 5년이니, 新羅의 압력에 의한 것이었다. 舊唐書 東夷傳 百濟條에는 '隆懼新羅, 尋歸京師'라고 하였다.

44) 文武王 17년(唐高宗 儀鳳 2년, 西紀 677년)의 일이다.

45) 扶餘隆의 熊津都督府가 新羅軍에 의하여 함락되고 百濟의 舊土가 완전히 新羅의 支配下에 들어간 것은 文武王 11년의 일이었다. 新羅는 泗沘城을 함락시킨 후 여기에 所夫里州를 설치하여 통치하였다. 渤海와 靺鞨이 百濟의 故土를 분할 점유하였다는 것은 잘못이다.

46) 金閼智의 說話를 이름이니, 권 1 脫解尼師今 9년 3월條에 보인다.

47) 晉書(권 124) 載記 제 24 慕容雲條에 '慕容雲, 字子雨, 寶之養子也, 神父高和, 句驪之支庶, 自云高陽之苗裔, 故以高爲氏焉'이라고 한 데서 말미암은 것이다. 이렇게 晉書에는 高辛氏가 아니라 高陽氏로 되어 있다. 이와 같은 내용의 기사는 高句麗本紀 廣開土王 17년 3월條에도 나타나 있다.

한 짓이 많았고, 또 대대로 신라와 원수가 되어 고구려와 화호(和好)를 맺고 침범하여 이(利)와 편의에 따라서 신라의 중성거진(重城巨鎭)을 약취(略取)하여 마지않았다. 소위 인자(仁者)와 친하고 이웃과 잘 지내는 것이 국가(國家)의 보배라는 말과는 틀린다. 이제 당(唐)의 천자(天子)가 두 번이나 조서(詔書)를 내려서 그 원한(怨恨)을 풀도록 하였으나 겉으로는 따르는 척하면서도 음(陰)으로는 명(命)을 어기어 대국(大國)에 죄(罪)를 얻었으니, 그 망하는 것이 또한 당연한 일이로다.

〔原文〕

三國史記 卷 第二十八

百濟本紀 第六

義慈王

義慈王, 武王之元子, 雄勇有膽決, 武王在位三十三年立爲太子, 事親以孝, 與兄弟以友, 時號海東曾子, 武王薨, 太子嗣位, 太宗遣祠部郎中鄭文表, 册命爲柱國帶方郡王百濟王, 秋八月, 遣使入唐表謝, 兼獻方物.

二年, 春正月, 遣使入唐朝貢, 二月, 王巡撫州郡, 慮囚除死罪皆原之, 秋七月, 王親帥兵侵新羅, 下獼猴等四十餘城, 八月, 遣將軍允忠領兵一萬, 攻新羅大耶城, 城主品釋與妻子出降, 允忠盡殺之, 斬其首傳之王都, 生獲男女一千餘人, 分居國西州縣, 留兵守其城, 王賞允忠功, 馬二十匹, 穀一千石.

三年, 春正月, 遣使入唐朝貢, 冬十一月, 王與高句麗和親, 謀欲取新羅党項城, 以塞入朝之路, 遂發兵攻之, 羅王德曼遣使請救於唐, 王聞之罷兵.

四年, 春正月, 遣使入唐朝貢, 太宗遣司農丞相里玄奬, 告諭兩國, 王奉表陳謝, 立王子隆爲太子, 大赦, 秋九月, 新羅將軍庾信, 領兵來侵取七城.

五年, 夏五月, 王聞太宗親征高句麗, 徵兵新羅, 乘其間襲取新羅七城, 新羅遣將軍庾信來侵.

七年, 冬十月, 將軍義直帥步騎三千, 進屯新羅茂山城下, 分兵攻甘勿·桐岑二城, 新羅將軍庾信親勵士卒, 決死而戰大破之, 義直匹馬而還.

八年, 春三月, 義直襲取新羅西鄙腰車等一十餘城, 夏四月, 進軍於玉門谷, 新羅將軍庾信逆之再戰, 大敗之.

九年, 秋八月, 王遣左將殷相帥精兵七千, 攻取新羅石吐等七城, 新羅將庾信・陳春・天存・竹旨等逆擊之, 不利, 收散卒屯於道薩城下再戰, 我軍敗北, 冬十一月, 雷, 無冰.

十一年, 遣使入唐朝貢, 使還, 高宗降璽書諭王曰, 海東三國, 開基日久, 並列疆界, 地實犬牙, 近代已來, 遂構嫌隙, 戰爭交起, 略無寧歲, 遂令三韓之氓, 命懸刀俎, 築戈肆憤, 朝夕相仍, 朕代天理物, 載深矜憫, 去歲高句麗新羅等使並來入朝, 朕命釋茲讎怨, 更敦款睦, 新羅使金法敏奏言, 高句麗百濟脣齒相依, 竟擧干戈, 侵逼交至, 大城重鎭, 並爲百濟所倂, 疆宇日蹙, 威力並謝, 乞詔百濟, 令歸所侵之城, 若不奉詔, 卽自興兵打取, 但得古地, 卽請交和, 朕以其言旣順, 不可不許, 昔齊桓列士諸侯, 尚存亡國, 況朕萬國之主, 豈可不恤危藩, 王所兼新羅之城並宜還其本國, 新羅所獲百濟俘虜亦遣還王, 然後解患釋紛, 韜戈偃革, 百姓獲息肩之願, 三蕃無戰爭之勞, 比夫流血邊亭, 積屍疆場, 耕織並廢, 士女無聊, 豈可同年而語哉, 王若不從進止, 朕已依法敏所請, 任其與王決戰, 亦令約束高句麗, 不許遠相救恤, 高句麗若不承命, 卽令契丹諸藩度遼深入抄掠, 王可深思朕言, 自求多福, 審圖良策, 無貽後悔.

十二年, 春正月, 遣使入唐朝貢.

十三年, 春, 大旱, 民饑, 秋八月, 王與倭國通好.

十五年, 春二月, 修太子宮極侈麗, 立望海亭於王宮南, 夏五月, 騂馬入北岳烏含寺, 鳴迴佛宇數日死, 秋七月, 重修馬川城, 八月, 王與高句麗・靺鞨攻破新羅三十餘城, 新羅王金春秋遣使朝唐, 表稱百濟與高句麗・靺鞨侵我北界, 沒三十餘城.

十六年, 春三月, 王與宮人淫荒耽樂, 飮酒不止, 佐平成忠(或云 淨忠)極諫, 王怒囚之獄中, 由是無敢言者, 成忠瘐死, 臨終上書曰, 忠臣死不忘君, 願一言而死, 臣常觀時察變, 必有兵革之事, 凡用兵必審擇其地, 處上流以延敵, 然後可以保全, 若異國兵來, 陸路不使過沈峴, 水軍不使入伎伐浦之岸, 據其險隘以禦之, 然後可也, 王不省焉.

十七年, 春正月, 拜王庶子四十一人爲佐平, 各賜食邑, 夏四月, 大旱赤地.

十九年, 春二月, 衆狐入宮中, 一白狐坐上佐平書案, 夏四月, 太子宮雌雞與小雀交, 遣將侵攻新羅獨山・桐岑二城, 五月, 王都西南泗沘河大魚出死, 長三丈, 秋八月, 有女屍浮生草津, 長十八尺, 九月, 宮中槐樹鳴如人哭聲, 夜鬼哭於宮南路.

　二十年, 春二月, 王都井水血色, 西海濱小魚出死, 百姓食之不能盡, 泗沘河水赤如血色, 夏四月, 蝦蟆數萬集於樹上, 王都市人無故驚走, 如有捕捉者, 僵仆而死百餘人, 亡失財物不可數, 五月, 風雨暴至, 震天王·道讓二寺塔, 又震白石寺講堂, 玄雲如龍, 東西相鬪於宮中, 六月, 王興寺衆僧皆見, 若有船楫隨大水入寺門, 有一犬狀如野鹿, 自西至泗沘河岸, 向王宮吠之, 俄而不知所去, 王都羣犬集於路上, 或吠或哭, 移時卽散, 有一鬼入宮中, 大呼百濟亡百濟亡, 卽入地, 王怪之, 使人掘地, 深三尺許有一龜, 其背有文, 曰百濟同月輪, 新羅如月新, 王問之巫者曰, 同月輪者滿也, 滿則虧, 如月新者未滿也, 未滿則漸盈, 王怒殺之, 或曰, 同月輪者盛也, 如月新者微也, 意者國家盛而新羅寖微者乎, 王喜, 高宗詔, 左(武)衛大將軍蘇定方爲神丘道行軍大摠管, 率左(驍)衛將軍劉伯英·右武衛將軍馮士貴·左驍衛將軍龐孝公, 統兵十三萬, 以來征, 兼以新羅王金春秋爲嵎夷道行軍摠管, 將其國兵與之合勢, 蘇定方引軍自城山濟海, 至國西德物島, 新羅王遣將軍金庾信, 領精兵五萬以赴之, 王聞之, 會羣臣, 問戰守之宜, 佐平義直進曰, 唐兵遠涉溟海, 不習水者在船必困, 當其初下陸, 士氣未平, 急擊之, 可以得志, 羅人恃大國之援, 故有輕我之心, 若見唐人失利, 則必疑懼而不敢銳進, 故知先與唐人決戰可也, 達率常永等曰, 不然, 唐兵遠來, 意欲速戰, 其鋒不可當也, 羅人前屢見敗於我軍, 今望我兵勢, 不得不恐, 今日之計, 宜塞唐人之路, 以待其師老, 先使偏師擊羅軍, 折其銳氣, 然後伺其便而合戰, 則可得以全軍而保國矣, 王猶豫不知所從, 時佐平興首得罪流竄古馬彌知之縣, 遣人問之曰, 事急矣, 如之何而可乎, 興首曰, 唐兵旣衆, 師律嚴明, 況與新羅共謀掎角, 若對陣於平原廣野, 勝敗未可知也, 白江(或云 伎伐浦)·炭峴(或云 沈峴)我國之要路也, 一夫單槍, 萬人莫當, 宜簡勇士往守之, 使唐兵不得入白江, 羅人未得過炭峴, 大王重閉固守, 待其資糧盡, 士卒疲, 然後奮擊之, 破之必矣, 於時大臣等不信曰, 興首久在縲絏之中, 怨君而不愛國, 其言不可用也, 莫若使唐兵入白江, 沿流而不得方舟, 羅軍升炭峴, 由徑而不得並馬, 當此之時, 縱兵擊之, 譬如殺在籠之雞, 離網之魚也, 王然之, 又聞唐羅兵已過白江·炭峴, 遣將軍堦伯帥死士五千出黃山, 與羅兵戰四合皆勝之, 兵寡力屈竟敗, 堦伯死之, 於是, 合兵禦熊津江口, 瀕江屯兵, 定方出左涯, 乘山而陣與之戰, 我軍大敗, 王師乘潮, 舳艫銜尾進·鼓而譟, 定方將步騎直趨眞(眞, 資治通鑑作其)都城, 一舍止, 我軍悉衆拒之, 又敗, 死者萬餘人, 唐兵乘勝薄城, 王知不免, 嘆曰, 悔不用成忠之言, 以至於此, 遂與太子孝走北鄙, 定方圍

其城, 王次子泰自立爲王, 率衆固守, 太子子文思謂王子隆曰, 王與太子出而叔
擅爲王, 若唐兵解去, 我等安得全, 遂率左右縋而出, 民皆從之, 泰不能止, 定
方令士超堞立唐旗幟, 泰窘迫開門請命, 於是, 王及太子孝與諸城皆降, 定方以
王及太子孝・王子泰・隆・演及大臣將士八十八人, 百姓一萬二千八百七人送
京師, 國本有五部・三十七郡・二百城・七十六萬戶, 至是, 析置熊津・馬韓・
東明・金漣・德安五都督府, 各統州縣, 擢渠長爲都督・刺史・縣令以理之,
命郎將劉仁願守都城, 又以左衞郎將王文度爲熊津都督, 撫其餘衆, 定方以所俘
見上, 責而宥之, 王病死, 贈金紫光祿大夫衞尉卿, 許舊臣赴臨, 詔葬孫皓・陳
叔寶墓側, 并爲竪碑, 授隆司稼卿, 文度濟海卒, 以劉仁軌代之, 武王從子福信
嘗將兵, 乃與浮屠道琛據周留城叛, 迎古王子扶餘豐嘗質於倭國者, 立之爲王,
西北部皆應, 引兵圍仁願於都城, 詔起劉仁軌檢校帶方州刺史, 將王文度之衆,
便道發新羅兵, 以救仁願, 仁軌喜曰, 天將富貴此翁矣, 請唐曆及廟諱而行, 曰
吾欲掃平東夷, 頒大唐正朔於海表, 仁軌御軍嚴整, 轉鬪而前, 福信等立兩柵於
熊津江口以拒之, 仁軌與新羅兵合擊之, 我軍退走, 入柵阻水, 橋狹墜溺與戰死
者萬餘人, 福信等乃釋都城之圍, 退保任存城, 新羅人以糧盡引還, 時龍朔元年
三月也, 於是道琛自稱領車(軍, 恐作軍)將軍, 福信自稱霜岑將軍, 招集徒衆,
其勢益張, 使告仁軌曰, 聞大唐與新羅約誓, 百濟無問老少一切殺之, 然後以國
付新羅, 與其受死, 豈若戰亡, 所以聚結自固守耳, 仁軌作書具陳禍福, 遣使諭
之, 道琛等恃衆驕倨, 置仁軌之使於外館, 嫚報曰, 使人官小, 我是一國大將,
不合參不答書, 徒遣之, 仁軌以衆小與仁願合軍, 休息士卒, 上表請合新羅圖
之, 羅王春秋奉詔, 遣其將金欽將兵救仁軌等, 至古泗, 福信邀擊敗之, 欽自葛
嶺道遁還, 新羅不敢復出, 尋而福信殺道琛, 并其衆, 豐不能制, 但主祭而已,
福信等以仁願等孤城無援, 遣使慰之曰, 大使等何時西還, 當遣相送, 二年, 七
月, 仁願・仁軌等, 大破福信餘衆於熊津之東, 拔支羅城及尹城・大山・沙井
等柵, 殺獲甚衆, 乃令分兵以鎭守之, 福信等以眞峴城臨江高嶮當衝要, 加兵守
之, 仁軌夜督新羅兵, 薄城板堞, 比明而入城, 斬殺八百人, 遂通新羅饟道, 仁
願奏請益兵, 詔發淄・靑・萊海之兵七千人, 遣左威衞將軍孫仁師, 統衆浮海,
以益仁願之衆, 時福信旣專權, 與扶餘豐寖相猜忌, 福信稱疾臥於窟室, 欲俟豐
問疾執殺之, 豐知之, 帥親信掩殺福信, 遣使高句麗・倭國乞師, 以拒唐兵, 孫
仁師中路迎擊破之, 遂與仁願之衆相合, 士氣大振, 於是諸將議所向, 或曰, 加
林城水陸之衝, 合先擊之, 仁軌曰, 兵法避實擊虛, 加林嶮而固, 攻則傷士, 守

則曠日, 周留城百濟巢穴, 羣聚焉, 若克之諸城自下, 於是, 仁師・仁願及羅王
金法敏, 帥陸軍進, 劉仁軌及別帥杜爽・扶餘隆, 帥水軍及糧船, 自熊津江往白
江, 以會陸軍, 同趣周留城, 遇倭人白江口, 四戰皆克, 焚其舟四百艘, 煙炎灼
天, 海水爲丹, 王扶餘豐脫身而走, 不知所在, 或云奔高句麗, 獲其寶劍, 王子
扶餘忠勝・忠志等帥其衆, 與倭人並降, 獨遲受信據任存城未下, 初黑齒常之
嘯聚亡散, 旬日間歸附者三萬餘人, 定方遣兵攻之, 常之拒戰敗之, 復取二百餘
城, 定方不能克, 常之與別部將沙吒相如據嶮, 以應福信, 至是皆降, 仁軌以赤
心示之, 俾取任存自效, 卽給鎧仗糧糒, 仁師曰, 野心難信, 若受甲濟粟, 資寇
便也, 仁軌曰, 吾觀相如・常之, 忠而謀, 因機立功尙何疑, 二人訖取其城, 遲
受信委妻子奔高句麗, 餘黨悉平, 仁師等振旅還, 詔留仁軌統兵鎭守, 兵火之
餘, 比屋凋殘, 殭屍如莽, 仁軌始命瘞骸骨, 籍戶口, 理村聚, 署官長, 通道塗,
立橋梁, 補堤堰, 復坡塘, 課農桑, 賑貧乏, 養孤老, 立唐社稷, 頒正朔及廟諱,
民皆悅, 各安其所, 帝以扶餘隆爲熊津都督, 俾歸國平新羅古憾, 招還遺人, 麟
德二年, 與新羅王會熊津城, 刑白馬以盟, 仁軌爲盟辭, 乃作金書鐵契, 藏新羅
廟中, 盟辭見新羅紀中, 仁願等還, 隆畏衆携散, 亦歸京師, 儀鳳中以隆爲熊津
都督帶方郡王, 遣歸國安輯餘衆, 仍移安東都護府於新城以統之, 時新羅强, 隆
不敢入舊國, 寄理高句麗死, 武后又以其孫敬襲王, 而其地已爲新羅・渤海・靺
鞨所分, 國系遂絶.

　論曰, 新羅古事云, 天降金櫝, 故姓金氏, 其言可怪而不可信, 臣修史, 以其
傳之舊, 不得刪落其辭, 然而又聞, 新羅人自以小昊金天氏後, 故姓金氏(見新
羅國子博士薛因宣撰金庾信碑及 朴居勿撰・姚克一書三郞寺碑文), 高句麗亦以高
辛氏之後姓高氏(見晉書載記), 古史曰, 百濟與高句麗同出扶餘, 又云, 秦亂漢
離之時, 中國人多竄海東, 則三國祖先豈其古聖人之苗裔耶, 何其享國之長也,
至於百濟之季, 所行多非道, 又世仇新羅, 與高句麗連和以侵軼之, 因利乘便,
割取新羅重城巨鎭不已, 非所謂親仁善鄰國之寶也, 於是唐天子再下詔平其怨,
陽從而陰違之, 以獲罪於大國, 其亡也亦宜矣.

삼국사기 권 제 29

연 표(年表) 상(上)

해동(海東)에 국가(國家)가 있은 지는 오래였다. 기자(箕子)가 주(周) 왕실(王室)에서 책봉을 받음으로부터 한 초(漢初) 위만(衛滿)이 칭왕(稱王)할 때까지 연대(年代)는 구원(久遠)하나 문헌(文獻)이 소략(疎略)하여 상고(詳考)할 수는 없고, 삼국(三國)이 정치(鼎峙)함에 이르러는 전세(傳世)가 더욱 많았다. 신라(新羅)는 56왕(王), 992년이고, 고구려(高句麗)는 28왕(王), 705년, 백제(百濟)는 31왕, 678년이다. 그 시종(始終)을 가히 상고할 수 있으므로 삼국(三國)의 연표(年表)를 만들었다[唐의 賈言忠이 이르기를, 高句麗는 漢代로부터 나라를 가져 오늘날 900년이 되었다고 하는데 이는 잘못이다].

[原文]
三國史記 卷 第二十九
年 表 上

海東有國家久矣, 自箕子受封於周室, 衛滿僭號於漢初, 年代綿邈, 文字疎略, 固莫得而詳焉, 至於三國鼎峙, 則傳世尤多, 新羅五十六王, 九百九十二年, 高句麗二十八王, 七百五年, 百濟三十一王, 六百七十八年, 其始終可得而考焉, 作三國年表. (唐賈言忠云, 高麗自漢有國今九百年, 誤也.)

	中 國	新 羅	高 句 麗	百 濟
甲子	前漢孝宣帝詢十七年, 五鳳元年	始祖朴赫居世居西干卽位元年從此至眞德爲聖骨		
乙丑	二	二		
丙寅	三	三		
丁卯	四	四		
戊辰	甘露元年	五		
己巳	二	六		
庚午	三	七		
辛未	四	八		
壬申	黃龍元年	九		
癸酉	孝元帝奭初元元年	十		
甲戌	二	十一		
乙亥	三	十二		
丙子	四	十三		
丁丑	五	十四		
戊寅	永光元年	十五		
己卯	二	十六		
庚辰	三	十七		
辛巳	四	十八		
壬午	五	十九		
癸未	建昭元年	二十		
甲申	二	二十一	始祖東明聖王姓高氏諱朱蒙卽位元年	
乙酉	三	二十二	二	
丙戌	四	二十三	三	
丁亥	五	二十四	四	

戊子	竟寧元年 成帝鷔	二十五	五	
己丑	建始元年	二十六	六	
庚寅	二	二十七	七	
辛卯	三	二十八	八	
壬辰	四	二十九	九	
癸巳	河平元年	三十	十	
甲午	二	三十一	十一	
乙未	三	三十二	十二	
丙申	四	三十三	十三	
丁酉	陽朔元年	三十四	十四	
戊戌	二	三十五	十五	
己亥	三	三十六	十六	
庚子	四	三十七	十七	
辛丑	鴻嘉元年	三十八	十八	
壬寅	二	三十九	十九 東明王升遐 瑠璃明王類利 即位元年	
癸卯	三	四十	二	始祖溫祚王 即位元年
甲辰	四	四十一	三	二
乙巳	永始元年	四十二	四	三
丙午	二	四十三	五	四
丁未	三	四十四	六	五
戊申	四	四十五	七	六
己酉	元延元年	四十六	八	七
庚戌	二	四十七	九	八
辛亥	三	四十八	十	九
壬子	四	四十九	十一	十
癸丑	綏和元年	五十	十二	十一

甲寅	二 孝哀帝欣	五十一	十三	十二
乙卯	建平元年	五十二	十四	十三
丙辰	二	五十三	十五	十四
丁巳	三	五十四	十六	十五
戊午	四	五十五	十七	十六
己未	元壽元年	五十六	十八	十七
庚申	二 孝平帝衎	五十七	十九	十八
辛酉	元始元年	五十八	二十	十九
壬戌	二	五十九	二十一	二十
癸亥	三	六十	二十二	二十一
甲子	四	六十一 始祖赫居世薨南解 次次雄卽位元年	二十三	二十二
乙丑	五	二	二十四	二十三
丙寅	孺子嬰, 王莽居攝元年	三	二十五	二十四
丁卯	二	四	二十六	二十五
戊辰	三 初始元年	五	二十七	二十六
己巳	新室 始建國元年	六	二十八	二十七
庚午	二	七	二十九	二十八
辛未	三	八	三十	二十九
壬申	四	九	三十一	三十
癸酉	五	十	三十二	三十一
甲戌	天鳳元年	十一	三十三	三十二
乙亥	二	十二	三十四	三十三
丙子	三	十三	三十五	三十四
丁丑	四	十四	三十六	三十五
戊寅	五	十五	三十七 瑠璃明王薨大武 神王無恤卽位元年	三十六

己卯	六	十六	二	三十七
庚辰	地皇元年	十七	三	三十八
辛巳	二	十八	四	三十九
壬午	三	十九	五	四十
癸未	四 劉聖公更始元年	二十	六	四十一
甲申	二	二十一 南解次次雄薨 儒理尼師今 卽位元年	七	四十二
乙酉	後漢光武帝 秀建武元年	二	八	四十三
丙戌	二	三	九	四十四
丁亥	三	四	十	四十五
戊子	四	五	十一	四十六 溫祚王薨 多婁 王卽位元年
己丑	五	六	十二	二
庚寅	六	七	十三	三
辛卯	七	八	十四	四
壬辰	八	九	十五	五
癸巳	九	十	十六	六
甲午	十	十一	十七	七
乙未	十一	十二	十八	八
丙申	十二	十三	十九	九
丁酉	十三	十四	二十	十
戊戌	十四	十五	二十一	十一
己亥	十五	十六	二十二	十二
庚子	十六	十七	二十三	十三
辛丑	十七	十八	二十四	十四
壬寅	十八	十九	二十五	十五
癸卯	十九	二十	二十六	十六

甲辰	二十	二十一	二十七 大武神王薨 閔中王 解色朱卽位元年	十七
乙巳	二十一	二十二	二	十八
丙午	二十二	二十三	三	十九
丁未	二十三	二十四	四	二十
戊申	二十四	二十五	五 閔中王薨 慕本王 解憂卽位元年	二十一
己酉	二十五	二十六	二	二十二
庚戌	二十六	二十七	三	二十三
辛亥	二十七	二十八	四	二十四
壬子	二十八	二十九	五	二十五
癸丑	二十九	三十	六 慕本王薨 國朝王 宮卽位元年	二十六
甲寅	三十	三十一	二	二十七
乙卯	三十一	三十二	三	二十八
丙辰	建武中元元年	三十三	四	二十九
丁巳	二 孝明帝莊	三十四 儒理尼師今薨 脫解尼師今卽位 元年	五	三十
戊午	永平元年	二	六	三十一
己未	二	三	七	三十二
庚申	三	四	八	三十三
辛酉	四	五	九	三十四
壬戌	五	六	十	三十五
癸亥	六	七	十一	三十六
甲子	七	八	十二	三十七
乙丑	八	九	十三	三十八
丙寅	九	十	十四	三十九

丁卯	十	十一	十五	四十
戊辰	十一	十二	十六	四十一
己巳	十二	十三	十七	四十二
庚午	十三	十四	十八	四十三
辛未	十四	十五	十九	四十四
壬申	十五	十六	二十	四十五
癸酉	十六	十七	二十一	四十六
甲戌	十七	十八	二十二	四十七
乙亥	十八 孝章皇帝炟	十九	二十三	四十八
丙子	建初元年	二十	二十四	四十九
丁丑	二	二十一	二十五	五十 多婁王薨己婁 王卽位元年
戊寅	三	二十二	二十六	二
己卯	四	二十三	二十七	三
庚辰	五	二十四 脫解尼師今薨 婆娑尼師今卽 位元年	二十八	四
辛巳	六	二	二十九	五
壬午	七	三	三十	六
癸未	八	四	三十一	七
甲申	元和元年	五	三十二	八
乙酉	二	六	三十三	九
丙戌	三	七	三十四	十
丁亥	章和元年	八	三十五	十一
戊子	二 孝和皇帝肇	九	三十六	十二
己丑	永元元年	十	三十七	十三
庚寅	二	十一	三十八	十四
辛卯	三	十二	三十九	十五

壬辰	四	十三	四十	十六
癸巳	五	十四	四十一	十七
甲午	六	十五	四十二	十八
乙未	七	十六	四十三	十九
丙申	八	十七	四十四	二十
丁酉	九	十八	四十五	二十一
戊戌	十	十九	四十六	二十二
己亥	十一	二十	四十七	二十三
庚子	十二	二十一	四十八	二十四
辛丑	十三	二十二	四十九	二十五
壬寅	十四	二十三	五十	二十六
癸卯	十五	二十四	五十一	二十七
甲辰	十六	二十五	五十二	二十八
乙巳	元興元年 孝殤帝隆	二十六	五十三	二十九
丙午	延平元年 孝安帝祐	二十七	五十四	三十
丁未	永初元年	二十八	五十五	三十一
戊申	二	二十九	五十六	三十二
己酉	三	三十	五十七	三十三
庚戌	四	三十一	五十八	三十四
辛亥	五	三十二	五十九	三十五
壬子	六	三十三 婆娑尼師今薨 祇摩尼師今卽 位元年	六十	三十六
癸丑	七	二	六十一	三十七
甲寅	元初元年	三	六十二	三十八
乙卯	二	四	六十三	三十九
丙辰	三	五	六十四	四十
丁巳	四	六	六十五	四十一

戊午	五	七	六十六	四十二
己未	六	八	六十七	四十三
庚申	永寧元年	九	六十八	四十四
辛酉	建光元年	十	六十九	四十五
壬戌	延光元年	十一	七十	四十六
癸亥	二	十二	七十一	四十七
甲子	三	十三	七十二	四十八
乙丑	孝順帝保	十四	七十三	四十九
丙寅	永建元年	十五	七十四	五十
丁卯	二	十六	七十五	五十一
戊辰	三	十七	七十六	五十二 己婁王薨 蓋婁王卽位元年
己巳	四	十八	七十七	二
庚午	五	十九	七十八	三
辛未	六	二十	七十九	四
壬申	陽嘉元年	二十一	八十	五
癸酉	二	二十二	八十一	六
甲戌	三	二十三 祇摩尼師今薨 逸聖尼師今卽位元年	八十二	七
乙亥	四	二	八十三	八
丙子	永和元年	三	八十四	九
丁丑	二	四	八十五	十
戊寅	三	五	八十六	十一
己卯	四	六	八十七	十二
庚辰	五	七	八十八	十三

	中　　國	新　　羅	高　句　麗	百　　濟
辛巳	六	八	八十九	十四
壬午	漢安元年	九	九十	十五
癸未	二	十	九十一	十六
甲申	建康元年 孝冲帝炳	十一	九十二	十七
乙酉	永嘉元年 孝質帝續	十二	九十三	十八
丙戌	本初元年 孝桓帝志	十三	九十四 國祖王遜位退居 後宮, 次大王 遂成卽位元年	十九
丁亥	建和元年	十四	二	二十
戊子	二	十五	三	二十一
己丑	三	十六	四	二十二
庚寅	和平元年	十七	五	二十三
辛卯	元嘉元年	十八	六	二十四
壬辰	二	十九	七	二十五
癸巳	永興元年	二十	八	二十六
甲午	二	二十一 逸聖尼師今薨 阿達羅尼師今 卽位元年	九	二十七
乙未	永壽元年	二	十	二十八
丙申	二	三	十一	二十九
丁酉	三	四	十二	三十
戊戌	延嘉元年	五	十三	三十一
己亥	二	六	十四	三十二
庚子	三	七	十五	三十三
辛丑	四	八	十六	三十四
壬寅	五	九	十七	三十五
癸卯	六	十	十八	三十六

	甲辰	七	十一	十九	三十七
註1)	乙巳	八	十二	二十 國祖王三月薨 次大王 二月薨 新大王伯固 卽位元年	三十八
	丙午	九	十三	二	三十九 蓋婁王薨 肖古王 卽位元年
	丁未	永康元年	十四	三	二
	戊申	孝靈帝宏 建寧元年	十五	四	三
	己酉	二	十六	五	四
	庚戌	三	十七	六	五
	辛亥	四	十八	七	六
	壬子	熹平元年	十九	八	七
	癸丑	二	二十	九	八
	甲寅	三	二十一	十	九
	乙卯	四	二十二	十一	十
	丙辰	五	二十三	十二	十一
	丁巳	六	二十四	十三	十二
	戊午	光和元年	二十五	十四	十三
	己未	二	二十六	十五 新大王薨 故國川王男武 卽位元年	十四
	庚申	三	二十七	二	十五
	辛酉	四	二十八	三	十六
	壬戌	五	二十九	四	十七
	癸亥	六	三十	五	十八
	甲子	中平元年	三十一 阿達尼師今薨 伐休尼師今 卽位元年	六	十九

乙丑	二	二	七	二十
丙寅	三	三	八	二十一
丁卯	四	四	九	二十二
戊辰	五	五	十	二十三
己巳	六 洪農王辯立改元光 熹又改元明寧, 孝 獻帝協改元永漢	六	十一	二十四
庚午	初平元年	七	十二	二十五
辛未	二	八	十三	二十六
壬申	三	九	十四	二十七
癸酉	四	十	十五	二十八
甲戌	興平元年	十一	十六	二十九
乙亥	二	十二	十七	三十
丙子	建安元年	十三 伐休尼師今薨 奈解尼師今 卽位元年	十八	三十一
丁丑	二	二	十九 故國川王薨 山上王延優 卽位元年	三十二
戊寅	三	三	二	三十三
己卯	四	四	三	三十四
庚辰	五	五	四	三十五
辛巳	六	六	五	三十六
壬午	七	七	六	三十七
癸未	八	八	七	三十八
甲申	九	九	八	三十九
乙酉	十	十	九	四十
丙戌	十一	十一	十	四十一
丁亥	十二	十二	十一	四十二

註 2)

戊子	十三	十三	十二	四十三
己丑	十四	十四	十三	四十四
庚寅	十五	十五	十四	四十五
辛卯	十六	十六	十五	四十六
壬辰	十七	十七	十六	四十七
癸巳	十八	十八	十七	四十八
甲午	十九	十九	十八	四十九 肖古王薨 仇首 王卽位元年
乙未	二十	二十	十九	二
丙申	二十一	二十一	二十	三
丁酉	二十二	二十二	二十一	四
戊戌	二十三	二十三	二十二	五
己亥	二十四	二十四	二十三	六
庚子	延康元年 魏文帝曹丕 皇初元年	二十五	二十四	七
辛丑	二 蜀先主劉備卽 帝位於成都建 元章武	二十六	二十五	八
壬寅	三 吳大帝孫權都 武昌建元黃武 自此三國分矣	二十七	二十六	九
癸卯	四 蜀後主禪立 改元建興	二十八	二十七	十
甲辰	五	二十九	二十八	十一
乙巳	六	三十	二十九	十二
丙午	七 明皇帝睿	三十一	三十	十三
丁未	太和元年	三十二	三十一 山上王薨 東川王憂位居	十四

			卽位元年	
戊申	二	三十三	二	十五
己酉	三 吳改元黃龍 遷都建業	三十四	三	十六
庚戌	四	三十五 奈解尼師今薨 助賁尼師今 卽位元年	四	十七
辛亥	五	二	五	十八
壬子	六 吳改元嘉禾	三	六	十九
癸丑	靑龍元年	四	七	二十
甲寅	二	五	八	二十一 仇首王薨, 長子 沙伴王嗣位, 而幼少見廢, 古尒王卽位元年
乙卯	三	六	九	二
丙辰	四	七	十	三
丁巳	景初元年	八	十一	四
戊午	二 蜀改元延熙 吳改元赤烏	九	十二	五
己未	三 齊王芳	十	十三	六
庚申	正始元年	十一	十四	七
辛酉	二	十二	十五	八
壬戌	三	十三	十六	九
癸亥	四	十四	十七	十
甲子	五	十五	十八	十一
乙丑	六	十六	十九	十二
丙寅	七	十七	二十	十三
丁卯	八	十八	二十一	十四

干支				
		助賁尼師今今薨 沾解尼師今今 即位元年		
戊辰	九	二	二十二 東川王薨 中川王 然弗即位元年	十五
己巳	嘉平元年	三	二	十六
庚午	二	四	三	十七
辛未	三 吳改元大元	五	四	十八
壬申	四 吳會稽王亮 立改元建興	六	五	十九
癸酉	五	七	六	二十
甲戌	六 高貴鄉公髦 正元元年	八	七	二十一
乙亥	二	九	八	二十二
丙子	甘露元年 吳改元太平	十	九	二十三
丁丑	二	十一	十	二十四
戊寅	三 蜀改元景耀吳 主休立改元永安	十二	十一	二十五
己卯	四	十三	十二	二十六
庚辰	五 陳留王奐 景元元年	十四	十三	二十七
辛巳	二	十五 沾解尼師今今薨	十四	二十八
壬午	三	味鄒尼師今 即位元年	十五	二十九
癸未	四 蜀改元炎興十 月降於魏, 蜀 二主四十三年	二	十六	三十

甲申	吳主孫皓立, 咸熙元年, 改元元興	三	十七	三十一
乙酉	二 魏禪于晉 西晉世祖武皇帝 炎泰始元年	四	十八	三十二
丙戌	二 吳改元寶鼎	五	十九	三十三
丁亥	三	六	二十	三十四
戊子	四	七	二十一	三十五
己丑	五 吳改元建衡	八	二十二	三十六
庚寅	六	九	二十三 中川王薨 西川王 藥盧即位元年	三十七
辛卯	七	十	二	三十八
壬辰	八 吳改元鳳凰	十一	三	三十九
癸巳	九	十二	四	四十
甲午	十	十三	五	四十一

註 1) (高句麗) 2월, 本記作 10월.
　　2) (後漢) 洪, 當作弘, 明, 當作昭.

삼국사기 권 제 30

연 표(年表) 중(中)

	西　晉	新　羅	高 句 麗	百　濟
	西　　晉	味鄒尼師今	西 川 王	古 尒 王
乙未	咸寧元年 吳改元天册	十四	六	四十二
丙申	二 吳改元天璽	十五	七	四十三
丁酉	三 吳改元天紀	十六	八	四十四
戊戌	四	十七	九	四十五
己亥	五	十八	十	四十六
庚子	太康元年, 吳主降於晉 吳四主五十九年	十九	十一	四十七
辛丑	二	二十	十二	四十八
壬寅	三	二十一	十三	四十九
癸卯	四	二十二	十四	五十
甲辰	五	二十三 味鄒尼師今薨 儒禮尼師今 即位元年	十五	五十一
乙巳	六	二	十六	五十二
丙午	七	三	十七	五十三 古尒王薨 責稽王即位元年

丁未	八	四	十八	二
戊申	九	五	十九	三
己酉	十	六	二十	四
庚戌	太熙元年孝惠帝衷, 永熙元年	七	二十一	五
辛亥	永平元年 元康元年	八	二十二	六
壬子	二	九	二十三 西川王薨, 烽上王相夫 卽位元年	七
癸丑	三	十	二	八
甲寅	四	十一	三	九
乙卯	五	十二	四	十
丙辰	六	十三	五	十一
丁巳	七	十四	六	十二
戊午	八	十五 儒禮尼師今薨 基臨尼師今 卽位元年	七	十三 責稽王薨, 汾西王卽位元年
己未	九	二	八	二
庚申	永康元年	三	九 烽上王薨, 美川王乙弗 卽位元年	三
辛酉	永寧元年	四	二	四
壬戌	太安元年	五	三	五
癸亥	二	六	四	六
甲子	永安元年 建武元年 永興元年	七	五	七 汾西王薨,比流王卽位元年
乙丑	二	八	六	二
丙寅	光熙元年 孝懷帝熾	九	七	三

干支				
丁卯	永嘉元年	十	八	四
戊辰	二	十一	九	五
己巳	三	十二	十	六
庚午	四	十三 基臨尼師今薨, 訖解尼師今 卽位元年	十一	七
辛未	五	二	十二	八
壬申	六	三	十三	九
癸酉	孝愍皇帝鄴, 建興元年	四	十四	十
甲戌	二	五	十五	十一
乙亥	三	六	十六	十二
丙子	四 前趙劉曜陷長 安愍帝明年爲 劉聰所殺西晉 四主五十二年	七	十七	十三
丁丑	五 東晉中宗元皇 帝睿,建武元年	八	十八	十四
戊寅	太興元年	九	十九	十五
己卯	二	十	二十	十六
庚辰	三	十一	二十一	十七
辛巳	四	十二	二十二	十八
壬午	永昌元年	十三	二十三	十九
癸未	肅宗皇帝 紹太寧元年	十四	二十四	二十
甲申	二	十五	二十五	二十一
乙酉	三 顯宗皇帝衍	十六	二十六	二十二
丙戌	咸和元年	十七	二十七	二十三
丁亥	二	十八	二十八	二十四

戊子	三	十九	二十九	二十五
己丑	四	二十	三十	二十六
庚寅	五	二十一	三十一	二十七
辛卯	六	二十二	三十二 美川王薨, 故國原王斯由 卽位元年	二十八
壬辰	七	二十三	二	二十九
癸巳	八	二十四	三	三十
甲午	九	二十五	四	三十一
乙未	咸康元年	二十六	五	三十二
丙申	二	二十七	六	三十三
丁酉	三	二十八	七	三十四
戊戌	四	二十九	八	三十五
己亥	五	三十	九	三十六
庚子	六	三十一	十	三十七
辛丑	七	三十二	十一	三十八
壬寅	八 康皇帝岳	三十三	十二	三十九
癸卯	建元元年	三十四	十三	四十
甲辰	二 孝宗穆皇帝	三十五	十四	四十一 比流王薨,契 王卽位元年
乙巳	永和元年	三十六	十五	二
丙午	二	三十七	十六	三 契王薨,近肖 古王卽位元年
丁未	三	三十八	十七	二
戊申	四	三十九	十八	三
己酉	五	四十	十九	四
庚戌	六	四十一	二十	五
辛亥	七	四十二	二十一	六

壬子	八	四十三	二十二	七
癸丑	九	四十四	二十三	八
甲寅	十	四十五	二十四	九
乙卯	十一	四十六	二十五	十
丙辰	十二	四十七 訖解尼師今薨 奈勿尼師今 卽位元年	二十六	十一
丁巳	升平元年	二	二十七	十二
戊午	二	三	二十八	十三
己未	三	四	二十九	十四
庚申	四	五	三十	十五
辛酉	五 哀皇帝丕	六	三十一	十六
壬戌	隆和元年	七	三十二	十七
癸亥	興寧元年	八	三十三	十八
甲子	二	九	三十四	十九
乙丑	三 廢帝海西公	十	三十五	二十
丙寅	太和元年	十一	三十六	二十一
丁卯	二	十二	三十七	二十二
戊辰	三	十三	三十八	二十三
己巳	四	十四	三十九	二十四
庚午	五	十五	四十	二十五
辛未	簡文皇帝 咸安元年	十六	四十一 故國原王薨, 小獸林王丘夫 卽位元年	二十六
壬申	二 孝武皇帝曜	十七	二	二十七
癸酉	寧康元年	十八	三	二十八
甲戌	二	十九	四	二十九

乙亥	三	二十	五	三十 近肖古王薨, 近仇首王 卽位元年
丙子	太元元年	二十一	六	二
丁丑	二	二十二	七	三
戊寅	三	二十三	八	四
己卯	四	二十四	九	五
庚辰	五	二十五	十	六
辛巳	六	二十六	十一	七
壬午	七	二十七	十二	八
癸未	八	二十八	十三	九
甲申	九	二十九	十四 小獸林王薨, 故國壤王伊連 卽位元年	十 近仇首王薨, 枕流王卽位 元年
乙酉	十	三十	二	二 枕流王薨, 辰 斯王卽位元年
丙戌	十一	三十一	三	二
丁亥	十二	三十二	四	三
戊子	十三	三十三	五	四
己丑	十四	三十四	六	五
庚寅	十五	三十五	七	六
辛卯	十六	三十六	八	七
壬辰	十七	三十七	九(二) 故國壤王薨, 廣開土王談德 卽位元年	八 辰斯王薨, 阿莘王卽位 元年
癸巳	十八	三十八	二(三)	二
甲午	十九	三十九	三(四)	三
乙未	二十	四十	四(五)	四
丙申	二十一 諱德宗安皇帝	四十一	五(六)	五

註
1)

丁酉	隆安元年	四十二	六(七)	六
戊戌	二	四十三	七(八)	七
己亥	三	四十四	八(九)	八
庚子	四	四十五	九(十)	九
辛丑	五	四十六	十(十一)	十
壬寅	元興元年	四十七 奈勿尼師今薨, 實聖尼師今 即位元年	十一(十二)	十一
癸卯	二	二	十二(十三)	十二
甲辰	三	三	十三(十四)	十三
乙巳	義熙元年	四	十四(十五)	阿莘王薨, 腆 支王即位元年
丙午	二	五	十五(十六)	二
丁未	三	六	十六(十七)	三
戊申	四	七	十七(十八)	四
乙酉	五	八	十八(十九)	五
庚戌	六	九	十九(二十)	六
辛亥	七	十	二十(二十一)	七
壬子	八	十一	二十一(二十二)	八
癸丑	九	十二	二十二(二十三) 廣開土王薨, 長壽王巨連 即位元年	九
甲寅	十	十三	二	十
乙卯	十一	十四	三	十一
丙辰	十二	十五	四	十二
丁巳	十三	十六 實聖尼師今薨, 訥祇麻立干 即位元年	五	十三
戊午	十四 恭帝德文	二	六	十四

己未	元熙元年禪於宋,東晉十二主百四年西秦改元建弘	三	七	十五
庚申	宋高祖武帝劉裕,永初元年	四	八	十六 腆支王薨, 久尒辛王卽位元年
辛酉	二	五	九	二
壬戌	三 少帝義苻	六	十	三
癸亥	景平元年	七	十一	四
甲子	二 太宗文皇帝義隆,元嘉元年	八	十二	五
乙丑	二	九	十三	六
丙寅	三	十	十四	七
丁卯	四	十一	十五	八 久尒辛王薨,毗有王卽位元年
戊辰	五	十二	十六	二
己巳	六	十三	十七	三
庚午	七	十四	十八	四
辛未	八	十五	十九	五
壬申	九	十六	二十	六
癸酉	十	十七	二十一	七
甲戌	十一	十八	二十二	八
乙亥	十二	十九	二十三	九
丙子	十三	二十	二十四	十
丁丑	十四	二十一	二十五	十一
戊寅	十五	二十二	二十六	十二
己卯	十六	二十三	二十七	十三
庚辰	十七	二十四	二十八	十四
辛巳	十八	二十五	二十九	十五

壬午	十九	二十六	三十	十六
癸未	二十	二十七	三十一	十七
甲申	二十一	二十八	三十二	十八
乙酉	二十二	二十九	三十三	十九
丙戌	二十三	三十	三十四	二十
丁亥	二十四	三十一	三十五	二十一
戊子	二十五	三十二	三十六	二十二
己丑	二十六	三十三	三十七	二十三
庚寅	二十七	三十四	三十八	二十四
辛卯	二十八	三十五	三十九	二十五
壬辰	二十九	三十六	四十	二十六
癸巳	三十 元兇劭大初元年, 世祖孝武皇帝駿	三十七	四十一	二十七
甲午	孝建元年	三十八	四十二	二十八
乙未	二	三十九	四十三	二十九 毗有王薨,蓋鹵王 慶司即位元年
丙申	三	四十	四十四	二
丁酉	大明元年	四十一	四十五	三
戊戌	二	四十二 訥祇麻立干薨, 慈悲麻立干 即位元年	四十六	四
己亥	三	二	四十七	五
庚子	四	三	四十八	六
辛丑	五	四	四十九	七
壬寅	六	五	五十	八
癸卯	七	六	五十一	九
甲辰	八 前廢帝子業	七	五十二	十
乙巳	永光元年, 景和元年	八	五十三	十一

	太宗明皇帝彧 泰始元年			
丙午	二	九	五十四	十二
丁未	三	十	五十五	十三
戊申	四	十一	五十六	十四
己酉	五	十二	五十七	十五
庚戌	六	十三	五十八	十六
辛亥	七	十四	五十九	十七
壬子	泰豫元年 後廢帝昱	十五	六十	十八
癸丑	元徽元年	十六	六十一	十九
甲寅	二	十七	六十二	二十
乙卯	三	十八	六十三	二十一 蓋鹵王薨, 文周王卽位元年
丙辰	四	十九	六十四	二
丁巳	五 順皇帝準 昇明元年	二十	六十五	三 文周王薨, 三斤王卽位元年
戊午	二	二十一	六十六	二
己未	三 南齊太祖高皇帝 道成, 建元元年	二十二 慈悲麻立干薨, 照知麻立干 卽位元年	六十七	三 三斤王薨, 東城王牟大 卽位元年
庚申	二	二	六十八	二
辛酉	三	三	六十九	三
壬戌	四 世祖武皇帝頤	四	七十	四
癸亥	永明元年	五	七十一	五
甲子	二	六	七十二	六
乙丑	三	七	七十三	七
丙寅	四	八	七十四	八
丁卯	五	九	七十五	九

戊辰	六	十	七十六	十
己巳	七	十一	七十七	十一
庚午	八	十二	七十八	十二
辛未	九	十三	七十九 長壽王薨	十三
壬申	十	十四	文咨明王 羅雲卽位元年	十四
癸酉	十一 廢帝鬱林王	十五	二	十五
甲戌	隆昌元年廢帝, 海陵王昭文延興 元年, 高宗明皇 帝鸞, 建武元年	十六	三	十六
乙亥	二	十七	四	十七
丙子	三	十八	五	十八
丁丑	四	十九	六	十九
戊寅	永泰元年廢帝	二十	七	二十
己卯	永元元年	二十一	八	二十一
庚辰	二	二十二 照知麻立干薨, 智證麻立干 卽位元年	九	二十二
辛巳	三 和帝寶融 中興元年	二	十	二十三 東城王薨, 武寧 王斯摩卽位元年
壬午	二 梁高祖武皇帝 衍, 天監元年	三	十一	二
癸未	二	四	十二	三

	梁	新 羅	高 句 麗	百 濟
甲申	三	五	十三	四
乙酉	四	六	十四	五
丙戌	五	七	十五	六
丁亥	六	八	十六	七
戊子	七	九	十七	八
己丑	八	十	十八	九
庚寅	九	十一	十九	十
辛卯	十	十二	二十	十一
壬辰	十一	十三	二十一	十二
癸巳	十二	十四	二十二	十三
甲午	十三	十五 智證麻立干薨, 法興王原宗 卽位元年	二十三	十四
乙未	十四	二	二十四	十五
丙申	十五	三	二十五	十六
丁酉	十六	四	二十六	十七
戊戌	十七	五	二十七	十八
己亥	十八	六	二十八 文咨明王薨,安臧 王興安卽位元年	十九
庚子	普通元年	七	二	二十
辛丑	二	八	三	二十一
壬寅	三	九	四	二十二
癸卯	四	十	五	二十三 武寧王薨, 聖王 明禯卽位元年
甲辰	五	十一	六	二
乙巳	六	十二	七	三
丙午	七	十三	八	四
丁未	大通元年	十四	九	五

戊申	二	十五	十	六
己酉	中大通元年	十六	十一	七
庚戌	二	十七	十二	八
辛亥	三	十八	十三 安臧王薨, 安原 王寶延卽位元年	九
壬子	四	十九	二	十
癸丑	五	二十	三	十一
甲寅	六	二十一	四	十二
乙卯	大同元年	二十二	五	十三
丙辰	二	二十三 始稱建元元年	六	十四
丁巳	三	二十四	七	十五
戊午	四	二十五	八	十六
己未	五	二十六	九	十七
庚申	六	二十七 法興王薨,眞興王 彡麥宗卽位元年	十	十八
辛酉	七	二	十一	十九
壬戌	八	三	十二	二十
癸亥	九	四	十三	二十一
甲子	十	五	十四	二十二
乙丑	十一	六	十五 安原王薨, 陽原 王平成卽位元年	二十三
丙寅	中大同元年	七	二	二十四
丁卯	太清元年	八	三	二十五
戊辰	二	九	四	二十六
己巳	三 太宗簡文皇帝綱	十	五	二十七
庚午	太寶元年	十一	六	二十八
辛未	二	十二	七	二十九

		改元開國		
	豫章王棟天正元年, 僞漢侯景帝太始元年, 世祖孝元帝釋			
壬申	承聖元年	十三	八	三十
癸酉	二	十四	九	三十一
甲戌	三 敬皇帝方智	十五	十	三十二 聖王薨, 威德王昌卽位元年
乙亥	四 正陽候天成元年 紹泰元年	十六	十一	二
丙子	太平元年	十七	十二	三
丁丑	陳高祖武皇帝 霸先永定元年	十八	十三	四
戊寅	二	十九	十四	五
己卯	三 世祖文皇帝	二十	十五 陽原王薨, 平原王陽成卽位元年	六
庚辰	天嘉元年	二十一	二	七
辛巳	二	二十二	三	八
壬午	三	二十三	四	九
癸未	四	二十四	五	十
甲申	五	二十五	六	十一
乙酉	六	二十六	七	十二
丙戌	天康元年 廢帝伯宗	二十七	八	十三
丁亥	光大元年	二十八	九	十四
戊子	二 高宗孝宣皇帝頊	二十九 改元大昌	十	十五
己丑	太建元年	三十	十一	十六
庚寅	二	三十一	十二	十七
辛卯	三	三十二	十三	十八

壬辰	四	三十三 改元鴻濟	十四	十九
癸巳	五	三十四	十五	二十
甲午	六	三十五	十六	二十一
乙未	七	三十六	十七	二十二
丙申	八	三十七 眞興王薨, 眞智 王金輪卽位元年	十八	二十三
丁酉	九	二	十九	二十四
戊戌	十	三	二十	二十五
己亥	十一	四 眞智王薨, 眞平 王白淨卽位元年	二十一	二十六
庚子	十二	二	二十二	二十七
辛丑	十三 隋高祖文皇帝 楊堅, 開皇元年	三	二十三	二十八
壬寅	十四 後主叔寶	四	二十四	二十九
癸卯	至德元年	五	二十五	三十
甲辰	二	六 改元建禮	二十六	三十一
乙巳	三	七	二十七	三十二
丙午	四	八	二十八	三十三
丁未	禎明元年	九	二十九	三十四
戊申	二	十	三十	三十五
己酉	三 陳氏滅	十一	三十一	三十六
庚戌	隋開皇十年	十二	三十二 平原王薨, 嬰陽 王元卽位元年	三十七
辛亥	十一	十三	二	三十八
壬子	十二	十四	三	三十九

干支			
癸丑	十三	十五	四	四十
甲寅	十四	十六	五	四十一
乙卯	十五	十七	六	四十二
丙辰	十六	十八	七	四十三
丁巳	十七	十九	八	四十四
戊午	十八	二十	九	四十五 威德王薨, 惠王 季卽位元年
己未	十九	二十一	十	二 惠王薨, 法王 宣卽位元年
庚申	二十	二十二	十一	二 法王薨, 武王 璋卽位元年
辛酉	仁壽元年	二十三	十二	二
壬戌	二	二十四	十三	三
癸亥	三	二十五	十四	四
甲子	四 煬皇帝廣	二十六	十五	五
乙丑	大業元年	二十七	十六	六
丙寅	二	二十八	十七	七
丁卯	三	二十九	十八	八
戊辰	四	三十	十九	九

註 1) 據廣開土王碑, 卽位在前年辛卯, 則前王在位不過八年

삼국사기 권 제 31

연 표(年表) 하(下)

	隋	新 羅	高 句 麗	百 濟
	隋 大業	眞 平 王	嬰 陽 王	武 王
己巳	五	三十一	二十	十
庚午	六	三十二	二十一	十一
辛未	七	三十三	二十二	十二
壬申	八	三十四	二十三	十三
癸酉	九	三十五	二十四	十四
甲戌	十	三十六	二十五	十五
乙亥	十一	三十七	二十六	十六
丙子	十二	三十八	二十七	十七
丁丑	十三 恭皇帝楊 義寧元年	三十九	二十八	十八
戊寅	唐高祖神堯皇帝 淵, 武德元年	四十	二十九 嬰陽王薨, 榮留 王建武卽位元年	十九
己卯	二	四十一	二	二十
庚辰	三	四十二	三	二十一
辛巳	四	四十三	四	二十二
壬午	五	四十四	五	二十三
癸未	六	四十五	六	二十四
甲申	七	四十六	七	二十五

乙酉	八	四十七	八	二十六
丙戌	九 太宗文武大聖 皇帝世民	四十八	九	二十七
丁亥	貞觀元年	四十九	十	二十八
戊子	二	五十	十一	二十九
己丑	三	五十一	十二	三十
庚寅	四	五十二	十三	三十一
辛卯	五	五十三	十四	三十二
壬辰	六	五十四 眞平王薨, 善德 王德曼卽位元年	十五	三十三
癸巳	七	二	十六	三十四
甲午	八	三 改元仁平	十七	三十五
乙未	九	四	十八	三十六
丙申	十	五	十九	三十七
丁酉	十一	六	二十	三十八
戊戌	十二	七	二十一	三十九
己亥	十三	八	二十二	四十
庚子	十四	九	二十三	四十一
辛丑	十五	十	二十四	四十二 武王薨, 義慈王 卽位元年
壬寅	十六	十一	二十五 榮留王薨, 寶臧 王卽位元年	二
癸卯	十七	十二	二	三
甲辰	十八	十三	三	四
乙巳	十九	十四	四	五
丙午	二十	十五	五	六
丁未	二十一	十六 善德王薨, 眞德	六	七

		王勝曼卽位元年		
戊申	二十二	二 改元太和	七	八
己酉	二十三 高宗大聖孝 皇帝治	三	八	九
庚戌	永徽元年	四 始行中國正朔	九	十
辛亥	二	五	十	十一
壬子	三	六	十一	十二
癸丑	四	七	十二	十三
甲寅	五	八 眞德王薨, 太宗 王春秋卽位元年 從此臣下眞骨	十三	十四
乙卯	六	二	十四	十五
丙辰	顯慶元年	三	十五	十六
丁巳	二	四	十六	十七
戊午	三	五	十七	十八
己未	四	六	十八	十九
庚申	五	七	十九	二十 唐將蘇定方與羅 人討之王義慈降 百濟三十一王六 百七十八年而滅
辛酉	龍朔元年	太宗薨, 文武 王法敏卽位元年	二十	
壬戌	二	二	二十一	
癸亥	三	三	二十二	
甲子	麟德元年	四	二十三	
乙丑	二	五	二十四	
丙寅	乾封元年	六	二十五	
丁卯	二	七	二十六	

戊辰	摠章元年	八	二十七 唐將李勣行軍與 羅人攻破擒王以 歸, 高氏二十八 王七百五年而滅	
己巳	二	九		
庚午	咸亨元年	十		
辛未	二	十一		
壬申	三	十二		
癸酉	四	十三		
甲戌	上元元年	十四		
乙亥	二	十五		
丙子	儀鳳元年	十六		
丁丑	二	十七		
戊寅	三	十八		
己卯	調露元年	十九		
庚辰	永隆元年	二十		
辛巳	開耀元年	二十一 文武王薨, 神文王 政明卽位元年		
壬午	永淳元年	二		
癸未	弘道元年, 中宗 大聖孝皇帝顯, 則天順聖皇后武曌	三		
甲申	嗣聖元年, 睿王 旦, 文命元年, 光宅元年	四 光宅羅不行		
乙酉	垂拱元年	五		
丙戌	二	六		
丁亥	三	七		
戊子	四	八		
己丑	永昌元年	九		
庚寅	載初元年周	十		

	天授元年			
辛卯	二	十一		
壬辰	如意元年 長壽元年	十二 神文王薨, 孝昭王 理洪卽位元年		
癸巳	二	二		
甲午	延載元年	三		
乙未	證聖元年 天册萬歲元年	四 天册萬歲羅不行		
丙申	萬歲登封元年 萬歲通天元年	五 登封羅不行		
丁酉	神功元年	六		
戊戌	聖曆元年	七		
己亥	二	八		
庚子	久視元年	九		
辛丑	大足元年 長安元年	十		
壬寅	二	十一 孝昭王薨, 聖德 王興光卽位元年		
癸卯	三	二		
甲辰	四	三		
乙巳	唐中宗, 神龍元年	四		
丙午	二	五		
丁未	景龍元年	六		
戊申	二	七		
己酉	三	八		
庚戌	四 溫, 睿宗大聖孝 皇帝, 景雲元年	九		
辛亥	二	十		
壬子	太極元年, 延和 元年, 玄宗, 大聖	十一		

	皇帝隆基, 先天元年			
癸丑	開元元年	十二		
甲寅	二	十三		
乙卯	三	十四		
丙辰	四	十五		
丁巳	五	十六		
戊午	六	十七		
己未	七	十八		
庚申	八	十九		
辛酉	九	二十		
壬戌	十	二十一		
癸亥	十一	二十二		
甲子	十二	二十三		
乙丑	十三	二十四		
丙寅	十四	二十五		
丁卯	十五	二十六		
戊辰	十六	二十七		
己巳	十七	二十八		
庚午	十八	二十九		
辛未	十九	三十		
壬申	二十	三十一		
癸酉	二十一	三十二		
甲戌	二十二	三十三		
乙亥	二十三	三十四		
丙子	二十四	三十五		
丁丑	二十五	三十六 聖德王薨, 孝成 王承慶卽位元年		
戊寅	二十六	二		
己卯	二十七	三		

庚辰	二十八	四		
辛巳	二十九	五		
壬午	天寶元年	六 孝成王薨, 景德 王憲英卽位元年		
癸未	二	二		
甲申	三載	三		
乙酉	四	四		
丙戌	五	五		
丁亥	六	六		
戊子	七	七		
己丑	八	八		
庚寅	九	九		
辛卯	十	十		
壬辰	十一	十一		
癸巳	十二	十二		
甲午	十三	十三		
乙未	十四	十四		
丙申	十五 肅宗皇帝亨, 至德元載	十五 至德羅不行 猶用天寶		
丁酉	二	十六		
戊戌	乾元元年	十七		
己亥	二	十八		
庚子	上元元年	十九		
辛丑	二	二十		
壬寅	寶應元年 代宗皇帝預	二十一		
癸卯	廣德元年 猶用寶應	二十二 廣德羅不行		
甲辰	二	二十三		
乙巳	永泰元年	二十四		

		景德王薨, 惠恭王乾運卽位元年		
丙午	大曆元年	二		
丁未	二	三		
戊申	三	四		
己酉	四	五		
庚戌	五	六		
辛亥	六	七		
壬子	七	八		
癸丑	八	九		
甲寅	九	十		
乙卯	十	十一		
丙辰	十一	十二		
丁巳	十二	十三		
戊午	十三	十四		
己未	十四 德宗皇帝适	十五		
庚申	建中元年	十六 惠恭王薨, 宣德王良相卽位元年		
辛酉	二	二		
壬戌	三	三		
癸亥	四	四		
甲子	興元元年	五		
乙丑	貞元元年	六 宣德王薨, 元聖王敬信卽位元年		
丙寅	二	二		
丁卯	三	三		
戊辰	四	四		
己巳	五	五		
庚午	六	六		

辛未	七	七		
壬申	八	八		
癸酉	九	九		
甲戌	十	十		
乙亥	十一	十一		
丙子	十二	十二		
丁丑	十三	十三		
戊寅	十四	十四 元聖王薨		
己卯	十五	昭聖王俊邕 卽位元年		
庚辰	十六	二 昭聖王薨, 哀莊 王重熙卽位元年		
辛巳	十七	二		
壬午	十八	三		
癸未	十九	四		
甲申	二十	五		
乙酉	二十一 順宗皇帝誦永貞 元年憲宗皇帝純	六		
丙戌	元和元年	七		
丁亥	二	八		
戊子	三	九		
己丑	四	十 哀莊王薨, 憲德 王彥昇卽位元年		
庚寅	五	二		
辛卯	六	三		
壬辰	七	四		
癸巳	八	五		
甲午	九	六		

乙未	十	七	
丙申	十一	八	
丁酉	十二	九	
戊戌	十三	十	
己亥	十四	十一	
庚子	十五 穆宗皇帝恒	十二	
辛丑	長慶元年	十三	
壬寅	二	十四	
癸卯	三	十五	
甲辰	四 敬宗皇帝甚	十六	
乙巳	寶曆元年	十七	
丙午	二 文宗皇帝昻	十八 憲德王薨, 興德 王景徽卽位元年	
丁未	太和元年	二	
戊申	二	三	
己酉	三	四	
庚戌	四	五	
辛亥	五	六	
壬子	六	七	
癸丑	七	八	
甲寅	八	九	
乙卯	九	十	
丙辰	開成元年	十一 興德王薨, 僖康 王悌隆卽位元年	
丁巳	二	二	
戊午	三	三 僖康王薨, 閔哀 王明卽位元年	

己未	四	二 閔哀王薨, 神武王 祐徵卽位不踰年 而薨, 文聖王慶 膺卽位元年		
庚申	五 武宗皇帝炎	二		
辛酉	會昌元年	三		
壬戌	二	四		
癸亥	三	五		
甲子	四	六		
乙丑	五	七		
丙寅	六 宣宗皇帝忱	八		
丁卯	大中元年	九		
戊辰	二	十		
己巳	三	十一		
庚午	四	十二		
辛未	五	十三		
壬申	六	十四		
癸酉	七	十五		
甲戌	八	十六		
乙亥	九	十七		
丙子	十	十八		
丁丑	十一	十九 文聖王薨, 憲安 王誼靖卽位元年		
戊寅	十二	二		
己卯	十三 懿宗皇帝漼	三		
庚辰	咸通元年	四		
辛巳	二	五 憲安王薨, 景文		

		王膺廉卽位元年		
壬午	三	二		
癸未	四	三		
甲申	五	四		
乙酉	六	五		
丙戌	七	六		
丁亥	八	七		
戊子	九	八		
己丑	十	九		
庚寅	十一	十		
辛卯	十二	十一		
壬辰	十三	十二		
癸巳	十四 僖宗皇帝儇	十三		
甲午	乾符元年	十四		
乙未	二	十五 景文王薨, 憲康 王晸卽位元年, 二月二十二日知 中國改年號爲 乾符二年		
丙申	三	二		
丁酉	四	三		
戊戌	五	四		
己亥	六	五		
庚子	廣明元年	六		
辛丑	中和元年	七		
壬寅	二	八 五月二十五日 知中國改年號 迺用中和二年		
癸卯	三	九		

甲辰	四	十		
乙巳	光啓元年	十一		
丙午	二	十二 憲康王薨, 定康 王晃卽位元年, 六月至中國改年 號迺爲光啓二年		
丁未	三	二 定康王薨, 眞聖 王曼卽位元年		
戊申	文德元年 昭宗皇帝曄	二		
己酉	龍紀元年	三		
庚戌	大順元年	四		
辛亥	二	五	弓裔始起投賊	
壬子	景福元年	六		後百濟甄萱 自稱王
癸丑	二	七 至中國改年號 迺爲景福二年		二
甲寅	乾寧元年	八		三
乙卯	二	九		四
丙辰	三	十		五
丁巳	四	十一 眞聖王禪位太子 嶢, 于後宮孝恭 王嶢卽位元年		六
戊午	光化元年	二	弓裔都松嶽郡	七
己未	二	三		八
庚申	三	四		九
辛酉	天復元年	五	弓裔自稱王	十
壬戌	二	六	二	十一
癸亥	三	七	三	十二
甲子	天祐元年	八	四	十三

	哀皇帝祝		國號摩震 年號武泰	
乙丑	二	九	五 弓裔移都鐵圓改 武泰爲聖册元年	十四
丙寅	三	十	六	十五
丁卯	四 梁太祖皇帝朱 晃, 開平元年	十一	七	十六
戊辰	二	十二	八	十七
己巳	三	十三	九	十八
庚午	四	十四	十	十九
辛未	乾化元年	十五	十一 改國號爲泰封 改元水德萬歲	二十
壬申	二 郢王友珪	十六 孝恭王薨, 神德 王景暉卽位元年	十二	二十一
癸酉	三 末帝瑱	二	十三	二十二
甲戌	四	三	十四 改元政開, 太祖 爲百舡將軍	二十三
乙亥	貞明元年	四	十五	二十四
丙子	二	五	十六	二十五
丁丑	三	六 神德王薨, 景明 王昇英卽位元年	十七	二十六
戊寅	四	二	十八 弓裔麾下人心忽 變推戴太祖爲王 弓裔爲下所殺, 太祖卽位稱王	二十七
己卯	五	三		二十八
庚辰	六	四		二十九

辛巳	龍德元年	五		三十
壬午	二	六		三十一
癸未	三 後唐同光元年	七		三十二
甲申	二	八 景明王薨, 景哀 王魏膺卽位元年		三十三
乙酉	三	二		三十四
丙戌	四 明宗皇帝亶 天成元年	三		三十五
丁亥	二	四 景哀王薨, 敬順 王傅卽位元年		三十六
戊子	三	二		三十七
己丑	四	三		三十八
庚寅	長興元年	四		三十九
辛卯	二	五		四十
壬辰	三	六		四十一
癸巳	四 閔帝從厚	七		四十二
甲午	應順元年末帝 從珂清泰元年	八		四十三
乙未	二	九 王移書我太祖自 降納土, 新羅五 十六王九百九十 二年而滅		四十四
丙申	三 晉高祖石敬瑭 天福元年			四十五 甄萱子神劍囚父 簒位自稱將軍, 甄萱出莽, 錦城 投太祖

삼국사기 권 제 32

잡지(雜志) 제 1
제사(祭祀) 악(樂)

제사(祭祀)

살펴보건대 **신라**(新羅) 종묘(宗廟 : 祖上神을 위하는 곳)의 제도는, 제 2 대 남해왕(南解王 : 南解次次雄) 3년에 비로소 시조(始祖) 혁거세(赫居世)의 사당을 세워[1] 사시(四時 : 春夏秋冬)로 제사하고, (王의) 친누이 아로(阿老)[2]로써 제사를 맡게 하였으며, 제 22 대 지증왕(智證王) 때[3]에는 시조(始祖 : 赫居世) 탄강(誕降)의 땅인 내을(奈乙[4] : 蘿井)에 신궁(神宮)을 창립하고 제향(祭享)하였다. 제 36 대 혜공왕(惠恭王) 때에 이르러 처음으로 5 묘(廟)의 제(制)를 정하였다. 미추왕(味鄒王)은 김씨 성의 시조(始祖)가 됨으로 해서, 또 태종대왕(太宗大王 : 武烈王)·문무대왕(文武大王 : 武烈王子)은 백제(百濟)와 고구려(高句麗)를 평정한 큰 공덕이 있으므로 해서, 모두 (3 王을) 세세불천(世世不遷)의 (不動의) 신위(神位)로 삼고, 거기에 친묘(親廟 : 祖와 父) 2 위(位)를 합해 5 묘

---

1) 이것은 本紀에도 보인다.

2) 女性이 祭祀를 主掌함은 古代社會에 널리 행하던 法俗으로, 더욱 母系中心時代에는 祭祀뿐만 아니라 政治까지도 兼掌하였던 것이다(今日의 '무당'은 물론이요, 집집의 主婦가 '고사'를 主祭하는 것은 다 古代 여성적 祭司長의 遺風이라 할 수 있다).

3) 奈乙神宮의 創置가 本紀에는 제 21 대 照知麻立干 9년의 사실로 적혀 있다.

4) 奈乙이 즉 蘿井 = 國井·御井의 뜻임은 이미 本紀 照知麻立干 9년條 註에 말하여 두었다.

(廟)⁵⁾로 하였다. 제 37 대 선덕왕(宣德王)에 이르러는 사직단(社稷壇:土地神을 위하는 곳)을 세웠으며,⁶⁾ 또 그 (新羅) 사전(祀典)에 나타난 것이 모두 국내(國內)의 산천(山川)뿐이요 천신(天神)·지지(地祇)에는 미치지 아니했으니, (그것은) 대개 왕제(王制:禮記 篇名)에 "천자(天子)는 7 묘(廟)⁷⁾요 제후(諸侯)는 5 묘(廟)니, 2 소(昭)⁸⁾·2 목(穆)과 태조(太祖)의 묘(廟)를 합하여 5가 된다"하고, 또 (王制)에 "천자(天子)는 천(天:神)·지(地:祇)와 천하의 명산 대천을 제사하되,⁹⁾ 제후(諸侯)는 사직(社稷)과 자기 영지(領地)에 있는 명산 대천만을 제사

---

5) 五廟는 다음에 보임과 같이, 禮記 王制의 '諸侯五廟'의 思想에서 생긴 것이어니와, 新羅의 이 制定은 이미 제 31 대 神文王 때도 있었으니, 本紀 同王 7년 4월條에 祖廟(宗廟)에 大臣을 보내어 致祭한 글월에 '謹言太祖大王(味鄒尼師今)·眞智大王·文興大王(眞智王子로 太宗의 生父)·太宗大王·文武大王之靈云云'이라 한 것으로 알 수 있다. 그러나 그 始初는 神文王 이전, 太宗武烈王 때 되었는지 모르겠다. 武烈王은 政策上 親唐主義·事大主義를 취하여 唐의 衣冠까지도 輸入·模倣하였던 타이프로 唐의 諸侯國으로 자처하여 五廟制를 始定하였는지도 모르겠다. 그러나 新羅의 五廟制에 있어 金姓 始祖 味鄒 및 太宗·文武의 3 王을 不遷(永久)의 位로 하여 거기에 祖·考 2 廟를 合祀하기는 惠恭王 때에 시작된 것 같다. 本紀에는 보이지 아니하나, 東國通鑑에는 同王(惠恭王) 12년條에 이 祭祀志의 文과 같은 記事를 실었으니 年次는 따로 根據한 바가 있는 것 같다. 그리하여 이러한 五廟制는 惠恭王의 다음인 宣德(제 37 대)·元聖(제 38 대)의 世에도 承繼되었으니, 本紀 元聖王 원년 2월條를 보면, '毀宣德大王·開聖大王(宣德生父의 追尊)二廟, 以始祖大王(味鄒)·太宗大王·文武大王及祖興平大王(諱 魏文, 追尊)·考明德大王(諱 孝讓, 追尊), 爲五廟'라 한 것이 있다. 여기에 聖德·開聖의 2 廟를 毀하였다는 것은, 즉 前王 宣德王의 祖·考 2 廟를 撤毀한 것을 말함이니, 宣德王(金良相)은 聖德王의 外孫으로 惠恭王의 뒤를 入承하였으므로 그는 앞의 不遷 3 王에 祖·考 2 廟를 合祀하였는데, 그의 殂後, 族人인 元聖(金敬信)이 入承하여서는 五廟 중에서 단지 宣德의 祖·考 2 廟를 廢하고 자기의 祖·考로써 대신한 데 불과하였던 것이다. 그러나 제 40 대 哀莊王 2년에 이르러는 太宗·文武의 2 廟를 別立하고, 始祖大王·王高祖 明德大王(元聖王 父)·曾祖 元聖大王(제 38 대)·皇祖 惠忠大王(仁謙)·皇考 照聖大王(제 39 대)으로써 5 廟를 조직하였던 것을 附言하여 둔다.

6) 本紀에는 그런 記事가 없으나, 東國通鑑(권 10)에는 宣德王 4년條에 '立社稷壇, 又修祀典'이라 하였으니, 역시 따로 所據가 있는 듯하다.

7) 8) 禮記(王制) 原文에 七廟下에 '三昭三穆與太祖之廟而七'이란 一節이 있거니와, 여기에는 그것이 생략되었다. 昭는 父, 穆은 子의 位로, 左右에 分對되어 있는 것이니, 宗廟의 制에 太祖의 神位는 中央에 있고, 2 世·4 世(및 6 世)는 左에 두어 昭라 하고, 3 世·5 世(및 7 世)는 右에 두어 穆이라 한다.

9) 天子는 즉 天帝의 選子요 代表者로, 天子만이 天下에 君臨하여 萬物을 다스리는 特權을 가졌다는 것이다.

한다" 하였으므로, (新羅는) 감히 (諸侯의) 예(禮)를 벗어나지 않고 실행한 것
인가 한다. 그러나 그 단당(壇堂)의 고하라든지 유문(壝門)[10]의 내외(內外)라든
지, 위차(位次)의 존비(尊卑)라든지, (祭祀의) 진설(陳設)·승강(昇降)의 절차
(節次)라든지, 존작(尊爵：酒器)·변두(籩豆：籩은 竹器, 豆는 木器)·생뢰(牲牢：
犧牲)·책축(册祝：祝文)의 예식(禮式)에 관하여는 추지(推知)할 수 없고 다만
그 대략만을 약간 적는 것이다.

1년(매년)에 5묘(廟)는 여섯 번 제사드리니, 즉 정월의 2일과 5일, 5월 5일,
7월 상순(上旬), 8월의 1일과 15일이었다. 12월 인일(寅日)[11]에는 신성(新城)[12]
북문(北門)에서 8착(榰：禧의 誤)[13]을 제사하되 풍년에는 대뢰(大牢：牲牛)를
쓰고 흉년에는 소뢰(小牢：牲羊)를 썼다. 입춘(立春) 후 해일(亥日)에는 명활성
(明活城：慶州 東) 남쪽 웅살곡(熊殺谷)에서 선농(先農：田祖 즉 神農)을 제사하
고, 입하(立夏) 후 해일(亥日)에는 신성(新城) 북문(北門)에서 중농(中農)[14]을
제사하고, 입추(立秋) 후 해일(亥日)에는 산원(蒜園：위치 미상)에서 후농(後
農)[15]을 제사하고, (또) 입춘 후 축일(丑日)에는 견수곡문(犬首谷門：위치 미상)
에서 풍백(風伯：風神)을 제사하고, 입하 후 신일(申日)에는 탁저(卓渚：위치 미
상)에서 우사(雨師：雨神)를 제사하고, 입추 후 진일(辰日)에는 본피부(本彼部)

---

10) 壝는 壇邊의 얕은 담.

11) 寅字 든 날—例하면 甲寅·丙寅·戊寅의 日(이하 同例)

12) 新城은 慶州의 南山 新城을 이름인 것 같으니, 그것은 다음 文에 明活城으로 나타남
    으로 보아 짐작된다(두 山城은 西의 西兄山城과 아울러 東·西·南에 鼎峙한 國都
    守護의 神山이요 要塞다). 南山城의 始築은 眞平王 13년에 된 것.

13) 八榰의 榰은 禧字의 誤니, 禧는 흔히 蜡로 쓰며, 그 字義를 찾아 낸다는 것이다.
    즉 每年 12월에 民生에 공로 있는 神을 찾아 내어 제사하는 年終祭, 즉 臘平祭를 蜡
    라 한다. 禮記, 禮運篇 註에는 '夏曰淸祀, 殷曰嘉平, 周曰蜡, 秦曰臘'라 하여 周代의
    祭名으로 말하였다. 八蜡의 神體는 先嗇(農의 始祖神으로 神農과 같은 이)·司嗇(穀
    物의 植種收穫을 맡은 神, 즉 后稷)·百種(百穀 種子의 神)·農(農事에 有功한 官吏,
    즉 田畯)·郵表畷(田畯의 居所)·猫虎(害穀하는 田鼠·田豕를 먹으므로 그 神을 祭
    함)·坊(貯水池)·水庸(田間水路) 등이 禮記 郊特性에 자세히 보인다.

14) 中農은 禮典에 보이지 않는 이름이나, 추측컨대 先蠶(蠶神 = 즉 養蠶의 法을 처음으
    로 가르쳐 주었다는 神으로, 黃帝의 妃 西陵氏)의 別稱인 듯하니, 先農을 食料神이라
    하면 이 先蠶은 衣料神으로 前者에 다음가는 重要神인 까닭이다.

15) 後農의 名도 禮典에는 나타나지 않으나, 臆測하면 炊母의 神인 先炊를 別稱한 것인
    듯하다. 衣服·柴·糧이라 하여 燃料炊事가 衣糧과 한가지 人生生活에 필요한 要素
    임을 생각하면 이 역시 蠶神에 다음가는 神으로 위할 수 있다.

유촌(遊村[16]:林 ?)에서 영성(靈星)[17]을 제사하였다[禮典을 조사하여 보면 오직
先農祭만 있고, 中農이니 後農이니 하는 것은 없다]. 3산(山)·5악(岳) 이하 명
산 대천을 나누어 대사(大祀)·중사(中祀)·소사(小祀)[18]로 한다.

대사(大祀)[19]

3산(山)[20] = 1은 내력(奈歷)[21][習比山], 2는 골화(骨火)[22][切也火郡], 3은 혈

---

16) 三國遺事(권 2) 文虎王 法敏條에 '狼山之南有神遊林'이라 한 神遊林의 謂인 듯. 나는
   이 곳을 本彼部內의 땅으로 본다.

17) 靈星에 대하여 諸說이 구구하나, 대개는 農事를 맡는 天田星으로, 辰日에 東南方에
   서 제사하여 豊年을 祈願하는 것이라 한다.

18) 大中小 3祀의 분류 형식은 역시 中國 古代의 祀典을 모방한 것이니, 周禮 春官 小
   宗伯條에 '立大祀, 用玉帛牲牷, 立次祀, 用牲幣, 立小祀, 用牲'이라 하고, 그 註에 '鄭
   司農(鄭衆)云, 大祀, 祭天地, 次祀, 日月星辰, 小祀, 司命(宮中小神) 已下, 玄(鄭玄)謂
   大祀又有宗廟, 次祀又有社稷·五祀·五岳, 小祀又有司中(星名)·風師·雨師·山川百
   物'이라 하였다. 그러나 그 내용은 다른 點이 있다. 3祀에는 다 神堂이 있어, 國家에
   서 遣官致祭하던 것이다.

19) 中國의 大祀는 前註에 보임과 같이 天地를 제사하나, 이 때 新羅는 諸侯國으로 자처
   하여 國都 中心의 가장 主要한 神山三所를 大祀에 編入하였다.

20) 三山의 이름은 三國遺事(권 1) 金庾信條에도 보여, '奈林·穴禮·骨火 等 三所護國之
   神'이라 하였거니와(奈林과 奈歷은 同音異寫), 이는 즉 國土의 守護神山으로, 昔日
   三韓 部落國家時代의 蘇塗(神邑) 그것이 遺風인 듯한 동시에 後日 高麗時代의 三蘇
   (左蘇·右蘇·北蘇)와도 마찬가지의 형식으로 나는 본다. 1部落이나 國家의 守護神
   은 대개 山岳을 本據地로 하여 崇奉되므로 수호신과 山과는 서로 불가분의 관계를
   가지고 있는 것이니, 高麗의 三蘇는 國都를 중심으로 하여 周圍의 3개 神山에 지정
   되었고, 三韓時代의 蘇塗 역시 부락의 神山 혹은 神山 아래에 설치되었던 것으로 생
   각된다. 蘇塗는 솟터(高墟)의 對音으로 祭祀地域 전체를 포함한 의미의 말로 볼 것이
   며, 三蘇의 蘇도 蘇塗와 같은 말로, 國語 '수리'·'솔'·'솟'(모두 高·上·神·山의
   義)의 借音字로 보아야 할 것이다. 이런 三山 형식은 百濟에도 있었으니, 三國遺事
   (권 2) 南扶餘條에 '郡(扶餘)中有三山, 曰日山·吳山·浮山, 國家全盛之時, 各有神人,
   居其上, 飛相往來, 朝夕不絶'이라고 보인다. 이는 百濟의 祭典에 든 三山의 이름을
   전하는 귀중한 史料로 보거니와, 日山(지금 蔚城山인 듯)·吳山(郡 南의 烏山)·浮山
   (今同)은 역시 首都(扶餘) 주위의 守護神山이었던 것이다.

21) 奈歷은 앞 註에서 말함과 같이, 三國遺事에 奈林으로 되어 있지만 그것은 同名同所
   로서, 그 위치는 註에 習比部에 있다 하였고, 習比部는 新羅 6部의 하나로, 지금 慶
   州市 東 및 東南에 걸쳐 있었던 것이니, 奈歷은 지금 慶州市 東南에 있는 狼山 그것
   에 比定된다. 더욱 遺事(권 2) 文虎王 法敏條에는 '狼山之南有神遊林'이라 하였은즉,
   奈林은 바로 이 神遊林으로 狼山 일대가 神聖地域이었던 것을 잘 알 수 있다.

22) 骨火(골불)의 이름은 羅紀 助賁尼師今 7년條에 보이는 骨伐國 그것에 틀림없고, 切

레(穴禮)[23][大城郡].

중사(中祀)

5악(岳)[24] = 동(東 : 岳)은 토함산(吐含山)[25][大城郡], 남(南 : 岳)은 지리산(地理山)[26][菁州], 서(西 : 岳)는 계룡산(雞龍山)[27][熊川州], 북(北 : 岳)은 태백산(太伯山)[28][奈巳郡], 중(中 : 岳)은 부악(父岳)[29][一云 公山이니 押督郡에 있음].

　　也火郡은 지금 慶北 永川郡의 古名이니, 東國輿地勝覽(권22) 永川郡 臨川廢縣條에 '本骨火小國, 新羅助賁王時, 伐取之置縣, 景德王改臨川, 爲臨皐郡領縣, 高麗初仍屬, 在郡東南五里'라 하였다. 지금 慶北 永川郡 臨皐面 일대가 이 곳으로, 그 곳의 金剛山을 骨火山에 比定할 수밖에 없다. 이 金剛山은 永川과 慶州 사이에 있는 大山으로, 勝覽 慶州山川條에도 '金剛山在府北七里, 新羅號北嶽'이라 하였은즉, 더욱 거기에 틀림없을 것이다.

23) 穴禮는 大城郡(지금 慶北 淸道郡)의 烏禮(一作 烏也, 又作 烏惠)山에 比定되나니, 地理志 密城郡 烏丘縣條에 '烏丘縣本烏也山縣[一云, 仇道, 一云 烏禮山], 景德王改名, 今 合屬淸道郡'이라 하고, 또 輿地勝覽 淸道郡 沿革條를 보면, '本伊西小國, 新羅儒理王伐之, 後合仇刀城境內率伊山[伊或作已]驚山[一作茄山]烏刀山城等三城, 置大城郡, [仇刀一云仇道, 一云烏也山, 一云烏禮山, 烏刀山是其地]'……라 하고, 同 山川條에 '烏惠山在郡東南三十一里', 古跡條에 '烏惠山城, 石築, 周九千九百八十尺, 高七尺, 今廢……今按仇刀一云烏禮山, 禮與惠聲相近, 疑卽此城'이라 한 것이 있다. 여기의 烏也·烏禮·烏惠는 穴禮와 한가지다. 同名의 異譯으로 동일한 處所임은 재언할 필요도 없거니와 지금 淸道와 密陽 중간에 있는 楡川 東北의 鳧山(오리산)이 바로 이것일 것이다. 그렇다고 하면 穴禮는 다른 2山(奈歷·骨火)에 比하여 지리적으로 좀 동떨어진 감이 있는데, 이는 아마 新羅發展時代의 更定에 係한 것인 듯하고, 본래의 原始形은 아닐 것이다. 원시형의 3山은 앞의 骨火(北岳)와 지금 慶州의 吐含山(東岳)·西岳(西述) 등으로 되었던 것 같다.

24) 中國의 五嶽制(周禮)를 본뜬 것.

25) 吐含山은 지금 慶州市 東의 그것이니, 輿地勝覽 慶州山川條에도 '吐含山在府東三十里, 新羅稱東嶽, 爲中祀'라 하였다. 또 이 산은 脫解(一云 吐解)傳說에 나타난 著名한 산이어니와, 三國遺事(권1) 脫解王條 註에 의하면 新羅에서는 脫解를 東岳神으로 받들었던 것이다. 統一時代에 이 산은 大城郡에 속하였다.

26) 地理山은 지금의 智異山, 菁州는 지금 晉州의 古號니, 智異山의 聖母祠는 古來로 유명한 國祀堂(震檀學報 제11권 金映遂氏의 「智異山聖母祠에 관하여」를 참고할 것)임.

27) 역시 지금과 같거니와, 이 산은 百濟時代에 이미 中國에까지 알려진 名山으로, 당초에는 雞藍山이라 하였던 모양이니 唐의(張楚金의 著인 翰苑雍氏註 所引) 括地志란 책에 '國(百濟)東有雞藍山'이라 한 것이 그것이다.

28) 지금의 太白山, 奈巳는 지금 慶北 榮州郡의 古號.

29) 父岳 一云 公山은 지금 大邱의 八公山이요, 押督은 慶山의 古號.

4진(鎭) = 동은 온말근(溫沫懃)[牙谷停], 남은 해치야리(海恥也里)[一云 悉帝
니 推火郡에 있다]:密陽), 서는 가야갑악(加耶岬岳[馬尸山郡]:德山), 북은 웅곡
악(熊谷岳[比烈忽郡]:安邊).

4해(海) = 동은 아등변(阿等邊30)[一云 斤烏兄(只)邊이니 退火郡]:지금 迎日
郡 興海面), 남은 형변(兄邊[居柒山郡]31), 서는 미릉변(未陵邊[屎山郡]:지금 沃
溝郡 臨陂面), 북은 비례산(非禮山[悉直郡]:지금 三陟).

4독(瀆) = 동은 토지하(吐只河[一云 槧浦니 退火郡]:지금 迎日郡 興海面),
남은 황산하(黃山河[歃良州]:지금 梁山), 서는 웅천하(熊川河[熊川州]:지금 公
州), 북은 한산하(漢山河[漢山州]:지금 漢江).

(기타) = 속리악(俗離岳[三年山郡]:지금 報恩), 추심(推心[大加耶郡]:지금
高靈), 상조음거서(上助音居西[西林郡]:지금 舒川), 오서악(烏西岳[結已郡]:지
금 洪城郡 結城面), 북형산성(北兄山城[大城郡]:지금 淸道), 청해진(淸海鎭[助音
島]:지금 康津 莞島).

소사(小祀)

상악(霜岳[高城郡]:江原道 高城), 설악(雪岳[守城郡]:지금 杆城), 화악(花岳
[斤平郡]:지금 京畿道 加平), 겸악(鉗岳[七重城]:지금 漣川郡 積城面), 부아악
(負兒岳[北漢山州]32), 월내악(月奈岳[月奈郡]:靈巖郡 月出山), 무진악(武珍岳[武
珍州]:지금 光州), 서다산(西多山[伯海郡 難知可縣]33):지금 全北 長水), 월형산
(月兄山[奈吐郡 沙熱伊縣]:지금 堤川郡 淸風面), 도서성(道西城[萬弩郡]:지금
鎭川), 동로악(冬老岳[進禮郡 丹川縣]:지금 茂朱郡), 죽지(竹旨[及伐山郡]:지금
榮州郡 順興面), 웅지(熊只[屈自郡 熊只縣]:지금 昌原郡 熊川面), 악발(岳髮[一云
髮岳, 于珍也郡]:지금 蔚珍), 우화(于火[生西良郡 于火縣]34):慶州 부근), 삼기(三

---

30) 阿等邊(退火郡)은 勝覽(興海郡)에 慶尙道 興海의 古號로 되어 있으나, 이 곳이 迎日
縣과 接境하고, 迎日은 新羅時代에 斤烏支縣이라 했은즉, '阿等邊一云斤烏兄'의 兄字
는 只(古音 支와 同)의 잘못인 듯. 즉 阿等邊이 한때는 지금 迎日 쪽에 속하였기 때
문에 '一云近烏兄(只)'이라 하였던 것 같다.
31) 勝覽(東萊縣)에는 東萊의 한 古號로 되어 있다.
32) 北漢山州의 州는 衍文이거나, 그렇지 않으면 漢山州의 잘못일 것이다. 史記에 이른
바 北漢山州는 모두 잘못인 것을 이미 新羅本紀 註에 밝힌 바 있다.
33) 勝覽(全羅道) 長水縣 屬縣條에, '長溪縣在縣北三十里, 本百濟伯海郡 海一作伊'云云이
라 하였다.
34) 勝覽(慶尙道) 慶州府 古跡條에 '東安郡本生西郎郡'이라 했다.

岐[大城郡]: 慶州 부근), 훼황(卉黃[牟梁]: 지금 慶州), 고허(高墟[沙梁]: 지금
慶州), 가아악(嘉阿岳[三年山郡]: 지금 報恩), 파지곡원악(波只谷原岳[阿支縣]:
未詳), 비약악(非藥岳[退火郡]: 지금 迎日郡 興海面), 가림성(加林城[加林縣, 1 本
에는 靈巖山·虞風山은 있으나 加林城은 없다]: 加林縣은 지금 扶餘郡 林川面)[35],
가량악(加良岳[菁州]: 지금 晉州), 서술(西述[牟梁]: 지금 慶州 西岳).

사성문제(四城門祭) = 1은 대정문(大井門)에서, 2는 토산량문(吐山良門)에서,
3은 습비문(習比門)에서, 4는 왕후제문(王后梯門)에서 제사지냈다. **부정제**(部庭
祭)는 양부(梁部: 及梁部)에서 지내고, **사천상제**(四川上祭)는 1은 견수(犬首), 2
는 문열림(文熱林), 3은 청연(青淵), 4는 박수(樸樹)에서 지냈다. 문열림(文熱林)
에서는 **일월제**(日月祭)를 행하고, 영묘사(靈廟寺) 남쪽에서는 **오성제**(五星祭:
五行星)를 행하고, 혜수(惠樹)에서는 **기우제**(祈雨祭)를 행하였다. **사대도제**(四
大道祭)는 동은 고리(古里)에서, 남은 첨병수(簷幷樹)에서, 서는 저수(渚樹)에
서, 북은 활병기(活併岐)에서 지내고, **압구제**(壓丘祭)와 **벽기제**(辟氣祭)도 있었
다. 위의 모든 제사(祭祀)는 혹은 별제(別制)로 혹은 수재(水災)·한재(旱災)로
인하여 행하였던 것이다.

고구려(高句麗)·**백제**(百濟)의 제례(祭禮)는 분명하지 않다. 다만 고기(古記)
나 중국(中國) 사서(史書)에 실려 있는 것을 상고하여 적어 두기로 한다.

후한서(後漢書)[36]에 이르기를, "고구려에서는 귀신(鬼神)·사직(社稷)·영성
(零星: 즉 靈星이니, 앞 註 17) 참조)에 제사드리기를 좋아한다. 10월에는 하늘
에 제사드리면서 크게 모이는데, 이름을 동맹(東盟)[37]이라 한다. 그 나라 동쪽
에 대혈(大穴)이 있어 이를 수신(隧神)[38]이라 하는데, 역시 10월에 (神을) 맞이

<hr/>

35) 四城門祭는 金城(王城)의 四大正門에서 행하는 제사를 말한 것 같은데, 그 중 習比
門(동쪽)을 제외하고는 3門의 위치를 알 수 없다.
36) 後漢書 東夷傳 高句驪條(이보다 앞서 편찬된 魏志의 것을 약간 潤筆한 것).
37) 東盟은 梁書(高句驪傳)에는 東明으로 되어 있으므로, 始祖 東明祭(朱蒙祭)를 말한
것이 분명하다.
38) 隧神은 즉 隧穴神으로, 魏志 同傳에 좀 자세히 기입됐다. '其國東, 有大穴, 名隧穴,
十月, 國中大會, 迎隧神, 選于國東(水)上, 祭之, 置木隧于神坐'라고 하였는데, 翰苑 雍
氏註所引 魏略에는 後節 東字下에 水字가 들어 있다. 나로서 보면, 이 隧神祭는 저
桓雄說話의 熊女와 解慕漱說話의 河伯女를 配合한 祭禮라고 해석된다. 즉 隧穴神을
맞이한다는 것은 前者 說話의 穴居神인 熊女神을 맞이한다는 것이고, 이를 國東水上
에서 제사한다는 것은 後者 說話에 河伯女가 青河에서 熊心淵上에서 나와 놀다가 天
王郎 解慕漱에게 억류되어 서로 野合하였다는 것과 河伯(水神)의 女라는 데서 祭祀

하여 제사드린다"고 하였다.

북사(北史 : 高句麗傳)에는 이르기를, "고구려는 항상 10월이면 하늘에 제사드리고, 음사(淫祠 : 民俗의 神堂을 말함)가 많다. 신묘(神廟)가 두 곳[39]이 있는데, 하나는 부여신(扶餘神)[40]이라 하여 나무를 새겨 부인(婦人)의 상(像)을 만들었고, 또 하나는 고등신(高登神)[41]이라 하여, 이를 시조(始祖)라 하고 부여신(扶餘神)의 아들이라 한다. 모두 관서(官署)를 설치하고 사람을 보내어 지키게 하니 대개 하백녀(河伯女)와 주몽(朱蒙)이라고 한다" 하였다.

양서(梁書 : 高句麗傳)에 이르기를, "고구려는 (王의) 거처하는 곳 좌(左)편[42]에 큰 집을 짓고 귀신을 제사드린다. 겨울(冬)[43]에는 영성(零星)과 사직(社稷)에 제사드린다" 하였다.

당서(唐書 : 高麗傳)에 이르기를, "고구려 풍속에는 음사(淫祠)가 많고, 영성(靈星)과 일(日 : 太陽神) 및 기자가한(箕子可汗)[44] 등 신(神)에 제사드린다. 나라(서울) 좌편(國左)에 큰 구멍이 있는데 신수(神隧)라고 한다. 매년 10월에 왕이 모두 친히 제사드린다"고 하였다.

고기(古記)[45]에 이르기를, "동명왕(東明王) 14년 8월에, 왕모(王母) 유화(柳花)가 동부여(東扶餘)에서 돌아가니, 그 왕(王) 금와(金蛙)가 태후(太后)의 예

場所를 특히 그와 같이 水上을 택하였던 것이라고 생각된다. 高句麗에서는 熊字・貊字를 피하여 대신 河伯의 名을 借用하기 때문에 熊女說話에서 河伯女說話로 一轉하는 동시에 熊女神을 隧穴神(木隧)으로 만든 것이라고 推察된다.

39) 神廟 二所가 있다는 것은 魏志(高句麗條)에 '於所居之左右, 立大屋, 祭鬼神'이라고 한 것에 당한다.

40) 扶餘神은 始祖(朱蒙)의 어머니라고 하는 河伯女에 당한다.

41) 高登神은 死後 昇天하였다고 하는 始祖 朱蒙으로, '수리神'(昇天神)의 譯稱인 것 같다.

42) 梁書(高句驪傳) 本文에서 上引(註 39)) 魏志에 '於所居之左右, 立大屋云云'의 右字를 빠뜨렸다.

43) 魏志 및 梁書 本文에는 모두 '又'字로 되어 있는데 史記撰者가 잘못 冬字로 본 것인지, 그렇지 않다면 刊誤로 보아야 할 것이다.

44) 舊唐書에는 可汗神과 箕子神을 2神으로 하였으나, 그것은 잘못인 듯. 河汗은 滿・蒙語의 Ka-Khan 즉 大人君長의 뜻이다. 唐書의 箕子可汗은 바로 箕子大王이란 말일 것이다. 愚見으로는 종래의 소위 箕子朝鮮(나의 이른바 韓氏朝鮮)時代의 始祖 假飾說에서 崇拜되어 온 遺쩔이라고 해석된다.

45) 古記는 주로 舊三國史記를 비롯하여 三韓古記・東海古記 등의 史書일 것이다.

(禮)로 장사지내고 드디어 신묘(神廟)를 세웠다.[46] 대조왕(大祖王) 69년 10월에 부여(扶餘 : 卒本)에 거둥하여 태후묘(太后廟)에 제사하였다. 신대왕(新大王) 4년[47] 9월에 졸본(卒本)에 가서 시조묘(始祖廟)에 제사하였다. 고국천왕(故國川王) 원년[48] 9월과 동천왕(東川王) 2년 2월, 중천왕(中川王) 13년 9월, 고국원왕(故國原王) 2년 2월, 안장왕(安臧王) 3년 4월, 평원왕(平原王) 2년 2월, 건무왕(建武王 : 榮留王) 2년 4월에 모두 위와 같이 행하였다. 고국양왕(故國壤王) 9년 3월에는 국사(國社)[49]를 세웠다" 하고, 또 이르기를, "고구려는 항상 3월 3일에 낙랑(樂浪)의 구릉(丘陵)에 모여 사냥하고, 돼지·사슴을 잡아서 하늘과 산천에 제사한다"고 하였다.

책부원구(冊府元龜)에 이르기를 "백제(百濟)는 매년 4중월(四仲月 : 2, 5, 8, 11)에 왕이 하늘과 5제(帝)[50]의 신(神)을 제사한다. 그 시조(始祖) 구이(仇台)의 묘(廟)를 나라 도성(都城)에 세우고 4계절로 제사한다"고 하였다[생각건대 海東古記에는 혹은 始祖 東明(王)이라 하고, 혹은 始祖 優台라 하였으며, 北史 및 隋書에는 모두 東明(王)의 후손으로 仇台라는 이가 있어 나라를 帶方[51]에 세웠다고 하였는데, 여기에는 始祖를 仇台라 하였다. 그러나 東明이 始祖인 것은 사적이 명백한데, 기타의 것은 믿을 수 없다[52]].

고기(古記)에 "온조왕(溫祚王) 20년 2월에 단(壇)을 베풀고 천지(天地)에 제사드렸다"고 하였다. 38년 10월과 다루왕(多婁王) 2년 2월, 고이왕(古尒王) 5년 정월, 10년 정월, 14년 정월, 근초고왕(近肖古王) 2년 정월, 아신왕(阿莘王) 2년 정월, 전지왕(腆支王) 2년 정월, 모대왕(牟大(東城)王) 11년 10월에 모두 위

---

46) 高句麗本紀에도 실려 있으나, 이는 고구려측의 古記가 아니라 아마 東夫餘側 위주의 傳說에 의거한 것일 것이다.
47) 本紀에는 3년 秋9월로 되어 있다.
48) 本紀에는 2년 秋9월로 되어 있다.
49) 國社는 국가에서 土地神과 穀神을 제사하는 社稷壇을 의미하는 것 같다.
50) 여기의 5帝는 東·西·南·北·中央의 5方神을 의미한 것이니, 東方의 神을 蒼帝, 南方의 神을 赤帝, 中央의 神을 黃帝, 西方의 神을 白帝, 北方의 神을 黑帝라 한다. 즉 五方五行思想에서 起源된 것이다.
51) 原書(北史 및 隋書)에는 帶方故地로 되어 있는데, 이는 帶方의 前身인 舊眞番郡의 南部 廢棄地를 말한 것이라고 해석된다.
52) 撰者는 仇台가 百濟의 建國太祖인 것을 알지 못한 까닭에 위와 같은 按說을 붙이었다. 東明은 百濟王室 系統의 遠祖라 할지언정, 百濟의 建國始祖라고는 물론 할 수 없으며, 또 이른바 仇台(구이)가 곧 古尒(고이)王임은 이미 本紀 註에서 밝혀 두었다.

와 같이 거행하였다. 다루왕(多婁王) 2년 정월에 시조(始祖) 동명묘(東明廟)에 배알(拜謁)하고, 책계왕(責稽王) 2년 정월, 분서왕(汾西王) 2년 정월, 계왕(契王) 2년 4월, 아신왕(阿莘王) 2년 정월, 전지왕(腆支王) 2년 정월에도 모두 위와 같이 거행하였다.

악(樂)

신라의 음악(音樂)은 3죽(竹)·3현(絃)과 박판(拍板 : 박자 맞추는 나무쪽)·대고(大鼓)와 가무(歌舞) 등이다. 무(舞 : 춤)에는 두 사람이 있는데, 방각복두(放角幞頭 : 頭巾의 일종)와 자색대수(紫色大袖 : 큰 소매), 공란(公襴 : 예복의 일종)에 붉은 띠를 두르며, 도금(鍍金)한 과요대(銙腰帶)와 검은 가죽신을 갖춘다. 3현(絃)은 1은 현금(玄琴), 2는 가야금(加耶琴), 3은 비파(琵琶 : 이상은 絃樂)요, 3죽(竹)은 1은 대금(大笒), 2는 중금(中笒), 3은 소금(小笒 : 이상은 管樂)이다.

현금(玄琴)은 중국(中國) 악부(樂部)의 금(琴)을 모방하여 만들었다. 살피건대 금조(琴操)에 이르기를, "복희씨(伏犧氏)가 금(琴)을 만들어 몸을 닦고 본성(本性)을 다스려서 그 천진(天眞)을 되찾게 하였다"고 했으며 또 이르기를, "금(琴)의 길이 3자 6치 6푼은 366일을 상징하고, 너비 6치는 6합(天地와 四方)을 상징하며, 문(文 : 字)의 위쪽을 지(池)[池라는 것은 물이니 평평함을 말함이다]라 하고, 아래쪽을 빈(濱)[濱이라는 것은 服이다]이라 한다. 앞이 넓고 뒤가 좁은 것은 존(尊)과 비(卑)를 상징하고, 위가 둥글고 아래가 모난 것은 하늘과 땅을 본뜸이다. 5현(絃)은 오행(五行)을 상징하고 큰 줄은 임금이 되고, 작은 줄은 신하가 되는 것인데, (周나라의) 문왕(文王)과 무왕(武王)이 두 줄을 더하였다"고 하였다. 또 풍속통(風俗通)에 이르기를, "금(琴)의 길이가 4자 5치인 것은 4시(時)와 5행(行)을 본받은 것이요, 7현(絃)은 7성(星)을 본받은 것이다" 하였다. 현금(玄琴)을 제작함에 있어, 신라고기(新羅古記)에는 "처음 진(晉)나라 사람이 칠현금(七絃琴)을 고구려(高句麗)에 보냈는데, 고구려에서 그것이 악기(樂器)인 줄은 알았지만, 그 성음(聲音)과 치(타)는 법을 몰랐다. 나라 사람 중에 능히 그 음률(音律)을 알아서 탈 수 있는 사람을 구하여 후히 상을 주게 하였다. 이 때 제2상(相)인 왕산악(王山岳)이 그 본래 모양을 보존하면서 자못 그 제도를 고쳐 만들고, 겸하여 100여 곡(曲)을 지어 연주하였다. 그 때에 현학(玄鶴)이 와서 춤을 추었으므로 드디어 현학금(玄鶴琴)이라 하였는데, 후에 와서는 단지 현금(玄琴)이라고 하였다"고 했다. 신라(新羅) 사람 사찬(沙飡) 공영(恭永)의 아들 옥보고(玉寶高)가 지리산(地理山 : 智異山) 운상원(雲上院)[53]에 들어가 거문고를 배운 지 50년에, 신조(新調) 30곡을 자작(自作)하여 속명득(續命得)에게 전하고, 속명득은 귀금선생(貴金先生)에게 전하였는데, 귀금선생도 역시 지리산(地理山)에 들어가서 나오지 않았다. 신라왕(新羅王)이 금도(琴道)가 끊어질까 근심하여 이찬(伊飡) 윤흥(允興)에게 일러, 어떤 방법으로든지 그 음률(音律)을 전해 얻게 하라 하고, 남원(南原 : 京)의 공사(公事)[54]를 위임하였다. 윤흥이 부임(赴任)하여 총명한 소년(少年) 두 사람을 뽑으니, 그 이름이 안장(安長)·청장(淸長)이었다. 그들로 하여금 산중(山中 : 地理山)에 들어가 전습(傳習)케 하였다. 선생(貴金)이 가르치면서도 그 중 미묘(微妙)한 것은 숨기고 전수(傳授)치 않았다. 윤흥(允興)이 부인(婦人)과 함께 (거기로) 가서 말하기를, 우리 임금이 나를 남원(南原)에 보낸 것은 다름이 아니라 선생의 기술을 전해 받으라는 것이다. 지금 3년이 되었으나 선생이 비밀로 하여 전하여 주지 않으니, 내가 복명(復命)할 길이 없다고 하며, 윤흥이 술을 받들고 그 부인은 잔을 들고 슬행(膝行 : 무릎으로 기어 감)하면서 예(禮)와 성(誠)을 다한 후에, 그가 비장(秘藏)하던 표풍(飄風) 등 세 곡(曲)을 전수받았다. (그리하여) 안장(安長)은 그 아들 극상(克相)·극종(克宗)에게 전하고[55]극종은 일곱 곡을 지었다. 극종의 뒤에는 거문고로 직업을 삼는 자가 하나둘이 아니며, 지은 음곡(音曲)이 두 조(調)가 있으니 1은 평조(平調), 2는 우조(羽調)인데 모두 187곡이었다. 그러나 그 나머지 성곡(聲曲)으로 유전하여 기록할 수 있는 것은 얼마 안 되고 다 흩어져서 모두 기재할 수 없다.

옥보고(玉寶高)가 지은 30곡은 상원곡(上院曲)이 하나, 중원곡(中院曲)이 하나, 하원곡(下院曲)이 하나, 남해곡(南海曲)이 둘, 의암곡(倚嵒曲)이 하나, 노인

---

53) 地理山의 雲上院은 당시 音樂의 한 센터인 듯하며, 위치는 아래의 南原關係의 이야기로 보아, 지금의 雲峰 부근인 듯하다.

54) 南原은 新羅 5小京의 하나요, 小京의 長官은 仕臣 혹은 仕大等이라 하였다. 여기의 이른바 公事는 그 長官職의 일을 맡았다는 말일 것이다.

55) 王寶高로부터의 琴(玄琴) 系統을 알기 쉽게 표시하면 다음과 같다.

```
                                           ┌ 克相
                          ┌ 安長 ──┤
王寶高 ──→ 續命得 ──→ 貴金 ──→ ┤            └ 克宗
                          └ 淸長
```

곡(老人曲)이 일곱, 죽암곡(竹庵曲)이 둘, 현합곡(玄合曲)이 하나, 춘조곡(春朝曲)이 하나, 추석곡(秋夕曲)이 하나, 오사식곡(伍沙息曲)이 하나, 원앙곡(鴛鴦曲)이 하나, 원호곡(遠岵曲)이 여섯, 비목곡(比目曲)이 하나, 입실상곡(入實相曲)이 하나, 유곡청성곡(幽谷淸聲曲)이 하나, 강천성곡(降天聲曲)이 하나인데, 극종(克宗)이 지은 7곡은 지금 없어졌다.

　　가야금(加耶琴)은 역시 중국 악부(樂部)의 쟁(箏 : 가야금 같은 악기)을 본떠서 만들었다. 풍속통(風俗通)에 이르기를, "쟁(箏)은 진(秦)나라 음악이라" 하고, 석명(釋名)에는 "쟁(箏)은 줄을 높이 하여 (소리가) 쟁쟁연(箏箏然)하고, 병주(幷州)・양주(梁州)의 쟁(箏)은 비파와 같다"고 하였다. 부현(傅玄 : 中國 晉나라의 文人)은 말하기를, "위가 둥근 것은 하늘을 상징하고 아래가 평평함은 땅을 상징하고, 가운데가 빈 것은 6합(合 : 宇宙)에 준(准)하고, 줄의 기둥은 12월에 비겼으니, 이것은 인(仁)・지(智)의 기구(器具)라"하였다. 완우(阮瑀 : 魏나라의 文人)는 말하기를, "쟁(箏)은 길이가 6자니 음률수(音律數)에 응한 것이요, 열 두 줄은 사시(四時)를 상징하고 기둥의 높이 3치는 3재(才 : 天・地・人)를 상징한 것이다"라 하였다. 가야금(加耶琴)은 쟁(箏)과 제도(制度)가 조금 다르기는 하지만 대개 비슷하다. 신라고기(新羅古記)에는 이렇게 말하였다. 가야국(加耶國 : 大加耶) 가실왕(嘉實王)[56]이 당(唐)나라 악기(樂器)를 보고 만들었는데,[57] 왕이 여러 나라의 방언(方言)이 각기 다르니, 성음(聲音)을 어찌 일정하게 할 것이냐 하며, 성열현(省熱縣) 사람 악사(樂師) 우륵(于勒)을 명하여 12곡을 짓게 하였다. 그 후, 우륵이 그 나라(加耶國)가 어지럽게 되므로, 악기(樂器 : 加耶琴)를 가지고 신라 진흥왕(眞興王)에게로 귀화(歸化)하니, 왕이 받아들여 국원(國原 : 지금 忠州)에 편안히 거처하게 하고, 대내마(大奈麻) 법지(法知)[58]・계고(階古)와 대사(大舍) 만덕(萬德)을 보내어 그 업(業)을 전수(傳受)하

56) 嘉實王은 新羅本紀 眞興王 12년條에 嘉悉로 되어 있거니와, 이는 곱相似로 인한 異寫일 것이다. 그의 在位 연대는 樂師 于勒과의 관계로 보아, 眞興王代에 당한 듯. 어떻든 大加耶의 末期王임에 틀림없다.
57) 加耶琴은 여기에는 嘉實(悉)王이 唐樂器를 보고 만들었다고 하나, 이는 잘못일 것이다. 왜냐하면, 魏志 韓傳 弁辰條에 이미 '俗喜歌舞飮食, 有瑟, 其形似筑, 彈之, 亦有音曲'이라 하여, 中國의 古樂器인 筑(琴과 같은 絃樂器)과 같은 瑟이 있다고 하였음으로써다. 이는 확실히 加耶琴 그것을 말한 데 불과하다고 생각되거니와, 혹시 嘉實王 때에 다소 이를 개량하였는지도 모르겠다.
58) 本紀 眞興王 13년條에는 法知로 連見되고 있으므로, 本紀의 것이 옳다고 생각된다.

게 하였다. 세 사람이 이미 11곡을 전해 받고 서로 이르기를 "이것(11곡)은 번다(繁多)하고 음란하니, 우아하고 바른 것이라고 할 수 없다"하고, (그것을) 요약하여 5곡을 만들었다. 우륵(于勒)이 듣고 처음에는 노(怒)하다가 그 다섯 가지의 음조(音調)를 듣고는 눈물을 흘리며 탄식하기를 "즐겁고도 방탕하지 않으며, 애절하면서도 슬프지 않으니 바르다(正)고 할 만하다. 네가 왕의 앞에서 연주(演奏)하라"하였다. 왕이 듣고 크게 즐거워하였는데, 간신(諫臣)이 의논하여 아뢰기를 "망한 가야국(加耶國)의 음률(音律)은 취할 것이 못됩니다"하였다. 왕이 이르기를 "가야왕(加耶王)이 음란하여 스스로 멸망하였는데 음악이 무슨 죄가 되겠느냐? 대개 성인(聖人)이 음악을 제정(制定)하는 것은 인정(人情)으로 연유(緣由)하여 조절(調節)하게 한 것이니, 나라의 다스리고 어지러움은 음악 곡조로 말미암은 것이 아니다"하고, 드디어 행하게 하여 대악(大樂)이 되었다. 가야금(加耶琴)에는 두 음조(音調)가 있는데, 하나는 하림조(河臨調)요 2는 눈죽조(嫩竹調)이며, 모두 185곡이었다.

우륵(于勒)이 지은 12곡은, 1은 하가라도(下加羅都),[59] 2는 상가라도(上加羅都),[60] 3은 보기(寶伎), 4는 달이(達己),[61] 5는 사물(思勿),[62] 6은 물혜(勿慧 : 미상), 7은 하기물(下奇物 : 미상), 8은 사자기(師子伎), 9는 거열(居烈),[63] 10은 사팔혜(沙八兮 : 미상), 11은 이사(爾赦 : 미상), 12는 상기물(上奇物 : 미상)이라 한다.[64] 이문(泥文)이 지은 3곡은, 1은 오(烏), 2는 서(鼠), 3은 순(鶉)이다〔鶉字는 未詳이다〕.

비파(琵琶)는 풍속통(風俗通)에 이르기를, "근대악가(近代樂家)가 지은 것인데, 기원(起源)을 알 수 없다. 길이 3자 5치는 천(天)·지(地)·인(人)과 오행(五行)을 본뜬 것이요, 4현(絃)은 사시(四時)를 상징한 것이라"하고, 석명(釋

---

59) 60) 마치 저 나일江의 下流處(三角洲)를 下이집트(Lower Egypt), 上流處를 上이집트(Upper Egypt)라고 하듯이, 우리 나라의 나일江이라고 할 수 있는 洛東江의 上流處에 있던 本加耶(지금 金海)의 首都를 '上加羅都', 中流處에 있던 大加耶(지금 高靈)의 首都를 '下加羅都'이라고 하였던 모양이다.

61) 62) 達己는 지금 醴泉의 古號요, 思勿은 지금 泗川의 古號인 史勿에 比定하고 싶다.

63) 居烈에는 두 곳이 있다. 지금 居昌의 古號가 居列, 晉州의 古號도 居烈이라 하여 列과 烈이 同音異字로 되어 있을 뿐인데, 여기의 居烈은 물론 古來의 雄州巨牧인 晉州로서, 大加耶의 하나인 古寧(居烈과 音近)加耶에 당한다고 나는 認定한다.

64) 이상과 같이 地名으로 나타나는 曲調는 말할 것도 없이 해당 地方의 民謠曲으로 보아야 할 것이다.

名)에는 "비파(琵琶)는 본래 호인(胡人)들이 마상(馬上)에서 타던 것으로서, 손을 앞으로 미는 것을 비(琵)라 하고, 손을 뒤로 당기는 것을 파(琶)라 한 것인데, 그것이 그대로 이름이 되었다"고 하였다. 향비파(鄕琵琶 : 我國 琵琶)는 당제(唐制)와 대동 소이(大同小異)한 것으로 역시 신라(新羅)에서 시작되었지만 누가 처음 만들었는지는 알 수 없다. 그 음(音)은 3조(調)가 있으니, 1은 궁조(宮調), 2는 칠현조(七賢調), 3은 봉황조(鳳凰調)이며 모두 212곡이다.

　　삼죽(三竹 : 管樂器)은 역시 당적(唐笛)을 모방하여 만든 것이다. 풍속통(風俗通)에, 적(笛)은 한(漢)나라 무제(武帝) 때 구중(丘仲)이 만든 것이라고 하였다. 또 상고하여 보면, 송옥(宋玉)의 적부(笛賦)가 있는데, 옥(玉)은 한(漢)나라 이전 사람이니, 아마 이 설(說)은 틀린 것 같다. 마융(馬融)은 말하기를, 근대(近代)의 쌍적(雙笛)은 강(羌 : 西戎 種族)에서부터 시작되었다 하고, 또 적(笛)은 척(滌)으로서, 사예(邪穢)의 마음을 씻어 아정(雅正)으로 들게 하는 것이니 장(長)이 1자에 구멍이 47이라고 한다.

　　향삼죽(鄕三竹)은 역시 신라 때부터 시작되었으나, 누가 만든 지는 알 수 없다. 고기(古記)에 이르기를, 신문왕(神文王) 때 동해(東海) 중에서 홀연히 한 작은 산이 나타났는데, 형상이 거북 머리와 같고, 그 위에 한 줄기의 대나무가 있어, 낮에는 갈라져 둘이 되고 밤에는 합하여 하나가 되었다. 왕이 사람을 시켜 베어다가 적(笛)을 만들어, 이름을 만파식(萬波息)이라고 하였다 한다. 이런 말이 있으나 괴이하여 믿을 수 없다. 3죽적(竹笛)에는 7조(調)가 있으니, 1은 평조(平調), 2는 황종조(黃鐘調), 3은 이아조(二雅調), 4는 월조(越調), 5는 반섭조(般涉調), 6은 출조(出調), 7은 준조(俊調)이었다. 대금(大笒)은 324곡, 중금(中笒)은 245곡, 소금(小笒)은 298곡이 있다. 회악(會樂)과 신열악(辛熱樂)은 유리왕(儒理王) 때에 지은 것이요, 돌아악(突阿樂)은 탈해왕(脫解王) 때 지은 것이요, 지아악(枝兒樂)은 파사왕(婆娑王) 때 지은 것이요, 사내악(思內〔詩惱라고도 함〕樂)은 내해왕(奈解王) 때 지은 것이요, 가무(笳舞)는 내밀왕(奈密〔勿〕王) 때 지은 것이요, 우식악(憂息樂)은 눌지왕(訥祇王) 때 지은 것이다. 대악(碓樂)[65]은 자비왕(慈悲王) 때 사람인 백결 선생(百結先生)이 지은 것이요, 간인(竿引)은 지대로왕(智大路王 : 智證王) 때 사람인 천상욱개자(川上郁皆子)가 지은 것이다. 미지악(美知樂)은 법흥왕(法興王) 때에 지은 것이요, 도령가(徒領

---

65) 本書 列傳(제8) 百結先生傳에 자세히 보인다.

歌)는 진흥왕(眞興王) 때에 지은 것이다. 날현인(捺絃引)은 진평왕(眞平王) 때 사람인 담수(淡水)가 지은 것이요, 사내기물악(思內奇物樂)은 원랑도(原郎徒 : 花郎徒)가 지은 것이다. 내지(內知)는 일상군(日上郡 : 위치 미상)의 음악이요, 백실(白實)은 압량군(押梁郡 : 慶北 慶山)의 음악이요, 덕사내(德思內)는 하서군(河西郡 : 蔚山)의 음악이요, 석남사내(石南思內 : 石南은 지금 彦陽, 思內는 見上)는 도동벌군(道同伐郡 : 蔚山 ?)의 음악이요, 사중(祀中)은 북외군(北隈郡 : 위치 미상)의 음악인데, 이들은 모두 우리 향인(鄕人)들이 기쁘고 즐거워서 지었던 것이다. 성악기(聲樂器)의 수효와 가무(歌舞)하는 모습은 후세에 전하여지지 않는다. 다만 고기(古記)에 이르기를, 정명왕(政明王 : 政明은 神文王의 이름) 9년에, 신촌(新村)에 거둥하여 잔치를 베풀고 음악을 연주케 하였는데, 가무(笳舞)에는 감(監) 6명, 가척(笳尺) 2명, 무척(舞尺) 1명이며, 하신열무(下辛熱舞)에는 감(監) 4명, 금척(琴尺) 1명, 무척(舞尺) 2명, 가척(歌尺) 3명이며, 사내무(思內舞)에는 감(監) 3명, 금척(琴尺) 1명, 무척(舞尺) 2명, 가척(歌尺) 2명이며, 한기무(韓岐舞)에는 감(監) 3명, 금척(琴尺) 1명, 무척(舞尺) 2명이며, 상신열무(上辛熱舞)에는 감(監) 3명, 금척(琴尺) 1명, 무척(舞尺) 2명, 가척(歌尺) 2명이며, 소경무(小京舞)에는 감(監) 3명, 금척(琴尺) 1명, 무척(舞尺) 1명, 가척(歌尺) 3명이며, 미지무(美知舞)에는 감(監) 4명, 금척(琴尺) 1명, 무척(舞尺) 2명이었다. 애장왕(哀莊王) 8년에 음악(音樂)을 연주하였을 때 처음으로 사내금(思內琴)을 연주하였는데, 무척(舞尺) 4명은 청의(靑衣)요, 금척(琴尺) 1명은 적의(赤衣), 가척(歌尺) 5명은 채색옷에다 수놓은 부채에 또 금으로 아로새긴 띠를 띠었으며, 다음에 대금무(碓琴舞)를 연주했을 때에는 무척(舞尺)은 적의(赤衣), 금척(琴尺)은 청의(靑衣)였다고 하였다. (文獻이) 이러할 뿐인즉 그 자세한 것을 말할 수 없다. 신라 때에는 악공(樂工)을 모두 척(尺)[66]이라고 하였다. 최치원(崔致遠)의 시(詩)에 향악잡영시(鄕樂雜詠詩) 5수(首)가 있으므로 여기에 기록한다.

---

66) 尺은 우리 나라에서 古來로 下級專業者를 일컫는 용어이니, 여기의 琴尺・舞尺・歌尺 외에도 職官志의 鉤尺・弓尺・木尺 등과, 高麗 및 朝鮮時代의 水尺・禾尺・楊水尺(이들은 후세의 白丁類)・津尺・刀尺・墨尺・雜尺 등등의 명칭이 있다. 丁茶山의 雅言覺非에는 水尺을 巫玆伊(무자이)라고 한다는 말이 있는데, 玆伊는 아마 후세의 訓稱인 것 같고, 반드시 古代尺에도 공통된 것이라고는 생각되지 않는다. 古代의 尺은 古音이 '치'인 것으로 보아, 國語에 職業의 稱인 치(벼슬아치・장사아치・갖바치 등등)에 해당한 것이 아닌가 나는 추측한다.

금환(金丸)[67]

몸을 돌리고 팔 휘두르며 금환(金丸)을 희롱하니,
달이 구르고 별이 흐르는 듯 눈에 가득 신기롭다.

좋은 동료(同僚) 있다 한들 이보다 더 좋으리,
넓은 세상 태평(泰平)한 줄 이제사 알겠구나.

월전(月顚)[68]

높은 어깨 움츠린 목에(꼽추 모양), 머리털 일어선 모양(假髮을 얹은 것),
팔 걷은 여러 선비들 술잔 들고 서로 싸우네(醉喜戱).

노랫소리 듣고서 사람들 모두 웃는데,
밤에 휘날리는 깃발 새벽을 재촉하누나.

대면(大面)[69]

황금(黃金)빛 얼굴 그 사람이(方相氏, 黃金四目이란 說이 있음)
구슬채찍 들고 귀신 부리네.

빠른 걸음 조용한 모습으로 운치 있게 춤추니,
붉은 봉새가 요시대(堯時代) 봄철에 춤추는 것 같구나.

속독(束毒)[70]

엉킨 머리 남(藍)빛 얼굴, 사람과는 다른데,
떼지어 뜰앞에 와서 난(鸞)새 춤을 배우네,

북치는 소리 둥둥 울리고 겨울바람 쓸쓸하게 부는데,
남쪽 북쪽으로 달리고 뛰어 한정이 없구나.

---

67) 金丸은 金色의 공을 가지고 희롱하는 일종의 曲藝
68) 假面, 醉喜劇(唐을 거쳐 들어온 西域系統의 歌劇).
69) 疫神을 驅逐하는 驅儺禮(唐의 影響).
70) 假面劇(역시 西域系統의 것).

산예(狻猊)[71]
일만리(一萬里) 머나먼 길 사방 사막(四方沙漠) 지나오느라
털옷은 다 해지고 티끌만 뒤집어썼네.

머리와 꼬리를 흔드는 모습, 인덕(仁德)이 배어 있도다.
영특한 그 기개 온갖 짐승 재주에 비할소냐?

고구려의 음악(音樂)은 통전(通典)에 이르기를, "악공인(樂工人)은 자색(紫色) 나사(羅紗) 모자(帽子)에 새깃으로 장식하고, 황색(黃色)의 큰 소매옷에 자색(紫色)의 나사(羅紗) 띠를 띠었으며, 통 넓은 바지에 붉은 가죽신을 신고, 5색(色) 노끈을 매었다. 춤추는 자 4명은 뒤에 복상투를 틀고, 붉은 수건을 이마에 동이고 금고리로 장식하며, 2명은 황색(黃色) 치마 저고리와 적황색(赤黃色) 바지요, 2명은 적황색 치마 저고리 바지인데, 그 소매를 극히 길게 하고 검은 가죽신을 신었으며, 쌍쌍이 함께 서서 춤춘다. 악기(樂器)는 탄쟁(彈箏) 하나, 국쟁(搊箏) 하나, 와공후(臥箜篌) 하나, 수공후(竪箜篌) 하나, 비파(琵琶) 하나, 5현금(絃琴) 하나, 의취적(義觜笛) 하나, 생(笙) 하나, 횡적(橫笛) 하나, 소(簫) 하나, 소필률(小篳篥) 하나, 대필률(大篳篥) 하나, 도피필률(桃皮篳篥) 하나, 요고(腰鼓) 하나, 재고(齋鼓) 하나, 담고(擔鼓) 하나, 패(唄 : 貝) 하나이다.[72] 당(唐)나라 무태후(武太后 : 武則天) 때는 오히려 25곡이 있었는데, 지금은 오직 한 곡을 익힐 수 있고, 의복(衣服)도 점점 쇠패(衰敗)하여 그 본래의 풍습을 잃었다"고 하였다(中國에 導入된 高句麗樂을 말한 것). 책부원구(冊府元龜)에는 "(高句麗)악(樂)에는 5현금(絃琴)과 쟁(箏)·필률(篳篥)·횡취(橫吹)·소(簫)·고(鼓) 따위가 있는데, 갈대를 불어 곡조를 맞춘다"고 하였다.

백제의 음악(音樂)은 통전(通典)에 이르기를, "백제의 음악은 (唐나라) 중종시대(中宗時代)에 공인(工人)들이 죽고 흩어졌는데, 개원(開元 : 唐玄宗의 年號) 연간에 기왕범(岐王範)이 태상경(太常卿)이 되어, 다시 아뢰어서 (百濟樂을) 설치하였으므로 음곡(音曲)이 없는 것이 많다. 춤추는 자 2명은 자색(紫色) 큰 소매 치마 저고리와 장보관(章甫冠 : 선비들이 쓰던 관)에 가죽신을 신었다. 악

---
71) 獅子劇(역시 西域係의 것), 狻猊는 즉 사자춤.
72) 李惠求「高句麗樂과 西域樂」(韓國音樂硏究) 참조.

(樂)의 남은 것은 쟁(箏)과 적(笛)·도피필률(桃皮篳篥)·공후(箜篌)인데 악기류(樂器類)가 많이 내지(內地：中國을 의미함)와 같다"고 하였으며, 북사(北史)에는 "고각(鼓角)·공후(箜篌)·쟁(箏)·간(竿)·호(簴)·적(笛)의 악(樂)이 있다"고 하였다.

〔原文〕

三國史記 卷 第三十二

雜志 第一

祭祀 樂

祭祀

按新羅宗廟之制, 第二代南解王三年春, 始立始祖赫居世廟, 四時祭之, 以親妹阿老主祭, 第二十二代智證王, 於始祖誕降之地奈乙, 創立神宮以享之, 至第三十六代惠恭王, 始定五廟, 以味鄒王爲金姓始祖, 以太宗大王·文武大王平百濟·高句麗有大功德, 並爲世世不毁之宗, 兼親廟二爲五廟, 至第三十七代宣德王, 立社稷壇, 又見於祀典, 皆境內山川, 而不及天地者, 蓋以王制曰, 天子七廟, 諸侯五廟, 二昭二穆與太祖之廟而五, 又曰, 天子祭天地天下名山大川, 諸侯祭社稷, 名山大川之在其地者, 是故, 不敢越禮而行之者歟, 然其壇堂之高下·壝門之內外·次位之尊卑·陳設登降之節, 尊爵·籩豆·牲牢·冊祝之禮, 不可得而推也, 但粗記其大略云爾.

一年六祭五廟, 謂正月二日·五日·五月五日·七月上旬·八月一日·十五日, 十二月寅日, 新城北門祭八楷(禓), 豊年用大牢, 凶年用小牢, 立春後亥日, 明活城南熊殺谷祭先農, 立夏後亥日, 新城北門祭中農, 立秋後亥日, 蒜園祭後農, 立春後丑日, 犬首谷門祭風伯, 立夏後申日, 卓渚祭雨師, 立秋後辰日, 本彼遊村祭靈星(檢諸禮典, 只祭先農, 無中農·後農), 三山五岳已下名山大川, 分爲大中小祀.

大祀, 三山, 一奈歷(習比部), 二骨火(切也火郡), 三穴禮(大城郡).

中祀, 五岳, 東吐含山(大城郡), 南地理山(菁州), 西雞龍山(熊川州), 北太伯山(奈巳郡), 中父岳(一云公山 押督郡), 四鎭, 東溫沫懃(牙谷停), 南海恥也里(一云悉帝 推火郡), 西加耶岬岳(馬尸山郡), 北熊谷岳(比烈忽部), 四解, 東阿等邊(一云斤烏兄(兄, 恐作只, 地理志斤烏支(迎日縣)非是耶, 只興支通音故也)邊, 退火郡), 南兄邊(居柒山郡), 西未陵邊(屎山郡), 北非禮山(悉直郡), 四瀆, 東吐只河(一云槧浦, 退火郡), 南黃山河(歃良州), 西熊川河(熊川州), 北漢山河(漢山州), 俗離岳(三年山郡), 推心(大加耶郡), 上助音居西(西林郡), 烏西岳(結已郡), 北兄山城(大城郡), 淸海鎭(助音島).

小祀, 霜岳(高城郡), 雪岳(迖城郡), 花岳(斤平郡), 鉗岳(七重城), 負兒岳(北漢山州), 月奈岳(月奈郡), 武珍岳(武珍州), 西多山(伯海郡 難知可縣, 月見山(奈吐郡 沙熱伊縣), 道西城(萬弩郡), 冬老岳(進禮郡 丹川縣), 竹旨(及伐山郡), 熊只(屈自郡 熊只縣), 岳髮(一云髮岳, 于珍也郡), 于火(生西良郡 于火縣), 三岐(大城郡), 卉黃(牟梁), 高墟(沙梁), 嘉阿岳(三年山郡), 波只谷原岳(阿支縣), 非藥岳(退火郡), 加林城(加林縣, 一本有靈巖山虞風山, 無加林城), 加良岳(菁州), 西述(牟梁).

四城門祭, 一大井門, 二吐山良門, 三習比門, 四王后涕門, 部庭祭, 梁部, 四川上祭, 一犬首, 二文熱林, 三靑淵, 四樸樹, 文熱林行日月祭, 靈廟寺南行五星祭, 惠樹行祈雨祭, **四大道祭**, 東古里, 南簷并樹, 西渚樹, 北活併岐, 壓丘祭·辟氣祭, 上件或因別制, 或因水旱, 而行之者也.

高句麗·百濟, 祀祭禮不明, 但考古記及中國史書所載者, 以記云爾.

後漢書云, 高句麗好祠鬼神·社稷·零星, 以十月祭天, 大會名曰東盟, 其國東有大穴, 號禭(禭, 魏志作隧)神, 亦以十月迎而祭之.

北史云, 高句麗常以十月祭天, 多淫祠, 有神廟二所, 一曰夫餘神, 刻木作婦人像, 二曰高登神, 云是, 始祖夫餘神之子, 竝置官司, 遣人守護, 蓋河伯女·朱蒙云.

梁書云, 高句麗於所居之左, 立大屋祭鬼神, 冬(冬, 當作又), 祠零星·社稷.

唐書云, 高句麗俗多淫祠, 祀靈星·及日·箕子可汗等神, 國左有大穴曰神隧, 每十月王皆自祭, 古記云, 東明王十四年秋八月, 王母柳花薨於東扶餘, 其王金蛙以太后禮葬之, 遂立神廟, 太祖王六十九年冬十月, 幸扶餘祀太后廟, 新大王四年秋九月, 如卒本祀始祖廟, 故國川王元年秋九月, 東川王二年春二月, 中川王十三年秋九月, 故國原王二年春二月, 安臧王三年夏四月, 平原王二年春二月, 建武王二年夏四月, 並如上行, 故國壤王九年春三月, 立國社, 又云, 高句麗常以三月三日, 會獵樂浪之丘, 獲猪鹿, 祭天及山川.

册府元龜云, 百濟, 每以四仲之月, 王祭天及五帝之神, 立其始祖仇台廟於國城, 歲四祠之, (按海東古記, 或云始祖東明, 或云始祖優台, 北史及隋書皆云, 東明之後有仇台, 立國於帶方, 此云始祖仇台, 然東明爲始祖, 事迹明白, 其餘不可信也). 古記云, 溫祚王二十年春二月, 設壇祠天地, 三十八年冬十月, 多婁王二年春二月, 古尒王五年春正月, 十年春正月, 十四年春正月, 近肖古王二年春正月, 阿莘王二年春正月, 腆支王二年春正月, 牟大王十一年冬十月, 並如上行, 多婁王二年春正月, 謁始祖東明廟, 責稽王二年春正月, 汾西王二年春正月, 契王二年夏四月, 阿莘王二年春正月, 腆支王二年春正月, 並如上行.

樂

新羅樂, 三竹·三絃·拍板, 大鼓·歌舞, 舞二人, 放角幞頭, 紫大袖, 公襴紅鞓, 鍍金銙腰帶, 烏皮靴, **三絃**, 一玄琴, 二加耶琴, 三琵琶, **三竹**, 一大笒, 二中笒, 三小笒.

玄琴, 象中國樂部琴而爲之, 按琴操曰, 伏犧作琴以修身理性, 反其天眞也, 又曰, 琴長三尺六寸六分, 象三百六十六日, 廣六寸, 象六合, 文上曰池(池者水也言其平), 下曰濱(濱者服也), 前廣後狹, 象尊卑也, 上圓下方, 法天地也, 五絃象五行, 大絃爲君, 小絃爲臣, 文王·武王加二絃, 又風俗通曰, 琴長四尺五寸者, 法四時五行, 七絃法七星, 玄琴之作也, 新羅古記云, 初晉人以七絃琴送高句麗, 麗人雖知其爲樂器, 而不知其聲音反鼓之之法, 購國人能識其音而鼓之者, 厚賞, 時第二相王山岳存其本樣, 頗改易其法制而造之, 兼製一百餘曲以奏之, 於時玄鶴來舞, 遂名玄鶴琴, 後但云玄琴, 羅人沙湌恭永子玉寶高, 入地理山雲上院, 學琴五十年, 自製新調三十曲, 傳之續命得, 得傳之貴金先生, 先生亦入地理山不出, 羅王恐琴道斷絕, 謂伊湌允興方便傳得其音, 遂委南原公事, 允興到官, 簡聰明少年二人, 曰安長·淸長, 使詣山中傳學, 先生教之, 而其隱微不以傳, 允興與婦偕進曰, 吾王遣我南原者, 無他, 欲傳先生之技, 于今三年矣, 先生有所秘而不傳, 吾無以復命, 允興捧酒, 其婦執盞膝行, 致禮盡誠, 然後傳其所秘飄風等三曲, 安長傳其子克相·克宗, 克宗制七曲, 克宗之後, 以琴自業者非一二, 所製音曲有二調, 一平調, 二羽調, 共一百八十七曲, 其餘聲遺曲, 流傳可記者無幾, 餘悉散逸, 不得具載.

玉寶高所製三十曲, 上院曲一, 中院曲一, 下院曲一, 南海曲二, 倚嵒曲一, 老人曲七, 竹庵曲二, 玄合曲一, 春朝曲一, 秋夕曲一, 吾沙息曲一, 鴛鴦曲一,遠岾曲六, 比目曲一, 入實相曲一, 幽谷清聲曲一, 降天聲曲一, 克宗所製七曲, 今亡.

　加耶琴, 亦法中國樂部箏而爲之, 風俗通曰, 箏秦聲也, 釋名曰, 箏施絃高, 箏箏然, 幷梁二州箏形如瑟, 傅玄曰, 上圓, 象天, 下平, 象地, 中空, 准六合 絃柱, 擬十二月, 斯乃仁智之器, 阮瑀曰, 箏長六尺, 以應律數, 絃有十二, 象 四時, 柱高三守, 象三才, 加耶琴雖與箏制度小異, 而大槩似之, 羅古記云, 加 耶國嘉實王見唐之樂器而造之, 王以謂諸國方言各異聲音, 豈可一哉, 乃命樂師 省熱縣人于勒造十二曲, 後于勒以其國將亂, 攜樂器投新羅眞興王, 王受之安置 國原, 乃遣大奈麻注知·階古, 大舍萬德傳其業, 三人旣傳十一曲, 相謂曰, 此 繁且淫, 不可以爲雅正, 遂約爲五曲, 于勒始聞焉而怒, 反聽其五種之音, 流淚 歎曰, 樂而不流, 哀而不悲, 可謂正也爾, 其奏之王前, 王聞之大悅, 諫臣獻議, 加耶亡國之音, 不足取也, 王曰, 加耶王淫亂自滅, 樂何罪乎, 蓋聖人制樂, 緣 人情以爲樽節, 國之理亂不由音調, 遂行之以爲大樂, 加耶琴有二調, 一河臨 調, 二嫩竹調, 共一百八十五曲.

　于勒所製十二曲, 一曰下加羅都, 二曰上加羅都, 三曰寶伎, 四曰達已, 五曰 思勿, 六曰勿慧, 七曰下奇物, 八曰師子伎, 九曰居烈, 十曰沙八兮, 十一曰爾 赦 十二曰上奇物, 泥文所製三曲, 一曰烏, 二曰鼠, 三曰鶉. (赦字未詳).

　琵琶, 風俗通曰, 近代樂家所作, 不知所起, 長三尺五寸, 法天·地·人與五 行, 四絃象四時也, 釋名曰, 琵琶本胡中馬上所鼓, 推手前曰琵, 引手却曰琶, 因以爲名, 鄕琵琶與唐制度大同而少異, 亦始於新羅, 但不知何人所造, 其音有 三調, 一宮調, 二七賢調, 三鳳皇調, 共二百一十二曲.

　三竹, 亦模倣唐笛而爲之者也, 風俗通曰, 笛漢武帝時丘仲所作也, 又按宋玉 有笛賦, 玉在漢前, 恐此說非也, 馬融云, 近代雙笛從羌起, 又笛滌也, 所以滌 邪·穢而納之於雅正也, 長一尺, 四十七孔, 鄕三竹, 此亦起於新羅, 不知何人 所作, 古記云, 神女(女, 當作文, 見遺事)王時, 東海中忽有一小山, 形如龜頭, 其上有一竿竹, 晝分爲二, 夜合爲一, 王使斫之作笛, 名萬波息, 雖有此說, 怪 不可信, 三竹笛有七調, 一平調, 二萬鐘調, 三二雅調, 四越調, 五般涉調, 六 出調, 七俊調, 大笒三百二十四曲, 中笒二百四十五曲, 小笒二百九十八曲.

　會樂及辛熱樂, 儒理王時作也, 突阿樂, 脫解王時作也, 枝兒樂, 婆娑王時作 也, 思內(一作詩惱)樂, 奈解王時作也, 笳舞, 奈密王時作也, 憂息樂, 訥祇王 時作也, 碓樂, 慈悲王時人百結先生作也, 竽引, 智大路王時人川上郁皆子作

也, 美知樂, 法興王時作也, 徒領歌, 眞興王時作也, 捺絃引, 眞平王時人淡水
作也, 思內奇物樂, 原郎徒作也, 內知, 日上郡樂也, 白實, 押梁郡樂也, 德思
內, 河西郡樂也, 石南思內, 道同伐郡樂也, 祀中, 北隈郡樂也, 此皆鄕人喜樂
之所由作也, 而聲器之數, 歌舞之容, 不傳於後世, 但古記云, 政明王九年, 幸
新村, 設酺奏樂, 笳舞, 監六人, 笳尺二人, 舞尺一人, 下辛熱舞, 監四人, 琴
尺一人, 舞尺二人, 歌尺三人, 思內舞, 監三人, 琴尺一人, 舞尺二人, 歌尺二
人, 韓岐舞, 監三人, 琴尺一人, 舞尺二人, 上辛熱舞, 監三人, 琴尺一人, 舞
尺二人, 歌尺二人, 小京舞, 監三人, 琴尺一人, 舞尺一人, 歌尺三人, 美知舞,
監四人, 琴尺一人, 舞尺二人, 哀莊王八年, 奏樂, 始奏思內琴, 舞尺四人靑衣,
琴尺一人赤衣, 歌尺五人彩衣, 繡扇並金縷帶, 次奏碓琴舞, 舞尺赤衣, 琴尺靑
衣, 如此而已, 則不可言其詳也, 羅時樂工皆謂之尺, 崔致遠詩, 有鄕樂雜詠五
首, 今錄于此, 金丸, 廻身掉臂弄金丸, 月轉星浮滿眼看, 縱有宜僚那勝此, 定
知鯨海息波瀾, 月顚, 肩高項縮髮崔嵬, 攘臂羣儒鬪酒盃, 聽得歌聲人盡笑, 夜
頭旗幟曉頭催, 大面, 黃金面色是其人, 手抱珠鞭役鬼神, 疾步徐趨呈雅舞, 宛
如丹鳳舞堯春, 束毒, 蓬頭藍面異人間, 押隊來庭學舞鸞, 打鼓冬冬風瑟瑟, 南
奔北躍也無端, 狻猊, 遠涉流沙萬里來, 毛衣破盡着塵埃, 搖頭掉尾馴仁德, 雄
(雄, 當作雄)氣寧同百獸才.

高句麗樂, 通典云, 樂工人紫帽帽, 飾以鳥羽, 黃大袖, 紫羅帶, 大口袴, 赤
皮鞾, 五色緇繩, 舞者四人, 椎髻於後, 以絳抹額, 飾以金璫, 二人黃裙襦, 赤
黃袴, 二人赤黃裙襦袴, 極長其袖, 烏皮鞾, 雙雙併立而舞, 樂用彈箏一, 搊
箏一, 臥箜篌一, 竪箜篌一, 琵琶一, 五絃一, 義觜笛一, 笙一, 橫笛一, 簫一,
小篳篥一, 大篳篥一, 桃皮篳篥一, 腰鼓一, 齋鼓一, 擔鼓一, 唄一, 大唐武太
后時尙二十五曲, 今唯能習一曲, 衣服亦寖衰敗, 失其本風, 冊府元龜云, 樂有
五絃琴, 箏・篳篥・橫吹・簫・鼓之屬, 吹蘆以和曲.

百濟樂, 通典云, 百濟樂, 中宗之代工人死散, 開元中岐王範爲太常卿, 復奏
置之, 是以音伎多闕, 舞者二人, 紫大袖, 裙襦, 章甫冠, 皮履, 樂之存者, 箏
・笛・桃皮篳篥・箜篌, 樂器之屬多同於內地, 北史云, 有鼓角・箜篌・箏・
竽・箎・笛之樂.

삼국사기 권 제 33

잡지(雜志) 제 2
색복(色服) 거기(車騎) 용기(用器) 옥사(屋舍)

색복(色服)

신라(新羅) 초기의 의복 제도(衣服制度)는 색채를 상고할 수 없다. 제 23 대 법흥왕(法興王) 때에 처음으로 (서울 안) 6 부(部) 사람들의 복색(服色)의 존비 (尊卑) 제도를 정하였지만, 오히려 동이(東夷)의 풍속 그대로였다. 진덕왕(眞德 王) 2년에 김춘추(金春秋 : 太宗武烈王)가 당(唐)나라에 들어가, 당나라 의식(儀 式)에 따를 것을 청하니, 현종(玄宗 : 太宗의 誤) 황제(皇帝)가 허락하고 겸하여 의대(衣帶)를 급여(給與)하였다. 돌아와서 이를 시행하여, 우리 풍속을 중국 (中國) 풍속으로 바꾸었다. (그리고) 문무왕(文武王) 4년에는 또 부인(婦人)의 의복(衣服)을 개혁(改革)하니, 그 후로부터 의관(衣冠)이 중국과 같게 되었다. 우리 태조(太祖 : 高麗 太祖 王建)가 천명(天命)을 받은 후에도 모든 국가 제도 (國家制度)는 신라(新羅)의 옛것을 많이 인습(因襲)하였으니, 지금 조정(朝廷) 사녀(士女)의 의상(衣裳)이 대개는 (金)춘추(春秋)가 청하여 온 그 유제(遺制) 일 것이다. 신(臣 : 金富軾)이 세 번 중국(宋)에 봉사(奉使)하였는데, 일행의 의 관(衣冠)이 송(宋)나라 사람들과 다름이 없었다. 일찍이 조회(朝會)에 들어가 다가 아직 일러서 자신전문(紫宸殿門)에 서 있었는데, 한 합문원(閤門員)[1]이 와서, 누가 고려(高麗) 사람이냐고 물으므로 사신이 대답하기를, "내가 고려 사람이라"고 하니, (그 사람이) 웃고서 갔다. 또 송(宋)나라 사신 유규(劉逵)

---

1) 閤門員은 王命을 받아 朝會・遊宴・外國使臣 朝見 등에 관한 일을 맡아 오던 관원 을 말하는 것인데, 그 官職으로는 閤門使・副使 및 閤門舍人・祗侯 등이 있었다.

· 오식(吳拭)이 우리 나라에 와서 사관(使館)에 있는 동안, 연회(宴會) 때에 우리 옷차림으로 단장한 창녀(倡女 : 女樂工)를 보고 불러다가 계상(階上)에 오르게 하고 활수의(濶袖衣 : 넓은 소매옷)와 색사대(色絲帶)·대군(大裙 : 큰치마)을 가리키며 감탄하기를 "이것이 모두 3 대(代 : 中國 古代 夏·殷·周)의 복색(服色)인데, 아직도 여기서 행하여질 줄은 몰랐다"고 하였다. 지금의 부인(婦人) 예복(禮服) 역시 당대(唐代)의 옛것임을 알 수 있다. 신라는 이미 연대(年代)가 구원(久遠)하고 문적(文籍)·사서(史書)가 결락(缺落)하여 그 제도를 자세히 들어 말할 수 없다. 다만 그 중에서 찾아볼 만한 것을 대강 기록하기로 한다.

법흥왕(法興王) 때의 제령(制令)에는 태대각간(太大角干)²⁾에서 대아찬(大阿湌 : 5 等級)까지는 자의(紫衣 : 紫色옷)요, 아찬(阿湌 : 6 등급)에서 급찬(級湌 : 9 등급)까지는 비의(緋衣 : 붉은옷)로 모두 아홀(牙笏)을 가졌다. 그리고 대내마(大奈麻 : 10 등급)·내마(奈麻 : 11 등급)는 청의(靑衣 : 푸른옷)요, 대사(大舍 : 12 등급)에서 선저지(先沮知 : 一云 造位니 17 등급)까지는 황의(黃衣)이었다.

이찬(伊湌 : 2 등급)·잡찬(迊湌 : 3 등급)은 금관(錦冠 : 비단으로 꾸민 모자)을 쓰고, 파진찬(波珍湌 : 4 등급)·대아찬(大阿湌)은 금하(衿荷 : 朝服 위에 차는 色帶)·비관(緋冠 : 붉은 모자)을 쓰고 상당대내마(上堂大奈麻)·적위대사(赤位大舍)는 조영(組纓 : 실로 짠 갓끈)을 매었다.

흥덕왕(興德王) 즉위(卽位) 9년, 태화(太和 : 唐文宗의 연호) 8년에 하교(下敎)하기를, "사람은 상(上)·하(下)가 있고, 지위(地位)는 존(尊)·비(卑)가 있어, 명칭(名稱)과 법식(法式)이 같지 않고 의복(衣服)도 다르다. 그런데 풍속이 점점 각박하고 백성들이 다투어 사치·호화를 일삼고 다만 외래품(外來品)의 진기(珍奇)한 것만을 숭상하고, 도리어 토산품(土(國)產品)의 야비한 것을 싫어하니, 예절이 참람하려는 데 빠지고, 풍속이 파괴되는 데까지 이르렀다. 이에 옛 법에 따라 엄명(嚴命)을 베푸는 것이니, 그래도 만일 일부러 범하는 자가 있으면 국법(國法)을 시행할 것이다"고 하였다.

---

2) 太大角干은 大角干(17 等 위에 加爵) 위에 加爵한 最高位로, 大角干은 太宗武烈王 7년(西紀 660)에 百濟를 멸하고 金庾信에게 授與한 것이고(職官志 참조), 太大角干은 文武王 8년(西紀 668)에 高句麗를 멸하고 역시 金庾信에게 授與한 것이다. 그러므로 여기 本文에 法興王의 制令에 太大角干으로부터라는 것은 실상 上大等으로 改看할 것이다. 上大等은 法興王 18년(西紀 531)에 始置.

진골(眞骨)[3]의 대등(大等)[4]은 복두(幞頭 : 頭巾의 일종)를 임의로 쓰고, 겉옷과 반비(半臂 : 소매가 짧은 배자)·고(袴)에는 모두 계수금라(罽繡錦羅)를 금(禁)하며, 요대(腰帶)에는 연문백옥(研文白玉)을 금한다. 화(靴 : 목화)는 자색(紫色) 가죽을 금하고, 화대(靴帶)는 은문백옥(隱文白玉)을 금하며, 버선은 능(綾) 이하를 임의로 사용하고, 신(履)은 가죽(皮)·실(絲)·삼(麻)을 임의로 사용하며, 포(布)는 26 승(升 : 날) 이하를 사용한다.

진골(眞骨) 여인(女人)은, 겉옷은 계수금라(罽繡錦羅)를 금하고, 내의(內衣)와 반비(半臂)·고(袴)·버선·신은 모두 계수라(罽繡羅)를 금하며, 표(裱 : 목수건)는 털로 짜거나, 계수(罽繡)놓는 데 금은(金銀)실과 공작미(孔雀尾), 비취모(翡翠毛)[5]의 사용을 금한다. 빗(梳)은 슬슬전(瑟瑟[6]鈿 : 碧色의 首飾用)과 대모(玳瑁)를 금하고, 비녀에는 각루(刻鏤 : 아로새긴 것)와 철주(綴珠 : 구슬을 꿴 것)를 금하며, 관(冠)은 슬슬전(瑟瑟鈿)을 금하고, 포(布)는 28 승(升 : 날) 이하를 쓰며, 9 색(色)에 자황색(赭黃色)을 금한다.

6 두품(頭品)[7]은, 복두(幞頭)는 세(繐 : 올이 가늘고 성긴 베)·나(羅)·시(絁 : 베같은 비단)·견(絹)·포(布)를 사용하며, 겉옷은 단지 면주(綿紬)·주포(紬布)

---

3) 眞骨은 聖骨과 함께 新羅社會에서 王族(朴·昔·金)의 신분을 구성하는 稱號였다. 즉 父母 兩系가 모두 王骨(王族)인 때는 聖骨이라 하고, 兩系중 한쪽만이 王骨인 경우에는 이를 眞骨이라고 하였는데(拙稿 「古代南堂考」 참조), 聖骨은 善德·眞德 兩女王에서 그치고 말았다.

4) 大等은 新羅 上代 이래의 官職稱號로서, 貴族을 중심으로 한 高位官職이었는데, 후에는 大等을 중심으로 하여 上大等·典大等·仕大等 등의 官職이 생겼다. 李基白 敎授의 說에 의하면 처음에는 '等'에서 시작하여 大等 → 上大等 등등으로 加稱되었던 것 같고, 等(들)은 高句麗의 對盧에 對比된다고 한다(李基白「大等考」참조).

5) 翡翠毛는 南方(캄보디아 等地)産인 翡翠鳥의 털로서, 사치스럽고 잡기 어려운 珍鳥라고 한다(李龍範, 「三國史記에 보이는 이슬람商人의 貿易品」, 李弘稙博士回甲紀念 韓國史學論叢 참조).

6) 李龍範敎授의 前記 論文에 의하면, 瑟瑟는 新舊唐書 高仙之傳에 보이는 石國, 즉 蘇聯領(Jurkistan) Tashkent의 所産인 碧色(碧石寶石)인데, Laufer氏의 說과 같이 이란系의 單語인 Se-Se의 寫音으로, emerald가 아닌가 추측한다고 했다.

7) 6頭品은 新羅 骨品制의 하나로, 眞骨의 다음 格에 해당하는 貴族이니, 그 身分取得이 어렵기 때문에 이를 '得難'이라고도 한다. 6頭品의 다음에는 5頭品·4頭品 등이 있으나, 格이 떨어졌던 것이다(崔致遠 所撰인 聖住寺 朗慧和尙 葆光塔碑). 5頭品·4頭品이 6頭品에 비하여 좀 格이 낮다 하더라도 士大夫階級의 신분을 가졌던 것으로 보아야 하겠다.

를 사용하고, 내의(內衣)도 무늬가 작은 능(綾)·시(絁)·견(絹)·포(布)를 사용한다. 바지도 단지 시(絁)·견(絹)·면주(綿紬)·포(布)를 사용하고, 띠도 조서(烏犀)·유(鍮)·철(鐵)·동(銅)을 사용하고 버선도 시(絁)·면주(綿紬)·포(布)를 사용한다. 화(靴)는 검은 고라니(麋)의 주름진 무늬의 자색 가죽을 금하고, 화대(靴帶)는 오서(烏犀 : 검은 물소뿔)·유(鍮)·철(鐵)·동(銅)을 사용하며, 신은 가죽·삼(麻)을 사용하고, 베는 18 승(升) 이하를 사용한다.

6두품(頭品) 여인(女人)은, 겉옷은 중(中)·소(小) 무늬의 능(綾)·시(絁)·견(絹)을 사용하며, 내의(內衣)는 계수금(罽繡錦)·야초라(野草羅)를 금하고, 반비(半臂)는 계수라(罽繡羅)·세라(繐羅)를 금한다. 바지는 계수금라(罽繡錦羅)·세라(繐羅)·금니(金泥 : 金箔)를 금하고, 표(褾)는 계수금라(罽繡錦羅)·금은니(金銀泥)를 금하며, 배(褙 : 배자)·당(襠 : 잠방이)과 단의(短衣)는 모두 계수금라(罽繡錦羅)·포방라(布紡羅)·야초라(野草羅)·금은니(金銀泥)를 금한다. 겉치마에는 계수금라(罽繡錦羅)·세라(繐羅)·야초라(野草羅)·금은니협힐(金銀泥纈纈 : 金銀가루로써 무늬를 입힌 것)을 금하고, 옷고름(襪襷)은 계수(罽繡)를 금하며, 속치마는 계수금라(罽繡錦羅)·야초라(野草羅)를 금한다. 띠는 금은사(金銀絲)나 공작미(孔雀尾)·비취모(翡翠毛)로 끈을 만든 것을 금하고, 요말(襪袎 : 버선목)은 계라(罽羅)·세라(繐羅)를 금하며, 버선은 계수금라(罽繡錦羅)·세라(繐羅)·야초라(野草羅)를 금한다. 신도 계수금라(罽繡錦羅)·세라(繐羅)를 금하고, 빗은 슬슬전(瑟瑟鈿)을 금하며, 비녀는 순금(純金)에 은(銀)으로 아로새기는 것과 구슬로 꿴 것을 금한다. 관(冠)은 세라(繐羅)·사견(紗絹)을 사용하고, 베는 25 승(升) 이하를 사용하며, 색(色)은 자황(赭黃), 자자분금설홍(紫紫粉金屑紅)을 금한다.

5두품(頭品)은, 복두(幞頭)는 나(羅)·시(絁)·견(絹)·포(布)를 사용하고, 겉옷은 단지 베를 사용하며, 내의(內衣)와 반비(半臂)는 작은 무늬의 능(綾)·시(絁)·견(絹)·포(布)를 사용한다. 바지는 면주(綿紬)·포(布)를 사용하고 요대(腰帶)는 철(鐵)만을 사용하며, 버선은 면주(綿紬)를 사용한다. 신(靴)은 검은 사슴의 주름진 무늬의 자색 가죽을 금하고, 화대(靴帶)는 유(鍮)·철(鐵)·동(銅)을 사용하며, 신은 피(皮)·마(麻)를 사용하고, 베는 15 승(升) 이하를 사용한다.

5두품(頭品) 여인(女人)은, 겉옷은 단지 무늬 없는 독직(獨織)을 사용하고, 내의(內衣)는 작은 무늬의 비단만을 사용하며, 반비(半臂)는 계수금(罽繡錦)·

야초라(野草羅)·세라(繐羅)를 금하고, 바지는 계수금라(罽繡錦羅)·세라(繐羅)·야초라(野草羅)·금니(金泥)를 금한다. 목수건은 능(綾)·견(絹) 이하를 사용하고, 배(褙 : 배자)·당(袴 : 잠방이)은 계수금(罽繡錦)·야초라(野草羅)·포방라(布紡羅)·금은니협힐(金銀泥纈纈)을 금하며, 단의(短衣)는 계수금(罽繡錦)·야초라(野草羅)·포방라(布紡羅)·세라(繐羅)·금은니협힐(金銀泥纈纈)을 금하고, 겉치마도   계수금(罽繡錦)·야초라(野草羅)·세라(繐羅)·금은니협힐(金銀泥纈纈)을 금한다. 옷고름은 계수금라(罽繡錦羅)을 금하고, 속치마는 계수금(罽繡錦)·야초라(野草羅)·금은니협힐(金銀泥纈纈)을 금하며, 띠는 금은사(金銀絲)·공작미(孔雀尾)·비취모(翡翠毛)로 끈을 하는 것을 금한다. 버선목은 계수금라(罽繡錦羅)·세라(繐羅)를 금하고, 버선은 계수금라(罽繡錦羅)·세라(繐羅)·야초라(野草羅)를 금하여, 신은 가죽 이하만을 사용하고, 빗은 소대모(素玳瑁)[8] 이하를 사용하며, 비녀는 백은(白銀) 이하를 사용하고, 관(冠)이 없다. 베는 20 승(升) 이하를 사용하고, 색(色)은 자황(赭黃)·자가분황설홍비색(紫暇粉黃屑紅緋色)을 금한다.

4두품(頭品)은, 복두(幞頭)는 사(紗)·시(絁)·견(絹)·포(布)만을 사용하고 겉옷과 바지는 베만을 사용하며, 내의(內衣)와 반비(半臂)는 시견(絁絹)·면주(綿紬)·포(布)를 사용한다. 요대(腰帶)는 철(鐵)·동(銅)만을 쓰고, 화(靴)는 검은 사슴의 주름진 무늬의 자색 가죽을 금하며, 화대(靴帶)는 철(鐵)·동(銅)만을 사용하고, 신은 우피(牛皮)·마(麻) 이하를 사용하며, 베는 13 승(升) 이하를 사용한다.

4두품(頭品) 여인(女人)은, 겉옷은 면주(綿紬) 이하만을 사용하고, 내의는 작은 무늬의 비단 이하를 사용하며, 반비(半臂)·바지는 작은 무늬의 능(綾)·시(絁)·견(絹) 이하를 사용한다. 목수건과 단의(短衣)는 견(絹) 이하를 사용하고, 배당(褙襠 : 배자)은 능(綾) 이하를 사용하며, 겉치마는 시(絁)·견(絹) 이하를 사용하고, 옷끈은 치마와 같으며, 옷고름은 월라(越羅)를 사용하고, 속치마가 없다. 띠는 수놓아 짠 것·야초라(野草羅)·승천라(乘天羅)·월라(越羅)를 금하고, 면주(綿紬) 이하를 사용하며, 버선목은 작은 무늬의 능(綾) 이하를 사용하

---

8) 玳瑁(대모)는 渤泥(Borneo)·三嶼(필리핀群島 最西端)·蒲哩嚕(필리핀群島 Polilo)·闍婆(Java) 등지에서 捕獲되는 龜類鼈甲으로서 新羅에서는 屋舍·車材·床·梳(빗) 등에 장식품으로 사용하였는데, 대개는 禁制品으로 되어 있다(李龍範의 前揭論文 참조). 素는 通常·보통의 뜻.

고, 버선은 단지 작은 무늬의 능(綾)·시(絁)·면주(綿紬)·포(布)를 사용한다. 신은 가죽 이하를 쓰고 빗은 소아(素牙)·각목(角木)을 사용하며, 비녀는 아로 새기거나 구슬로 꿴 것과 순금(純金)을 금하고, 관(冠)이 없다. 베는 18승(升)을 사용하고, 색(色)은 자황(赭黃)·자자분황설비홍멸자(紫紫粉黃屑緋紅滅紫)를 금한다.

평인(平人)은, 복두(幞頭)는 견(絹)·포(布)를 사용하고, 겉옷과 바지는 베를 사용하며, 내의는 견(絹)·포(布)를 사용한다. 띠는 동(銅)·철(鐵)을 사용하고, 목화는 검은 사슴의 주름 무늬의 자색 가죽을 금하며, 화대(靴帶)는 철(鐵)·동(銅)만을 사용하고, 신은 마(麻) 이하를 사용하며, 베는 12승(升) 이하를 사용한다.

평인(平人) 여자(女子)는, 겉옷은 면주(綿紬)·포(布)를 사용하고, 내의는 시견(絁絹)·면주(綿紬)·포(布)를 사용하며, 바지는 시(絁) 이하를 사용하고, 겉치마는 견(絹) 이하를 사용한다. 옷고름은 능(綾) 이하를 사용하고, 띠는 능(綾)·견(絹) 이하를 사용하며, 버선목은 무늬 없는 것을 사용하고, 버선은 시(絁)·면주(綿紬) 이하를 사용한다. 빗은 소아각(素牙角) 이하를 사용하고, 비녀는 유(鍮)·석(石) 이하를 사용하며, 베는 15승(升) 이하를 사용하고, 색(色)은 4두품(頭品) 여자와 같다.

고구려·백제의 의복 제도(衣服制度)는 상고할 수 없다. 지금 다만 중국(中國) 역대(歷代) 사서(史書)에 보이는 것만을 적어 둔다.

북사(北史)에 이르기를, "고려(高(句)麗) 사람은 모두 머리에 절풍(折風 : 巾)[9]을 쓰는데, 그 모양이 변(弁 : 고깔)과 같다. 사인(士人)은 두 개의 새깃(鳥羽)을 더 꽂고, 귀(貴)한 자는 그 관을 소골(蘇骨)이라 하는데, 흔히 자색(紫色) 나사(羅紗)로 만들고 금은(金銀)으로 장식한다. 큰 소매의 적삼과 통이 큰 바지를 입고, 흰 가죽띠에 누른 가죽신을 신는다. 부인(婦人)은 치마 저고리에 선(襈)을 더한다"고 하였다.

신당서(新唐書)에는 "고구려왕(高句麗王)은 5색(色) 무늬의 옷을 입고 흰 나사(羅紗)로 관을 만들며, 가죽 띠에는 모두 금구(金釦)를 하였다. 대신(大臣)은 청라관(青羅冠), 다음은 강라(絳羅 : 冠)를 쓰는데, 두 개의 새깃을 꽂고 금은잡구(金銀雜釦)로 장식하였다. 적삼은 통이 넓고 바지는 아구리가 크며, 흰 가죽

---

9) 折風巾(邦言蘇骨)은 高句麗 古墳壁에 흔히 보인다.

띠에 누른 가죽신을 신었다.

서민(庶民)은 거친 베옷을 입고 변(弁)을 쓰며, 여자는 머리에 수건을 둘렀다"고 했다.

책부원구(册府元龜)에는 "고구려는 공식(公式) 모임에서는 모두 금수(錦繡)와 금은(金銀)으로 장식하며, 대가(大加 : 部族長)와 주부(主簿 : 從2品에 比定)는 건책(巾幘)을 쓴다. 그 모양이 관책(冠幘)과 같으나 뒤쪽이 없다. 소가(小加)는 절풍(折風 : 巾)을 쓰는데, 모양이 변(弁)과 같다"고 하였다.

북사(北史)에 이르기를, "백제(百濟)의 의복(衣服)은 고구려와 대략 같다. 조회(朝會)의 배례(拜禮)와 제사 같은 때에는 관(冠) 양상(兩廂 : 양측)에 날개(紗帽 날개와 같은 것)를 붙이지만, 군사(軍事)에는 그렇게 하지 않는다. 내솔(奈率 : 16 官等의 6位) 이하(以上의 잘못)는 관(冠)에 은화(銀花)로써 장식한다. 장덕(將德 : 7品)은 자색(紫色) 띠, 시덕(施德 : 8품)은 검은 띠, 고덕(固德 : 9품)은 붉은 띠, 계덕(季德 : 10품)은 푸른 띠를 띠며, 대덕(對德 : 11품)·문독(文督 : 12품)은 누른 띠를 띠고, 무독(武督 : 13품)에서 극우(剋虞 : 16품)까지는 모두 흰 띠를 띤다.

수서(隋書)에는, "백제에서는 좌평(佐平 : 1품)에서 장덕(將德 : 7품)까지는 자색(紫色) 띠를 띠고, 시덕(施德)은 검은 띠, 고덕(固德)은 붉은 띠, 계덕(季德)은 푸른 띠를 띠요, 대덕(對德) 이하는 모두 누른 띠며, 문독(文督)에서 극우(剋虞 : 16품)까지는 모두 흰 띠다. 관(冠) 제도는 모두 같은데, 오직 내솔(奈率) 이상은 은화(銀花)로써 장식한다"고 하였다.

당서(唐書)에는, "백제에서는 왕이 큰 소매의 자색(紫色) 도포(外衣)와 푸른 비단바지를 입고, 오라관(烏羅冠 : 검은 羅紗冠)에 금화(金花)로 장식하며, 흰 가죽띠와 검은 가죽신을 신는다.

관원(官員)은 그림 무늬의 붉은 비단으로 옷을 짓고, 은화(銀花)로 관(冠)을 장식하였으며,

서민(庶民)은 붉은빛이나 자색(紫色) 옷을 입지 못한다"고 하였다.

통전(通典)에는, "백제의 의복(衣服)은 남자는 고려(高(句)麗)와 대략 같으며, 부인(婦人) 옷은 도포와 같은데, 소매가 조금 크다"고 하였다.

거기(車騎) 신라

진골(眞骨)의 (사용하는) 수레 재목(材木)은 자단(紫檀)[10]·침향(沈香)[11]을 쓰
지 않고, 대모(玳瑁)를 붙이지 못하며, 또 감히 금은(金銀)과 옥(玉)으로 장식
하지 못한다. (車의) 요(褥子)는 능견(綾絹) 이하를 쓰고, 두 겹을 지나지 못하
며, 자리는 전금(鈿錦)과 2색(色) 능(綾) 이하를 쓰는데, 가장자리는 금(錦) 이
하를 사용한다. 전후(前後)의 휘장은 작은 무늬의 능(綾)·사(紗)·시(絁) 이하
를 쓰고, 색(色)은 심청벽(深靑碧)·자자분(紫紫粉)으로 하며, 낙망(絡網:輿服
의 일종인 絲網)은 사마(絲麻)를 쓰고 색(色)은 홍비(紅緋)·취벽(翠碧)으로 하
고, 장표(粧表)는 또한 견포(絹布)를 사용하고, 색(色)은 홍비(紅緋)·청표(靑縹
:옥색)로 한다. 우륵(牛勒:소굴레)과 앙(鞅:말고삐)은 시(絁)·견(絹)·포(布)
를 쓰고, 고리는 금은(金銀)·유(鍮)·석(石)을 금하며, 보요(步搖;걸을 때 흔
들리는 장식)도 금은(金銀)·유(鍮)·석(石)을 금한다.
  6두품(頭品)은, 요는 시(絁)·견(絹) 이하를 쓰고, 자리는 시(絁)·견(絹)·
포(布)를 쓰는데, 가장자리가 없다. 전후(前後)의 휘장은, 진골(眞骨) 이상 귀인
(貴人)을 따라갈 때에는 치지 않고, 혼자서 갈 때에만 죽렴(竹簾:대발)이나 완
석(莞席:왕골자리)을 사용하며, 시(絁)·견(絹) 이하로 가장자리를 두른다. 낙
망(絡網)은 베를 쓰되 색(色)은 적(赤)·청(靑)으로 하며, 우륵(牛勒) 및 앙(鞅)
은 베를 쓰고, 고리는 유(鍮)·동(銅)·철(鐵)을 쓴다.
  5두품(頭品)은, 요는 전(氈)이나 베만을 쓰고, 전후(前後)의 휘장은 대발이
나 왕골자리만을 쓰며, 가죽이나 베로 가장자리를 두른다. 굴레는 없고, 고삐
는 마(麻)를 쓰며, 고리는 목(木)·철(鐵)을 쓴다.
  진골(眞骨)의 안교(鞍橋:다리 모양의 안장)는 자단(紫檀)·침향(沈香)의 사용
을 금하고, 안장언치는 계수금라(罽繡錦羅)를 금하며, 안장자리도 계수라(罽繡
羅)를 금하고, 장니(障泥:馬具의 흙받이)는 단지 마유(麻油)를 써서 염색(染色)
한다. 재갈과 등자(鐙子)는 금(金)·유(鍮)·석(石)과 도금(鍍金)과 철옥(綴玉)
의 사용을 금하며, 인추(靷鞦:고삐)는 실로 짠 것과 자색 줄끈을 금한다. 진골
녀(眞骨女)의 안교(鞍橋)는 보전(寶鈿)을 금하며, 안장언치와 안장자리는 계라
(罽羅)를 금하고, 척잡(脊雜:體脊이라고도 함)은 계수라(罽繡羅)를 금하며, 재갈

10) 紫檀은 佛經에는 旃檀(전단)이라 하고, 學名은 Pterocarpus Santalinus라고 하였는
    데, Java와 Smatra 西北에서 産出되는 有香材木이다(李龍範의 前揭論文 참조).
11) 沈香은 學名 Aquilaria Agallocha로서 역시 有香材木인데, 占城國(Campa)과
    Smatra가 그 産出地로 되어 있다(同上).

·등자에는 금으로 싸거나 옥(玉)으로 꿰는 것을 금하고, 고삐는 금은사(金銀絲)로 섞어 짠 것을 금한다.

6두품(頭品)의 안교(鞍橋)는 자단(紫檀)·침향(沈香)과 황양(黃楊)·괴(槐)·자(柘: 산뽕나무)와, 금은(金銀)·철옥(綴玉)의 사용을 금하며, 안장언치는 가죽을 쓰고, 안장자리는 면주(綿紬)·시포(絁布)·가죽을 쓴다. 장니(障泥: 흙받이)는 마유(麻油)를 써서 염색하고 재갈·등자는 금은(金銀)·유(鍮)·석(石)과 도금은(渡金銀)·철옥(綴玉)의 사용을 금하며, 고삐는 가죽과 삼(麻)을 쓴다. 6두품 여인의 안교(鞍橋)는 자단(紫檀)·침향(沈香)의 사용과, 금으로 싸고 옥으로 꿰는 것을 금하며, 안장언치와 안장자리는 계수금라(罽繡錦羅)·세라(繐羅)를 금하고, 체척(替(?)脊)은 능(綾)·시(絁)·견(絹)을 사용한다. 재갈·등자는 금은(金銀)·유(鍮)·석(石)을 사용하거나, 금은(金銀)칠 하고 옥(玉)을 꿰는 것을 금하며, 흙받이는 가죽을 쓰고, 고삐는 실로 짠 것을 쓰지 않는다.

5두품(頭品)의 안교(鞍橋)는 자단(紫檀)·침향(沈香)과 황양(黃楊)·괴(槐)·자(柘)의 사용을 금하고, 또한 금은(金銀)·철옥(綴玉)을 하지 못하며, 안장언치는 가죽을 쓰고, 흙받이는 마유(麻油)를 써서 염색한다. 재갈·등자는 금은(金銀)·유(鍮)·석(石)을 금하고 또 금은(金銀)으로 칠하거나 새기지 못하며, 고삐는 마(麻)를 사용한다. 5두품 여인의 안교(鞍橋)는 자단(紫檀)·침향(沈香)을 금하고, 또 금(金)·은(銀)·옥(玉)의 사용을 금하며, 안장언치와 안장자리는 계수금(罽繡錦)·능라(綾羅)·호피(虎皮)를 금하고, 재갈·등자는 금은(金銀)·유(鍮)·석(石)을 금하며, 또 금은(金銀)으로 장식하는 것을 금한다. 흙받이는 가죽을 사용하고, 고삐는 실끈으로 짜는 것과 자자분(紫紫粉)으로 광채 있게 두른 실끈을 금한다.

4두품(頭品)에서 백성에 이르기까지의 안교(鞍橋)는 자단(紫檀)·침향(沈香)·황양(黃楊)·괴(槐)·자(柘)의 사용을 금하고, 또 금(金)·은(銀)·옥(玉)으로 장식하는 것을 금하며, 안장언치는 소와 말의 가죽을 쓰고, 안장의 깔개는 가죽을 쓴다. 흙받이는 양죽(楊竹)을 쓰고, 재갈은 철(鐵)을 사용하며, 등자는 나무와 쇠를 사용하고, 고삐는 힘줄이나 삼(麻)으로 잡아맨다. 4두품 여인에서 백성 여인에 이르기까지의 안교(鞍橋)는 자단(紫檀)·침향(沈香)·황양(黃楊)·괴목(槐木)의 사용을 금하고, 또 금(金)·은(銀)·옥(玉)으로 장식하는 것을 금한다. 안장언치와 안장자리는 계수금라(罽繡錦羅)·세라(繐羅)·능(綾)과 호피(虎皮)를 금하고, 재갈과 등자는 금은(金銀)·유(鍮)·석(石)을 금하며, 또 금은

(金銀) 장식을 금한다. 흙받이는 가죽을 사용하고, 고삐는 실로 짠 것이나 자자분(紫紫粉)으로 광채 있게 두른 실끈을 금한다.

용기(用器)

진골(眞骨)은 금은(金銀)이나 도금(鍍金)·도은(鍍銀)한 것을 금한다. 6두(頭)·5두품(頭品)은 금은(金銀)이나 도금(鍍金)·도은(鍍銀)한 것을 금하며, 또 호피(虎皮)와 구수탑등(毬毯氀毯)[12]을 쓰지 않는다.

4두품(頭品)에서 백성에 이르기까지는 금은(金銀)·유(鍮)·석(石)과 주리평문(朱裏平文)의 것을 금하고, 또 털 댄 담요, 모포(毛布)나 호피(虎皮), 중국(中國) 담요 등을 금한다.

옥사(屋舍 : 家屋)

진골(眞骨)의 방은, 장광(長廣)이 24자를 넘지 못하며 당와(唐瓦 : 中國 기와)를 덮지 않고, 비첨(飛簷 : 날아갈 듯이 높이 들린 처마)을 하지 않으며, 조각한 현어(懸魚 : 고기 모양을 만들어 매다는 것)를 달지 않으며, 금은(金銀)·유(鍮)·석(石)과 5색(色)으로 장식하지 않는다. 계석(階石)을 갈아 만들지 않고, 3중(重) 돌층계를 하지 않으며, 담장에는 보(梁)나 기둥을 설치하지 않고 석회(石灰)를 바르지 않는다. 발(簾)의 가장자리(緣)는 금계수(錦罽繡)·야초라(野草羅)의 사용을 금하며, 병풍(屛風)에 수놓는 것을 금하고, 상(床)은 대모(玳瑁)나 침향(沈香)으로 장식하지 않는다.

6두품(頭品)의 방은, 장광(長廣)이 21자를 넘지 못하며, 당와(唐瓦)를 덮지 않고, 비첨(飛簷)과 중복(重栿 : 겹들보 ?)·공아(栱牙 : 기둥 위에 架設方木)와 현어(懸魚)를 설(設)하지 않으며, 금은(金銀)·유(鍮)·석(石)·백랍(白鑞)과 5색(色) 무늬로 장식하지 않는다. 중계(中階)와 2중(重階)를 만들지 않고, 계석(階

---

12) 前記 李龍範 교수의 硏究에 의하면 '毬毯'는 漢籍에 보이는 '氍毹(구수)'인 것 같고, '氀毯'은 역시 漢籍에 보이는 '毾㲪(탑등)'이라고 한다. 漢籍의 '毾㲪'은 中世 페르샤語 Tāptan, Tāpetan에 해당한다는 說을 인용 설명하였다. 즉 藤田豊八의 說에 의하면, 氍毹와 毾㲪은 모두 羊毛를 主成分으로 하여 雜毛를 섞어 짠 文樣있는 페르샤의 織物로서 그 용도는 榻에 까는 坐具라 한다(李龍範의 前揭論文 참조).

石)을 갈지 않으며, 담장은 8자를 넘지 못하고, 또 그 보와 기둥을 설하지 않으며, 석회(石灰)를 바르지 않는다. 염연(簾緣 : 발의 가장자리)은 계수릉(罽繡綾)의 사용을 금하고, 병풍(屛風)은 수놓은 것을 금하며, 상(床)은 대모(玳瑁)나 자단(紫檀)·침향(沈香)·황양목(黃楊木)으로 장식하지 못하고, 또 비단자리를 금한다. 중문(重門)과 사방문(四方門)을 설하지 않고, 마구(馬廐)는 다섯 필(匹)을 둘 만하게 한다.

5두품(頭品)의 방은, 장광(長廣)이 18자를 넘지 못하며 산유목(山楡木)을 쓰지 않고, 당와(唐瓦)를 덮지 않는다. 수두(獸頭 : 지붕 위에 얹어 놓는 獸形物)를 만들어 놓지 않으며, 비첨(飛簷)·중복(重栿 : 겹들보 ?)·화두아(花斗牙 : 기둥 위에 架設方木)·현어(懸魚)를 하지 않고, 금은(金銀)·유(鍮)·석(石)·동(銅)·납(鑞)과 5색(色) 무늬로 장식하지 않는다. 계석(階石)을 갈지 않고, 담장은 높이 7자를 넘지 못하며 보를 가설하지 않고, 석회(石灰)를 바르지 않는다. 염연(簾緣)은 금계릉견시(錦罽綾絹絁)를 금하고, 큰문과 사방문(四方門)을 내지 않으며, 마구(馬廐)는 3필(匹)을 둘 만하게 한다.

4두품(頭品)에서 백성에 이르기까지는 방의 장광(長廣)이 15자를 넘지 못하며, 산유목(山楡木)을 쓰지 않고, 조정(藻井 : 水草를 그린 天井)을 하지 않으며, 당와(唐瓦)를 덮지 않고, 수두(獸頭)·비첨(飛簷)·공아(栱牙)·현어(懸魚)를 만들지 않으며, 금은(金銀)·유(鍮)·석(石)·동(銅)·납(鑞)으로 장식하지 않는다. 섬돌은 산석(山石)을 쓰지 않고, 담장은 6자를 넘지 못하며, 또 (담의) 보를 가설하지 않고, 석회(石灰)로 바르지 않는다. 큰문과 사방문(四方門)을 만들지 않고, 마구(馬廐)는 2필(匹)을 둘 만하게 한다.

외위(外位)의 진촌주(眞村主)[13]는 5품((頭)品)과 같고, 차촌주(次村主)는 4품((頭)品)과 같다.

---

13) 글자 뜻으로 보면, 眞村主는 正村長, 次村主는 副村長으로 해석된다. 新羅 社會의 末端行政을 맡던 한 要職이었는데, 그 屋舍制에 있어서도 眞村主는 5頭品과 같고, 次村主는 4頭品과 같다 함을 보아, 그 身分(家格)을 알 수 있다.

〔原文〕

三國史記 卷 第三十三

雜志 第二

色服 車騎 用器 屋舍

色 服

新羅之初, 衣服之制, 不可考色, 至第二十三葉法興王, 始定六部人服色, 尊卑之制, 猶是夷俗, 至眞德在位二年, 金春秋入唐, 請襲唐儀, 玄(玄, 當作太)宗皇帝詔可之, 兼賜衣帶, 遂還來施行, 以夷易華, 文武王在位四年, 又革婦人之服, 自此已後, 衣冠同於中國.

我太祖受命, 凡國家法度, 多因羅舊, 則至今朝廷士女之衣裳, 蓋亦春秋請來之遺制歟, 臣三奉使上國, 一行衣冠與宋人無異, 嘗入朝尚早, 立紫宸殿門, 一閤門貝來問, 何者是高麗人使, 應曰, 我是, 則笑而去, 又宋使臣劉逵・吳拭, 來聘在館, 宴次見鄕粧倡女, 召來上階, 指闊袖衣・色絲帶・大裙, 嘆曰, 此皆三代之服, 不擬(擬, 當作疑)尚行於此, 知今之婦人禮服, 蓋亦唐之舊歟, 新羅年代綿遠, 文史缺落, 其制不可僂數, 但粗記其可見云爾, 法興王制, 自太大角干至大阿飡紫衣, 阿飡至級飡緋衣, 並牙笏, 大奈麻・奈麻靑衣, 大舍至先沮知黃衣. 伊飡・迊飡錦冠, 波珍飡・大阿飡衿荷緋冠, 上堂大奈麻・赤位大舍組纓.

興德王卽位九年, 太和八年, 下教曰, 人有上下, 位有尊卑, 名例不同, 衣服亦異, 俗漸澆薄, 民競奢華, 只尙異物之珍奇, 却嫌土産之鄙野, 禮數失於逼僭, 風俗至於陵夷, 敢率舊章, 以申明命, 苟或故犯, 國有常刑.

眞骨大等, 幞頭任意, 表衣・半臂袴並禁罽繡錦羅, 腰帶禁研文白玉, 靴禁紫皮, 靴帶禁隱文白玉, 襪任用綾已下, 履任用皮絲麻, 布用二十六升已下.

眞骨女, 表衣禁罽繡錦羅, 內衣・半臂・袴・襪・履並禁罽繡羅, 裱禁罽及繡用金銀絲孔雀尾翡翠毛者, 梳禁瑟瑟鈿玳瑁, 釵禁刻鏤及綴珠, 冠禁瑟瑟鈿, 布用二十八升已下, 九色禁赭黃.

六頭品, 幞頭用總羅絁絹布, 表衣只用綿紬紬布, 內衣只用小文綾絁絹布, 袴只用絁絹綿紬布, 帶只用烏犀鍮鐵銅, 襪只用絁綿紬布, 靴禁烏麋皺文紫皮, 靴帶用烏犀鍮鐵銅, 履只用皮麻, 布用十八升已下.

六頭品女, 表衣只用中小文綾絁絹, 內衣禁罽繡錦野草羅, 半臂禁罽繡羅總

羅, 袴禁罽繡錦羅繐羅金泥, 裱禁罽繡錦羅金銀泥, 褙・襠・短衣並禁罽繡錦
羅布紡羅野草羅金銀泥, 表裳禁罽繡錦羅繐羅野草羅金銀泥纐纈, 褄襻禁罽繡,
內裳禁罽繡錦羅野草羅, 帶禁以金銀絲孔雀尾翡翠毛爲組, 襪袊禁罽羅繐羅, 襪
禁罽繡錦羅繐羅野草羅, 履禁罽繡錦羅繐羅, 梳禁瑟瑟鈿, 釵禁純金以銀刻鏤及
綴珠, 冠用繐羅紗絹, 布用二十五升已下, 色禁赭黃紫紫粉金屑紅.

五頭品, 幞頭用羅繐絹布, 表衣只用布, 內衣・半臂只用小文綾繐絹布, 袴只
用綿紬布, 腰帶只用鐵, 襪只用綿紬, 靴禁烏麂皺文紫皮, 靴帶只用鍮鐵銅, 履
用皮麻, 布用十五升已下.

五頭品女, 表衣只用無文獨織, 內衣只用小文綾, 半臂禁罽繡錦野草羅繐羅,
袴禁罽繡錦羅繐羅野草羅金泥, 裱用綾絹已下, 褙・襠禁罽繡錦野草羅布紡羅
金銀泥纐纈, 短衣禁罽繡錦野草羅布紡羅繐羅金銀泥纐纈, 表裳禁罽繡錦野草
羅繐羅金銀泥纐纈, 褄襻禁罽繡錦羅, 內裳禁罽繡錦野草羅金銀泥纐纈, 帶禁以
金銀絲孔雀尾翡翠毛爲組, 襪袊禁罽繡錦羅繐羅, 襪禁罽繡錦羅繐羅野草羅, 履
但用皮已下, 梳用素玳瑁已下, 釵用白銀已下, 無冠, 布用二十升已下, 色禁赭
黃紫紫粉黃屑紅緋.

四頭品, 幞頭只用紗繐絹布, 表衣・袴只用布, 內衣・半臂只用繐絹綿紬布,
腰帶只用鐵銅, 靴禁烏麂皺文紫皮, 靴帶只用鐵銅, 履用牛皮麻已下, 布用十三
升已下.

四頭品女, 表衣只用綿紬已下, 內衣只用小文綾已下, 半臂・袴只用小文綾
繐絹已下, 裱短衣只用絹已下, 褙・襠只用綾已下, 表裳只用繐絹已下, 褄與裳
同, 襻用越羅, 無內裳, 帶禁繡組及野草羅乘天羅越羅, 只用綿紬已下, 襪袊只
用小文綾已下, 襪只用小文綾細綿紬布, 履用皮已下, 梳用素牙角木, 釵禁刻鏤
綴珠及純金, 無冠, 布用十八升, 色禁赭黃紫紫粉黃屑緋紅減紫.

平人, 幞頭只用絹布, 表衣・袴只用布, 內衣只用絹布, 帶只用銅鐵, 靴禁烏
麂皺文紫皮, 靴帶只用鐵銅, 履用麻已下, 布用十二升已下.

平人女, 表衣只用綿紬布, 內衣只用繐絹綿紬布, 袴用繐已下, 表裳用絹已
下, 襻只用綾已下, 帶只用綾絹已下, 襪袊用無文, 襪用繐綿紬已下, 梳用素牙
角已下, 釵用鍮石已下, 布用十五升已下, 色與四頭品女同.

高句麗・百濟衣服之制, 不可得而考, 今但記見於中國歷代史書者.

北史云, 高麗人皆頭著折風, 形如弁, 士人加插二鳥羽, 貴者其冠曰蘇骨, 多
用紫羅爲之, 飾以金銀, 服大袖衫, 大口袴, 素皮帶, 黃革履, 婦人裙襦加襈.

新唐書云, 高句麗王服五采, 以白羅製冠, 革帶皆金釦, 大臣靑羅冠, 次絳羅, 珥兩鳥羽, 金銀雜釦, 衫筩褏, 袴大口, 白韋帶, 黃革履, 庶人衣褐, 戴弁, 女子首巾幗.

册府元龜云, 高句麗, 其公會皆錦繡, 金銀以自飾, 大加主簿皆着幘, 如冠幘而無後, 其小加着折風, 形如弁.

北史云, 百濟衣服與高麗略同, 若朝拜祭祀, 其冠兩廂加翅, 戎事則不, 奈率已下(下, 當作上), 冠飾銀花, 將德紫帶, 施德皀帶, 固德赤帶, 季德靑帶, 對德·文督皆黃帶, 自武督至剋虞皆白帶.

隋書云, 百濟自佐平至將德, 服紫帶, 施德皀帶, 固德赤帶, 季德靑帶, 對德以下皆黃帶, 自文督至剋虞皆白帶, 冠制並同, 唯奈率以上飾以銀花.

唐書云, 百濟其王服大袖紫袍, 靑錦袴, 烏羅冠, 金花爲飾, 素皮帶, 烏革履, 官人盡緋爲衣, 銀花飾冠, 庶人不得衣緋紫.

通典云, 百濟其衣服男子, 略同於高麗, 婦人衣似袍而袖微大.

車騎 新羅

眞骨, 車材不用紫檀沈香, 不得帖玳瑁, 亦不敢飾以金銀玉, 褥子用綾絹已下, 不過二重, 坐子用鈿錦二色綾已下, 緣用錦已下, 前後幰用小文綾紗絁已下, 色以深靑碧紫紫粉, 絡網用絲麻, 色以紅緋翠碧, 粧表且用絹布, 色以紅緋靑縹, 牛勒及鞅用絁絹布, 環禁金銀鍮石, 步搖亦禁金銀鍮石.

六頭品, 褥子用絁絹已下, 坐子用絁絹布, 無緣, 前後幰若隨眞骨已上貴人行則不設, 但自行則用竹簾莞席, 緣以絁絹已下, 絡網用布, 色以赤靑, 牛勒及鞅用布, 環用鍮銅鐵.

五頭品, 褥子只用氈若布, 前後幰只用竹簾莞席, 緣以皮布, 無勒, 鞅用麻, 環用木鐵.

眞骨, 鞍橋禁紫檀沈香, 鞍韀禁罽繡錦羅, 鞍坐子禁罽繡羅, 障泥但用麻油染, 銜鐙禁金鍮石鍍金綴玉, 靮鞦禁組及紫絛.

眞骨女, 鞍橋禁寶鈿, 鮫韀鞍坐子禁罽羅, 脊禁(一云韂脊)禁罽繡羅, 銜鐙禁黍金綴玉, 靮鞦禁雜金銀絲組.

六頭品, 鞍橋禁紫檀沈香黃楊槐柘及金綴玉, 鞍韀用皮, 鞍坐子用綿紬絁布皮, 障泥用麻油染, 銜鐙禁金銀鍮石及鍍金銀綴玉, 靮鞦用皮麻.

六頭品女, 鞍橋禁紫檀沈香及黍金綴玉, 鞍韀鞍坐子禁罽繡羅緫羅, 替脊用綾絁絹, 銜鐙禁金銀鍮石及鍍金銀綴玉, 障泥用皮, 靷鞦不用組.

五頭品, 鞍橋禁紫檀沈香黃楊槐柘, 亦不得用金銀綴玉, 鞍韉用皮, 障泥用紫油染, 銜鐙禁金銀鍮石, 又不得鍍鏤金銀, 靷鞦用麻.

五頭品女, 鞍橋禁紫檀沈香, 又禁飾以金銀玉, 鞍韉鞍坐子禁罽繡錦綾羅虎皮, 銜鐙禁金銀鍮石, 又禁飾以金銀, 障泥用皮, 靷鞦禁組及紫紫粉暈繰.

四頭品至百姓, 鞍橋禁紫檀沈香黃楊槐柘, 又禁飾以金銀玉, 鞍韉用牛馬皮, 鮫褥用皮, 障泥用楊竹, 銜用鐵, 鐙用木鐵, 靷鞦用筋若麻爲絞.

四頭品至百姓女, 鞍橋禁紫檀沈香黃楊槐, 又禁飾金銀玉, 鞍韉鞍坐子禁罽繡錦綖羅綾虎皮, 銜鐙禁金銀鍮石, 又禁飾金銀, 障泥但用皮, 靷鞦禁組及紫紫粉暈繰.

器 用

眞骨, 禁金銀及鍍金.

七頭・五頭品, 禁金銀及鍍金銀, 又不用虎皮毬毾㲪氍毹.

四頭品至百姓, 禁金銀鍮石朱裏平文物, 又禁毬毾㲪氍毹虎皮大唐毯等.

屋 舍

眞骨, 室長廣不得過二十四尺, 不覆唐瓦, 不施飛簷, 不雕縣魚, 不飾以金銀鍮石五彩, 不磨階石, 不置三重階, 垣墻不施梁棟, 不塗石灰, 簾緣禁錦罽繡野草羅, 屏風禁繡, 床不飾玳瑁沈香.

六頭品, 室長廣不過二十一尺, 不覆唐瓦, 不施飛簷重袱栱牙懸魚, 不飾以金銀鍮石白鑞五彩, 不置巾(巾, 恐作中)階及二重階, 階石不磨, 垣墻不過八尺, 又不施梁棟, 不塗石灰, 簾緣禁罽繡綾, 屏風禁繡, 床不得飾玳瑁紫檀沈香黃楊, 又禁錦薦, 不置重門及四方門, 廐容五馬.

五頭品, 室長廣不過十八尺, 不用山楡木, 不覆唐瓦, 不置獸頭, 不施飛簷重袱花斗牙懸魚, 不以金銀鍮石銅鑞五彩爲飾, 不磨階石, 垣墻不過七尺, 不架以梁, 不塗石灰, 簾緣禁錦罽綾絹絁, 不作大門四方門, 廐容三馬.

四頭品至百姓, 室長廣不過十五尺, 不用山楡木, 不施藻井, 不覆唐瓦, 不置獸頭飛簷栱牙懸魚, 不以金銀鍮石銅鑞爲飾, 階砌不用山石, 垣墻不過六尺, 又不架梁, 不塗石灰, 不作大門四方門, 廐容二馬.

外眞村主與五品同, 次村主與四品同.

삼국사기 권 제 34

잡지(雜志) 제 3
지리(地理) 1 신라(新羅)

　신라(新羅) 강역(疆域)의 경계는 옛 전기(傳記)가 일치(一致)하지 않다. 두우(杜佑)의 통전(通典)에는 "그 선조(先祖)는 본시 진한(辰韓) 종족(種族)[1]인데, 그 나라가 백제(百濟)·고구려(高句麗) 두 나라 동남(東南)쪽에 있으며, 동쪽으로 큰 바다에 임(臨)하였다"하고, 유구(劉昫)의 당서(唐書 : 舊唐書)에는 "동남쪽이 모두 바다에 한(限)하였다"하였으며, 송기(宋祁)의 신서(新書 : 新唐書)에는, "동남쪽은 일본(日本)이요, 서쪽은 백제요, 북쪽은 고려(高麗)요, 남쪽은 바다에 닿았다"고 하였다. 가탐(賈耽)의 사이술(四夷述)에는 "진한(辰韓)은 마한(馬韓) 동쪽에 있는데, 동쪽은 바다에 닿고, 북쪽은 예(濊)와 접하였다"하였다. 신라의 최치원(崔致遠)은 가로되, "마한(馬韓)은 고려(高麗)요, 변한(卞韓)은 백제요, 진한(辰漢)은 신라라"고 하였는데, 이들 여러 설(說)이 근사(近似)하다[2]고 하겠다. 그리고 신구당서(新舊唐書) 같은 데에는 모두 이르기를, "변한(卞韓)의 묘예(苗裔)가 낙랑(樂浪)땅[3]에서 살았다"하고, 신당서(新唐書)는 또 이르기를 "동쪽으로 장인(長人 : 國)[4]과 상거(相距)하여 있는데, 장인(長人)

---

1) 新羅가 辰韓의 後裔인 것처럼 말한 것은 梁書 以來의 誤傳을 承襲한 것이다. 新舊 兩唐書에는 분명히 (新羅를) 卞(本作弁)韓의 後裔라고 하였다.
2) 崔致遠의 妄發을 역시 近似하다고 하는 撰者의 見解 또한 批評할 거리도 되지 못한다.
3) 여기에 樂浪 땅이라고 한 것은 樂浪을 誇張視·擴大視한 표현이니, 마치 漢書 地理志 燕條에 '夫樂浪海中, 有倭人, 分爲百餘國'이라 함과 같다고 하겠다.
4) 長人 云云의 說話는, 魏志 東夷傳 東沃沮條에 耆老의 말이라고 하여, 沃沮 東大海中에 一島(于山國 = 즉 鬱陵島)가 있고 一布衣가 海中에서 浮出하는데 그 몸이 中國人

이라는 것은 사람의 키가 3 장(丈 : 세 길)이나 되며, 톱 같은 어금니와 갈고리 같은 손톱으로 사람을 잡아먹는다. (때문에) 신라에서는 항상 노사(弩士 : 쇠뇌 쏘는 군사) 수천 명으로 지켰다"고 하였는데, 이것은 모두가 전문(傳聞)·현설 (懸說 : 떠도는 이야기)이요, 실록(實錄)이 아니다. 살피건대 양한지(兩漢志 : 前· 後漢書)에 낙랑군(樂浪郡)은 낙양(洛陽) 동북(東北) 5 천리에 있다 하고, 주(注) 에 "樂浪郡이 유주(幽州)에 속하였으니 전일(前日)의 조선국(朝鮮國)이었다" 고 하였다. 그렇다면 (樂浪은) 계림(雞林 : 新羅) 지경과는 멀리 떨어져 있는 것 같다. 또 서로 전하는 말에, 동해(東海) 절도상(絕島上)에 대인국(大人國)[5]이 있다고 했으나, 누구도 (實地를) 본 사람은 없으니, 어찌 노사(弩士)의 지키는 일이 있었을 것이랴? 지금 살펴보건대, 신라의 시조(始祖) 혁거세(赫居世)가 (中國의) 전한(前漢) 오봉(五鳳 : 宣帝의 연호) 원년 갑자(甲子 : 西紀前 57)에 개 국(開國)하였는데, 왕도(王都)는 길이가 3,075 보(步), 너비는 3,018 보(步), 35 리(里)[6] 6 부(部)가 있었다. 국호(國號)를 서야벌(徐耶伐) 혹은 사라(斯羅), 혹은 사로(斯盧), 혹은 신라(新羅)라 하였다. 탈해왕(脫解王) 9년(西紀 65)에 시림(始 林)에서 계괴(雞怪)[7]가 있었으므로 (始林을) 다시 계림(雞林)이라 이름하고 그 것으로 국호(國號)를 삼았다가, 기림왕(基臨王) 10년(西紀 307)에 다시 신라(新 羅)로 이름하였다. 처음 혁거세(赫居世) 21년에 궁성(宮城)을 쌓고 이름을 금성 (金城)이라 하였다(?). 파사왕(婆娑王) 22년(西紀 101), 금성(金城) 동남쪽에 성 (城)을 쌓고 이름을 월성(月城 : 半月城)이라 하고, 혹은 재성(在城)[8]이라고도 하였는데, 주위(周圍)가 1,023 보(步)였다. 신월성(新月城 : 半月城) 북쪽에 만월

과 같고 그 衣服의 두 소매는 길이가 3 丈이나 된다고 하였다. 이것은 膃肭(海狗)에 대하여 Fable式으로 말한 것인데, 이것이 다시 訛傳되어 長人(키가 3 丈)國의 說話가 생긴 것으로 보아야 하겠다. 특히 唐書(新羅傳)에 그 長人이 '黑毛覆身'이라고 한 것 을 보면, 膃肭에 대한 附會임을 더욱 알 수 있다.

5) 여기의 絕島는 前註에서 말한 于山國, 지금의 鬱陵島의 일컬음이요, 소위 '大人國'은 역시 앞의 長人國을 말함이다.

6) 여기의 '35 里'란 것이 京都의 周圍를 말한 것인지?(즉 35 里 위에 周字가 脫落된 것 인지), 혹은 洞里의 數인지?(마치 三國遺事 권 1에 新羅全盛之時, 京中……五十五里' 와 里와 같이 洞里를 말한 것인지) 자세치 아니하나, 아마 後者의 경우를 의미한 것 같다.

7) 金樻下에서 닭이 울었다는 變怪(金閼智 說話)의 뜻.

8) 在城은 '견성'이라고 하여, 임금이 계신 城(御在城)이란 뜻이니, 그 意義에 대하여는 拙稿「平壤의 羅城 및 在城」(靑丘學叢 3 호)을 참고하라.

성(滿月城 : 金城의 일컬음인 듯)이 있으며, 주위(周圍)가 1,838 보(步)요, 또 신월성(新月城) 동쪽에 명활성(明活城)이 있으니 주위(周圍)가 1,906 보(步)이며, 또 신월성(新月城) 남쪽에 남산성(南山城)이 있으니 주위(周圍)가 2,804 보(步)이다. 시조(始祖) 이래로(?) 금성(金城)에 거처(居處)하였으며, 후세(後世)에 와서 두 월성(月城)에 많이 거처(居處)하였는데 이 때부터 고구려(高句麗)·백제(百濟)와 지계(地界)가 견아(犬牙 : 들쭉날쭉)의 세(勢)로 교착(交錯)하여 혹은 서로 화친(和親)하고 혹은 서로 구략(寇略)하다가, 후에 당(唐)과 함께 두 나라를 토멸(討滅)하여 그 지역(地域)을 평정(平定)하고 드디어 9 주(州)를 두게 되었다. 본국(本國) 경계(境界) 내에 3 주(州)를 두니, 왕성(王城) 동북(東北 : 西北의 誤)쪽으로 당은포(唐恩浦 : 華城郡 南陽面) 향로(向路)에 당하는 곳을 상주(尙州 : 본시는 沙伐州)라 하고, 왕성(王城) 남쪽을 양주(良州 : 본시는 揷良州), 서쪽을 강주(康州 : 본시는 菁州)라 하였다. 백제국(百濟國) 경내(境內)에도 3 주(州)를 두었으니, 백제 고성(故城 : 扶餘邑) 북쪽 웅진구(熊津口)를 웅주(熊州 : 본시는 熊川州)라 하고, 다음 서남(西南)쪽을 전주(全州 : 본시는 完山州)라 하며, 다음 남쪽을 무주(武州 : 본시는 武珍州)라 하였다. 옛 고구려(高句麗) 남쪽 지경에도 3 주(州)를 두니, 서쪽에서부터 첫째를 한주(漢州 : 본시는 漢山州)라 하고, 다음 동쪽을 삭주(朔州 : 본시는 首若州)라 하며, 또 그 다음의 동쪽을 명주(溟州 : 본시는 河西州)라 하였다. (이상) 9 주(州)가 관할(管轄)하는 군현(郡縣)이 무려 450 개소였으니[方言에 이른바 鄕·部曲 등 雜所는 다 기록하지 않는다], 신라(新羅) 지리(地理 : 地域)의 범위가 이렇듯 극(極)하였다. 그러나 쇠(衰)하게 되어서는 정사(政事)가 거칠고 백성이 흩어지니 강토가 날로 줄어들었으며, 말왕(末王) 김부(金傅 : 敬順王)가 나라를 들어 아태조(我太祖 : 高麗太祖)에게 귀의(歸依)하니, 그 나라(國都)로 경주(慶州)를 삼았다.

상주(尙州)는 첨해왕(沾解王) 때에 사벌국(沙伐國)을 취하여 주(州)를 삼았다. 법흥왕(法興王) 11(2)년, 양(梁 : 中國 南祖의 하나) 보통(普通 : 武帝의 연호) 6년에 처음으로 군주(軍主)[9]를 두고 상주(上州)로 삼았다가 진흥왕(眞興王) 18

---

9) 本紀에 의하면 智證王 6년(505)에 처음으로 悉直州(三陟)를 두고, 그 長官을 軍主라 하여 軍主의 명칭이 이 때에 시작되었다고 하고, 沙伐州의 軍主名은 法興王 12년(梁 普通 6년)에 나타나고 있다(본문의 11년은 12년의 잘못). 新羅의 州長官(軍主)은 軍政一致制로 되어 있기 때문에 그렇게 이름한 것이니, 後代에는 摠管 또는 都督이라고 改稱되었다.

년에 주(州)를 폐하였다. 신문왕(神文王) 7년, 당(唐) 수공(垂拱 : 武后의 연호) 3
년에 다시 주(州 : 沙伐州)를 설치하고 성(城)을 쌓으니, 주위가 1,109 보(步)였
다. 경덕왕(景德王) 16년에 이름을 상주(尙州)라고 고쳤는데, 지금까지 그대로
되어 있다. (州의) 영현(領縣)이 셋이다. ① 청효현(靑驍縣)은 본래 석리화현
(昔(靑 ?)里火縣)인데 경덕왕(景德王)이 (靑驍로) 이름을 고쳤으니, 지금의 청리
현(靑理縣 : 尙州의 靑里 廢縣)이다. ② 다인현(多仁縣 : 醴泉의 多仁 廢縣)은 본래
달이현(達已縣)[多已라고도 함]인데, 경덕왕(景德王)이 (多仁으로) 이름을 고쳤
으며, 지금도 그대로 쓴다. ③ 화창현(化昌縣)은 본시 지내미지현(知乃彌知縣)
이었는데, 경덕왕(景德王)이 (化昌으로) 이름을 고쳤다. 지금은 그 위치가 자
세치 않다.

예천군(醴泉郡)은 본시 수주군(水酒郡)인데, 경덕왕(景德王)이 (醴泉으로) 개
명(改名)하였으며 지금은 보주(甫州)요, 영현(領縣)이 넷이다. ① 영안현(永安
縣)은 본시 하지현(下枝縣)인데, 경덕왕이 (永安으로) 개명(改名)하였다. 지금
의 풍산현(豐山縣 : 지금 安東郡 豐山面)이다. ② 안인현(安仁縣)은 본시 난산현
(蘭山縣)인데, 경덕왕이 (安仁으로) 개명(改名)하였다. 지금은 자세치 않다. ③
가유현(嘉猷縣)은 본시 근품현(近[巾이라고도 하였음]品縣)인데, 경덕왕이 (嘉
猷로) 개명하였다. 지금의 산양현(山陽縣 : 지금 聞慶의 山陽面)이다. ④ 은정현
(殷正縣)은 본시 적아현(赤牙縣)이니, 경덕왕이 (殷正으로) 개명하였다. 지금의
은풍현(殷豐縣 : 지금 榮川郡 豐基面)이다.

고창군(古昌郡)은 본시 고타야군(古陀耶郡)인데, 경덕왕(景德王)이 (古昌으
로) 개명(改名)하였다. 지금의 안동부(安東府)니, 영현(領縣)이 셋이다. ① 직녕
현(直寧縣)은 본시 일직현(一直縣)이던 것을 경덕왕이 (直寧으로) 개명하였는
데, 지금은 전대로 다시 되었다(安東의 一直 廢縣). ② 일계현(日谿縣)은 본시
열혜현(熱兮[泥兮라고도 함]縣)이던 것을 경덕왕이 (日谿로) 개명하였는데, 지
금은 (그 위치가) 자세치 않다. ③ 고구현(高丘縣)은 본시 구화현(仇火[高近이
라고도 함]縣)인데, 경덕왕이 (高丘로) 개명, 지금은 의성부(義城府)에 합하였
다(義城郡의 북쪽).

문소군(聞韶郡)은 본시 소문국(召文國)인데, 경덕왕(景德王)이 (聞韶로) 개명
(改名), 지금의 의성부(義城府)니 영현(領縣)이 넷이다. ① 진보현(眞寶縣)은 본
시 칠파화현(漆巴火縣)인데, 경덕왕이 (眞寶로) 개명, 지금 보성(甫城 : 靑松郡
眞寶面)이다. ② 비옥현(比屋縣)은 본시 아화옥현(阿火屋[幷屋이라고도 함]縣)

인데, 경덕왕이 (比屋으로) 개명하여 지금도 그대로 일컫는다(義城郡 比安面). ③ 안현현(安賢縣)은 본시 아시혜현(阿尸兮[阿乙兮라고도 함]縣)인데, 경덕왕이 (安賢으로) 개명, 지금 안정현(安定縣 : 義城郡 比安面 부근)이다. ④ 단밀현(單密縣)은 본시 무동미지(武冬彌知)[曷冬彌知라고도 함]인데, 경덕왕이 (單密로) 개명하여 지금도 그대로 일컫는다(지금 義城郡 丹密面).

숭선군(嵩善郡)은 본시 일선군(一善郡)으로, 진평왕(眞平王) 36년에 일선주(一善州)를 삼고 군주(軍主)를 두었더니, 신문왕(神文王) 7년에 주(州)를 폐하였다가, 경덕왕(景德王) 때에 (嵩善으로) 개명(改名), 지금의 선주(善州 : 善山)이다. 영현(領縣)이 셋이다. ① 효령현(孝靈縣)은 본시 모혜현(芼兮縣)인데, 경덕왕이 (孝靈으로) 개명하여 지금도 그대로 일컫는다(지금 軍威郡 孝令面). ② 이동혜현(尒同兮縣)은 지금 미상(未詳)이다. ③ 군위현(軍威縣)은 본시 노동멱현(奴同覓[如豆覓이라고도 함]縣)인데, 경덕왕이 (軍威로) 개명, 지금도 그대로 일컫는다(지금 軍威郡 軍威面).

개녕군(開寧郡)은 옛날 감문소국(甘文小國)인데, 진흥왕(眞興王) 18년, 양(梁 : 陳의 誤) 영정(永定) 원년에 군주(軍主)를 두고, 청주(靑州)[10]로 하였다가 진평왕(眞平王) 때에 주(州)를 폐하였다. 문무왕(文武王) 원년에 감문군(甘文郡)을 설치하고, 경덕왕(景德王)이 (開寧郡으로) 개명(改名)하여 지금도 그대로 일컫는다(지금 金泉郡 開寧面). 영현(領縣)이 넷이다. ① 어회현(禦侮縣)은 본시 금물현(今勿[陰達이라고도 함]縣)인데, 경덕왕이 (禦侮로) 개명하여 지금도 그대로 일컫는다(지금 金泉郡 金泉面). ② 금산현(金山縣)은 경덕왕이 주현명(州縣名)을 (함께) 고쳤는데 지금까지 모두 그대로 일컫는다(지금 金泉郡 金山). ③ 지례현(知禮縣)은 본시 지품천현(知品川縣)인데, 경덕왕이 (知禮로) 개명하여 지금도 모두 그대로 일컫는다(지금 金泉郡 知禮面). ④ 무풍현(茂豐縣)은 본시 무산현(茂山縣)인데, 경덕왕이 (茂豐으로) 개명하여 지금도 그대로 일컫는다(지금 全北 茂朱郡 茂豐面).

영동군(永同郡)은 본시 길동군(吉同郡)인데, 경덕왕(景德王)이 (永同으로) 개명(改名)하여 지금도 그대로 일컬으니, 영현(領縣)이 둘이다. ① 양산현(陽山縣)은 본시 조비천현(助比川縣)인데, 경덕왕이 (陽山으로) 개명하여 지금도 그대로 일컫는다(지금 永同郡 陽山面). ② 황간현(黃澗縣)은 본시 소라현(召羅縣)

---

10) 本紀에는 '廢沙伐州, 置甘文州'라 하여 州名을 甘文이라 하였는데, 여기는 靑州라 하였으니 未審하다.

인데, 경덕왕이 (黃澗으로) 개명하여 지금도 그대로 일컫는다(지금 永同郡 黃澗面).

　관성군(管城郡)은 본시 고시산군(古尸山郡)이었는데, 경덕왕(景德王)이 (管城으로) 개명(改名)하여 지금도 그대로 일컬으니, 영현(領縣)이 둘이다. ① 이산현(利山縣)은 본시 소리산현(所利山縣)인데, 경덕왕이 (利山으로) 개명하여 지금도 그대로 일컫는다(지금 沃川郡 沃川面). ② 현진현(縣眞縣)은 본시 아동호현(阿冬号〔今〕縣)으로서 경덕왕이 (縣眞으로) 개명, 지금은 안읍현(安邑縣)이 되었다(지금 沃川郡 東).

　삼년군(三年郡)은 본시 삼년산군(三年山郡)으로서 경덕왕(景德王)이 (三年으로) 개명(改名)하였는데, 지금은 보령군(保齡郡)이 되었고, 영현(領縣)이 둘이다. ① 청천현(淸川縣)은 본시 살매현(薩買縣)으로, 경덕왕이 (淸川으로) 개명하여 지금도 그대로 일컫는다(淸州의 舊屬縣인 靑川). ② 기산현(耆山縣)은 본시 굴현(屈縣)으로서, 경덕왕이 (耆山으로) 개명, 지금 청산현(靑山縣 : 지금 沃川郡 靑山面)이다.

　고녕군(古寧郡)은 본시 고녕가야국(古寧加耶[11]國)인데, 신라(新羅)가 취하여 고동람군(古冬攬郡 : 古陵縣이라고도 함)을 삼았다. 경덕왕(景德王)이 (古寧으로) 개명(改名)하였는데, 지금은 함녕군(咸寧郡)이니, 영현(領縣)이 셋이다. ① 가선현(嘉善縣)은 본시 가해현(加害縣)이었는데, 경덕왕이 (嘉善으로) 개명하였으니, 지금 가은현(加恩縣 : 지금 聞慶郡 加恩面)이다. ② 관산현(冠山縣)은 본시 관현(冠縣 : 冠文縣이라고도 함)인데, 경덕왕이 (冠山으로) 개명, 지금 문경현(聞慶縣 : 지금 聞慶郡 聞慶面)이다. ③ 호계현(虎溪縣)은 본시 호측현(虎側縣)인데, 경덕왕이 (虎溪로) 개명하여 지금도 그대로 일컫는다(지금 聞慶郡 虎溪面).

　화녕군(化寧郡)은 본시 답달비군(荅達匕〔畓達이라고도 함〕郡)으로서, 경덕왕(景德王)이 (化寧으로) 개명(改名)하여 지금도 그대로 일컫는다. 영현(領縣)이 하나다. 도안현(道安縣)은 본시 도량현(刀良縣)으로, 경덕왕이 (道安으로) 개명, 지금 중모현(中牟縣 : 지금 尙州郡의 牟西·牟東面)이다.

　양주(良州)는 문무왕(文武王) 5년, (唐) 인덕(麟德 : 高宗의 연호) 2년에, 상주

11) 이른바 6加耶의 하나인 古寧加耶는 이 곳이 아니라 실상은 晉州의 古名인 居列과 音相似하고, 다른 加耶와의 거리라든가, 또 晉州가 종래의 雄州巨牧임을 보아, 나는 古寧加耶를 晉州에 比定하고 있다(韓國史 古代篇, 6加耶條 참조).

(上州)·하주(下州)[12]의 땅을 분할(分割)하여 (下州 後方에) 삽량주(歃良州)를 설치하고, 신문왕(神文王) 7년에 성(城)을 쌓으니 주위가 1,260 보(步)였다. 경덕왕(景德王)이 이름을 양주(良州)로 고치니 지금 양주(梁州)다. 영현(領縣)이 하나다. 헌양현(巘陽縣)은 본시 거지화현(居知火縣)인데, 경덕왕이 (巘陽으로) 개명하여 지금도 그대로 일컫는다(지금 梁山郡의 梁山面 일대).

김해소경(金海小京)[13]은 옛날의 금관국(金官國)[伽落國이라고도 하고, 伽耶라고도 함]인데, 시조(始祖) 수로왕(首露王)에서 10 대 구해왕(九亥(充의 誤)王)에 이르러 (中國의) 양(梁) 중대통(中大通:武帝의 연호) 4년, 신라(新羅) 법흥왕(法興王) 19년에 백성을 거느리고 와서 항복하니, 그 땅을 금관군(金官郡)으로 삼았다. 문무왕(文武王) 20년, (唐) 영륭(永隆:高宗의 연호) 원년에 소경(小京)을 삼았고, 경덕왕(景德王)이 김해경(金海京)으로 개명(改名)하였는데, 지금 금주(金州:지금 金海郡 일대)다.

의안군(義安郡)은 본시 굴자군(屈自郡)인데, 경덕왕(景德王)이 (義安으로) 개명(改名)하여 지금도 그대로 일컫는다. 영현(領縣)이 셋이다. ① 칠제현(漆隄縣)은 본시 칠토현(漆吐縣)으로, 경덕왕이 (칠제로) 개명하였으니 지금 칠원현(漆園縣:지금 咸安郡 漆原面)이다. ② 합포현(合浦縣)은 본시 골포현(骨浦縣)으로, 경덕왕이 (合浦로) 개명하여 지금도 그대로 일컫는다(지금 馬山市). ③ 웅신현(熊神縣)은 본시 웅지현(熊只縣)인데, 경덕왕이 (熊神으로) 개명하여 지금도 그대로 일컫는다(지금 昌原郡 熊川面).

밀성군(密城郡)은 본시 추화군(推火(밀불)郡)으로, 경덕왕(景德王)이 (密城으로) 개명(改名)하여 지금도 그대로 일컫는데, 영현(領縣)이 다섯이다. ① 상약현(尙藥縣)은 본시 서화현(西火縣)으로, 경덕왕이 (尙藥으로) 개명하였으니, 지금 영산현(靈山縣:지금 昌寧郡 靈山面)이다. ② 밀진현(密津縣)은 본시 추포현(推浦[竹山이라고도 함]縣)으로, 경덕왕이 (密津으로) 개명하는데 지금은 미상

---

12) 上州(尙州를 治所로)·下州(昌寧을 治所로)의 설치는 이미 眞興王代에 되어, 同王 22년에 建立한 昌寧碑 중에 上下兩州의 長官인 行使大等의 名稱까지도 보인다.

13) 金海小京은 新羅 5小京 중의 하나이다. 新羅에서는 高句麗·百濟의 故疆을 합하여 9 州의 行政區域을 설정함과 함께, 서울 慶州 외에 5 개소의 小京을 설치하고, 小京에는 다시 서울을 모방하는 6部를 실시하기도 하였다. 일종의 地方特別市인 것이다. 5 小京은 加洛國 古都 金海와 함께, 忠州(中原京)·原州(北原京)·淸州(西原京)·南原(南原京)이었다.

(未詳)하다(지금 密陽郡의 龍津인 듯). ③ 오구산현(烏丘山縣)은 본시 오야산현
(烏也山[仇道라고도 하고 烏禮山이라고도 함]縣)으로, 경덕왕이 (烏丘山으로) 개
명하였는데 지금은 청도군(淸道郡)에 합하였다. ④ 형산현(荊山縣)은 본시 경
산현(驚山縣)으로, 경덕왕이 (荊山으로) 개명, 지금은 청도군(淸道郡)에 합하였
다. ⑤ 소산현(蘇山縣)은 본시 솔이산현(率已山縣)인데, 경덕왕이 (蘇山으로)
개명, 지금은 청도군(淸道郡)에 합하였다.

화왕군(火王郡)은 본시 비자화군(比自火[比斯伐이라고도 함]郡)이니, 진흥왕
(眞興王) 16년에 주(州)를 설치하고 이름을 하주(下州)[14]라 하였다. 26년에 이
를 폐지하고, 경덕왕(景德王) 때에 이름을 (火王郡으로) 고쳤는데 지금 창녕군
(昌寧郡)이다. 영현(領縣)은 하나이다. 현효현(玄驍縣)은 본시 추량화현(推良火
(미라볼)縣)[三良火라고도 함]인데, 경덕왕이 (玄驍로) 개명하였으니, 지금의 현
풍현(玄豐縣 : 지금 達城郡 玄風面)이다.

수창군(壽[壽는 嘉로도 되어 있음]昌郡)은 본시 위화군(喟火郡)인데, 경덕왕
(景德王)이 (壽昌으로) 개명(改名), 지금의 수성군(壽城郡 : 지금 大邱市 및 達城
郡 일대)이니, 영현(領縣)이 넷이다. ① 대구현(大丘縣)은 본시 달구화현(達句火
縣)인데, 경덕왕이 (大丘로) 개명하여 지금도 그대로 일컫는다. ② 팔리현(八
里縣)은 본시 팔거리현(八居里[北恥長里라고도 하고, 仁里라고도 함]縣)으로, 경
덕왕이 (八里로) 개명하였다. 지금 팔거현(八居縣 : 지금 漆谷郡 漆谷面)이다. ③
하빈현(河濱縣)은 본시 다사지현(多斯只縣 : 혹은 畓只라고도 함)인데, 경덕왕이
(河濱으로) 개명하여 지금도 그대로 일컫는다(지금 達城郡 多斯 및 河濱面). ④
화원현(花園縣)은 본시 설화현(舌火縣)인데, 경덕왕이 (花園으로) 개명하여 지
금도 그대로 일컫는다(지금 達城郡 花園面).

장산군(獐山郡)은 지미왕(祇味[摩]王) 때에 압량소국(押梁[督으로도 되어 있
음]小國)을 공취(攻取)하여 군(郡)을 설치하였는데, 경덕왕(景德王)이 (獐山이
라고) 개명(改名)하였다. 지금 장산군(章山郡 : 지금 慶北 慶山郡)이니, 영현(領
縣)이 셋이다. ① 해안현(解顏縣)은 본시 치성화현(雉省火縣)[美理라고도 함]인
데, 경덕왕이 (解顏으로) 개명하여, 지금도 그대로 일컫는다(지금 達城郡 解顏
面). ② 여량현(餘粮縣)은 본시 마진량현(麻珍[彌라고도 되어 있음]良縣)인데,

---

14) 本紀 同年條에는 '置完山州於比斯伐'이라 하여 州名을 完山이라 하였는데, 이는 下州
의 잘못일 것이다. 同王 昌寧碑에 下州의 이름이 上州와 함께 나타나고 있는 까닭이
다.

경덕왕이 (餘粮으로) 개명, 지금의 구사부곡(仇史部曲 : 지금 慶山郡 慈仁面 북쪽)이다. ③ 자인현(慈仁縣)은 본시 노사화현(奴斯火縣)인데, 경덕왕이 (慈仁으로) 개명하여 지금도 그대로 일컫는다(지금 慶山郡 慈仁面).

임고군(臨皐郡)은 본시 절야화군(切也火郡)으로, 경덕왕(景德王)이 (臨皐로) 개명(改名)하였다. 지금은 영주(永州 : 지금 永川郡)니, 영현(領縣)이 다섯이다. ① 장진현(長鎭縣)은 지금 죽장이부곡(竹長伊部曲 : 지금 慶州 북쪽)이요, ② 임천현(臨川縣)은 조분왕(助賁王) 때에 골화소국(骨火小國)을 공취(攻取)하여 현(縣)을 설치하였는데, 경덕왕이 (臨川으로) 개명, 지금은 영주(永州 : 지금 永川)에 합하였다. ③ 도동현(道同縣)은 본시 도동화현(刀冬火縣)으로, 경덕왕이 (道同으로) 개명하니 지금은 영주(永州)에 합하였다. ④ 신녕현(新寧縣)은 본시 사정화현(史丁火縣)으로, 경덕왕이 (新寧으로) 개명하여 지금도 그대로 일컫는다(지금 永川郡 新寧面). ⑤ 민백현(黽白縣)은 본시 매열차현(買熱次縣)인데, 경덕왕이 (黽白으로) 개명, 지금은 신녕현(新寧縣)에 합하였다.

동래군(東萊郡)은 본시 거칠산군(居漆山郡)으로, 경덕왕(景德王)이 (東萊로) 개명(改名)하여 지금도 그대로 일컫는다. 영현(領縣)이 둘이다. ① 동평현(東平縣)은 본시 대증현(大甑縣)인데, 경덕왕이 (東平으로) 개명하여 지금도 그대로 일컫는다(지금 東萊邑 남쪽). ② 기장현(機張縣)은 본시 갑화량곡현(甲火良谷縣)으로, 경덕왕이 (機張으로) 개명하여 지금도 그대로 일컫는다(지금 東萊郡 機張面).

동안군(東安郡)은 본시 생서량군(生西良郡)인데, 경덕왕(景德王)이 (東安으로) 개명(改名), 지금은 경주(慶州)에 합하였다. 영현(領縣)은 하나이다. 우풍현(虞風縣)은 본시 간화현(干火縣)으로, 경덕왕이 (虞風으로) 개명, 지금은 울주(蔚州 : 蔚山郡)에 합하였다.

임관군(臨關郡)은 본시 모화군(毛火〔蚊化로도 되어 있음〕郡)이니, 성덕왕(聖德王)이 성(城)을 쌓아, 일본(日本)의 침략(侵略)을 막았다. 경덕왕(景德王)이 (臨關으로) 개명(改名), 지금은 경주(慶州)에 합하였으니(지금 月城郡 外東面 일대와 蔚山郡), 영현(領縣)이 둘이다. ① 동진현(東津縣)은 본래 율포현(栗浦縣)으로, 경덕왕이 (東津으로) 개명, 지금은 울주(蔚州)에 합하였다. ② 하곡현(河曲〔西로도 되어 있음〕縣)은 파사왕(婆娑王) 때에 굴아화촌(屈阿火村)을 취하여 현(縣)을 설치하였는데, 경덕왕이 (阿曲으로) 개명, 지금은 울주(蔚州)이다.

의창군(義昌郡)은 본시 퇴화군(退火郡)으로, 경덕왕(景德王)이 (義昌으로) 개명(改名), 지금 홍해군(興海郡)이니 영현(領縣)이 여섯이다. ① 안강현(安康縣)은 본시 비화현(比火縣)으로, 경덕왕이 (安康으로) 개명하여 지금도 그대로 일컫는다(지금 月城郡 江西面 安康里 일대). ② 기립현(鬐立縣)은 본시 지답현(只畓縣)으로, 경덕왕이 (기립으로) 개명하였으니 지금의 장기현(長鬐縣 : 지금 迎日郡 長鬐面)이다. ③ 신광현(神光縣)은 본시 동잉음현(東仍音縣)인데, 경덕왕이 (神光으로) 개명하여 지금도 그대로 일컫는다(지금 迎日郡 神光面). ④ 임정현(臨汀縣)은 본시 근오지현(斤烏支縣)으로, 경덕왕이 (臨汀으로) 개명하였으니 지금의 영일현(迎日縣)이다. ⑤ 기계현(杞溪縣)은 본시 모혜현(芼兮〔化雞라고도 함〕縣)인데, 경덕왕이 (杞溪로) 개명하여 지금도 그대로 일컫는다(지금 迎日郡 杞溪面). ⑥ 음즙화현(音汁火縣)은 본시 파사왕(婆娑王) 때에 음즙벌국(音汁伐國)을 취하여 현(縣)을 설치하였는데, 지금은 안강현(安康縣)에 합하였다.

대성군(大城郡)은 본시 구도성(仇刀城) 경내(境內)의 솔이산성(率伊山城)과 가산현(茄山縣)〔驚山城이라고도 함〕·오도산성(烏刀山城) 등 3성(城)인데, 지금은 청도군(淸道郡)에 합하였다. 영현(領縣)이 둘이다. ① 약장현(約章縣)은 본시 악지현(惡支縣)으로, 경덕왕이 (約章으로) 개명하였는데 지금은 경주(慶州)에 합하였다. ② 동기정(東畿停)[15]은 본시 모지정(毛只停)으로 경덕왕이 (東畿로) 개명, 지금은 경주(慶州)에 합하였다(지금 月城郡 外東面인 듯).

상성군(商城郡)은 본시 서형산군(西兄山郡)으로, 경덕왕(景德王)이 (商城으로) 개명(改名)하였는데 지금은 경주(慶州)에 합하였다. 영현(領縣)이 다섯이다. ① 남기정(南畿停)은 본시 도품혜정(道品兮停)인데 경덕왕이 (南畿로) 개명, 지금은 경주(慶州)에 합하였다. ② 중기정(中畿停)은 본시 근내정(根乃停)인데 경덕왕이 (中畿로) 개명, 지금은 경주(慶州)에 합하였다. ③ 서기정(西畿停)은 본시 두량미지정(豆良彌知停)인데 경덕왕이 (西畿로) 개명, 지금은 경주(慶州)에 합하였다. ④ 북기정(北畿停)은 본시 우곡정(雨谷停)인데, 경덕왕이 (北畿로) 개명, 지금은 경주(慶州)에 합하였다. ⑤ 막야정(莫耶停)은 본시 관아량지정(官阿良支停 : 北阿良이라고도 함)인데 경덕왕이 (莫耶로) 개명, 지금은 경

---

15) 東畿停은 畿內 즉 서울 부근 동쪽의 軍營 소재지를 의미하는 것이다. 新羅의 軍制에는 지금 軍團과 같은 이름의 停과 幢이 있었는데, 職官志에 의하면 地方軍團에는 따로 6停·10停의 명칭이 보인다. 이 東畿停은 다음에 보이는 南畿停·西畿停·中畿停·北畿停·莫耶停 등과 함께 新羅 서울(慶州) 주위에 설치된 6畿營이라고 일컫던 것이다.

주(慶州)에 합하였다.

강주(康州)는 신문왕(神文王) 5년, 당(唐 : 武后) 수공(垂拱) 원년에 거타주(居陀州)를 나누어 청주(菁州)를 설치하였는데, 경덕왕(景德王)이 (康州로) 개명(改名)하였다. 지금 진주(晉州)니 영현(領縣)이 둘이다. ① 가수현(嘉壽縣)은 본시 가주화현(加主火縣)인데, 경덕왕이 (嘉壽로) 개명하여 지금도 그대로 되어 있다(陜川郡 三嘉面). ② 굴촌현(屈村縣)은 지금 미상(未詳)이다.

남해군(南海郡)은 신문왕(神文王) 초에 전야산군(轉也山郡)을 설치하니, 해중(海中)의 섬이다. 경덕왕(景德王)이 (南海로) 개명(改名)하여 지금도 그대로 되어 있는데, 영현(領縣)이 둘이다. ① 난포현(蘭浦縣)은 본시 내포현(內浦縣)인데, 경덕왕이 (蘭浦로) 개명하여 지금도 그대로 되어 있다(지금 南海郡 蘭浦). ② 평산현(平山縣)은 본시 평서산현(平西山縣)[西平이라고도 함]인데, 경덕왕이 (平西로) 개명하여 지금도 그대로 일컫는다(지금 南海郡 平山浦).

하동군(河東郡)은 본시 한다사군(韓多沙郡)으로, 경덕왕(景德王)이 (河東으로) 개명(改名)하여 지금도 그대로 되어 있는데, 영현(領縣)이 셋이다. ① 성량현(省良縣)은 지금 금량부곡(金良部曲 : 지금 河東郡 金陽面)이요, ② 악양현(嶽陽縣)은 본시 소다사현(小多沙縣)인데, 경덕왕이 (嶽陽으로) 개명하여 지금도 그대로 되어 있다(지금 河東郡 岳陽面). ③ 하읍현(河邑縣)은 본시 포촌현(浦村縣)으로, 경덕왕이 (河邑으로) 개명하였는데 지금 미상(未詳)이다.

고성군(固城郡)은 본시 고자군(古自郡)으로, 경덕왕(景德王)이 (固城으로) 개명(改名)하여 지금도 그대로 되어 있는데, 영현(領縣)이 셋이다. ① 문화량현(蚊火良縣)은 지금 미상(未詳)이다. ② 사수현(泗水縣)은 본시 사물현(史勿縣)으로, 경덕왕이 (泗水로) 개명하였으니 지금 사주(泗州 : 지금 泗川郡 泗川面)이다. ③ 상선현(尙善縣)은 본시 일선현(一善縣)으로, 경덕왕이 (尙善으로) 개명하였으니 지금 영선현(永善縣 : 지금 晉州 동쪽)이다.

함안군(咸安郡)은 법흥왕(法興王)이 많은 군사로 하시량국(河尸良(알라 혹은 아리라)國[阿那加耶라고도 함]을 멸하고 그 땅으로 군(郡)을 삼았는데, 경덕왕(景德王)이 (咸安으로) 개명(改名)하여 지금도 그대로 되어 있다. 영현(領縣)이 둘이다. ① 현무현(玄武縣)은 본시 소삼현(召彡縣)으로 경덕왕이 (玄武로) 개명하였는데 지금 소삼부곡(召彡部曲)이다. ② 의녕현(宜寧縣)은 본시 장함현(獐含縣)인데, 경덕왕이 (宜寧으로) 개명하여 지금도 그대로 되어 있다(지금 宜寧郡

宜寧面).

거제군(巨濟郡)은 문무왕(文武王) 초에 상군(裳郡)을 설치한 것이니, 해중(海中)의 섬이다. 경덕왕(景德王)이 이름을 (巨濟로) 고쳐 지금도 그대로인데, 영현(領縣)이 셋이다. ① 아주현(鵝洲縣)은 본시 거로현(巨老縣)인데, 경덕왕이 (鵝洲로) 개명하여 지금도 그대로 일컫는다(邑東卄里). ② 명진현(溟珍縣)은 본시 매진이현(買珍伊縣)인데, 경덕왕이 (溟珍으로) 개명하여 지금도 그대로이다 (邑東三里 溟珍浦). ③ 남수현(南垂縣)은 본시 송변현(松邊縣)으로, 경덕왕이 (南垂로) 개명, 지금은 예전대로 (松邊으로) 일컫는다(邑南卅里).

궐성군(闕城郡)은 본시 궐지군(闕支郡)으로, 경덕왕(景德王)이 (闕城으로) 개명(改名)하였으니, 지금 강성현(江城縣 : 지금 山淸郡 丹城面 일대)이다. 영현(領縣)이 둘이다. ① 단읍현(丹邑縣)은 본시 적촌현(赤村縣)으로, 경덕왕이 (丹邑으로) 개명하였는데 지금은 단계현(丹溪縣 : 지금 山淸郡 丹城面 東北)이다. ② 산음현(山陰縣)은 본시 지품천현(知品川縣)인데, 경덕왕이 (山陰으로) 개명하여 지금도 그대로 일컫는다(지금 山淸郡 山淸面).

천령군(天嶺郡)은 본시 속함군(速含郡)으로, 경덕왕(景德王)이 (天嶺으로) 개명(改名)하였는데 지금 함양군(咸陽郡 : 지금 咸陽郡), 영현(領縣)이 둘이다. ① 운봉현(雲峯縣)은 본시 모산현(母山縣)〔혹은 阿英城[16]이라고도 하고, 혹은 阿莫城이라고도 함〕인데, 경덕왕이 (雲峯으로) 개명하여 지금도 그대로 일컫는다 (지금 全北 南原郡 雲峯面). ② 이안현(利安縣)은 본시 마리현(馬利縣)인데, 경덕왕이 (利安으로) 개명하여 지금도 그대로 일컫는다(지금 咸陽郡 安義面).

거창군(居昌郡)은 본시 거열군(居烈郡)〔居陀라고도 함〕인데, 경덕왕(景德王)이 (居昌으로) 개명(改名)하여 지금도 그대로 되어 있다(지금 慶南 居昌郡). 영현(領縣)이 둘이다. ① 여선현(餘善縣)은 본시 남내현(南內縣)으로, 경덕왕이 (餘善으로) 개명하였는데 지금의 감음현(感陰縣 : 지금 咸陽郡 安義面)이다. ② 함음현(咸陰縣)은 본시 가소현(加召縣)으로, 경덕왕이 (咸陰으로) 개명하였는데, 지금은 다시 예전대로 (加召로) 하였다(지금 居昌郡 加祚面).

고령군(高靈郡)은 본시 대가야군(大加耶郡)이다. 시조(始祖) 이진아시왕(伊珍阿鼓王)〔內珍朱智라고도 함〕에서 도설지왕(道設智王)까지 16세(世) 520년(?)인데, 진흥대왕(眞興大王)이 공멸(攻滅)하여 그 땅으로 대가야군(大加耶郡)을 삼

---

16) 阿英은 阿莫의 誤인 듯. 阿莫은 現今語 어미(母)에 해당한 말이 아닌가. 그렇다면 母山과 일치한다.

왔다. 경덕왕(景德王)이 (高靈으로) 개명(改名)하여 지금도 그대로 일컫는데, 영현(領縣)이 둘이다. ① 야로현(冶爐縣)은 본시 적화현(赤火縣)인데, 경덕왕이 (冶爐로) 개명하여 지금도 그대로 일컫는다(지금 陜川郡 冶爐面). ② 신복현(新復縣)은 본시 가시혜현(加尸兮縣)으로, 경덕왕이 (新復으로) 개명, 지금은 미상(未詳)이다(아마 지금 陜川郡 伽倻面인 듯).

강양군(江陽郡)은 본시 대량주군(大良〔耶로도 되어 있음〕州郡)으로, 경덕왕(景德王)이 (江陽으로) 개명(改名)하였다. 지금 합주(陜州 : 지금 陜川郡의 大部分)이니, 영현(領縣)이 셋이다. ① 삼기현(三岐縣)은 본시 삼지현(三支縣)〔麻杖이라고도 함〕인데, 경덕왕이 (三岐로) 개명하여 지금도 그대로 되어 있다(지금 陜川郡 三嘉面). ② 팔계현(八谿縣)은 본시 초팔혜현(草八兮縣)으로, 경덕왕이 (八谿로) 개명, 지금의 초계현(草谿縣)〔陜川郡 草谿面〕이다. ③ 의상현(宜桑縣)은 본시 신이현(辛尒縣)〔朱烏村이라고도 하고, 泉州縣이라고도 함〕으로, 경덕왕이 (宜桑으로) 개명, 지금의 신번현(新繁縣 : 지금 宜寧郡 東北)이다.

성산군(星山郡)은 본시 일리군(一利郡)〔里山郡이라고도 함〕인데, 경덕왕(景德王)이 (星山으로) 개명(改名)하였다. 지금의 가리현(加利縣)이니 영현(領縣)이 넷이다. ① 수동현(壽同縣)은 본시 사동화현(斯同火縣)으로, 경덕왕이 (壽同으로) 개명하였는데, 지금은 미상(未詳 : 아마 지금 漆谷郡 仁同面인 듯)이다. ② 계자현(谿子縣)은 본시 대목현(大木縣)으로, 경덕왕이 (谿子로) 개명하였는데 지금의 약목현(若木縣 : 지금 漆谷郡 若木面)이다. ③ 신안현(新安縣)은 본시 본피현(本彼縣)으로, 경덕왕이 (新安으로) 개명하였는데 지금의 경산부(京山府 : 지금 星州郡 星州面)이다. ④ 도산현(都山縣)은 본시 적천현(狄川縣)으로, 경덕왕이 (都山으로) 개명, 지금은 미상(未詳)이다.

〔原文〕
三國史記 卷 第三十四
雜志 第三
地理 一

新羅疆界, 古傳記不同, 杜佑通典云, 其先本辰韓種, 其國左百濟高麗二國東南, 東濱大海, 劉煦(煦, 當作昫)唐書云, 東南俱限大海, 宋祁新書云, 東南日

本, 西百濟, 北高麗, 南濱海, 賈耽四夷述曰, 辰韓左馬韓東, 東抵海, 北與濊
接, 新羅崔致遠曰, 馬韓則高麗, 卞韓則百濟, 辰韓則新羅也, 此諸說可謂近似
焉, 若新舊唐書皆云, 卞韓苗裔在樂浪之地, 新書又云, 東距長人, 長人者人長
三丈, 鋸牙鉤爪, 搏人以食, 新羅常屯弩士數千守之, 此皆傳聞懸說, 非實錄也,
按兩漢志, 樂浪郡距洛陽東北五千里, 注曰, 屬幽州, 故朝鮮國也, 則似與雞林
地分隔絶, 又相傳, 東海絶島上有大人國, 而人無見者, 豈有弩士守之者, 今按
新羅始祖赫居世, 前漢五鳳元年甲子, 開國, 王都長三千七十五步, 廣三千一十
八步, 三十五里, 六部, 國號曰徐耶伐, 或云斯羅, 或云斯盧, 或云新羅, 脫解
五九年, 始林有雞怪, 更名雞林, 因以爲國號, 基臨王十年, 復號新羅, 初赫居
世二十一年, 築宮城, 號金城, 婆娑王二十二年, 於金城東南築城, 號月城, 或
號在城, 周一千二十三步, 新月城北有滿月城, 周一千八百三十八步, 又新月城
東有明活城, 周一千九百六步, 又新月城南有南山城, 周二千八百四步, 始祖已
來處金城, 至後世多處兩月城, 始與高句麗百濟地錯犬牙, 或相和親, 或相寇
鈔, 後與大唐侵滅二邦, 平其土地, 遂置九州, 本國界內置三州, 王城東北當唐
恩浦路曰尙州, 王城南曰良州, 西曰康州, 於故百濟國界置三州, 百濟故城北熊
津口曰熊州, 次西南曰全州, 次南曰武州, 於故高句麗南界置三州, 從西第一曰
漢州, 次東曰朔州, 又次東曰溟州, 九州所管郡縣無慮四百五十(方言所謂鄕部
曲等雜所, 不復具錄), 新羅地理之廣袤, 斯爲極矣, 及其衰也, 政荒民散, 疆土
日蹙, 末王金傅以國歸我太祖, 以其國爲慶州.

尙州, 沾解王時取沙伐國爲州, 法興王十一(二 ?)年, 梁普通六年, 初置軍主
爲上州, 眞興王十八年, 州廢, 神文王七年, 唐垂拱三年, 復置, 築城周一千一
百九步, 景德王十六年, 改名尙州, 今因之, 領縣三, 靑驍縣, 本昔(昔, 勝覽作
音, 恐皆靑之訛)里火縣, 景德王改名, 今靑理縣, 多仁縣, 本達已縣(或云 多
已), 景德王改名, 今因之, 化昌縣, 本知乃彌知縣, 景德王改名, 今未詳.

醴泉郡, 本水酒郡, 景德王改名, 今甫州, 領縣四, 永安縣, 本下枝縣, 景德
王改名, 今豊山縣, 安仁縣, 本蘭山縣, 景德王改名, 今未詳, 嘉猷縣, 本近(一
作巾)品縣, 景德王改名, 今山陽縣, 殷正縣, 本赤牙縣, 景德王改名, 今殷豊
縣.

古昌郡, 本古陀耶郡, 景德王改名, 今安東府, 領縣三, 直寧縣, 本一直縣,
景德王改名, 今復故, 日谿縣, 本熱兮縣(或云 泥兮), 景德王改名, 今未詳, 高

丘縣, 本仇火縣(或云 高近), 景德王改名, 今合屬義城府.

聞韶郡, 本召文國, 景德王改名, 今義城府, 領縣四, 眞寶縣, 本漆巴火縣, 景德王改名, 今甫城, 比屋縣, 本阿火屋縣(一云 幷屋), 景德王改名, 今因之, 安賢縣, 本阿尸兮縣(一云 阿乙兮), 景德王改名, 今安定縣, 單密縣, 本武冬彌知(一云 曷(曷, 勝覽作曷)冬彌知), 景德王改名, 今因之.

嵩善郡, 本一善郡, 眞平王三十六年, 爲一善州, 置軍主, 神文王七年, 州廢, 景德王改名, 今善州, 領縣三, 孝靈縣, 本芼兮縣, 景德王改名, 今因之, 尒同兮縣, 今未詳, 軍威縣, 本奴同覓縣(一云 如豆覓), 景德王改名, 今因之.

開寧郡, 古甘文小國也, 眞興王十八年, 梁(梁, 當作陳據年表)永定元年, 置軍主爲靑州, 眞平王時, 州廢, 文武王元年. 置甘文郡, 景德王改名, 今因之, 領縣四, 禦侮縣, 本今勿縣(一云 陰達), 景德王改名, 今因之, 金山縣, 景德王改州縣名, 及今並因之, 知禮縣, 本知品川縣, 景德王改名, 今因之, 茂豐縣, 本茂山縣, 景德王改名, 今因之.

永同郡, 本吉同郡, 景德王改名, 今因之, 領縣二, 陽山縣, 本助比川縣, 景德王改名, 今因之, 黃澗縣, 本召羅縣, 景德王改名, 今因之.

管城郡, 本古尸山郡, 景德王改名, 今因之, 領縣二, 利山縣, 本所利山縣, 景德王改名, 今因之, 縣眞(縣眞, 麗志及勝覽作安貞)縣, 本阿多号(兮)縣, 景德王改名, 今安邑縣.

三年郡, 本三年山郡, 景德王改名, 今保齡郡, 領縣二, 淸川縣, 本薩買縣, 景德王改名, 今因之, 耆山縣, 本屈縣, 景德王改名, 今靑山縣.

古寧郡, 本古寧加耶國, 新羅取之, 爲古多攬郡(一云 古陵縣), 景德王改名, 今咸寧郡, 領縣三, 嘉善縣, 本加害縣, 景德王改名, 今加恩縣, 冠山縣, 本冠縣(一云 冠文縣), 景德王改名, 今聞慶縣, 虎溪縣, 本虎側縣, 景德王改名, 今因之.

化寧郡, 本荅達匕縣郡(一云 沓達), 景德王改名, 今因之, 領縣一, 道安縣, 本刀良縣, 景德王改名, 今中牟縣.

良州, 文武王五年, 麟德二年, 割上州·下州地, 置歃良州, 神文王七年, 築城, 周一千二百六十步, 景德王改名良州, 今梁州, 領縣一, 巘陽縣, 本居知火縣, 景德王改名, 今因之.

金海小京, 古金官國(一云 伽落國, 一云 伽耶), 自始祖首露王, 至十世九亥

(亥, 恐是充之訛, 一作仇衝故也)王, 以梁中大通四年, 新羅法興王十九年, 率百姓來降, 以其地爲金官郡, 文武王二十年, 永隆元年, 爲小京, 景德王改名金海京, 今金州.

義安郡, 本屈自郡, 景德王改名, 今因之, 領縣三, 漆隄縣, 本漆吐縣, 景德王改名, 今漆園縣, 合浦縣, 本骨浦縣, 景德王改名, 今因之, 熊神縣, 本熊只縣, 景德王改名, 今因之.

密城郡, 本推火郡, 景德王改名, 今因之, 領縣五, 尙藥縣, 本西火縣, 景德王改名, 今靈山縣, 密津縣, 本推浦縣(一云 竹山), 景德王改名, 今未詳, 烏丘山縣, 本烏也山縣(一云 仇道, 一云 烏禮山), 景德王改名, 今合屬淸道郡, 荊山縣, 本驚山縣, 景德王改名, 今合屬淸道郡, 蘇山縣, 本率已山縣, 景德王改名, 今合屬淸道郡.

火王郡, 本比自火郡(一云比斯伐), 眞興王十六年, 置州名下州, 二十六年, 州廢, 景德王改名, 今昌寧郡, 領縣一, 玄驍縣, 本推良火縣(一云三良火), 景德王改名, 今玄豐縣.

壽昌郡(壽一作嘉), 本喟火郡, 景德王改名, 今壽城郡, 領縣四, 大丘縣, 本達句火縣, 景德王改名, 今因之, 八里縣, 本八居里縣(一云北恥長里一云仁里), 景德王改名, 今八居縣, 河濱縣, 本多斯只縣(一云畓只), 景德王改名, 今因之, 花園縣, 本舌火縣, 景德王改名, 今因之.

獐山郡, 祇味王時, 伐取押梁(一作督)小國, 置郡, 景德王改名, 今章山郡, 領縣三, 解顔縣, 本雉省火縣(一云美里), 景德王改名, 今因之, 餘粮縣, 本麻珍(一作彌)良縣, 景德王改名, 今仇史部曲, 慈仁縣, 本奴斯火縣, 景德王改名, 今因之.

臨皐郡, 本切也火郡, 景德王改名, 今永川, 領縣五, 長鎭縣, 今竹長伊部曲, 臨川縣, 助賁王時, 伐得骨火小國, 置縣, 景德王改名, 今合屬永州, 道同縣, 本刀冬火縣, 景德王改名, 今合屬永州, 新寧縣, 本史丁火縣, 景德王改名, 今因之, 黽白縣, 本買熱次縣, 景德王改名, 今合屬新寧縣.

東萊郡, 本居漆山郡, 景德王改名, 今因之, 領縣二, 東平縣, 本大甑縣, 景德王改名, 今因之, 機張縣, 本甲火良谷縣, 景德王改名, 今因之.

東安郡, 本生西良郡, 景德王改名, 今合屬慶州, 領縣一, 虞風縣, 本干火縣, 景德王改名, 今合屬蔚州.

臨關郡, 本毛火(一作蚊化)郡, 聖德王築城, 以遮日本賊路, 景德王改名, 今合屬慶州, 領縣二, 東津縣, 本栗浦縣, 景德王改名, 今合屬蔚州, 河曲(一作西)縣, 婆娑王時, 取屈阿火村置縣, 景德王改名, 今蔚州.

義昌郡, 大退火郡, 景德王改名, 今興海郡, 領縣六, 安康縣, 本比火縣, 景德王改名, 今因之, 警立縣, 本只沓縣, 景德王改名, 今長鬐縣, 神光縣, 本東仍音縣, 景德王改名, 今因之, 臨汀縣, 本斤烏支縣, 景德王改名, 今迎日縣, 杞溪縣, 本芼兮縣(一云化雞), 景德王改名, 今因之, 音汁火縣, 娑婆王時, 取音汁伐國置縣, 今合屬安康縣.

大城郡, 本仇刀城境內, 率伊山城・茄山縣(一云驚山城)・烏刀山城等三城, 今合屬淸道郡, 約章縣, 本惡支縣, 景德王改名, 今合屬慶州, 東畿停, 本毛只停, 景德王改名, 今合屬慶州.

商城郡, 本西兄山郡, 景德王改名, 今合屬慶州, 南畿停, 本道品兮停, 景德王改名, 今合屬慶州, 中畿停, 本根乃停, 景德王改名, 今合屬慶州, 西畿停, 本豆良彌知停, 景德王改名, 今合屬慶州, 北畿停, 本雨谷停, 景德王改名, 今合屬慶州, 莫耶停, 本官阿良支停(一云北阿良), 景德王改名, 今合屬慶州.

康州, 神文王五年, 唐垂拱元年, 分居陁州置菁州, 景德王改名, 今晉州, 領縣二, 嘉壽縣, 本加主火縣, 景德王改名, 今因之, 屈村縣, 今未詳.

南海郡, 神文王初置轉也山郡, 海中島也, 景德王改名, 今因之, 領縣二, 蘭浦縣, 本內流縣, 景德王改名, 今因之, 平山縣, 本平西山縣(一云西平), 景德王改名, 今因之.

河東郡, 本韓多沙郡, 景德王改名, 今因之, 領縣三, 省良縣, 今金良部曲, 嶽陽縣, 本小多沙縣, 景德王改名, 今因之, 河邑縣, 本浦村縣, 景德王改名, 今未詳.

固城郡, 本古自郡, 景德王改名, 今因之, 領縣三, 蚊火良縣, 今未詳, 泗水縣, 本史勿縣, 景德王改名, 今泗州, 尙善縣, 本一善縣, 景德王改名, 今永善縣.

咸安郡, 法興王以大兵滅阿尸良國(一云阿那加耶), 以其地爲郡, 景德王改名, 今因之, 領縣二, 玄武縣, 本召彡縣, 景德王改名, 今召彡部曲, 宜寧縣, 本獐含縣, 景德王改名, 今因之.

巨濟郡, 文武王初置裳郡, 海中島也, 景德王改名, 今因之, 領縣三, 鵝洲縣, 本巨老縣, 景德王改名, 今因之, 溟珍縣, 本買珍伊縣, 景德王改名, 南垂縣,本松邊縣, 景德王改名, 今復故.

闕城郡, 本闕支郡, 景德王改名, 今江城縣, 領縣二, 丹邑縣, 本赤村縣, 景德王改名, 今丹溪縣, 山陰縣, 本知品川縣, 景德王改名, 今因之.

天嶺郡, 本速含郡, 景德王改名, 今咸陽郡, 領縣二, 雲峯縣, 本母山縣(或云阿英城或云阿莫城), 景德王改名, 今因之, 利安縣, 本馬利縣, 景德王改名, 今因之.

居昌郡, 本居烈郡(或云居陁), 景德王改名, 今因之. 領縣二, 餘善縣, 本南內縣, 景德王改名, 今感陰縣, 咸陰縣, 本加召縣, 景德王改名, 今復故.

高靈郡, 本大加耶國, 自始祖伊珍阿鼓王(一云內珍朱智), 至道設智王, 凡十六世, 五百二十年, 眞興大王侵滅之, 以其地爲大加耶郡, 景德王改名, 今因之, 領縣二, 冶爐縣, 本赤火縣, 景德王改名, 今因之, 新復縣, 本加尸兮縣, 景德王改名, 今未詳.

江陽郡, 本大良(一作耶)州郡, 景德王改名, 今陜州, 領縣三, 三岐縣, 本三支縣(一云麻杖), 景德王改名, 今因之, 八谿縣, 本草八兮縣, 景德王改名, 今草谿縣, 宜桑縣, 本辛尒縣(一云朱烏村一云泉州縣), 景德王改名, 今新繁縣.

星山郡, 本一利郡(一云里山郡), 景德王改名, 今加利縣, 領縣四, 壽同縣, 本斯同火縣, 景德王改名, 今未詳, 谿子縣, 本大木縣, 景德王改名, 今若木縣, 新安縣, 本本彼縣, 景德王改名, 今京山府, 都山縣, 本狄山縣, 景德王改名, 今未詳.

삼국사기 권 제 35

잡지(雜志) 제 4
지리(地理) 2 신라(新羅)

한주(漢州)는 본시 고구려(高句麗)의 한산군(漢山郡)으로 신라(新羅)가 빼앗았는데 경덕왕(景德王)이 한주(漢州)로 개칭(改稱)하였다. 지금의 광주(廣州：州治)니, 영현(領縣)이 둘이다. ① 황무현(黃武縣)은 본시 고구려의 남천현(南川縣)으로, 신라가 이를 아울러 진흥왕(眞興王)이 주(州：南川州)를 삼고 군주(軍主)를 두었다. 경덕왕이 (黃武로) 이름을 고쳤는데, 지금 이천현(利川縣：지금 利川郡)이다. ② 거서현(巨黍縣)은 본시 고구려의 구성현(駒城縣)으로, 경덕왕이 (巨黍로) 개명(改名), 지금의 용구현(龍駒縣：지금 龍仁郡 駒城面)이다.

중원경(中原京)은 본시 고구려(高句麗)의 국원성(國原城)인데, 신라(新羅)가 평정(平定)하여 진흥왕(眞興王)이 소경(小京)을 설치하였다(同王 18년). 문무왕(文武王) 때(30년)에 성(城)을 쌓으니 주위가 2,592 보(步)이다. 경덕왕(景德王)이 이를 고쳐 중원경(中原京)으로 하였다. 지금 충주(忠州)다.

괴양군(槐壤郡)은 본시 고구려의 잉근내군(仍斤內郡)으로, 경덕왕(景德王)이 (槐壤으로) 개명(改名)하니 지금 괴주(槐州：지금 忠北 槐山郡)다.

소천군(泝[沂(기)[1]로도 되어 있음]川郡)은 본시 고구려의 술천군(述川郡)인데, 경덕왕(景德王)이 (泝川으로) 개명(改名)하였다. 지금 천녕군(川寧郡：지금 京畿道 驪州邑)이니 영현(領縣)이 둘이다. ① 황효현(黃驍縣)은 본시 고구려의 골내근현(骨乃斤縣)으로, 경덕왕이 (黃驍로) 개명하였으니 지금의 황려현(黃驪

---

1) 沂(기)는 泝(소)의 誤인 듯. 왜냐하면 그 前名(高句麗時代)이 述川(술내)인 까닭이다.

縣 : 지금 驪州邑)이다. ② 빈양현(濱陽縣)은 본시 고구려 양근현(楊根縣)으로, 경덕왕이 (濱陽으로) 개명하였는데, 지금은 다시 예전대로 (楊根으로) 하였다 (지금 楊平郡 楊平邑).

흑양군(黑壤郡)[黃壤郡이라고도 함]은 본시 고구려 금물노군(今勿奴郡)인데 경덕왕(景德王)이 (黑壤으로) 개명(改名)하였다(지금 鎭川郡의 대부분). 지금 진주(鎭州 : 지금 忠北 鎭川郡)니, 영현(領縣)이 둘이다. ① 도서현(都西縣)은 본시 고구려 도서현(道西縣)으로, 경덕왕이 (都西로) 개명하였으니 지금 도안현(道安縣 : 지금 槐山郡 道安面)이다. ② 음성현(陰城縣)은 본시 고구려 잉홀현(仍忽縣)인데, 경덕왕이 (陰城으로) 개명, 지금도 그대로다.

개산군(介山郡)은 본시 고구려 개차산군(皆次山郡)으로, 경덕왕(景德王)이 (介山으로) 개명(改名), 지금 죽주(竹州)니, 영현(領縣)이 하나다. 음죽현(陰竹縣)은 본시 고구려 노음죽현(奴音竹縣)인데, 경덕왕이 (陰竹으로) 개명, 지금도 그대로다.

백성군(白城郡)은 본시 고구려의 내혜홀(奈兮忽)인데 경덕왕(景德王)이 (白城으로) 개명(改名)하였다. 지금의 안성군(安城郡 : 今同)이니, 영현(領縣)이 둘이다. ① 적성현(赤城縣)은 본시 고구려의 사복홀(沙伏忽)인데, 경덕왕이 (赤城으로) 개명하였으니 지금 양성현(陽城縣 : 지금 安城郡 陽城面)이다. ② 사산현(蛇山縣)은 본시 고구려의 현(縣)이었는데, 경덕왕이 그대로 (이름)하였으니 지금 직산현(稷山縣 : 지금 天安郡 稷山面)이다.

수성군(水城郡)은 본시 매홀군(買忽郡)인데, 경덕왕(景德王)이 (水城으로) 개명(改名)하였으니 지금 수주(水州 : 水原)다.

당은군(唐恩郡)은 본시 고구려의 당성군(唐城郡)으로, 경덕왕(景德王)이 (唐恩으로) 개명(改名)하였는데, 지금은 다시 예전대로 (唐城으로) 하였다(지금 華城郡의 南陽面 일대). 영현(領縣)이 둘이다. ① 거성현(車城縣)은 본시 고구려 상홀현(上[車로도 되었음]忽[2])縣)인데, 경덕왕이 (車城으로) 개명하였으니 지금의 용성현(龍城縣 : 지금 華城郡 남쪽)이다. ② 진위현(振威縣)은 본시 고구려 부산현(釜山縣)인데, 경덕왕이 (振威로) 개명하여 지금도 그대로 일컫는다(지금 華城郡 松炭面).

율진군(栗津郡)은 본시 고구려의 율목군(栗木郡)으로, 경덕왕(景德王)이 (栗

---

2) 上忽 · 車忽은 모두 '수릿골'로 訓讀.

津으로) 개명(改名), 지금의 과주(菓州 : 지금 始興郡 일대)니, 영현(領縣)이 셋이다. ① 곡양현(穀壤縣)은 본시 고구려의 잉벌노현(仍伐奴縣)으로, 경덕왕이 (穀壤으로) 개명하였으니 지금의 검주(黔州 : 서울市 冠岳區 奉天洞·新林洞)다. ② 공암현(孔巖縣)은 본시 고구려의 제차파의현(齊次巴衣縣)인데, 경덕왕이 (孔巖으로) 개명하여 지금도 그대로 한다(지금 金浦郡 陽村面). ③ 소성현(邵城縣)은 본시 고구려 매소홀현(買召忽縣)인데, 경덕왕이 (邵城으로) 개명, 지금의 인주(仁州[慶原買召라고도 하고 彌鄒라고도 한다] : 지금 仁川)다.

장구군(獐口郡)은 본시 고구려의 장항구현(獐項口縣)인데, 경덕왕(景德王)이 (獐口로) 개명(改名)하였으니, 지금 안산현(安山縣 : 지금 始興郡 秀岩面)이다.

장제군(長堤郡)은 본시 고구려의 주부토군(主夫吐郡)인데, 경덕왕(景德王)이 (長堤로) 개명(改名)하였다. 지금의 수주(樹州 : 지금 富川郡)니, 영현(領縣)이 넷이다. ① 수성현(戍城縣)은 본시 고구려 수이홀(首尒忽)로, 경덕왕이 (戍城으로) 개명하였으니 지금의 수안현(守安縣 : 지금 金浦郡 舊邑 南)이다. ② 김포현(金浦縣)은 본시 고구려 검포현(黔浦縣)인데, 경덕왕이 (金浦로) 개명하여 지금 그대로 일컫는다(지금 金浦郡 金浦面). ③ 동성현(童城縣)은 본시 고구려 동자홀현(童子忽[幢山縣이라고도 함]縣)인데, 경덕왕이 (童城으로) 개명하여 지금도 그대로 일컫는다(通津古邑). ④ 분진현(分津縣)은 본시 고구려 호유압현(乎唯(平淮)押縣)으로, 경덕왕이 (分津으로) 개명, 지금의 통진현(通津縣 : 지금 金浦郡 月串面)이다.

한양군(漢陽郡)은 본시 고구려의 북한산군(北漢山郡 : 平壤이라고도 함)인데, 진흥왕(眞興王)이 주(州)로 삼고 군주(軍主)를 두었다.[3] 경덕왕(景德王)이 (漢陽으로) 개명(改名)하였으니 지금 양주(楊州) 옛터로, 영현(領縣)이 둘이다. ① 황양현(荒壤縣)은 본시 고구려의 골의노현(骨衣奴縣)으로, 경덕왕이 (黃壤으로) 개명하였는데 지금의 풍양현(豐壤縣 : 지금 楊州郡 榛接面 일대)이다. ② 우왕현(遇王縣)은 본시 고구려 개백현(皆伯縣)으로, 경덕왕이 (遇王으로) 개명하였으니 지금 행주(幸州 : 지금 高陽郡 知道面)다.

내소군(來蘇郡)은 본시 고구려의 매성현(買城縣)인데, 경덕왕(景德王)이 (來蘇로) 개명(改名)하였다. 지금 견주(見州 : 지금 楊州郡 州內面)니, 영현(領縣)이

---

3) 마치 北漢을 北漢山州로 삼고 여기에 軍主를 둔 것과 같이 기록하였으나, 이는 잘못이다. 本紀 중에도 北漢山州의 廢置記載가 보이나, 모두 漢山州(처음에는 新州)로 改看하여야 한다(鄕土서울 6호 所載, 拙稿 北漢山州 置廢問題 참조).

둘이다. ① 중성현(重城縣)은 본시 고구려의 칠중현(七重縣)으로, 경덕왕이 (重城으로) 개명, 지금의 적성현(積城縣 : 지금 坡州郡 積城面)이다. ② 파평현(波平縣)은 본시 고구려의 파해평사현(波害平史縣)인데, 경덕왕이 (波平으로) 개명하여 지금도 그대로 일컫는다(지금 坡州郡 坡平面).

  교하군(交河郡)은 본시 고구려의 천정구현(泉井口縣)인데, 경덕왕(景德王)이 (交河로) 개명(改名)하여 지금도 그대로 일컫는다(지금 坡州郡 交河面). 영현(領縣)이 둘이다. ① 봉성현(峯城縣)은 본시 고구려의 술이홀현(述尒忽縣)인데, 경덕왕이 (峯城으로) 개명하여 지금도 그대로 일컫는다(지금 坡州郡 州內面). ② 고봉현(高烽縣)은 본시 고구려의 달을성현(達乙省縣)인데, 경덕왕이 (高烽으로) 개명하여 지금도 그대로 일컫는다(지금 高陽郡 碧蹄面).

  견성군(堅城郡)은 본시 고구려의 마홀군(馬忽郡)인데, 경덕왕(景德王)이 (堅城으로) 개명(改名)하였다. 지금 포주(抱州)니, 영현(領縣)이 둘이다. ① 사천현(沙川縣)은 본시 고구려의 내을매현(內乙買縣)으로, 경덕왕이 (沙川으로) 개명하여 지금도 그대로 일컫는다(지금 楊州郡 北). ② 동음현(洞陰縣)은 본시 고구려의 양골현(梁骨縣)이니, 경덕왕이 (洞陰으로) 개명하여 지금도 그대로 일컫는다(지금 抱川郡 永中面).

  철성군(鐵城郡)은 본시 고구려의 철원군(鐵圓郡)으로, 경덕왕(景德王)이 (鐵城으로) 개명(改名)하였다. 지금 동주(東州)니 영현(領縣)이 둘이다. ① 동량현(㡡梁縣)은 본시 고구려의 승량현(僧梁縣)으로, 경덕왕이 (㡡梁으로) 개명하였으니 지금 승령현(僧嶺縣 : 지금 漣川郡 舊邑 동쪽)이다. ② 공성현(功成縣)은 본시 고구려의 공목달현(功木達縣)으로, 경덕왕이 (功成으로) 개명하였으니 지금의 장주(㺤州 : 지금 漣川郡 漣川面)다.

  부평군(富平郡)은 본시 고구려의 미여군(未如郡)인데, 경덕왕(景德王)이 (富平으로) 개명(改名)하였다. 지금 금화현(金化縣)이니, 영현(領縣)이 하나다. 광평현(廣平縣)은 본시 고구려 부양현(斧壤縣)으로, 경덕왕이 (廣平으로) 개명하였으니, 지금 평강현(平康縣 : 지금 江原道 平康郡)이다.

  토산군(兎山郡)은 본시 고구려의 오사함달현(烏斯含達縣)인데, 경덕왕(景德王)이 (兎山으로) 개명(改名)하여 지금도 그대로 일컫는다(지금 黃海道 延白郡 銀川面·海月面). 영현(領縣)이 셋이다. ① 안협현(安峽縣)은 본시 고구려의 아진압현(阿珍押縣)인데, 경덕왕이 (安峽으로) 개명하여 지금도 그대로 일컫는다(지금 江原道 伊川郡 安峽面). ② 삭읍현(朔邑縣)은 본시 고구려의 소읍두현

(所邑豆縣)으로, 경덕왕이 (朔邑으로) 개명, 지금의 삭녕현(朔寧縣 : 지금 漣川郡 北面)이다. ③ 이천현(伊川縣)은 본시 고구려의 이진매현(伊珍買縣)인데, 경덕왕이 (伊川으로) 개명하여 지금도 그대로 일컫는다(지금 江原道 伊川郡 伊川面).

우봉군(牛峯郡)은 본시 고구려의 우잠군(牛岑郡)이니, 경덕왕(景德王)이 (牛峯으로) 개명(改名)하여 지금도 그대로 일컫는다(지금 黃海道 金川郡). 영현(領縣)이 셋이다. ① 임강현(臨江縣)은 본시 고구려의 장항현(獐項縣)인데, 경덕왕이 (臨江으로) 개명하여 지금도 그대로 한다(지금 長湍郡 북쪽). ② 장단현(長湍縣)은 본시 고구려의 장천성현(長淺城縣)인데, 경덕왕이 (長湍으로) 개명하여 지금도 그대로 한다(지금 長湍郡 郡內面). ③ 임단현(臨端縣)은 본시 고구려의 마전천현(麻田淺縣)으로, 경덕왕이 (臨端으로) 개명, 지금 마전현(麻田縣 : 지금 漣川郡 嵋山面)이다.

송악군(松岳郡)은 본시 고구려의 부소갑(扶蘇岬)인데(新羅에서 松岳郡으로 改名했다), 계소왕(季昭王) 3년에 성(城)을 쌓았고, 경덕왕(景德王)이 그대(松岳)로 하였다. 아태조(我太祖)가 개국(開國)하면서 왕기(王畿 : 畿內)로 하였으니 영현(領縣)이 둘이다. ① 여비현(如羆縣)은 본시 고구려의 약두치현(若豆耻縣)으로, 경덕왕이 (여비로) 개명, 지금 송림현(松林縣 : 지금 長湍 北)이다. 제 4 대 광종(光宗)이 불일사(佛日寺)를 그 곳에 창건(創建)하고 현(縣)을 동북쪽으로 옮겼다. ② 강음현(江陰縣)은 본시 고구려의 굴압현(屈押縣)인데, 경덕왕이 (江陰으로) 개명, 지금도 그대로 한다(지금 金川郡 西北面).

개성군(開城郡)은 본시 고구려의 동비홀(冬比忽)인데, 경덕왕(景德王)이 (開城으로) 개명(改名)하였다. 지금 개성부(開城府 : 治所는 지금 開豊郡 西面의 開城里)니, 영현(領縣)이 둘이다. ① 덕수현(德水縣)은 본시 고구려의 덕물현(德勿縣 : 지금 開豊郡 鳳東面 興旺里 일대)인데, 경덕왕이 (德水로) 개명하여 지금도 그대로 일컫는다. (高麗) 제 11 대 문종(文宗) 때 홍왕사(興王寺)를 그 곳(水漣)에 창건하고 현(縣)을 남쪽으로 옮겼다(지금 開豊郡 大原面). ② 임진현(臨津縣)은 본시 고구려의 진임성(津臨城)이니, 경덕왕이 (臨津으로) 개명, 지금도 그대로 일컫는다(지금 漣川郡 臨津面).

해구군(海口郡)은 본시 고구려의 혈구군(穴口郡)으로, 해중(海中)에 있다. 경덕왕(景德王)이 (海口로) 개명(改名), 지금 강화현(江華縣 : 지금 江華郡)이니, 영현(領縣)이 셋이다. ① 강음현(江陰縣)은 본시 고구려의 동음내현(冬音奈縣)으

로, 경덕왕이 (江陰으로) 개명, 혈구도(穴口島) 안에 있으니 지금 하음현(河陰
縣 : 지금 江華郡 河岾面)이다. ② 교동현(喬桐縣)은 본시 고구려의 고목근현(高
木根縣)으로, 해중(海中)의 섬이다. 경덕왕이 (喬桐으로) 개명, 지금도 그대로
일컫는다(지금 江華郡 喬桐面). ③ 수진현(守鎭縣)은 본시 고구려의 수지현(首
知縣)으로, 경덕왕이 (守鎭으로) 개명, 지금 진강현(鎭江縣 : 지금 江華郡 남쪽)
이다.

　　영풍군(永豐郡)은 본시 고구려의 대곡군(大谷郡)인데, 경덕왕(景德王)이 (永
豐으로) 개명(改名)하였다. 지금의 평주(平州 : 지금 黃海道 平山郡)니, 영현(領
縣)이 둘이다. ① 단계현(檀溪縣)은 본시 고구려의 수곡성현(水谷城縣)으로, 경
덕왕이 (團溪로) 개명, 지금의 협계현(俠溪縣 : 지금 新溪郡 新溪面)이다. ② 진
서현(鎭瑞縣)은 본시 고구려의 십곡성현(十谷城縣)으로, 경덕왕이 (鎭瑞로) 개
명, 지금의 곡주(谷州 : 지금 谷山郡 谷山面)이다.

　　해고군(海皐郡)은 본시 고구려의 동삼홀군(冬彡[혹음 音字로 되어 있음]忽郡)
인데, 경덕왕(景德王)이 (海皐로) 개명(改名)하였다. 지금 염주(鹽州 : 지금 延白
郡)니 영현(領縣)이 하나다. 구택현(雊澤縣)은 본시 고구려의 도랍현(刀臘縣)으
로, 경덕왕이 (구택으로) 개명, 지금 백주(白州 : 지금 延白郡 銀川面)다.

　　폭지군(瀑池郡)은 본시 고구려의 내미홀군(內米忽郡)으로, 경덕왕(景德王)이
(瀑池로) 개명(改名), 지금의 해주(海州)다.

　　중반군(重盤郡)은 본시 고구려의 식성군(息城郡)으로, 경덕왕(景德王)이 (重
盤으로) 개명(改名), 지금의 안주(安州 : 지금 載寧郡)다.

　　서암군(栖嵒郡)은 본시 고구려의 휴암군(鵂嵒郡)으로, 경덕왕(景德王)이 (栖
嵒으로) 개명(改名), 지금의 봉주(鳳州)다.

　　오관군(五關郡)은 본시 고구려의 오곡군(五谷郡)으로, 경덕왕(景德王)이 (五
關으로) 개명(改名)하였다. 지금 동주(洞州 : 지금 瑞興郡)니, 영현(領縣)이 하나
다. 장새현(獐塞縣)은 본시 고구려의 고을로서, 경덕왕이 그대로 두었으니 지
금 수안군(遂安郡 : 지금 遂安郡 遂安面)이다.

　　취성군(取城郡)은 본시 고구려의 동홀(冬忽)로서, 헌덕왕(憲德王)이 (取城이
라고) 개명(改名)하였다. 지금의 황주(黃州)니, 영현(領縣)이 셋이다. ① 토산현
(土山縣)은 본시 고구려의 식달(息達)인데, 헌덕왕이 (土山으로) 개명하여 지금
도 그대로 한다(지금 中和郡 祥原面). ② 당악현(唐嶽縣)은 본시 고구려의 가화
압(加火押)인데, 헌덕왕이 현(縣)을 설치하고 이름을 (唐嶽이라고) 고쳤으니,

지금 중화현(中和縣 : 지금 中和郡 唐井面)이다. ③ 송현현(松峴縣)은 본시 고구려의 부사파의현(夫斯波衣縣)인데, 헌덕왕이 (松峴으로) 개명하였다. 지금 중화현(中和縣 : 지금 中和郡 서쪽 부근)에 속했다.

삭주(朔州)는 가탐(賈耽)의 고금군국지(古今郡國志)에 이르기를, "고구려(高句麗)의 동남(東南)쪽, 예(濊)의 서쪽에 있는 옛날 맥(貊)[4]의 땅이니, 대개 지금 신라(新羅)의 북쪽 삭주(朔州)라고 하였다. 선덕왕(善德王) 6년, 당(唐) 정관(貞觀 : 太宗의 연호) 11년에 (이 곳을) 우수주(牛首州)로 삼아 군주(軍主)를 두었는데[혹은 文武王 13년, 唐 咸亨 4년에 首若州를 설치하였다고도 함], 경덕왕(景德王)이 (朔州로) 고쳤다. 지금 춘주(春州 : 州治는 지금 春川市)니, 영현(領縣)이 셋이다. ① 녹효현(綠驍縣)은 본시 고구려의 벌력천현(伐力川縣)으로, 경덕왕이 (綠驍로) 개명하였으니 지금 홍천현(洪川縣 : 지금 洪川郡 洪川邑)이다. ② 황천현(潢川縣)은 본시 고구려의 횡천현(橫川縣)으로, 경덕왕이 (潢川으로) 개명하였는데, 지금은 다시 예전대로 (橫川으로) 하였다(지금 橫城郡 橫城邑). ③ 지평현(砥平縣)은 본시 고구려의 지현현(砥峴縣)이니, 경덕왕이 (砥平으로) 개명, 지금도 그대로 한다(지금 京畿道 楊平郡 砥堤面).

북원경(北原京)은 본시 고구려의 평원군(平原郡)으로, 문무왕(文武王)이 (여기에) 북원소경(北原小京)을 설치하고, 신문왕(神文王) 5년에 성(城)을 쌓으니 주위(周圍)가 1,031 보(步)였다. 경덕왕(景德王)이 그대로 (北原小京으로) 하였는데 지금 원주(原州 : 今同)다.

내제군(奈隄郡)은 본시 고구려의 내토군(奈吐郡)[5]인데, 경덕왕(景德王)이 (奈隄로) 개명(改名)하였다. 지금 식주(湜(堤)州 : 지금 堤川郡)니, 영현(領縣)이 둘이다. ① 청풍현(淸風縣)은 본시 고구려의 사열이현(沙熱伊縣)인데, 경덕왕이 (淸風으로) 개명하여 지금도 그대로 한다(지금 堤川郡 淸風面). ② 적산현(赤山縣)은 본시 고구려의 고을로서, 경덕왕이 그대로 (이름)하였는데 지금 단산현

---

4) 濊와 貊을 2族으로 誤認한 1例라 하겠다. 濊貊은 본시 1族으로, 前漢代에는 주로 高句麗 혹은 扶餘를 指稱하는 狹義的인 族名이 되다가 後漢代에는 특히 東海岸地帶의 東部濊貊을 專稱하는 名詞가 되었던 것이다.

5) 奈吐는 奈隄와 같은 뜻으로, 現今語 '냇둑'에 해당하거니와, 그것은 堤川의 義林池(貯水池)로 인한 名稱이었다.

(丹山縣 : 지금 丹陽郡 丹陽面)이다.

내령군(柰靈郡)은 본시 백제(百濟)[6]의 내기군(奈己郡)으로, 파사왕(婆娑王)[7]이 취(取)하였는데, 경덕왕(景德王)이 (奈靈으로) 개명(改名)하였다. 지금 강주(剛州 : 지금 榮州郡)니, 영현(領縣)이 둘이다. ① 선곡현(善谷縣)은 본시 고구려의 매곡현(買谷縣)으로, 경덕왕이 (善谷으로) 개명하였는데, (그 位置가) 지금 미상(未詳)이다(지금 榮州郡 禮安面). ② 옥마현(玉馬縣)은 본시 고구려의 고사마현(古斯馬縣)으로, 경덕왕이 (玉馬로) 개명, 지금의 봉화현(奉化縣 : 지금 奉化郡 奉化面)이다.

업산군(岋山郡)은 본시 고구려의 급벌산군(及伐山郡)으로, 경덕왕(景德王)이 (업산으로) 개명(改名)하였다. 지금 흥주(興州 : 지금 榮州郡 順興面)니, 영현(領縣)이 하나다. 인풍현(鄰豐縣)은 본시 고구려의 이벌지현(伊伐支縣)으로, 경덕왕이 (鄰豐으로) 개명하였는데 지금 미상(未詳)이다.

가평군(嘉平郡)은 본시 고구려의 근평군(斤平郡)인데, 경덕왕(景德王)이 (嘉平으로) 개명(改名)하여 지금도 그대로 하니(지금 京畿道 加平郡), 영현(領縣)이 하나다. 준수현(浚水縣)은 본시 고구려의 심천현(深川縣)으로, 경덕왕이 (浚水로) 개명, 지금 조종현(朝宗縣 : 지금 加平郡 下面)이다.

양록군(楊麓郡)은 본시 고구려의 탑구군(楊口郡)으로, 경덕왕(景德王)이 (楊麓으로) 개명(改名)하였다. 지금 양구현(陽溝縣 : 지금 江原道 楊口郡)이니, 영현(領縣)이 셋이다. ① 희제현(狶蹄縣)은 본시 고구려의 저족현(猪足縣)으로, 경덕왕이 (狶蹄로) 개명하였으니 지금 인제현(麟蹄縣 : 지금 麟蹄郡 麟蹄面)이다. ② 치도현(馳道縣)은 본시 고구려의 옥기현(玉岐縣)으로, 경덕왕이 (馳道로) 개명하였으니, 지금 서화현(瑞禾縣 : 지금 麟蹄郡 瑞和面)이다. ③ 삼령현(三嶺縣)은 본시 고구려의 삼현현(三峴縣)으로, 경덕왕이 (三嶺으로) 개명, 지금의 방산현(方山縣 : 지금 楊口郡 方山面)이다.

낭천군(狼川郡)은 본시 고구려의 생천군(狌川郡)인데, 경덕왕(景德王)이 (狼川으로) 개명(改名)하여 지금도 그대로 한다(지금 江原道 華川郡).

대양군(大楊郡)은 본시 고구려의 대양관군(大楊菅郡)으로, 경덕왕(景德王)이 (大楊으로) 개명(改名)하였다. 지금 장양군(長楊郡 : 지금 淮陽郡)이니 영현(領縣)

---

6) 여기 百濟는 高句麗의 誤記일 것이다. 이 방면의 舊地名이 모두 高句麗時代의 것인데, 유독 이 곳만이 百濟의 故地라고는 할 수 없는 것이다.

7) 婆娑王 때에 지금 榮州地方을 取했다는 것은 믿을 수 없다.

이 둘이다. ① 수천군(藪川郡)은 본시 고구려의 수생천현(藪牲川縣)으로, 경덕왕이 (藪川으로) 개명하였으니, 지금 화천현(和川縣 : 지금 淮陽郡 東)이다. ② 문등현(文登縣)은 본시 고구려의 문현현(文峴縣)이니, 경덕왕이 (文登으로) 개명하여 지금도 그대로 한다(지금 淮陽郡 東).

익성군(益城郡)은 본시 고구려의 모성군(母城郡)으로, 경덕왕(景德王)이 (益城으로) 개명(改名), 지금의 금성군(金城郡 : 지금 金化郡 金城面 일대)이다.

기성군(岐城郡)은 본시 고구려의 동사홀군(冬斯忽郡)인데, 경덕왕(景德王)이 (岐城으로) 개명(改名)하여 지금도 그대로 한다(金化郡 金城面 東). 영현(領縣)이 하나이다. 통구현(通溝縣)은 본시 고구려의 수입현(水入縣)이니, 경덕왕이 (通溝로) 개명, 지금도 그대로 한다(지금 金化郡 金城面 북쪽).

연성군(連城郡)은 본시 고구려의 각연성군(各[客으로도 되어 있음]連城郡)으로, 경덕왕(景德王)이 (連城으로) 개명(改名)하였다. 지금 교주(交州 : 지금 淮陽郡)니 영현(領縣)이 셋이다. ① 단송현(丹松縣)은 본시 고구려의 적목진(赤木鎭)으로, 경덕왕이 (丹松으로) 개명, 지금의 남곡현(嵐谷縣 : 지금 淮陽郡 嵐谷面)이다. ② 일운현(軼雲縣)은 본시 고구려의 관술현(管述縣)으로, 경덕왕이 (질운으로) 개명하였는데, 지금 미상(未詳)이다. ③ 희령현(狶嶺縣)은 본시 고구려의 저수현현(猪守峴縣)으로, 경덕왕이 (희령으로) 개명하였는데, 지금 미상(未詳)이다.

삭정군(朔庭郡)은 본시 고구려의 비열홀군(比列忽郡)인데, 진흥왕(眞興王) 17년 양(梁) 태평(太平 : 敬帝의 연호) 원년에 (이 곳으로써) 비열주(比列州)를 삼아 군주(軍主)를 두고, 효소왕(孝昭王) 때에 성(城)을 쌓았으니 주위(周圍)가 1,180 보(步)였다. 경덕왕(景德王)이 (朔庭으로) 개명(改名)하였는데, 지금의 등주(登州 : 지금 咸南 安邊郡)니 영현(領縣)이 다섯이다. ① 서곡현(瑞谷縣)은 본시 고구려의 경곡현(原谷縣)인데, 경덕왕이 (瑞谷으로) 개명하여 지금도 그대로이다(지금 安邊郡 瑞谷面). ② 난산현(蘭山縣)[8]은 본시 고구려의 석달현(昔達

---

8) 蘭山縣은 朔州(牛首州)의 屬縣인데, 잘못 이 곳에 실었다. 이에 대해서는 東國輿地勝覽 撰者가 春川府(古跡) 古蘭山縣條에 史記의 杜撰을 지적하여 '按金富軾新羅本紀云, 哀莊王 五年, 牛首州(春川)蘭山縣, 伏石起立, 地理志則以蘭山爲朔庭郡領縣, 蓋景德王改比列忽爲朔庭, 改牛首州爲朔州, 富軾失考於兩朔而誤以朔州爲朔庭也'라고 하였는데, 但(말미 부분에) '誤以朔州爲朔庭'은 '誤而蘭山爲朔庭郡領縣'이란 의미로 活看하여야 할 것이다.

縣)으로, 경덕왕이 (蘭山으로) 개명하였는데, 지금 미상(未詳)이다. ③ 상음현
(霜陰縣)은 본시 고구려의 살한현(薩寒縣)으로, 경덕왕이 (霜陰으로) 개명하여
지금도 그대로다(지금 安邊郡 東). ④ 청산현(菁山縣)은 본시 고구려 가지달현
(加支達縣)으로, 경덕왕이 (菁山으로) 개명하였는데, 지금 문산현(汶山縣 : 지금
安邊郡 南)이다. ⑤ 익계현(翊谿縣)은 본시 고구려의 익곡현(翼谷縣)으로, 경덕
왕이 (翊谿으로) 개명하여 지금도 그대로 한다(지금 安邊郡 南).

정천군(井泉郡)은 본시 고구려의 천정군(泉井郡)으로, 문무왕(文武王) 21년[9]
에 (이를) 취(取)하였고, 경덕왕(景德王)이 (井泉으로) 개명(改名)하여 탄항관문
(炭項關門)을 쌓았다. 지금 용주(湧州 : 지금 德源郡)니, 영현(領縣)이 셋이다. ①
산산현(蒜山縣)은 본시 고구려의 매시달현(買尸達縣)으로, 경덕왕이 (蒜山으로)
개명하였는데 지금 미상(未詳)이다. ② 송산현(松山縣)은 본시 고구려의 미사
달현(未斯達縣)으로, 경덕왕이 (松山으로) 개명하였는데, 지금 미상(未詳)이다.
③ 유거현(幽居縣)은 본시 고구려의 동허현(東墟縣)으로, 경덕왕이 (幽居로) 개
명하였는데, 지금 미상(未詳)이다(지금 德源郡 府內面인 듯함).

명주(溟州)는 본시 고구려의 하서량(河西良)〔何瑟羅라고도 함〕인데, 후에 신
라(新羅)에 속하였다. 가탐(賈耽)의 고금군국지(古今郡國志)에 이르기를, "지금
신라 북계(北界)의 명주(溟州)[10]는 대개 예(濊)의 고국(古國)이라" 하였다. 전사
(前史)[11]에는 부여(扶餘)를 예(濊)의 땅이라 하였는데, 그것은 잘못이다. 선덕왕
(善德王) 때에 (이 곳으로써) 소경(小京)을 만들고 사신(仕臣 : 小京의 長官)을
두었다. 태종왕(太宗 : 武烈王) 5년, 당(唐) 현경(顯慶 : 高宗의 연호) 3년에 하슬
라(何瑟羅)의 땅이 말갈(靺鞨 : 東濊 ?)에 연접하였음으로 해서, 경(京)은 파(罷)
하고 주(州)를 만들어 군주(軍主)를 두어 진수(鎭守)하게 하였다. 경덕왕(景德

---

9) 지금 咸鏡道 방면에 대한 新羅의 拓境은 이미 眞興王代에 있었던 것은 무엇보다도
   저 黃草碑와 磨雲碑가 이를 雄辯으로 말하고 있으므로, 여기에 文武王 21년說은 杜
   撰이다.
10) 여기의 이른바 溟州를 新羅의 北界 또는 濊의 古國이라고 한 것을 보면, 東濊의 中
    心地인 不耐濊, 즉 比列州(지금 安邊)를 別稱한 것이 분명한데, 史記 撰者는 景德王
    때에 何瑟羅州를 改稱한 溟州로 誤認한 것 같다.
11) 이른바 「前史」는 무슨 책을 말함인지? 혹시 舊三國史記를 指稱한 것인지? 자세히
    알 수 없고, 또 이른바 扶餘도 北扶餘인지, 卒本扶餘인지, 또는 東扶餘인지 명확치
    아니하나, 三扶餘가 中國人이 일컫던 濊貊인 것은 틀림없다.

王)이 16년에 명주(溟州)로 개칭(改稱)하여 지금도 그대로 하니(그 治所는 지금 江陵市), 영현(領縣)이 넷이다. ① 정선현(旌善縣)은 본시 고구려의 잉매현(仍買縣)으로 경덕왕이 (旌善으로) 개명, 지금도 그대로 한다(지금 旌善郡 旌善面). ② 촉제현(棟[棟으로도 되어 있음]隄縣)은 본시 고구려의 속토현(束吐縣)으로, 경덕왕이 (棟隄로) 개명하였는데, 지금 미상(未詳)이다. ③ 지산현(支山縣)은 본시 고구려의 고을로서, 경덕왕이 그대로 하였으니 지금 연곡현(連谷縣 : 지금 溟州郡 連谷面)이다. ④ 동산현(洞山縣)은 본시 고구려의 혈산현(穴山縣)으로, 경덕왕이 (洞山으로) 개명하여 지금도 그대로 한다(지금 襄陽郡 남쪽).

곡성군(曲城郡)은 본시 고구려의 굴화군(屈火郡)으로, 경덕왕(景德王)이 (曲城으로) 개명(改名)하였다. 지금 임하군(臨河郡 : 지금 安東郡 臨河面 일대)이니, 영현(領縣)이 하나이다. 연무현(緣[椽으로도 되어 있음]武縣)은 본시 고구려의 이화혜현(伊火兮縣)으로, 경덕왕이 (緣武로) 개명, 지금의 안덕현(安德縣 : 지금 靑松郡 安德面)이다.

야성군(野城郡)은 본시 고구려의 야시홀군(也尸忽郡)인데, 경덕왕(景德王)이 (野城으로) 개명(改名)하였다. 지금 영덕군(盈德郡 : 今同)이니 영현(領縣)이 둘이다. ① 진안현(眞安縣)은 본시 고구려의 조람현(助攬縣)으로, 경덕왕이 (眞安으로) 개명하였으니 지금 보성부(甫城府 : 지금 靑松郡 眞寶面)이다. ② 적선현(積善縣)은 본시 고구려의 청이현(靑已縣)으로, 경덕왕이 (積善으로) 개명, 지금의 청부현(靑鳧縣 : 지금 靑松郡 靑松面)이다.

유린군(有鄰郡)은 본시 고구려의 우시군(于尸郡)으로, 경덕왕(景德王)이 (유린으로) 개명(改名)하였다. 지금의 예주(禮州 : 지금 盈德郡 寧海面)니 영현(領縣)이 하나이다. 해아현(海阿縣)은 본시 고구려의 아혜현(阿兮縣)으로, 경덕왕이 (海阿로) 개명, 지금의 청하현(淸河縣 : 지금 迎日郡 淸河面)이다.

울진군(蔚珍郡)은 본시 고구려의 우진야현(于珍也縣)으로, 경덕왕(景德王)이 (蔚珍으로) 개명(改名)하여 지금도 그대로 한다(지금 慶北 蔚珍郡). 영현(領縣)이 하나이다. 해곡현(海曲[曲이 西로도 되어 있음]縣)은 본시 고구려의 파차현(波且縣)으로, 경덕왕이 (海曲으로) 개명, 지금 미상(未詳)이다.

내성군(奈城郡)은 본시 고구려의 내생군(奈生郡)으로, 경덕왕(景德王)이 (奈城으로) 개명(改名)하였으니 지금 영월군(寧越郡 : 今同)으로, 영현(領縣)이 셋이다. ① 자춘현(子春縣)은 본시 고구려의 을아단현(乙阿旦縣)으로, 경덕왕이 (子春으로) 개명하였으니 지금 영춘현(永春縣 : 지금 丹陽郡 永春面)이다. ② 백오현(白烏縣)은 본시 고구려의 욱오현(郁烏縣)으로, 경덕왕이 (白烏로) 개명, 지금의 평창현(平昌縣 : 지금 江原道 平昌郡 平昌面)이다. ③ 주천현(酒泉縣)은 본시 고구려의 주연현(酒淵縣)으로, 경덕왕이 (酒泉으로) 개명, 지금도 그대로이다(지금 寧越郡 酒泉面).

삼척군(三陟郡)은 본시 실직국(悉直國)으로, 파사왕대(婆娑王代)에 와서 (新羅에) 항복하였다. 지증왕(智證王) 6년, 양(梁) 천감(天監 ; 武帝의 연호) 4년에 주(州)를 삼고 이사부(異斯夫)로 군주(軍主)를 임명하였다. 경덕왕(景德王)이 (三陟으로) 개명(改名)하여 지금도 그대로 하고 있는데(今同), 영현(領縣)이 넷이다. ① 죽령현(竹嶺縣)은 본시 고구려의 죽현현(竹峴縣)으로, 경덕왕이 (竹嶺으로) 개명하였는데 지금 미상(未詳)이다(지금 竹嶺 부근). ② 만경현(滿卿[鄕으로도 되어 있음]縣)은 본시 고구려의 만약현(滿若縣)으로, 경덕왕이 (滿卿으로) 개명, 지금 미상(未詳)이다. ③ 우계현(羽谿縣)은 본시 고구려의 우곡현(羽谷縣)으로, 경덕왕이 (羽谿로) 개명하여 지금도 그대로 한다(지금 溟州郡 玉溪面 ?). ④ 해리현(海利縣)은 본시 고구려의 파리현(波利縣)으로, 경덕왕이 (海利로) 개명, 지금 미상(未詳)이다.

수성군(守城郡)은 본시 고구려의 수성군(逆城郡)[12]으로, 경덕왕(景德王)이 (守城으로) 개명(改名)하였다. 지금 간성현(杆城縣 : 지금 江原道 高城郡 杆城面 일대)이니 영현(領縣)이 둘이다. ① 동산현(童山縣)은 본시 고구려의 승산현(僧山縣)으로, 경덕왕이 (童山으로) 개명, 지금의 열산현(烈山縣 : 지금 杆城郡 域內)이다. ② 익령현(翼嶺縣)은 본시 고구려의 익현현(翼峴縣)으로, 경덕왕이 (翼嶺으로) 개명, 지금도 그대로이다(지금 襄陽郡 域內).

고성군(高城郡)은 본시 고구려의 달홀(達忽)이다. 진흥왕(眞興王) 29년에 주(州)를 삼고 군주(軍主)를 두었다. 경덕왕(景德王)이 (高城으로) 개명(改名)하여 지금도 그대로 하니 영현(領縣)이 둘이다. ① 환가현(豢猳縣)은 본시 고구려의 저수혈현(猪迭穴縣)으로, 경덕왕이 (환가로) 개명하여 지금도 그대로 한다(지금 高城郡 域內). ② 편험현(偏嶮縣)은 본시 고구려의 평진현현(平珍峴縣)으로, 경덕왕이 (偏嶮으로) 개명, 지금의 운암현(雲巖縣 : 지금 通川郡 域內)이다.

금양군(金壤郡)은 본시 고구려의 휴양군(休壤郡)으로, 경덕왕(景德王)이 (金

---

12) 逆는 字典에 없는 글자로, 우리 東方에서 지은, 迏(邊)字의 古形인 듯함. 더욱이 逆城을 一云 加羅忽(麗史 地理地 및 勝覽)·加阿忽(史記 高句麗州縣條)이라 했으니, 加羅·加阿가 모두 邊의 뜻인 '갓'·'가'의 寫音일 것이다.

壤으로) 개명(改名)하여 지금도 그대로 한다(지금 通川郡) 영현(領縣)이 다섯이다. ① 습계현(習谿縣)은 본시 고구려의 습북곡현(習北谷縣)으로, 경덕왕이 (習谿로) 개명하였으니 지금 흡곡현(歙谷縣 : 지금 通川郡 歙谷面)이다. ② 제상현(隄上縣)은 본시 고구려의 토상현(吐上縣)으로, 경덕왕이 (隄上으로) 개명하였으니 지금 벽산현(碧山縣 : 通川郡 碧養面 ?)이다. ③ 임도현(臨道縣)은 본시 고구려의 도림현(道臨縣)인데, 경덕왕이 (臨道로) 개명하여 지금도 그대로 한다(지금 通川郡 臨南面). ④ 파천현(派川縣)은 본시 고구려의 개연현(改淵縣 : 지금 咸南 安邊郡 沛川)인데, 경덕왕이 (派川으로) 개명하여 지금도 그대로 한다. ⑤ 학포현(鶴浦縣)은 본시 고구려의 곡포현(鵠浦縣)으로, 경덕왕이 (鶴浦로) 개명하여 지금도 그대로 한다(지금 安邊郡 鶴城面).

〔原文〕

三國史記 卷 第三十五

雜志 第四

地理 二

漢州, 本高句麗漢山郡, 新羅取之, 景德王改爲漢州, 今廣州, 領縣二, 黃武縣, 本高句麗南川縣, 新羅幷之, 眞興王爲州置軍主, 景德王改名, 今利川縣, 巨黍縣, 本高句麗駒城縣, 景德王改名, 今龍駒縣.

中原京, 本高句麗國原城, 新羅平之, 眞興王置小京, 文武王時築城, 周二千五百九十二步, 景德王改爲中原京, 今忠州.

槐壤郡, 本高句麗仍斤內郡, 景德王改名, 今槐州.

泝(一作沂)川郡, 本高句麗述川郡, 景德王改名, 今川寧郡, 領縣二, 黃驍縣, 本高句麗骨乃斤縣, 景德王改名, 今黃驪縣, 濱陽縣, 本高句麗楊根縣, 景德王改名, 今復故.

黑壤郡(一云黃壤郡), 本高句麗今勿奴郡, 景德王改名, 今鎭州, 領縣二, 都西縣, 本高句麗道西縣, 景德王改名, 今道安縣, 陰城縣, 本高句麗仍忽縣, 景德王改名, 今因之.

介山郡, 本高句麗皆次山郡, 景德王改名, 今竹州, 領縣一, 陰竹縣, 本高句麗奴音竹縣, 景德王改名, 今因之.

白城郡, 本高句麗奈兮忽, 景德王改名, 今安城郡, 領縣二, 赤城縣, 本高句麗沙伏忽, 景德王改名, 今陽城縣, 蛇山縣, 本高句麗(麗下恐有蛇山(見勝覽))縣, 景德王因之, 今稷山縣.

水城郡, 本高句麗買忽郡, 景德王改名, 今水州.

唐恩郡, 本高句麗唐城郡, 景德王改名, 今復故, 領縣二, 車城縣, 本高句麗上(一作車)忽縣, 景德王改名, 今龍城縣, 振威縣, 本高句麗釜山縣, 景德王改名, 今因之.

栗津郡, 本高句麗栗木郡, 景德王改名, 今菓州, 領縣三, 穀壤縣, 本高句麗仍伐奴縣, 景德王改名, 今黔州, 孔巖縣, 本高句麗齊次巴衣縣, 景德王改名, 今因之, 邵城縣, 本高句麗買召忽縣, 景德王改名, 今仁州(一云慶原買召一作彌鄒).

獐口郡, 本高句麗獐項口縣, 景德王改名, 今安山縣.

長堤郡, 本高句麗主夫吐郡, 景德王改名, 今樹州, 領縣四, 戍城縣, 本高句麗首尒忽, 景德王改名, 今守安縣, 金浦縣, 本高句麗黔浦縣, 景德王改名, 今因之, 童城縣, 本高句麗童子忽(一云幢山縣)縣, 景德王改名, 今因之, 分津縣, 本高句麗乎唯(乎唯, 當作平淮(見勝覽))押縣, 景德王改名, 今通津縣.

漢陽郡, 本高句麗北漢山郡(一云平壤), 眞興王爲州置軍主, 景德王改名, 今楊州舊墟, 領縣二, 荒壤縣, 本高句麗骨衣奴縣, 景德王改名, 今豐壤縣, 遇王縣, 本高句麗皆伯縣, 景德王改名, 今幸州.

來蘇郡, 本高句麗買省縣, 景德王改名, 今見州, 領縣二, 重城縣, 本高句麗七重縣, 景德王改名, 今積城縣, 波平縣, 本高句麗波害平史縣, 景德王改名, 今因之.

交河郡, 本高句麗泉井口縣, 景德王改名, 今因之, 領縣二, 峯城縣, 本高句麗述尒忽縣, 景德王改名, 今因之, 高烽縣, 本高句麗達乙省縣, 景德王改名, 今因之.

堅城郡, 本高句麗馬忽郡, 景德王改名, 今抱州, 領縣二, 沙川縣, 本高句麗內乙買縣, 景德王改名, 今因之, 洞陰縣, 本高句麗梁骨縣, 景德王改名, 今因之.

鐵城郡, 本高句麗鐵圓郡, 景德王改名, 今東州, 領縣二, 幢梁縣, 本高句麗僧梁縣, 景德王改名, 今僧嶺縣, 功成縣, 本高句麗功木達縣, 景德王改名, 今獐州.

富平郡, 本高句麗夫如郡, 景德王改名, 今金化縣, 領縣一, 廣平縣, 本高句麗斧壤縣, 景德王改名, 今平康縣.

兎山郡, 本高句麗烏斯含達縣, 景德王改名, 今因之, 領縣三, 安峽縣, 本高句麗阿珍押縣, 景德王改名, 今因之, 朔邑縣, 本高句麗所邑豆縣, 景德王改名, 今朔寧縣, 伊川縣, 本高句麗伊珍買縣, 景德王改名, 今因之.

牛峯郡, 本高句麗牛岑郡, 景德王改名, 今因之, 領縣三, 臨江縣, 本高句麗獐項縣, 景德王改名, 今因之, 長湍縣, 本高句麗長淺城縣, 景德王改名, 今因之, 臨端縣, 本高句麗麻田淺縣, 景德王改名, 今麻田縣.

松岳郡, 本高句麗扶蘇岬(岬下恐有 '新羅改松嶽郡'四字(見麗史地理志)), 季昭王三年, 築城, 景德王因之, 我太祖開國爲王畿, 領縣二, 如熊縣, 本高句麗若頭恥(若豆恋, 一作若只頭恥(見後))縣, 景德王改名, 今松林縣, 第四葉光宗創置佛日寺於其地, 移其縣於東北, 江陰縣, 本高句麗屈押縣, 景德王改名, 今因之.

開城郡, 本高句麗冬比忽, 景德王改名, 今開城府, 領縣二, 德水縣, 本高句麗德勿縣, 景德王改名, 今因之, 第十一葉文宗代創置興王寺於其地, 移其縣於南, 臨津縣, 本高句麗津臨城, 景德王改名, 今因之.

海口郡, 本高句麗穴口郡, 在海中, 景德王改名, 今江華縣, 領縣三, 江陰縣, 本高句麗冬音奈縣, 景德王改名, 在穴口島內, 今河陰縣, 喬桐縣, 本高句麗高木根縣, 海島也, 景德王改名, 今因之, 守鎭縣, 本高句麗首知縣, 景德王改名, 今鎭江縣.

永豐郡, 本高句麗大谷郡, 景德王改名, 今平州, 領縣二, 檀溪縣, 本高句麗水豆城縣, 景德王改名, 今俠溪縣, 鎭瑞縣, 本高句麗十谷城縣, 景德王改名, 今谷州.

海皐郡, 本高句麗冬彡(一作音)忽郡, 景德王改名, 今鹽州, 領縣一, 雊澤縣, 本高句麗刀臘縣, 景德王改名, 今白州.

瀑池郡, 本高句麗內米忽郡, 景德王改名, 今海州.

重盤郡, 本高句麗息城郡, 景德王改名, 今安州.

栖嵒郡, 本高句麗鵂嵒郡, 景德王改名, 今鳳州.

五關郡, 本高句麗五谷郡, 景德王改名, 今洞州, 領縣一, 獐塞縣, 本高句麗縣, 景德王因之, 今遂安郡.

取城郡, 本高句麗冬忽, 憲德王改名, 今黃州, 領縣三, 土山縣, 本高句麗息達, 憲德王改名, 今因之, 唐嶽縣, 本高句麗加火押, 憲德王置縣改名, 今中和縣, 松峴縣, 本高句麗夫斯波衣縣, 憲德王改名, 今屬中和縣.

朔州, 賈耽古今郡國志云, 句麗之東南, 濊之西, 古貊地, 蓋今新羅北朔州, 善德王六年, 唐貞觀十一年, 爲牛首州置軍主(一云 文武王十三年, 唐咸亨四年, 置首若州), 景德王改爲朔州, 今春州, 領縣三, 綠驍縣, 本高句麗伐力川縣, 景德王改名, 今洪川縣, 潢川縣, 本高句麗橫川縣, 景德王改名, 今復故, 砥平縣, 本高句麗砥峴縣, 景德王改名, 今因之.

北原京, 本高句麗平原郡, 文武王置北原小京, 神文王五年, 築城, 周一千三十一步, 景德王因之, 今原州.

奈隄郡, 本高句麗奈吐郡, 景德王改名, 今堤(隄, 當作堤(見麗志及勝覽)州, 領縣二, 淸風縣, 本高句麗沙熱伊縣, 景德王改名, 今因之, 赤山縣, 本高句麗縣, 景德王因之, 今丹山縣.

奈靈郡, 本百濟(百濟, 當作高句麗)奈已郡, 婆娑王取之, 景德王改名, 今剛州, 領縣二, 善谷縣, 本高句麗買谷縣, 景德王改名, 今未詳, 玉馬縣, 本高句麗古斯馬縣, 景德王改名, 今奉化縣.

岌山郡, 本高句麗及伐山郡, 景德王改名, 今興州, 領縣一, 鄰豐縣, 本高句麗伊伐支縣, 景德王改名, 今未詳.

嘉平郡, 本高句麗斤平郡, 景德王改名, 今因之, 領縣一, 浚水縣, 本高句麗深川縣, 景德王改名, 今朝宗縣.

楊麓郡, 本高句麗楊口郡, 景德王改名, 今陽溝縣, 領縣三, 狶蹄縣, 本高句麗猪足縣, 景德王改名, 今麟蹄縣, 馳道縣, 本高句麗玉岐縣, 景德王改名, 今瑞禾縣, 三嶺縣, 本高句麗三峴縣, 景德王改名, 今方山縣.

狼川郡, 本高句麗狌川郡, 景德王改名, 今因之.

大楊郡, 本高句麗大楊管郡, 景德王改名, 今長楊郡, 領縣二, 藪川縣, 本高句麗藪狌川縣, 景德王改名, 今和川縣, 文登縣, 本高句麗文峴縣, 景德王改名, 今因之.

益城郡, 本高句麗母城郡, 景德王改名, 今金城郡.

岐城郡, 本高句麗冬斯忽郡, 景德王改名, 今因之, 領縣一, 通溝縣, 本高句麗水入縣, 景德王改名, 今因之.

連城郡, 本高句麗各(一作客)連城郡, 景德王改名, 今交州, 領縣三, 丹松縣,本高句麗赤木鎭, 景德王改名, 今嵐谷縣, 軼雲縣, 本高句麗管述縣, 景德王改名, 今未詳, 猪嶺縣, 本高句麗猪守峴縣, 景德王改名, 今未詳.

朔庭郡, 本高句麗比列忽郡, 眞興王十七年, 梁太平元年, 爲比列州置軍主, 孝昭王時築城, 周一千一百八十步, 景德王改名, 今登州, 領縣五, 瑞谷縣, 本高句麗庑谷縣, 景德王改名, 今因之, 蘭山縣, 本高句麗昔達縣, 景德王改名, 今未詳霜陰縣, 本高句麗薩寒縣, 景德王改名, 今因之, 菁山縣, 本高句麗加支達縣, 景德王改名, 今汶山縣, 翊谿縣, 本高句麗翼谷縣, 景德王改名, 今因之.

井泉郡, 本高句麗泉井郡, 文武王二十一年, 取之, 景德王改名, 築炭項關門, 今湧州, 領縣三, 蒜山縣, 本高句麗買尸達縣, 景德王改名, 今未詳, 松山縣, 本高句麗末斯達縣, 景德王改名, 今未詳, 幽居縣, 本高句麗東墟縣, 景德王改名, 今未詳.

溟州, 本高句麗河西良(一作何瑟羅), 後屬新羅, 賈耽古今郡國志云, 今新羅北界溟州, 蓋濊之古國, 前史以扶餘爲濊地, 蓋誤, 善德王時爲小京置仕臣, 太宗王五年, 唐顯慶三年, 以何瑟羅地連靺鞨, 罷京爲州置軍主以鎭之, 景德王十六年, 改爲溟州, 今因之, 領縣四, 旌善縣, 本高句麗仍買縣, 景德王改名, 今因之, 棟(一作棟)隄縣, 本高句麗束吐縣, 景德王改名, 今未詳, 支山縣, 本高句麗縣, 景德王因之, 今連谷縣, 洞山縣, 本高句麗穴山縣, 景德王改名, 今因之.

曲城郡, 本高句麗屈火郡, 景德王改名, 今臨河郡, 領縣一, 緣(一作椽)武縣, 本高句麗伊火兮縣, 景德王改名, 今安德縣.

野城郡, 本高句麗也尸忽郡, 景德王改名, 今盈德郡, 領縣二, 眞安縣, 本高句麗助攬縣, 景德王改名, 今甫城府, 積善縣, 本高句麗靑已縣, 景德王改名, 今靑鳧縣.

有鄰郡, 本高句麗于尸郡, 景德王改名, 今禮州, 領縣一, 海阿縣, 本高句麗阿兮縣, 景德王改名, 今淸河縣.

蔚珍郡, 本高句麗于珍也縣, 景德王改名, 今因之, 領縣一, 海曲(一作西)縣, 本高句麗波且縣, 景德王改名, 今未詳.

奈城郡, 本高句麗奈生郡, 景德王改名, 今寧越郡, 領縣三, 子春縣, 本高句麗乙阿旦縣, 景德王改名, 今永春縣, 白烏縣, 本高句麗郁烏縣, 景德王改名, 今平昌縣, 酒泉縣, 本高句麗酒淵縣, 景德王改名, 今因之.

三陟郡, 本悉直國, 婆娑王世來降, 智證王六年, 梁天監四年, 爲州, 以異斯夫爲軍主, 景德王改名, 今因之, 領縣四, 竹嶺縣, 本高句麗竹峴縣, 景德王改名, 今未詳, 滿卿(一作鄕)縣, 本高句麗滿若縣, 景德王改名, 今未詳, 羽谿縣, 本高句麗羽谷縣, 景德王改名, 今因之, 海利縣, 本高句麗波利縣, 景德王改名, 今未詳.

守城郡, 本高句麗㟳城郡, 景德王改名, 今杆城縣, 領縣二, 童山縣, 本高句麗僧山縣, 景德王改名, 今烈山縣, 翼嶺縣, 本高句麗翼峴縣, 景德王改名, 今因之.

高城郡, 本高句麗達忽, 眞興王二十九年 爲州置軍主, 景德王改名, 今因之, 領縣二, 豢猠縣, 本高句麗猪㟳穴縣, 景德王改名, 今因之, 偏嶮縣, 本高句麗平珍峴縣, 景德王改名, 今雲巖縣.

金壤郡, 本高句麗休壤郡, 景德王改名, 今因之, 領縣五, 習谿縣, 本高句麗習比谷縣, 景德王改名, 今歙谷縣, 隄上縣, 本高句麗吐上縣, 景德王改名, 今碧山縣, 臨道縣, 本高句麗道臨縣, 景德王改名, 今因之, 派川縣, 本高句麗改淵縣, 景德王改名, 今因之, 鶴浦縣, 本高句麗鵠浦縣, 景德王改名, 今因之.

삼국사기 권 제 36

잡지(雜志) 제 5
지리(地理) 3

웅주(熊州)는 본시 백제(百濟)의 구도(舊都)였다. 당(唐)의 고종(高宗)이 소정방(蘇定方)을 보내어 이를 평정하고 웅진도독부(熊津都督府)를 두었는데, 신라(新羅) 문무왕(文武王)이 그 지역을 취하여 소유하였고, 신문왕(神文王)이 웅천주(熊川州)로 고쳐 도독(都督)을 두었다. 경덕왕(景德王) 16년에 다시 이를 웅주(熊州)로 개명(改名)하였다. 지금 공주(公州)니, 영현(領縣)이 둘이다. ① 이산현(尼山縣)은 본시 백제의 열야산현(熱也山縣)으로, 경덕왕이 (尼山으로) 개명하여 지금도 그대로 하였다(지금 論山郡 魯城面). ② 청음현(淸音縣)은 본시 백제의 벌음지현(伐音支縣)으로, 경덕왕이 (淸音으로) 개명하였으니, 지금 신풍현(新豐縣 : 지금 公州 域內)이다.

서원경(西原京)은 신문왕(神文王) 5년에 처음으로 서원소경(西原小京)을 설치하고, 경덕왕(景德王)이 서원경(西原京)으로 개명(改名), 지금의 청주(淸州 : 지금 淸州市)다.
대록군(大麓郡)은 본시 백제(百濟)의 대목악군(大木岳郡)으로, 경덕왕(景德王)이 (大麓으로) 개명(改名)하였다. 지금의 목주(木州 : 지금 天原郡 木川面 일대)니, 영현(領縣)이 둘이다. ① 순치현(馴雉縣)은 본시 백제의 감매현(甘買縣)으로, 경덕왕이 (馴雉로) 개명, 지금의 풍세현(豐歲縣 : 지금 天原郡 豐歲面)이다. ② 금지현(金池縣)은 본시 백제의 구지현(仇知縣)으로, 경덕왕이 (金池로) 개명, 지금의 전의현(全義縣 : 지금 燕岐郡 全義面)이다.
가림군(嘉林郡)은 본시 백제(百濟)의 가림군(加林郡)으로, 경덕왕(景德王)이

(단지) '加'를 고쳐 '嘉'로 하였는데, 지금도 그대로 한다(지금 扶餘郡 林川面 일대). 영현(領縣)이 둘이다. ① 마산현(馬山縣)은 본시 백제의 고을인데, 경덕왕이 주군(州郡)의 명칭(名稱)을 고치면서 지금까지 그대로 두었다. ② 한산현(翰山縣)은 본시 백제의 대산현(大山縣)으로, 경덕왕이 (翰山으로) 개명, 지금의 홍산현(鴻山縣 : 지금 扶餘郡 鴻山面)이다.

서림군(西林郡)은 본시 백제(百濟)의 설림군(舌林郡)으로, 경덕왕(景德王)이 (西林으로) 개명(改名)하여 지금도 그대로 하니(지금 舒川郡), 영현(領縣)이 둘이다. ① 남포현(藍浦縣)은 본시 백제의 사포현(寺浦縣)으로, 경덕왕이 (藍浦로) 개명하여 지금도 그대로 한다(지금 保寧郡 藍浦面). ② 비인현(庇仁縣)은 본시 백제의 비중현(比衆縣)으로, 경덕왕이 (庇仁으로) 개명, 지금도 그대로 한다(지금 舒川郡 庇仁面).

이산군(伊山郡)은 본시 백제(百濟)의 마시산군(馬尸山郡)으로, 경덕왕(景德王)이 (伊山으로) 개명(改名)하여 지금도 그대로 하니(지금 禮山郡 德山 일대), 영현(領縣)이 둘이다. ① 목우현(目牛縣)은 본시 백제의 우견현(牛見縣)으로, 경덕왕이 (目牛로) 개명하였는데, 지금 미상(未詳)이다. ② 금무현(今武縣)은 본시 백제의 금물현(今勿縣)이었는데, 경덕왕이 (今武로) 개명, 지금 덕풍현(德豐縣 : 지금 禮山郡 古德面 ?)이다.

혜성군(槥城郡)은 본시 백제(百濟)의 혜군(槥郡)으로, 경덕왕(景德王)이 (槥城으로) 개명(改名)하여 지금도 그대로 하니(지금 唐津郡 沔川面 일대), 영현(領縣)이 셋이다. ① 당진현(唐津縣)은 본시 백제의 벌수지현(伐首只縣)으로, 경덕왕이 (唐津으로) 개명하여 지금도 그대로 한다(지금 唐津郡 唐津邑). ② 여읍현(餘邑縣)은 본시 백제의 여촌현(餘村縣)으로, 경덕왕이 (餘邑으로) 개명, 지금의 여미현(餘美縣 : 지금 瑞山郡 海美面)이다. ③ 신평현(新平縣)은 본시 백제의 사평현(沙平縣)으로, 경덕왕이 (新平으로) 개명, 지금도 그대로 한다(지금 唐津郡 新平面).

부여군(扶餘郡)은 본시 백제(百濟)의 소부리군(所夫里郡)인데, 당장(唐將) 소정방(蘇定方)이 (金)유신(庾信)과 함께 이를 평정(平定)하고, 문무왕(文武王) 12년에 총관(摠管)을 두었다. 경덕왕(景德王)이 (扶餘로) 개명(改名)하여 지금도 그대로 하니(今同), 영현(領縣)이 둘이다. ① 석산현(石山縣)은 본시 백제의 진악산현(珍惡山縣)으로, 경덕왕이 (石山으로) 개명, 지금의 석성현(石城縣 : 지금 扶餘郡 石城面)이다. ② 열성현(悅城縣)은 본시 백제의 열기현(悅己縣)으로, 경덕왕이 (悅城으로) 개명, 지금의 정산현(定山縣 : 지금 靑陽郡 定山面)이다.

임성군(任城郡)은 본시 백제(百濟)의 임존성(任存城)으로, 경덕왕(景德王)이 (任城으로) 개명(改名)하였다. 지금 대흥군(大興郡 : 지금 禮山郡 大興面 일대)이니, 영현(領縣)이 둘이다. ① 청정현(靑正縣)은 본시 백제의 고량부리현(古良夫里縣)으로, 경덕왕이 (靑正으로) 개명, 지금의 청양현(靑陽縣 : 지금 靑陽郡 靑陽面)이다. ② 고산현(孤山縣)은 본시 백제의 오산현(烏山縣)으로, 경덕왕이 (孤山으로) 개명, 지금의 예산현(禮山縣 : 지금 禮山郡 禮山邑)이다.

황산군(黃山郡)은 본시 백제(百濟)의 황등야산군(黃等也山郡)으로, 경덕왕(景德王)이 (黃山으로) 개명(改名)하였다. 지금 연산현(連山縣 : 지금 論山郡 連山面)이니, 영현(領縣)이 둘이다. ① 진령현(鎭嶺縣)은 본시 백제의 진현현(眞[眞은 貞으로도 되어 있음]峴縣)으로, 경덕왕이 (鎭嶺으로) 개명하였으니, 지금 진잠현(鎭岑縣 : 지금의 大田市)이다. ② 진동현(珍同縣)은 본시 백제의 현(縣)이었는데, 경덕왕이 주군명(州郡名)을 고친 후 지금까지 그대로 한다(지금 錦山郡 珍山面).

비풍군(比豊郡)은 본시 백제(百濟)의 우술군(雨述郡)으로, 경덕왕(景德王)이 (比豊으로) 개명(改名)을 하였으니 지금 회덕군(懷德郡 : 지금 大德郡 懷德面)이며, 영현(領縣)이 둘이다. ① 유성현(儒城縣)은 본시 백제의 노사지현(奴斯只縣)으로, 경덕왕이 (儒城으로) 개명하여 지금도 그대로 한다(지금 大德郡 儒城面). ② 적조현(赤鳥縣)은 본시 백제의 소비포현(所比浦縣)으로, 경덕왕이 (赤鳥로) 개명, 지금의 덕진현(德津縣 : 지금 大德郡 懷德面 ?)이다.

결성군(潔城郡)은 본시 백제(百濟)의 결기군(結己郡)으로, 경덕왕(景德王)이 (潔城으로) 개명(改名)하여 지금도 그대로 하니(지금 洪城郡 結城面 일대), 영현(領縣)이 둘이다. ① 신읍현(新邑縣)은 본시 백제의 신촌현(新村縣)으로, 경덕왕이 (新邑으로) 개명하였으니, 지금 보녕현(保寧縣 : 지금 保寧郡 大川邑)이다. ② 신량현(新良縣)은 본시 백제의 사시량현(沙尸良縣)으로, 경덕왕이 (新良으로) 개명, 지금의 여양현(黎陽縣 : 지금 洪城 領內)이다.

연산군(燕山郡)은 본시 백제(百濟)의 일모산군(一牟山郡)으로, 경덕왕(景德王)이 (燕山으로) 개명(改名)하여 지금도 그대로 하니(지금의 燕岐郡), 영현(領縣)이 둘이다. ① 연기현(燕岐縣)은 본시 백제의 두잉지현(豆仍只縣)으로, 경덕왕이 (燕岐로) 개명하여 지금도 그대로 한다(지금의 燕岐郡 南面). ② 매곡현(昧谷縣)은 본시 백제의 미곡현(未谷縣)으로, 경덕왕이 (昧谷으로) 개명, 지금의 회인현(懷仁縣 : 지금 忠北 報恩郡 懷北面)이다.

부성군(富城郡)은 본시 백제(百濟)의 기군(基郡)으로, 경덕왕(景德王)이 (富城으로) 개명(改名)하여 지금도 그대로 하니(지금의 瑞山郡), 영현(領縣)이 둘이다. ① 소태현(蘇泰縣)은 본시 백제의 성대호현(省大号(兮)縣)으로, 경덕왕이 (蘇泰로) 개명하여 지금도 그대로 한다(지금 瑞山郡 泰安面). ② 지육현(地育縣)은 본시 백제의 지육현(知六縣)으로, 경덕왕이 (地育으로) 개명, 지금의 북곡현(北谷縣 : 지금 瑞山郡 地谷面)이다.

탕정군(湯井郡)은 본시 백제(百濟)의 군(郡)인데, 문무왕(文武王) 11년, 당(唐) 함형(咸亨 : 高宗의 연호) 2년에 주(州)를 설치하고 총관(摠管)을 두더니, 함형(咸亨) 12년에 주(州)를 폐하여 (湯井)군(郡)을 삼고, 경덕왕(景德王)이 그대로 하였다. 지금 온수군(溫水郡 : 지금 牙山郡 溫陽邑)이니, 영현(領縣)이 둘이다. ① 음봉현(陰峯(陰岑이라고도 함)縣)은 본시 백제의 아술현(牙述縣)으로, 경덕왕이 (陰峯으로) 개명, 지금의 아주(牙州 : 지금 牙山郡 陰峯面)다. ② 기량현(祁梁縣)은 본시 백제의 굴직현(屈直縣)으로, 경덕왕이 (祁梁으로) 개명, 지금의 신창현(新昌縣 : 지금 牙山郡 新昌面)이다.

전주(全州)는 본시 백제(百濟)의 완산(完山)으로, 진흥왕(眞興王) 16년에 주(州)를 삼았고,[1] 26년에 주(州)를 폐하였다가 신문왕(神文王) 5년에 다시 완산주(完山州)를 설치하였다. 경덕왕(景德王) 16년에 (全州로) 개명(改名)하여 지금도 그대로 하고 있으니, 영현(領縣)이 셋이다. ① 두성현(杜城縣)은 본시 백제의 두이현(豆伊縣)으로, 경덕왕이 (杜城으로) 개명, 지금의 이성현(伊城縣 : 지금 完州郡 伊西面 ?)이다. ② 금구현(金溝縣)은 본시 백제의 구지지산현(仇知只山縣)으로, 경덕왕이 (金溝로) 개명하여 지금도 그대로 한다(지금 金提郡 金溝面). ③ 고산현(高山縣)은 본시 백제의 고을인데, 경덕왕이 주군명(州郡名)을 고친 후 지금까지 그대로 한다(지금 完州郡 高山面).

남원소경(南原小京)은 본시 백제(百濟)의 고룡군(古龍郡)인데, 신라(新羅)에서 이를 아울러 신문왕(神文王) 5년에 처음으로 소경(小京)을 설치하였다. (그

1) 이 記載는 撰者가 범한 또 하나의 杜撰으로 유명하다. 眞興王 16년에 比斯伐에 完山州를 설치한 것은 지금의 全州 完山이 아니라 지금 慶南의 昌寧이었다. 이 당시 全州의 完山은 엄연히 百濟의 版圖內에 있었던 것이다(本紀 참조).

리고) 경덕왕(景德王) 16년에 남원소경(南原小京)2)을 설치하였으니 지금의 남원부(南原府 : 지금 南原郡 南原面)다.

대산군(大山郡)은 본시 백제(百濟)의 대시산군(大尸山郡)으로, 경덕왕(景德王)이 (大山으로) 개명(改名)하였다. 지금 태산군(泰山郡 : 지금 全北 井邑郡 古阜面 일대)이니, 영현(領縣)이 셋이다. ① 정읍현(井邑縣)은 본시 백제의 정촌(井村)으로, 경덕왕이 (井邑으로) 개명하여 지금도 그대로 한다(지금 井邑郡 井邑面). ② 빈성현(斌城縣)은 본시 백제의 빈굴현(賓屈縣)으로, 경덕왕이 (斌城으로) 개명, 지금의 인의현(仁義縣 : 지금 井邑郡 泰仁面)이다. ③ 야서현(野西縣)은 본시 백제의 야서이현(也西伊縣)으로, 경덕왕이 (野西로) 개명, 지금의 거야현(巨野縣 : 지금 金堤郡 領內)이다.

고부군(古阜郡)은 본시 백제(百濟)의 고묘부리군(古眇(沙 ?)夫里郡)으로, 경덕왕(景德王)이 (古阜로) 개명(改名)하여 지금도 그대로 하며(지금 井邑郡 古阜), 영현(領縣)이 셋이다. ① 부녕현(扶寧縣)은 본시 백제의 개화현(皆火縣)으로, 경덕왕이 (扶寧으로) 개명하여 지금도 그대로 한다(지금 扶安郡 扶安邑). ② 희안현(喜安縣)은 본시 백제의 흔량매현(欣良買縣)으로, 경덕왕이 (喜安으로) 개명, 지금의 보안현(保安縣 : 지금 扶安郡 保安面)이다. ③ 상질현(尚質縣)은 본시 백제의 상칠현(上漆縣)으로, 경덕왕이 (尚質로) 개명하여 지금도 그대로 한다(지금 高敞郡 興德面).

진례군(進禮郡)은 본시 백제(百濟)의 진잉을군(進仍乙郡)으로, 경덕왕(景德王)이 (進禮로) 개명(改名)하여 지금도 그대로 하니(지금 忠南 錦山郡), 영현(領縣)이 셋이다. ① 이성현(伊城縣)은 본시 백제의 두시이현(豆尸伊縣)으로, 경덕왕이 (伊城으로) 개명, 지금의 부리현(富利縣 : 지금 錦山郡 富利面)이다. ② 청거현(清渠縣)은 본시 백제의 물거현(勿居縣)으로, 경덕왕이 (清渠로) 개명하여 지금도 그대로 한다(지금 全北 鎭安郡 龍潭面). ③ 단천현(丹川縣)은 본시 백제의 적천현(赤川縣)으로, 경덕왕이 (丹川으로) 개명, 지금의 주계현(朱溪縣 : 지금 茂朱郡 赤裳面)이다.

덕은군(德殷郡)은 본시 백제(百濟)의 덕근군(德近郡)으로, 경덕왕(景德王)이 (德殷으로) 개명(改名)하였다. 지금 덕은군(德恩郡 : 지금 論山郡 恩津面)이니, 영현(領縣)이 셋이다. ① 시진현(市津縣)은 본시 백제의 가지내현(加知奈縣)으로,

---

2) 이 때에 南原小京을 다시 설치한 것이 아니라 州郡名을 漢式으로 改稱하는 동시에 州·小京·郡·縣數를 재정리한 데 불과한 것이다.

경덕왕이 (市津으로) 개명하여 지금도 그대로 한다(지금 論山郡 恩津面 부근).
② 여량현(礪良縣)은 본시 백제의 지량초현(只良肖縣)으로, 경덕왕이 (礪良으로) 개명하여 지금도 그대로 한다(지금 益山郡 礪山面). ③ 운제현(雲梯縣)은 본시 백제의 지벌지현(只伐只縣)으로, 경덕왕이 (雲梯로) 개명하여 지금도 그대로 한다(지금 完州郡 雲州面).

임피군(臨陂郡)은 본시 백제(百濟)의 시산군(屍山郡)으로, 경덕왕(景德王)이 (臨陂로) 개명(改名)하여 지금도 그대로 하니(지금 沃溝郡 臨陂面), 영현(領縣)이 셋이다. ① 함열현(咸悅縣)은 본시 백제의 감물아현(甘勿阿縣)으로, 경덕왕이 (咸悅로) 개명하여 지금도 그대로 한다(지금 益山郡 咸悅面). ② 옥구현(沃溝縣)은 본시 백제의 마서량현(馬西良縣)으로, 경덕왕이 (沃溝로) 개명하여 지금도 그대로 한다(지금 沃溝郡 沃溝面). ③ 회미현(澮尾縣)은 본시 백제의 부부리현(夫夫里縣)으로, 경덕왕이 (澮尾로) 개명하여 지금도 그대로 한다(지금 沃溝郡 澮縣面).

김제군(金堤郡)은 본시 백제(百濟)의 벽골현(碧骨縣)으로, 경덕왕(景德王)이 (金堤로) 개명(改名)하여 지금도 그대로 하니(今同), 영현(領縣)이 넷이다. ① 만경현(萬頃縣)은 본시 백제의 두내산현(豆乃山縣)으로, 경덕왕이 (萬頃으로) 개명하여 지금도 그대로 한다(지금 金堤郡 萬頃面). ② 평고현(平皐縣)은 본시 백제의 수동산현(首冬山縣)으로, 경덕왕이 (平皐로) 개명하여 지금도 그대로 한다(지금 完州郡 域內). ③ 이성현(利城縣)은 본시 백제의 내리아현(乃利阿縣)으로, 경덕왕이 (利城으로) 개명하여 지금도 그대로 한다(지금 金堤郡 域內). ④ 무읍현(武邑縣)은 본시 백제의 무근촌현(武斤村縣)으로, 경덕왕이 (武邑으로) 개명, 지금의 부윤현(富潤縣 : 지금 金堤郡 萬頃面 부근)이다.

순화군(淳[淳은 湻(정)으로도 되어 있음]化郡)은 본시 백제(百濟)의 도실군(道實郡)으로, 경덕왕(景德王)이 (淳化로) 개명(改名)하였다. 지금 순창현(淳昌縣 : 지금 淳昌郡)이니, 영현(領縣)이 둘이다. ① 적성현(磧城縣)은 본시 백제의 역평현(礫坪縣)인데, 경덕왕이 (적성으로) 개명하여 지금도 그대로 하고 있다(지금 淳昌郡 赤城面). ② 구고현(九皐縣)은 본시 백제의 돌평현(堗坪縣)으로, 경덕왕이 (九皐로) 개명하여 지금도 그대로 한다(지금 任實郡 靑雄面).

금마군(金馬郡)은 본시 백제(百濟)의 금마저군(金馬渚郡)으로, 경덕왕(景德王)이 (金馬로) 개명(改名)하여 지금도 그대로 하니(지금의 益山郡), 영현(領縣)이 셋이다. ① 옥야현(沃野縣)은 본시 백제의 소력지현(所力只縣)인데, 경덕왕이

(沃野로) 개명하여 지금도 그대로 한다(지금 益山郡 域內). ② 야산현(野山縣)은 본시 백제의 알야산현(閼也山縣)으로, 경덕왕이 (野山으로) 개명, 지금은 낭산현(朗山縣 : 지금 益山郡 朗山面)이다. ③ 우주현(紆洲縣)은 본시 백제의 우소저현(于召渚縣)으로, 경덕왕이 (紆洲로) 개명, 지금의 우주(紆州 : 지금 完州郡 북쪽)다.

벽계군(壁谿郡)은 본시 백제(百濟)의 백이군(伯伊[伊는 海로도 되어 있음]郡)으로, 경덕왕(景德王)이 (壁谿로) 개명(改名)하였다. 지금 장계현(長溪縣 : 지금 長水郡 溪內面)이니, 영현(領縣)이 둘이다. ① 진안현(鎭安縣)은 본시 백제의 난진아현(難珍阿縣)으로, 경덕왕이 (鎭安으로) 개명하여 지금도 그대로 한다(지금 鎭安郡 龍潭面). ② 고택현(高澤縣)은 본시 백제의 우평현(雨坪縣)으로, 경덕왕이 (高澤으로) 개명, 지금의 장수현(長水縣 : 지금 長水郡 長水面)이다.

임실군(任實郡)은 본시 백제(百濟)의 고을인데 경덕왕(景德王)이 주군명(州郡名)을 고친 후 지금까지 그대로 했으니(今同), 영현(領縣)이 둘이다. ① 마령현(馬靈縣)은 본시 백제의 마돌현(馬突縣)으로, 경덕왕이 (馬靈으로) 개명하여 지금도 그대로 하고 있다(지금 鎭安郡 馬靈面). ② 청웅현(靑雄縣)은 본시 백제의 거사물현(居斯勿縣)으로 경덕왕이 (靑雄으로) 개명, 지금의 거녕현(巨寧縣 : 지금 南原郡 南原邑 북쪽)이다.

무주(武州)는 본시 백제(百濟)의 땅인데, 신문왕(神文王) 6년에 무진주(武珍州)를 삼고 경덕왕(景德王)이 무주(武州)로 고쳤다. 지금 광주(光州 : 지금 光州市 및 光山郡)니, 영현(領縣)이 셋이다. ① 현웅현(玄雄縣)은 본시 백제의 미동부리현(未冬夫里縣)으로, 경덕왕이 (玄雄으로) 개명하였는데, 지금 남평군(南平郡 : 지금 羅州郡 南平面)이다. ② 용산현(龍山縣)은 본시 백제의 복룡현(伏龍縣)으로, 경덕왕이 (龍山으로) 개명, 지금은 다시 예전대로 하였다(지금 羅州郡 북쪽). ③ 기양현(祁陽縣)은 본시 백제의 굴지현(屈支縣)으로, 경덕왕이 (祁陽으로) 개명, 지금의 창평현(昌平縣 : 지금 潭陽郡 昌平面)이다.

분령군(分嶺郡)은 본시 백제(百濟)의 분차군(分嵯郡)으로, 경덕왕(景德王)이 (分嶺으로) 개명(改名)하였다. 지금 낙안군(樂安郡 : 지금 順天市 및 昇州郡 樂安面)이니, 영현(領縣)이 넷이다. ① 충렬현(忠烈縣)은 본시 백제의 조조례현(助助禮縣)으로, 경덕왕이 (忠烈로) 개명, 지금의 남양현(南陽縣 : 지금 高興郡 南陽面)이다. ② 조양현(兆陽縣)은 본시 백제의 동로현(冬老縣)인데, 경덕왕이 (兆陽으로) 개명한 뒤 지금도 그대로 한다(지금 寶城郡 內). ③ 강원현(薑原縣)은 본시 백제의 두힐현(豆肹縣)으로, 경덕왕이 (薑原으로) 개명하였으니 지금의 두원현(荳原縣 : 지금 高興郡 豆原面)이다. ④ 백주현(柏舟縣)은 본시 백제의 비사현(比史縣)으로, 경덕왕이 (柏舟로) 개명, 지금의 태강현(泰江縣 : 지금 高興郡 領內)이다.

보성군(寶城郡)은 본시 백제(百濟)의 복홀군(伏忽郡)으로, 경덕왕(景德王)이 (寶城으로) 개명(改名)하여 지금도 그대로 하니(今同), 영현(領縣)이 넷이다. ① 대로현(代勞縣)은 본시 백제의 마사량현(馬斯良縣)으로, 경덕왕이 (代勞로) 개명하였는데 지금 회녕현(會寧縣 : 지금 長興郡 領內)이다. ② 계수현(季水縣)은 본시 백제의 계천현(季川縣)으로, 경덕왕이 (季水로) 개명, 지금의 장택현(長澤縣 : 지금 長興郡 長平面)이다. ③ 오아현(烏兒縣)은 본시 백제의 오차현(烏次縣)으로, 경덕왕이 (烏兒로) 개명, 지금의 정안현(定安縣 : 지금 長興郡 領內)이다. ④ 마읍현(馬邑縣)은 본시 백제의 고마미지현(古馬旀(彌)知縣)으로, 경덕왕이 (馬邑으로) 개명, 지금의 수녕현(遂寧縣 : 지금 長興郡 長興邑)이다.

추성군(秋成郡)은 본시 백제(百濟)의 추자혜군(秋子兮郡)인데, 경덕왕(景德王)이 (秋成으로) 개명(改名)하였다. 지금 담양군(潭陽郡 : 今同)이니, 영현(領縣)이 둘이다. ① 옥과현(玉菓縣)은 본시 백제의 과지현(菓支縣)으로, 경덕왕이 (玉菓로) 개명하여 지금도 그대로 한다(지금 谷城郡 玉果面). ② 율원현(栗原縣)은 본시 백제의 율지현(栗支縣)으로, 경덕왕이 (栗原으로) 개명, 지금의 원율현(原栗縣 : 지금 潭陽郡 領內)이다.

영암군(靈巖郡)은 본시 백제(百濟)의 월내군(月奈郡)으로, 경덕왕(景德王)이 (靈巖으로) 개명(改名)하여 지금도 그대로 한다(今同).

반남군(潘南郡)은 본시 백제(百濟)의 반내부리현(半奈夫里縣)인데, 경덕왕(景德王)이 (潘南으로) 개명(改名)하여 지금도 그대로 하고 있다(지금 羅州郡 潘南面 일대). 영현(領縣)이 둘이다. ① 야로현(野老縣)은 본시 백제의 아로곡현(阿老谷縣)으로, 경덕왕이 (野老로) 개명, 지금의 안로현(安老縣 : 지금 羅州郡 老安面)이다. ② 곤미현(昆湄縣)은 본시 백제의 고미현(古彌縣)으로, 경덕왕이 (昆湄로) 개명하여 지금도 그대로 한다(지금 靈巖郡 美巖面 일대).

갑성군(岬城郡)은 본시 백제(百濟)의 고시이현(古尸伊縣)으로, 경덕왕(景德王)이 (岬城으로) 개명(改名)하였다. 지금 장성군(長城郡 : 今同)이니, 영현(領縣)이 둘이다. ① 진원현(珍原縣)은 본시 백제의 구사진혜현(丘斯珍兮縣)으로, 경덕왕이 (珍原으로) 개명하여 지금도 그대로 한다(지금 長城郡 珍原面). ② 삼계현

(森溪縣)은 본시 백제의 소비혜현(所非兮縣)으로, 경덕왕이 (森溪로) 개명하여 지금도 그대로 한다(지금 靈光郡 領內).

　무령군(武靈郡)은 본시 백제(百濟)의 무시이군(武尸伊郡)으로, 경덕왕(景德王)이 (武靈으로) 개명(改名)하였다. 지금 영광군(靈光郡 : 今同)이니, 영현(領縣)이 셋이다. ① 장사현(長沙縣)은 본시 백제의 상로현(上老縣)으로, 경덕왕이 (長沙로) 개명하여 지금도 그대로 하고 있다(지금 全北 高敞郡 領內). ② 고창현(高敞縣)은 본시 백제의 모량부리현(毛良夫里縣)으로, 경덕왕이 (高敞으로) 개명하여 지금도 그대로 한다(지금 高敞郡 高敞邑). ③ 무송현(茂松縣)은 본시 백제의 송미지현(松彌知縣)으로, 경덕왕이 (茂松으로) 개명하여 지금도 그대로 한다(지금 高敞郡 茂長面).

　승평군(昇平郡)은 본시 백제(百濟)의 감평군(欿平郡)으로, 경덕왕(景德王)이 (昇平으로) 개명(改名)하여 지금도 그대로 하니[昇州라고도 함](지금 順天市 및 昇州郡), 영현(領縣)이 셋이다. ① 해읍현(海邑縣)은 본시 백제의 원촌현(猿村縣)으로, 경덕왕이 (海邑으로) 개명하였는데 지금 여수현(麗水縣 : 지금 麗水市)이다. ② 희양현(晞陽縣)은 본시 백제의 마로현(馬老縣)으로, 경덕왕이 (晞陽으로) 개명, 지금의 광양현(光陽縣 : 지금 光陽郡 光陽邑)이다. ③ 여산현(廬山縣)은 본시 백제의 돌산현(突山縣)으로, 경덕왕이 (廬山으로) 개명하였는데, 지금 다시 예전대로(突山) 하였다(지금 麗川郡 突山面).

　곡성군(谷城郡)은 본시 백제(百濟)의 욕내군(欲乃郡)으로, 경덕왕(景德王)이 (谷城으로) 개명(改名)하여 지금도 그대로 하니(今同), 영현(領縣)이 셋이다. ① 부유현(富有縣)은 본시 백제의 둔지현(遁支縣)으로, 경덕왕이 (富有로) 개명하여 지금도 그대로 하고 있다(지금 昇州郡 域內). ② 구례현(求禮縣)은 본시 백제의 구차례현(仇次禮縣)으로, 경덕왕이 (求禮로) 개명하여 지금도 그대로 하고 있다(지금 求禮郡 求禮邑). ③ 동복현(同福縣)은 본시 백제의 두부지현(豆夫只縣)으로, 경덕왕이 (同福으로) 개명하여 지금도 그대로 하고 있다(지금 和順郡 同福面).

　능성군(陵城郡)은 본시 백제(百濟)의 이릉부리군(尒陵夫里郡)으로, 경덕왕(景德王)이 (陵城으로) 개명(改名)하여 지금도 그대로 하고 있으니(지금 和順郡 陵州面), 영현(領縣)이 둘이다. ① 부리현(富里縣)은 본시 백제의 파부리현(波夫里縣)으로, 경덕왕이 (富利로) 개명하였는데, 지금은 복성현(福城縣 : 지금 寶城郡 福內面)이다. ② 여미현(汝湄縣)은 본시 백제의 잉리아현(仍利阿縣)으로, 경덕왕이 (汝湄로) 개명, 지금의 화순현(和順縣 : 지금 和順郡 和順邑)이다.

금산군(錦山郡)은 본시 백제(百濟)의 발라군(發羅郡)으로, 경덕왕(景德王)이 (錦山으로) 개명(改名)하였다. 지금 나주목(羅州牧 : 지금 羅州郡)이니, 영현(領縣)이 셋이다. ① 회진현(會津縣)은 본시 백제의 두힐현(豆肹縣)으로, 경덕왕이 (會津으로) 개명하여 지금도 그대로 하고 있다(지금 羅州郡 서쪽). ② 철야현(鐵冶縣)은 본시 백제의 실어산현(實於山縣)으로, 경덕왕이 (鐵冶로) 개명하여 지금도 그대로 하고 있다(지금 羅州郡 南平面). ③ 여황현(艅艎縣)은 본시 백제의 수천현(水川縣)으로, 경덕왕이 (여황으로) 개명하여 지금도 그대로 하고 있다(지금 羅州郡 域內).

양무군(陽武郡)은 본시 백제(百濟)의 도무군(道武郡)으로, 경덕왕(景德王)이 (陽武로) 개명(改名)하였다. 지금 도강군(道康郡 : 지금 康津郡)이니, 영현(領縣)이 넷이다. ① 고안현(固[同으로도 되어 있음]安縣)은 본시 백제의 고서이현(古西伊縣)으로, 경덕왕이 (固安으로) 개명, 지금의 죽산현(竹山縣 : 지금 海南郡 域內)이다. ② 탐진현(舥津縣)은 본시 백제의 동음현(冬音縣)으로, 경덕왕이 (탐진으로) 개명하여 지금도 그대로 하고 있다(지금 康津郡 康津面). ③ 침명현(浸溟縣)은 본시 백제의 새금현(塞琴縣)으로, 경덕왕이 (浸溟으로) 개명하였으니 지금 해남현(海南縣 : 지금 海南郡 海南邑)이다. ④ 황원현(黃原縣)은 본시 백제의 황술현(黃述縣)으로, 경덕왕이 (黃原으로) 개명하여 지금도 그대로 한다(지금 海南郡 黃山面).

무안군(務安郡)은 본시 백제(百濟)의 물아혜군(勿阿兮郡)으로, 경덕왕(景德王)이 (務安으로) 개명(改名)하여 지금도 그대로 하고 있다(今同). 영현(領縣)이 넷이다. ① 함풍현(咸豐縣)은 본시 백제의 굴내현(屈乃縣)으로, 경덕왕이 (咸豐으로) 개명하여 지금도 그대로 하고 있다(지금 咸平郡 咸平邑). ② 다기현(多岐縣)은 본시 백제의 다지현(多只縣)으로, 경덕왕이 (多岐로) 개명하였는데, 지금 모평현(牟平縣 : 지금 咸平郡 領內)이다. ③ 해제현(海際縣)은 본시 백제의 도제현(道際縣)으로, 경덕왕이 (海際로) 개명하여 지금도 그대로 하고 있다(지금 務安郡 海際面). ④ 진도현(珍島縣)은 본시 백제의 인진도군(因珍島郡)으로, 경덕왕이 (珍島로) 개명하여 지금도 그대로 하고 있다(今同).

뇌산군(牢山郡)은 본시 백제(百濟)의 도산현(徒山縣)인데, 경덕왕(景德王)이 (牢山으로) 개명(改名)하였다. 지금 가흥현(嘉興縣 : 지금 珍島郡 領內)이니, 영현(領縣)이 하나다. 첨탐현(瞻耽縣)은 본시 백제의 매구리현(買仇里縣)으로, 경덕왕이 (첨탐으로) 개명, 지금의 임회현(臨淮縣 : 지금 珍島郡 臨淮面)이다.

압해군(壓海郡)은 본시 백제(百濟)의 아차산현(阿次山縣)으로, 경덕왕(景德王)이 (壓海로) 개명(改名)하여 지금도 그대로 하고 있다(지금 羅州郡). 영현(領縣)이 셋이다. ① 갈도현(碣島縣)은 본시 백제의 아로현(阿老縣)으로, 경덕왕이 (碣島로) 개명, 지금의 육창현(六昌縣 : 지금 靈光郡 領內)이다. ② 염해현(鹽海縣)은 본시 백제의 고록지현(古祿只縣)으로, 경덕왕이 (鹽海로) 개명, 지금의 임치현(臨淄縣 : 지금 靈光郡 領內)이다. ③ 안파현(安波縣)은 본시 백제의 거지산현(居知山縣 : 居는 屈로도 되어 있음)으로, 경덕왕이 (安波로) 개명, 지금의 장산현(長山縣 : 지금 務安郡 長山島)이다.

〔原文〕

三國史記 卷 第三十六

雜志 第五

地理 三

熊州, 本百濟舊都, 唐高宗遣蘇定方平之, 置熊津都督府, 羅文武王取其地有之, 神文王改爲熊川州, 置都督, 景德王十六年, 改名熊州, 今公州, 領縣二, 尼山縣, 本百濟熱也山縣, 景德王改名, 今因之, 淸音縣, 本百濟伐音支縣, 景德王改名, 今新豐縣.

西原京, 神文王五年, 初置西原小京, 景德王改名西原京, 今淸州.

大麓郡, 本百濟大木岳郡, 景德王改名, 今木州, 領縣二, 馴雉縣, 本百濟甘買縣, 景德王改名, 今豐歲縣, 金池縣, 本百濟仇知縣, 景德王改名, 今全義縣.

嘉林郡, 本百濟加林郡, 景德王改加爲嘉, 今因之, 領縣二, 馬山縣, 本百濟縣, 景德王改州郡名, 及今並因之, 翰山縣, 本百濟大山縣, 景德王改名, 今鴻山縣.

西林郡, 本百濟舌林郡, 景德王改名, 今因之, 領縣二, 藍浦縣, 本百濟寺浦縣, 景德王改名, 今因之, 庇仁縣, 本百濟比衆縣, 景德王改名, 今因之.

伊山郡, 本百濟馬尸山郡, 景德王改名, 今因之, 領縣二, 目牛縣, 本百濟牛見縣, 景德王改名, 今未詳, 今武縣, 本百濟今勿縣, 景德王改名, 今德豐縣.

槥城郡, 本百濟槥郡, 景德王改名, 今因之, 領縣三,, 唐津縣, 本百濟伐首只縣, 景德王改名, 今因之, 餘邑縣, 本百濟餘村縣, 景德王改名, 今餘美縣, 新平縣, 本百濟沙平縣, 景德王改名, 今因之.

扶餘郡, 本百濟所夫里郡, 唐將蘇定方與庚信平之, 文武王十二年, 置摠管, 景德王改名, 今因之, 領縣二, 石山縣, 本百濟珍惡山縣, 景德王改名, 今石城縣, 悅城縣, 本百濟悅已縣, 景德王改名, 今定山縣.

任城郡, 本百濟任存城, 景德王改名, 今大興郡, 領縣二, 靑正縣, 本百濟古良夫里縣, 景德王改名, 今靑陽縣, 孤山縣, 本百濟烏山縣, 景德王改名, 今禮山縣.

黃山郡, 本百濟黃等也山郡, 景德王改名, 今連山縣, 領縣二, 鎭嶺縣, 本百濟眞峴縣[眞一作貞], 景德王改名, 今鎭岑縣, 珍同縣, 本百濟縣, 景德王改州郡名, 及今並因之.

比豐郡, 本百濟雨述郡, 景德王改名, 今懷德郡, 領縣二, 儒城縣, 本百濟奴斯只縣, 景德王改名, 今因之, 赤鳥縣, 本百濟所比浦縣, 景德王改名, 今德津縣.

潔城郡, 本百濟結已郡, 景德王改名, 今因之, 領縣二, 新邑縣, 本百濟新村縣, 景德王改名, 今保寧縣, 新良縣, 本百濟沙尸良縣, 景德王改名, 今黎陽縣.

燕山郡, 本百濟一车山郡, 景德王改名, 今因之, 領縣二, 燕岐縣, 本百濟豆仍只縣, 景德王改名, 今因之, 昧谷縣, 本百濟未谷縣, 景德王改名, 今懷仁縣.

富城郡, 本百濟基郡, 景德王改名, 今因之, 領縣二, 蘇泰縣, 本百濟省大号(号, 當作兮(見勝覽))縣, 景德王改名, 今因之, 地育縣, 本百濟知六縣, 景德王改名, 今北谷縣.

湯井郡, 本百濟郡, 文武王十一年, 唐咸亨二年, 爲州置摠管, 咸亨十二年, 廢州爲郡, 景德王因之, 今溫水郡, 領縣二, 陰峯[一云陰岑]縣, 本百濟牙述縣, 景德王改名, 今牙州, 祁梁縣, 本百濟屈直縣, 景德王改名, 今新昌縣.

全州, 本百濟完山, 眞興王十六年, 爲州, 二十六年, 州廢, 神文王五年, 復置完山州, 景德王十六年, 改名, 今因之, 領縣三, 杜城縣, 本百濟豆伊縣, 景德王改名, 今伊城縣, 金溝縣, 本百濟仇知只山縣, 景德王改名, 今因之, 高山縣, 本百濟縣, 景德王改州郡名, 及今因之.

南原小京, 本百濟古龍郡, 新羅幷之, 神文王五年, 初置小京, 景德王十六年, 置南原小京, 今南原府.

大山郡, 本百濟大尸山郡, 景德王改名, 今泰山郡, 領縣三, 井邑縣, 本百濟
井村, 景德王改名, 今因之, 斌城縣, 本百濟賓屈縣, 景德王改名, 今仁義縣,
野西縣, 本百濟也西伊縣, 景德王改名, 今巨野縣.

古阜郡, 本百濟古眇(眇, 當作沙(見勝覽))夫里郡, 景德王改名, 今因之, 領
縣三, 扶寧縣, 本百濟皆火縣, 景德王改名, 今因之, 喜安縣, 本百濟欣良買縣,
景德王改名, 今保安縣, 尙質縣, 本百濟上漆縣, 景德王改名, 今因之.

進禮郡, 本百濟進仍乙郡, 景德王改名, 今因之, 領縣三, 伊城縣, 本百濟豆
尸伊縣, 景德王改名, 今富利縣, 淸渠縣, 本百濟勿居縣, 景德王改名, 今因之,
丹川縣, 本百濟赤川縣, 景德王改名, 今朱溪縣.

德殷郡, 本百濟德近郡, 景德王改名, 今德恩郡, 領縣三, 市津縣, 本百濟加
知奈縣, 景德王改名, 今因之, 礪良縣, 本百濟只良肖縣, 景德王改名, 今因之,
雲梯縣, 本百濟只伐只縣, 景德王改名, 今因之.

臨陂郡, 本百濟屎山郡, 景德王改名, 今因之, 領縣三, 咸悅縣, 本百濟甘勿
阿縣, 景德王改名, 今因之, 沃溝縣, 本百濟馬西良縣, 景德王改名, 今因之,
澮尾縣, 本百濟夫夫里縣, 景德王改名, 今因之.

金堤郡, 本百濟碧骨縣, 景德王改名, 今因之, 領縣四, 萬頃縣, 本百濟豆乃
山縣, 景德王改名, 今因之, 平皐縣, 本百濟首冬山縣, 景德王改名, 今因之,
利城縣, 本百濟乃利阿縣, 景德王改名, 今因之, 武邑縣, 本百濟武斤村縣, 景
德王改名, 今富潤縣.

淳〔淳一作渟)化郡, 本百濟道實郡, 景德王改名, 今淳昌縣, 領縣二, 磧城
縣, 本百濟礫坪縣, 景德王改名, 今因之, 九皐縣, 本百濟堗坪縣, 景德王改名,
今因之.

金馬郡, 本百濟金馬渚郡, 景德王改名, 今因之, 領縣三, 沃野縣, 本百濟所
力只縣, 景德王改名, 今因之, 野山縣, 本百濟閼也山縣, 景德王改名, 今朗山
縣, 紆洲縣, 本百濟于召渚縣, 景德王改名, 今紆州.

壁谿郡, 本百濟伯伊〔一作海〕郡, 景德王改名, 今長溪縣, 領縣二, 鎭安縣,
本百濟難珍阿縣, 景德王改名, 今因之, 高澤縣, 本百濟雨坪縣, 景德王改名,
今長水縣.

任實郡, 本百濟郡, 景德王改州郡名, 及今並因之, 領縣二, 馬靈縣, 本百濟
馬突縣, 景德王改名, 今因之, 靑雄縣, 本百濟居斯勿縣, 景德王改名, 今巨寧
縣.

武州, 本百濟地, 神文王六年, 爲武珍州, 景德王改爲武州, 今光州, 領縣三,
玄雄縣, 本百濟未多夫里縣, 景德王改名, 今南平郡, 龍山縣, 本百濟伏龍縣,
景德王改名, 今復故, 祁陽縣, 本百濟屈支縣, 景德王改名, 今昌平縣.

分嶺郡, 本百濟分嵯郡, 景德王改名, 今樂安郡, 領縣四, 忠烈縣, 本百濟助
助禮縣, 景德王改名, 今南陽縣, 兆陽縣, 本百濟冬老縣, 景德王改名, 今因之,
薑原縣, 本百濟豆肹縣, 景德王改名, 今荳原縣, 栢舟縣, 本百濟比史縣, 景德
王改名, 今泰江縣.

寶城郡, 本百濟伏忽郡, 景德王改名, 今因之, 領縣四, 代勞縣, 本百濟馬斯
良縣, 景德王改名, 今會寧縣, 季水縣, 本百濟季川縣, 景德王改名, 今長澤縣,
烏兒縣, 本百濟烏次縣, 景德王改名, 今定安縣, 馬邑縣, 本百濟古馬旀知縣,
景德王改名, 今遂寧縣.

秋成郡, 本百濟秋子兮郡, 景德王改名, 今潭陽郡, 領縣二, 玉菓縣, 本百濟
菓支縣, 景德王改名, 今因之, 栗原縣, 本百濟栗支縣, 景德王改名, 今原栗縣.

靈巖郡, 本百濟月奈郡, 景德王改名, 今因之.

潘南郡, 本百濟半奈夫里縣, 景德王改名, 今因之, 領縣二, 野老縣, 本百濟
阿老谷縣, 景德王改名, 今安老縣, 昆湄縣, 本百濟古彌縣, 景德王改名, 今因
之.

岬城郡, 本百濟古尸伊縣, 景德王改名, 今長城郡, 領縣二, 珍原縣, 本百濟
丘斯珍兮縣, 景德王改名, 今因之, 森溪縣, 本百濟所非兮縣, 景德王改名, 今
因之.

武靈郡, 本百濟武尸伊郡, 景德王改名, 今靈光郡, 領縣三, 長沙縣, 本百濟
上老縣, 景德王改名, 今因之, 高敞縣, 本百濟毛良夫里縣, 景德王改名, 今因
之, 茂松縣, 本百濟松彌知縣, 景德王改名, 今因之.

昇平郡, 本百濟欿(欲, 據麗史地理及勝覽)平郡, 景德王改名, 今因之〔一云
昇州〕, 領縣三, 海邑縣, 本百濟猿村縣, 景德王改名, 今麗水縣, 晞陽縣, 本百
濟馬老縣, 景德王改名, 今光陽縣, 廬山縣, 本百濟突山縣, 景德王改名, 今復
故.

谷城郡, 本百濟欲乃郡, 景德王改名, 今因之, 領縣三, 富有縣, 本百濟遁支
縣, 景德王改名, 今因之, 求禮縣, 本百濟仇次禮縣, 景德王改名, 今因之, 同
福縣, 本百濟豆夫只縣, 景德王改名, 今因之.

陵城郡, 本百濟尒陵夫里郡, 景德王改名, 今因之, 領縣二, 富里縣, 本百濟

波夫里郡, 景德王改名, 今福城縣, 汝湄縣, 本百濟仍利阿縣, 景德王改名, 今和順縣.

錦山郡, 本百濟發羅郡, 景德王改名, 今羅州牧, 領縣三, 會津縣, 本百濟豆肹縣, 景德王改名, 今因之, 鐵冶縣, 本百濟實於山縣, 景德王改名, 今因之, 艅艎縣, 本百濟水川縣, 景德王改名, 今因之.

陽武郡, 本百濟道武郡, 景德王改名, 今道康郡, 領縣四, 固[一作同]安縣, 本百濟古西伊縣, 景德王改伊名, 今竹山縣, 𥃭津縣, 本百濟冬音縣, 景德王改名, 今因之, 浸溟縣, 本百濟塞琴縣, 景德王改名, 今海南縣, 黃原縣, 本百濟黃述縣, 景德王改名, 今因之.

務安郡, 本百濟勿阿兮郡, 景德王改名, 今因之, 領縣四, 咸豐縣, 本百濟屈乃縣, 景德王改名, 今因之, 多岐縣, 本百濟多只縣, 景德王改名, 今牟平縣, 海際縣, 本百濟道際縣, 景德王改名, 今因之, 珍島縣, 本百濟因珍島郡, 景德王改名, 今因之.

牟山郡, 本百濟徒山縣, 景德王改名, 今嘉興縣, 領縣一, 瞻耽縣, 本百濟買仇里縣, 景德王改名, 今臨淮縣.

壓海郡, 本百濟阿次山縣, 景德王改名, 今因之, 領縣三, 碣島縣, 本百濟阿老縣, 景德王改名, 今六昌縣, 鹽海縣, 本百濟古祿只縣, 景德王改名, 今臨淄縣, 安波縣, 本百濟居知山縣[居一作屈], 景德王改名, 今長山縣.

삼국사기 권 제 37

잡지(雜志) 제 6
지리(地理) 4 고구려(高句麗) 백제(百濟)

고구려(高句麗)

살펴보건대 통전(通典)에 이르기를, "주몽(朱蒙)이 한(漢) 건소(建昭 : 元帝의 연호) 2년에 북부여(北扶餘)에서 동남(東南)쪽으로 내려와 보술수(普述水 : 지금 渾江의 支流)를 건너 흘승골성(紇升(升紇의 顚倒 ?)骨城 : 지금 桓仁地方)에 이르러 웅거하면서 (나라 이름을) 구려(句麗)라 하고, 고(高)로써 성씨를 삼았다" 하고, 고기(古記)에는, "주몽(朱蒙)이 부여(扶餘)에서 난(難)을 피하여 졸본(卒本)에 이르렀다" 하였으니 흘승골성(紇升(升紇)骨城)과 졸본(卒本)은 한 곳인 것 같다.

한서(지리)지(漢書(地理)志 : 실은 後漢書郡國志의 謂)에는 "요동군(遼東郡)은 낙양(洛陽)과의 상거(相距)가 3,600 리(里)요, 속현(屬縣)에 무려(無慮)가 있다"고 하였는데, (無慮는) 곧 주례(周禮)에서 말한 북진(北鎭) 의무여산(醫巫閭山)이다.

(後世) 대요(大遼)가 그(醫巫閭) 아래에 의주(醫州)를 설치하였다. (그리고) 현도군(玄菟郡)은 낙양(洛陽)과의 상거(相距)가 동북(東北)쪽으로 4,000 리요 속현(屬縣)이 셋인데, 고구려(高句麗)가 그 하나로 되어 있으니, 주몽(朱蒙)이 도읍하였다는 흘승골성(紇升骨城)과 졸본(卒本)은 대개 한(漢) 현도군(玄菟郡)의 경내(境內)요, 대요국(大遼國)의 동경(東京 : 지금 遼陽) 서쪽이니, 한지(漢志)의 이른바 현도군(玄菟郡)의 속현(屬縣)인 고구려가 (혹시) 이것인

가?[1] 옛날 대요(大遼)가 망하기 전에 요제(遼帝)가 연경(燕京 : 北京)에 있었으므로, 우리 나라(高麗) 사신(使臣)들이 동경(東京)을 지나 요수(遼水)를 건너 하루이틀 만에 의주(醫州)에 이르고, 거기서 연계(燕薊 : 지금 北京地方)로 향하였기 때문에 그런 것임을 알게 된다.

주몽(朱蒙)이 홀승골성(紇升骨城)에 도읍한 후로 40년을 지나 (제 2 대) 유류왕(孺留王 : 琉璃王) 22년에는 도읍을 국내성(國內城[혹은 尉那巖城, 또 혹은 不而城[2]이라 하기도 함] : 지금 通溝)으로 옮겼다.

한서(漢書)를 살펴보면, 낙랑군(樂浪郡) 속현(屬縣)에 불이(不而)가 있고, 또 (唐 高宗의) 총장(總章) 2년에, 영국공(英國公) 이적(李勣)이 칙명(勅命)을 받들어, 고구려의 여러 성(城)에 도독부(都督府)와 주현(州縣)을 설치하였는데, 그 목록(目錄)에 이르기를, 압록(鴨淥(綠)) 이북(以北)의 이미 항복한 성(城)이 11성인데, 그 중 하나가 국내성(國內城)이요, 평양(平壤)에서 여기(國內)까지는 17 역(驛)이라 하였으니, 이 성(城)이 역시 북조(北朝 : 遼國) 경내(境內)에 있는데, 다만 어느 곳인지는 모르겠다.[3]

국내(國內 : 城)에 도읍한 지 425년을 지나 장수왕(長壽王) 15년에 평양(平壤)[4]으로 도읍을 옮기고 156년을 지나 평원왕(平原王) 28년에 장안성(長安城)[5]으로 도읍을 옮겼으며, 83년을 지나 보장왕(寶臧王) 27년에 망하였다[옛사람의 기록이, 始祖 朱蒙에서부터 寶臧王에 이르기까지 歷年이 丁寧하고 자세함이 이러

---

1) 撰者가 紇升骨城(실상은 升紇骨城인 듯)과 卒本을 同一處所로 인정한 것은 당연한 견해라 하겠으나, 소위 玄菟郡 所屬의 高句麗縣과 郡外의 獨立한 高句麗를 분석치 않고 서로 혼동한 것은 너무도 심한 불찰이라 아니할 수 없고, 또 이를 遼 東京(지금 遼陽) 서쪽에 比定한 것 역시 큰 망발이라 하겠다.

2) 不而(一云 不耐)는 舊臨屯郡의 한 屬縣으로, 후일 廢合關係에 의해서 樂浪郡 東部 7縣 중의 하나가 된, 지금의 安邊通川 방면에 당하는데, 梁書와 括地志 이래로 이를 잘못 丸都(通溝)와 혼동시함에서 큰 杜撰을 범하게 된 것이다(詳見 拙稿「玄菟郡考 및 臨屯郡考」).

3) 撰者의 歷史地理的 知識이 너무 빈약함을 드러낸 것.

4) 여기 이른바 平壤은 지금 平壤市의 東北쪽인 大城山下 일대를 말한 것이니, 山下의 '存鶴宮'址가 바로 그 때의 宮城址였던 것이다.

5) 여기서 이른바 長安城이야말로 지금의 平壤市를 말한 것으로, 平原王 28년에 大城山下에서 이 곳으로 옮겨 長安城이라고 하였던 모양인데, 후에는 역시 이 城도 平壤城이라고 일컫게 되었다.

하다. 그런데 혹은 말하기를, 故國原王 13년에 平壤 東黃城⁶⁾으로 移居하였는데, 城은 지금의 西京 동쪽 木覓山中에 있었다고 하니, 그 사실 여부를 알 수 없는 일이다].

평양(平壤)은 지금 서경(西京)인 것 같고, 패수(浿水)⁷⁾는 대동강(大同江)이다. 무엇으로 아는가 하면, 당서(唐書)에 이르기를, "평양성(平壤城)은 한(漢)의 낙랑군(樂浪郡)이다. 산(山 : 脈)을 따라 에둘러(圍繞) 성곽(城郭)을 만들고, 남쪽으로 패수(浿水)에 임(臨)하였다"고 하였으며, 또 (地理)지(志)에는 "(山東省)등주(登州) 동북(東北)쪽 바다로 가서 남쪽으로 해안지방(海岸地方)을 끼고 패강(浿江) 어귀 초도(椒島 : 今同)를 지나면 신라(新羅) 서북(西北)쪽이 된다" 하였고, 또 수양제(隋煬帝)의 동정(東征 : 高句麗 원정) 조서(詔書)에는 "창해(滄海)도군(道軍)이 주로(舟艫) 1,000 리에 높은 돛은 번개 달리듯 하고 큰 함정(艦艇)은 구름 가듯 하여 패강(浿江)을 가로막고 멀리 평양(平壤)으로 나간다"고 하였으니, 이로써 보면 지금의 대동강(大同江)이 패수(浿水)임이 분명하며, 서경(西京)이 평양(平壤)임도 알 수 있다. 당서(唐書)에는 평양성(平壤城)은 또한 장안(長安)이라 한다 하고, 고기(古記)에는 평양(平壤)에서 장안(長安)으로 옮겼다 하였으니, 두 성(城)의 이동(異同)과 원근(遠近)은 알 수 없다.⁸⁾ 고구려(高句麗)는 처음 중국(中國) 북쪽⁹⁾ 지역에 있다가 점차 동쪽으로 패수(浿水) 곁에 왔을 것이다. 발해인(渤海人) 무예(武藝 : 渤海 제 2 대 武王)가 말하기를¹⁰⁾ "옛날 고구려는 강성(强盛)할 때 군사 30 만으로 당(唐)에 항거(抗拒)하여 대적(對敵)하였다"하였으니, 지역이 크고 군사가 강하다고 할 만하였다. 그런데 말기(末期)에 이르러서는 군신(君臣)이 혼암(昏暗)하고 포학하여 도의(道義)가 없어지자, 대당(大唐)이 두 차례나 군사를 출동하고 신라(新羅)에서 원조하여 이를

---

6) 이미 말한 바와 같이 故國原王 13년에 移居한 平壤 東黃城은 本黃城(丸都)의 東편인 지금의 江界지방인 것이 틀림없고, 후일의 平壤 東黃城은 지금 平壤으로 遷都한 이후에 생긴 冒稱의 그것인 것이다(見 拙稿 「高句麗東黃城考」).

7) 漢代의 浿水는 지금의 淸川江이고, 지금의 大同江은 漢代의 列水이었는데, 후세에 이르러 列水의 이름이 파묻히고 대신 浿水・浿江의 이름이 이를 덮어(커버)서, 지금의 大同江을 浿水・浿江이라고 일컫게 되었다.

8) 앞 註 참조.

9) 撰者의 歷史地理的 知識의 貧困이 이와 같다.

10) 이는 武藝(武王)의 말이 아니라 그의 母弟인 大門藝가 武藝를 諫勸하는 말의 1 節인 것이다(新舊唐書 渤海傳을 참조할 것).

처 평정하였다. 그 지역(地域)이 많이 발해(渤海)·말갈(靺鞨)로 들어가고, 신라도 그 남쪽 지경(地境)을 얻어서 한(漢)·삭(朔)·명(溟) 3주(州)와 및 그 군현(郡縣)을 설치하여 (新羅) 9주(州)의 제(制)를 갖추었던 것이다(이하의 高句麗 郡縣名은 旣述한 新羅의 州·郡·縣 沿革에서 抽出한 것이나, 個中에는 多少의 異同과 出入이 있다).

한산주(漢山州 : 新羅時代의 州니 治所는 廣州)
국원성(國原城[未乙省이라고도 하고, 託長城이라고도 함] : 지금 忠北 忠州)
남천현(南川縣[南買라고도 함] : 지금 利川)
구　성(駒城[滅烏라고도 함] : 지금 龍仁郡 駒城面)
잉근내군(仍斤內郡 : 지금 忠北 槐山郡)
술천군(述川郡[省知買라고도 함] : 지금 京畿道 驪州郡 舊 川寧縣)
골내근현(骨乃斤縣 : 지금 驪州邑)
양근현(楊根縣[去斯斬이라고도 함] : 지금 京畿道 楊平郡 舊 葛山面)
금물내군(今勿內郡[萬弩라고도 함] : 지금 忠北 鎭川郡)
도서현(道西縣[都盆(西?)이라고도 함] : 지금 忠北 槐山郡 道安面)
잉　홀(仍忽 : 지금 忠北 陰城郡 領內)
개차산군(皆次山郡 : 지금 京畿道 安城郡 一竹·二竹面)
노음죽현(奴音竹縣 : 지금 忠北 陰城郡의 舊 陰竹)
내혜홀(奈兮忽 : 지금 京畿道 安城郡)
사복홀(沙伏忽 : 지금 安城郡 陽城面)
사산현(蛇山縣 : 지금 忠南 天安郡 稷山面)
매　홀(買忽[水城이라고도 함] : 지금 京畿道 水原市)
당성군(唐城郡 : 지금 京畿道 華城郡 南陽面 일대)
상　홀(上忽[車忽이라고도 함] : 지금 華城郡의 舊 安龍面)
부산현(釜山縣[松村活達이라고도 함] : 지금 華城郡 松炭面)
율목군(栗木郡[冬斯肹이라고도 함] : 지금 始興郡 일대)
잉벌노현(仍伐奴縣 : 지금 서울市 冠岳區 奉天洞·新林洞)
제차파의현(齊次巴衣縣 : 지금 金浦郡 陽村面)
매소홀현(買召忽縣[彌鄒忽이라고도 함] : 지금 仁川)
장항구현(獐項口縣[古斯也忽次라고도 함] : 지금 始興郡 秀岩面)

주부토군(主夫吐郡 : 지금 富川郡)

수이홀(首尒忽 : 지금 金浦郡 舊邑 南)

검포현(黔浦縣 : 지금 金浦郡 金浦面)

동자홀현(童子忽縣[仇斯波衣라고도 함] : 지금 通津 古邑)

평회압현(平淮押縣[別史波衣라고도 하고, 淮는 唯로도 되어 있음] : 지금 金浦郡
　　月串面)

북한산군(北漢山郡[平壤이라고도 함] : 治所는 지금 彰義門 밖 洗劍洞 일대)

골의내현(骨衣內縣 : 지금 楊州郡 榛接面 일대)

왕봉현(王逢縣[皆伯이라고도 하는데, 漢人(氏) 美女가 安臧王을 맞이한 地方이므
　　로 王逢이라 이름함] : 지금 高陽郡 知道面)

매성군(買省郡[馬忽이라고도 함] : 지금 楊州郡 州內面)

칠중현(七重縣[難隱別이라고도 함] : 지금 坡州郡 積城面)

파해평사현(波害平史縣[額이라고도 함] : 지금 坡州郡 坡平面)

천정구현(泉井口縣[於乙買串이라고도 함] : 지금 坡州郡 交河面)

술이홀현(述尒忽縣[首泥忽이라고도 함] : 지금 坡州郡 州內面)

달을성현(達乙省縣[漢氏(人) 美女가 高山 위에서 烽火를 피워 安臧王을 맞이한
　　곳이므로 후에 高烽이라 이름하였음])

비성군(臂城郡[馬忽이라고도 함] : 지금 高陽郡 碧蹄面)

내을매(內乙買[內尒米라고도 함] : 지금 楊州郡 북쪽)

철원군(鐵圓郡[毛乙冬非라고도 함] : 지금 江原道 鐵原郡)

양골현(梁骨縣 : 지금 抱川郡 永中面)

승량현(僧梁縣[非勿이라고도 함] : 지금 漣川郡 舊邑 동쪽)

공목달(功木達[熊閃山이라고도 함] : 지금 漣川郡 漣川面)

부여군(夫如郡 : 지금 江原道 金化郡)

어사내현(於斯內縣[斧壤이라고도 함] : 지금 江原道 平康郡)

오사함달(烏斯含達 : 지금 黃海道 延白郡 銀川面·海月面)

아진압현(阿珍押縣[窮嶽이라고도 함] : 지금 江原道 伊川郡 安峽面)

소읍두현(所邑豆縣 : 지금 漣川郡 北面)

이진매현(伊珍買縣 : 지금 江原道 伊川郡 伊川面)

우잠군(牛岑郡[牛嶺이라고도 하고 首知衣라고도 함] : 지금 黃海道 金川郡)

장항현(獐項縣[古斯也忽次라고도 함] : 지금 長湍郡 북쪽)

장천성현(長淺城縣[耶耶라고도 하고, 夜牙라고도 함] : 지금 長湍郡 郡內面)

마전천현(麻田淺縣[泥沙波忽이라고도 함] : 지금 漣川郡 嵋山面)

부소갑(扶蘇岬 : 지금 開城市)

약지두치현(若只頭恥縣[朔頭라고도 하고, 衣頭라고도 함] : 지금 長湍郡 북쪽)

굴어압(屈於押[紅西라고도 함] : 지금 金川郡 西北面)

동비홀(冬比忽 : 지금 開豐郡 西面 開城里 일대)

덕물현(德勿縣 : 지금 開豐郡 鳳東面 興旺里 일대)

진림성현(津臨城縣[烏阿忽이라고도 함] : 지금 漣川郡 臨津面)

혈구군(穴口郡[甲比古次라고도 함] : 지금 江華郡)

동음내현(冬音奈縣[休陰이라고도 함] : 지금 江華郡 河岾面)

고목근현(高木根縣[達乙斬이라고도 함] : 지금 江華郡 喬桐面)

수지현(首知縣[新知라고도 함] : 지금 江華郡 남쪽)

대곡군(大谷郡[多知忽이라고도 함] : 지금 黃海道 平山郡)

수곡성현(水谷城縣[買旦忽이라고도 함] : 지금 黃海道 新溪郡 新溪面)

십곡현(十谷縣[德頓忽이라고도 함] : 지금 黃海道 谷城郡 谷山面)

동음홀(冬音忽[鼓鹽城이라고도 함] : 지금 黃海道 延白郡)

도랍현(刀臘縣[雉嶽城이라고도 함] : 지금 延白郡 銀川面)

오곡군(五谷郡[于次呑忽이라고도 함] : 지금 黃海道 瑞興郡)

내미홀(內米忽[池城이라고도 하고, 長池라고도 함] : 지금 海州郡)

한성군(漢城郡[漢忽이라고도 하고, 息城이라고도 하며, 乃忽이라고도 함] : 지금
黃海道 載寧郡)

휴류현(鵂鶹縣[租波衣라고도 하고, 鵂巖郡이라고도 함] : 지금 黃海道 鳳山郡)

장새현(獐塞縣[古所於라고도 함] : 지금 黃海道 遂安郡 遂安面)

동 홀(冬忽[于冬於忽이라고도 함] : 지금 黃海道 黃州郡)

금 달(今達[薪達이라고도 하고, 息達이라고도 함] : 지금 平安道 中和郡 祥原面)

구을현(仇乙峴[屈遷이라고도 함])은 지금의 풍주(豐州 : 지금 黃海道 松禾郡 豐
川面)

궐 구(闕口)는 지금의 유주(儒州 : 지금 黃海道 信川郡 文化面)

율 구(栗口[栗川이라고도 함])는 지금의 은율현(殷栗縣 : 지금 黃海道 殷栗郡)

장 연(長淵)은 지금 그대로임(지금 黃海道 長淵郡)

마경이(麻耕伊)는 지금의 청송현(靑松縣 : 지금 黃海道 松禾郡)

양　악(楊岳)은 지금의 안악군(安嶽郡 : 지금 黃海道 安嶽郡)

판마곶(板麻串)은 지금의 가화현(嘉禾縣 : 지금 黃海道 松禾郡 동쪽)

웅한이(熊閑伊)는 지금의 수녕현(水寧縣 : 지금 黃海道 松禾郡 남쪽)

옹　천(甕遷)은 지금의 옹진현(甕津縣 : 지금 京畿道 甕津郡)

부진이(付珍伊)는 지금의 영강현(永康縣 : 지금 甕津郡 康翎)

곡　도(鵠島)는 지금의 백령진(白嶺(翎)鎭 : 지금 甕津郡 白翎面)

승　산(升山)은 지금의 신주(信州 : 지금 黃海道 信川郡)

가화압(加火押 : 지금 平南 中和郡 唐井面)

부사파의현(夫斯波衣縣[仇史峴이라고도 함] : 지금 中和郡 西部)

우수주(牛首州[首는 頭로도 되어 있음. 首次若이라고도 하고, 烏根乃라고도
　함] : 新羅時代의 朔州니, 治所는 지금 春川)

벌력천현(伐力川縣 : 지금 江原道 洪川郡 洪川邑)

횡천현(橫川縣[於斯買라고도 함] : 지금 江原道 橫城郡 橫城面)

지현현(砥峴縣 : 지금 京畿道 楊平郡 砥堤面)

평원군(平原郡[北原] : 지금 江原道 原州)

내토군(奈吐郡[大堤라고도 함] : 지금 忠北 堤川郡)

사열이현(沙熱伊縣 : 지금 堤川郡 淸風面)

적산현(赤山縣 : 지금 忠北 丹陽郡 丹陽面)

근평군(斤平郡[並平이라고도 함] : 지금 京畿道 加平郡)

심천현(深川縣[伏斯買라고도 함] : 지금 加平郡 下面)

양구군(楊口郡[要隱忽次라고도 함] : 지금 江原道 楊口郡)

저족현(猪足縣[烏斯廻라고도 함] : 지금 江原道 麟蹄郡 麟蹄面)

옥기현(玉岐縣[皆次丁이라고도 함] : 지금 麟蹄郡 瑞和面)

삼현현(三峴縣[密波兮라고도 함] : 지금 楊口郡 方山面)

생천군(狌川郡[也尸買라고도 함] : 지금 江原道 華川郡)

대양관군(大楊菅郡[馬斤押이라고도 함] : 지금 江原道 淮陽郡)

매곡현(買谷峴 : 지금 慶北 榮川郡 禮安面)

고사마현(古斯馬縣 : 지금 慶北 奉化郡 奉化面)

급벌산군(及伐山郡 : 지금 慶北 榮州郡 順興面)

이벌지현(伊伐支縣[自伐支라고도 함] : 지금 未詳)

수생천현(藪狌川縣[藪川이라고도 함]: 지금 江原道 淮陽郡 동쪽)
문현현(文峴縣[斤尸波兮라고도 함]: 지금 淮陽郡 동쪽)
모성군(母城郡[也次忽이라고도 함]: 지금 江原道 金化郡 金城面 일대)
동사홀(冬斯忽: 지금 金化郡 金城面 동쪽)
수입현(水入縣[買伊縣이라고도 함]: 지금 金化郡 金城面 북쪽)
객연군(客連郡[客은 各으로도 되어 있고, 加兮牙라고도 함]: 지금 江原道 淮陽郡)
적목현(赤木縣[沙非斤乙이라고도 함]: 지금 淮陽郡 嵐谷面)
관술현(管述縣: 지금 未詳)
저란현현(猪蘭峴縣[烏生波衣라고도 하고, 猪守라고도 함]: 지금 未詳)
천성군(淺城郡[比烈忽이라고도 함]: 지금 咸南 安邊郡)
경곡현(庌谷縣[首乙呑이라고도 함]: 지금 安邊郡 瑞谷面)
청달현(菁達縣[昔達이라고도 함]: 지금 未詳)
살한현(薩寒縣: 지금 安邊郡 東部)
가지달현(加支達縣: 지금 安邊郡 南部)
어지탄(於支呑[翼谷이라고도 함]: 지금 安邊郡 南部)
매시달(買尸達: 지금 未詳)
천정군(泉井郡[於乙買라고도 함]: 지금 咸南 德源郡)
부사달현(夫斯達縣: 지금 未詳)
동허현(東墟縣[加知斤이라고도 함]: 지금 德源郡 府內面)
내생군(奈生郡: 지금 江原道 寧越郡)
을아단현(乙阿旦縣: 지금 忠北 丹陽郡 永春面)
우오현(于烏縣[郁烏라고도 함]: 지금 江原道 平昌郡 平昌面)
주연현(酒淵縣: 지금 寧越郡 酒泉面)

하슬라주(何瑟羅州[河西良이라고도 하고, 河西라고도 함]: 後의 溟州이니, 그 治所는 지금 江陵市)
내매현(乃買縣: 旣述한 新羅志에는 仍買로 되었다. 지금 旌善郡 旌善面)
동토현(東吐縣: 지금 미상)
지산현(支山縣: 지금 溟州郡 連谷面)
혈산현(穴山縣: 지금 江原道 襄陽郡 남쪽)

수성군(䢘城郡[加阿忽이라고도 함] : 지금 江原道 高城郡 杆城面)

승산현(僧山縣[所勿達이라고도 함] : 지금 江原道 高城郡 杆城面 域內)

익현현(翼峴縣[伊文縣이라고도 함] : 지금 襄陽郡 域內)

달 홀(達忽 : 지금 江原道 高城郡)

저수혈현(猪䢘穴縣[烏斯押이라고도 함] : 지금 江原道 高城郡 域內)

평진현현(平珍峴縣[平珍波衣라고도 함] : 지금 江原道 通川郡 域內)

도림현(道臨縣[助乙浦라고도 함] : 지금 通川郡 臨川面 ?)

휴양군(休壤郡[金惱라고도 함] : 지금 通川郡)

습비곡(習比谷[谷은 呑으로도 되어 있음] : 지금 通川郡 歙谷面)

토상현(吐上縣 : 지금 通川郡 碧養面 ?)

기연현(岐淵縣 : 지금 未詳)

곡포현(鵠浦縣[古衣浦라고도 함] : 지금 安邊郡 鶴城面 ?)

죽현현(竹峴縣[奈生於라고도 함] : 지금 未詳)

만약현(滿若縣[㭆兮라고도 함] : 㭆은 滿字의 略書인 듯. 지금 未詳)

파리현(波利縣 : 지금 未詳)

우진야군(于珍也郡 : 지금 慶北 蔚珍郡)

파차현(波且縣[波豐이라고도 함] : 지금 未詳)

야시홀군(也尸忽郡 : 지금 慶北 盈德郡)

조람군(助攬郡[才攬이라고도 함] : 지금 慶北 靑松郡 眞寶面)

청이현(靑已縣 : 지금 靑松郡 靑松面)

굴화현(屈火縣 : 지금 安東郡 臨河面 일대)

이화혜현(伊火兮縣 : 지금 靑松郡 安德面)

우시군(于尸郡 : 지금 盈德郡 寧海面)

아혜현(阿兮縣 : 지금 迎日郡 淸河面)

실직군(悉直郡[史直이라고도 함] : 지금 三陟郡)

우곡현(羽谷縣 : 지금 溟州郡 玉溪面 ?)

　이상 고구려(高句麗) 주군현(州郡縣)은 모두 164인데, 신라(新羅)에서 고친 이름과 지금 이름은 신라(지리)지(新羅(地理)志)에 보인다.

백제(百濟)

후한서(後漢書)에는 "삼한(三韓)이 78 국(國)인데, 백제(百濟)가 그 중의 1 국(國)이라" 하고, 북사(北史)에는 "백제는 동쪽으로 신라에 극(極)하고, 서남(西南)쪽은 모두 대해(大海)에 한(限)하였으며, 북쪽은 한강(漢江)에 임(臨)하였는데, 그 도읍(都邑)은 거발성(居拔城)[11]이라 하고 또 고마성(固麻城)이라고도 한다. 그 밖에 또 오방성(五方城)이 있다"고 하였으며, 통전(通典)에는 "백제가 남(南)으로 신라와 접하고, 북(北)으로 고구려에 닿았으며, 서쪽은 대해(大海)에 한(限)하였다"고 하였다. 구당서(舊唐書)에는 "백제는 부여(扶餘)의 별종(別種)이니, 동북(東北)쪽은 신라요, 서쪽은 바다를 건너 월주(越州:中國南方을 汎稱)에 이르고, 남쪽은 바다를 건너 왜(倭)에 이르며, 북쪽는 고(구)려(高(句)麗)이다. 그 왕(王)이 거처하는 데는 동(東)·서(西)의 2 성(城)이 있다" 하고, 신당서(新唐書)에는 "백제의 서계(西界)는 월주(越州)요, 남(南)은 왜(倭)니 모두 바다 건너 있으며, 북(北)은 고(구)려(高(句)麗)이다[12]" 하였다. 안(按)컨대 고전기(古典記)에, 동명왕(東明王)의 셋째 아들 온조(溫祚)가 전한(前漢) 홍가(鴻嘉:成帝의 연호) 3년 계묘(癸卯)에, 졸본부여(卒本扶餘)에서 위례성(慰禮城:서울시 洗劍洞)에 이르러 도읍(都邑)을 정하고 왕(王)을 칭(稱)하였다. (그 후) 389년을 지내 13 세(世) 근초고왕(近肖古王) 때에 고구려의 남평양(南平壤:지금의 서울 지방)을 취하고 한성(漢城)에 도읍하여[13] 105년을 지냈으며, 22 세(世) 문주왕(文周王)에 이르러 도읍(都邑)을 웅천(熊川:지금 公州)으로 옮기고, 63년을 지내 26 세(世) 성왕(聖王) 때에는 소부리(所夫里:扶餘)로 도읍을 옮겨

---

11) 居拔과 固麻는 '고마'의 借音으로, 熊津(고마나루), 즉 지금의 公州를 指稱한 것이니, 이것이 百濟의 熊津都邑時代에 관한 記事임은 再言을 요치 않는다. 그러나 그 중의 '北際漢江'은 原文에는 없는 말로 史記 撰者의 潤筆에 불과한 것이어니와, 사실 그 때 百濟의 北界가 漢江에 다다랐다고는 생각되지 않는다. 漢江流域은 그 당시 엄연한 高句麗의 소유였기 때문이다. 北史 原文에는 '處小海南'이라고 하였는데, 여기 이른바 小海는 西海岸의 深入灣인 牙山灣을 가리켜 말한 듯하므로, 그것이 사실에 가까운 말이라 하겠다.

12) 原文과는 조금 다르다. 원문에는 '西界越州, 南倭, 北高麗(高句麗), 皆踰海, 乃至'라고 하였는데, 高句麗와는 실제 陸接하고 있으므로 史記 撰者가 조금 潤筆을 加한 것 같다.

13) 이 1 節은 撰者가 高句麗의 漢江流域 占有가 百濟보다도 앞섰던 것으로 誤認한 데서 생긴 杜撰일 것이다.

국호(國號)를 (일시) 남부여(南扶餘)라 하였다. (그 후) 31 세(世) 의자왕(義慈
王)에 이르리까지 122년을 지내니, 당(唐) 현경(顯慶 : 高宗의 연호) 5년, 의자왕
(義慈王)의 재위(在位) 20년에 신라의 (김)유신((金)庾信)이 당(唐)의 소정방(蘇
定方)과 함께 와서 토평(討平)하였다.

(백제는) 전(前)에 5 부(部)[14]가 있어, 37 군(郡), 200 성(城), 76 만 호(戶)를
통할(統轄)하였는데, 당(唐)이 그 지역에 웅진(熊津)·마한(馬韓)·동명(東明)
등 5도독부(都督府)[15]를 설치하고, 이어 그 지방 수령(首領)으로 도독부(都督
府) 자사(刺史)를 삼았다. 그리고 얼마 안되어 신라에서 그 지역(地域)을 다 차
지하여, 웅(熊)·전(全)·무(武)의 3 주(州)와 여러 군현(郡縣)을 설치하였으니,
고구려의 남쪽 지방 및 신라의 옛땅과 더불어 9 주(州)를 이룩하였다.

웅천주(熊川州[熊津이라고도 함] : 後의 熊州니, 그 治所는 지금 公州)
열야산현(熱也山縣 : 지금 論山郡 魯城面)
벌음지현(伐音支縣 : 지금 公州郡 領內)
서 원(西原[臂城이라고도 하고, (娘)子谷이라고도 함] : 지금 淸州市)
대목악군(大木岳郡 : 지금 天原郡 木川面 일대)
기(감 ?)매현(其(甘 ?)買縣[林川이라고도 함] : 지금 天原郡 豊歲面)
구지현(仇知縣 : 지금 燕岐郡 全義面)
가림군(加林郡 : 지금 扶餘郡 林川面 일대)
마산현(馬山縣 : 지금 保寧郡 藍浦面 부근)
대산현(大山縣 : 지금 扶餘郡 鴻山面)

---

14) 百濟에는 高句麗와 같이 都內의 5部制와 地方의 5部制가 있었는데, 前者는 上部(東
部)·下部(西部)·前部·後部 및 中部라 하였고, 後者는 5方이라 하여, 東方을 得安
城(忠南 恩津 부근), 西方을 刀先城(未詳), 南方을 久知下城(全南 長城), 北方을 熊津
城, 中方을 古沙城(全北 沃溝)이라고 하였다. 本文에 이른바 5部는 즉 5方制를 말한
것으로, 이것이 扶餘都邑時代의 編制이었음은 北方(北部)이 熊津城임을 보아 알 수
있다.
15) 義慈王 20년(西紀 660)에 百濟가 패망된 다음, 唐에서는 처음, 百濟 舊疆을 占有 統
轄하기 위하여 熊津·馬韓·東明·金漣·德安의 5都督府를 설치하였고, 얼마 후에
는 다시 熊津都督府下의 7州 52縣의 行政區劃을 하기도 하였는데, 실은 점령을 위
한 卓上設計였다. 그래서 얼마 후에는, 百濟 獨立軍 및 新羅軍에 의해서 철수하지 않
을 수 없게 되었다.

설림군(舌林郡 : 지금 舒川郡)

사포현(寺浦縣 : 지금 保寧郡 藍浦面)

비중현(比衆縣 : 지금 舒川郡 庇仁面)

마시산군(馬尸山郡 : 지금 禮山郡 德山 일대)

우견현(牛見縣 : 지금 미상)

금물현(今勿縣 : 지금 禮山郡 古德面 ?)

구(혜)군(構(槥)郡 : 지금 唐津郡 沔川面 일대)

벌수지현(伐首只縣 : 지금 唐津郡 唐津邑)

여촌현(餘村縣 : 지금 瑞山郡 海美面)

사평현(沙平縣 : 지금 唐津郡 新平面)

소부리군(所夫里郡[泗沘라고도 함] : 지금 扶餘郡)

진악산현(珍惡山縣 : 지금 扶餘郡 石城面)

열기현(悅己縣[豆陵尹城이라고도 하고, 豆串城이라고도 하며, 尹城이라고도 함] :
　　지금 青陽郡 定山面)

임존성(任存城 : 지금 禮山郡 大興面 일대)

고량부리현(古良夫里縣 : 지금 青陽郡 青陽面)

오산현(烏山縣 : 지금 禮山郡 禮山邑)

황등야산군(黃等也山郡 : 지금 論山郡 連山面 일대)

진현현(眞峴縣[貞峴이라고도 함] : 지금 大田市)

진동현(珍洞縣 : 지금 忠南 錦山郡 珍山面)

우술군(雨述郡 : 지금 忠南 大德郡 懷德面 일대)

노사지현(奴斯只縣 : 지금 大德郡 儒城面)

소비포현(所比浦縣 : 지금 大德郡 懷德面 內 ?)

결이군(結已郡 : 지금 洪城郡 結城面 일대)

신촌현(新村縣 : 지금 保寧郡 大川邑)

사시량현(沙尸良縣 : 지금 洪城郡 領內)

일모산군(一牟山郡 : 지금 燕岐郡)

두잉지현(豆仍只縣 : 지금 燕岐郡 南面)

미곡현(未谷縣 : 지금 報恩郡 懷北面)

기　군(基郡 : 지금 忠南 瑞山郡)

성대혜현(省大兮縣 : 지금 瑞山郡 泰安面)

지육현(知六縣 : 지금 瑞山郡 地谷面)

탕정군(湯井郡 : 지금 牙山郡 溫陽邑)

아술현(牙述縣 : 지금 牙山郡 陰峰面)

굴지현(屈旨縣[屈直이라고도 함] : 지금 牙山郡 新昌面)

완산(주)(完山(州) [比斯伐)[16]이라고도 하고, 比自火라고도 함] : 後日의 全州)

두이현(豆伊縣[往武라고도 함] : 지금 完州郡 伊西面)

구지산현(仇智山縣 : 지금 金堤郡 金溝面)

고산현(高山縣 : 지금 完州郡 高山面)

남 원(南原[古龍郡이라고도 함] : 지금 南原郡 南原邑)

대시산군(大尸山郡 : 지금 全北 井邑郡 古阜面 일대)

정촌현(井村縣 : 지금 井邑郡 井邑面)

빈굴현(賓屈縣 : 지금 井邑郡 泰仁面)

야서이현(也西伊縣 : 지금 金堤郡 領內)

고사부리군(古沙夫里郡 : 지금 井邑郡 古阜)

개화현(皆火縣 : 지금 扶安郡 扶安邑)

흔량매현(欣良買縣 : 지금 扶安郡 保安面)

상칠현(上漆縣 : 지금 高敞郡 興德面)

진내군(進乃郡[進仍乙이라고도 함] : 지금 忠南 錦山郡)

두시이현(豆尸伊縣[富尸伊라고도 함] : 지금 錦山郡 富利面)

물거현(勿居縣 : 지금 全北 鎭安郡 龍潭面)

적천현(赤川縣 : 지금 全北 茂朱郡 赤裳面)

덕근군(德近郡 : 지금 論山郡 恩津面 일대)

가지내현(加知奈縣[加乙乃라고도 함] : 지금 論山郡 恩津面 부근)

지량초현(只良肖縣 : 지금 益山郡 礪山面)

공벌공현(共伐共縣[17] : 지금 完州郡 雲州面)

---

16) 昌寧(慶南)의 比斯伐(比自火)과 혼동된 듯.

17) 新羅志(見前)에는 이것이 '只伐只縣'으로 되어 있음을 보면 여기의 두 共字는 모두 '只'의 刊誤일 것이다.

시산군(屎山郡[忻(文)으로도 씀] : 지금 沃溝郡 臨陂面)
감물아현(甘勿阿縣 : 지금 益山郡 咸悅面)
마서량현(馬西良縣 : 지금 沃溝郡 沃溝面)
부부리현(夫夫里縣 : 지금 沃溝郡 澮縣面)
벽골군(碧骨郡 : 지금 金堤郡)
두내산현(豆乃山縣 : 지금 金堤郡 萬頃面)
수동산현(首冬山縣 : 지금 完州郡 領內)
내리아현(乃利阿縣 : 지금 金堤郡 域內)
무근현(武斤縣 : 지금 金堤郡 萬頃面 부근)
도실군(道實郡 : 지금 淳昌郡)
역평현(礫坪縣 : 지금 淳昌郡 赤城面)
돌평현(堗坪縣 : 지금 任實郡 靑雄面)
금마저군(金馬渚郡 : 지금 益山郡)
소력지현(所力只縣 : 지금 益山郡 域內)
알야산현(閼也山縣 : 지금 益山郡 朗山面)
우소저현(于召渚縣 : 지금 完州郡 북쪽)
백해군(伯海郡[伯伊라고도 함] : 지금 長水郡 溪內面)
난진아현(難珍阿縣 : 지금 鎭安郡 龍潭面)
우평현(雨坪縣 : 지금 長水郡 長水面)
임실군(任實郡 : 지금 全北 任實郡)
마돌현(馬突縣[馬珍이라고도 함] : 지금 鎭安郡 馬靈面)
거사물현(居斯勿縣 : 지금 南原郡 南原邑 북쪽)

무진주(武珍州[奴只라고도 함] : 後日의 武州니, 그 治所는 지금 光州市)
미동부리현(未冬夫里縣 : 지금 羅州郡 南平面)
복룡현(伏龍縣 : 지금 羅州邑 북쪽)
굴지현(屈支縣 : 지금 潭陽郡 昌平面)
분차군(分嵯郡[夫沙라고도 함] : 지금 順天市 및 昇州郡 樂安面)
조조례현(助助禮縣 : 지금 高陽郡 南陽面)
동로현(冬老縣 : 지금 寶城郡 域內)
두힐현(豆肹縣 : 지금 高興郡 豆原面)

비사현(比史縣 : 지금 高興郡 域內)
복홀군(伏忽郡 : 지금 寶城郡)
마사량현(馬斯良縣 : 지금 長興郡 域內)
계천현(季川縣 : 지금 長興郡 長平面)
오차현(烏次縣 : 지금 長興郡 域內)
고마미지현(古馬彌知縣 : 지금 長興郡 長興邑)
추자혜현(秋子兮縣 : 지금 潭陽郡)
과지현(菓支縣[菓兮라고도 함] : 지금 谷城郡 玉果面)
율지현(栗支縣 : 지금 潭陽郡 域內)
월내군(月奈郡 : 지금 靈巖郡)
반내부리현(半奈夫里縣 : 지금 羅州郡 潘南面 일대)
아로곡현(阿老谷縣 : 지금 羅州郡 老安面)
고미현(古彌縣 : 지금 靈巖郡 美岩面 일대)
고시이현(古尸伊縣 : 지금 長城郡)
구사진혜현(丘斯珍兮縣 : 지금 長城郡 珍原面)
소비혜현(所非兮縣 : 지금 靈光郡 域內)
무시이군(武尸伊郡 : 지금 靈光郡)
상로현(上老縣 : 지금 全北 高敞郡 域內)
모량부리현(毛良夫里縣 : 지금 高敞郡 高敞邑)
송미지현(松彌知縣 : 지금 高敞郡 義長面)
감평군(欿平郡[武平이라고도 함] : 지금 順天市 및 昇州郡)
원촌현(猿村縣 : 지금 麗水市)
마로현(馬老縣 : 지금 光陽郡 光陽邑)
돌산현(突山縣 : 지금 麗天郡 突山面)
욕내군(欲乃郡 : 지금 谷城郡)
둔지현(遁支縣 : 지금 昇州郡 域內)
구차례현(仇次禮縣 : 지금 求禮郡 求禮邑)
두부지현(豆夫只縣 : 지금 和順郡 同福面)
이릉부리군(尒陵夫里郡[竹樹夫里라고도 하고, 仁夫里라고도 함] : 지금 和順郡
　陵州面)
파부리군(波夫里郡 : 지금 寶城郡 福內面)

잉리아현(仍利阿縣[海濱이라고도 함] : 지금 和順郡 和順邑)

발라군(發羅郡 : 지금 羅州郡)

두힐현(豆肹縣 : 지금 羅州郡 서쪽)

실어산현(實於山縣 : 지금 羅州郡 南平面)

수천현(水川縣[水入伊라고도 함] : 지금 羅州郡 域內)

도무군(道武郡 : 지금 康津郡)

고서이현(古西伊縣 : 지금 海南郡 域內)

동음현(冬音縣 : 지금 康津郡 康津面)

새금현(塞琴縣[捉濱이라고도 함] : 지금 海南郡 海南邑)

황술현(黃述縣 : 지금 海南郡 黃山面)

물아혜군(勿阿兮郡 : 지금 務安郡)

굴내현(屈乃縣 : 지금 全南 咸平郡 咸平邑)

다지현(多只縣 : 지금 咸平郡 域內)

도제현(道際縣[陰海라고도 함] : 지금 全南 務安郡 海際面)

인진도군(因珍島郡[海島임] : 지금 珍島郡)

도산현(徒山縣[骨島임. 猿山이라고도 함] : 지금 珍島郡 域內)

매구리현(買仇里縣[海島임] : 지금 珍島郡 臨淮面)

아차산군(阿次山郡 : 지금 羅州郡)

갈초현(葛草縣[何老라고도 하고, 谷野라고도 함] : 지금 靈光郡 域內)

고록지현(古祿只縣[開要라고도 함] : 지금 靈光郡 域內)

거지산현(居知山縣[安陵이라고도 함] : 지금 務安郡 長山島)

내이군(奈已郡) : 지금 慶北 榮州郡이니, 이곳은 百濟의 故地가 아니라 高句麗의
故地로 보아야 하겠다)

이상 백제의 주군현(州郡縣)은 모두 147인데, 신라시대의 개명(改名)과 현금
(現今 : 撰者 당시) 지명(地名)은 (이미 앞의) 신라(지리)지(新羅(地理)志)에 보인
다.

삼국(三國)의 (地名中) 이름만 있고 그 위치가 미상한 곳

조준향(調駿鄕) 신학촌(神鶴村 : 蔚山의 神鶴城 ?) 상란촌(翔鸞村) 대선궁(對仙
宮) 봉정촌(鳳庭村) 비룡촌(飛龍村) 사룡향(飼龍鄕) 접선향(接仙鄕) 경인향

(敬仁鄉) 호례향(好禮鄉) 적선향(積善鄉) 수의향(守義鄉) 단금향(斷金鄉) 해풍향(海豐鄉) 북명향(北溟鄉 : 지금 元山灣 等地인 듯) 여금성(麗金成) 접령향(接靈鄉) 하청향(河淸鄉) 강녕향(江寧鄉) 함녕향(咸寧鄉) 순치향(馴雉鄉) 건절향(建節鄉) 구민향(救民鄉) 철산향(鐵山鄉) 김천향(金川鄉 : 咸昌金川所 ?) 목인향(睦仁鄉) 영지향(靈池鄉) 영안향(永安鄉) 무안향(武安鄉) 부평향(富平鄉) 곡성향(穀成鄉) 밀운향(密雲鄉) 의록향(宜祿鄉) 이인향(利人鄉) 상인향(賞仁鄉) 봉덕향(封德鄉) 귀덕향(歸德鄉 : 濟州道內) 영풍향(永豐鄉 : 咸平의 永豐郡) 율공향(律功鄉) 용교향(龍橋鄉) 임천향(臨川鄉) 해주성(海洲成) 강릉향(江陵鄉) 철구향(鐵求鄉) 강남향(江南鄉) 하동향(河東鄉) 격란향(激瀾鄉) 노균성(露均成) 영수성(永壽成) 보검성(寶劍成) 악양성(岳陽成) 만수성(萬壽成) 탁금성(濯錦成) 하곡성(河曲成) 악남성(岳南成) 추반성(推畔成) 진금성(進錦成) 간수성(澗水成) 방해성(傍海成) 만년향(萬年鄉) 음인향(飮仁鄉) 통로향(通路鄉) 회신향(懷信鄉) 강서향(江西鄉) 이상향(利上鄉) 포충향(抱忠鄉) 연가향(連嘉鄉) 천로향(天露鄉) 한녕성(漢寧成) 회창궁(會昌宮) 요선궁(邀仙宮) 북해통(北海通) 염지통(鹽池通) 동해통(東海通) 해남통(海南通) 북요통(北傜通) 말강성(末康成) 순기성(脣氣成) 봉천성(奉天成) 안정성(安定成) 내원성(萊遠成) 내진성(萊津成) 건문역(乾門驛) 곤문역(坤門驛) 갑문역(坤門驛) 감문역(坎門驛) 간문역(艮門驛) 태문역(兌門驛) 대점성(大岾城) 대산군(岱山郡) 고미현(枯彌縣) 북외군(北隈郡) 비뇌성(非惱城) 표천현(瓢川縣 : 波州) 고이도(皐夷島) 천주(泉州) 냉정현(冷井縣) 위례성(慰禮城 : 서울 洗劍洞 일대) 비지국(比只國) 남신현(南新縣) 요거성(腰車城) 사도성(沙道城) 골화국(骨火國 : 지금의 永川郡) 마두책(馬頭柵) 괴곡성(槐谷城) 장봉진(長峯鎭) 독산성(獨山城) 활개성(活開城) 모로성(毛老城) 광석성(廣石城) 좌라성(坐羅城) 호명성(狐鳴城) 도야성(刀耶城) 호산성(狐山城) 임해진(臨海鎭) 장령진(長嶺鎭) 우산성(牛山城) 급리미성(汲里彌城) 실진성(實珍城) 덕골성(德骨城) 대림성(大林城) 벌음성(伐音城) 주산성(株山城) 다벌국(多伐國) 근암성(近嵒城) 근노성(靳弩城) 가잠성(椵岑城) 당항성(党項城 : 今 華城郡 南陽) 석토성(石吐城) 부산성(富山城) 아단성(阿旦城 : 지금 서울市 廣壯津 北岸 峨嵯山城) 무라성(武羅城) 이산성(耳山城) 감물성(甘勿城) 동잠성(桐岑城) 골평성(骨平城 : 骨爭이라고도 함) 달함성(達咸城) 서곡성(西谷城) 물벌성(勿伐城) 소타성(小陀城) 외석성(畏石城) 천산성(泉山城) 옹잠성(雍岑城) 독모성(獨母城) 무곡성(武谷城)

서단성(西單城) (이)후성((獼)猴城) 앵잠성(櫻岑城) 기잠성(妓岑城) 기현성(旗懸城) 과책성(宍柵城：晋 未詳) 와산성(蛙山城) 습수(濕水) 용마(龍馬) 저악(猪岳) 병산(瓶山) 직붕(直朋) 달벌망산(達伐采(釆 ?)山) 목출도(木出島) 구집(狗壤：壞으로도 씀) 대구(大丘) 사현(沙峴) 웅곡(熊谷) 풍도(風島) 부현(斧峴) 낭산(狼山) 총산(叢山) 안북하(安北河) 박작성(泊灼城：鴨綠江 右支流인 安平河口) 개마국(蓋馬國) 구다국(句茶國) 화려성(華麗城：지금의 永興) 조나국(藻那國) 혁현진(赫緤鎭) 단려성(檀廬城) 가시성(加尸城) 석성(石城) 수구성(水口城) 비사성(卑奢城：大連北岸) 개모성(蓋牟城：奉天 東南) 사비성(沙卑城) 우산성(牛山城) 도살성(道薩城：지금 天安市) 백암성(白嵒城：遼陽 東南) 건안성(建安城：지금의 蓋平) 창암성(蒼嵒城) 욕이성(辱夷城) 송양국(松讓國) 행인국(荇人國) 횡산(橫山) 백수산(白水山) 가엽원(迦葉原) 동모하(東牟河) 우발수(優渤水) 엄사수(淹㴲水〔蓋斯水라고도 함〕：㴲는 㴑인 듯) 비류수(沸流水) 살수(薩水：지금의 淸川江) 모둔곡(毛屯谷) 골령(鶻嶺) 용산(龍山) 골천(鶻川) 양곡(涼谷) 기산(箕山) 장옥택(長屋澤) 역산(易山) 여진(礪津) 위중림(尉中林) 오골(烏骨) 사물택(沙勿澤) 귀단수(貴湍水) 안지(安地) 살하수(薩賀水) 모천(矛川) 마령(馬嶺) 학반령(鶴盤嶺) 마읍산(馬邑山) 왕골령(王骨嶺) 두곡(豆谷) 골구천(骨句川) 이물림(理勿林) 거회곡(車廻谷) 갈사수(曷思水) 연야부(椽耶部：耶는 那인 듯) 북명산(北溟山) 민중원(閔中原) 모본(慕本) 계산(罽山) 왜산(倭山) 잠지락(蠶支落) 평유원(平儒原) 구산뢰(狗山瀨) 좌원(坐原) 질산(質山) 고국곡(故國谷) 좌물촌(左勿村) 고국원(故國原) 배령(裴嶺) 주용촌(酒桶村) 거곡(巨谷) 청목곡(靑木谷) 두눌하(杜訥河：江界) 시원(柴原) 기구(箕丘) 중천(中川) 해곡(海谷) 서천(西川) 곡림(鵠林) 오천(烏川) 수실촌(水室村) 사수촌(思收村) 봉산(烽山) 후산(侯山) 미천(美川) 단웅곡(斷熊谷) 마수산(馬首山) 장성(長城) 마미산(磨米山) 은산(銀山) 후황(後黃) 영유산(嬰留山) 소수림(小獸林) 독산(禿山) 무려라(武厲邏) 대부현(大斧峴) 마수성(馬首城) 병산책(瓶山柵) 보술수(普述水) 봉현(烽峴) 독산책(禿山柵) 구천책(狗川柵) 주양성(走壤城：春川) 석두성(石頭城) 고목성(高木城) 원산성(圓山城) 금현성(錦峴城) 대두산성(大豆山城) 우곡성(牛谷城) 횡악(橫岳) 대아성(大牙城) 적현성(赤峴城) 사도성(沙道城) 덕안성(德安城：恩津) 한천(寒泉) 부산(釜山) 석천(石川) 구원(狗原) 팔압성(八押城) 관미성(關彌城：지금 喬桐島 ?) 석현성(石峴城) 쌍현성(雙峴城) 사구성(沙口城) 두곡(斗谷) 이산성

(耳山城) 우명곡(牛鳴谷) 사정성(沙井城) 마포촌(馬浦村) 장령성(長嶺城) 가
불성(加弗城) 위천(葦川) 호산(狐山) 혈성(穴城) 독산성(獨山城) 금현성(金峴
城) 각산성(角山城) 송산성(松山城) 적암성(赤嵒城) 생초원(生草原) 마천성
(馬川城) 침현(沈峴) 진도성(眞都城) 고울부(高鬱府) 갈령(葛嶺) 지라성(支羅
城)[周留城이라고도 함] 대산책(大山柵) 울리아(郁里阿 : 阿는 河인듯, 지금 漢
江의 一舊名) 숭산(崇山) 장토야(張吐野) 절영산(絶影山) 청진(淸津) 유봉도
(遺鳳島) 대거(大莒) 견롱(汧隴) 부서도(鳧栖島) 봉택(鳳澤) 용구(龍丘) 연성
원(連城原) 부운도(浮雲島) 천마산(天馬山) 해빈도(海濱島) 학중도(壑中島)
옥새(玉塞) 연봉(連峯) 총림(叢林) 승천도(升天島) 승황도(乘黃島) 팔준산(八
駿山) 절군산(絶羣山) 구린도(求麟島) 부도도(負圖島) 토경산(吐景山) 하정도
(河精島) 유기산(遊氣山) 평원(平原) 대택(大澤) 기린택(騏麟澤 : 澤은 驛인
듯) 섭경산(躡景山) 금혈(金穴) 난지(蘭池) 서극산(西極山) 포양구(浦陽丘)
철가산(鐵伽山) 도림(桃林) 석력산(石礫山) 서린원(瑞麟苑) 녹원(麓苑) 사원
(沙苑) 풍달군(風達郡) 왈상군(曰上郡)

(唐高宗의) 총장(總章) 2년 2월에 전사공겸태자태사영국공(前司空兼太子太師
英國公) 이적(李勣) 등이 (高宗에게) 아뢰기를 "고(구)려(高(句)麗) 제성(諸城)
에 도독부(都督府) 및 주군(州郡)을 설치하는 건(件)은, 마땅히 남생(男生 : 淵蓋
蘇文의 長子로 唐에 投降한 자)과 상의 작성하여 주문(奏聞)하라는 칙명(勅命)을
받들었습니다. 안건(案件)은 앞에와 같습니다"고 하였다. 칙서(勅書)에 "주청
(奏請)에 의해서 그 주군(州郡)은 모름지기 (中國에) 예속케 하여야 하겠으므
로 요동도안무사겸우상(遼東道安撫使兼右相) 유인궤(劉仁軌)에게 위임하라"고
하였다. 드디어 적당히 분할(分割)하여 모두 안동도호부(安東都護府)에 예속케
하였다.

압록수(鴨淥水 : 鴨綠江) 이북의 아직 항복치 아니한 11성(城)

① 북부여성주(北扶餘城州)는 본시 조리비서(助利非西 : 지금 農安 長春 부근).
② 절성(節城)은 본시 무자홀(蕪子忽). ③ 풍부성(豐夫城)은 본시 초파홀(肖巴
忽). ④ 신성주(新城州)는 본시 구차홀(仇次忽[敦城이라고도 함] : 지금 奉天과
撫順 사이. ⑤ 도성(桃城)은 본시 파시홀(波尸忽). ⑥ 대두산성(大豆山城)은 본
시 비달홀(非達忽). ⑦ 요동성주(遼東城州)는 본시 오열홀(烏列忽 : 지금 遼東)

⑧ 옥성주(屋城州). ⑨ 백석성(白石城). ⑩ 다벌악주(多伐嶽州). ⑪ 안시성(安市城)은 예전의 안수홀(安守忽[丸都城[18]]이라고도 함 : 海城 東南, 英城子]

압록수 이북의 항복한 11성(城)

① 양암성(椋嵒城). ② 목저성(木底城 : 興京 서쪽의 木奇). ③ 수구성(藪口城). ④ 남소성(南蘇城 : 지금 南山城子). ⑤ 감물주성(甘勿主城)은 본시 감물이홀(甘勿伊忽). ⑥ 능전곡성(릉(麥 ?)田谷城). ⑦ 심악성(心岳城)은 본시 거시압(居尸坤). ⑧ 국내주(國內州[不耐[19]]라고도 하고, 尉那嵒城이라고도 함 : 通溝 方面). ⑨ 설부루성(屑夫婁城)은 본시 초리파리홀(肖利巴利忽). ⑩ 오악성(朽岳城)은 본시 골시압(骨尸坤) ⑪ 자목성(樏木城).

압록 이북의 도망한 7성(城)

① 연성(鈆城)은 본시 내물홀(乃勿忽). ② 면악성(面岳城). ③ 아악성(牙岳城)은 본시 개시압홀(皆尸押忽). ④ 취악성(鷲岳城)은 본시 감미홀(甘弥忽). ⑤ 적리성(積利城)은 본시 적리홀(赤里忽). ⑥ 목은성(木銀城)은 본시 소시홀(召尸忽). ⑦ 여산성(犁山城)은 본시 가시달홀(加尸達忽).

압록 이북의 공취(攻取)한 3성(城)

① 혈성(穴城)은 본시 갑홀(甲忽). ② 은성(銀城)은 본시 절홀(折忽). ③ 사성(似城)은 본시 사홀(史忽).

도독부(都督府)의 13현(縣 : 다음의 州縣은 唐이 백제 故地에 설치 계중에 있던 案件)

① 우이현(嵎夷縣). ② 신구현(神丘縣). ③ 윤성현(尹城縣)은 본시 열기(悅己 : 靑陽郡 定山面). ④ 인덕현(麟德縣)은 본시 고량부리(古良夫里 : 靑陽郡 靑陽面). ⑤ 산곤현(散昆縣)은 본시 신촌(新村 : 保寧郡 域內). ⑥ 안원현(安遠縣)은 본시 구시파지(仇尸波知). ⑦ 빈문현(賓汶縣)은 본시 비물(比勿 : 庇仁). ⑧ 귀화현(歸化縣)은 본시 마사량(麻斯良). ⑨ 매라현(邁羅縣 : 馬韓諸小國中의 하나인 萬盧國의 後世名인 듯. 지금 保寧郡 藍浦面에 比定된다). ⑩ 감개현(甘蓋縣)은 본시 고

---

18) 丸都라 함은 잘못이다. 왜냐하면 丸都城은 通溝에 있던 高句麗의 故鄕이다.

19) 不耐城은 旣註한 바와 같이 中國史書에서부터의 誤謬.

막부리(古莫夫里 : 역시 馬韓諸國中의 하나인 監奚卑離國, 지금 洪城郡 金馬面의 舊名인 大甘介面). ⑪ 내서현(奈西縣)은 본시 내서혜(奈西兮). ⑫ 득안현(得安縣) 은 본시 덕근지(德近支 : 지금 論山郡 恩津面). ⑬ 용산현(龍山縣)은 본시 고마산 (古麻山 : 近朝鮮時代의 忠淸水軍節度使營인 지금 保寧郡 鰲川面을 '고마'水營이라 고 하였는데, 혹시 이 곳이 아닌가).

동명주(東明州)의 4현(縣)

① 웅진현(熊津縣)은 본시 웅진촌(熊津村 : 지금 公州). ② 노신현(鹵辛縣)은 본 시 아로곡(阿老谷). ③ 구지현(久遲縣)은 본시 구지(仇知). ④ 부림현(富林縣)은 본시 벌음촌(伐音村 : 지금 公州郡 新豐面).

지심주(支潯州)의 9현(縣)

① 기문현(己汶縣)은 본시 금물(今勿 : 지금 禮山郡 德山面). ② 지심현(支潯縣) 은 본시 지삼촌(只彡村 : 지금 禮山郡 大興面). ③ 마진현(馬津縣)은 본시 고산 (孤山 : 지금 禮山郡 域内). ④ 자래현(子來縣)은 본시 부수지(夫首只). ⑤ 해례현 (解禮縣)은 본시 개리이(皆利伊). ⑥ 고노현(古魯縣)은 본시 고마지(古麻只). ⑦ 평이현(平夷縣)은 본시 지류(知留 : 지금 瑞山郡 地谷面 ?). ⑧ 산호현(珊瑚縣)은 본시 사호살(沙好薩). ⑨ 융화현(隆化縣)은 본시 거사물(居斯勿).

노산주(魯山州)의 6현(縣)

① 노산현(魯山縣)은 본시 감물아(甘勿阿 : 지금 益山郡 咸悅面). ② 당산현(唐山 縣)은 본시 구지지산(仇知只山 : 지금 金堤郡 金溝面). ③ 순지현(淳遲縣)은 본시 두시(豆尸 : 지금 錦山郡 舊號). ④ 지모현(支牟縣)은 본시 지마마지(只馬馬知 : 지 금 益山郡 金馬面 ?). ⑤ 오잠현(烏蠶縣)은 본시 마지사(馬知沙). ⑥ 아착현(阿錯 縣)은 본시 원촌(源村).

고사주(古四州)는 본시 고사부리(古沙夫里 : 지금 井邑郡 古阜面)니, 5현(縣)

① 평왜현(平倭縣)은 본시 고사부촌(古沙夫村 : 지금 沃溝郡 臨波面의 舊 古沙浦). ② 대산현(帶山縣)은 본시 대시산(大尸山 : 지금 井邑郡 泰仁面). ③ 벽성현(辟城 縣)은 본시 벽골(辟骨 : 지금 金堤郡 金堤面). ④ 좌찬현(佐贊縣)은 본시 상두(上 杜). ⑤ 순모현(淳牟縣)은 본시 두내지(豆奈只).

사반주(沙泮州)는 본시 호시이성(号尸伊城)이니 4현(縣)

① 모지현(牟支縣)은 본시 호시이촌(号尸伊村). ② 무할현(無割縣)은 본시 모량 부리(毛良夫里 : 지금 高敞郡). ③ 좌노현(佐魯縣)은 본시 상로(上老 : 지금 高敞郡 茂長面). ④ 다지현(多支縣)은 본시 부지(夫只).

대방주(帶方州)는 본시 죽군성(竹軍城 : 治所는 舊 興陽縣의 荳原廢縣이니, 지금 高興郡 豆原面)으로 6 현(縣)

① 지류현(至留縣)은 본시 지류(知留). ② 군나현(軍那縣)은 본시 굴내(屈奈 : 舊 咸豊縣이 본시 百濟의 屈乃縣인즉 여기에 比定된다. 지금 咸平郡 咸平邑). ③ 도 산현(徒山縣)은 본시 추산(抽山). ④ 반나현(半那縣)은 본시 반내부리(半奈夫里 : 지금 羅州郡 潘南面). ⑤ 죽군현(竹軍縣)은 본시 두힐(豆肹 : 지금 高興郡 豆原 面). ⑥ 포현현(布賢縣)은 본시 파로미(巴老彌 : 지금 羅州 古號).

분차주(分嵯州)[20]는 본시 파지성(波知城)이니 4현(縣)

① 귀단현(貴旦縣)은 본시 구사진혜(仇斯珍兮 : 지금 長城郡 長城邑). ② 수원현 (首原縣)은 본시 매성평(買省坪). ③ 고서현(皐西縣)은 본시 추자혜(秋子兮 : 지 금 潭陽郡 潭陽邑). ④ 군지현(軍支縣).

가탐(賈耽)의 고금군국지(古今郡國志)에 이르기를 "발해국(渤海國)의 남해(南 海)・압록(鴨淥)・부여(扶餘)・책성(柵城)의 4 부(府)는 모두 고구려(高句麗)의 옛땅이다. 신라(新羅) 천정군(泉井郡 : 지금 咸南 德源郡)에서 책성부(柵城府 : 지 금 琿春)까지 무릇 39 역(驛)이라"고 하였다.

---

20) 여기의 分嵯는 勝覽(全羅道) 樂安郡 沿革條에 '本百濟分嵯郡云分沙'라 하였다. 지금 昇州郡 樂安面이 바로 그 곳이니, 波知城은 당시 分嵯州의 治所 地名.

〔原文〕

三國史記 卷 第三十七
雜志 第六
地理 四 高句麗 百濟

高句麗

按通典云, 朱蒙以漢建昭二年, 自北扶餘東南行, 渡普述水, 至紇升骨城居焉, 號曰句麗, 以高爲氏, 古記云, 朱蒙自扶餘逃難至卒本, 則紇升骨城, 卒本似一處也, 漢書志云, 遼東郡, 距洛陽三千六百里, 屬縣有無慮, 則周禮北鎭醫巫閭山也, 大遼於其下置醫州, 玄菟郡, 距洛陽東北四千里, 所屬三縣, 高句麗是其一焉, 則所謂朱蒙所都紇升骨城·卒本者, 蓋漢玄菟郡之界, 大遼國東京之西, 漢志所謂玄菟屬縣高句麗是歟, 昔大遼未亡時, 遼帝在燕景. 則吾人朝聘者, 過東京涉遼水, 一兩日行至醫州, 以向燕薊, 故知其然也, 自朱蒙立都紇升骨城, 歷四十年, 孺留王二十二年, 移都國內城(或云尉那巖城或云不而城), 按漢書, 樂浪郡屬縣有不而, 又總章二年, 英國公李勣奉勅, 以高句麗諸城置都督府及州縣, 目錄云, 鴨淥以北已降城十一, 其一國內城, 從平壤至此十七驛, 則此城亦在北朝境內, 但不知其何所耳, 都國內, 歷四百二十五年, 長壽王十五年, 移都平壤, 歷一百五十六年, 平原王二十八年, 移都長安城, 歷八十三年, 寶臧王二十七年而滅(古人記錄, 自始祖朱蒙王(王, 當作至)寶臧王歷年, 丁寧纖悉若此, 而或云, 故國原王三年, 移居平壤 東黃城, 城在今西京東木覓山中, 不可知其然否), 平壤城似今西京, 而浿水則大同江是也, 何以知之, 唐書云, 平壤城漢樂浪郡也, 隨山屈繚爲郛, 南涯浿水, 又志云, 登州東北海行, 南傍海壖, 過浿江口椒島, 得新羅西北, 又隋煬帝東征詔曰, 滄海道軍, 舟艫千里, 高帆電逝, 巨艦雲飛, 橫絶浿江, 遙造平壤, 以此言之, 今大同江爲浿水明矣, 則西京之爲平壤, 亦可知矣, 唐書云, 平壤城亦謂長安, 而古記云, 自平壤移長安, 則二城同異遠近, 則不可知矣, 高句麗始居中國北地, 則漸東遷于浿水之側, 渤海人武藝曰, 昔高麗盛時, 士三十萬, 抗唐爲敵, 則可謂地勝而兵强, 至于季末, 君臣昏虐失道, 大唐再出師, 新羅援助討平之, 其地多入渤海·靺鞨, 新羅亦得其南境, 以置漢·朔·溟三州及其郡縣, 以備九州焉.

漢山州, 國原城(一云未乙省, 一云託長城), 南川縣(一云南買), 駒城(一云滅

烏), 仍斤內郡, 述川郡(一云省知買), 骨乃斤縣, 楊根縣(一云去斯斬), 今勿內
郡(一云萬弩), 道西縣(一云都盆), 仍忽, 皆次山郡, 奴音竹縣, 奈兮忽, 沙伏
忽, 蛇山縣, 買忽(一云水城), 唐城郡, 上忽(一云車忽), 釜山縣(一云松村活
達), 栗木郡(一云冬斯肹), 仍伐奴縣, 齊次巴衣縣買召忽縣(一云彌鄒忽), 獐項
口縣(一云古斯也忽次), 主夫吐郡, 首尒忽, 黔浦縣, 童子忽縣(一云仇斯波衣),
平淮押縣(一云別史波衣, 淮一作唯), 北漢山郡(一云平壤), 骨衣內縣, 王逢縣
(一云皆伯, 漢氏美女迎, 安臧王之地, 故名王迎), 買省郡(一云馬忽), 七重縣(一
云難隱別), 波害平史縣(一云額), 泉井口縣(一云於乙買串), 述尒忽縣(一云首
泥忽), 達乙省縣(漢氏美女, 於高山頭, 點烽火迎安臧王之處, 故後名高烽), 臂城
郡(一云馬忽), 內乙買(一云內尒米), 鐵圓郡(一云毛乙冬非), 梁骨縣, 僧梁縣
(一云非勿), 功木達(一云熊閃山), 夫如郡, 於斯內縣(一云斧壤), 烏斯含達, 阿
珍押縣(一云窮嶽), 所邑豆縣, 伊珍買縣, 牛岑郡(一云牛嶺一云首知衣), 獐項
縣(一云古斯也忽次), 長淺城縣(一云耶耶一云夜牙), 麻田淺縣(一云泥沙波忽),
扶蘇岬, 若只頭恥(若只頭恥, 一作若豆恥(見前))縣(一云朔頭一云衣頭), 屈於
押(一云紅西), 冬比忽, 德勿縣, 津臨城縣(一云烏阿忽), 穴口郡(一云甲比古
次), 冬音奈縣(一云休陰), 高木根縣(一云達乙斬), 首知縣(一云新知), 大谷郡
(一云多知忽), 水谷城縣(一云買旦忽), 十谷縣(一云德頓忽), 冬音忽(一云鼓鹽
城), 刀臘縣(一云雉嶽城), 五谷郡(一云于次吞忽), 內米忽(一云池城一云長池),
漢城郡(一云漢忽, 一云息城, 一云乃忽), 鵂鶹城(一云租波衣一云鵂巖郡), 獐塞
縣(一云古所於), 冬忽(一云于冬於忽), 今達(一云薪達一云息達), 仇乙峴(一云
屈遷), 今豐州, 闕口, 今儒州, 栗口(一云栗川), 今殷栗縣, 長淵, 今因之, 麻
耕伊, 今靑松縣, 楊嶽, 今安嶽郡, 板麻串, 今嘉禾縣, 熊閑伊, 今水寧縣, 甕
遷, 今甕津縣, 付珍伊, 今永康縣, 鵠島, 今白嶺鎭, 升山, 今信州, 加火押, 夫
斯波衣縣(一云仇史峴), **牛首州**(首一作頭, 一云首次若, 一云烏根乃), 伐力川
縣, 橫川縣(一云於斯買), 砥峴縣, 平原郡(北原), 奈吐郡(一云大堤), 沙熱伊
縣, 赤山縣, 斤平郡(一云並平), 深川縣(一云伏斯買), 楊口郡(一云要隱忽次),
猪足縣(一云烏斯廻), 玉岐縣(一云皆次丁), 三峴縣(一云密波兮), 狌川郡(一云
也尸買), 大楊管郡(一云馬斤押), 買谷縣, 古斯馬縣, 及伐山郡, 伊伐支縣(一
云自伐支), 藪狌川縣(一云藪川), 文峴縣(一云斤尸波兮), 母城郡(一云也次忽),
冬斯忽, 水入縣(一云買伊), 客連郡(客一作各, 一云加兮牙), 赤木縣(一云沙非
斤乙), 管述縣, 猪𨝱峴縣(一云烏生波衣, 一云猪守), 淺城郡(一云比烈忽), 原

谷縣(一云首乙吞), 菁達縣(一云昔達), 薩寒縣, 加支達縣, 於支吞(一云翼谷),
買尸達, 泉井郡(一云於乙買), 夫斯達縣, 東墟縣(一云加知斤), 奈生郡, 乙阿
旦縣, 于烏縣(一云郁烏), 酒淵縣, **何瑟羅州**(一云河西良, 一云河西), 乃買縣,
東吐縣, 支山縣, 穴山縣, 洼城郡(一云加阿忽), 僧山縣(一云所勿達), 翼峴縣
(一云伊文縣), 達忽, 猪洼穴縣(一云鳥斯押), 平珍峴縣(一云平珍波衣), 道臨
縣(一云助乙浦), 休壤郡(一云金惱), 習比谷(一作吞), 吐上縣, 岐淵縣, 鵠浦
縣(一云古衣浦), 竹峴縣(一云奈生於), 滿若縣(一云沔兮), 波利縣, 于珍也郡,
波且縣(一云波豐), 也尸忽郡, 助攬郡(一云才攬), 靑巳縣, 屈火縣, 伊火兮縣,
于尸郡, 阿兮縣, 悉直郡(一云史直), 羽谷縣.

右高句麗州郡縣, 共一百六十四, 其新羅改名及今名見新羅志.

百 濟

後漢書云, 三韓凡七十八國, 百濟是其一國焉, 北史云, 百濟東極新羅, 西南
俱限大海, 北際漢江, 其都曰居拔城, 又云固麻城, 其外更有五方城, 通典云,
百濟南接新羅, 北距高麗, 西限大海, 舊唐書云, 百濟扶餘之別種, 東北新羅,
西渡海至越州, 南渡海至倭, 北高麗, 其王所居有東西兩城, 新唐書云, 百濟西
界越州, 南倭, 皆踰海, 北高麗, 按古典記, 東明王第三子溫祚, 以前漢鴻嘉三
年癸卯, 自卒本扶餘至慰禮城, 立都稱王, 歷三百八十九年, 至十三世近肖古
王, 取高句麗南平壤, 都漢城, 歷一百五年, 至二十二世文周王, 移都熊川, 歷
六十三年, 至二十六世聖王, 移都所夫里, 國號南扶餘, 至三十一世義慈王, 歷
年一百二十二, 至唐顯慶五年, 是義慈王在位二十年, 新羅庾信與唐蘇定方討平
之, 舊有五部, 分統三十七郡, 二百城, 七十六萬戶, 唐以其地, 分置熊津·馬
韓·東明等五都督, 仍以其酋長爲都督刺史, 未幾, 新羅盡幷其他, 置熊·
全·武三州及諸郡縣, 與高句麗南境及新羅舊地爲九州.

熊川州(一云熊津), 熱也山縣, 伐音支縣, 西原(一云臂城一云(娘)子谷), 大
木岳郡, 其(其, 新羅志作甘), 買縣(一云林川), 仇如縣, 加林郡, 馬山縣, 大山
縣, 舌林郡, 寺浦縣, 比衆縣, 馬尸山郡, 牛見縣, 今勿縣, 構郡, 伐首只縣, 餘
村縣, 沙平縣, 所夫里郡(一云泗沘), 珍惡山縣, 悅巳縣(一云, 豆陵尹城, 一云
豆串城, 一云尹城), 任存城, 古良夫里縣, 烏山縣, 黃等也山郡, 眞峴縣(一云貞
峴), 珍洞縣, 雨述郡, 奴斯只縣, 所比浦縣, 結巳郡, 新村縣, 沙尸良縣, 一车
山郡, 豆仍只縣, 未谷縣, 基郡, 省大兮縣, 知六縣, 湯井郡, 牙述縣, 屈旨縣

(一云屈直), **完山**(一云比斯伐, 一云比自火), 豆伊縣(一云往武), 仇智山縣, 高山縣, 南原(一云古龍郡), 大尸山郡, 井村縣, 賓屈縣, 也西伊縣, 古沙夫里郡, 皆火縣, 欣良買縣, 上漆縣, 進乃郡(一云進仍乙), 豆尸伊縣(一云富尸尹), 勿居縣, 赤川縣, 德近郡, 加知奈縣(一云加乙乃), 只良肖縣, 共伐共縣, 屎山郡(一云忻文), 甘勿阿縣, 馬西良縣, 夫夫里縣, 碧骨郡, 豆乃山縣, 首冬山縣, 乃利阿縣, 武斤縣, 道實郡, 尸坪縣, 埃坪縣, 金馬渚郡, 所力只縣, 閼也山縣, 于召渚縣, 伯海郡(一云伯伊), 難珍阿縣, 雨坪縣, 任實郡, 馬突縣(一云馬珍), 居斯勿縣, **武珍州**(一云奴只), 未冬夫里縣, 伏龍縣, 屈支縣, 分嵯郡(一云夫沙), 助助禮縣, 冬老縣, 豆肹縣, 比史縣, 伏忽郡, 馬斯良縣, 季川縣, 烏次縣, 古馬彌知縣, 秋子兮郡, 菓支縣(一云菓兮), 栗支縣, 月奈郡, 半奈夫里縣, 阿老谷縣, 古彌縣, 古尸伊縣, 丘斯珍兮縣, 所非兮縣, 武尸伊郡, 上老縣, 毛良夫里縣, 松彌知縣, 欱平郡(一云武平), 猿村縣, 馬老縣, 突山縣, 欲乃郡, 遁支縣, 仇次禮縣, 豆夫只縣, 尒陵夫里郡(一云竹樹夫里, 一云仁夫里), 波夫里郡, 仍利阿縣(一云海濱), 發羅郡, 豆肹縣, 實於山縣, 水川縣(一云水入伊), 道武郡, 古西伊縣, 冬音縣, 塞琴縣(一云捉濱), 黃述縣, 勿阿兮郡, 屈乃縣, 多只縣, 道際縣(一云陰海), 因珍島郡(海島也), 徒山縣(海島也, 或云猿山), 買仇里縣(海島也), 阿次山郡, 葛草縣(一云何老, 一云谷野), 古祿只縣(一云開要), 居知山現(一云安陵), 奈已郡.

右百濟州郡縣共一百四十七, 其新羅改名及今名見新羅志.

三國有名未詳地分

調駿鄉 神鶴村 翔鷺村 對仙宮 鳳庭村 飛龍村 飼龍鄉 接仙鄉 敬仁鄉 好禮鄉
積善鄉 守義鄉 斷金鄉 海豐鄉 北溟鄉 麗金成 接靈鄉 河淸鄉 江寧鄉 咸寧鄉
馴雉鄉 建節鄉 救民鄉 鐵山鄉 金川鄉 睦仁鄉 靈池鄉 永安鄉 武安鄉 富平鄉
穀成鄉 密雲鄉 宜祿鄉 利人鄉 賞仁鄉 封德鄉 歸德鄉 永豐鄉 律功鄉 龍橋鄉
臨川鄉 海洲成 江陵鄉 鐵求鄉 江南鄉 河東鄉 激瀾鄉 露均成 永壽成 寶劍成
岳陽成 萬壽成 濯錦成 河曲成 岳南成 推畔成 進錦成 潤水成 傍海成 萬年鄉
飮仁鄉 通路鄉 懷信郎 江西郎 利上鄉 抱忠鄉 連嘉鄉 天露鄉 漢寧成 會昌宮
邀仙宮 北海通 鹽池通 東海通 海南通 北傜通 末康成 脣氣成 奉天成 爻定成
萊遠城 萊津成 乾門驛 坤門驛 坎門驛 艮門驛 兌門驛 大岾城 岱山郡 枯彌縣
北限郡 非惱城 瓢川縣 皐夷島 泉州 冷井縣 慰禮城 比只國 南新縣 腰車城

沙道城 骨火國 馬頭柵 槐谷城 長峯鎭 獨山城 活開城 毛老城 廣石城 坐羅城 狐鳴城 刀耶城 狐山城 臨海鎭 長嶺鎭 牛山城 汲里彌城 賓珍城 德骨城 大林城 伐音城 株山城 多伐國 近嵒城 靳絮城 椵岑城 党項城 石吐城 富山城 阿旦城 武羅城 耳山城 甘勿城 桐岑城 骨平城(一云骨爭) 達咸城 西谷城 勿伐城 小陁城 畏石城 泉山城 雍岑城 獨母城 武谷城 西單城 彌猴城 櫻岑城 岐岑城 旗懸城 宂柵城 蛙山城 濕水 龍馬 猪岳 瓶山 直朋 達伐 犾山 木出島 狗壤 大丘 沙峴 熊谷 風島 斧峴 狼山 叢山 安北河 泊灼城 蓋馬國 句茶國 華麗城 藻那國 赫烁鎭 檀廬城 加尸城 石城 水口城 卑奢城 蓋牟城 沙卑城 牛山城 道薩城 白嵒城 建安城 蒼嵒城 辱夷城 松讓國 荇人國 橫山 白水山 迦葉原 東牟河 優渤水 淹淲水(或云蓋斯水) 沸流水 薩水 毛屯谷 鶻嶺 龍山 鶻川 涼谷 箕山 長屋澤 易山 礪津 尉中林 烏骨 沙勿澤 貴湍水 安地 薩賀水 矛川 馬嶺 鶴盤嶺 馬邑山 王骨嶺 豆谷 骨句川 理勿林 車廻谷 曷思水 椽耶(耶 當作那)部 北溟山 閔中原 慕本 罽山 倭山 蠶支落 平儒原 狗山瀨 坐原 質山 故國谷 左勿村 故國原 裴嶺 酒桶村 巨谷 靑木谷 杜訥河 柴原 箕丘 中川 海谷 西川 鵠林 烏川 水室村 思收村 烽山 侯山 美川 斷熊谷 馬首山 長城 磨米山 銀山 後黃 嬰留山 小獸林 禿山 武厲邏 大斧峴 馬首城 瓶山柵 普述水 烽峴 禿山柵 狗川柵走壤城 石頭城 高木城 圓山城 錦峴城 大豆山城 牛谷城 橫岳 犬牙城 赤峴城 沙道城 德安城 寒泉 釜山 石川 狗原 八押城 關彌城 石峴城 雙峴城 沙口城 斗谷 耳山城 牛鳴谷 沙井城 馬浦村 長嶺城 加弗城 葦川 狐山 穴城 獨山城 金峴城 角山城 松山城 赤嵒城 生草原 馬川城 沈峴 眞都城 高鬱府 葛嶺 支羅城(一云周留城) 大山柵 郁里阿(阿, 當作河) 崇山 張吐野 絶影山 淸津 遺鳳島 大阹 汧隴 凫栖島 鳳澤 龍丘 連城原 浮雲島 天馬山 海濱島 壑中島 玉塞 連峯 叢林 升天島 乘黃島 八駿山 絶羣山 求麟島 負圖島 吐景山 河精島 遊氣山 平原 大澤 騏麟澤(澤, 當作驛) 躡景山 金穴 蘭池 西極山 浦陽丘 鐵伽山 桃林 石礫山 瑞驎苑 麓苑 沙苑 風達郡 臼上郡

總章二年二月, 前司空兼太子太師英國公李勣等奏稱, 奉勅高麗諸城堪置都督府及州郡者, 宜共南生商量准擬奏聞, 件狀如前, 勅依奏, 其州郡應須隸屬, 宜委遼東道安撫使兼右相劉仁軌, 遂便穩分割, 仍摠隸安東都護府.

鴨淥水以北未降十一城

北扶餘城州, 本助利非西, 節城, 本蕪子忽, 豐夫城, 本肖巴忽, 新城州, 本

仇次忽(或云敦城), 桃城, 本波尸忽, 大豆山城, 本非達忽, 遼東城州, 本烏列忽, 屋城州, 白石城, 多伐嶽州, 安市城, 舊安寸忽(或云丸都城).

鴨淥水以北已降城十一

椋嵒城, 木底城, 藪口城, 南蘇城, 甘勿主城, 本甘勿伊忽, 㷱(麥, 恐作麥)田谷城, 心岳城, 本居尸坤, 國內州(一云不耐, 或云尉那嵒城), 屑夫婁城, 本肖利巴利忽, 朽岳城, 本骨尸坤, 櫟木城.

鴨淥以北逃城七

鈆城, 本乃勿忽, 面岳城, 牙岳城, 本皆尸押忽, 鷲岳城, 本甘弛忽. 積利城, 本赤里忽, 木銀城, 本召尸忽, 犁山城, 本加尸達忽.

鴨淥以北打得城三

穴城, 本甲忽, 銀城, 本折忽, 似城, 本史忽.

都督府一十三縣

嵎夷縣, 神丘縣, 尹城縣, 本悅己, 麟德縣, 本古良夫里, 散昆縣, 本新村, 安遠縣, 本仇尸波知, 賓汶縣, 本比勿, 歸化縣, 本麻斯良, 邁羅縣, 甘蓋縣, 本古莫夫里, 奈西縣, 本奈西兮, 得安縣, 本德近支, 龍山縣, 本古麻山.

東明州四縣

熊津縣, 本熊津村, 鹵辛縣, 本阿老谷, 久遲縣, 本仇知, 富林縣, 本伐音村.

支潯州九縣

己汶縣, 本今勿, 支潯縣, 本只彡村, 馬津縣, 本孤山, 子來縣, 本夫首只, 解禮縣, 本皆利伊, 古魯縣, 本古麻只, 平夷縣, 本知留, 珊瑚縣, 本沙好薩, 隆化縣, 本居斯勿.

魯山州六縣

魯山縣, 本甘勿阿, 唐山縣, 本仇知只山, 淳遲縣, 本豆尸, 支牟縣, 本只馬馬知, 烏蠶縣, 本馬如沙, 阿錯縣, 本源村.

古四州, 本古沙夫里五縣

平倭縣, 本古沙夫村, 帶山縣, 本大尸山, 辟城縣, 本辟骨, 佐贊縣, 本上杜, 淳牟縣, 本豆奈只.

沙泮州, 本号尸伊城四縣

牟支縣, 本号尸伊村, 無割縣, 本毛良夫里, 佐魯縣, 本上老, 多支縣, 本夫只.

帶方州, 本竹軍城六縣

至留縣, 本知留, 軍那縣, 本屈奈, 徒山縣, 本抽山, 半那縣, 本半奈夫里, 竹軍縣, 本豆肹, 布賢縣, 本巴老彌.

分嵯州, 本波知城四縣

貴旦縣, 本仇斯珍兮, 首原縣, 本買省坪, 皐西縣, 本秋子兮, 軍支縣.

賈耽古今郡國志云, 渤海國南海, 鴨淥, 扶餘, 柵城四府, 並是高句麗舊地也, 自新羅泉井郡至柵城府, 凡三十九驛.

삼국사기 권 제 38

잡지(雜志) 제 7
직관(職官) 상

신라(新羅)의 벼슬 칭호(稱號)가 때에 따라 변천하였으므로 그 명칭(名稱)이 같지 아니하여, 중국(中國)과 동방의 것이 서로 섞였다. 그 중에 시중(侍中)·낭중(郎中)이라고 하는 것은 모두 중국 관명(官名)이어서 그 뜻을 상고할 수 있지만, 이벌찬(伊伐飡)·이찬(伊飡)이라고 하는 것은 우리 나라의 말로서, 그 명명(命名)하게 된 뜻을 알 수 없다.

당초 시설(施設)할 때에는 반드시 직책(職責)에 맡는 바가 있고, 관위(官位)에 정원(定員)이 있어 (地位의) 존비(尊卑)를 분별하고 인재(人才)의 대소(大小)를 택하게 하였을 것인데, 세월이 오래 되고 기록이 결락(缺落)되었으니, 내용을 상고하여 상세히 할 수가 없다.

제 2 대 남해왕(南海王)이 국사(國事)를 대신(大臣)에게 위임하여 (이를) 대보(大輔)라 하고(見下), 3 대 유리왕(儒理王)이 17 등(等)을 설치하였는데, 그 후로부터 명목이 번다하여졌다.

여기서는 상고할 수 있는 것을 모아서 차편(此篇)에 저록(著錄)한다.

대보(大輔)는 남해왕(南海王) 7년에 탈해(脫解)로써 임명하였으며, 유리왕(儒理王) 9년에 17 등(等 : 官品)을 설치하였으니, 1은 이벌찬(伊伐飡)[혹은 伊罰干, 혹은 干(于 ?)伐飡, 혹은 角干, 혹은 角粲, 혹은 舒發翰, 혹은 舒弗邯이라고도 함]이라 하고, 2는 이척찬(伊尺飡)[혹은 伊飡이라고도 함]이라 하고, 3은 잡찬(迊飡)[혹은 迊判, 蘇判이라고도 함]이라 하고, 4는 파진찬(波珍飡)[혹은 海干, 破彌干이라고도 함]이라 하고, 5는 대아찬(大阿飡)이라 하는데, 여기서 이벌찬(伊伐

飡)까지는 오직 진골(眞骨)만이 받을 수 있고[1] 다른 신분(身分)은 안 된다. 6
은 아찬(阿飡)[혹은 阿尺干, 혹은 阿粲이라고도 함]이라 하는데, 중아찬(重阿飡)
에서 사중아찬(四重阿飡)까지 있다. 7은 일길찬(一吉飡)[혹은 乙吉干이라고도
함]이라 하고, 8은 사찬(沙飡)[혹은 薩飡, 혹은 沙咄干이라고도 함]이라 하고, 9
는 급벌찬(級伐飡)[혹은 級飡, 혹은 及伐干이라고도 함]이라 한다. 10은 대내마
(大奈麻)[혹은 大奈末이라고도 함]라고 하여, 중(대)내마(重(大)奈麻)[2]에서 구중
(대)내마(九重(大)奈麻)까지 있고, 11은 내마(奈麻)[혹은 奈末이라고도 함]라고
하여, 중내마(重奈麻)에서 7중내마(重奈麻)까지 있다. 12는 대사(大舍)[혹은 韓
舍라고도 함]라 하고, 13은 사지(舍知)[혹은 小舍라고도 함]라 하고, 14는 길사
(吉士)[혹은 稽知, 혹은 吉次라고도 함]라 하고, 15는 대오(大烏)[혹은 大烏知라
고도 함]라 하고, 16은 소오(小烏)[혹은 小烏知라고도 함]라 하고, 17은 조위
(造位)[혹은 先沮知라고도 함]라 한다.

상대등(上大等)[혹은 上臣이라고도 함], 법흥왕(法興王) 18년에 처음으로 두
었다.

대각간(大角干)[혹은 大舒發翰이라고도 함], 태종왕(太宗(武烈)王) 7년에, 백제
(百濟)를 멸하고 공(功)을 논(論)하였을 때, 대장군(大將軍) 김유신(金庾信)에게
대각간(大角干)을 제수하였던 것이니, 앞의 17 위(位)의 위에 더한 비상위(非常
位)이었다.

태대각간(太大角干)[혹은 太大舒發翰이라고도 함], 문무왕(文武王) 8년에 고구
려(高句麗)를 멸하고 유수(留守) 김유신(金庾信)에게 태대각간(太大角干)을 제
수하여 그의 원훈(元勳)을 상준 것이다. 앞의 17 위(位)와 대각간(大角干)의 위
에 (다시) 이 작위(爵位)를 더하여 특수(特殊) 우대(優待)의 예(禮)를 보인 것이
다.

---

1) 新羅王族에 聖骨系統(父母 兩系가 모두 王種인 경우)과 眞骨系統(父母 兩系中 어느
   한 편이 王種인 경우)이 있었다 함은 이미 屢說한 바이어니와, 聖骨男은 眞平王(26
   대)에서 그치고, 聖骨女는 善德(27 대)·眞德(28 대) 兩女王으로 그쳤다. 여기에 大阿
   飡(5 等級)에서 伊伐飡(제 1 等級)에 이르기까지는 오직 眞骨만이 받을 수 있다 함은
   이미 聖骨系統이 그친 후의 제도로 보아야 할 것이다.
2) 大奈麻를 細分하여 重奈麻에서 九重奈麻까지 있었다는 것은 실상 '重大奈麻에서 九
   重大奈麻까지 있었다'는 것으로 改看할 것이며, 아래에 奈麻도 세분하여 重奈麻에서
   7 重奈麻로 하고, 阿飡의 경우도 重阿飡에서 4 重阿飡으로 하였는데, 이는 昇進의 三
   大關門을 說한 데 지나지 않는다.

집사성(執事省),3) 본명칭(本名稱)은 품주(稟主)[혹은 祖主라고도 함]인데, 진덕왕(眞德王) 5년에 집사부(執事部)로 고치고, 흥덕왕(興德王) 4년에 또 성(省)으로 개칭(改稱)하였다. 중시(中侍 : 長官)는 1명(定員)이니, 진덕왕(眞德王) 5년에 두었고, 경덕왕(景德王) 6년에 시중(侍中)으로 고쳤으며, 관등(官等)은 대아찬(大阿飡)에서 이찬(伊飡)까지로 하였다. 전대등(典大等 : 次官)은 2명(定員)으로, 진흥왕(眞興王) 26년에 두었는데, 경덕왕(景德王) 6년에 시랑(侍郎)으로 고쳤으며, 관등(官等)은 내마(奈麻)에서 아찬(阿飡)까지로 하였다. 대사(大舍)는 2명(定員), 진평왕(眞平王) 11년에 두었고, 경덕왕(景德王) 18년에 낭중(郎中)으로 고쳤으니[혹은 眞德王 5년에 고쳤다고도 함], 관등(官等)은 사지(舍知)에서 내마(奈麻)까지로 하였다. 사지(舍知)는 2명(定員), 신문왕(神文王) 5년에 두었고, 경덕왕 18년에 원외랑(員外郎)으로 고쳤으니 혜공왕(惠恭王) 12년에 다시 사지(舍知)로 하였다. 관등(官等)은 사지(舍知)에서 대사(大舍)까지로 하였다. 사(史)는 14명(定員)이니, 문무왕(文武王) 11년에 6명을 더하고, 경덕왕이 낭(郎)으로 고쳤는데 혜공왕이 다시 사(史)로 일컬었으며, 관등은 선저지(先沮知 : 造位)에서 대사(大舍)까지로 하였다.

병부(兵部 : 軍部), 영(令 : 長官)은 1명이니, 법흥왕(法興王) 3년에 처음으로 두고, 진흥왕(眞興王) 5년에 1명을 더하였으며, 태종왕(太宗(武烈)王) 6년에 또 1명을 더하였다. 관등(官等)은 대아찬(大阿飡)에서 태대각간(太大角干)까지로 하였고, 또 재상(宰相)·사신(私臣)4)을 겸할 수 있었다. 대감(大監 : 次官)은 2

---

3) 執事省은 中國의 門下省과 같은 行政府로서, 본시는 稟主 혹은 祖(租)主라고 하였던 것인데, 眞德女王 5년(西紀 651)에 執事部라 고치고, 興德王 4년(西紀 825)에 또 이를 執事省이라 改稱하였다는 것이다. 이 執事省의 원명인 稟主의 稟은 稟의 俗字로, 稟告·稟奏·稟賦, 또는 稟米(祿米)의 뜻도 있지만, 원래는 倉廩을 의미하는 稟字 그 것이다. 그러고 보면 稟州는 본시 창름을 맡는, 즉 국가의 재정을 맡는 역할을 하였던 것으로 思料된다. 더욱이 아래의 倉部條에 '昔者, 倉部之事, 兼於稟主, 眞德王 5年, 分置此司(倉部)'라 하여, 창름(財政) 사무가 옛날에는 稟主에 내포되어 있었던 것을 말하여 주고 있다. 그러나 본래 稟主의 職責은 國家政務의 가장 중요한 財政事務를 주로 관장하였던 것인데, 후에 다른 政務까지도 겸하여 복잡성을 띠게 되자 자기 본래의 임무이던 倉部事務가 稟主에서 분리하게 되었던 것이다. 稟主의 1 名인 祖主도 실상은 租主로 보아야 할 것이다(拙稿「古代南堂考」참조).

4) 私臣은 內省(宮內府와 같은 것)長官의 稱號인데, 처음에는 新羅의 3 宮인 大宮(당시의 王宮)·梁宮(朴氏 本宮)·沙梁宮(金氏 本宮)에 각기 長官으로 私臣 1명씩을 두었다가 후에는 3宮 事務를 1명의 私臣이 管掌하게 되었다(見 內省條).

명, 진평왕(眞平王) 45년에 처음으로 두었는데, 태종왕(太宗王) 15년에 1명을
더하고, 경덕왕(景德王)이 시랑(侍郎)으로 고쳤다가 혜공왕(惠恭王)이 다시 대
감(大監)으로 일컬었으며, 관등(官等)은 □(沙 ?)찬(飡 : 8 等)에서 아찬(阿飡 : 6
等)까지로 하였다. 제감(弟監)은 2명, 진평왕(眞平王) 11년에 두었는데, 태종왕
(太宗王) 5년에 대사(大舍)로 고치고, 경덕왕(景德王)이 낭중(郎中)으로 개편(改
編)하였다가 혜공왕(惠恭王)이 다시 대사(大舍)로 일컬었다. 관등(官等)은 사지
(舍知 : 13 等)에서 내마(奈麻 : 11 等)까지로 하였다. 노사지(弩舍知)는 1명, 문무
왕(文武王) 12년에 처음으로 두었고, 경덕왕이 사병(司兵)으로 고쳤으며, 혜공
왕이 다시 노사지(弩舍知)로 일컬었다. 관등(官等)은 사지(舍知 : 13 等)에서 대
사(大舍 : 12 等)까지로 하였다. 사(史)는 12 명이었는데, 문무왕 11년에 2명을
더하고 12년에 3명을 더하였다. 관등(官等)은 선저지(先沮知 : 17 等)에서 대사
(大舍)까지로 하였다. 노당(弩幢)은 1명으로, 문무왕 11년에 두었고, 경덕왕이
소사병(小司兵)으로 고쳤다가 혜공왕이 다시 전대로 하였다. 관등(官等)은 사
(史)와 같다.

　　조부(調府 : 貢物·賦役 등을 맡는 官司)는 진평왕(眞平王) 6년에 설치하였고,
경덕왕(景德王)이 대부(大府)로 고쳤는데, 혜공왕(惠恭王)이 다시 전대로 하였
다. 영(令)은 2명, 진덕왕(眞德王) 5년에 두었으니, 관등(官等)은 금하(衿荷)[5]에
서 태대각간(太大角干)까지로 하였다. 경(卿)은 2명이었는데, 문무왕(文武王)
15년에 1명을 더하였으며, 관등(官等)은 병부(兵部)의 대감(大監)과 같다. 대사
(大舍)는 2명으로 진덕왕이 두었는데, 경덕왕이 주부(主簿)로 고쳤고, 혜공왕
이 다시 대사(大舍)로 하였다. 관등(官等)은 사지(舍知)에서 내마(奈麻)까지로
하였다. 사지(舍知)는 1명으로, 신문왕(神文王) 5년에 두었는데, 경덕왕이 사고
(司庫)로 고치고, 혜공왕이 다시 사지(舍知)로 일컬었다. 관등(官等)은 사지(舍
知)에서 대사(大舍)까지로 하였다. 사(史)는 8 명이었는데, 효소왕(孝昭王) 4년
에 2명을 더하였으며, 관등은 병부(兵部)의 사(史)와 같다.

　　경성주작전(京城周作典 : 京城 城郭의 修理를 맡는 官司)은 경덕왕(景德王)이
수성부(修城府)로 고쳤는데 혜공왕(惠恭王)이 다시 전대로 하였다. 영(令)은 5
명으로, 성덕왕(聖德王) 31년에 두었으며, 관등(官等)은 대아찬(大阿飡)에서 대
각간(大角干)까지로 하였다. 경(卿)은 6 명으로, 성덕왕 32년에 두었고, 관등은

---

　5) 衿荷는 色服條에 '波珍飡, 大阿飡, 衿荷緋冠'이라고 하였으므로 波珍飡(4 等)이나 大
　　阿飡(5 等)의 別稱으로 보아야 할 것이다.

집사(성)시랑(執事(省)侍郞)과 같다. 대사(大舍)는 6명인데 경덕왕이 주부(主簿)라 고쳤고, 혜공왕이 다시 대사(大舍)로 하였으며, 관등은 사지(舍知)에서 대내마(大奈麻)까지로 하였다. 사지(舍知)는 1명이니 경덕왕이 사공(司功)으로 고쳤고, 혜공왕이 다시 사지(舍知)로 하였는데, 관등은 사지(舍知)에서 대사(大舍)까지로 하였다. 사(史)는 8명으로, 관등은 조부(調府)의 사(史)와 같다.

사천왕사성전(四天王寺成典)[6]은 경덕왕(景德王)이 감사천왕사부(監四天王寺府)로 고쳤는데, 혜공왕(惠恭王)이 다시 전대로 하였다. 금하신(衿荷臣 : 見前註 5))은 1명이니, 경덕왕이 감령(監令)으로 고쳤고, 혜공왕이 다시 금하신(衿荷臣)으로 일컬었으며 애장왕(哀莊王)이 또 영(令)으로 고쳤다. 관등(官等)은 대아찬(大阿飡)에서 각간(角干)까지로 하였다. 상당(上堂)은 1명이었는데, 경덕왕이 경(卿)으로 고쳤고, 혜공왕이 다시 상당(上堂)으로 일컬었으며, 애장왕이 또 경(卿)으로 고쳤다. 관등은 내마(奈麻)에서 아찬(阿飡)까지로 하였다. 적위(赤位)는 1명으로 경덕왕이 감(監)으로 고쳤더니, 혜공왕이 다시 적위(赤位)로 일컬었다. 청위(靑位)는 2명으로, 경덕왕이 주부(主簿)로 고쳤고, 혜공왕이 다시 청위(靑位)로 일컬었더니, 애장왕이 대사(大舍)로 고치고 (2명 중) 1명을 감하였다. 관등은 사지(舍知)에서 내마(奈麻)까지로 하였다. 사(史)는 2명이었다.

봉성사성전(奉聖寺成典)은 경덕왕(景德王) 때에 수영봉성사사원(修營奉聖寺使院)으로 개칭(改稱)하였는데, 후에 다시 전대로 일컬었다. 금하신(衿荷臣)은 1명으로, 경덕왕이 검교사(檢校使)로 고쳤더니 혜공왕이 다시 금하신(衿荷臣)으로 일컬었고, 애장왕(哀莊王)이 영(令)으로 개칭하였다. 상당(上堂)은 1명으로 경덕왕이 부사(副使)로 고쳤더니 후에 다시 상당(上堂)으로 일컬었다. 적위(赤位)는 1명, 경덕왕이 판관(判官)으로 고쳤다가 후에 다시 적위(赤位)로 일컬었다. 청위(靑位)는 1명, 경덕왕이 녹사(錄事)로 고쳤다가 후에 다시 청위(靑位)로 일컬었다. 사(史)는 2명, 경덕왕이 전(典)으로 고쳤다가 후에 다시 사(史)로 일컬었다.

감은사성전(感恩寺成典)은 경덕왕(景德王) 때에 수영감은사사원(修營感恩寺使

---

6) 四天王寺成典은 同寺의 修理·營繕 기타를 맡는 관서이었던 것 같다. 同寺成典을 景德王 때에는 '監四天王寺府'라 하고, 또 다음의 奉聖寺成典을 同王 때에 '修營奉聖寺使院'이라 改稱한 것을 보아도 알 수 있다. 이와 같이 新羅時代에 大寺刹의 修理·營繕을 맡는 官府를 따로 설치하고, 다른 中央官司와 거의 同等한 官職을 배치하였다는 것은, 佛敎에 대한 국가적인 숭배와 禮遇를 말하는 것이 아니고 무엇이랴.

院)으로 고쳤는데, 후에 다시 전대로 하였다. 금하신(衿荷臣)은 1명으로, 경덕왕이 검교사(檢校使)로 고쳤더니, 혜공왕이 다시 금하신(衿荷臣)으로 일컬었고, 애장왕(哀莊王)이 영(令)으로 고쳤다. 상당(上堂)은 1명이니, 경덕왕이 부사(副使)로 개칭(改稱)하고 혜공왕이 다시 상당(上堂)으로 일컬었는데, 애장왕이 경(卿)으로 고쳤다[혹은 卿을 감하고 赤位를 두었다고도 함]. 적위(赤位)는 1명, 경덕왕이 판관(判官)으로 고쳤다가 후에 다시 적위(赤位)로 일컬었다. 청위(青位)는 1명, 경덕왕이 녹사(錄事)로 고쳤다가 후에 다시 청위(青位)로 일컬었다. 사(史)는 2명, 경덕왕이 전(典)으로 고쳤다가 후에 다시 사(史)로 일컬었다.

봉덕사성전(奉德寺成典)은 경덕왕(景德王) 18년에 수영봉덕사사원(修營奉德寺使院)으로 개칭(改稱)하였다가 후에 다시 전대로 하였다. 금하신(衿荷臣)은 1명, 경덕왕이 검교사(檢校使)로 고쳤고, 혜공왕(惠恭王)이 다시 금하신(衿荷臣)으로 일컬었는데, 애장왕(哀莊王)이 또 경(卿)으로 고쳤다. 상당(上堂)은 1명, 경덕왕이 부사(副使)로 고쳤고, 혜공왕이 다시 상당(上堂)으로 일컬었는데, 애장왕이 또 경(卿)으로 고쳤다. 적위(赤位)는 1명, 경덕왕이 판관(判官)으로 고쳤는데, 혜공왕이 다시 적위(赤位)로 일컬었다. 청위(青位)는 2명, 경덕왕이 녹사(錄事)로 고쳤는데, 혜공왕이 다시 청위(青位)로 일컬었다. 사(史)는 6명이었으나, 후에 4명을 감하고, 경덕왕이 전(典)으로 고쳤더니, 혜공왕이 다시 사(史)로 일컬었다.

봉은사성전(奉恩寺成典)은 금하신(衿荷臣)은 1명, 혜공왕(惠恭王)이 처음으로 두었고, 애장왕(哀莊王)이 영(令)으로 고쳤다. 부사(副使)는 1명, 혜공왕이 처음으로 두었는데 얼마 후에 상당(上堂)으로 고쳤고, 애장왕이 또 경(卿)으로 고쳤다. 대사(大舍)는 2명이요, 사(史)도 2명이었다.

영묘사성전(靈廟寺成典)은 경덕왕(景德王) 18년에 수영영묘사사원(修營靈廟寺使院)으로 개칭하였다가 후에 다시 전대로 하였다. 상당(上堂)은 1명, 경덕왕(景德王)이 판관(判官)로 고쳤다가 후에 다시 상당(上堂)으로 일컬었다. 청위(青位)는 1명, 경덕왕이 녹사(錄事)로 고쳤다가 후에 또 대사(大舍)로 고쳤다. 사(史)는 2명이었다.

영흥사성전(永興寺成典)은 신문왕(神文王) 4년에 처음으로 설치하였는데, 경덕왕(景德王) 18년에는 감영흥사관(監永興寺館)으로 개칭하였다. 대내마(大奈麻)는 1명, 경덕왕이 감(監)으로 고쳤고, 사(史)는 3명이었다.

창부(倉部 : 財政을 맡은 官司)는, 예전에는 창부(倉部)의 일을 품주(稟主)에서

겸해 보았는데, 진덕왕(眞德王) 5년에 이 관사(官司)를 분치(分置)하였다. 영
(令)은 2명으로 관등(官等)은 대아찬(大阿飡)에서 대각간(大角干)까지로 하였
다. 경(卿)은 2명, 진덕왕 5년에 두었는데, 문무왕(文武王) 15년에 1명을 더하
였다. 경덕왕이 (卿을) 시랑(侍郎)으로 고쳤는데, 혜공왕(惠恭王)이 다시 경(卿)
으로 일컬었다. 관등은 병부(兵部)의 대감(大監)과 같다. 대사(大舍)는 2명, 진
덕왕이 두었는데, 경덕왕이 낭중(郎中)으로 고쳤으며, 혜공왕이 다시 대사(大
舍)로 일컬었다. 관등은 병부(兵部)의 대사(大舍)와 같다. 조사지(租舍知)는 1
명, 효소왕(孝昭王) 8년에 두었으며, 경덕왕이 사창(司倉)으로 고쳤고, 혜공왕
이 다시 전대로 (租舍知라고) 하였다. 관등은 노사지(弩舍知)와 같다. 사(史)는
8명으로 진덕왕(眞德王)이 두었는데, 문무왕(文武王) 11년에 3명을 더하고, 12
년에 7명을 더하고, 효소왕(孝昭王) 8년에 1명을 더하고, 경덕왕 11년에 3명
을 더하고, 혜공왕이 8명을 더하였다.[7]

　예부(禮部 : 敎育과 外交 및 儀禮 등을 管掌)는, 영(令)은 2명, 진평왕(眞平王)
8년에 두었으니, 관등(官等)이 병부령(兵部令)과 같다. 경(卿)은 2명, 진덕왕
(眞德王) 2년[5년이라고도 함]에 두고, 문무왕(文武王) 15년에 1명을 더하였다.
관등은 조부(調府)의 경(卿)과 같다. 대사(大舍)는 2명, 진덕왕 5년에 두었는
데, 경덕왕이 주부(主簿)로 고치고 후에 다시 대사(大舍)로 일컬었다. 관등은
조부(調府)의 대사(大舍)와 같다. 사지(舍知)는 1명, 경덕왕이 사례(司禮)로 고
치고 후에 다시 사지(舍知)로 일컬었는데, 관등은 조부(調府)의 사지(舍知)와
같다. 사(史)는 8명이었는데, 진덕왕 5년에 3명을 더하고, 관등은 조부(調府)
의 사(史)와 같다.

　승부(乘府 : 宮中의 乘輿와 儀仗에 관한 官司)는, 경덕왕(景德王)이 사어부(司馭
府)로 고쳤는데, 혜공왕(惠恭王)이 다시 전대로 하였다. 영(令)은 2명, 진평왕
(眞平王) 6년에 두고, 관등(官等)은 대아찬(大阿飡)에서 각간(角干)까지로 하였
다. 경(卿)은 2명, 문무왕(文武王) 15년에 1명을 더하고, 관등은 조부(調府)의
경(卿)과 같다. 대사(大舍)는 2명, 경덕왕이 주부(主簿)로 고쳤다가 후에 다시
대사(大舍)로 일컬었다. 관등은 병부(兵部)의 대사(大舍)와 같다. 사지(舍知)는
1명, 경덕왕이 사목(司牧)으로 고쳤다가 후에 다시 사지(舍知)로 일컬었다. 관
등은 조부(調府)의 사지(舍知)와 같다. 사(史)는 9명이었는데 문무왕 11년에 3

---

7) 이와 같이 史의 정원을 자주 증가시킨 것은 이 방면의 사무가 번다하여짐에 基因하
　였던 것이다.

명을 더하였다. 관등은 조부(調府)의 사(史)와 같다.

　　사정부(司正府:刑律과 彈劾을 맡는 官司)는 태종왕(太宗(武烈)王) 6년에 설치하였으며, 경덕왕(景德王)이 숙정대(肅正臺)로 고쳤더니, 혜공왕(惠恭王)이 다시 전대로 하였다. 영(令)은 1명, 그 관등(官等)은 대아찬(大阿飡)에서 각간(角干)까지로 하였다. 경(卿)은 2명으로, 진흥왕(眞興王) 5년에 두었는데, 문무왕(文武王) 15년에 1명을 더하였으며, 관등은 승부(乘府)의 경(卿)과 같다. 좌(佐)는 2명, 효성왕(孝成王) 원년에 (丞은) 대왕(大王)의 이름을 범하는[8] 것이라 하여, 모든 승(丞)을 좌(佐)로 일컬었는데, 경덕왕이 평사(評事)로 고쳤다가 후에 다시 좌(佐)로 일컬었다. 관등은 내마(奈麻)에서 대내마(大奈麻)까지로 하였다. 대사(大舍)는 2명, 관등은 사지(舍知)에서 내마(奈麻)까지로 하였으며, 사(史)는 10명이었는데, 문무왕 11년에 5명을 더하였다.

　　예작부(例作府[例作典이라고도 함]:營繕關係의 사무를 맡는 官司)는 경덕왕(景德王)이 수례부(修例府)로 고쳤더니 혜공왕(惠恭王)이 다시 전대로 하였다. 영(令)은 1명, 신문왕(神文王) 6년에 두었는데, 관등(官等)은 대아찬(大阿飡)에서 각간(角干)까지로 하였다. 경(卿)은 2명, 신문왕(神文王)이 두었으며, 관등은 사정(司正(府))의 경(卿)과 같다. 대사(大舍)는 4명이었는데 애장왕(哀莊王) 6년에 2명을 감하고, 경덕왕이 주부(主簿)로 고쳤다가 후에 다시 대사(大舍)로 일컬었다. 관등은 병부(兵部)의 대사(大舍)와 같다. 사지(舍知)는 2명, 경덕왕이 사례(司例)로 고쳤다가 후에 다시 사지(舍知)로 일컬었으며, 관등은 (兵部의) 노사지(弩舍知)와 같다. 사(史)는 8명이었다.

　　선부(船府)는 전에는 병부(兵部)의 대감(大監)과 제감(弟監)으로써 주즙(舟楫:船舶)에 관한 일을 관장케 하였는데, 문무왕(文武王) 18년에 따로 (船府를) 설치하였다. 경덕왕(景德王)이 이제부(利濟府)로 고쳤더니 혜공왕(惠恭王)이 다시 전대로 하였다. 영(令)은 1명으로, 관등(官等)은 대아찬(大阿飡)에서 각간(角干)까지로 하였다. 경(卿)은 2명으로, 문무왕(文武王) 3년에 두었는데, 신문왕(神文王) 8년에 1명을 더하였다. 관등은 조부(調府)의 경(卿)과 같다. 대사(大舍)는 2명, 경덕왕이 주부(主簿)로 고쳤는데 혜공왕이 다시 대사(大舍)로 일컬었으며, 관등은 조부(調府)의 대사(大舍)와 같다. 사지(舍知)는 1명, 경덕왕이 사주(司舟)로 고쳤던바, 혜공왕이 다시 사지(舍知)로 일컬었다. 관등은 조부(調府)

---

　　8) 孝成王의 諱는 承慶이었는데, 丞과 承이 같다 해서 丞을 모두 佐로 고쳤다는 것이다.

의 사지(舍知)와 같다. 사(史)는 8명인데, 신문왕(神文王) 원년에 2명을 더하고 애장왕(哀莊王) 6년에는 2명을 감하였다.

영객부(領客府)[9]는 본명(本名)은 왜전(倭典)이었는데, 진평왕(眞平王) 43년에 영객전(領客典)으로 개칭(改稱)하였다[후에 또 따로 倭典을 설치하였다]. 경덕왕(景德王)이 또 이를 사빈부(司賓府)라 고쳤으며, 혜공왕(惠恭王)이 다시 전대로 하였다. 영(令)은 2명으로 진덕왕(眞德王) 5년에 두었다. 관등(官等)은 대아찬(大阿飡)에서 각간(角干)까지로 하였다. 경(卿)은 2명이었는데, 문무왕(文武王) 15년에 1명을 더하였으며, 관등은 조부(調府)의 경(卿)과 같다. 대사(大舍)는 2명, 경덕왕이 주부(主簿)라 고치고, 혜공왕이 다시 대사(大舍)로 일컬었으며, 관등은 조부(調府)의 대사(大舍)와 같다. 사지(舍知)는 1명, 경덕왕이 사의(司儀)라 고치고, 혜공왕이 다시 사지(舍知)로 일컬었는데, 관등은 조부(調府)의 사지(舍知)와 같다. 사(史)는 8명이다.

위화부(位和府 : 官吏의 等位關係事務를 맡는 官司)는 진평왕(眞平王) 3년에 처음으로 설치하였는데, 경덕왕(景德王)이 사위부(司位府)로 개칭(改稱)하고, 혜공왕(惠恭王)이 다시 전대로 하였다. 금하신(衿荷臣)은 2명, 신문왕(神文王) 2년에 처음으로 두고, 5년에 1명을 더하였으며, 애장왕(哀莊王) 6년에는 영(令)으로 고쳤다. 관등(官等)은 이찬(伊飡)에서 대각간(大角干)까지로 하였다. 상당(上堂)은 2명, 신문왕이 두었으며, 성덕왕(聖德王) 2년에 1명을 더하고, 애장왕이 경(卿)으로 고쳤는데, 관등은 급찬(級飡)에서 아찬(阿飡)까지로 하였다. 대사(大舍)는 2명, 경덕왕이 주부(主簿)로 고쳤다가 후에 대사(大舍)로 일컬었다. 관등은 조부(調府)의 대사(大舍)와 같다. 사(史)는 8명이었다.

좌이방부(左理方府 : 成文의 律令格式을 제정하는 官司)는 진덕왕(眞德王) 5년에 두었는데, 효소왕(孝昭王) 원년에 대왕(大王)의 이름자(理洪의 理)를 피하여 의방부(議方府)로 개칭하였다. 영(令)은 2명, 관등(官等)은 급찬(級飡)까지로 하였다. 경(卿)은 2명, 진덕왕이 두었는데, 문무왕(文武王) 18년에 1명을 더하였으며, 관등은 다른 (部署의) 경(卿)과 같다. 좌(佐)는 2명, 진덕왕이 두었는데, 경덕왕이 평사(評事)로 고치고, 혜공왕이 다시 좌(佐)로 일컬었다. 관등은

---

9) 本名을 倭典이라 하였다고 함을 보면, 처음에는 주로 倭使의 접대를 맡는 官府이었는데, 眞平王 43년에 이를 領客典이라 改稱하고, 후에 또 倭典을 別置하고, 그 후 景德王 때에 또 領客典을 司賓府라고 한 것을 보면, 司賓府(혹은 領客府)에서는 기타의 外使接待를 관장하였던 것이라고 보아야 하겠다.

사정(司正(府)) 좌(佐)와 같다. 대사(大舍)는 2명, 관등은 병부(兵部)의 대사(大舍)와 같으며, 사(史)는 15명, 원성왕(元聖王) 13년에 5명을 감하였다.

우이방부(右理方府)는 문무왕 7년에 두었다. 영(令)이 2명, 경(卿)이 2명, 좌(佐)가 2명, 대사(大舍)가 2명, 사(史)가 10명이다.

상사서(賞賜署 : 賞勳局과 같은 것)는 (처음에) 창부(倉部)에 속하였는데, 경덕왕(景德王)이 사훈감(司勳監)으로 고치고, 혜공왕(惠恭王)이 다시 전대로 하였다. 대정(大正)은 1명, 진평왕(眞平王) 46년에 두었는데, 경덕왕이 정(正)으로 고치고, 후에 다시 대정(大正)으로 일컬었다. 관등(官等)은 급찬(級飡)에서 아찬(阿飡)까지로 하였다. 좌(佐)는 1명이니, 관등이 대내마(大奈麻)에서 급찬(級飡)까지로 하였다. 대사(大舍)는 2명, 진덕왕(眞德王) 5년에 두었는데, 경덕왕이 주서(主書)로 고쳤고, 혜공왕이 다시 대사(大舍)로 일컬었다. 관등은 사지(舍知)에서 내마(奈麻)까지로 하였다. 사(史)는 6명이었는데, 문무왕(文武王) 20년에 2명을 더하고, 애장왕(哀莊王) 6년에는 2명을 감하였다.

대도서(大道署)[10][혹은 寺典 혹은 內道監이라고도 함]는 예부(禮部)에 속하였다. 대정(大正)은 1명, 진평왕(眞平王) 46년에 두었으며, 경덕왕(景德王)이 정(正)으로 고쳤다가 후에 다시 대정(大正)으로 일컬었다. 관등(官等)은 급찬(級飡)에서 아찬(阿飡)까지로 하였다[혹은 大正 아래에 大舍 2명이 있었다고도 함]. 주서(主書)는 2명, 경덕왕이 주사(主事)로 개칭하였으니, 관등은 사지(舍知)에서 내마(奈麻)까지로 하였다. 사(史)는 8명이다.

전읍서(典邑署 : 都市行政을 관장하는 市廳)는 경덕왕(景德王)이 전경부(典京府)로 고쳤는데, 혜공왕(惠恭王)이 다시 전대로 하였다. 경(卿)은 2명[본시는 監 6명을 두어 (서울의) 6部를 나누어 다스리게 하였는데, 元聖王이 6년에 2명[11]을 승격하여 卿으로 하였음]이니, 관등(官等)은 내마(奈麻)에서 사찬(沙飡)까지로 하였다. 감(監)은 4명, 관등은 내마(奈麻)에서 대내마(大奈麻)까지로 하였다. 대사읍(大司邑)은 6명, 그 관등은 사지(舍知)에서 내마(奈麻)까지로 하고 중사읍(中司邑)은 6명, 그 관등은 사지(舍知)에서 대사(大舍)까지로 하고, 소사

---

10) 大道署를 혹은 寺典, 혹은 內道監이라고 한 것을 보면, 宮中所屬의 寺院을 관장하던 부서인 것 같다.

11) 監 6명 중 2명만을 卿으로 승격하였다고 하는데, 그 2명은 어느 部를 管轄하는 長인지 明示한 바가 없으나, 아마 朴氏王의 出身部인 梁(及梁)部와 金氏王의 出身部인 沙梁部를 管掌하던 長인 듯하다.

읍(小司邑)은 9명, 그 관등은 노사지(弩舍知)와 같다. 사(史)는 16명이요 목척
(木尺)은 70명이다.

　　영창궁성전(永昌宮成典)은 문무왕(文武王) 17년에 설치하였다. 상당(上堂)은
1명, 경덕왕(景德王)이 두었는데, 또 경(卿)으로 고쳤다. 혜공왕(惠恭王)이 다시
상당(上堂)으로 일컫더니, 애장왕(哀莊王) 6년에 다시 경(卿)으로 고쳤다. 관등
(官等)은 급찬(級飡)에서 아찬(阿飡)까지로 하였다. 대사(大舍)는 2명 경덕왕이
주부(主簿)로 고쳤는데, 혜공왕이 다시 대사(大舍)로 일컬었다. 관등은 사지(舍
知)에서 내마(奈麻)까지로 하였다. 사(史)는 4명이다.

　　국학(國學 : 最高學府인 大學)은 예부(禮部)에 속한다. 신문왕(神文王) 2년에
설치하였는데,[12] 경덕왕(景德王)이 대학감(大學監)으로 고쳤고, 혜공왕(惠恭王)
이 다시 전대로 하였다. 경(卿 : 學長級)은 1명, 경덕왕이 사업(司業)으로 고쳤
더니 혜공왕이 다시 경(卿)으로 일컬었다. 관등(官等)은 다른 (部署의) 경(卿)
과 같다. 박사(博士)〔若干名으로 數는 정하지 않았다〕·조교(助敎)〔若干名으로
數는 정하지 않았다〕가 있고, 대사(大舍)는 2명, 진덕왕(眞德王) 5년에 두었는
데, 경덕왕이 주부(主簿)로 고쳤고, 혜공왕이 다시 대사(大舍)로 일컬었다. 관
등은 사지(舍知)에서 내마(奈麻)까지로 하였다. 사(史)는 2명, 혜공왕 원년에
2명을 더하였다. 교수(敎授)하는 법은 주역(周易)·상서(尙書)·모시(毛詩)·예
기(禮記)·춘추좌씨전(春秋左氏傳)·문선(文選)으로 나누어 학업(學業)을 닦게
하였는데, 박사(博士)나 조교(助敎) 1명이, 혹은 예기(禮記)·주역(周易)·논어
(論語)·효경(孝經)을 가르치고, 혹은 춘추좌전(春秋左傳)·모시(毛詩)·논어(論
語)·효경(孝經)을, 혹은 상서(尙書)·논어(論語)·효경(孝經)·문선(文選)으로
써 교수한다.[13] 여러 학생(學生)의 독서(讀書)에는 삼품출신(三品出身)의 법(法)

───────────

12) 新羅 國學의 설치가 여기에는 神文王 2년이라고 하였으나 이는 國學의 再編成과 制
　　度의 完備된 年代를 말함인 듯. 그 아래 職員 大舍條에 '眞德王五年置'라고 한 것을
　　보면, 國學의 창설은 실상 眞德王 5년(西紀 651)경으로 보아야 한다.

13) 國學의 敎授科目은 本文과 같이 經書를 주로 하여, 專攻을 3分科에 나누어 論語·
　　孝經을 必須로 한 것을 알 수 있으니, 다시 알기 쉽게 表示하면 다음과 같다.

　　　(A) 禮記·周易·論語·孝經 ⎤
　　　(B) 左傳·毛詩·論語·孝經 ⎬ 3分科와 一般必修
　　　(C) 尙書·文選·論語·孝經 ⎦

　　唐의 國子監(國學)에서는 禮記·左傳을 大經, 毛詩·周禮·儀禮를 中經, 周易·尙
　　書·公羊傳·穀梁傳을 小經으로 하는 3分科制를 취하였으나(唐 6典 권 4, 禮部尙

이 있으니, 춘추좌씨전(春秋左氏傳)이나 예기(禮記)나 문선(文選)을 읽어 그 뜻을 잘 통하고, 논어(論語)·효경(孝經)에도 밝은 자를 상(품)(上(品))으로 하고, 곡례(曲禮)·논어(論語)·효경(孝經)을 읽은 자를 중(품)(中(品))으로 하고, 곡례(曲禮)·효경(孝經)을 읽은 자를 하(품)(下(品))으로 하되, 만일 5경(經)·3사(史)와 제자백가(諸子百家)의 서(書)를 능히 겸통(兼通)하는 자가 있으면 초탁(超擢 : 등급을 넘어)해서 등용한다. 혹은 산학박사(算學博士)나 조교(助敎) 1명을 명하여 철경(綴經)·삼개(三開)·9장(章)·6장(章)을 교수케 하기도 한다. 모든 학생의 등위(等位)는 대사(大舍) 이하로 무위(無位)에 이르기까지 하며, 나이는 15세에서 30세까지 모두 학업에 종사케 한다. 9년을 기한으로 하되 만일 질박노둔(質朴魯鈍)하여 향상(向上)치 못하는 자를 퇴학(退學)시키며, 만일 재주와 기국(器局)이 성취(成就)할 만하되 미숙(未熟)한 자는 9년을 넘어도 재학(在學)케 하며, 등위(等位)는 대내마(大奈麻)나 내마(奈麻)에 이른 다음, 내어보낸다.

음성서(音聲署 : 音樂을 맡는 官署)는 예부(禮部)에 속한다. 경덕왕(景德王)이 대악감(大樂監)으로 고쳤는데, 혜공왕(惠恭王)이 다시 전대로 하였다. 장(長)은 2명, 신문왕(神文王) 7년에 경(卿)으로 고치고, 경덕왕이 또 사악(司樂)으로 고쳤더니, 혜공왕이 다시 경(卿)으로 일컬었다. 관등(官等)은 다른 (部署의) 경(卿)과 같다. 대사(大舍)는 2명, 진덕왕(眞德王) 5년에 두었는데, 경덕왕이 주부(主簿)로 고쳤다가 후에 다시 대사(大舍)로 일컬었다. 관등은 사지(舍知)에서 내마(奈麻)까지로 하였다. 사(史)는 4명이다.

대일임전(大日任典)[14]은 태종왕(太宗王) 4년에 설치하였는데, 경덕왕(景德王)이 전경부(典京府)와 합하였다. 대도사(大都司)는 6명, 경덕왕이 대전의(大典儀)로 고쳤다가 후에 다시 전대로 하였으며, 관등(官等)은 사지(舍知)에서 내마(奈麻)까지로 하였다. 소도사(小都司)는 2명, 경덕왕이 소전의(小典儀)로 고쳤다가 후에 다시 전대로 하였으며, 관등은 사지(舍知)에서 대사(大舍)까지로 하

條), 羅制는 이와 조금 달라 (A) 禮記·周易을 上級(大經), (B) 左傳·毛詩를 中級(中經), (C) 尙書·文選을 下級(小經)으로 하는 3分科로 되어 있었다. 論語·孝經을 3科 공통의 일반 필수로 한 것은 그것이 물론 修理修身에 관한 중요 과목으로 인식되었던 까닭이다.

14) 景德王 때에 典京府(典邑署)와 합하였다는 것을 보면, 당시의 서울을 管掌하던 官府이었던 것 같다.

였다. 도사대사(都事大舍)는 2명, 경덕왕이 대전사(大典事)로 고쳤다가 후에 다시 전대로 하고, 관등은 사지(舍知)에서 내마(奈麻)까지로 하였다. 도사사지 (都事舍知)는 4명, 경덕왕이 중전사(中典事)로 고쳤다가 후에 다시 전대로 하였으며, 관등은 사지(舍知)에서 대사(大舍)까지로 하였다. 도알사지(都謁舍知) 는 8명, 경덕왕이 전알(典謁)로 고쳤다가 후에 다시 전대로 하였으며, 관등은 사지(舍知)에서 대사(大舍)까지로 하였다. 도인사지(都引舍知)는 1명, 경덕왕이 전인(典引)으로 고쳤다가 후에 다시 전대로 하였으며, 관등은 노사지(弩舍知) [兵部]와 같다. 당(幢)은 6명, 경덕왕이 소전사(小典事)로 고쳤다가 후에 다시 전대로 하였는데, 관등은 조부(調府)의 사(史)와 같다. 도사계지(都事稽知)는 6 명, 도알계지(都謁稽知)도 6명, 도인계지(都引稽知)는 5명[혹은 都引幢, 혹은 少典引이라고도 함], 비벌수(比伐首)는 10명이다.

공장부(工匠府)[15]는 경덕왕(景德王)이 전사서(典祀署)로 고쳤다가 후에 다시 전대로 하였다. 감(監)은 1명, 신문왕(神文王) 2년에 두었는데, 관등(官等)은 대 내마(大奈麻)에서 급찬(級飡)까지로 하였다. 주서(主書)는 2명[혹은 主事, 혹은 大舍라고도 함], 진덕왕(眞德王) 5년에 두었는데, 관등은 사지(舍知)에서 내마 (奈麻)까지로 하였다. 사(史)는 4명이다.

채전(彩典 : 彩漆에 관한 사무를 맡는 部署)은 경덕왕(景德王)이 전채서(典彩 署)로 고쳤다가 후에 다시 전대로 하였다. 감(監)은 1명, 신문왕(神文王) 2년에 두었으니, 관등(官等)은 내마(奈麻)에서 대내마(大奈麻)까지로 하였으며, 주서 (主書)는 2명, 진덕왕(眞德王) 5년에 두었는데, 관등은 사지(舍知)에서 내마(奈 麻)까지로 하였다. 사(史)는 3명이다[혹은 4명이라고도 함].

좌사록관(左司祿館)[16]은 문무왕(文武王) 17년에 두었다. 감(監)은 1명, 관등 (官等)은 내마(奈麻)에서 대내마(大奈麻)까지로 하였으며, 주서(主書)[혹은 主事 라고도 함]는 2명, 관등은 사지(舍知)에서 내마(奈麻)까지로 하였다. 사(史)는 4명이다. **우사록관**(右司祿館)[17]은 문무왕(文武王) 21년에 설치하였는데, 감 (監)은 1명, 주서(主書)는 2명, 사(史)는 4명이다.

전사서(典祀署 : 祭祀를 管掌함)는 예부(禮部)에 속하니, 성덕왕(聖德王) 12년 에 설치하였다. 감(監)은 1명, 관등(官等)은 내마(奈麻)에서 대내마(大奈麻)까지

---

15) 景德王 때에 이를 典祀署로 改稱하였다고 한 것을 보면 祠廟工事를 맡은 官府가 아 니었던가.

16) 17) 司祿은 官員의 祿俸과 祿邑을 맡는 官司인 듯함.

로 했으며, 대사(大舍)는 2명, 진덕왕(眞德王) 5년에 두었으며, 관등은 사지(舍知)에서 내마(奈麻)까지로 하였다. 사(史)는 4명이다.

　신궁(新宮)은 성덕왕(聖德王) 16년에 설치하였는데, 경덕왕(景德王)이 전설관(典設館)으로 고쳤다가 후에 다시 전대로 하였다. 감(監)은 1명, 관등(官等)은 전사서(典祀署)의 감(監)과 같으며, 주서(主書)는 2명, 관등은 전사서(典祀署)의 대사(大舍)와 같다. 사(史)는 3명이다.

　동시전(東市典)[18]은 지증왕(智證王) 9년에 설치하였다. 감(監)은 2명, 관등(官等)은 내마(奈麻)에서 대내마(大奈麻)까지로 하였다. 대사(大舍)는 2명, 경덕왕(景德王)이 주사(主事)로 고쳤다가 후에 다시 대사(大舍)로 일컬었으며, 관등은 사지(舍知)에서 내마(奈麻)까지로 하였다. 서생(書生)은 2명, 경덕왕이 사직(司直)으로 고쳤다가, 후에 다시 서생(書生)으로 일컬었다. 관등은 조부(調府)의 사(史)와 같다. 사(史)는 4명이다.　서시전(西市典)은 효소왕(孝昭王) 4년에 설치하였다. 감(監)은 2명, 대사(大舍)도 2명이니, 경덕왕(景德王)이 주사(主事)로 고쳤다가 후에 다시 대사(大舍)로 일컬었다. 서생(書生)은 2명, 경덕왕이 사직(司直)으로 고쳤다가 후에 다시 서생(書生)으로 일컬었다. 사(史)는 4명이다.　남시전(南市典)도 효소왕(孝昭王) 4년에 설치하였다. 감(監)은 2명, 대사(大舍)도 2명이니, 경덕왕(景德王)이 주사(主事)로 고쳤다가 후에 다시 대사(大舍)로 일컬었다. 서생(書生)도 2명, 경덕왕이 사직(司直)으로 고쳤다가 후에 다시 서생(書生)으로 일컬었다. 사(史)는 4명.

　사범서(司範署 : 儀式을 맡은 部署 ?)는 예부(禮部)에 속하였다. 대사(大舍)는 2명[혹은 主書라고도 함], 경덕왕(景德王)이 주사(主事)로 고쳤다가 후에 다시 대사(大舍)로 일컬었으며, 관등(官等)은 조부(調府)의 사지(舍知)와 같다. 사(史)는 4명이다.　경도역(京都驛 : 서울 부근의 驛亭)은 경덕왕이 도정역(都亭驛)으로 고쳤다가 후에 다시 전대로 하였다. 대사(大舍)는 2명, 관등은 사지(舍知)에서 내마(奈麻)까지로 하였으며, 사(史)는 2명이다.　누각전(漏刻典 : 水時計를 맡은 官司)은 성덕왕(聖德王) 17년에 처음으로 설치하였다. 박사(博士)는 6명이요, 사(史)는 1명이다.　6부소감전(六部少監典[혹은 6部監典이라고도 함] : 京都內의 각 6部廳으로 지금의 區廳과 같음)은 양부(梁部 : 朴氏王 出身部)·사량부(沙梁部 : 金氏王 出身部)에는 감랑(監郞)이 각 1명이요, 대내마(大奈

---

18) 東市典은 다음의 西市典·南市典과 함께 당시 서울 안의 鼎立의 3市場을 감독하던 官府.

麻)가 각 1명, 대사(大舍)가 각 2명, 사지(舍知)가 각 1명이며, 양부(梁部)에는 사(史)가 6명, 사량부(沙梁部)에는 사(史) 5명이다. 본피부(本彼部 : 昔氏王 出身 部)에는 감랑(監郞)이 1명, 감대사(監大舍)가 1명, 사지(舍知)가 1명, 감당(監幢) 이 5명, 사(史)가 1명이며, 모량부(牟梁部)에는 감신(監臣)이 1명, 대사(大舍)가 1명, 사지(舍知)가 1명, 감당(監幢)이 5명, 사(史)가 1명이다. 한지부(漢祇部)・ 습비부(習比部)에는 감신(監臣)이 각 1명이요, 대사(大舍)가 각 1명, 사지(舍知) 가 각 1명, 감당(監幢)이 각 3명, 사(史)가 각 1명이다. 식척전(食尺典 : 宮中 料理師를 통솔하는 官)은 대사(大舍) 6명, 사(史) 6명이다. 직도전(直徒典 : 城 門宿直軍을 통솔하는 官)은 대사(大舍) 6명, 사지(舍知) 8명, 사(史) 26명이다. 고관가전(古官(宮 ?)家典)은 당(幢)[혹은 稽知라고도 함] 4명, 구척(鉤尺 : 農具를 맡는 職員 ?) 6명, 수생(水生 : 堤池를 管理하는 職員 ?) 6명, 화주(禾主 : 禾穀을 管理하는 職員 ?) 15명이다.

〔原文〕

三國史記 卷 第三十八
雜志 第七
職官 上

新羅官號, 因時沿革, 不同其名言, 唐夷相雜, 其曰侍中・郞中等者, 皆唐官 名, 其義若可考, 曰伊伐飡・伊飡等者, 皆夷言, 不知所以言之之意, 當初之施 設, 必也職有常守, 位有定員, 所以辨其尊卑, 待其人才之大小, 世久文記缺落, 不可得覈考而周詳, 觀其第二南海王, 以國事委任大臣, 謂之大輔, 第三儒理王 設位十七等, 自是之後, 其名目繁多, 今採其可考者, 以著于篇, 大輔, 南海王 七年, 以脫解爲之, 儒理王九年置十七等, 一曰伊伐飡(或云伊罰干, 或云于伐 飡, 或云角干, 或云角粲, 或云舒發翰, 或云舒弗邯), 二曰伊尺飡(或云伊飡), 三 曰迊飡(或云迊判, 或云蘇判), 四曰波珍飡(或云海干, 或云破彌干), 五曰大阿 飡, 從此至伊伐飡, 唯眞骨受之, 他宗則否, 六曰阿飡(或云阿尺干, 或云阿粲), 自重阿飡至四重阿飡, 七曰一吉飡(或云乙吉干), 八曰沙飡(或云薩飡, 或云沙咄 干), 九曰級伐飡(或云級飡, 或云及伐干), 十曰大奈麻(或云大奈末), 自重奈麻 至九重奈麻, 十一曰奈麻(或云奈末), 自重奈麻至七重奈麻, 十二曰大舍(或云

韓舍), 十三曰舍知(或云小舍), 十四曰吉士(或云稽知, 或云吉次), 十五曰大烏
(或云大烏知), 十六曰小烏(或云小烏知), 十七曰造位(或云先沮知).

上大等(或云上臣), 法興王十八年始置.

大角干(或云大舒發翰), 太宗王七年, 滅百濟論功, 授大將軍金庾信大角干,
於前十七位之上加之, 非常位也.

太大角干(或云太大舒發翰), 文武王八年, 滅高句麗, 授留守金庾信以太大角
干, 賞其元謀也, 於前十七位及大角干之上加此位, 以示殊尤之禮.

執事省, 本名稟主(或云祖主), 眞德王五年改爲執事部, 興德王四年又改爲
省, 中侍一人, 眞德王五年置, 景德王六年改爲侍中, 位自大阿飡至伊飡爲之,
典大等二人, 眞德王二十六年置, 景德王六年改爲侍郎, 位自奈麻至阿飡爲之,
大舍二人, 眞平王十一年置, 景德王十八年改爲郎中(一云眞德王五年改), 位自
舍知至奈麻爲之, 舍知二人, 神文王五年置, 景德王十八年改爲員外郎, 惠恭王
十二年復稱舍知, 位自舍知至大舍爲之, 史十四人, 文武王十□年加六人, 景德
王改爲郎, 惠恭王復稱使, 位自先沮知至大舍爲之.

兵部, 令一人, 法興王三年始置, 眞興王五年加一人, 太宗王六年又加一人,
位自大阿飡至太大角干爲之, 又得兼宰相·私臣, 大監二人, 眞平王四十五年
初置, 太宗王十五年加一人, 景德王改爲侍郎, 惠恭王復稱大監, 位自□□至阿
飡爲之, 弟監二人, 眞平王十一年置, 太宗王五年改爲大舍, 景德王改爲郎中,
惠恭王復稱大舍, 位自舍知至奈麻爲之, 弩舍知一人, 文武王十二年始置, 景德
王改爲司兵, 惠恭王復稱弩舍知, 位自舍知至大舍爲之, 史十二人, 文武王十一
年加二人, 十二年加三人, 位自先沮知至大舍爲之, 弩幢一人, 文武王十一年
置, 景德王改爲小司兵, 惠恭王復故, 位與史同.

調府, 眞平王六年置, 景德王改爲大府, 惠恭王復故, 令二人, 眞德王五年置,
位自衿荷至太大角干爲之, 卿二人, 文武王十五年加一人, 位與兵部大監同, 大
舍二人, 眞德王置, 景德王改爲主簿, 惠恭王復稱大舍, 位自舍知至奈麻爲之,
舍知一人, 神文王五年置, 景德王改爲司庫, 惠恭王復稱舍知, 位自舍知至大舍
爲之, 史八人, 孝昭王四年加二人, 位與兵部史同.

京城周作典, 景德王改爲修城府, 惠恭王復故, 令五人, 聖德王三十一年置,
位自大阿飡至大角干爲之, 卿六人, 聖德王三十二年置, 位與執事侍郎同, 大舍
六人, 景德王改爲主簿, 惠恭王復稱大舍, 位自舍知至大奈麻爲之, 舍知一人,
景德王改爲司功, 惠恭王復稱舍知, 位自舍知至大舍爲之, 史八人 位與調府史

同.

四天王寺成典, 景德王改爲監四天王寺府, 惠恭王復故, 衿荷臣一人, 景德王改爲監令, 惠恭王復稱衿荷臣, 哀莊王又改爲令, 位自大阿湌至角干爲之, 上堂一人, 景德王改爲卿, 惠恭王復稱上堂, 哀莊王又改爲卿, 位自奈麻至阿湌爲之, 赤位一人 景德王改爲監, 惠恭王復稱赤位, 靑位二人, 景德王改爲主簿, 惠恭王復稱靑位, 哀莊王改爲大舍, 省一人, 位自舍知至奈麻爲之, 史二人.

奉聖寺成典, 景德王改爲修營奉聖寺使院, 後復故, 衿荷臣一人, 景德王改爲檢校使, 惠恭王復稱衿荷臣, 哀莊王改爲令, 上堂一人, 景德王改爲副使, 後復稱上堂, 赤位一人, 景德王改爲判官, 後復稱赤位, 靑位一人, 景德王改爲錄事, 後復稱靑位, 史二人, 景德王改爲典, 後復稱史.

感恩寺成典, 景德王改爲修營感恩寺使院, 後復故, 衿荷臣一人, 景德王改爲檢校使, 惠恭王復稱衿荷臣, 哀莊王改爲令, 上堂一人, 景德王改爲副使, 惠恭王復稱上堂, 哀莊王改爲卿(一云省卿置赤位), 赤位一人, 景德王改爲判官, 後復稱赤位, 靑位一人, 景德王改爲錄事, 後復稱靑位, 史二人, 景德王改爲典, 後復稱史.

奉德寺成典, 景德王十八年改爲修營奉德寺使院, 後復故, 衿荷臣一人, 景德王改爲檢校使, 惠恭王復稱衿荷臣, 哀莊王又改爲卿, 上堂一人, 景德王改爲副使, 惠恭王復稱上堂, 哀莊王又改爲卿, 赤位一人, 景德王改爲判官, 惠恭王復稱赤位, 靑位二人, 景德王改爲錄事, 惠恭王復稱靑位, 史六人, 後省四人, 景德王改爲典, 惠恭王復稱史.

奉恩寺成典, 衿荷臣一人, 惠恭王始置, 哀莊王改爲令, 副使一人, 惠恭王始置, 尋改爲上堂, 哀莊王又改爲卿, 大舍二人, 史二人.

靈廟寺成典, 景德王十八年改爲修營靈廟寺使院, 後復故, 上堂一人, 景德王改爲判官, 後復稱上堂, 靑位一人, 景德王改爲錄事, 後又改爲大舍, 史二人.

永興寺成典, 神文王四年始置, 景德王十八年改爲監永興寺館, 大奈麻一人, 景德王改爲監, 史三人.

倉部, 昔者倉部之事兼於稟主, 至眞德王五年分置此司, 令二人, 位自大阿湌至大角干爲之, 卿二人, 眞德王五年置, 文武王十五年加一人, 景德王改爲侍郎, 惠恭王復稱卿, 位與兵部大監同, 大舍二人, 眞德王置, 景德王改爲郎中, 惠恭王復稱大舍, 位與兵部大舍同, 租舍知一人, 孝昭王八年置, 景德王改爲司倉, 惠恭王復故, 位與弩舍知同, 史八人, 眞德王置, 文武王十一年加三人, 十二年加七人, 孝昭王八年加一人, 景德王十一年加三人, 惠恭王加八人.

禮部, 令二人, 眞平王八年置, 位與兵部令同, 卿二人, 眞德王二年(一云五年)置, 文武王十五年加一人, 位與調府卿同, 大舍二人, 眞德王五年置, 景德王改爲主簿, 後復稱大舍, 位與調府大舍同, 舍知一人, 景德王改爲司禮, 後復稱舍知, 位與調府舍知同, 史八人, 眞德王五年加三人, 位與調府史同.

乘府, 景德王改爲司馭府, 惠恭王復故, 令二人, 眞平王六年置, 位自大阿飡至角干爲之, 卿二人, 文武王十五年加一人, 位與調府卿同, 大舍二人, 景德王改爲主簿, 後復稱大舍, 位與兵部大舍同, 知舍一人, 景德王改爲司牧, 後復稱舍知, 位與調府舍知同, 史九人, 文武王十一年加三人, 位與調府史同.

司正府, 太宗王六年置, 景德王改爲肅正臺, 惠恭王復故, 令一人, 位自大阿飡至角干爲之, 卿二人, 眞興王五年置, 文武王十五年加一人, 位與乘府卿同, 佐二人, 孝成王元年, 爲犯大王諱, 凡丞皆稱佐, 景德王改爲評事, 後復稱佐, 位自奈麻至大奈麻爲之, 大舍二人, 位自舍知至奈麻爲之, 史十人, 文武王十一年加五人.

例作府(一云例作典), 景德王改爲修例府, 惠恭王復故, 令一人, 神文王六年置, 位自大阿飡至角干爲之, 卿二人, 神文王置, 位與司正卿同, 大舍四人, 哀莊王六年, 省二人, 景德王改爲主簿, 後復稱大舍. 位與兵部大舍同, 舍知二人, 景德王改爲司例, 後復稱舍知, 位與弩舍知同, 史八人.

船府, 舊以兵部大監 · 弟監, 掌舟楫之事, 文武王十八年別置, 景德王改爲利濟府, 惠恭王復故, 令一人, 位自大阿飡至角干爲之, 卿二人, 文武王三年置, 神文王八年加一人. 位與調府卿同, 大舍二人, 景德王改爲主簿, 惠恭王復稱大舍, 位與調府大舍同, 舍知一人, 景德王改爲司舟, 惠恭王復稱舍知, 位與調府舍知同, 史八人, 神文王元年加二人, 哀莊王六年省二人.

領客府, 本名倭典, 眞平王四十三年改爲領客典(後又別置倭典), 景德王又改爲司賓府, 惠恭王復故, 令二人, 眞德王五年置, 位自大阿飡至角干爲之, 卿二人, 文武王十五年加一人, 位與調府卿同, 大舍二人, 景德王改爲主簿, 惠恭王復稱大舍, 位與調府大舍同, 舍知一人, 景德王改爲司儀, 惠恭王復稱舍知, 位與調府舍知同, 史八人.

位和府, 眞平王三年始置, 景德王改爲司位府, 惠恭王復故, 衿荷臣二人, 神文王二年始置, 五年加一人, 哀莊王六年改爲令, 位自伊飡至大角干爲之, 上堂二人, 神文王置, 聖德王二年加一人, 哀莊王改爲卿, 位自級飡至阿飡爲之, 大舍二人, 景德王改爲主簿, 後復稱大舍, 位與調府大舍同, 史八人.

左理方府, 眞德王五年置, 孝昭王元年, 避大王諱, 改爲議方府, 令二人, 位自級湌至迊湌爲之, 卿二人, 眞德王置, 文武王十八年加一人, 位與他卿同, 佐二人, 眞德王置, 景德王改爲評事, 惠恭王復稱佐, 位與司正佐同, 大舍二人, 位與兵部大舍同, 史十五人, 元聖王十三年省五人.

右理方府, 文武王七年置, 令二人, 卿二人, 佐二人, 大舍二人, 史十人.

賞賜署, 屬倉部, 景德王改爲司勳監, 惠恭王復故, 大正一人, 眞平王四十六年置, 景德王改爲正, 後復稱大正, 位自級湌至阿湌爲之, 佐一人, 位自大奈麻至級湌爲之, 大舍二人, 眞德王五年置, 景德王改爲主書, 惠恭王復稱大舍, 位自舍知至奈麻爲之, 史六人, 文武王二十年加二人, 哀莊王六年省二人.

大道署(或云寺典 或云內道監), 屬禮部, 大正一人, 眞平王四十六年置, 景德王改爲正, 後復稱大正, 位自級湌至阿湌爲之(一云大正下有大舍二人), 主書二人, 景德王改爲主事, 位自舍知至奈麻爲之, 史八人.

典邑署, 景德王改爲典京府, 惠恭王復故, 卿二人(本置監六人, 分領六部元聖王六年升二人爲卿), 位自奈麻至沙湌爲之, 監四人, 位自奈麻至大奈麻爲之, 大司邑六人, 位自舍知至奈麻爲之, 中司邑六人, 位自舍知至大舍爲之, 小司邑九人, 位與弩舍知同, 史十六人, 木尺七十人.

永昌宮成典, 文武王十七年置, 上堂一人, 景德王置, 又改爲卿, 惠恭王復稱上堂, 哀莊王六年又改爲卿, 位自級湌至阿湌爲之, 大舍二人, 景德王改爲主簿, 惠恭王復稱大舍, 位自舍知至奈麻爲之, 史四人.

國學, 屬禮部, 神文王二年置, 景德王改爲大學監, 惠恭王復故, 卿一人, 景德王改爲司業, 惠恭王復稱卿, 位與他卿同, 博士(若干名數不定)・助敎(若干名數不定), 大舍二人, 眞德王五年置, 景德王改爲主簿, 惠恭王復稱大舍, 位自舍知至奈麻爲之, 史二人, 惠恭王元年加二人, 敎授之法以周易・尙書・毛詩・禮記・春秋左氏傳, 文選, 分而爲之業, 博士若助敎一人, 或以禮記・周易・論語・孝經, 或以春秋左傳・毛詩・論語・孝經, 或以尙書・論語・孝經・文選敎授之, 諸生讀書, 以三品出身, 讀春秋左氏傳, 若禮記, 若文選, 而能通其義, 兼明論語・孝經者爲上, 讀曲禮・論語・孝經者爲中, 讀曲禮・孝經者爲下, 若能兼通五經・三史・諸子百家書者, 超擢用之, 或差算學博士若助敎一人, 以綴經三開九章六章敎授之, 凡學生, 位自大舍已下至無位, 年自十五至三十皆充之, 限九年, 若朴魯不化者罷之, 若才器可成而未熟者, 雖踰九年許在學, 位至大奈麻・奈麻, 而後出學.

音聲署, 屬禮部, 景德王改爲大樂監, 惠恭王復故, 長二人, 神文王七年改爲卿, 景德王又改爲司樂, 惠恭王復稱卿, 位與他卿同, 大舍二人, 眞德王五年置, 景德王改爲主簿, 後復稱大舍, 位自舍知至奈麻爲之, 史四人.

大日任典, 太宗王四年置, 景德王合典京府, 大都司六人, 景德王改爲大典儀, 後復故, 位自舍知至奈麻爲之, 小都司二人, 景德王改爲小典儀, 後復故, 位自舍知至大舍爲之, 都事大舍二人, 景德王改爲大典事, 後復故, 位自舍知至奈麻爲之, 都事舍知四人, 景德王改爲中典事, 後復故, 位自舍知至大舍爲之, 都謁舍知八人, 景德王改爲典謁, 後復故, 位自舍知至大舍爲之, 都引舍知一人, 景德王改爲典引, 後復故, 位與弩舍知同, 幢六人, 景德王改爲小典事, 後復故, 位與調府史同, 都事稽知六人, 都謁稽知六人, 都引稽知六人(或云都引幢, 或云少典引), 比伐首十人.

工匠府, 景德王改爲典祀署, 後復故, 監一人, 神文王二年置, 位自大奈麻至級飡爲之, 主書二人(或云主事 或云大舍), 眞德王五年置, 位自舍知至奈麻爲之, 史四人.

彩典, 景德王改爲典彩署, 後復故, 監一人, 神文王二年置, 位自奈麻至大奈麻爲之, 主書二人, 眞德王五年置, 位自舍知至奈麻爲之, 史三人(一云四人).

左司祿館, 文武王十七年置, 監一人, 位自奈麻至大奈麻爲之, 主書二人(或云主事), 位自舍知至奈麻爲之, 史四人.

右司祿館, 文武王二十一年置, 監一人, 主書二人, 史四人.

典祀署, 屬禮部, 聖德王十二年置, 監一人, 位自奈麻至大奈麻爲之, 大舍二人, 眞德王五年置, 位自舍知至奈麻爲之, 史四人.

新宮, 聖德王十六年置, 景德王改爲典設館, 後復故, 監一人, 位與典祀署監同, 主書二人, 位與典祀署大舍同, 史三人.

東市典, 智證王九年置, 監二人, 位自奈麻至大奈麻爲之, 大舍二人, 景德王改爲主事, 後復稱大舍, 位自舍知至奈麻爲之, 書生二人, 景德王改爲司直, 後復稱書生, 位與調府史同, 史四人.

西市典, 孝昭王四年置, 監二人, 大舍二人, 景德王改爲主事, 後復稱大舍, 書生二人, 景德王改爲司直, 後復稱書生, 史四人.

南市典, 亦孝昭王四年置, 監二人, 大舍二人, 景德王改爲主事, 後復稱大舍, 書生二人, 景德王改爲司直, 後復稱書生, 史四人.

司範署, 屬禮部, 大舍二人(或云主書), 景德王改爲主事, 後復稱大舍, 位與調府舍知同, 史四人.

京都驛, 景德王改爲都亭驛, 後復故, 大舍二人, 位自舍知至奈麻爲之, 史二人.

漏刻典, 聖德王十七年始置, 博士六人, 史一人.

六部少監典(一云六部監典), 梁部·沙梁部, 監郎各一人, 大奈麻各一人, 大舍各二人, 舍知各一人, 梁部史六人, 沙梁部史五人, 本彼部, 監郎一人, 監大舍一人, 舍知一人, 監幢五人, 史一人, 牟梁部, 監臣一人, 大舍一人, 舍知一人, 監幢五人, 史一人. 漢祇部·習比部, 監臣各一人, 大舍各一人, 舍知各一人, 監幢各三人, 史各一人.

食尺典, 大舍六人, 史六人.

直徒典, 大舍六人, 舍知八人, 史二十六人.

古宮家典, 幢(一云稽知)四人, 鉤尺六人, 水生六人, 禾主十五人.

삼국사기 권 제 39

잡지(雜志) 제 8
직관(職官) 중

내성(內省 : 宮內府와 같은 官衙)은 경덕왕(景德王) 18년에 전중성(殿中省)으로 고쳤다가 후에 다시 전대로 하였다. 사신(私臣 : 長官)이 1명이다. 진평왕(眞平王) 7년에 3궁(宮)[1]에 각각 사신(私臣)을 두니, 대궁(大宮)에는 화문(和文 : 人名) 대아찬(大阿飡)이요, 양궁(梁宮)에는 수힐부(首肹夫 : 人名) 아찬(阿飡)이며, 사량궁(沙梁宮)에는 노지(弩知 : 人名) 이찬(伊飡)이었다. (眞平) 44년에 이르러는 1원(員 : 한 사람의 私臣)으로 3궁(宮)을 겸장(兼掌)케 하였는데, 관등(官等)은 금하(衿荷 : 波珍飡 또는 大阿飡의 別稱)에서 태대각간(太大角干)까지로 하여 적당한 사람이 있으면 임명하고 또한 연한(年限)도 없었다. 경덕왕은 또 (私臣을) 전중령(殿中令)으로 고쳤다가 후에 다시 사신(私臣)으로 일컬었다. 경(卿 : 次官級)은 2명, 관등은 내마(奈麻)에서 아찬(阿飡)까지로 하고, 감(監 : 局長級)은 2명, 관등은 내마(奈麻)에서 사찬(沙飡)까지로 하였으며, 대사(大舍)는 1명, 사지(舍知)는 1명이었다.

내사정전(內司正典 : 宮內 官員들을 規察하는 官)은 경덕왕(景德王) 5년에 설치하였는데, (同王) 18년에 건평성(建平省)으로 고쳤다가 후에 다시 전대로 하였다. 의결(議決) 1명, 정찰(貞察) 2명, 사(史)가 4명이었다. 전대사전(典大舍典)

---

1) 3宮은 즉 大宮(당시 國王이 거처하던 대궐)·梁宮(朴氏王 出身部의 本宮 = 發祥宮)·沙梁宮(金氏王 出身部의 本宮 = 發祥宮)을 이름인데, 여기에 昔氏 本宮인 本彼宮이 加入되지 않고 따로 獨立되어 있을뿐더러 吏員의 格과 數도 梁宮·沙梁宮의 그것에 비하여 떨어져 있다(주 2) 참조). 그 이유가 분명치 아니하나, 아마 其間의 昔氏勢力의 衰頹를 의미하는 것이라고 推察된다.

전대사(典大舍) 1명, 전옹(典翁) 1명, 사(史)가 4명이었다. **상대사전(上大舍典)** 상대사(上大舍) 1명, 상옹(上翁)이 1명이었다. **흑개감(黑鎧監)**은 경덕왕(景德王)이 위무감(衛武監)으로 고쳤다가 후에 다시 전대로 하였다. 대사(大舍)가 1명, 사(史)가 4명이었다. **본피궁(本彼宮 : 昔氏 本宮)**은 신문왕(神文王) 원년[2]에 설치하였는데, 우(虞) 1명, 사모(私母) 1명, 공옹(工翁) 2명, 전옹(典翁) 1명, 사(史)가 2명이었다. **인도전(引道典 : 儀式의 引導役을 맡는 官)**은 경덕왕(景德王)이 예성전(禮成典)으로 고쳤다가 후에 다시 전대로 하였다. 상인도(上引道) 2명, 하위인도(下位引道) 3명, 관인도(官引道) 4명이었다. **촌도전(村徒典)**은 문무왕(文武王) 10년에 설치하였다. 우(간)(于(干)) 1명, 궁옹(宮翁) 1명, 대척(大尺) 1명, 사(史) 2명이었다. **고역전(尻驛典)**은 간옹(看翁) 1명, 궁옹(宮翁) 1명이었다. **평진음전(平珍音典)**은 경덕왕(景德王)이 소궁(掃宮)으로 고쳤다가 후에 다시 전대로 하였다. 간옹(看翁) 1명, 연옹(筵翁)이 1명, 전옹(典翁)이 2명이었다. **연사전(煙舍典)**은 성덕왕(聖德王) 17년에 설치하였으니 간옹(看翁) 1명이었다. **상문사(詳文師 : 翰林院長)**는 성덕왕(聖德王) 13년에 통문박사(通文博士)로 고쳤는데, 경덕왕(景德王)이 또 한림(翰林)으로 개칭(改稱)하고, 후에 학사(學士)를 두었다. **소내학생(所內學生)**은 성덕왕(聖德王) 20년에 두었다.

천문박사(天文博士 : 觀象臺長)는 후에 사천박사(司天博士)로 개칭하였다. **의학(醫學 : 醫學校)**은 효소왕(孝昭王) 원년에 처음으로 두어 학생(學生)들을 교수(敎授)하였는데, 본초경(本草經)・갑을경(甲乙經)・소문경(素問經)・침경(針經)・맥경(脈經)・명당경(明堂經)・난경(難經)을 과정(課程)으로 하였다. 박사(博士)가 2명이었다. **공봉승사(供奉乘師)**는 궐(闕)함.

율령전(律令典 : 律令을 敎授하는 곳)은 박사(博士)가 6명이었다. **수궁전(藪宮典)**은 대사(大舍) 2명, 사(史) 2명이었다. **청연궁전(靑淵宮典)**은 경덕왕(景德王)이 조추정(造秋亭)으로 고쳤다가 후에 다시 전대로 하였다. 대사(大舍)가 2명, 사(史) 2명, 궁옹(宮翁)이 1명이었다. **부천궁전(夫泉宮典)**은 대사(大舍)

---

2) 이 年代는 실상 再編成에 관한 것이고, 創設年代는 統一 이전에 있었다고 보아야 할 것이다. 그것은 本紀 文武王 2년條에 '中分本彼宮財貨・田莊・奴僕, 以賜庾信・仁問'이라 하였음으로써다. 즉 文武王 2년에 本彼宮 소유의 財産・奴隸를 半分하여 그 一半을 金庾信과 金仁問에게 (論功行賞으로) 주었다는 것이다. 이러한 割財事實로 보든지, 그 官員의 格과 數가 梁宮・沙梁宮의 그것에 비하여 떨어진 것을 보아도 昔氏의 勢力이 前부터 이미 衰頹된 것을 歷然히 알 수 있다.

2명, 사(史) 2명, 궁옹(宮翁) 1명이었다. **차열음궁전(且熱音宮典)**은 대사(大舍) 2명, 사(史) 4명, 궁옹(宮翁) 1명이었다. **좌산전(坐山典)**은 대사(大舍) 2명, 사(史) 3명, 궁옹(宮翁) 1명이었다. **병촌궁전(屛村宮典)**은 경덕왕(景德王)이 현룡정(玄龍亭)으로 고쳤다가 후에 다시 전대로 하였다. 대사(大舍)가 2명, 사(史) 2명, 궁옹(宮翁) 1명이었다. **북토지궁전(北吐只宮典)**은 대사(大舍) 2명, 사(史) 2명이었다. **홍현궁전(弘峴宮〔以下 5宮을 통틀어 古奈宮이라고 함〕典)**은 대사(大舍) 2명, 사(史) 2명이었다. **갈천궁전(葛川宮典)**은 대사(大舍) 2명, 사(史) 2명이었다. **선평궁전(善坪宮典)**은 대사(大舍) 2명, 사(史) 2명이었다. **이동궁전(伊同宮典)**은 대사(大舍) 2명, 사(史) 2명이었다. **평립궁전(平立宮典)**은 대사(大舍) 2명, 사(史) 2명이었다.

명활전(明活典)은 경휘왕(景暉(興德王의 諱 景徽)王) 2년에 설치하였으니, 대사(大舍) 1명, 간옹(看翁) 1명이었다. **원곡양전(源谷羊典)**은 흥덕왕(興德王) 4년에 설치하였다. 대사(大舍) 1명, 간옹(看翁) 1명이었다. **염곡전(染谷典)**은 간옹(看翁) 1명이었다. **벽전(壁典)**은 간옹(看翁) 1명, 하전(下典) 4명이었다. **자원전(蒜園典)**은 간옹(看翁) 1명, 하전(下典) 2명이었다. **두탄탄전(豆呑炭典)**은 간옹(看翁) 1명이었다. **소년감전(少年監典)**[3]은 경덕왕(景德王)이 균천성(鈞天省)으로 고쳤다가 후에 다시 전대로 하였다. 대사(大舍) 2명, 사(史) 2명이었다. **회궁전(會宮典)**은 경덕왕(景德王)이 북사설(北司設)로 고쳤다가 후에 다시 전대로 하였다. 궁옹(宮翁) 1명, 조사지(助舍知) 4명이었다. **상신모전(上新謀典)**은 대사(大舍) 1명, 사(史) 2명이었다. **하신모전(下新謀典)**은 대사(大舍) 1명, 사(史) 2명이었다. **좌신모전(左新謀典)**은 대사(大舍) 1명, 사(史) 2명이었다. **우신모전(右新謀典)**은 대사(大舍) 1명, 사(史) 2명이었다. **조전(祖(租)典)**은 대사(大舍) 1명, 사(史) 1명이었다. **신원전(新園典)**은 대사(大舍) 1명, 사(史) 1명이었다. **빙고전(冰庫典)**은 대사(大舍) 1명, 사(史) 1명이었다. **백천목숙전(白川苜蓿典)**은 대사(大舍) 1명, 사(史) 1명이었다. **한지목숙전(漢祇苜蓿典)**은 대사(大舍) 1명, 사(史) 1명이었다. **문천목숙전(蚊川苜蓿典)**은 대사(大舍) 1명, 사(史) 1명이었다. **본피목숙전(本彼苜蓿典)**은 대사(大舍) 1명, 사(史) 1명이었다. **능색전(陵色典)**은 대사(大舍) 1명, 사(史) 1명이었다. **예궁전(穢宮典 : 寶物들을 간직하는 宮)**은 경덕왕(景德王)이 진각성(珍閣省)으로 고쳤다가 후에

---

3) 이것을 一時 鈞天省이라 改稱하였다는 것을 보면, 鈞天樂을 演奏하던 梨園弟子(少年音樂隊)들을 이름인 듯하다.

다시 전대로 하였다. 치성(稚省) 10 명, 궁옹(宮翁) 1명, 조사지(助舍知) 4 명, 종사지(從舍知) 2 명이었다. 조하방(朝霞房 : 朝霞紋의 비단을 짜는 곳)은 모(母) 23 명이었다. 염궁(染宮 : 染色을 맡는 곳)은 모(母) 11명이었다. 소전(疏典)은 모(母) 6 명이었다. 홍전(紅典)은 모(母) 6 명이었다. 소방전(蘇芳典)은 모(母) 6 명이었다. 찬염전(攢染典)은 모(母) 6 명이었다. 표전(漂典 : 漂白을 맡는 곳)은 모(母) 10 명이었다.

왜전(倭典) 이하 14 (部署)는 관원(官員)의 수가 궐(闕)하였다. 금전(錦典 : 비단의 組織을 맡는 곳)은 경덕왕(景德王)이 직금방(織錦房)으로 고쳤다가 후에 다시 전대로 하였다. 철유전(鐵鍮典 : 鐵器・鍮器類를 製造하는 곳)은 경덕왕이 축야방(築冶房)으로 고쳤다가 후에 다시 전대로 하였다. 사전(寺典)   칠전 (漆典 : 器具의 칠을 맡는 곳)은 경덕왕이 식기방(飾器房)으로 고쳤다가 후에 다시 전대로 하였다. 모전(毛典 : 毛物을 맡는 곳)은 경덕왕이 취취방(聚毳房)으로 고쳤다가 후에 다시 전대로 하였다. 피전(皮典 : 皮革物을 만드는 곳)은 경덕왕이 포인방(鞄人房)으로 고쳤다가 후에 다시 전대로 하였다. 추전(鞦典) 피타전(皮打典 : 갖바치 房)은 경덕왕이 운공방(韗工房)으로 고쳤다가 후에 다시 전대로 하였다. 마전(磨典 : 木器製造所)은 경덕왕이 재인방(梓人房)으로 고쳤다가 후에 다시 전대로 하였다. 탑전(鞜典)・화전(靴典 : 신類를 만드는 곳) 타전(打典)   마리전(麻履典 : 草履 등을 만드는 곳)

어룡성(御龍省 : 國王의 行幸을 맡는 곳)은 사신(私臣 : 長官) 1명으로, (後日) 애장왕(哀莊王) 2년에 (追加해서) 두었다. 어백랑(御伯郎)은 2 명, 경덕왕(景德王) 9년에 봉어(奉御)로 고쳤고, 선덕왕(宣德王) 원년에 또 경(卿)으로 고쳤다가 얼마 후에 감(監)으로 고쳤다. 치성(稚省)이 14 명이었다. 세택(洗宅)은 경덕왕(景德王)이 중사성(中事省)으로 고쳤다가 후에 다시 전대로 하였다. 대사(大舍) 8 명, 종사지(從舍知) 2 명이었다. 숭문대(崇文臺)는 낭(郎) 2 명, 사(史) 4 명, 종사지(從舍知) 2 명이었다. 악전(嶽(獄 ?)典)은 대사(大舍) 2 명, 사(史) 4 명, 종사지(從舍知) 2 명이었다. 감전(監典)은 대사(大舍) 2 명, 사지(舍知) 2 명, 사(史) 4 명, 도관(都官) 4 명, 종사지(從舍知) 2 명이요, 악자(樂子)는 정한 수가 없다. 늠전(廩典 : 祿俸을 맡은 官)은 경덕왕(景德王)이 천록사(天祿司)로 고쳤다가 후에 다시 전대로 하였다. 대사(大舍) 2 명, 사지(舍知) 2 명, 사(史) 8 명, 늠옹(廩翁) 4 명, 종사지(從舍知) 2 명이었다. 춘전(春(春 ?)典)은 사지(舍知) 2 명, 사(史) 8 명이었다. 제전(祭典)은 사지(舍知) 2 명, 사(史) 6 명이었다.

약전(藥典 : 闕內 藥房)은 경덕왕(景德王)이 보명사(保命司)로 고쳤다가 후에 다시 전대로 하였다. 사지(舍知) 2명, 사(史) 6명, 종사지(從舍知) 2명이었다. 공봉의사(供奉醫師 : 후세의 典醫와 같은 것 ?)는 정한 수가 없다. 공봉복사(供奉卜師 : 陰陽卜術을 맡는 官員)는 정한 수가 없다.

마전(麻典 : 衣料織造所)은 경덕왕(景德王) 18년에 직방국(織紡局)으로 고쳤다가 후에 다시 전대로 하였다. 간(干) 1명, 사(史) 8명, 종사지(從舍知) 4명이었다. 폭전(曝典)은 屬縣이 3이다. 육전(肉典 : 闕內 料理所)은 경덕왕(景德王) 상선국(尙饍局)으로 고쳤다가 후에 다시 전대로 하였다. 간(干) 2명이었다. 재전(滓典)은 간(干) 1명, 사(史) 4명이었다. 아니전(阿尼典 : 阿尼는 阿母 즉 乳母가 아닌지 ?)은 모(母) 6명이었다. 기전(綺典 : 綿織房)은 경덕왕(景德王)이 별금방(別錦房)으로 고쳤다가 후에 다시 전대로 하였다. 모(母)가 8명이었다. 석전(席典 : 座席道具를 만드는 곳)은 경덕왕이 봉좌국(奉座局)으로 고쳤다가 후에 다시 전대로 하였다. 간(干)이 1명, 사(史)가 2명이었다. 궤개전(机槪典 : 机盤 등을 만드는 곳)은 경덕왕이 궤반국(机盤局)으로 고쳤다가 후에 다시 전대로 하였다. 간(干) 1명, 사(史) 6명이었다. 양전(楊典 : 고리 竹器 등을 만드는 곳)은 경덕왕이 사비국(司箄局)으로 고쳤다가 후에 다시 전대로 하였다. 간(干) 1명, 사(史) 6명이었다. 와기전(瓦器典 : 陶器 등을 만드는 곳)은 경덕왕이 도등국(陶登局)으로 고쳤다가 후에 다시 전대로 하였다. 간(干) 1명, 사(史) 6명이었다.

감부대전(監夫大典)은 대사(大舍) 2명, 사(史) 2명, 종사지(從舍知) 2명이었다. 대부전(大傅典)은 대사(大舍) 2명, 사(史) 2명, 종사지(從舍知) 2명이었다. 행군전(行軍典)은 대사(大舍) 2명, 사(史) 4명, 종사지(從舍知) 2명이었다. 영창전(永昌典)은 대사(大舍) 2명, 사(史) 2명이었다. 고창전(古昌典)은 대사(大舍) 2명, 사(史) 2명이었다. 번감(番監)은 대사(大舍) 2명, 사(史) 2명이었다. 원당전(願堂典 : 願堂寺刹을 맡는 곳 ?)은 대사(大舍) 2명, 종사지(從舍知) 2명이었다. 물장전(物藏典 : 物品所藏을 맡는 곳)은 대사(大舍) 4명, 사(史) 2명이었다. 북상전(北廂典)은 대사(大舍) 2명, 사(史) 4명이었다. 남하소궁(南下所宮)은 경덕왕(景德王)이 잡공사(雜工司)로 고쳤다가 후에 다시 전대로 하였다. 옹(翁) 1명, 조(助) 4명이었다. 남도원궁(南桃園宮)은 옹(翁) 1명이었다. 북원궁(北園宮)은 옹(翁) 1명이었다. 신청연궁(新靑淵宮)은 옹(翁) 1명이었다. 침방(針房 : 針線을 맡는 곳)은 여자(女子) 16명이었다. 동궁관(東宮官 :

太子宮)

　동궁아(東宮衙)는 경덕왕(景德王) 11년에 설치하였는데, 상대사(上大舍) 1명,
차대사(次大舍) 1명이었다.　**어룡성**(御龍省 : 見前重出)은 대사(大舍) 2명, 치성
(稚省) 6명이었다.　**세택**(洗宅 : 重出)은 대사(大舍) 4명, 종사지(從舍知) 2명이
었다.　**급장전**(給帳典)〔혹은 □典이라고도 함〕은 전(典) 4명, 치(稚) 4명이었
다.　**월지전**(月池典)은 궐(闕)함.　**승방전**(僧房典)은 대사(大舍) 2명, 종사지(從
舍知) 2명이었다.　**포전**(庖典)은 대사(大舍) 2명, 사(史) 2명, 종사지(從舍知)
2명이었다.　**월지악전**(月池嶽典)은 대사(大舍) 2명, 수주(水主) 1명이었다.　**용
왕전**(龍王典 : 龍王의 祭祀를 맡는 곳)은 대사(大舍) 2명, 사(史) 2명이었다.

〔原文〕
三國史記 卷 第三十九
雜志 第八
職官 中

　內省, 景德王十八年改爲殿中省, 後復故, 私臣一人, 眞平王七年三宮各置私
臣, 大宮和文大阿飡, 梁宮首肹夫阿飡, 沙梁宮弩知伊飡, 至四十四年, 以一員
兼掌三宮, 位自衿荷至太大角干, 惟其人則授之, 亦無年限, 景德王又改爲殿中
令, 後復稱私臣, 卿二人, 位自奈麻至阿飡爲之, 監二人, 位自奈麻至沙飡爲之,
大舍一人, 舍知一人.

　內司正典, 景德王五年置, 十八年改爲建平省, 後復故, 議決一人, 貞察二
人, 史四人.

　典大舍典, 典大舍一人, 典翁一人, 史四人.

　上大舍典, 上大舍一人, 上翁一人.

　黑鎧監, 景德王改爲衛武監, 後復故, 大舍一人, 史四人.

　本彼宮, 神文王元年置, 虞一人, 私母一人, 工翁二人, 典翁一人, 史二人.

　引道典, 景德王改爲禮成典, 後復故, 上引道二人, □(□, 恐是下)位引道三
人, 官引道四人.

　村徒典, 文武王十年置, 于(于, 恐是干(見後例))一人, 宮翁一人, 大尺一人,
史二人.

尻驛典, 看翁一人, 宮翁一人.

平珍音典, 景德王改爲掃宮, 後復故, 看翁一人, 筵翁一人, 典翁二人.

煙舍典, 聖德王十七年置, 看翁一人.

詳文師, 聖德王十三年改爲通文博士, 景德王又改爲翰林, 後置學士.

所內學生, 聖德王二十年置.

天文博士, 後改爲司天博士.

醫學, 孝昭王元年初置, 敎授學生以本草經·甲乙經·素問經·針經·脈經·
明堂經·難經爲之業, 博士二人.

供奉乘師, 闕.

律令典, 博士六人.

藪宮典, 大舍二人, 史二人.

靑淵宮典, 景德王改爲造秋亭, 後復故, 大舍二人, 史二人, 宮翁一人.

夫泉宮典, 大舍二人, 史二人, 宮翁一人.

且熱音宮典, 大舍二人, 史四人, 宮翁一人.

坐山典, 大舍二人, 史三人, 宮翁一人.

屛村宮典, 景德王改爲玄龍亭, 後復故, 大舍二人, 史二人, 宮翁一人.

北吐只宮典, 大舍二人, 史二人.

弘峴宮(已下五宮, 通謂之古奈宮)典, 大舍二人, 史二人.

葛川宮典, 大舍二人, 史二人.

善坪宮典, 大舍二人, 史二人.

伊同宮典, 大舍二人, 史二人.

平立宮典, 大舍二人, 史二人.

明活典, 景暉王二年置, 大舍一人, 看翁一人.

源谷羊典, 興德王四年置, 大舍一人, 看翁一人.

染谷典, 看翁一人.

壁典, 看翁一人, 下典四人.

蒳園典, 看翁一人, 下典二人.

豆呑炭典, 看翁一人.

少年監典, 景德王改爲鈞天省, 後復故, 大舍二人, 史二人.

會宮典, 景德王改爲北司設, 後復故, 宮翁一人, 助舍知四人.

上新謀典, 大舍一人, 史二人.

下新謀典, 大舍一人, 史二人.

左新謀典, 大舍一人, 史二人.

右新謀典, 大舍一人, 史二人.

租典, 大舍一人, 史一人.

新園典, 大舍一人, 史一人.

冰庫典, 大舍一人, 史一人.

白川苜蓿典, 大舍一人, 史一人.

漢祇苜蓿典, 大舍一人, 史一人.

蚊川苜蓿典, 大舍一人, 史一人.

本彼苜蓿典, 大舍一人, 史一人.

陵色典, 大舍一人, 史一人.

穢宮典, 景德王改爲珍閣省, 後復故, 稚省十人, 宮翁一人, 助舍知四人, 從舍知二人.

朝霞房, 母二十三人.

染宮, 母十一人.

疏典, 母六人.

紅典, 母六人.

蘇芳典, 母六人.

攢染典, 母六人.

漂典, 母十人.

倭典, 已下十四官員數闕.

錦典, 景德王改爲織錦房, 後復故.

鐵鍮典, 景德王改爲築冶房, 後復故.

寺典

漆典, 景德王改爲飾器房, 後復故.

毛典, 景德王改爲聚毳房, 後復故.

皮典, 景德王改爲鞄人房, 後復故.

鞦典

皮打典, 景德王改爲鞞工房, 後復故.

磨典, 景德王改爲梓人房, 後復故.

鞜典

靴典

打典

麻履典

御龍省, 私臣一人, 哀莊王二年置, 御伯郎二人, 景德王九年改爲奉御, 宣德王元年又改爲卿, 尋改爲監, 稚省十四人.

洗宅, 景德王改爲中事省, 後復故, 大舍八人, 從舍知二人.

崇文臺, 郎二人, 史四人, 從舍知二人.

嶽典, 大舍二人, 史四人, 從舍知二人.

監典, 大舍二人, 舍知二人, 史四人, 都官四人, 從舍知二人, 樂子無定數.

廩典, 景德王改爲天祿司, 後復故, 大舍二人, 舍知二人, 史八人, 廩翁四人, 從舍知二人.

春(春, 恐是春之訛)典, 舍知二人, 史八人.

祭典, 舍知二人, 史六人.

藥典, 景德王改爲保命司, 後復故, 舍知二人, 史六人, 從舍知二人.

供奉醫師, 無定數.

供奉卜師, 無定數.

麻典, 景德王十八年改爲織紡局, 後復故, 干一人, 史八人, 從舍知四人.

曝典, 屬縣三.

肉典, 景德王改爲尙膳局, 後復故, 干二人.

滓典, 干一人, 史四人.

阿尼典, 母六人.

綺典, 景德王改爲別錦房, 後復故, 母八人.

席典, 景德王改爲奉座局, 後復故, 干一人, 史二人.

机槪典, 景德王改爲机盤局, 後復故, 干一人, 史六人.

楊典, 景德王改爲司篚局, 後復故, 干一人, 史六人.

瓦器典, 景德王改爲陶登局, 後復故, 干一人, 史六人.

監夫大典, 大舍二人, 史二人, 從舍知二人.

大傅典, 大舍二人, 史四人, 從舍知二人.

行軍典, 大舍二人, 史四人, 從舍知二人.

永昌典, 大舍二人, 史二人.

古昌典, 大舍二人, 史四人.

番監, 大舍二人, 史二人.

願堂典, 大舍二人, 從舍知二人.

物藏典, 大舍四人, 史二人.

北廂典, 大舍二人, 史四人.

南下所宮, 景德王改爲雜工司, 後復故, 翁一人, 助四人.

南桃園宮, 翁一人.

北園宮, 翁一人.

新青淵宮, 翁一人.

針房, 女子十六人.

東宮官

東宮衙, 景德王十一年置, 上大舍一人, 次大舍一人.

御龍省, 大舍二人, 稚省六人.

洗宅, 大舍四人, 從舍知二人.

給帳典(一云□典), 典四人, 稚四人.

月池典, 闕.

僧房典, 大舍二人, 從舍知二人.

庖典, 大舍二人, 史二人, 從舍知二人.

月池嶽典, 大舍二人, 水主一人.

龍王典, 大舍二人, 史二人.

삼국사기 권 제 40

잡지(雜志) 제 9
직관(職官) 하 무관(武官)

시위부(侍衛府 : 王宮의 侍衛를 맡은 軍營)에는 3도(徒)[1]가 있는데, 진덕왕(眞德王) 5년에 설치하였다. 장군(將軍)은 6명, 신문왕(神文王) 원년에 감(監)을 파하고 장군(將軍)을 둔 것이니, 관등(官等)은 급찬(級湌)에서 아찬(阿湌)까지로 하였다. 대감(大監)은 6명, 관등은 내마(奈麻)에서 아찬(阿湌)까지로 하고, 대두(隊頭)는 15명, 관등은 사지(舍知)에서 사찬(沙湌)까지로 하였다. 항(項)은 36명, 관등은 사지(舍知)에서 대내마(大奈麻)까지로 하고, 졸(卒)은 117명, 관등은 선저지(先沮知)에서 대사(大舍)까지로 하였다.

제군관(諸軍官)은 장군(將軍)이 모두 36명이니, 대당(大幢)[2] : 國都 부근의 軍營)을 맡는 장군이 4명, 귀당(貴幢 : 尙州)을 맡는 장군이 4명, 한산정(漢山停[新羅人은 營을 停이라고 함] : 지금 今州)에 (將軍이) 3명, 완산정(完山停 : 지금

1) 3徒의 徒는 '두레'(集團)의 뜻으로, 3徒는 즉 3部隊를 말한 것이니, 將軍은 각 2명, 大監도 각 2명, 隊頭는 각 5명, 項은 각 12명, 卒은 각각 39명이었다.
2) 幢의 漢字는 旗幟를 의미하는 말이나, 당시 新羅에서 사용하던 幢은 이와는 다른 듯하다. 三國遺事(권 4) 元曉傳에 '師生, 小名 誓幢, 第名新幢'이라 한 註에 '幢者俗云毛也'라고 한 것이 있다. 俗云毛라는 것이 무슨 뜻인지 자세치 아니하나, 나의 천착으로는, 毛의 近世訓은 '털'이지만, 古訓은 '돌' 혹은 '도리'가 아니었던가. 그렇다면, 幢은 '돌'·'도리' 즉 集團의 뜻인 '두레'로 볼 것이다. 梁柱東씨도 幢을 '돌이'의 借音으로 해석하였는데(朝鮮古歌研究 52面), 나도 이를 찬성한다. 어쨌든 幢은 新羅에서는 停과 함께 軍營 혹은 部隊를 의미하는 名稱으로 사용하였거니와, 특히 大誓幢은 國都 부근의 큰 軍營(大軍團)이고, 貴幢은 尙州와 같은 중요한 지방에 두었던 軍團이었다. 그러나 綠衿幢·紫衿幢·白衿幢 등등의 諸色衿幢은 즉 軍隊의 衣服衿色에 의하여 구별한 부대로 보아야 할 것이다.

全州)에 3명, 하서정(河西停 : 지금 江陵)에 2명, 우수정(牛首停 : 지금 春川)에 2명이었다. (以上) 관등(官等)은 진골(眞骨) 상당(上堂)에서 상신(上臣)까지로 하고, 녹금당(綠衿幢)에 2명, 자금당(紫衿幢)에 2명, 백금당(白衿幢)에 2명, 비금당(緋衿幢)에 2명, 황금당(黃衿幢)에 2명, 흑금당(黑衿幢)에 2명, 벽금당(碧衿幢)에 2명, 적금당(赤衿幢)에 2명, 청금당(靑衿幢)에 2명으로, (以上) 관등(官等)은 진골(眞骨) 급찬(級飡)에서 각간(角干)까지로 하였는데(여기까지가 36명의 將軍), 경덕왕(景德王) 때에 와서는 웅천주정(熊川州停)에 3명을 더 두었다(여기에 더 둔 3명까지 합하면 모두 39명).

대관대감(大官大監)은 진흥왕(眞興王) 10년에 두었다. 대당(大幢)을 맡는 (大官大監이) 5명, 귀당(貴幢)을 맡는 (大官大監이) 5명, 한산정(漢山停)에 (大官大監이) 4명, 우수정(牛首停)에 4명, 하서정(河西停)에 4명, 완산정(完山停)에 4명인데 무금(無衿)이고, 녹금당(綠衿幢)에 4명, 자금당(紫衿幢)에 4명, 백금당(白衿幢)에 4명, 비금당(緋衿幢)에 4명, 황금당(黃衿幢)에 4명, 흑금당(黑衿幢)에 4명, 벽금당(碧衿幢)에 4명, 적금당(赤衿幢)에 4명, 청금당(靑衿幢)에 4명으로, 모두 62명으로 착금(着衿)하며, 진골(眞骨 : 衍文 ?)은 관등(官等)이 사지(舍知)에서 아찬(阿飡)까지로 하고, 차품(次品 : 6頭品 ?)은 내마(奈麻)에서 사중아찬(四重阿飡)까지로 하였다.

대대감(隊大監)으로서 마병(馬兵 : 騎兵)을 영솔하는 자는 계금(당)(罽衿(幢))에 1명, 음리화정(音里火停 : 尙州 靑里面)에 1명, 고량부리정(古良夫里停 : 忠南 靑陽郡 靑陽面)에 1명, 거사물정(居斯勿停 : 全北 任實郡 靑雄面)에 1명, 삼량화정(參良火停 : 達城郡 玄風面)에 1명, 소삼정(召參停 : 咸安郡 竹南面)에 1명, 미다부리정(未多夫里停 : 羅州郡 南平面)에 1명, 남천정(南川停 : 利川郡 邑內面)에 1명, 골내근정(骨乃斤停 : 驪州郡 州內面)에 1명, 벌력천정(伐力川停 : 洪川郡 洪川邑)에 1명, 이화혜정(伊火兮停 : 慶北 靑松郡 安德面)에 1명이요, 녹금당(綠衿幢 : 新羅民으로 구성된 부대)에 3명, 자금당(紫衿幢 : 同上)에 3명, 백금당(白衿幢 : 百濟民)에 3명, 황금당(黃衿幢 : 高句麗民)에 3명, 흑금당(黑衿幢 : 靺鞨民)에 3명, 벽금당(碧衿幢 : 報德城民 安勝部衆)에 3명, 적금당(赤衿幢 : 同上部衆)에 3명, 청금당(靑衿幢 : 百濟殘民)에 3명이며, 청주서(菁州誓 : 지금 晋州)에 1명, 한산주서(漢山州誓)에 1명, 완산주서(完山州誓)에 1명이다. (隊大監으로) 보병(步兵)을 영솔(領率)하는 자가 대당(大幢)에 3명, 한산정(漢山停)에 3명, 귀당(貴幢 : 尙州)에 2명, 우수정(牛首停)에 2명, 완산정(完山停)에 2명, 벽금당(碧衿

幢)에 2명, 녹금당(綠衿幢)에 2명, 백금당(白衿幢)에 2명, 황금당(黃衿幢)에
2명, 흑금당(黑衿幢)에 2명, 자금당(紫衿幢)에 2명, 적금당(赤衿幢)에 2명, 청
금당(靑衿幢)에 2명, 비금당(緋衿幢 : 新羅民)에 4명으로 모두 70명인데 다 함
께 착금(着衿)하며, 관등(官等)은 내마(奈麻)에서 아찬(阿飡)까지로 하였다.

제감(弟監)은 진흥왕(眞興王) 23년에 설치하였다. 대당(大幢) 영군(領軍)의
(弟監이) 5명, 귀당(貴幢)에 5명, 한산정(漢山停)에 4명, 우수정(牛首停)에 4
명, 하서정(河西停)에 4명, 완산정(完山停)에 4명이니, 이들은 모두 무금(無衿)
이요, 벽금당(碧衿幢)에 4명, 녹금당(綠衿幢)에 4명, 백금당(白衿幢)에 4명, 비
금당(緋衿幢)에 4명, 황금당(黃衿幢)에 4명, 흑금당(黑衿幢)에 4명, 자금당(紫
衿幢)에 4명, 적금당(赤衿幢)에 4명, 청금당(靑衿幢)에 4명, 계금당(罽衿幢)에
1명으로 모두 63명인데, 관등(官等)은 사지(舍知)에서 대내마(大奈麻)까지로
하였다.

감사지(監舍知)는 모두 19명인데 법흥왕(法興王) 10년에 두었다. 대당(大幢)
에 1명, 상주정(上州停 : 尙州)에 1명, 한산정(漢山停)에 1명, 우수정(牛首停)에
1명, 하서정(河西停)에 1명, 완산정(完山停)에 1명, 벽금당(碧衿幢)에 1명, 녹금
당(綠衿幢)에 1명, 백금당(白衿幢)에 1명, 비금당(緋衿幢)에 1명, 황금당(黃衿幢)
에 1명, 흑금당(黑衿幢)에 1명, 자금당(紫衿幢)에 1명, 적금당(赤衿幢)에 1명,
청금당(靑衿幢)에 1명, 계금당(罽衿幢)에 1명, 백금무당(白衿武幢)에 1명, 적금
무당(赤衿武幢)에 1명, 황금무당(黃衿武幢)에 1명으로 (以上은) 무금(無衿)이며,
관등(官等)은 사지(舍知)에서 대사지(大舍知)까지로 하였다.

소감(少監)은 진흥왕(眞興王) 23년에 두었다. 대당(大幢)에 15명, 귀당(貴幢)
에 15명, 한산정(漢山停)에 15명, 하서정(河西停)에 12명, 우수정(牛首停)에
13명, 완산정(完山停)에 13명, 벽금당(碧衿幢)에 13명, 녹금당(綠衿幢)에 13
명, 백금당(白衿幢)에 13명, 비금당(緋衿幢)에 13명, 황금당(黃衿幢)에 13명,
흑금당(黑衿幢)에 13명, 자금당(紫衿幢)에 13명, 적금당(赤衿幢)에 13명, 청금
당(靑衿幢)에 13명이다. 기병(騎兵)을 거느리는 (少監은) 음리화정(音里火停)에
2명, 고량부리정(古良夫里停)에 2명, 거사물정(居斯勿停)에 2명, 삼량화정(參
良火停)에 2명, 소삼정(召參停)에 2명, 미다부리정(未多夫里停)에 2명, 남천정
(南川停)에 2명, 골내근정(骨乃斤停)에 2명, 벌력천정(伐力川停)에 2명, 이화혜
정(伊火兮停)에 2명, 비금당(緋衿幢)에 3명, 벽금당(碧衿幢)에 6명, 녹금당(綠
衿幢)에 6명, 백금당(白衿幢)에 6명, 황금당(黃衿幢)에 6명, 흑금당(黑衿幢)에

6명, 자금당(紫衿幢)에 6명, 적금당(赤衿幢)에 6명, 청금당(青衿幢)에 6명, 계금(당)(罽衿(幢))에 1명, 청주서(菁州誓)에 3명, 한산주서(漢山州誓)에 3명, 완산주서(完山州誓)에 3명이었다. 보병(步兵)을 거느리는 (少監은) 대당(大幢)에 6명, 한산정(漢山停)에 6명, 귀당(貴幢)에 4명, 우수정(牛首停)에 4명, 완산정(完山停)에 4명, 벽금당(碧衿幢)에 4명, 녹금당(綠衿幢)에 4명, 백금당(白衿幢)에 4명, 황금당(黃衿幢)에 4명, 흑금당(黑衿幢)에 4명, 자금당(紫衿幢)에 4명, 적금당(赤衿幢)에 4명, 청금당(青衿幢)에 4명, 비금당(緋衿幢)에 8명, 청주서(菁州誓)에 9명, 한산주서(漢山州誓)에 9명, 완산주서(完山州誓)에 9명으로 모두 372명이다. 6정(停)엔 금(衿)이 없고, 그 밖에는 모두 금(衿)을 붙이는데, 관등(官等)은 대사(大舍) 이하였다.

화척(火尺)은 대당(大幢)에 15명, 귀당(貴幢)에 10명, 한산정(漢山停)에 10명, 우수정(牛首停)에 10명, 하서정(河西停)에 10명, 완산정(完山停)에 10명, 녹금당(綠衿幢)에 10명, 비금당(緋衿幢)에 10명, 자금당(紫衿幢)에 10명, 백금당(白衿幢)에 13명, 황금당(黃衿幢)에 13명, 흑금당(黑衿幢)에 13명, 벽금당(碧衿幢)에 13명, 적금당(赤衿幢)에 13명, 청금당(青衿幢)에 13명이니, (以上은) 대관(大官)에 속하고, 계금(罽衿)에 7명, 음리화정(音里火停)에 2명, 고량부리정(古良夫里停)에 2명, 거사물정(居斯勿停)에 2명, 삼량화정(參良火停)에 2명, 소삼정(召參停)에 2명, 미다부리정(未多夫里停)에 2명, 남천정(南川停)에 2명, 골내근정(骨乃斤停)에 2명, 벌력천정(伐力川停)에 2명, 이화혜정(伊火兮停)에 2명, 벽금당(碧衿幢)에 6명, 녹금당(綠衿幢)에 6명, 백금당(白衿幢)에 6명, 황금당(黃衿幢)에 6명, 흑금당(黑衿幢)에 6명, 자금당(紫衿幢)에 6명, 적금당(赤衿幢)에 6명, 청금당(青衿幢)에 6명, 청주서(菁州誓)에 2명, 한산주서(漢山州誓)에 2명, 완산주서(完山州誓)에 2명은 (以上은) 기병(騎兵)을 거느린다. 대당(大幢)에 6명, 한산정(漢山停)에 6명, 귀당(貴幢)에 4명, 우수정(牛首停)에 4명, 완산정(完山停)에 4명, 벽금당(碧衿幢)에 4명, 녹금당(綠衿幢)에 4명, 백금당(白衿幢)에 4명, 황금당(黃衿幢)에 4명, 흑금당(黑衿幢)에 4명, 자금당(紫衿幢)에 4명, 적금당(赤衿幢)에 4명, 청금당(青衿幢)에 4명, 비금당(緋衿幢)에 8명, 백금무당(白衿武幢)에 8명, 적금무당(赤衿武幢)에 8명, 황금무당(黃衿武幢)에 8명은 (以上은) 보병(步兵)을 거느린다. 모두 342명이며, 관등(官等)은 소감(少監)과 같다.

군사당주(軍師幢主)는 법흥왕(法興王) 11년에 두었다. 왕도(王都)에는 (軍師

幢主가) 1명이니 무금(無衿)이다. 대당(大幢)에 1명, 상주정(上州停)에 1명, 한산정(漢山停)에 1명, 우수정(牛首停)에 1명, 하서정(河西停)에 1명, 완산정(完山停)에 1명, 벽금당(碧衿幢)에 1명, 녹금당(綠衿幢)에 1명, 비금당(緋衿幢)에 1명, 백금당(白衿幢)에 1명, 황금당(黃衿幢)에 1명, 흑금당(黑衿幢)에 1명, 자금당(紫衿幢)에 1명, 적금당(赤衿幢)에 1명, 청금당(青衿幢)에 1명, 백금무당(白衿武幢)에 1명, 적금무당(赤衿武幢)에 1명, 황금무당(黃衿武幢)에 1명으로, 모두 19명인데 금(衿)을 저(著)하며, 관등(官等)은 내마(奈麻)에서 일길찬(一吉湌)까지로 한다. 六(衍文으로 본다)

대장척당주(大匠尺幢主)는 대당(大幢)에 1명, 상주정(上州停)에 1명, 한산정(漢山停)에 1명, 우수정(牛首停)에 1명, 하서정(河西停)에 1명, 완산정(完山停)에 1명, 벽금당(碧衿幢)에 1명, 녹금당(綠衿幢)에 1명, 비금당(緋衿幢)에 1명, 백금당(白衿幢)에 1명, 황금당(黃衿幢)에 1명, 흑금당(黑衿幢)에 1명, 자금당(紫衿幢)에 1명, 적금당(赤衿幢)에 1명, 청금당(青衿幢)에 1명으로 모두 15명이니, 무금(無衿)이며, 관등(官等)은 군사당주(軍師幢主)와 같다.

보기당주(步騎幢主)는 왕도(王都)에 1명으로 무금(無衿)이다. 대당(大幢)에 6명, 한산(주)(漢山(州))에 6명, 귀당(貴幢)에 4명, 우수주(牛首州)에 4명, 완산주(完山州)에 4명, 벽금당(碧衿幢)에 4명, 녹금당(綠衿幢)에 4명, 백금당(白衿幢)에 4명, 황금당(黃衿幢)에 4명, 흑금당(黑衿幢)에 4명, 자금당(紫衿幢)에 4명, 적금당(赤衿幢)에 4명, 청금당(青衿幢)에 4명, 백금무당(白衿武幢)에 2명, 적금무당(赤衿武幢)에 2명, 황금무당(黃衿武幢)에 1(2 ?)명으로 모두 63명인데, 관등(官等)은 내마(奈麻)에서 사찬(沙湌)까지로 하였다.

삼천당주(三千幢主)는 음리화정(音里火停)에 6명, 고량부리정(古良夫里停)에 6명, 거사물정(居斯勿停)에 6명, 삼량화정(參良火停)에 6명, 소삼정(召參停)에 6명, 미다부리정(未多夫里停)에 6명, 남천정(南川停)에 6명, 골내근정(骨乃斤停)에 6명, 벌력천정(伐力川停)에 6명, 이화혜정(伊火兮停)에 6명으로, 모두 60명이다. (모두) 금(衿)을 저(著)하고 관등(官等)은 사지(舍知)에서 아찬(阿湌)까지로 하였다. 착금기당주(著衿騎幢主)는 벽금당(碧衿幢)에 18명, 녹금당(綠衿幢)에 18명, 백금당(白衿幢)에 18명, 황금당(黃衿幢)에 18명, 흑금당(黑衿幢)에 18명, 자금당(紫衿幢)에 18명, 적금당(赤衿幢)에 18명, 청금당(青衿幢)에 18명, 계금(당)(罽衿(幢))에 6명, 청주(菁州)에 6명, 완산주(完山州)에 6명, 한산주(漢山州)에 6명, 하서주(河西州)에 4명, 우수당(牛首幢)에 3명, 사천당(四

千幢)에 3명으로 모두 178명이다. 관등(官等)은 삼천당주(三千幢主)와 같다. 비금당주(緋衿幢主)는 40명이었다. 사벌주(沙伐州)에 3명, 삽량주(歃良州)에 3명, 청주(菁州)에 3명, 한산주(漢山州)에 2명, 우수주(牛首州)에 6명, 하서주(河西州)에 6명, 웅천주(熊川州)에 5명, 완산주(完山州)에 4명, 무진주(武珍州)에 8명으로 모두 40명인데 금(衿)을 저(著)하며, 관등(官等)은 사지(舍知)에서 사찬(沙飡)까지로 하였다.

사자금당주(師子衿幢主)는 왕도(王都)에 3명, 사벌주(沙伐州)에 3명, 삽량주(歃良州)에 3명, 청주(菁州)에 3명, 한산주(漢山州)에 3명, 우수주(牛首州)에 3명, 하서주(河西州)에 3명, 웅천주(熊川州)에 3명, 완산주(完山州)에 3명, 무진주(武珍州)에 3명으로 모두 30명인데 금(衿)을 저(著)하며, 관등(官等)은 사지(舍知)에서 일길찬(一吉飡)까지로 하였다. 법당주(法幢主)에는 백관당주(百官幢主)가 30명, 경여갑당주(京餘甲幢主) 15명, 소경여갑당주(小京餘甲幢主) 16명, 외여갑당주(外餘甲幢主) 52명, 노당주(弩幢主) 15명, 운제당주(雲梯幢主) 6명, 충당주(衝幢主) 12명, 석투당주(石投幢主) 12명으로 모두 158명인데 무금(無衿)이다. 흑의장창말보당주(黑衣長槍末步幢主)는 대당(大幢)에 30명, 귀당(貴幢)에 22명, 한산(주)(漢山(州))에 28명, 우수(牛首)에 20명, 완산(完山)에 20명, 자금(당)(紫衿(幢))에 20명, 황금(黃衿)에 20명, 흑금(黑衿)에 20명, 벽금(碧衿)에 20명, 적금(赤衿)에 20명, 청금(靑衿)에 20명, 녹금(綠衿)에 24명으로 모두 264명인데, 관등(官等)은 사지(舍知)에서 급찬(級飡)까지로 하였다.

삼무당주(三武幢主)는 백금무당(白衿武幢)에 16명, 적금무당(赤衿武幢)에 16명, 황금무당(黃衿武幢)에 16명으로, 모두 48명이며 관등(官等)은 말보당주(末步幢主)와 같다. 만보당주(萬步幢主)에는 경오종당주(京五種幢主)가 15명, 절말당주(節末幢主)가 4명, 구주만보당주(九州萬步幢主)가 18명으로, 모두 37명, 무금(無衿)이며, 관등(官等)은 사지(舍知)에서 대내마(大奈麻)까지로 하였다. 군사감(軍師監)은 왕도(王都)에 2명으로 무금(無衿)이며, 대당(大幢)에 2명, 상주정(上州停)에 2명, 한산정(漢山停)에 2명, 우수정(牛首停)에 2명, 하서정(河西停)에 2명, 완산정(完山停)에 2명, 벽금당(碧衿幢)에 2명, 녹금당(綠衿幢)에 2명, 비금당(緋衿幢)에 2명, 백금당(白衿幢)에 2명, 황금당(黃衿幢)에 2명, 흑금당(黑衿幢)에 2명, 자금당(紫衿幢)에 2명, 적금당(赤衿幢)에 2명, 청금당(靑衿幢)에 2명으로, 모두 32명이니 저금(著衿)이며, 관등(官等)은 사지(舍知)에서 내마(奈麻)까지로 하였다. 대장대감(大匠大監)은 대당(大幢)에 1명, 상주정

(上州停)에 1명, 한산정(漢山停)에 1명, 우수정(牛首停)에 1명, 하서정(河西停)에 1명, 완산정(完山停)에 1명, 벽금당(碧衿幢)에 1명, 녹금당(綠衿幢)에 1명, 비금당(緋衿幢)에 1명, 백금당(白衿幢)에 1명, 황금당(黃衿幢)에 1명, 흑금당(黑衿幢)에 1명, 자금당(紫衿幢)에 1명, 적금당(赤衿幢)에 1명, 청금당(靑衿幢)에 1명으로, 모두 15명이니 무금(無衿)이요, 관등(官等)은 사지(舍知)에서 대내마(大奈麻)까지로 하였다.

보기감(步騎監)은 63명인데 왕도(王都)에 1명, 대당(大幢)에 6명, 한산(주)(漢山(州))에 6명, 귀당(貴幢)에 4명, 우수(주)(牛首(州))에 4명, 완산(完山)에 4명, 벽금당(碧衿幢)에 4명, 녹금당(綠衿幢)에 4명, 백금당(白衿幢)에 4명, 황금당(黃衿幢)에 4명, 흑금당(黑衿幢)에 4명, 자금당(紫衿幢)에 4명, 적금당(赤衿幢)에 4명, 청금당(靑衿幢)에 4명, 백금무당(白衿武幢)에 2명, 적금무당(赤衿武幢)에 2명, 황금무당(黃衿武幢)에 2명으로 저금(著衿)하고, 모두 63명이다. 관등(官等)은 군사감(軍師監)과 같다. 삼천감(三千監)은 음리화정(音里火停)에 6명, 고량부리정(古良夫里停)에 6명, 거사물정(居斯勿停)에 6명, 삼량화정(參良火停)에 6명, 소삼정(召參停)에 6명, 미다부리정(未多夫里停)에 6명, 남천정(南川停)에 6명, 골내근정(骨乃斤停)에 6명, 벌력천정(伐力川停)에 6명, 이화혜정(伊火兮停)에 6명으로 모두 60명이니 저금(著衿)하고, 관등(官等)은 사지(舍知)에서 내마(奈麻)까지로 하였다. 사자금당감(師子衿幢監)은 30명인데, 관등(官等)은 당(幢)에서 내마(奈麻)까지로 하였다. 법당감(法幢監)은 백관당(百官幢)에 30명, 경여갑당(京餘甲幢)에 15명, 외여갑당(外餘甲幢)에 68명, 석투당(石投幢)에 12명, 충당(衝幢)에 12명, 노당(弩幢)에 45명, 운제당(雲梯幢)에 12명으로, 모두 194명이다. 무금(無衿)이요, 관등(官等)은 사지(舍知)에서 내마(奈麻)까지로 하였다.

비금감(緋衿監)은 48명인데, 당(비금)(幢(緋衿))을 영솔(領率)하는 자가 40명, 마병(馬兵)을 영솔(領率)하는 자가 8명이다. 착금감(著衿監)은 벽금당(碧衿幢)에 18명, 녹금당(綠衿幢)에 18명, 백금당(白衿幢)에 18명, 황금당(黃衿幢)에 18명, 흑금당(黑衿幢)에 18명, 자금당(紫衿幢)에 18명, 적금당(赤衿幢)에 18명, 청금당(靑衿幢)에 18명, 계금(罽衿)에 6명, 청주(菁州)에 6명, 한산(漢山)에 6명, 완산(完山)에 6명, 하서(河西)에 3명, 우수당(牛首幢)에 3명, 사자당(四子(千)幢)에 3명으로 모두 175명이다. 관등(官等)은 당(幢)에서 내마(奈麻)까지로 하였다. 개지극당감(皆知戟幢監)은 4명인데, 모두 왕도(王都)에 있었으며, 관등(官等)은 사지(舍知)에서 내마(奈麻)까지로 하였다. **법당두상(法幢頭上)**은 192 명이니, 여갑당(餘甲幢)에 45 명, 외법당(外法幢)에 102 명, 노당(弩幢)에 45 명이다. **법당화척(法幢火尺)**은 군사당(軍師幢)에 30 명, 사자금당(師子衿幢)에 20 명, 경여갑당(京餘甲幢)에 15 명, 외여갑당(外餘甲幢)에 102 명, 노당(弩幢)에 45 명, 운제당(雲梯幢)에 11명, 충당(衝幢)에 18 명, 석투당(石投幢)에 18 명으로 모두 259 명이다. **법당벽주(法幢辟主)**는 여갑당(餘甲幢)에 45 명, 외법당(外法幢)에 306 명, 노당(弩幢)에 135 명으로 모두 486 명이다. **삼천졸(三千卒)**은 150 명인데, 관등(官等)은 대내마(大奈麻) 이하이다.

　무릇 군대(軍隊)의 칭호는 23 이니, 1은 육정(六停), 2는 구서당(九誓幢), 3은 십당(十幢), 4는 오주서(五州誓), 5는 삼무당(三武幢), 6은 계금당(罽衿幢), 7은 급당(急幢), 8은 사천당(四千幢), 9는 경오종당(京五種幢), 10은 이절말당(二節末幢), 11은 만보당(萬步幢), 12는 대장척당(大匠尺幢), 13은 군사당(軍師幢), 14는 중당(仲幢), 15는 백관당(百官幢), 16은 사설당(四設幢), 17은 개지극당(皆知戟幢), 18은 39 여갑당(三十九餘甲幢), 19는 구칠당(仇七幢), 20은 이계(二罽), 21은 이궁(二弓), 22는 삼변수(三邊守), 23은 신삼천당(新三千幢)이다.

　육정(六停)……1은 대당(大幢 : 國都 부근)이라 하여, 진흥왕(眞興王) 5년에 처음으로 두었으며, 금색(衿色)은 자백(紫白)이다. 2는 상주정(上州停 : 尙州)이라 하여 진흥왕 13년에 두었는데, 문무왕(文武王) 13년에 이르러서 귀당(貴幢)으로 개칭(改稱)했다. 금색(衿色)은 청적(靑赤)이다. 3은 한산정(漢山停)이라 하였는데 본시는 신주정(新州停)이었다. 진흥왕 29년에 신주정(新州停)을 파하고 남천정(南川停 : 利川)을 설치하였으며, 진평왕(眞平王) 26년에는 남천정(南川停)을 파하고 한산정(漢山停)을 (도로) 설치하였다. 금색(衿色)은 황청(黃靑)이다. 4는 우수정(牛首停 : 春川)이라 한다. 본시 (먼저 둔 것은) 비열홀정(比烈忽停 : 安邊)이었는데, 문무왕(文武王) 13년에 비열홀정(比烈忽停)을 파하고 우수정(牛首停)을 두었던 것이며, 금색(衿色)은 녹백(綠白)이다. 5는 하서정(河西停 : 江陵)이라 한다. 본시 (먼저 둔 것은) 실직정(悉直停 : 三陟)이었는데, 태종왕(太宗武烈王) 5년에 실직정(悉直停)을 파하고 하서정(河西停)을 설치하였으며, 금색(衿色)은 녹백(綠白)이다. 6은 완산정(完山停 : 昌寧)이라 한다. 본시는 하주정(下州停)이었는데, 신문왕(神文王) 5년에 하주정(下州停)을 파하고 완산정(完山停 : 比自伐停의 誤)을 설치하였으며, 금색(衿色)은 백자(白紫)이다.

　구서당(九誓幢)……1은 녹금서당(綠衿誓幢 : 新羅民)이라 하여 진평왕(眞平王)

5년에 처음으로 설치하였는데, (그 때에는) 다만 서당(誓幢)이라고 하였다. (同王) 35년에 녹금서당(綠衿誓幢)으로 개칭(改稱)하였으며, 금(衿)은 녹자색(綠紫色)이다. 2는 자금서당(紫衿誓幢 : 新羅民)이라 한다. 진평왕 47년에 처음으로 낭당(郎幢)을 설치하였는데, 문무왕(文武王) 17년에 자금서당(紫衿誓幢)으로 개칭하였으며 금(衿)은 자록색(紫綠色)이다. 3은 백금서당(白衿誓幢 : 百濟民)이라 하는데, 문무왕 12년에 백제민(百濟民)으로써 당(幢)을 설치하였으며, 금(衿)은 백청색(白青色)이다. 4는 비금서당(緋衿誓幢 : 新羅民)이라 한다. 문무왕 12년에 처음으로 장창당(長槍幢)을 설치하였는데, 효소왕(孝昭王) 2년에 (이를) 비금서당(緋衿誓幢)으로 개칭하였다. 5는 황금서당(黃衿誓幢 : 高句麗)이라 하는데, 신문왕(神文王) 3년에 고구려민(高句麗民)으로써 당(幢)을 설치하였으며, 금(衿)은 황적색(黃赤色)이다. 6은 흑금서당(黑衿誓幢 : 靺鞨民, 실상은 東濊民)이라 하는데, 신문왕(神文王) 3년에 말갈(靺鞨 : 실상은 東濊의 誤稱)국민으로 당(幢)을 설치하였으며, 금(衿)은 흑적색(黑赤色)이다. 7은 벽금서당(碧衿誓幢 : 報德城民)이라 하는데, 신문왕 6년에 보덕성민(報德城民)으로써 당(幢)을 설치하였으며, 금(衿)은 벽황색(碧黃色)이다. 8은 적금서당(赤衿誓幢 : 報德城民)이라 하는데, 신문왕 6년에 또 보덕성민(報德城民)으로써 당(幢)을 설치하였으며, 금(衿)은 적흑색(赤黑色)이다. 9는 청금서당(青衿誓幢 : 百濟殘民)이라 하는데, 신문왕 7년에 백제의 잔민(殘民)으로써 당(幢)을 설치하였으며, 금(衿)은 청백색이다.

십정(十停) 〔三千幢이라고도 함〕……1은 음리화정(音里火停 : 지금 尙州 青里面), 2는 고량부리정(古良夫里停 : 지금 忠南 青陽郡 青陽面), 3은 거사물정(居斯勿停 : 全北 任實郡 青雄面)이라 하니 (以上은) 금(衿)은 청색(青色)이다. 4는 삼량화정(參良火停 : 지금 達城郡 玄風面), 5는 소삼정(召參停 : 咸安郡 竹南面), 6은 미다부리정(未多夫里停 : 지금 羅州郡 南平面)이라 하니 (이상은) 금(衿)은 흑색(黑色)이다. 7은 남천정(南川停 : 지금 京畿道 利川郡 邑內面), 8은 골내근정(骨乃斤停 : 지금 驪州郡 驪州邑)이라 하는데, 금(衿)은 황색(黃色)이다. 9는 벌력천정(伐力川停 : 지금 江原道 洪川郡 洪川邑), 10은 이화혜정(伊火兮停 : 지금 慶北 青松郡 安德面)이라 하는데 금(衿)은 녹색이다. 모두 진흥왕 5년에 설치하였다.

오주서(五州誓)……1은 청주서(菁州誓[3] : 晉州), 2는 완산주서(完山州誓 : 全

---

3) 誓도 部隊의 名稱으로, 菁州(州治, 今 晉州)·漢山州(州治, 今 廣州)·完山州(州治, 今 全州)·牛首州(州治, 今 春川)·河西州(州治, 今 江陵) 등 邊境 5 州에 두었던 것이니, 모두 합하여 五州誓였다.

州), 3은 한산주서(漢山州誓 : 廣州)라 하는데 금(衿)은 자록색(紫綠色)이다. 4는
우수주서(牛首州誓 : 春川), 5는 하서주서(河西州誓 : 江陵)라 하는데 금(衿)은 녹
자색(綠紫色)이며, 모두 문무왕(文武王) 12년에 설치하였다.

삼무당(三武幢)……1은 백금무당(白衿武幢)이라 하니 문무왕(文武王) 15년에
두었고, 2는 적금무당(赤衿武幢)이라 하니 신문왕(神文王) 7년에 두었으며, 3은
황금무당(黃衿武幢)이라 하니 (同王) 9년에 두었다.

계금당(罽衿幢)은 태종왕(太宗(武烈)王) 원년에 설치하였는데, 금(衿)은 계색
(罽色)이다. 급당(急幢)은 진평왕(眞平王) 27년에 설치하였는데, 금(衿)은 황녹
색(黃綠色)이다. 사천당(四千幢)은 진평왕(眞平王) 13년에 설치하였는데, 금
(衿)은 황흑색(黃黑色)이다. 경오종당(京五種幢)은 금색(衿色)이 1은 청록(青
綠), 2는 적자(赤紫), 3은 황백(黃白), 4는 백흑(白黑), 5는 흑청(黑青)이다. 이
절말당(二節末幢)은 금색(衿色)이 1은 녹자(綠紫), 2는 자록(紫綠)이다. 만보당
(萬步幢)은 9주(州)에 각기 둘씩 있었는데, 금색(衿色)이 사벌주(沙伐州 : 尙州)
는 청황(青黃)·청자(青紫)요, 삽량주(歃良州 : 梁山)는 적청(赤青)·적백(赤白),
청주(菁州)는 적황(赤黃)·적록(赤綠), 한산주(漢山州)는 황흑(黃黑)·황록(黃
綠), 우수주(牛首州)는 흑록(黑綠)·흑백(黑白), 웅천주(熊川州)는 황자(黃紫)·
황청(黃青), 하서주(河西州)는 청흑(青黑)·청적(青赤), 무진주(武珍州)는 백적
(白赤)·백황(白黃)이다.[4] 대장척당(大匠尺幢)은 금(衿)이 없다. 군사당(軍師
幢)은 진평왕(眞平王) 26년에 처음으로 설치하였는데, 금(衿)이 백색(白色)이
다. 중당(仲幢)은 문무왕(文武王) 11년에 처음으로 설치하였는데, 금(衿)이 백
색(白色)이다. 백관당(百官幢)은 금(衿)이 없다.

사설당(四設幢)……1은 노당(弩幢 : 쇠뇌 部隊)이라 하고, 2는 운제당(雲梯幢 :
城登機部隊), 3은 충당(衝幢 : 攻城部隊), 4는 석투당(石投幢 : 投石部隊)이라 하는
데, 금(衿)이 없다. 개지극당(皆知戟幢 : 槍戟部隊)은 신문왕(神文王) 10년에 처
음으로 설치하였는데, 금색(衿色)은 흑적백(黑赤白)이다.

39 여갑당(三十九餘甲幢)은 금(衿)이 없다[京餘甲·小京餘甲·外餘甲 등을 말
하는 것인데, 그 수는 자세하지 않다]. 구칠당(仇七幢)은 문무왕(文武王) 16년에
처음으로 설치하였는데, 금(衿)은 백색(白色)이다.

이금당(二衿幢)[外罽라고도 함]……1은 한산주계당(漢山州罽幢)이라 하는데,

---

4) 9州中 完山州(全州)가 빠져 있다.

태종왕(太宗(武烈)王) 17년에 설치하고, 2는 우수주계당(牛首州罽幢)이라 하는데, 문무왕(文武王) 12년에 설치하였다. 금색(衿色)은 모두 계(罽)로 하였다.

이궁(二弓)〔外弓이라고도 함〕……1은 한산주궁척(漢山州弓尺)이라 하는데 진덕왕(眞德王) 6년에 설치하였고, 2는 하서주궁척(河西州弓尺)이라 하는데, 진평왕(眞平王) 20년에 설치하였다. 금(衿)이 없다.

삼변수당(三邊守幢)⁵⁾〔혹은 邊守라고도 함〕은 신문왕(神文王) 10년에 설치하였는데, 1은 한산변(漢山邊:廣州)이라 하고, 2는 우수변(牛首邊:春川), 3은 하산변(河山邊:江陵)이라 한다. 금(衿)이 없다.

신삼천당(新三千幢)〔혹은 外三千이라고도 함〕……1은 우수주삼천당(牛首州三千幢), 2는 내토군삼천당(奈吐郡(지금 堤川)三千幢)이라 하는데 문무왕(文武王) 12년에 설치하고, 3은 내생군삼천당(奈生郡(寧越)三千幢)이라 하는데 (同王) 16년에 설치하였다. 금색(衿色)은 미상(未詳)이다.

금(衿)은 대개 서전(書傳)에 이른바 휘직(徽織)이라는 것이다. 시경(詩經:小雅)에는 이르기를, '織文鳥章'이라 하였는데, 전(箋(註))에는 "직(織)은 휘직(徽織:수놓아 아름답게 짜는 것)이요, 조장(鳥章)은 새나 새매의 문채니 장수(將帥) 이하의 옷에 모두 붙인다"고 하였다. 사기(史記)·한서(漢書)에는 기치(旗熾(幟))라고 하였는데, 치(熾(幟))와 직(織:직과 치의 두 음이 있음)은 글자가 다르나 음은 같다. 주례(周禮) 사상조(司常條)의 (이른바) 9 기(旗)에 그린 이물(異物:여러 가지 物象)은 휘직(徽織)으로서 서로 분별하기 위한 것이다. 나라에 있어서는 조정(朝廷)의 지위를 나타내고, 군대에 있어서는 그 제도(制度)를 상징해서 만들어 놓아 사사(死事:國事)에 대비하는 것이었다. 신라(新羅) 사람들이 휘직(徽織)에 청(靑)·적(赤) 등 색(色)으로써 구별한 것은 그 형상이 반월(半月) 모양이었으며, 계(罽)를 역시 옷 위에 붙였다. 그 장단(長短)의 제도는 미상이다.

대장군화(大將軍花:깃대 위의 장식품)는 세 개(副)로서 길이 9 치, 너비 3 치 3 푼이며, 상장군화(上將軍花)는 4 개로 길이 9 치 5 푼, 하장군화(下將軍花)는 5 개로 길이 1 자이다. 대감화(大監花)는 큰 호랑이 뺨가죽(頰皮)으로서 길이 9 치, 너비 2 치 5 푼이요, 영(鈴:방울)은 황금(黃金)인데 둘레가 1 자 2 치다. 제감화(弟監花)는 곰의 뺨가죽으로 길이 8 치 5 푼이요, 영(鈴)은 백은(白銀)인데,

5) 三邊守는 특히 北邊(漢山邊)·東北邊(牛首邊)·東邊(河西邊) 등의 변경을 지키는 部隊.

둘레 9 치다. 소감화(少監花)는 수리꼬리(鷲尾)요, 영(鈴)은 백동(白銅)으로 둘
레가 6 치다. 대척화(大尺花)는 소감(少監)과 같고, 영(鈴)은 철(鐵)인데, 둘레가
2 치다. 군사당주화(軍師幢主花)는 큰 호랑이 꼬리로서 길이 1 자 8 치며, 군사
감(軍師監)의 화(花)는 곰의 가슴가죽으로, 길이가 8 치 5 푼이다. 대장척당주
(大匠尺幢主)의 화(花)는 곰의 앞다리가죽(臂皮)으로 길이가 7 치이며[혹은 中
호랑이 이마가죽으로 길이 8 치 5 푼이라고도 함], 영(鈴)은 황금(黃金)인데 둘레
가 9 치다. 삼천당주(三千幢主)의 화(花)는 큰 호랑이 꼬리로서 길이 1 자 8 치
이며, 삼천감(三千監)의 화(花)는 수리(鷲鳥)꼬리요, 여러 착금당주(著衿幢主)의
꽂은 큰 호랑이 꼬리로, 길이 1 자 8 치 5 푼이다. 화(花)라는 것은 맹수(猛獸)
의 가죽이나 수리(猛禽)의 깃털로 만들어서 깃대 위(竿上)에 다는 것이니, 이
른바 표미(豹尾) 같은 것으로서, 지금 사람들은 면창(面槍)이라고 한다. 장군화
(將軍花)는 물명(物名)을 말하지 않고, 그 수효도 혹은 많고 혹은 적으니, 그
뜻을 자세히 알 수 없다. 영(鈴)이라는 것은 길을 갈 때 마바리 위에 얹어두는
데, 혹은 탁(鐸)이라고도 한다.

　정관(政官)[혹은 政法典이라고도 함]은 처음에 대사(大舍) 1명, 사(史) 2 명으
로써 한 관사(官司)를 삼았는데, 원성왕(元聖王) 원년에 이르러 처음으로 승관
(僧官)을 두고, 승려(僧侶) 중에서 재주와 행실이 있는 자를 선택하여 충당하
였다. 무슨 까닭이 있으면 갈고, 일정(一定)한 연한(年限)이 없다. 국통(國統
[혹은 寺主라고도 함]: 全國의 僧侶를 통솔하는 僧官)은 1명이니, 진흥왕(眞興王)
12년에 고구려(高句麗)의 혜량법사(惠亮法師)[6]로 사주(寺主)를 삼았다. 도유나
랑(都唯那娘)은 1명 아니(阿尼)[7]요, 대도유나(大都唯那)는 (역시) 1명이니 진흥
왕이 처음에 보량법사(寶良法師)로써 이를 임명하였는데, 진덕왕(眞德王) 원년
에 1명을 더하였다. 대서성(大書城)은 1명으로서 진흥왕이 안장법사(安臧法師)
로 이를 임명하였는데, 진덕왕(眞德王) 원년에 1명을 더하였고, 소년서성(少年
書省)은 2명으로 원성왕(元聖王) 3년에 혜영(惠英)·범여(梵如) 두 법사(法師)
로써 임명하였다. 주통(州統: 一州의 僧侶를 통솔하는 僧官)은 9 명이요, 군통
(郡統: 一郡의 僧侶를 통솔하는 僧官)은 18 명이었다.

---

6) 惠亮法師의 入國에 관하여는 列傳(권 44) 居柒夫傳에 자세히 보인다.
7) 阿尼는 眞德女王의 母后니, 三國遺事 王曆表 眞德女王條에 '父眞平王之弟國其安葛文
　王, 母阿尼夫人朴氏'라고 한 阿尼夫人일 것이다. 단 史記 眞德女王條에는 '父名을 國
　飯[一云 國芬]葛文王, 母를 月明夫人'이라고 하였다.

외관(外官)

도독(都督 : 州의 長官)은 (모두) 9 명이다. 지증왕(智證王) 6년에 이사부(異斯夫)로 실직주(悉直州) 군주(軍主)를 삼았는데, 문무왕(文武王) 원년에 총관(摠管)으로 고쳤고, 원성왕(元聖王) 원년에 도독(都督)으로 일컬었다. 관등(官等)은 급찬(級湌)에서 이찬(伊湌)까지로 하였다. 사신(仕臣[혹 仕大等이라고도 함] : 小京의 長官)은 (모두) 5 명이니, 진흥왕(眞興王) 25년에 처음으로 두었다. 관등은 급찬(級湌)에서 파진찬(波珍湌)까지로 하고, 주조(州助[혹은 州輔라고도 함] : 都督의 次席)도 9 명이니, 관등은 내마(奈麻)에서 중아찬(重阿湌)까지로 하였다. 군대수(郡大守)는 115 명으로, 관등은 사지(舍知)에서 중아찬(重阿湌)까지로 하였다. 장사(長史)[혹은 司馬라고도 함]는 9 명으로, 관등은 사지(舍知)에서 대내마(大奈麻)까지로 하였다. 사대사(仕大舍[혹은 少尹이라고도 함] : 小京仕臣의 次席)는 5 명으로, 관등은 사지(舍知)에서 대내마(大奈麻)까지로 하였다. 외사정(外司正)은 133 명이니 문무왕(文武王) 13년에 두었다. 관등은 미상(未詳)이다. 소수(少守)[혹은 制守라고도 함]는 85 명이니, 관등은 당(幢)에서 대내마(大奈麻)까지로 하였다. 현령(縣令)은 201 명이니, 관등은 선저지(先沮知)에서 사찬(沙湌)까지로 하였다.

패강진전(浿江鎭[8]典)……두상대감(頭上大監 : 鎭의 長官)은 1명이니, 선덕왕(宣德王) 3년에 처음으로 두었고, 대곡성두상(大谷城頭上 : 定員數가 缺落이나, 아마 1명일 것이다), 관등(官等)은 급찬(級湌)에서 사중아찬(四重阿湌)까지로 하였다. 대감(監)은 7 명이니 관등이 대수(大守)와 같다. 두상제감(頭上弟監)은 1 명, 관등은 사지(舍知)에서 대내마(大奈麻)까지로 하였고, 제감(弟監)은 1명, 관등은 당(幢)에서 내마(奈麻)까지로 하였다. 보감(步監)은 1명, 관등은 현령(縣令)과 같고, 소감(少監)은 6 명, 관등은 선저지(先沮知)에서 대사(大舍)까지로 하였다.

외위(外位 : 外官等位)……문무왕(文武王) 14년에, 6 도(徒)의 진골(眞骨[9])로 5

---

8) 여기 이른바 浿江鎭은 지금 禮成江 유역의 平山 부근을 말한 것이니, 高麗史 地理志 平州(高句麗 大谷郡)條에 '有猪灘, 一名浿江'이라 하고, 또 다음 官名에 大谷城(平山) 頭上이 있음을 보아 더욱 그러함을 알 수 있다.

9) 6 徒는 京內의 6 部를 指稱한 것으로, 6 部의 眞骨을 地方의 5 京과 9 州에 出居케 하였다는 것은, 결국 貴族의 分散策에서 나온 것이라 보겠다.

경(京)과 9주(州)에 출거(出居)케 함으로 해서 따로 관명(官名)을 일컫게 하였으니, 그 관등(官等)은 경관(京官)의 등위(等位)에 준(準)하게 하였다. 악간(嶽干)은 일길찬(一吉飡)에 준하고, 술간(述干)은 사찬(沙飡)에 준하고, 고간(高干)은 급찬(級飡)에 준하고, 귀간(貴干)은 대내마(大奈麻)에 준하고, 선간(選干)[혹은 撰干으로 되어 있음]은 내마(奈麻)에 준하고, 상간(上干)은 대사(大舍)에 준하고, 간(干)은 사지(舍知)에 준하고, 일벌(一伐)은 길차(吉次)에 준하고, 피왈(彼日)은 소오(小烏)에 준하고, 아척(阿尺)은 선저지(先沮知)에 준하였다.

고구려인 관등(高句麗人 官等)……신문왕(神文王) 6년에 고구려인(高句麗人)에게 경관(京官)을 주었는데, 그 본국관품(本國官品)을 헤아려서 주었다. 일길찬(一吉飡)은 본국(本國 : 高句麗) '주부(主簿)'에게, 사찬(沙飡)은 본국(本國) '대상(大相)'에게, 급찬(級飡)은 본국(本國) '위두대형(位頭大兄)'과 '종대상(從大相)'에게, 내마(奈麻)는 본국(本國) '소상(小相)·적상(狄相)'에게, 대사(大舍)는 본국(本國) '소형(小兄)'에게, 사지(舍知)는 본국(本國) '제형(諸兄)'에게, 길차(吉次)는 본국(本國) '선인(先人)'에게, 오지(烏知)는 본국(本國) '조위(皁位)'에게 주었다.

백제인 관등(百濟人 官等)……문무왕(文武王) 13년에 백제에서 온 사람에게 내외(內外) 관직(官職)을 주었는데, 그 관등(官等)의 차서(次序)는 본국(本國)에 있어서의 관직을 보아서 하였다. 경관(京官)의 대내마(大奈麻)는 본국(本國) '달솔(達率)'에게, 내마(奈麻)는 본국(本國) '은솔(恩率)'에게, 대사(大舍)는 본국(本國) '덕솔(德率)'에게, 사지(舍知)는 본국(本國) '한솔(扞率)'에게, 당(幢)은 본국(本國) '내솔(奈率)'에게, 대오(大烏)는 본국(本國) '장덕(將德)'에게 주었으며, 외관(外官)의 귀간(貴干)은 본국(本國) '달솔(達率)'에게, 선간(選干)은 본국(本國) '은솔(恩率)'에게, 상간(上干)은 본국(本國) '덕솔(德率)'에게, 간(干)은 본국(本國) '한솔(扞率)'에게, 일벌(一伐)은 본국(本國) '내솔(奈率)'에게, 일척(一尺 : 阿尺 ?)은 본국(本國) '장덕(將德)'에게 주었다.

관직명(官職名)이 잡전기(雜傳記)에 보이나, 그 관직 설치의 시초와 관등의 고하(高下)가 미상한 것을 아래에 적는다.
갈문왕(葛文王)·검교(檢校)·상서(尚書)·좌복야(左僕射)·상주국(上柱國)·

지원봉성사(知元鳳省事)·홍문감경(興文監卿)·태자시서학사(太子侍書學士)·원
봉성대조(元鳳省待詔)·기실랑(記室郞)·서서랑(瑞書郞)·공자묘당대사(孔子廟
堂大舍)·녹사(錄事)·참군(參軍)·우위장군(右衛將軍)·공덕사(功德司)·절덕
사(節德使)·안무제군사(安撫諸軍事)·주도령(州都令)·좌(佐)·승(丞)·상사인
(上舍人)·하사인(下舍人)·중사성(中事省)·남변제일(南邊第一).

　고구려(高句麗)·백제(百濟)의 관직은 연대가 오래고 문헌(文獻)이 모호하므
로, 그 자세한 것을 다 알 수 없다. 여기서는 다만 고기(古記) 및 중국사서(中
國史書)에 나타난 것을 적어두기로 한다.

　수서(隋書)에 이르기를 "고구려의 관직(官職)에는 태대형(太大兄)이 있고 다
음은 대형(大兄), 다음은 소형(小兄), 다음은 대로(對盧), 다음은 의사사(意侯
奢), 다음은 오졸(烏拙), 다음은 태대사자(太大使者), 다음은 대사자(大使者), 다
음은 소사자(小使者), 다음은 욕사(褥奢 : 혹은 褥薩), 다음은 예속(翳屬), 다음은
선인(仙人)으로 모두 12등(等)이요, 또 이 밖에 내평(內評)·외평(外評)과 오부
욕살(五部褥薩)이 있다"고 하였다. 신당서(新唐書)에는 "고구려의 벼슬은 모두
12등급(等級)이니, (첫째는) 대대로(大對盧) 혹은 토졸(吐捽)이라고도 한다. 둘
째는 울절(鬱折)로서 도서(圖書)와 문부(文簿)를 맡고, 셋째는 태대사자(太大使
者), 넷째는 조의두대형(皁衣頭大兄)이니, 조의(皁衣)라는 것은 선인(仙人)이
다.[10] (이들은) 국정을 맡고 있는데, 3년에 한 번씩 바뀌나, 직책을 잘 수행하
면 그렇지 않다. 무릇 대체되는 날에 복종하지 않는 자가 있으면 서로 공벌
(攻伐)한다. 왕은 궁문(宮門)을 닫고 지키다가 이기는 자의 말을 들어서 임명
한다.[11] 다음에는 대사자(大使者)·대형(大兄)·상위사자(上位使者)·제형(諸兄)
·소사자(小使者)·과절(過節)·선인(先人)·고추대가(古鄒大加)라 하는데 (古
鄒大加는) 막리지(莫離支)·대막리지(大莫離支)·중리소형(中裏小兄)·중리대형

10) 撰者는 魏志 高句麗傳에 '其官, 有相加·對盧·沛者·古鄒加·主簿·優台·丞·使
　　者·皁衣仙人'이라고 한 皁衣仙人을 想起하고 그러한 해석을 내린 것 같으나, 前期
　　와 後期의 職制 사이에 변천이 있었음을 撰者는 忘却한 것 같다.
11) 이것은 舊唐書 高麗(高句麗)傳에 '其官 大者, 號大對盧, 比一品, 總知國事, 三年一代,
　　若稱職者, 不拘年限, 交替之日, 或不相祗服, 皆勒兵相攻, 勝者爲之, 其王但閉宮自守,
　　不能制禦'라고 한 것을 좀더 부연한 것 같다. 즉 舊唐書에는 大對盧에 한한 이야기로
　　되어 있는데, 唐書에는 大對盧로부터 皁衣頭大兄에 이르기까지의 이야기와 같이 되
　　어 있다. 그리고 舊唐書에 '交替之日云云'의 이야기도 아마 어느 때 權臣間의 자리다
　　툼의 鬪爭事實을 傳聞한 바에 의거한 듯하다.

(中裏大兄)이라고도 한다.

책부원구(冊府元龜)에는, "고구려는 후한(後漢) 때 그 나라에서 관직(官職)을 설치하였는데, 상가(相加)·대로(對盧)·패자(沛者)·고추대가(古鄒大加) [古鄒大加는 高句麗에서 빈객에 관한 일을 맡아 하니 (中國의) 大鴻臚와 같은 것임]·주부(主簿)·우태(優[혹은 于로도 되어 있음]台·사자(使者)·조의(皂衣)·선인(先(仙)人)이다. 일설(一說)에는 큰 벼슬에 대대로(大對盧)가 있고 다음에 태대형(太大兄)·대형(大兄)·소형(小兄)·의사사(意俟奢)·오졸(烏拙)·태대사자(太大使者)·소사자(小使者)·욕사(褥奢(薩))·예속(翳屬)·선인(仙人)이니, 욕살(褥薩)까지 아울러 모두 13등(等)이며, 다시 내평(內評)·외평(外評)이 있어, 내외의 일을 나누어 관장(管掌)한다"고 하였다.[12] 이상은 중국 역대(歷代) 사서(史書)에 보이는 것이다.

좌보(左輔)·우보(右輔)·대주부(大主簿)·국상(國相)·구사자(九使者)·중외대부(中畏大夫). 이상은 본국고기(本國古記)에 보인다.

광평성(廣評省 : 最高 行政府)……광치내(匡治奈)[지금 侍中]·서사(徐事)[지금 侍郞]·외서(外書)[지금 員外郞]·병부(兵部)[國防部]·대룡부(大龍部)[지금 倉部를 말함]·수춘부(壽春部)[지금 禮部]·봉빈부(奉賓部)[지금 禮賓省]·의형대

---

12) 高句麗의 官職은 시대에 따라 상당한 변천이 있었던 모양이나, 後期(平壤 遷都 이후)의 것은 대개 翰苑(蕃夷部) 高麗條 雍氏註所引의 高麗記에 비교적 자세히 실려 있으므로, 이를 알기 쉽게 表示하면 다음과 같다. 단 오늘날 전하여 오는 翰苑 舊寫本에는 誤寫가 많으므로 이를 周書·北史·隋書·新舊唐書에 의하여 校正해서 보이려고 한다.

[比一品官]大對盧(一云吐捽)·[比正二品官]太大兄(一名 莫何何羅支)·[比從二品官]鬱折(一云 烏拙이니 主簿와 같음)·[比正三品官]太大使者(或云 謁奢)·[比從三品官]皂衣頭大兄(男生의 墓誌에 보이는 中裏位頭大兄인 듯). 이상의 5官은 國家의 機密과 改法·徵發·官爵授與 등을 管掌함).

[比正 4 品官]大使者·[比正 5 品官]大兄·[比從 5 品官]拔位使者[比正 6 品官]上位使者(一名乙奢)·[比正 7 品官]小兄(一名失支)·[比從 7 品官]諸兄(一名翳屬)·[比正 8 品官]過節·[比從 8 品官]不節·[比正 9 品官]先人(一作仙人).

또 新舊唐書와 三國史記, 그리고 年前 中國 洛陽 北邙에서 발견된 泉男生 및 泉男産 형제의 墓誌에 의하면, 이 밖에도 莫離支·大莫離支·太大莫離支 내지 中裏小兄·中裏大兄·中裏位頭大兄 등등의 職名이 보인다. 莫離支의 職名은 唐 이전 기록에는 잘 나타나 있지 아니하나, 男生 墓誌에 男生의 曾祖(子遊)·祖(太祚)가 다 莫離支에 任하고, 父(蘇文)는 太大對盧에 任하였다고 하므로, 高句麗에 있어서 莫離의 稱이 이미 隋·唐 이전에도 있었음을 알 수 있다.

(義刑臺)〔지금 刑部〕·납화부(納貨部)〔지금 大府寺(시)〕·조위부(調位部)〔지금 三司〕·내봉성(內奉省)〔지금 都省〕·금서성(禁書省)〔지금 秘書省〕·남상단(南廂壇)〔지금 將作監〕·수단(水壇)〔지금 水部〕·원봉성(元鳳省)〔지금 翰林院〕·비룡성(飛龍省)〔지금 大僕寺〕·물장성(物藏省)〔지금 少府監〕·사대(史臺)〔諸外國語의 學習을 맡음〕·식화부(植貨府)〔果樹 심는 일을 맡음〕·장선부(障繕府)〔城隍堂 수리하는 일을 맡음〕·주도성(珠淘省)〔器物 造成하는 일을 맡음〕·정광(正匡)·원보(元輔)·대상(大相)·원윤(元尹)·좌윤(佐尹)·정조(正朝)·보윤(甫尹)·군윤(軍尹)·중윤(中尹). 이상은 궁예(弓裔)가 마련하였던 관직(官職) 칭호(稱號)이다.

북사(北史)에, "백제의 관등(官等)은 16 품(品)이 있다. 좌평(左(佐)平)은 5(6)명이니 1 품(品)이요, 달솔(達率)은 30 명, 2 품이다. 은솔(恩率)은 3 품, 덕솔(德率)은 4 품, 한솔(扞率)은 5 품, 내솔(奈率)은 6 품, 장덕(將德)은 7 품, 시덕(施德)은 8 품, 고덕(固德)은 9 품, 계덕(季德)은 10 품, 대덕(對德)은 11 품, 문독(文督)은 12 품, 무독(武督)은 13 품, 좌군(佐軍)은 14 품, 진무(振武)는 15 품, 극우(剋虞)는 16 품인데, 은솔(恩率) 이하는 관(官)의 정원(定員)이 없다. 각기 부사(部司(署))가 있어 여러 가지 사무를 분장(分掌)하는데, 내관(內官:宮內部)와 같은 類)에는 전내부(前內部)·곡내부(穀內部)·내경부(內椋部)·외경부(外椋部)·마부(馬部)·도부(刀部)·공덕부(功德部)·약부(藥部)·목부(木部)·법부(法部)·후궁부(後宮部)가 있고, 외관(外官:中央行政府)에는 사군부(司軍部:軍部)·사도부(司徒部:文敎部)·사공부(司空部:土木部)·사구부(司寇部:司法部)·점구부(點口部:戶籍部. 北史에는 다음에 客部(外交)가 있음)·외사부(外舍部:外戚部)·주부(綢部:財務部)·일관부(日官部:天文氣象部)·시부(市部:市廛部)가 있다. 장리(長吏(官))는 3년에 한 번씩 교대한다. 수도(首都) 안에는 방(方(部))이 있어 5부(部)로 나뉘어 있는데, 상부(上部)·전부(前部)·중부(中部)·하부(下部)·후부(後部)라고 하며 부(部)마다 5 항(巷(坊))이 있어 사(士)와 서민(庶民)이 산다. (各) 부(部)에서는 군사 500 명을 통솔하고, 오방(五方:外部)에는 각기 방령(方領) 1명이 있는데, 달솔(達率)로써 하였고, 방좌차석(方佐次席)이 되었다. (各)방(方)에는 10 군(郡)이 있고, 군(郡)에는 장수 3 명이 있는데, 덕솔(德率)로써 하였고, 군사 1,100 명 이하, 700 명 이상을 통솔한다"고 하였다.

수서(隋書)에는 백제의 벼슬은 16 품(品)이 있다. 우두머리를 좌평(左(佐)平)이라 하고, 다음은 대(달)솔(大(達)率), 다음은 은솔(恩率), 다음은 덕솔(德率), 다음은 한솔(扞率), 다음은 내솔(奈率), 다음은 장덕(將德), 다음은 시덕(施德), 다음은 고덕(固德), 다음은 계덕(季德), 다음은 대덕(對德), 다음은 문독(文督), 다음은 무독(武督), 다음은 좌군(佐軍), 다음은 진무(振武), 다음은 극우(剋虞)다. 오방(五方：外部)에는 각각 방령(方領) 2 명이 있고, 방좌(方佐)가 다음이 되며, 방(方)에 10 군(郡)이 있는데, 군(郡)에는 장수가 있다"고 하였다.

당서(唐書)에는 "백제에서 둔 내관(內官)에는 내신좌평(內臣佐平)이 있어 선납(宣納：王命의 出納)의 일을 맡고, 내두좌평(內頭佐平)이 창고(倉庫)에 수장(收藏)하는 일을 맡고, 내법좌평(內法佐平)이 예의(禮儀)에 관한 일을 맡고, 조정좌평(朝廷佐平)이 형옥(刑獄)에 관한 일을 맡고 병관좌평(兵官佐平)이 외방병마(外方兵馬)의 일을 맡았다"고 하였다. 이상은 중국 역대(歷代) 사서(史書)에 보이는 것이다.

좌보(左輔)·우보(右輔)·좌장(左將)·상좌평(上佐平)·북문두(北門頭).　이상은 본국(本國) 고기(古記)에 보이는 것이다.

〔原文〕

三國史記 卷 第四十

雜志 第九

職官 下　武官

侍衛府, 有三徒, 眞德王五年置, 將軍六人, 神文王元年罷監置將軍位自級飡至阿飡爲之, 大監六人, 位自奈麻至阿飡爲之, 隊頭十五人, 位自舍知至沙飡爲之, 項三十六人, 位自舍知至大奈麻爲之, 卒百十七人, 位自先沮知至大舍爲之.

諸軍官, 將軍共三十六人, 掌大幢四人, 貴幢四人, 漢山停(羅人謂營爲停)三人, 完山停三人, 河西停二人, 牛首停二人, 位自眞骨上堂至上臣爲之, 綠衿幢二人, 紫衿幢二人, 白衿幢二人, 緋衿幢二人, 黃衿幢二人, 黑衿幢二人, 碧衿幢二人, 赤衿幢二人, 靑衿幢二人, 位自眞骨級飡至角干爲之, 至景德王時, 熊川州停加置三人.

大官大監, 眞興王十年置, 掌大幢五人, 貴幢五人, 漢山停四人, 牛首停四人, 河西停四人, 完山停四人, 無衿, 綠衿幢四人, 紫衿幢四人, 白衿幢四人, 緋衿幢四人, 黃衿幢四人, 黑衿幢四人, 碧衿幢四人, 赤衿幢四人, 靑衿幢四人, 共六十二人, 着衿, 眞骨(眞骨二字, 恐是衍文)位自舍知至阿飡爲之, 次品自奈麻至四重阿飡爲之.

隊大監, 領馬兵, 屬衿一人, 音里火停一人, 古良夫里停一人, 居斯勿停一人, 參良火停一人, 召參停一人, 未多夫里停一人, 南川停一人, 骨乃斤停一人, 伐力川停一人, 伊火兮停一人, 綠衿幢三人, 紫衿幢三人, 白衿幢三人, 黃衿幢三人, 黑衿幢三人, 碧衿幢三人, 赤衿幢三人, 靑衿幢三人, 菁州誓一人, 漢山州誓一人, 完山州誓一人. 領步兵, 大幢三人, 漢山停三人, 貴幢二人, 牛首停二人, 完山停二人, 碧衿幢二人, 綠衿幢二人, 白衿幢二人, 黃衿幢二人, 黑衿幢二人, 紫衿幢二人, 赤衿幢二人, 靑衿幢二人, 緋衿幢四人 共七十人, 並著衿, 位自奈麻至阿飡爲之.

弟監, 眞興王二十三年置, 領大幢五人, 貴幢五人, 漢山停四人, 牛首停四人, 河西停四人, 完山停四人, 無衿, 碧衿幢四人, 綠衿幢四人, 白衿幢四人, 緋衿幢四人, 黃衿幢四人, 黑衿幢四人, 紫衿幢四人, 赤衿幢四人, 靑衿幢四人, 屬衿幢一人, 共六十三人, 位自舍知至大奈麻爲之.

監舍知, 共十九人, 法興王十年置, 大幢一人, 上州停一人, 漢山停一人, 牛首停一人, 河西停一人, 完山停一人, 碧衿幢一人, 綠衿幢一人, 白衿幢一人, 緋衿幢一人, 黃衿幢一人, 黑衿幢一人, 紫衿幢一人, 赤衿幢一人, 靑衿幢一人, 屬衿幢一人, 白衿武幢一人, 赤衿武幢一人, 黃衿武幢一人 無衿, 位自舍知至大舍爲之.

少監, 眞興王二十三年置, 大幢十五人, 貴幢十五人, 漢山停十五人, 河西停十二人, 牛首停十三人, 完山停十三人, 碧衿幢十三人, 綠衿幢十三人, 白衿幢十三人, 緋衿幢十三人, 黃衿幢十三人, 黑衿幢十三人, 紫衿幢十三人, 赤衿幢十三人, 靑衿幢十三人, 領騎兵, 音里火停二人, 古良夫里停二人, 居斯勿停二人, 參良火停二人, 召參停二人, 未多夫里停二人, 南川停二人, 骨乃斤停二人, 伐力川停二人, 伊火兮停二人, 緋衿幢三人, 碧衿幢六人, 綠衿幢六人, 白衿幢六人, 黃衿幢六人, 黑衿幢六人, 紫衿幢六人, 赤衿幢六人, 靑衿幢六人, 屬衿幢一人, 菁州誓三人, 漢山州誓三人, 完山州誓三人, 領步兵, 大幢六人, 漢山停六人, 貴幢四人, 牛首停四人, 完山停四人, 碧衿幢四人, 綠衿幢四人, 白衿幢四人, 黃衿幢四人, 黑衿幢四人, 紫衿幢四人, 赤衿幢四人, 靑衿幢四人, 緋衿幢八人, 菁州誓九人, 漢山州誓九人, 完山州誓九人 共三百七十二人, 六停無衿, 此外皆著衿, 位自大舍已下爲之.

火尺, 大幢十五人, 貴幢十人, 漢山停十人, 牛首停十人, 河西停十人, 完山停十人, 綠衿幢十人, 緋衿幢十人, 紫衿幢十人, 白衿幢十三人, 黃衿幢十三人, 黑衿幢十三人, 碧衿幢十三人, 赤衿幢十三人, 靑衿幢十三人, 屬大官, 黰衿七人, 晉里火停二人, 古良夫里停二人, 居斯勿停二人, 參良火停二人, 召參停二人, 未多夫里停二人, 南川停二人, 骨乃斤停二人, 伐力川停二人, 伊火兮停二人, 碧衿幢六人, 綠衿幢六人, 白衿幢六人, 黃衿幢六人, 黑衿幢六人, 紫衿幢六人, 赤衿幢六人, 靑衿幢六人, 菁州誓二人, 漢山州誓二人, 完山州誓二人, 領騎兵, 大幢六人, 漢山停六人, 貴幢四人, 牛首停四人, 完山停四人, 碧衿幢四人, 綠衿幢四人, 白衿幢四人, 黃衿幢四人, 黑衿幢四人, 紫衿幢四人, 赤衿幢四人, 靑衿幢四人, 緋衿幢八人, 白衿武幢八人, 赤衿武幢八人, 黃衿武幢八人, 領步兵, 共三百四十二人, 位與少監同.

軍師幢主, 法興王十一年置, 王都一人, 無衿, 大幢一人, 上州停一人, 漢山停一人, 牛首停一人, 河西停一人, 完山停一人, 碧衿幢一人, 綠衿幢一人, 緋衿幢一人, 白衿幢一人, 黃衿幢一人, 黑衿幢一人, 紫衿幢一人, 赤衿幢一人, 靑衿幢一人, 白衿武幢一人, 赤衿武幢一人, 黃衿武幢一人, 共十九人, 著衿, 位自奈麻至一吉飡爲之, 六(六, 衍文)

大匠尺幢主, 大幢一人, 上州停一人, 漢山停一人, 牛首停一人, 河西停一人, 完山停一人, 碧衿幢一人, 綠衿幢一人, 緋衿幢一人, 白衿幢一人, 黃衿幢一人, 黑衿幢一人, 紫衿幢一人, 赤衿幢一人, 靑衿幢一人 共十五人, 無衿, 位與軍師幢主同.

步騎幢主, 王都一人, 無衿, 大幢六人, 漢山六人, 貴幢四人, 牛首州四人, 完山州四人, 碧衿幢四人, 綠衿幢四人, 白衿幢四人, 黃衿幢四人, 黑衿幢四人, 紫衿幢四人, 赤衿幢四人, 靑衿幢四人, 白衿武幢二人, 赤衿武幢二人, 黃衿武幢一(二 ?)人, 共六十三人, 位自奈麻至沙飡爲之.

三千幢主, 晉里火停六人, 古良夫里停六人, 居斯勿停六人, 參良火停六人, 召參停六人, 未多夫里停六人, 南川停六人, 骨乃斤停六人, 伐力川停六人, 伊伐兮停六人, 共六十人, 著衿, 位自舍知至沙飡爲之.

著衿騎幢主, 碧衿幢十八人, 綠衿幢十八人, 白衿幢十八人, 黃衿幢十八人,黑衿幢十八人, 紫衿幢十八人, 赤衿幢十八人, 靑衿幢十八人, 罽衿六人, 菁州六人, 完山州六人, 漢山州六人, 河西州四人, 牛首幢三人, 四千幢三人, 共一百七十八人, 位與三千幢主同.

緋衿幢主四十人, 沙伐州三人, 歃良州三人, 菁州三人, 漢山州二人, 牛首州六人, 河西州六人, 熊川州五人, 完山州四人, 武珍州八人, 共四十人, 著衿, 位自舍知至沙湌爲之.

師子衿幢主, 王都三人, 沙伐州三人, 歃良州三人, 菁州三人, 漢山州三人, 牛首州三人, 河西州三人, 熊川州三人, 完山州三人, 武珍州三人, 共三十人, 著衿, 位自舍知至一吉湌爲之

法幢主, 百官幢主三十人, 京餘甲幢主十五人, 小京餘甲幢主十六人, 外餘甲幢主五十二人, 弩幢主十五人, 雲梯幢主六人, 衝幢主十二人, 石投幢主十二人, 共一百五十八人, 無衿.

黑衣長槍末步幢主, 大幢三十人, 貴幢二十二人, 漢山二十八人, 牛首二十人, 完山二十人, 紫衿二十人, 黃衿二十人, 黑衿二十人, 碧衿二十人, 赤衿二十人, 靑衿二十人, 綠衿二十四人, 共二百六十四人, 位自舍知至級湌爲之.

三武幢主, 白衿武幢十六人, 赤衿武幢十六人, 黃衿武幢十六人, 共四十八人, 位與末步幢主同.

萬步幢主, 京五種幢主十五人, 節末幢主四人, 九州萬步幢主十八人, 共三十七人, 無衿, 位自舍知至大奈麻爲之.

軍師監, 王都二人, 無衿, 大幢二人, 上州停二人, 漢山停二人, 牛首停二人, 河西停二人, 完山停二人, 碧衿幢二人, 綠衿幢二人, 緋衿幢二人, 白衿幢二人, 黃衿幢二人, 黑衿幢二人, 紫衿幢二人, 赤衿幢二人, 靑衿幢二人, 共三十二人, 著衿, 位自舍知至奈麻爲之.

大匠大監, 大幢一人, 上州停一人, 漢山停一人, 牛首停一人, 河西停一人, 完山停一人, 碧衿幢一人, 綠衿幢一人, 緋衿幢一人, 白衿幢一人, 黃衿幢一人, 黑衿幢一人, 紫衿幢一人, 赤衿幢一人, 靑衿幢一人, 共十五人, 無衿, 位自舍知至大奈麻爲之.

步騎監六十三人, 王都一人, 大幢六人, 漢山六人, 貴幢四人, 牛首四人, 完山四人, 碧衿幢四人, 綠衿幢四人, 白衿幢四人, 黃衿幢四人, 黑衿幢四人, 紫衿幢四人, 赤衿幢四人, 靑衿幢四人, 白衿武幢二人, 赤衿武幢二人, 黃衿武幢二人, 著衿, 共六十三人, 位與軍師監同.

三千監, 音里火停六人, 古良夫里停六人, 居斯勿停六人, 參良火停六人, 召參停六人, 未多夫里停六人, 南川停六人, 骨乃斤停六人, 伐力川停六人, 伊火兮停六人, 共六十人, 著衿, 位自舍知至大奈麻爲之.

師子衿幢監三十人, 位自幢至奈麻爲之.

法幢監, 百官幢三十人, 京餘甲幢十五人, 外餘甲幢六十八人, 石投幢十二人, 衝幢十二人, 弩幢四十五人, 雲梯幢十二人, 共一百九十四人, 無衿, 位自舍知至奈麻爲之.

緋衿監四十八人, 領幢四十人, 領馬兵八人.

著衿監, 碧衿幢十八人, 綠衿幢十八人, 白衿幢十八人, 黃衿幢十八人, 黑衿幢十八人, 紫衿幢十八人, 赤衿幢十八人, 靑衿幢十八人, 罽衿六人, 菁州六人, 漢山六人, 完山六人, 河西三人, 牛首幢三人, 四子(子, 恐作千)幢三人 共一百七十五人, 位自幢至奈麻爲之.

皆知戟幢監四人, 並王都, 位自舍知至奈麻爲之.

法幢頭上百九十二人, 餘甲幢四十五人, 外法幢百二人, 弩幢四十五人.

法幢火尺, 軍師幢三十人, 師子衿幢二十人, 京餘甲幢十五人, 外餘甲幢百二人, 弩幢四十五人, 雲梯幢十一人, 衝幢十八人, 石投幢十八人, 共二百五十九人.

法幢辟主, 餘甲幢四十五人, 外法幢三百六人, 弩幢百三十五人, 共四百八十六人.

三千卒百五十人, 位自大奈麻已下爲之.

凡軍號二十三, 一曰六停, 二曰九誓幢, 三曰十幢, 四曰五州誓, 五曰三武幢, 六曰罽衿幢, 七曰急幢, 八曰四千幢, 九曰京五種幢, 十曰二節末幢, 十一曰萬步幢, 十二曰大匠尺幢, 十三曰軍師幢, 十四曰仲幢, 十五曰百官幢, 十六曰四設幢, 十七曰皆知戟幢, 十八曰三十九餘甲幢, 十九曰仇七幢, 二十曰二罽, 二十一曰二弓, 二十二曰三邊守, 二十三曰新三千幢.

六停, 一曰大幢, 眞興王五年始置, 衿色紫白, 二曰上州停, 眞興王十三年置, 至文武王十三年改爲貴幢, 衿色靑赤, 三曰漢山停, 本新州停, 眞興王二十九年罷新州停置南川停, 眞平王二十六年罷南川停漢山停, 衿色黃靑, 四曰牛首停, 本比烈忽停, 文武王十三年罷比烈忽停置牛首停, 衿色綠白, 五曰河西停, 本悉直停, 太宗王五年罷悉直停置河西停, 衿色綠白, 六曰完山停, 本下州停, 神文王五年罷下州停置完山停, 衿色白紫.

九誓幢, 一曰綠衿誓幢, 眞平王五年始置, 但名誓幢, 三十五年改爲綠衿誓幢, 衿色綠紫, 二曰紫衿誓幢, 眞平王四十七年始置郞幢, 文武王十七年改爲紫衿誓幢, 衿色紫綠, 三曰白衿誓幢, 文武王十二年以百濟民爲幢, 衿色白靑, 四曰緋衿誓幢, 文武王十二年始置長槍幢, 孝昭王二年改爲緋衿誓幢, 五曰黃衿誓幢, 神文王三年以高句麗民爲幢, 衿色黃赤, 六曰黑衿誓幢, 神文王三年以靺鞨國民爲幢, 衿色黑赤, 七曰碧衿誓幢, 神文王六年以報德城民爲幢, 衿色碧黃, 八曰赤衿誓幢, 神文王六年又以報德城民爲幢, 衿色赤黑, 九曰靑衿誓幢, 神文王七年以百濟殘民爲幢, 衿色靑白.

十停(或云三千幢), 一曰音里火停, 二曰古良夫里停, 三曰居斯勿停, 衿色靑, 四曰參良火停, 五曰召參停, 六曰未多夫里停, 衿色黑, 七曰南川停, 八曰骨乃斤停, 衿色黃, 九曰伐力川停, 十曰伊火兮停, 衿色綠, 並眞興王五年置.

五州誓, 一曰菁州誓, 二曰完山州誓, 三曰漢山州誓, 衿色紫綠, 四曰牛首州誓, 五曰河西州誓, 衿色綠紫, 並文武王十二年置.

三武幢, 一曰白衿武幢, 文武王十五年置, 二曰赤衿武幢, 神文王七年置, 三曰黃衿武幢, 九年置.

罽衿幢, 太宗王元年置, 衿色罽.

急幢, 眞平王二十七年置, 衿色黃綠.

四千幢, 眞平王十三年置, 衿色黃黑.

京五種幢, 衿色, 一靑綠, 二赤紫, 三黃白, 四白黑, 五黑靑.

二節末幢, 衿色, 一綠紫, 二紫綠.

萬步幢, 九州各二衿色, 沙伐州靑黃·靑紫, 歃良州赤靑·赤白, 菁州赤黃·赤綠, 漢山州黃黑·黃綠, 牛首州黑綠·黑白, 熊川州黃紫·黃靑, 河西州靑黑·靑赤, 武珍州白赤·白黃.

大匠尺幢, 無衿.

軍師幢, 眞平王二十六年始置, 衿色白.

仲幢, 文武王十一年始置, 衿色白.

百官幢, 無衿.

四設幢, 一曰弩幢, 二曰雲梯幢, 三曰衝幢, 四曰石投幢, 無衿.

皆知戟幢, 神文王十年始置, 衿色黑赤白.

三十九餘甲幢, 無衿, (謂京餘甲·小京餘甲·外餘甲等也, 其數未詳).

仇七幢, 文武王十六年始置, 衿色白.

二罽幢(或云外罽), 一曰漢山州罽幢, 太宗王十七年置, 二曰牛首州罽幢, 文武王十二年置, 衿色皆罽.

二弓(一云外弓), 一曰漢山州弓尺, 眞德王六年置, 二曰河西州弓尺, 眞平王二十年置, 無衿.

三邊守幢(一云邊守), 神文王十年置, 一曰漢山邊, 二曰牛首邊, 三曰河西邊, 無衿.

新三千幢(一云外三千), 一曰牛首州三千幢, 二曰奈吐郡三千幢, 文武王十二年置, 三曰奈生郡三千幢, 十六年置, 衿色未詳.

衿, 蓋書傳所謂徽織, 詩云, 織文鳥章, 箋云, 織, 徽織也, 鳥章, 鳥隼之文章, 將帥以下衣皆著焉, 史記漢書謂之旗幟, 幟與織字異音同, 周禮司常九旗所畫異物者, 徽織所以相別, 在國以表朝位, 在軍又象其制而爲之, 被之以備死事, 羅人徽織以靑赤等色爲別者, 其形象半月, 罽亦著於衣上, 其長短之制, 未詳.

大將軍花三副, 長九寸, 廣三寸三分, 上將軍花四副, 長九寸五分, 下將軍花五副, 長一尺, 大監花大虎頰皮, 長九寸, 廣二寸五分, 鈴黃金, 圓一尺二寸, 弟監花熊頰皮, 長八寸五分, 鈴白銀, 圓九寸, 少監花鷲尾, 鈴白銅, 圓六寸, 大尺花與少監同, 鈴鐵, 圓二寸, 軍師幢主花大虎尾, 長一尺八寸, 軍師監花熊胷皮, 長八寸五分, 大匠尺幢主花熊臂皮, 長七寸(一云中虎額皮 長八寸五分), 鈴黃金, 圓九寸, 三千幢主花大虎尾, 長一尺八寸, 三千監花鷲鳥尾, 諸著衿幢主花大虎尾, 長一尺八寸五分, 花以猛獸皮若鷲鳥羽作之, 置杠上, 若所謂豹尾者, 今人謂之面槍, 將軍花, 不言物名, 其數或多或少, 其義未詳, 鈴行路置馱馬上, 或云鐸.

政官(或云政法典), 始以大舍一人, 史二人爲司, 至元聖王元年, 初置僧官, 簡僧中有才行者充之, 有故則遞, 無定年限.

國統一人(一云寺主), 眞興王十二年, 以高句麗惠亮法師爲寺主, 都唯那娘一人, 阿尼, 大都唯那一人, 眞興王始以寶良法師爲之, 眞德王元年加一人, 大書省一人, 眞興王以安臧法師爲之, 眞德王元年加一人, 少年書省二人, 元聖王三年以惠英・梵如二法師爲之.

州統九人, 郡統十八人.

外官

都督九人, 智證王六年, 以異斯夫爲悉直州軍主, 文武王元年改爲摠管, 元聖王元年稱都督, 位自級飡至伊飡爲之, 仕臣(或云仕大等)五人, 眞興王二五年始置, 位自級飡至波珍飡爲之, 州助(或云州輔)九人, 位自奈麻至重阿飡爲之, 郡大守百十五人, 位自舍知至重阿飡爲之, 長史(或云司馬)九人, 位自舍知至大奈麻爲之, 仕大舍(或云少尹)五人, 位自舍知至大奈麻爲之, 外司正百三十三人, 文武王十三年置, 位未詳, 少守(或云制守)八十五人, 位自幢至大奈麻爲之, 縣令二百一人, 位自先沮知至沙飡爲之.

浿江鎭典

頭上大監一人, 宣德王三年始置, 大谷城頭上, 位自級飡至四重阿飡爲之, 大監七人, 爲與大守同, 頭上弟監一人, 位自舍知至大奈麻爲之, 弟監一人, 位自幢至奈麻爲之, 步監一人, 爲與縣令同, 少監六人, 位自先沮知至大舍爲之.

外位, 文武王十四年, 以六徒眞骨出居於五京九州, 別稱官名, 其位視京位, 嶽干視一吉飡, 述干視沙飡, 高干視級飡, 貴干視大奈麻, 選干(一作撰干)視奈麻, 上干視大舍, 干視舍知, 一伐視吉次, 彼曰視小烏, 阿尺視先沮知.

高句麗人位, 神文王六年以高句麗人授京官, 量本國官品授之, 一吉飡本主簿, 沙飡本大相, 級飡本位頭大兄·從大相, 奈麻本小相·狄相, 大舍本小兄, 舍知本諸兄, 吉次本先人, 烏知本卑位.

百濟人位, 文武王十三年以百濟來人授內外官, 其位次視在本國官銜, 京官, 大奈麻本達率, 奈麻本恩率, 大舍本德率, 舍知本扞率, 幢本奈率, 大烏本將德, 外官, 貴干本達率, 選干本恩率, 上干本德率, 干本扞率, 一伐本奈率, 一尺本將德.

其官銜見於雜傳記, 而未詳其設官之始及位之高下者, 書之於後, 葛文王, 檢校, 尙書, 左僕射, 上柱國, 知元鳳省事, 興文監卿, 太子侍書學士, 元鳳省待詔, 記室郎, 瑞書郎, 孔子廟堂大舍, 錄事, 參軍, 右衛將軍, 功德司, 節度使, 安撫諸軍事, 州都令, 佐, 丞, 上舍人, 下舍人, 中事省, 南邊第一.

高句麗·百濟職官, 年代久遠, 文墨晦昧, 是故不得詳悉, 今但以其著於古記及中國史書者, 爲之志.

隋書云, 高句麗官有太大兄, 次大兄, 次小兄, 次對盧, 次意侯奢, 次烏拙, 次太大使者, 次大使者, 次小使者, 次褥奢, 次翳屬, 次仙人, 凡十二等, 復有內評·外評·五部褥薩.

新唐書云, 高句麗官凡十二級, 曰大對盧 或曰吐捽, 曰鬱折, 主圖簿者, 曰太大使者, 曰皂衣頭大兄, 所謂皂衣者仙人也, 秉國政三歲一易, 善職則否, 凡代日, 有不服則相攻, 王爲閉宮守, 勝者聽爲之, 曰大使者, 曰大兄, 曰上位使者, 曰諸兄, 曰小使者, 曰過節, 曰先人, 曰古鄒大加, 又云, 莫離支, 大莫離支, 中裏小兄, 中裏大兄.

册府元龜云, 高句麗, 後漢時其國置官, 有相加, 對盧, 沛者, 古鄒大加(古鄒大加, 高句麗掌賓客之官, 如大鴻臚也), 主簿, 優(一作于)台, 使者, 皂衣, 先人, 一說大官有大對盧, 次有太大兄, 大兄, 小兄, 意俟奢, 烏拙, 太大使者, 小使者, 褥奢, 翳屬, 仙人, 幷褥薩, 凡十三等, 復有內評, 外評, 分掌內外事焉.

右見中國歷代史

左輔, 右輔, 大主簿, 國相, 九使者, 中畏大夫.

右見本國古記

廣評省匡治奈(今侍中), 徐事(今侍郎), 外書(今員外郎), 兵部, 大龍部(謂倉部), 壽春部(今禮部), 奉賓部(今禮賓省), 義刑臺(今刑部), 納貨部(今大府寺), 調位部(今三司), 內奉省(今都省), 禁書省(今秘書省), 南廂壇(今將作監), 水壇(今水部), 元鳳省(今翰林院), 飛龍省(今大僕寺), 物藏省(今少府監), 史臺(掌習諸譯語), 植貨府(掌栽植菓樹), 障繕府(掌修理城隍), 珠淘省(掌造成器物), 正匡·元輔, 大相, 元尹, 佐尹, 正朝, 甫尹, 軍尹, 中尹.

右弓裔所制官號.

北史云, 百濟官有十六品, 佐平五人一品, 達率三十人二品, 恩率三品, 德率四品, 扜率五品, 奈率六品, 將德七品, 施德八品, 固德九品, 季德十品, 對德十一品, 文督十二品, 武督十三品, 佐軍十四品, 振武十五品, 剋虞十六品, 自恩率以下, 官無常員, 各有部司, 分掌衆務, 內官, 有前內部, 穀內部, 內椋部, 外椋部, 馬部, 刀部, 功德部, 藥部, 木部, 法部, 後宮部, 外官, 有司軍部, 司徒部, 司空部, 司寇部, 點口部, (客(北史本文點口部下有客部)部), 外舍部, 綢部, 日官部, 市部, 長吏三年一交代, 都下有方, 各(各, 同本文作分)爲五部, 曰上部, 前部, 中部, 下部, 後部, 部有五巷, 士庶居焉, 部統兵五百人, 五方各有方鎭(鎭, 同本文作領)一人, 以達率爲之, 方佐貳之, 方有十郡, 郡有將三人, 以德率爲之, 統兵一千一百人以下七百人以上.

隋書云, 百濟官有十六品, 長曰左平, 次大率, 次恩率, 次德率, 次扜率, 次奈率, 次將德, 次施德, 次固德, 次季德, 次對德, 次文督, 次武督, 次佐軍, 次振武, 次剋虞, 五方各有方領二人, 方佐貳之, 方有十郡, 郡有將.

唐書云, 百濟所置內(內, 唐書本文無)官, 曰(曰, 同本文作有)內臣佐平掌宣納事, 內頭佐平掌庫藏事, 內法佐平掌禮儀事, 衛士佐平掌宿衛兵事, 朝廷佐平掌刑獄事, 兵官佐平掌外兵馬事.

右見中國歷代史.

左輔, 右輔, 左將, 上佐平, 北門頭.

右見本國古記.

삼국사기 권 제 41

열전(列傳) 제 1
김유신(金庾信) 상

　김유신(金庾信)은 왕경(王京 : 慶州) 사람이다. 그 12 대조 수로(首露)는 (근본이) 어떤 사람인지를 모른다. 후한(後漢) 건무(建武) 18년 임인(壬寅 : 新羅 儒理王 19년, 西紀 42년)에 구봉(龜峰)[1]에 올라가 가락(駕洛)의 구촌(九村)을 바라보고, 드디어 그 곳에 가서 나라를 열고 이름을 가야(加耶)라 하였으며, 후에 금관국(金官國)으로 고쳤다. 그 자손이 서로 계승하여 9 대손 구해(仇亥[2] : 充의 誤 ?)에 이르렀으며 (仇亥를) 구차휴(仇次休)라고도 하는데, 유신(庾信)에게 증조(曾祖)가 된다. 신라(新羅) 사람들이, 자칭(自稱) (中國 고대의) 소호김천씨(少昊金天氏)의 후예이므로 성(姓)을 김(金)이라 한다고 하였으며 유신(庾信) 비문(碑文)에도 (유신이) 헌원(軒轅 : 黃帝 軒轅氏)의 후예요 소호(少昊)의 종손(宗孫(胤))이라 하였으니, 그러면 남가야(南加耶)의 시조(始祖) 수로(首露)도 신라(新羅)와 동성(同姓)이 되는 것이다.[3]

　조부(祖父) 무력(武力)은 신주도(新州(州治는 廣州)道) 행군총관(行軍摠管)이었는데, 일찍이 군사를 거느리고 (나가) 백제왕(百濟王 : 聖王)과 그 장수 4명을 잡고 1만여 명의 목을 베었으며, 아버지 서현(舒玄)은 벼슬이 소판(蘇判 : 迊湌

---

1) 三國遺事 駕洛國記에는 龜旨로 되어 있는데, 전설의 내용도 피차간에 詳略의 차가 크다. 筆者의 연구로는 首露는 駕洛의 최초 君長이 아니라 6加耶聯盟結成初의 盟主로서 君臨한 本加耶의 中始祖이었다(拙稿「首露王考」歷史學報 17 · 18 合輯號).

2) 仇亥를 一云 仇衝이라 하고 또 或云 仇次休(次休의 反切은 衝과 近似)라고 함을 보면 仇亥는 확실히 仇充의 誤로 보아야 하겠다.

3) 이렇게 家系의 淵源을 中國의 傳說的 人物에 붙이는 例는 다른 나라에도 허다하지만 일종의 慕華思想에서 나온 것이라 하겠다.

3 品) 대량주(大梁州 : 大梁州, 즉 陜川)도독(都督) 안무대량주제군사(安撫大梁州諸軍事)에 이르렀다.

안(按)컨대 유신(庾信) 비문(碑文)에 고(考 : 父)는 소판(蘇判) 김소연(金逍衍)이라 하였으니, 서현(舒玄)이 혹 이름을 고친 것인지? 혹시 소연(逍衍)은 자(字)인지 모르겠다.[4] 의심이 있으므로 둘 다 적어 둔다.

처음 서현(舒玄)이 길에서, 갈문왕(葛文王) 입종(立宗)의 아들인 숙흘종(肅訖宗)의 딸 만명(萬明)을 보고, 마음에 기뻐하며 눈짓으로 꾀어, 중매도 없이 결합하였다. 서현이 만노군(萬弩郡 : 忠北 鎭川) 대수(大守 : 太守)가 되어 (萬明과) 함께 떠나려 하니, 숙흘종(肅訖宗)이 그제야 딸이 서현과 야합(野合)한 것을 알고 미워하여 다른 집에 가두고 사람을 시켜 지켰는데, 갑자기 벼락이 (그 집) 문간을 때려 지키는 사람이 놀라 어지러뜨리자 만명(萬明)이 들창문으로 빠져 나와서 드디어 서현과 함께 만노군(萬弩郡)으로 갔다.

서현이 경진일(庚辰日) 밤에, 형혹(熒惑 : 火星)과 진성(鎭星 : 土星)의 두 별이 자기에게로 내려오는 꿈을 꾸었다. 만명(萬明)도 신축일(辛丑日) 밤에 (한) 동자(童子)가 금갑(金甲 : 金色 갑옷)을 입고 구름을 타고 당중(堂中)으로 들어오는 꿈을 꾸었는데, 얼마 후에 임신, 20개월 만에 유신(庾信)을 낳았다. 이것이 진평왕(眞平王) 건복(建福) 12년, 수(隋) 문제(文帝) 개황(開皇) 15년 을묘(乙卯 : 西紀 595)였다. 이름을 지으려고 할 때 부인(夫人)에게 말하기를 "내가 경진일(庚辰日) 밤에 길몽(吉夢)을 꾸어 이 아이를 얻었으니, (庚辰으로) 이름을 하여야 할 것이오.

그러나 예법(禮法)에 일월(日月)로 이름을 짓지 않는다 하니 지금 경(庚)은 유(庾)자와 서로 같고, 진(辰)은 신(信)과 성음(聲音)이 서로 가까우며, 더구나 옛날 어진 사람에도 '유신(庾信)[5]'이라고 한 이가 있으니 어찌 그렇게 이름하지 아니하랴?" 하고, 드디어 이름을 유신(庾信)이라 하였다[萬弩郡은 지금의 鎭州(鎭川)다. 처음 庾信의 胎를 高山에 安藏하였으므로 해서 지금도 (그 山을) 胎靈山(지금 吉祥山)이라 한다].

공(公)의 나이 15세에 화랑(花郞)이 되었는데, 당시 사람들이 흡연(洽然)히

---

4) 舒玄과 逍衍은 우리 音으로 서로 비슷하다. 同名의 異寫로 보는 것이 옳을 것이다.

5) 이 庾信은 中國 北周의 庾信을 말한 것으로 보여진다. 그는 同時代의 徐陵과 함께 詩文으로 이름났으며, 후에 驃騎大將軍 · 開府儀同三司 등의 重職을 역임하고, '庾開府'로 通稱되었으며 庾子山集을 남겼다.

복종하였으며, (郞徒들을) 용화향도(龍華香徒)[6]라고 일컬었다. 진평왕(眞平王) 건복(建福) 28년 신미(辛未)에 공(公)의 나이 17세였는데, 고구려·백제·말갈 이 국경을 침범하는 것을 보고 강개(慷慨)하여 구적(寇賊)을 평정할 뜻을 품었 다. (그래서) 혼자 중악(中嶽)[7] 석굴(石窟)에 들어가 재계(齋戒)하고 하늘에 고 하여 맹세하기를 "적국(敵國)이 무도하여 시랑(豺狼)과 범이 되어 우리 강역 (疆域)을 침요(侵擾)하여 거의 평안한 해가 없습니다. 나는 한낱 미약한 신하 로서 재주와 힘을 헤아리지 않고 뜻을 화란소청(禍亂掃淸)에 두고 있사오니 상천(上天)은 하감(下監)하시와, 나에게 수단(手段:能力)을 빌려주십시오"하 였다. 거기에 있은 지 4일에 문득 한 노인이 갈의(褐衣)를 입고 와서 말하기 를 "이 곳에는 독충(毒蟲)과 맹수(猛獸)가 많아 무서운 곳인데, 귀소년(貴少年) 이 여기에 와서 혼자 거처하니 어쩐 일인가?"하였다. (庾信이) 대답하기를 "어른께서는 어디서 오셨습니까? 존명(尊名)을 알려 주실 수 있겠습니까?"하 니, 노인이 "나는 일정한 주소 없이 인연을 따라 행동을 하는데, 이름은 난승 (難勝)이라 한다"고 하였다. 공(公)이 이 말을 듣고는, 그가 비상(非常)한 사람 은 것을 알고 재배(再拜)하며 나아가 "나는 신라(新羅) 사람입니다. 나라의 원 수를 보니, 마음이 아프고 근심이 되어 여기에 와서 만나는 바가 있기를 원하 고 있었습니다. 바라옵건대 어른께서는 저의 정성을 애달피 여기시어 방술(方 術)을 가르쳐 주시옵소서"하였다. 노인은 잠잠하여 말이 없었다. 공(公)이 눈 물을 흘리며 간청하여 6·7차까지 마지않으니 그제야 노인은 "그대는 아직 어린데 삼국(三國)을 병합할 마음을 가졌으니 장한 일이 아닌가?"하고, 이에 비법(秘法)을 전(傳)하면서 "조심해서, 함부로 전하지 말라. 만일 불의(不義: 不適當)한 일에 쓴다면 도리어 재앙을 받을 것이다"하였다. 말을 마치고 작 별을 하며 2리쯤 갔는데, 쫓아가 보라보니 보이지 않고 오직 산(山) 위에 5색

6) 香徒는 본시 道·俗의 信仰團體로, 花郞徒와는 성질을 달리한다. 그러나 郞徒 중에 는 흔히 僧侶도 籍을 가지고 있는 사람이 있을 뿐더러, 庾信 自身도 가끔 佛神에게 燒香祈禱한 것을 보면, 佛敎 특히 護國佛敎信仰에 철저하였던 것 같다. 그래서 그의 徒衆을 그렇게 命名한 것인지, 혹은 郞徒와 香徒가 모두 '두레'(團體)의 一種임으로 해서 혼동한 것인지 모르겠다.
7) 여기 中嶽은 統一 이전의 그것으로, 그 위치가 자세치 아니하나, 新羅의 3山(奈歷· 骨火·穴禮) 중 骨火(慶州 北金剛山)를 北嶽(見 祭祀志 譯註)이라 한 것을 보면, 中 嶽도 이 3山 중에서 求하는 것이 좋을 것 같다. 그렇다면 나는 이를 3山 중 서쪽에 위치한 穴禮(淸道郡 烏禮山)에 比定하고 싶다.

(色)과 같은 찬란한 빛이 나타나 있을 뿐이었다.

건복(建福) 29년(西紀 612)에, 이웃 적병(賊兵)이 점점 박도(迫到)하니, 공(公)은 더욱 비장한 마음을 격동(激動)하여, 혼자서 보검(寶劍)을 들고 인박산(咽薄山 : 慶州 부근 ?) 깊은 골짜기 속으로 들어가서, 향을 피우며 하늘에 고하고 기원(祈願)하기를 마치 중악(中嶽 : 見上)에서 맹세하듯이 빌었더니, 천관신(天官神)[8]이 빛을 내려 보검(寶劍)에 영기(靈氣)를 주었다. 3일 되는 밤에 허숙(虛宿)·각숙(角宿) 두 별의 뻗친 빛이 환하게 내려 비추니 검(劍)이 동요(動搖)하는 것 같았다.

건복(建福) 46년 기축(己丑 : 西紀 629) 8월에 왕이 이찬(伊飡 : 2位) 임영리(任永里), 파진찬(波珍飡 : 4位) 용춘(龍春)·백룡(白龍), 소판(蘇判 : 3位) 대인(大因)·서현(舒玄) 등을 시켜 군사를 거느리고 고구려의 낭비성(娘臂城[9] : 위치 미상)을 공격하였다. 고구려병(高句麗兵)이 나와 역격(逆擊)하니, 우리 편이 불리(不利)하여 죽는 자가 많고, 사기(士氣)가 꺾이어 다시 싸울 마음이 없었다. 유신(庾信)이 이 때 중당당주(中幢幢主 : 幢은 軍營)幢主)로 있었는데, 아버지(舒玄) 앞에 나아가 투구를 벗고 고하기를 "(지금) 우리 군사가 패(敗)하였습니다. 제가 평생에 충효(忠孝)로써 기약하였으니, 싸움에 당하여 용맹하지 않을 수 없습니다. 들은즉, 옷깃을 들면 갖옷(皮衣)이 바로되고, 벼리(綱)를 당기면 그물이 펼쳐진다 하니, 제가 벼리와 옷깃이 되겠습니다"하고, 말에 올라 칼을 빼어들고 참호를 뛰어넘어 적진(敵陣)에 들락날락하면서 (敵의) 장군(將軍)을 베어 그 머리를 들고 돌아왔다. 우리 군사(新羅軍)들이 보고 이기는 기세를 타서 분격(奮擊), (敵) 5,000여 명을 죽이고 1,000명을 사로잡으니, 성중(城中)이 크게 두려워하여 감히 항거하지 못하고 모두 나와 항복하였다.

선덕대왕(善德大王) 11년 임인(壬寅 : 西紀 642)에, 백제(百濟)가 대량주(大梁州 : 지금 陜川)를 함락하였을 때, 춘추공(春秋公)의 딸 고타소랑(古陀炤娘)이 남편 품석(品釋)을 따라 죽었다. 춘추(春秋)가 이를 한(恨)하여, 고구려(高句麗)에 청병(請兵)하여 백제에 대한 원한을 갚으려 하니, 왕이 허락하였다. (春秋가) 장차 떠나려 할 때 유신(庾信)에게 "나는 공(公)과 일신동체(一身同體)로 나라의 고굉(股肱)이 되었다. 지금 내가 만일 저 곳에 들어가 해(害)를 당한다면,

---

8) 道家에 3官神이 있으니, 즉 天官·地官·水官이 그것이다.
9) 娘臂城은 지금의 淸州 古號나, 당시 漢江流域 일대가 新羅의 所有가 된 지 오래였으므로, 여기 娘臂城은 同名의 他城일 것이다.

공(公)은 무심할 것인가?"하니, 유신(庾信)이 "공(公)이 만일 가서 돌아오지 않는다면 나의 말발굽이 반드시 고구려·백제 두 임금의 뜰(마당)을 짓밟을 것이다. 정말 그렇게 하지 못한다면 장차 무슨 면목으로 국인(國人)을 대할 것인가?"하였다. 춘추(春秋)가 감격하여 기뻐하며, 공(公)과 더불어 손가락을 깨물어 피를 흘려 마시며 맹세하기를, "내가 날짜로 헤아려 60일이면 돌아올 것이다. 만일 이(期日)를 지나도 돌아오지 않으면 다시 만나 볼 기약이 없을 것이다"하고 서로 작별하였다. 후에 유신(庾信)은 압량주(押梁州 : 지금 慶北 慶山) 군주(軍主)가 되었다. 춘추(春秋)가 훈신사간(訓信沙干 : 8位 沙湌)과 함께 고구려에 사절로 가는데, 대매현(代買縣 : 新羅領內, 위치 미상)에 이르니 고을 사람 두사지사간(豆斯支沙干 : 沙湌)이 청포(靑布) 300 보(步)[10]를 주었다. (高句麗) 경내(境內)에 들어가니, 고구려왕(高句麗王)이 태대대로(太大對盧 : 首相) 개금(蓋金 : 淵蓋蘇文)을 보내어 맞아 객관(客館)을 정해 주고 잔치를 베풀어 우대하였는데, 누가 고구려왕에게 고하기를 "신라 사자(使者)는 보통 사람이 아닙니다. 이번에 온 것이 아마도 우리의 형세를 살펴보려는 것이오니, 왕은 도모하시어 후환(後患)이 없게 하소서"하였다. (그래서) 왕은 무리한 질문(質問)으로써 그가 대답하기 어렵게 하여 욕을 보이려고 일러 말하기를, "마목현(麻木峴 : 鳥嶺)과 죽령(竹嶺)은 본래 우리 나라 땅이니 우리에게 돌려주지 않으면 돌아갈 수 없다"고 하였다. 춘추(春秋)가 대답하기를 "국가의 토지는 신자(臣子)로서 마음대로 하는 것이 아닙니다. 신(臣)은 감히 명령을 좇을 수 없습니다"하였다. 왕이 노하여 그를 가두고 죽이려 하여 아직 수행(遂行)치 않았는데, 춘추(春秋)가 청포(靑布) 300 보(步)를 비밀히 왕이 총애하는 신하 선도해(先道解)에게 주었다. (그런즉) 도해(道解)가 음식을 가지고 와서 함께 술을 마셨다. 한창 술이 무르녹을 즈음에 (道解가) 웃음의 말로 "그대도 일찍이 거북과 토끼 이야기를 들었는가? 옛날 동해(東海) 용왕(龍王)의 딸이 심장(心臟)을 앓았는데 의원(醫員)의 말이, 토끼 간을 얻어 약을 지으면 치료할 수 있다고 하였다. 그러나 해중(海中)에는 토끼가 없으니 어찌할 수 없는 일이었다. 이때 한 거북이 용왕(龍王)에게 아뢰어 자기가 그것을 얻을 수 있다 하고, 육지(陸地)로 나와서 토끼를 보고 하는 말이, 바다 속에 한 섬이 있는데, 맑은 샘물과 흰 돌에, 무성한 숲, 아름다운 실과가 있으며, 추위와 더위도 없고, 매와

---

10) 諸說이 구구하나, 대개 周尺六尺(약 1 미터)을 1 步라 한다.

새매가 침입하지 못하니, 네가 가기만 하면 편히 지내고 아무 근심이 없을 것이라 하고, 이어 토끼를 등에 업고 헤엄쳐 2·3리쯤 가다가, 거북이 토끼를 돌아보며 말하기를, 지금 용왕의 딸이 병이 들었는데, 토끼 간이 있어야 약을 짓기 때문에, 이렇게 수고로움을 불구하고 너를 업고 오는 것이다 하였다. 토끼가 (그 말을 듣고) 아아, 나는 신명(神明)의 후예(後裔)라, 능히 오장(五臟)을 꺼내어 씻어 넣을 수 있다. (공교로이) 일전(日前)에 속이 좀 불편한 듯하여 간(肝)을 꺼내 씻어서 잠시 바위 밑에 두었는데, 너의 감언(甘言)을 듣고 바로 왔기 때문에 간이 아직도 그 곳에 있으니, 어찌 돌아가서 간을 가져오지 않을 것인가? 그렇다면, 너는 구하는 것을 얻게 되고, 나는 간(肝)이 없어도 살 수 있으니 어찌 이쪽 저쪽이 다 좋은 일이 아니냐? 하니, 거북이 그 말을 믿고 도로 나가 언덕에 오르자마자 토끼는 (거북의 등에서 내려) 풀 속으로 도망치며 거북에게 말하기를, 너는 어리석기도 하다. 어찌 간(肝) 없이 사는 자가 있을 것이랴? 하니, 거북이 멍청하여 아무 말도 없이 물러갔다고 한다" 하였다. 춘추(春秋)가 그 말을 듣고 그 뜻을 알게 되었다. (高句麗)왕에게 글월을 보내어 말하기를, "두 영(嶺 : 麻木峴과 竹嶺)은 본래 대국(大國 : 高句麗)의 땅입니다. 신(臣)이 귀국(歸國)하면 우리 왕께 청하여 돌려드리겠습니다. 내 말을 믿지 못하신다면 저 해를 두고 맹세하겠습니다" 하니, 왕이 그제야 기뻐하였다.

춘추(春秋)가 고구려에 들어간 지 60일이 지나도 돌아오지 않았다. 유신(庾信)은 국내(國內)에서 용감한 장사(壯士) 3,000명을 뽑아 놓고 함께 말하기를 "내가 들으니, 위태로움을 당하여 목숨을 내놓고, 어려운 일에 몸을 돌보지 않는 것이 열사(烈士)의 뜻이라 한다. 대저 한 사람이 죽음에 나서면 백 사람을 당하고, 백 사람이 죽음에 나서면 천 사람을 당하며, 천 사람이 죽음에 나서면 만 사람을 당하는 것이니, 그러면 천하(天下)를 횡행(橫行)할 수 있다. 지금 나라의 어진 재상(宰相)이 다른 나라에 잡혀 있는데, 어찌 무서워서 어려운 일을 하지 못할 것이랴?" 하였다. 이에 여러 사람들이 "만 번 죽고 한 번 사는 일에 나가더라도 감히 장군(將軍)의 명(命)을 따르지 않겠습니까? 하였다. (庾信은) 드디어 왕에게 청하여 떠날 기일(期日)을 정하였다. 이 때 고구려의 첩자인 중(浮屠) 덕창(德昌)이 이 일을 그 왕에게 고하게 하였다. 왕은 앞서 춘추(春秋)의 맹세하는 말을 들었는데, 또 첩자(諜者)의 말(新羅가 高句麗를 친다는 말)을 듣고 보니, 감히 다시 머물러 두지 못하고 후한 예(禮)로 대우하여 돌려보냈다. (春秋가) 국경(國境)을 벗어나자 전송하는 사람에게 이르기를 "내가 백제에 대한 원한을 풀려고 와서 군사를 청하였던 것인데, 대왕(大王)은 허락하지 않고 도리어 토지(土地)를 구하니, 이것은 신하로서 마음대로 할 일이 아니다. 전번 대왕에게 글을 보낸 것은 죽음을 면하려 한 것이다"하였다[이것은 本紀 중 眞平王 12년(실은 新羅本紀 善德王 11년)條에 써 있는 것과 同一한 일인데 조금 다르다. (그러나) 모두 古記에 전하여 오는 것이므로 둘 다 남겨 둔다]. (이 때) 유신(庾信)은 압량주(押梁州) 군주(軍主)가 되고, 13년(善德王)에는 소판(蘇判 : 3品)이 되었다. 9월에 왕이 상장군(上將軍)을 삼고, 군사를 거느리고 나가 백제의 가혜성(加兮城 : 居昌 ?)·성열성(省熱城 : 위치 미상)·동화성(同火城 : 위치 미상) 등 7성(城)을 치게 하여 크게 이기고, 이어 가혜진(加兮津 : 나룻길)을 열어 놓았다.

을사(乙巳 : 善德女王 14년) 정월에 돌아와서 아직 왕에게 뵙지도 못하였을 때, 봉인(封人 : 국경을 지키는 官員)이 급보(急報)하기를, 백제의 대군(大軍)이 와서 매리포성(買利浦城 : 居昌)을 공격한다 하므로, 왕은 또 유신(庾信)을 상주(上州 : 지금 尙州) 장군(將軍)에 임명하여 가서 막게 하였다. 유신(庾信)은 처자(妻子)도 보지 않고 명(命)을 받들고 곧 떠났다. 백제군(百濟軍)을 요격(邀擊)하여 패주(敗走)시키고, 2,000 명의 목을 베었다. 3월에 돌아와 왕궁(王宮)에 복명(復命)하고, 집에 돌아가지도 않았는데, 또 급보(急報)가 들어오기를, 백제 군병(軍兵)이 그 국경(國境)에 출둔(出屯)하여 크게 군사를 들어 우리를 침범하려 한다고 하였다. 왕이 다시 유신(庾信)에게 이르되, "공(公)은 수고를 생각지 말고 빨리 가서 적군(敵軍)이 이르기 전에 대비하라"하므로, 유신은 또 집에 들어가지 않고, 군사를 조련하고 병기(兵器)를 수선한 후 서쪽을 향해 떠났다. 이 때 그 집의 사람들이 모두 문 밖에 나와서 오기를 기다렸는데, 유신은 문 앞을 지나면서도 돌아다보지 않고 50 보(步)쯤 가다가 말을 멈추고, 장(漿)물을 집에서 가져오게 하여 마시며 "우리 집 물이 아직도 예전 맛이 있다"고 말하였다. 이에 군사들도 모두 말하기를 "대장군(大將軍)이 이렇게 하는데, 우리들이 어찌 골육(骨肉 : 家族)을 떠나는 것을 한스럽게 여기랴"하였다. 국경(國境)에 당도하자 백제 사람들은 우리 쪽의 병력(兵力) 포진(布陣)을 보고 감히 다가오지 못하고 물러갔다. 대왕(大王)이 듣고 매우 기뻐하며 작(爵)과 상(賞)을 더 주었다.

16년 정미(丁未)는 선덕왕(善德王) 말년(末年)이요 진덕왕(眞德王) 원년이었다. 대신(大臣) 비담(毗曇)과 염종(廉宗)이 "여주(女主)는 정사(政事)를 잘하지 못한다"하고 군사를 일으켜 폐(廢)하려 하니, 왕이 안(宮內)에서 막아 내자, 비담(毗曇) 등은 명활성(明活城)에 주둔(駐屯)하고, 관군(官軍 : 王師)은 월성(月城 : 牟月城)에 진영(陣營)을 베풀어 공방(攻防)이 10일이었지만 풀리지 않았다. 병야(丙夜 : 한밤중)에 큰 별이 월성(月城)에 떨어졌다. 비담(毗曇) 등이 군사들에게 이르기를 "내가 들으니, 별이 떨어진 아래에는 반드시 유혈(流血)이 있다고 한다. 이것은 아마 여주(女主)가 패전(敗戰)할 조짐이다"고 하였다. 군사들의 떠들어대는 소리가 땅을 진동하니 왕은 듣고 무서워서 어쩔 줄을 몰랐다. 유신(庾信)이 왕에게 뵙고 말하기를 "길흉(吉凶)은 무상(無常)하여 오직 사람이 하기에 따르는 것입니다. 그러므로 주(紂 : 殷末 暴主)는 붉은 새[11]가 모임으로써 망하고, 노(魯)나라는 기린(麒麟)[12]을 잡음으로써 쇠약해졌으며, 고종(高宗 : 殷의 賢主)은 꿩[13]이 욺으로써 일어나고, 정공(鄭公 : 鄭의 定公)은 용(龍)[14]이 싸움으로써 창성(昌盛)하였습니다. 그러므로 덕(德)이 요사(妖邪)를 눌러 이길 수 있으니, 성진(星辰)의 변이(變異)는 두려울 것이 없습니다. 왕은 근심하지 마소서"하고, 이에 허수아비를 만들어 불을 안기고 풍연(風鳶)에 실어 날려 하늘로 올라가는 것같이 하였다. 이튿날 사람을 시켜 길거리에 말을 퍼뜨리기를, 어젯밤에 떨어진 별이 도로 올라갔다고 하여 적군(賊軍)들이 의심하게 하였다. 또 흰 말을 잡아 별 떨어진 곳에 제사드리며 축원(祝願)하기를

---

11) 赤雀은 鳳凰으로서, 周文王이 그것을 얻었기 때문에 周가 興하고 殷이 망하게 되었다는 것이다.

12) 麒麟은 仁獸라고 하여, 그것이 나타나면 聖王이 나온다는 것인데, 魯의 哀公 14년에 西狩하여 麒麟을 발견하고 이를 쏘아 잡았다. 孔子가, 이제는 周運이 衰하였다 하고, 이것으로써 春秋의 종말을 삼았다는 것이다.

13) 高宗(武丁)은 殷의 賢主니, 그가 成湯(始祖王)을 祭祀지낼 때에 날아가는 꿩(飛雉)이 (宗廟의) 鼎耳(솥귀)에 올라앉아 울었다 한다. 野鳥가 神聖한 宗廟의 鼎耳에 앉아 운다는 것은 不吉의 兆라 하여, 祖己(賢臣)가 王을 訓戒하여 그 그릇됨을 바로잡게 하였다는 것이다. 尙書(高宗肜日)의 古本註에 '言至道之王遭變異正其事而異, 自消'(德이 있는 王은 變異를 만나서 일을 바르게 하면 變異는 저절로 없어진다)라고 한 것이 그것이다.

14) 春秋時代의 鄭國에 큰물이 나서 龍이 時門이란 城門 밖의 洧淵에서 격투를 하자, 國人이 水神의 怒라 하여 祭祀를 지내려 하였다. 賢宰 子産이 이를 허락지 않고 말하기를, 우리가 龍에게 求하는 바가 없고 龍이 또한 우리에게 구하는 바가 없으니 祭祀가 무슨 소용이 있으랴 하고 그만두게 하였다는 것이다(左傳 昭公 19년). 이리하여 鄭나라가 잘 다스려졌다고 한다.

"천도(天道)에는 양(陽)이 강(剛)하고 음(陰)이 유(柔)하며, 인도(人道)에는 임금이 높고 신하가 낮습니다. 진실로 혹시라도 (그것이) 바뀌면 곧 큰 난(亂)이 되는 것입니다. 지금 비담(毗曇) 등이, 신하로서 임금을 도모하며 아래에서 위를 범(犯)하니, 이것은 이른바 난신적자(亂臣賊子)로서 사람과 신령(神靈)이 함께 미워할 일이요, 하늘과 땅 사이에 용납되지 못할 것입니다. 하늘이 만일 여기에 무심(無心)하여 도리어 별의 괴변(怪變)을 왕성(王城)에 보인 것이라면 이는 신(臣)의 의혹(疑惑)하는 바 비할 데 없습니다. 하늘의 위엄으로 사람의 소욕(所欲 : 所行)에 따라, 선(善)을 선(善)으로 하고 악(惡)을 악(惡)으로 하여 신령(神靈)의 부끄러움이 없게 하소서"하였다. 그리고 여러 장졸(將卒)을 독려하여 분격(奮擊)하니, 비담(毗曇) 등이 패주(敗走)하므로, 쫓아가 목베고 구족(九族)을 멸하였다.

(그 해) 10월에 백제 군사가 와서 무산(茂山 : 茂朱郡 茂豊面)·감물(甘勿 : 金陵郡 南寧面)·동잠(桐岑) 등 세 성(城)을 포위하니, 왕이 유신(庾信)에게 보기(步騎) 1만 명을 거느리고 가서 막게 하였다. 고전(苦戰)하여 기운이 다하였는데, 유신이 비녕자(丕寧子)에게 "오늘의 일이 급하니 그대가 아니면 누가 여러 사람의 마음을 격려하겠느냐?"하였다. 비녕자(丕寧子)가 절을 하며 "어찌 감히 명령대로 하지 않겠습니까"하고, 드디어 적진(敵陣)을 향해 나가니, 아들 거진(擧眞)과 종 합절(合節)이 따랐다. 그리고 검극(劍戟) 가운데로 돌진하여 힘써 싸우다가 죽으니, 군사들이 바라보고 감동하여 드디어 나가 적병(賊兵)을 대파(大破)하고 3,00명의 목을 베었다.

진덕왕(眞德王) 대화(大和) 원년 무신(戊申 : 西紀 648)에 춘추(春秋)는 (앞서) 고구려에 대한 소청(所請 : 請兵)을 달성치 못하였음으로 해서 드디어 당(唐)에 들어가 구원병(救援兵)을 간청하였다. 태종황제(太宗皇帝)가 "그대 나라 (장수) 유신(庾信)의 이름을 들었는데, 그 사람됨이 어떠한가"물으니, 대답하기를 "유신에게 재주와 지혜가 조금 있기는 하지만 황제(皇帝)의 위엄을 빌지 않고 어찌 쉽사리 인국(隣國)의 우환(憂患)을 없애겠습니까?"하니, 제(帝)가 "정말 군자(君子)의 나라다"하면서 조서(詔書)를 내려 허락하고, 장군(將軍) 소정방(蘇定方)에게 군사 20만 명으로써 백제를 치게 하였다.[15]

이 때 유신(庾信)은 압량주(押梁州) 군주(軍主)로 있었는데, 마치 군사(軍事)

---

15) 이 때 唐太宗은 春秋의 所請에 겉으로 허락하였을 뿐이요, 蘇定方에게 出動命令을 내린 것은 아니었다. 정작 蘇에게 출동명령을 내린 것은 다음 高宗 縣慶 5년이었다.

에 아무런 생각도 없는 것과 같이 술을 마시고 풍악을 잡히며 달포를 보내니, 고을 사람들이 유신을 용렬(庸劣)한 장수로 여겨 비방하기를, "여러 사람들이 편안히 있은 지 오래 되어 한번 싸워 볼 만한 여력(餘力)이 있는데, 장군(將軍)이 게으르니 어찌하면 좋은가"하였다. 유신이 이 말을 듣고, (이제) 백성들을 가히 쓸 수 있음을 알고, 대왕(大王)에게 고(告)하기를, "지금 민심(民心)을 보니 일을 할 만합니다. 백제를 쳐서, (앞서) 대량주(大梁州:陜川) 싸움에 보복(報復)하기를 청합니다"고 하였다. 왕이 "작은 힘으로 큰 세력을 만나면 그 위태로움을 어찌할 것인가"하였다. 대답하기를, "싸움의 승부(勝負)는 (勢力의) 대소(大小)에 있지 않고 그 인심(人心)의 어떠함을 보아야 합니다. (그러므로) 주(紂)는 억조(億兆)의 인민(人民)을 가지고 있지만 인심(人心)이 떠나고 덕(德)이 떠나니, 주(周)의 10난(亂)[16]이 마음을 같이하고 덕(德)을 같이함만 같지 못했습니다. 지금 우리 백성들이 한뜻이 되어 사생(死生)을 같이할 수 있으니 저 백제를 두려워할 것이 없습니다"하니 왕이 이에 허락하였다.

드디어 주병(州兵:押梁州 군사)를 뽑아 조련(操練)하여 적진(敵陣)을 향해 나갔다. 대량성(大梁城:陜川) 밖에 이르니 제군(濟軍)이 반격하여 항거하므로 거짓 패하여 이기지 못하는 체하고 옥문곡(玉門谷)에 이르렀다. 백제는 업신여기어 많은 군사를 거느리고 나왔다. (이 때 我軍의) 복병(伏兵)이 일어나 앞뒤로 쳐서 크게 깨뜨리고, 백제의 장군 8명을 잡고, 1,000명을 참획(斬獲)하였다. 이에 사람을 시켜 백제장군(百濟將軍)에게 고(告)하기를, 우리 군주(軍主) 품석(品釋)과 그 아내 김씨(金氏)의 유골(遺骨)이 너희 나라 옥중(獄中)에 묻혀 있다. 지금 너의 비장(裨將) 8명이 우리에게 잡혀, 꿇어엎드려 살려 주기를 청하는데, 여우나 표범이 머리를 예전 살던 곳으로 향한다는 뜻을 생각하여 내가 차마 죽이지 못한다. 지금 너희가 죽은 두 사람의 뼈를 보내어 산 여덟 사람과 바꾸어 가는 것이 어떻겠는가"하였다. 백제 중상(仲常)[忠常으로도 되어 있음] 좌평(佐平:1品)이 (百濟)왕에게 말하기를, "신라 사람의 해골(骸骨)을 묻어 두어서 이익이 없으니, 보내 주는 것이 좋겠습니다. 만약 신라 사람이 신용(信用)을 지키지 않고 우리 8명을 돌려보내지 않는다면, 잘못은 저편에 있

---

16) 10亂의 '亂'은 일을 잘 다스리는 사람을 말하는 것이니, 書經 泰誓篇에 周武王이 '나는 亂臣 10人이 있는데, 마음을 같이하고 德을 같이한다"고 하였다. 이른바 亂臣 10人은 周公旦·召公奭·太公望·畢公·榮公·太顚·閎夭·散宜生·南宮适·邑姜으로 전해진다.

고 정직(正直)함은 우리에게 있으니 무엇을 근심하겠습니까"하였다. 그리고 품석(品釋) 부처(夫妻)의 뼈를 파서 독(櫝) 속에 넣어 보내왔다. 유신(庾信)은, "한 잎(葉)이 떨어지는 것이 무성한 수림(樹林)에 손실될 바 없으며, 한 티끌의 모임이 큰 산(山)에 보탬될 바 없다"하고 8명을 살려 보냈다.

그리고 마침내 승세(勝勢)를 몰아 백제의 경내(境內)로 쳐들어가, 악성(嶽城) 등 12성(城)을 함락하고 2만여 명의 목을 베고, 9,000명을 사로잡았다. 공(功)을 논(論)하여 (庾信에게) 관질(官秩) 이찬(伊飡)을 더하고 상주행군대총관(上州行軍大摠管)을 임명하였다. 그리고 (庾信은) 또 적(敵) 경내(境內)로 들어가 진례(進禮) 등 9성(城)을 쳐서 9,000여 명의 목을 베고, 600명을 사로잡았다.

춘추(春秋)가 당(唐)에 들어가 군사 20만을 청하여 얻기로 하고, 와서 유신(庾信)을 보고 "사생(死生)은 명(命)이 있다. 때문에 살아 돌아와서 다시 공(公)과 만나게 되었다. 얼마나 다행한 일인가"하자, 유신이 대답하기를, "하신(下臣)이 나라의 위령(威靈)에 의지하여 두 번 백제와 크게 싸워 20성(城)을 빼앗고 3만여 명을 베었으며, 또 품석공(品釋公)과 그 부인(夫人)의 해골(骸骨)을 향리(鄕里)로 돌려오게 되었으니, 이것이 모두 천행(天幸)으로 된 일입니다. 내가 무슨 힘이 있겠습니까"하였다.

〔原文〕

三國史記 卷 第四十一

列傳 第一

金庾信 上

金庾信, 王京人也, 十二世祖首露, 不知何許人也, 以後漢建武十八年壬寅登龜峰, 望駕洛九村, 遂至其地開國, 號曰加耶, 後改爲金官國, 其子孫相承, 至九世孫仇亥(亥, 恐是充字之訛(見譯註)), 或云仇次休, 於庾信爲曾祖, 羅人自謂少昊金天氏之後, 故姓金, 庾信碑亦云, 軒轅之裔, 少昊之胤, 則南加耶始祖首露與新羅同姓也, 祖武力爲新州道行軍摠管, 嘗領兵獲百濟王及其將四人, 斬首一萬餘級, 父舒玄, 官至蘇判, 大梁州都督安撫大梁州諸軍事, 按庾信碑云, 考蘇判金逍衍(逍衍, 與舒玄音相似兩書之耳), 不知舒玄或更名耶, 或逍衍是字耶, 疑故兩存之, 初舒玄路見葛文王立宗之子肅訖宗之女萬明, 心悅而目挑之, 不待媒妁而合, 舒玄爲萬弩郡大守, 將與俱行, 肅訖宗始知女子與玄野合, 疾之 囚於別第, 使人守之, 忽雷震屋門, 守者驚亂, 萬明從竇而出, 遇與舒玄赴萬弩 郡, 舒玄庚辰之夜夢, 熒惑(或, 當作惑)鎭二星降於己, 萬明亦以辛丑之夜夢, 見童子衣金甲乘雲入堂中, 尋而有娠, 二十月而生庚信, 是眞平王建福十二年, 隋文帝開皇十五年乙卯也, 及欲定名, 謂夫人曰, 吾以庚辰夜吉夢得此兒, 宜以 爲名, 然禮不以日月爲名, 今庚與庚字相似, 辰與信聲相近, 況古之賢人有名庚 信, 蓋以命之, 遂名庚信焉(萬弩郡今之鎭州, 初以庚信胎藏之高山, 至今謂之胎 靈山) 公年十五歲爲花郞, 時人洽然服從, 號龍華香徒, 眞平王建福二十八年辛 未, 公年十七歲, 見高句麗百濟靺鞨, 侵軼國疆, 慷慨有平寇賊之志, 獨行入中 嶽石崛, 齊(齊, 當作齋)戒告天盟誓曰, 敵國無道, 爲豺虎以擾我封場, 略無寧 歲, 僕是一介微臣, 不量材力, 志淸禍亂, 推天降監, 假手於我, 居四日, 忽有 一老人, 被褐而來, 曰此處多毒蟲·猛獸, 可畏之地, 貴少年爰來獨處, 何也, 答曰, 長者從何許來, 尊名可得聞乎, 老人曰, 吾無所住, 行止隨緣, 名則難勝 也, 公聞之, 知非常人, 再拜進曰, 僕新羅人也, 見國之讐, 痛心疾首, 故來此, 冀有所遇耳, 伏乞長者憫我精誠, 授之方術, 老人默然無言, 公涕淚懇請不倦, 至于六七, 老人乃言曰, 子幼而有幷三國之心, 不亦壯乎, 乃授以秘法曰, 愼勿 妄傳, 若用之不義, 反受其殃, 言訖而辭行二里許, 追而望之, 不見, 唯山上有 光, 爛然若五色焉, 建福二十九年, 鄰賊轉迫, 公愈激壯心, 獨携寶劍, 入咽薄 山深壑之中, 燒香告天, 祈祀若在中嶽, 誓辭仍禱, 天官垂光, 降靈於寶劍, 三 日夜, 虛角二星光芒赫然下垂, 劍若動搖然, 建福四十六年己丑秋八月, 王遣伊 湌任永里·波珍湌龍春·白龍·蘇判大因·舒玄等, 率兵攻高句麗娘臂城, 麗 人出兵逆擊之, 吾人失利, 死者衆多, 衆心折衄, 無復鬪心, 庚信時爲中幢幢主, 進於父前, 脫冑而告曰, 我兵敗北, 吾平生以忠孝自期, 臨戰不可不勇, 蓋聞振 領而裘正, 提綱而綱張, 吾其爲網領乎, 迺跨馬拔劍, 跳坑出入賊陣, 斬將軍, 提其首而來, 我軍見之, 乘勝奮擊, 斬殺五千餘級, 生擒一千人, 城中兇懼無敢 抗, 皆出降, 善德大王十一年壬寅, 百濟敗大梁州, 春秋公女子古陀炤娘從夫品 釋死焉, 春秋恨之, 欲請高句麗兵以報百濟之怨, 王許之, 將行, 謂庚信曰, 吾 與公同體, 爲國股肱, 今我若入彼見害, 則公其無心乎, 庚信曰, 公若往而不還, 則僕之馬跡必踐於麗濟兩王之庭, 苟不如此, 將何面目以見國人乎, 春秋感悅, 與公互嚙手指, 歃血以盟曰, 吾計日六旬乃還, 若過此不來, 則無再見之期矣,遂相別後, 庚信爲押梁州軍主, 春秋與訓信沙干, 聘高句麗, 行至代買縣, 縣人豆斯支沙干, 贈靑布三百步, 旣入彼境, 麗王遣太大對盧蓋金館之, 燕饗有加, 或告麗王曰, 新羅使者非庸人也, 今來殆欲觀我形勢也, 王其圖之, 俾無後患, 王欲橫問因其難對而辱之, 謂曰, 麻木峴與竹嶺本我國地, 若不我還, 則不得歸, 春秋答曰, 國家土地, 非臣子所專, 臣不敢聞命, 王怒囚之, 欲戮未果, 春秋以靑布三百步, 密贈王之寵臣先道解, 道解以饌具來相飮, 酒酣, 戱語曰, 子亦嘗聞龜免之說乎, 昔東海龍女病心, 醫言, 得免肝合藥則可療也, 然海中無免, 不奈之何, 有一龜白龍王言, 吾能得之, 遂登陸見免, 言海中有一島, 淸泉白石, 茂林佳菓, 寒暑不能到, 鷹隼不能侵, 爾若得至, 可以安居無患, 因負免背上, 游行二三里許, 龜顧謂免曰, 今龍女被病, 須免肝爲藥, 故不憚勞, 負爾來耳, 免曰, 噫吾神明之後, 能出五臟, 洗而納之, 日者小覺心煩, 遂出肝心洗之, 暫置巖石之底, 聞爾甘言徑來, 肝尙在彼, 何不廻歸取肝, 則汝得所求, 吾雖無肝尙活, 豈不兩相宜哉, 龜信之而還, 纔上岸, 免脫入草中, 謂龜曰, 愚哉汝也, 豈有無肝而生者乎, 龜憫默而退, 春秋聞其言, 喩其意, 移書於王曰, 二嶺本大國地分, 臣歸國, 請吾王還之, 謂予不信, 有如皦日, 王迺悅焉, 春秋入高句麗, 過六旬未還, 庚信揀得國內勇士三千人, 相語曰, 吾聞見危致命, 臨難忘身者, 烈士之志也, 夫一人致死當百人, 百人致死當千人, 千人致死當萬人, 則可以橫行天下, 今國之賢相被他國之拘執, 其可畏不犯難乎, 於是衆人曰, 雖出萬死一生之中, 敢不從將軍之令乎, 遂請王以定行期, 時高句麗諜者浮屠德昌使告於王, 王前聞春秋盟辭, 又聞諜者之言, 不敢復留, 厚禮而歸之, 及出境謂送者曰, 吾欲釋憾於百濟, 故來請師, 大王不許之, 而反求土地, 此非臣所得專, 嚮與大王書者, 圖逭死耳, (此與本言(言, 當作書)眞平王十二年(眞平王十二年, 亦當作善德王十一年(見本紀))所書, 一事而小異, 以皆古記所傳, 故兩存之). 庚信爲押梁州軍主, 十三年爲蘇判, 秋九月, 王命爲上將軍, 使領兵伐百濟加兮城·省熱城·同火城等七城, 大克之, 因開加兮之津, 乙丑(丑, 當作巳)正月歸, 未見王, 封人急報百濟大軍來攻我買利浦城, 王又拜庚信爲上州將軍令拒之, 庚信聞命卽駕, 不見妻子, 逆擊百濟軍走之, 斬首二千級, 三月, 還命王宮, 未歸家, 又急告百濟兵出屯于其國界, 將大擧兵侵我, 王復告庚信曰, 請公不憚勞遄行. 及其未至備之, 庚信又不入家, 練軍繕兵向西行, 于時其家人皆出門外待來, 庚信過門, 不顧而行, 至五十步許駐馬, 令取漿水於宅, 啜之曰, 吾家之水尙有舊味, 於是軍衆皆云, 大將軍猶如此, 我輩豈以離別骨肉爲恨乎, 及至疆

場, 百濟人望我兵衛, 不敢迫乃退, 大王聞之甚喜, 加爵賞, 十六年丁未, 是善
德王末年, 眞德王元年也, 大臣毗曇・廉宗謂女主不能善理, 擧兵欲廢之, 王自
內禦之, 毗曇等屯於明活城, 王師營於月城, 攻守十日不解, 丙夜大星落於月
城, 毗曇等謂士卒曰, 吾聞落星之下必有流血, 此殆女主敗績之兆也, 士卒呼
吼, 聲振地, 大王聞之, 恐懼失次, 庾信見王曰, 吉凶無常, 惟人所召, 故紂以
赤雀亡, 魯以獲麟衰, 高宗以雉雛興, 鄭公以龍鬪昌, 故知德勝於妖, 則星辰變
異不足畏也, 請王勿憂, 乃造偶人, 抱火載於風鳶而颺之, 若上天然, 翌日, 使
人傳言於路曰, 昨夜落星還上, 使賊軍疑焉, 又刑白馬祭於落星之地, 祝曰, 天
道則陽剛而陰柔, 人道則君尊而臣卑, 苟或易之, 卽爲大亂, 今毗曇等以臣而謀
君, 自下而犯上, 此所謂亂臣賊子, 人神所同疾, 天地所不容, 今天若無意於此,
也反見星怪於王城, 此臣之所疑惑而不喩者也, 惟天之威, 從人之欲, 善善惡
惡, 無作神羞, 於是督諸將卒奮擊之, 毗曇等敗走, 追斬之, 夷九族, 冬十月,
百濟兵來圍茂山・甘勿・桐岑等三城, 王遣庾信率步騎 一萬拒之, 苦戰氣竭,
庾信謂丕寧子曰, 今日之事急矣, 非子誰能激衆心乎, 丕寧子拜曰, 敢不惟命之
從, 遂赴敵, 子擧眞及家奴合節隨之, 突劍戟力戰死之, 軍士望之感勵爭進, 大
敗賊兵, 斬首三千級級, 眞德王大和元年戊申, 春秋以不得請於高句麗, 遂入唐
乞師, 太宗皇帝曰, 聞爾國庾信之名, 其爲人也如何, 對曰, 庾信雖少有才智,
若不藉天威, 豈易除鄰患, 帝曰, 誠君子之國也, 乃詔許, 勑將軍蘇定方以師二
十萬徂征百濟, 時庾信爲押梁州軍主, 若無意於軍事, 飮酒作樂, 屢經旬月, 州
人以庾信爲庸將, 譏謗之曰, 衆人安居日久, 力有餘, 可以一戰, 而將軍慵惰如
之何, 庾信聞之, 知民可用, 告大王曰, 今觀民心, 可以有事, 請伐百濟以報大
梁州之役, 王曰, 以小觸大, 危將奈何, 對曰, 兵之勝否不在大小, 顧其人心何
如耳, 故紂有億兆人, 離心離德, 不如周家十亂, 同心同德, 今吾人一意, 可與
同死生, 彼百濟者不足畏也, 王乃許之, 遂簡練州兵赴敵, 至大梁城外, 百濟逆
拒之, 佯北不勝, 至玉門谷, 百濟輕之, 大率衆來, 伏發擊其前後, 大敗之, 獲
百濟將軍八人, 斬獲一千級, 於是使告百濟將軍曰, 我軍主品釋及其妻金氏之骨
埋於爾國獄中, 今爾神將八人見捉於我, 匍匐請命, 我以狐豹首丘山之意, 未忍
殺之, 今爾送死二人之骨, 易生八人可乎, 百濟仲常(一作忠常)佐平言於王曰,
羅人骸骨留之無益, 可以送之, 若羅人失信, 不還我八人, 則曲在彼, 直在我,
何患之有, 乃掘品釋夫妻之骨, 櫝而送之, 庾信曰, 一葉落, 茂林無所損, 一塵
集, 大山無所增, 許八人生還, 遂乘勝入百濟之境, 攻拔嶽城等十二城, 斬首二

萬餘級, 生獲九千人, 論功, 增秩伊飡, 爲上州行軍大摠管, 又入賊境, 屠進禮
等九城, 斬首九千餘級, 虜得六百人, 春秋入唐, 請得兵二十萬來, 見庾信曰,
死生有命, 故得生還, 復與公相見 何幸如焉, 庾信對曰, 不臣仗國威靈, 再與
百濟大戰, 拔城二十, 斬獲三萬餘人, 又使品釋公及其夫人之骨得反鄉里, 此皆
天幸所致也, 君何力焉.

삼국사기 권 제 42

열전(列傳) 제 2
김유신(金庾信) 중

2년[1] 8월에, 백제장군(百濟將軍) 은상(殷相)이 와서 석토성(石吐城) 등 7성(城)을 공격하니, 왕이 유신(庾信)과 죽지(竹旨)·진춘(陳春)·천존(天存) 등 장군(將軍)을 명하여 나가 방어하게 하였다. 3군(軍)을 5도(道)로 나누어 공격하니, 피차간(彼此間)에 이기고 지고 하여 10여일이 되도록 그치지 아니하였다. 시체(屍體)가 들판에 가득하고, 피가 흘러 절굿공이가 뜨기까지 하였다. 이에 (新羅軍은) 도살성(道薩城 : 지금 天安) 아래 주둔하면서 말을 쉬게 하고 군사들을 잘 먹이어 재거(再擧)를 도모하였다. 이 때, 물새가 동쪽으로 날아와서 유신(庾信)의 군막(軍幕)을 지나가니, 장사(將士)들이 보고서 불길(不吉)하다고 하였다. 유신이 "그것은 괴이하게 여길 것이 못된다"하면서 여러 사람들에게 이르기를 "오늘 반드시 백제인(百濟人)이 정탐하러 올 것이니, 너희들은 거짓 모르는 체하고 누구냐고 묻지 말라"하였다. 그리고 또 군중(軍中)에 널리 알리기를 "성벽(城壁)을 굳게 지키고, 움직이지 말며, 명일(明日) 구원병이 온 다음에 결전(決戰)한다"고 하였다. 첩자(諜者)가 듣고 돌아가 은상(殷相)에게 보고(報告)하니, 은상(殷相) 등은 (新羅의) 병력증가(兵力增加)가 있다고 한 것에 의구(疑懼)치 아니할 수 없었다. 여기서 유신(庾信) 등은 일시에 분격(奮擊)하여 크게 이기고, 장군(將軍) 달솔(達率 : 2품) 정중(正仲)과 100명을 사로잡고, 좌평(佐平) 은상(殷相), 달솔(達率) 자견(自堅) 등 10명과 군사 8,980명을 베

---

1) 2년은 眞德王 2년을 말함이나, 新羅本紀에 의하면, 百濟將軍 殷相이 新羅의 石吐城 등을 攻陷한 것은 3년(西紀 649) 8월이었다. 여기의 2년은 3년의 誤記가 아니면 眞德王 즉위 翌年에 고친 太和年號의 2년으로써 한 것이 아닌가 推察된다.

고, 말 1 만필(匹)과 투구·갑옷 1,800 벌을 얻고, 다른 노획한 기계(器械)도 이런 정도였다. 그리고 돌아올 때에는, 길에서 백제의 좌평(佐平) 정복(正福)이 군사 1,000명을 거느리고 와서 항복하므로 모두 놓아주어 갈 데로 가게 하였다. 경성(京城 : 慶州)에 이르니 대왕(大王)이 문(門)에 나와 맞이하며 위로하고 후대(厚待)하였다.

영휘(永徽 : 唐高宗 연호) 5년(西紀 654)에 진덕왕(眞德王)이 돌아가고 후사(後嗣)가 없었으므로, 유신(庾信)이 재상(宰相)인 알천(閼川) 이찬(伊飡)과 의논하고 춘추(春秋) 이찬(伊飡)을 맞아 즉위케 하니, 이가 태종대왕(太宗大王)이었다. 영휘(永徽) 6년 을묘(乙卯) 9월에 유신이 백제로 들어가 도비천성(刀比川城 : 永同郡 陽山面 飛鳳山城)을 쳐서 이겼다. 이 때 백제는 군신(君臣)이 사치하고 음일(淫逸)하여 국사(國事)를 돌보지 않으니 백성이 원망하고 신령(神靈)이 노하여 재변괴이(災變怪異)가 여러 번 나타났다. 유신이 왕께 고(告)하기를 "백제(왕)가 무도(無道)하여 그 죄(罪)가 걸(桀)·주(紂)보다 더하니, 참으로 하늘의 뜻에 따라 백성을 조문(弔問)하고 죄를 칠 때입니다"하였다. 이에 앞서 조미압(租未坤) 급찬(級飡 : 9品職)이 부산현령(夫山縣(鎭海 부근)令)으로 백제에 사로잡혀 가서 좌평(佐平) 임자(任子)의 집 종이 되었는데, 일하기를 부지런히 하고 정성껏 하여 태만한 적이 없었다. 임자(任子)가 가긍히 여겨 의심치 않고 마음대로 출입(出入)하게 하였다. 이에 (그가) 도망해 돌아와 백제의 사정(事情)을 유신(庾信)에게 고(告)하였다. 유신은 조미압(租未坤)이 충정(忠正)하여 쓸만함을 알고 말하기를, "내가 들으니 임자(任子)가 백제의 일을 전담한다 하니, 함께 의논하고 싶은 생각이 있으나 계제(階梯)가 없었다. 그대가 나를 위하여 다시 돌아가서 말하라"하니, 대답하기를, "공(公)이 나를 불초(不肖)하다 않으시고 시키시니 죽더라도 뉘우침이 없겠습니다"하였다. 그리고 다시 백제로 들어가서 임자(任子)에게 고(告)하기를 "제 스스로의 생각에 이미 국민(國民)이 되었으니, 국속(國俗)을 알아야 하겠다 하여 나가 놀기 여러 순일(旬日)동안 돌아오지 아니하였더니, 개와 말이 주인(主人)을 생각하는 마음을 참을 수 없어 다시 왔습니다"하였다. 임자(任子)가 믿고 책망하지 않았다. 조미압(租未坤)이 틈을 타서 보고하기를, "전번에는 죄(罪)를 받을까 두려워하여 감히 바른 대로 말하지 못하였습니다. 사실인즉, 신라(新羅)에 갔다고 돌아왔는데, 유신(庾信)이 나에게 일러 다시 가서 그대에게 고하라 하되 '나라의 흥망을 미리 알 수 없는 일이니, 만일 그대의 나라가 망하면 그대가 우리 나라에 의지하고, 우리 나라가 망하면 내가 그대의 나라에 의지하도록 하자"고 하였습니다"고 하였다. 임자(任子)가 듣고 묵묵히 말이 없었다. 조미압(租未坤)이 황공(惶恐)하여 물러와 죄(罪) 주기를 기다리고 있었다. 두어 달만에 임자(任子)가 불러서 묻기를 "네가 전번에 말한 바 유신(庾信)의 말이 어떤 것인가" 하였다. 조미압(租未坤)이 놀라고 두려워하여 전에 말한 대로 대답하니, 임자가 "네가 전(傳)한 말을 내가 잘 알았다. 가서 알리라"고 하였다. 그리하여 (租未坤이) 와서 말하고 (百濟의) 다른 중외(中外)의 일도 정녕상실(丁寧詳悉)하게 말하니, 여기서 더욱 (百濟를) 병탄(倂呑)할 모의(謀議)를 급히 하였다.

태종대왕(太宗大王) 7년 경신(庚申 : 西紀 660) 6월에 대왕이 태자(太子) 법민(法敏)과 함께 백제를 정벌하려고 크게 군사를 출동하여 남천(南川 : 지금 利川)에 이르러 진영을 베풀었다. 이 때 당(唐)에 들어가 청병(請兵)하던 파진찬(波珍飡) 김인문(金仁問 : 法敏의 아우)이 당(唐)의 대장군(大將軍) 소정방(蘇定方)·유백영(劉伯英)과 함께 군사 13만 명을 거느리고 해상(海上)을 거쳐 덕물도(德物島 : 德積島)에 와서, 먼저 종자(從者) 문천(文泉)을 보내어 알리니, 왕이 태자(太子)와 장군(將軍) 유신(庾信)·진주(眞珠)·천존(天存) 등을 명하여, 큰 배 100척(隻)에 군사들을 싣고 가서 회합(會合)케 하였다. 태자(太子)가 장군 소정방(蘇定方)을 만나니 정방(定方)이 태자에게 이르기를 "나는 해로(海路)로 가고 태자는 육로(陸路)로 가서 7월 10일에 백제의 왕도(王都) 사비성(泗沘城)에서 함께 모이자"고 하였다. 태자가 와서 고하니 대왕(大王)은 장사(將士)들을 거느리고 사라(沙羅)[2]의 군영(軍營 : 停)에 이르렀다. 장군 소정방(蘇定方)·김인문(金仁問) 등이 연해안(沿海岸)을 따라 의(기)벌포(依(伎)伐浦 : 長項)로 들어왔는데, 해안(海岸)이 진흙탕이어서 빠지므로 다닐 수 없었으므로 버들자리(柳席)를 펴 군사들을 나오게 하였다. (결국) 당군(唐軍)과 나군(羅軍)이 연합하여 백제를 쳐 멸하였거니와, 이 전쟁(戰爭)에서 유신(庾信)의 공(功)이 많았다. 당제(唐帝)가 이 소식을 듣고 사신을 보내에 포상(褒賞)하였다. 당장(唐將) 정방(定方)이 유신(庾信)·인문(仁問)·양도(良圖) 세 사람에게 이르기를 "내가 황제(皇帝)의 명(命)을 받아 적당한 권한(權限)을 가지고 일을 보게 되었으니, 지금 (싸워) 얻은 백제땅을 공(公)들에게 나누어 주어 식읍(食邑 : 封地)을 삼아

---

2) 本紀(太宗武烈王 7년條)에는 '王次今突城'이라고 하였는데, 그 現位置는 지금의 槐山이 아닌가 추측된다.

공(功)에 대한 보수(報酬)로 하려 하는데 어떻겠소"하였다. 유신(庾信)이 대답하기를 "대장군(大將軍)이 귀국(貴國)의 군사를 거느리고 와서 우리 임금의 소망에 부응(副應)하고 우리 나라의 원수를 갚았으니, 우리 임금이나 온 나라 신민(臣民)이 기뻐 날뛰기 이를 데 없다. 그런데 우리들이 주는 것을 받아 혼자서 자신(自身)을 이롭게 한다면 의리에 어떻겠는가"하고 드디어 받지 아니하였다.

당인(唐人)들이 백제(百濟)를 멸한 다음, 사비(泗沘:扶餘邑)에 진영(陣營)을 베풀고 은밀히 신라(新羅)를 침략(侵略)하려고 꾀하였다. 우리 왕이 이것을 알고 여러 신하들을 불러 대책을 물으니, 다미공(多美公)이 나서서 말하기를, "우리 백성으로 거짓 백제인(百濟人)의 복장(服裝)을 하고 적해(賊害)할 듯이 하면, 당인(唐人)들이 반드시 공격할 것이니, 그로 하여 함께 싸우면 뜻을 펼 수 있습니다"하였다. 유신(庾信)이 가로되 "그 말이 취(取)할 만하니 따르기 바라나이다"하였다. 왕은 "당군(唐軍)이 우리를 위하여 적(敵)을 멸하였는데 도리어 싸움을 한다면 하늘이 우리를 도울 것인가"하였다. 유신이 "개가 그 주인을 두려워하지만, 주인(主人)이 그 다리를 밟으면 무는 법입니다. 어찌 어려운 경우를 당하여 스스로 구원하지 않겠습니까. 대왕(大王)께서는 허락하소서"하였다. 당인(唐人)들이 우리편의 대비(對備)가 있는 것을 정탐해 알고 백제왕(百濟王)과 신하 93 명, 군사 2 만 명을 노획(虜獲)하여 9월 3일 사비(泗沘)에서 배를 띄워 돌아가고, 낭장(郎將) 유인원(劉仁願) 등을 머물러 진영(陣營)을 설치하고 수비(守備)하게 하였다. 정방(定方)이 돌아가 포로를 바치니, 천자(天子)가 위로하며 말하기를 "어찌하여 이내 신라를 치지 않았는가"하였다. 정방(定方)이 "신라는 임금이 어질고 백성을 사랑하며, 그 신하는 충성으로 나라를 섬기고 아랫사람들이 윗사람 섬기기를 부형(父兄)과 같이 하니, 비록 (나라는) 작지만 도모할 수 없습니다"하였다.

용삭(龍朔;唐高宗 연호) 원년:新羅 文武王 원년, 西紀 611) 봄에, 왕은 백제의 여중(餘衆)이 아직도 남아 있으니 멸하지 않을 수 없다 하여, 이찬(伊飡) 품일(品日)과 소판(蘇判) 문왕(文王:太宗王子)과 대아찬(大阿飡) 양도(良圖) 등을 장군(將軍)으로 하여 가서 치게 하였으나 이기지 못하고, 또 이찬(伊飡) 흠순(欽純)[欽春으로도 되어 있음]·진흠(眞欽)·천존(天存)과 소판(蘇判) 죽지(竹旨) 등에게 군사를 거느리고 가게 하였다. 고구려(高句麗)와 (그 治下의) 말갈(靺鞨)은 신라의 정예병(精銳兵)이 모두 백제에 가 있어 국내(國內)가 비었으니

공략할 수 있다 하여, 군사를 일으켜 수륙(水陸) 양면(兩面)으로 함께 와서 북
한산성(北漢山城)을 포위하였다. 고구려는 서쪽에 진(陣)치고 말갈(靺鞨)은 동
쪽에 진(陣)을 치고 공격하기 열흘에 이르니, 성중(城中)에서는 위태로움과 두
려움에 쌓였다. 갑자기 큰 별이 적영(賊營)에 떨어지고, 도 뇌우(雷雨)가 오고
벼락을 치니, 적(賊)들이 의혹하고 놀라 포위(包圍)를 풀고 도망하였다. 처음
에 유신(庾信)은 적(賊)이 성(城)을 포위하였다는 말을 듣고 "인력(人力)이 이
미 다하였으니 음조(陰助)를 빌어야 하겠다"하고 불사(佛寺)에 나가 단(壇)을
베풀고 기도하였는데, 마침 천변(天變)이 있자 모두 말하기를, 지성(至誠)의 감
천(感天)이라 하였다.

유신(庾信)이 일찍이 중추야(中秋夜)에 자제(子弟)들을 이끌고 대문(大門) 밖
에 섰더니, 문득 서쪽에서 오는 사람이 있었다. 유신은 그가 고구려 첩자(諜
者)인 줄을 알고 불러 앞으로 오게 하여 말하기를 "너희 나라에 무슨 일이 있
는가"하니, 그 사람이 허리를 굽히고 감히 대답하지 못하였다. 유신이 "무서
워할 것이 없다. 사실대로 말하라"고 하였는데 또 말하지 아니하였다. 유신이
이르기를 "우리 국왕(國王)은 위로 하늘의 뜻을 어기지 않고, 아래로 인심(人
心)을 잃지 않으니 백성들이 기뻐하여 모두 자기 생업(生業)을 즐기고 있다.
지금 네가 보았으니, 가서 너희 나라 사람들에게 말하라"하고 위로하여 보냈
다. 고구려 사람들이 듣고 "신라는 작은 나라이지만 유신(庾信)이 재상(宰相)
이 되었으니 업수이 여길 수 없다"고 하였다.

문무왕(文武王) 원년 6월에 당(唐)의 고종(高宗)이 장군(將軍) 소정방(蘇定方)
등을 보내어 고구려를 정벌하였다. (앞서) 당(唐)에 들어가 숙위(宿衛)하던 김
인문(金仁問)이 명(命)을 받고 와서 (唐의) 출병기일(出兵期日)을 알리고 겸하
여 신라에서도 군사를 내어 함께 모여 칠 것을 말하였다. 여기서 문무대왕(文
武大王)은 유신(庾信)·인문(仁問)·문훈(文訓) 등을 거느리고 대병력(大兵力)을
발동(發動)하여 고구려를 향해 가다고 남천주(南川州)[3]에 이르렀는데, (百濟
故地에) 진수(鎭守)하던 당장(唐將) 유인원(劉仁願)이 휘하(麾下) 군사를 거느리

---

3) 本紀(文武王 원년 8月條)에는 大王이 諸將을 영솔하고 始飴谷停에 이르러 머물렀다
고 하였는데, 이것이 옳을 듯하다. 왜냐하면 그 밑에 有司의 急報가 前路에 百濟軍이
甕山城(今 大德郡 懷德面 鷄足山城)에 웅거하여 있다고 하였으므로, 南川停은 아닐
것이다. 始飴谷停의 위치는 未詳이나, 甕山城이 南에 있었을 것은 再言을 요치 않는
다.

고 사비(泗泚)에서 배를 띄워 혜포(鞋浦 : 위치 미상)에 상륙(上陸), 역시 남천주(南川州)에 진영(陣營)을 베풀었다.[4] 이 때 유사(有司 : 일의 擔當官)가 보고하기를, 전로(前路)에 백제의 잔적(殘賊)이 옹산성(瓮山城 : 지금 大德郡 懷德面 鷄足山城)에 둔취(屯聚)하여 길을 막고 있으니 바로 전진(前進)하여서는 안된다고 하였다. 여기서 유신(庾信)이 군사를 내어 성(城 : 瓮山城)을 포위하고 사람을 성(城) 아래로 가까이 가게 하여 적장(賊將)에게 말하기를 "너희 나라가 공손하지 않아서 대국(大國)이 토벌(討伐)하게 되었으며, 명(命)에 순종하는 자는 상(賞)을 받고 순종치 않는 자는 죽음을 당하였다. 지금 너희들이 홀로 고성(孤城)을 지키어 무엇을 하려는 것인가. 나중에는 반드시 다 참혹해질 것이니 나와서 항복하는 것만 같지 못하다. (항복하면) 생명을 보전할 뿐만 아니라, 부귀도 기대할 수 있으리라" 하였다. 적(賊)이 큰 소리로 외치기를 "비록 보잘것없는 작은 성(城)이지만, 병기(兵器)와 식량(食糧)이 모두 넉넉하고 군사들은 의(義)롭고 용감하다. 차라리 죽기로 싸울지언정 맹세코 살아서 항복하지를 않겠다"고 하였다. 유신(庾信)이 웃으며 "궁(窮)한 새와 곤(困)한 짐승도 스스로 구(救)할 줄을 안다는 것이 이를 이름이다" 하고, 기(旗)를 휘두르고 북을 올려 공격하였다. 대왕(大王)이 높은 데 올라 싸우는 군사들을 바라보며 눈물어린 말로 격려하니, 군사들이 모두 분격 돌진하여 봉인(鋒刃)을 돌보지 아니하였다.

9월 27일에 성(城 : 瓮山)이 함락되었는데, 적장(賊將)은 잡아죽이고 백성들은 놓아 주었다. 공(功)을 논(論)하여 장사(將士)들에게 상을 주었다. 유인원(劉仁願)도 역시 (羅將에게) 비단을 차등(差等) 있게 나누어 주었다. 여기서 군사들을 공궤(供饋)하고 말을 먹인 다음, (高句麗 방면의) 당군(唐軍)과 합세(合勢)하려 하였다. 대왕은 이보다 앞서 태감(太監 : 職名) 문천(文泉)을 보내어 소장군(蘇將軍 : 定方)에게 서신(書信)을 전하였는데, 이 때 (돌아와서) 복명(復命)하고 정방(定方)의 말을 전하기를, "내가 만리(萬里) 먼 곳에 명(命)을 받들고 창해(滄海)를 건너 적(賊)을 토벌하려고 배를 해안(海岸)에 댄 지 벌써 달을 넘겼습니다. 대왕(大王)의 군사는 이르지 않고 군량(軍糧) 수송이 계속되지 않아 위태함이 심하니, 왕은 잘 도모하여 주십시오" 하였다. 대왕이 여러 신하들에게 어찌하면 좋으냐고 물었다. 모두 말하기를, 깊이 적지(敵地)에 들어가

---

4) 劉仁願도 이 때 南川停에 온 것이 아니라 始飴谷停에 와서 羅軍과 같이 行軍하였던 것이다.

군량을 수송(輸送)하는 일은 사세로 보아 할 수 없다고 하니, 대왕이 근심하여 한숨쉬며 탄식하였다. 이 때 유신(庾信)이 앞으로 나아가 대답하기를 "신이 과분하게 은우(恩遇)를 받고 욕되게 중임(重任)을 맡고 있으니, 국가(國家)의 일이라면 죽어도 피할 수 없습니다. 오늘은 곧 노신(老臣)이 절개를 다하는 날이오니, 적국(敵國)을 향하여 소장군(蘇將軍)의 뜻에 맞도록 하겠습니다" 하였다. 대왕이 자리를 옮겨 나와서 손을 잡고 눈물 흘리며 "공(公)과 같은 어진 보필(輔弼)을 얻었으니 근심이 없겠다. 이번 이 싸움에 (있어) 소지(素志)를 그르치지 아니한다면 공(公)의 공덕(功德)을 언젠들 잊을 수 있으리요" 하였다. 유신(庾信)이 왕명(王命)을 받고 현고잠(懸鼓岑 : 위치 미상)의 수사(岫寺)에 이르러, 재계하고 영실(靈室)로 들어가 방문을 닫고 혼자 앉아 분향(焚香)하기를 여러 날 밤낮으로 계속한 후에 나와 혼자서 기뻐하며 말하기를, "내가 이번 길에 죽지 않게 될 것이다"고 하였다. 떠날 때에 왕이 손수 글을 써서 유신(庾信)에게 이르기를 "국경(國境)을 나간 후에는 상(賞)과 벌(罰)을 마음대로 함이 좋겠다"고 하였다.

12월 10일에 부장군(副將軍) 인문(仁問)·진복(眞服)·양도(良圖) 등 9장군과 함께 군사를 거느리고 양곡을 싣고 고구려 경내(境內)로 들어가게 되었다. 임술년(壬戌年 : 文武王 2년) 정월 23일, 칠중하(七重河)에 이르렀는데, 사람들이 모두 두려워하여 감히 먼저 (배에) 오르지 못하였다. 유신(庾信)이 말하기를 "제군(諸君)이 죽는 것을 두려워한다면 어찌 여기에 왔겠는가" 하고 자신(自身)이 먼저 배를 타고 건너니, 여러 장졸(將卒)들이 서로 따라 물을 건너 고구려 땅에 들어갔다. 고구려인(高句麗人)이 큰길에서 요격(要擊)할까 염려하여 험하고 좁은 길로 가서 산양(蒜壤 : 위치 미상)에 이르렀다. 유신이 여러 장사(將士)들과 함께 말하기를 "고구려(高句麗)·백제(百濟) 두 나라가 우리 국토(國土)를 침략·유린하고 우리 인민(人民)을 적해(賊害)하여, 혹은 장정(壯丁)을 잡아다 죽이고, 혹은 어린아이들을 잡아다 노예로 부린 지 오래였으니, 어찌 통한(痛恨)할 일이 아니랴? 내가 지금 죽는 것을 두려워하지 않고 어려운 일에도 달려드는 까닭은 대국(大國)의 힘을 빌어 두 성(城 : 國都)을 멸해서 나라의 원수를 씻으려는 것이다. 마음으로 맹세하고 하늘에 고(告)하여 신명(神明)의 도움을 기약하고 있는데, 여러 사람들의 마음은 어떠한지를 모르기 때문에 말하는 것이다. 적(敵)을 가벼이 여기는 자는 반드시 성공하여 돌아가게 될 것이요, 만일 적(敵)을 무서워한다면 어찌 사로잡힘을 면할 수가 있으랴?

마땅히 동심협력(同心協力)하여, 한 사람이 백 명을 당하지 아니할 사람이 없기를 제공(諸公)에게 바라는 바이다" 하였다. 여러 장졸(將卒)이 모두 "원컨대 장군(將軍)의 명(命)을 받들어, 감히 살기를 꾀하는 마음을 가지지 않겠습니다" 하였다. 이에 북을 치며 행진(行進)하여 평양(平壤)으로 향하였는데, 도중에서 적병(賊兵)을 만나자 역격(逆擊)하여 이기니, 얻은 갑옷과 병기(兵器)가 매우 많았다.

장새(獐塞 : 지금 遂安)의 험지(險地)에 이르자, 마침 천후(天候)가 몹시 차서 사람과 말이 지쳐서 왕왕 쓰러지기도 하였다. (이 때) 유신(庾信)이 어깨를 벗어붙이고 말에 채찍질하여 앞으로 달려가니 여러 사람이 보고 힘을 다하여 달려가며 땀을 흘리면서 감히 춥다고 말하지 못하였다. 그리하여 드디어 험지(險地)를 지나 평양(平壤)과의 상거(相距)가 멀지 않은 곳5)에 이르렀는데, 유신(庾信)이 말하기를 "당군(唐軍)이 식량(食糧)의 결핍으로 군색이 절박하니, 먼저 알려 주어야 하겠다" 하고, 보기감(步騎監) 열기(裂起)를 불러서 "내가 소년(少年) 때부터 그대와 함께 놀아서 그대의 지조와 절개를 잘 안다. 지금 소장군(蘇將軍)에게 의사를 전달하려고 하는데 사람을 구하기 어렵다. 그대가 갈수 있겠는가"고 하였다. 열기(裂起)가 "내가 비록 불초(不肖)하지만 외람되이 중군직(中軍職)에 있고, 더구나 장군의 명령을 받음에 있어서리요. 죽는 날이 사는 해와 같겠습니다" 하였다. 드디어 장사(壯士) 구근(仇近) 등 15명과 함께 평양(平壤)으로 가서 소장군(蘇將軍)을 보고 말하기를 "유신(庾信) 등이 군사를 거느리고 군량(軍糧)을 운반하여 이미 가까운 곳에 왔다" 하니, 정방(定方)이 기뻐하며 글(편지)을 적어 사례하였다.

유신(庾信) 등이 행진하여 양오(楊隩 : 지금 江東인 듯)에 당도해서 한 노인을 만나 물으니, 적국(敵國) 소식을 자세히 말하므로 포백(布帛)을 주었는데, 사양하여 받지 않고 갔다. 유신이 양오(楊隩)에 진영을 베풀고, 한어(漢語)를 아는 인문(仁問)·양도(良圖)와 아들 군승(軍勝) 등을 보내어 당영(唐營)으로 가서 왕의 뜻으로 군량(軍糧)을 주었다. 정방(定方)은 (지금까지) 식량이 다하고, 군사가 지쳐 힘써 싸우지 못하다가 군량을 얻게 되자, 그만 당(唐)으로 돌아갔으며, 양도(良圖)도 군사 800명으로 해상(海上)을 통하여 본국(本國)으로 돌아왔다. 이 때 고구려 사람들이 복병(伏兵)을 설하고 우리 군사(新羅軍)를 귀로(歸

---

5) 本紀(文武王 2년 2월)에는 '距平壤三萬六千步'라 하였다.

路)에서 요격(要擊)하려고 하였다. 유신이 여러 마리 소(牛)의 허리와 꼬리에 북과 북채를 매달아 후려치게 하니, 소리가 (요란하게) 나고, 또 시초(柴草)를 쌓아놓고 불로 태워 연기(煙氣)와 불이 끊어지지 않게 한 다음, 밤중에 몰래 행진(行進)하여, 표하(瓢河 : 坡州 臨津江)에 이르러서는 급히 물을 건너 언덕에서 휴식(休息)하였다. 고구려인(高句麗人)이 알고 뒤를 쫓아왔는데, 유신이 1만 개의 쇠뇌로 함께 쏘게 하였다. 고구려군(高句麗軍)이 물러가자, 여러 당(幢 : 陣營)의 장사(將士)들을 지휘독려(指揮督勵), 분발거격(分發拒擊)하여 패퇴(敗退)시키고 장군(將軍)[6] 1명을 사로잡고, 1만여 명의 목을 베었다. 왕이 듣고 사람을 보내어 위로하였으며, 돌아오자 봉읍(封邑)과 작위(爵位)를 차등(差等) 있게 상사(賞賜)하였다.

용삭(龍朔) 3년 계해(癸亥 : 文武王 3년)에, 백제의 여러 성(城)이 비밀히 부흥(復興)을 도모하여 그 거수(渠帥 : 大將)가 두솔성(豆率城)[7] : 周留城의 異寫인 듯)에 웅거하고 있으면서 왜(倭)에게 군사를 청하여 후원(後援)을 삼았다. 대왕(大王)이 친히 유신(庾信)·인문(仁間)·천존(天存)·죽지(竹旨) 등 장군을 거느리고 7월 17일로써 정토(征討)하는 길에 나섰다. 웅진주(熊津州)에 가서, 진수관(鎭守官) 유인원(劉仁願)의 군사와 합세(合勢)하여, 8월 13일에 두솔성(豆率城)에 이르니, 백제인(百濟人)들이 왜인(倭人)과 함께 나와 진(陣)을 쳤는데, 아군(我軍)이 역전(力戰)하여 (이를) 크게 파(破)하니, 백제와 왜인(倭人)이 모두 항복하였다. 대왕이 왜인들에게 이르기를 "우리와 너희 나라가 바다를 격하여 나뉘어 있으면서 일찍이 교쟁(交爭)한 일이 없을뿐더러 우호(友好)를 맺고 화친(和親)을 강(講)하는 등 서로 빙문교통(聘問交通)하였는데 어찌하여 오늘 와서 백제와 함께 악(惡)을 같이하며, 우리 나라를 도모하려 하는가? 지금 너희 나라 군졸(軍卒)은 우리 손 안에 있지만 차마 죽이지 못하니, 너희들은 돌아가 너희 왕에게 고하라"하고, 마음대로 가게 하고 군사를 나누어 여러 성(城)을 쳐서 항복받았다. 오직 임존성(任存城)만이 지리(地理)가 험하고 성(城)이 견고하고 양식이 많았다. 이래서 3순(旬)이나 공격하여도 항복받지 못하니, 사졸(士卒)이 피곤하여 싸우기를 싫어하였다. 대왕(大王)이 이르기를 "지금 비록 한 성(城)이 함락되지 아니하였지만, 다른 여러 성보(城堡)가 모두 항복하였으니 공(功)이 없다고 할 수 없다"하고, 군사들을 정렬(整列)하여 돌아왔다. 11

월 20일에 서울에 도착하여 유신(庾信)에게 밭 500결(結)을 하사(下賜)하고, 다른 장졸(將卒)에게도 상사(賞賜)를 차등(差等) 있게 하였다.

〔**原文**〕

三國史記 卷 第四十二

列傳 第二

金庾信 中

二年秋八月, 百濟將軍殷相來攻石吐等七城, 王命庾信, 及竹旨・陳春・天存等將軍出禦之, 分三軍爲五道擊之, 互相勝負, 經旬不解, 至於僵屍滿野, 流血浮杵, 於是屯於道薩城下, 歇馬餉士, 以圖再擧, 時有水鳥東飛, 過庾信之幕, 將士見之以爲不祥, 庾信曰, 此不足怪也, 謂衆曰, 今日必有百濟人來諜, 汝等佯不知勿敢誰何, 又使徇于軍中曰, 堅壁不動, 待明日援軍至, 然後決戰, 諜者聞之, 歸報殷相, 殷相等謂有加兵, 不能不疑懼, 於是庾信等一時奮擊, 大克之, 生獲將軍達率正仲, 士卒一白人, 斬佐平殷相・達率自堅等十人, 及卒八千九百八十人, 獲馬一萬匹, 鎧一千八百領, 其他器械稱是, 及歸, 還路見百濟佐平正福與卒一千人來降, 皆放之, 任共所往, 至京城, 大王迎門, 勞慰優厚, 永徽五年, 眞德大王薨, 無嗣, 庾信與宰相閼川伊飡謀, 迎春秋伊飡卽位, 是爲太宗大王, 永徽六年乙卯秋九月, 庾信入百濟, 攻刀比川城克之, 是時百濟君臣奢泰淫逸, 不恤國事, 民怨神怒, 災怪屢見, 庾信告於王曰, 百濟無道, 其罪過於桀紂, 此誠順天弔民伐罪之秋也, 先是租未押級飡爲夫山縣令, 被虜於百濟, 爲佐平任子之家奴, 從事勤恪, 曾無懈慢, 任子憐之不疑, 縱其出入, 乃逃歸, 以百濟之事告庾信, 庾信知租未押忠正而可用, 乃語曰, 吾聞任子專百濟之事, 思有以與謀而末由, 子其爲我再歸言之, 答曰, 公不以僕爲不肖而指使之, 雖死無悔, 遂復入於百濟, 告任子曰, 奴自以謂, 旣爲國民, 宜知國俗, 是以出遊累旬不返, 不勝犬馬變主之誠, 故此來耳, 任子信之不責, 租未坤伺間報曰, 前者畏罪不敢直言, 其實往新羅還來, 庾信諭我, 來告於君曰, 邦國興亡, 不可先知, 若君國亡, 則君依於我國, 我國亡, 則吾依於君國, 任子聞之, 嘿然無言, 租未坤惶懼而退, 待罪數月, 任子喚而問之曰, 汝前說庾信之言若何, 租未坤驚恐而對, 如前所言, 任子曰, 爾所傳, 我已悉知, 可歸告之, 遂來說, 兼及中外之事,

丁寧詳悉, 於是愈急幷呑之謀, 太宗大王七年庚申夏六月, 大王與太子法敏將伐
百濟, 大發兵, 至南川而營, 時入唐請師波珍飡金仁問與唐大將軍蘇定方・劉
伯英, 領兵十三萬, 過海到德物島, 先遣從者文泉來告, 王命太子與將軍庾信・
眞珠・天存等, 以大船一百艘, 載兵士會之, 太子見將軍蘇定方, 定方謂太子
曰, 吾由海路, 太子登陸行, 以七月十日會于百濟王都泗沘之城, 太子來告, 大
王率將士, 行至沙羅之停, 將軍蘇定方・金仁問等沿海入依(依, 當作技)伐浦,
海岸泥濘陷不可行, 乃布柳席以出師, 唐羅合擊百濟滅之, 此役也, 庾信之功爲
多, 於是唐皇帝聞之, 遣使褒嘉之, 將軍定方謂庾信・仁問・良圖三人曰, 吾受
命以便宜從事, 今以所得百濟之地分, 錫公等爲食邑, 以酬厥功如何, 庾信對
曰, 大將軍以天兵來副寡君之望, 雪小國之讎, 寡君及一國臣民喜抃之不暇, 而
吾等獨受賜以自利, 其如義何, 遂不受, 唐人旣滅百濟, 營於泗沘之丘, 陰謀侵
新羅, 我王知之, 召羣臣問策, 多美公進曰, 令我民詐爲百濟之人, 服其服, 若
欲爲賊者, 唐人必擊之, 因與之戰, 可以得志矣, 庾信曰, 斯言可取, 請從之,
王曰, 唐軍爲我滅敵, 而反與之戰, 天其祐我耶, 庾信曰, 犬畏其主, 而主踏其
脚則咬之, 豈可遇難而不自救乎, 請大王許之, 唐人謀知我有備, 虜百濟王及臣
寮九十三人, 卒二萬人, 以九月三日, 自泗沘泛船而歸, 留郎將劉仁願等鎭守
之, 定方旣獻俘, 天子慰藉之曰, 何不因而伐新羅, 定方曰, 新羅其君仁而愛民,
其臣忠以事國, 下之人事其上如父兄, 雖小不可謀也, 龍朔元年春, 王謂百濟餘
燼尙在, 不可不滅, 以伊飡品日・蘇判文王・大阿飡良圖等爲將軍, 往伐之, 不
克, 又遣伊飡欽純(一作欽春)・眞欽・天存・蘇判竹旨等濟師, 高句麗靺鞨謂,
新羅銳兵皆在百濟, 內虛可擣, 發兵水陸並進, 圍北漢山城, 高句麗營其西, 靺
鞨屯其東, 攻擊浹旬, 城中危懼, 忽有大星落於賊營, 又雷雨震擊, 賊等疑駭,
解圍而遁, 初庾信聞賊圍城曰, 人力旣竭, 陰助可資, 詣佛寺設壇祈禱, 會有天
變, 皆謂至誠所感也, 庾信嘗以中秋夜, 領子弟立大門外, 忽有人從西來, 庾信
知高句麗謀者, 呼使之前曰, 而國有底事乎, 其人俯而不敢對, 庾信曰, 無畏也,
但以實告, 又不言, 庾信告之曰, 吾國王上不違天意, 下不失人心, 百姓欣然,
皆樂其業, 今爾見之, 往告而國人, 遂慰送之, 麗人聞之曰, 新羅雖小國, 庾信
爲相, 不可輕也, 六月, 唐高宗皇帝遣將軍蘇定方等, 征高句麗, 入唐宿衛金仁
問, 受命來告兵期, 兼諭出兵會伐, 於是文武大王率庾信・仁問・文訓等, 發大
兵向高句麗, 行次南川州, 鎭守劉仁願以所領兵, 自泗沘泛船, 至鞋浦下陸, 亦
營於南川州, 時有司報, 前路有百濟殘賊, 屯聚甕山城, 遮路不可直前, 於是庾

信以兵進而圍城, 使人近城下, 與賊將語曰, 而國不襲, 致大國之討, 順命者賞, 不順命者戮, 今汝等獨守孤城, 欲何爲乎, 終必塗地, 不如出降, 非獨存命, 富貴可期也, 賊高聲唱曰, 雖蕞爾小城, 兵食俱足, 士卒義勇, 寧爲死戰, 誓不生降, 庾信笑曰, 窮鳥困獸, 猶知自救, 此之謂也, 乃揮旗鳴鼓攻之, 大王登高見戰士, 淚語激勵之, 士皆奮突, 鋒刃不顧, 九月二十七日, 城陷, 捉賊將戮之, 放其民, 論功賞賚將士, 劉仁願亦分絹有差, 於是饗士秣馬, 欲往會唐兵, 大王前遣太監文泉, 移書蘇將軍, 至是復命, 遂傳定方之言曰, 我受命, 萬里涉滄海而討賊, 艤舟海岸, 旣踰月矣, 大王軍士不至, 粮道不繼, 其危殆甚矣, 王其圖之, 大王問羣臣, 如之何而可, 皆言深入敵境輸粮, 勢不得達矣, 大王患之咨嗟, 庾信前對曰, 臣過叨恩遇, 忝辱重寄, 國家之事, 雖死不避, 今日是老臣盡節之日也, 當向敵國, 以副蘇將軍之意, 大王前席, 執其手下淚曰, 得公賢弼, 可以無憂, 若今玆之役, 罔愆于素, 則公之功德, 曷日可忘, 庾信旣受命, 至懸鼓岑之岫寺齋戒, 卽靈室閉戶, 獨坐焚香, 累日夜而後出, 私自喜曰, 吾今之行, 得不死矣, 將行, 王以手書告庾信, 出疆之後, 賞罰專之可也, 十二月十日, 與副將軍仁問・眞服・良圖等九將軍, 率兵載粮, 入高句麗之界, 壬戌正月二十三日, 至七重河, 人皆恐懼, 不敢先登, 庾信曰, 諸君若怕死, 豈合來此, 遂先自上船而濟, 諸將卒相隨渡河, 入高句麗之境, 慮麗人要於大路, 遂自險隘以行, 至於蒜壤, 庾信與諸將士曰, 麗濟二國, 侵凌我疆場, 賊害我人民, 或虜丁壯以斬戮之, 或俘幼少以奴使之者久矣, 其可不痛乎, 吾今所以不畏死赴難者, 欲藉大國之力, 滅二城, 以雪國讎, 誓心告天, 以期陰助, 而未知衆心如何, 故言及之, 若輕敵者, 必成功而歸, 若畏敵, 則豈免其禽(禽與擒通)獲乎, 宜同心協力, 無不以一當百, 是所望於諸公者也, 諸將卒皆曰, 願奉將軍之命, 不敢有偸生之心, 乃鼓行向平壤, 路逢賊兵, 逆擊克之, 所得甲兵甚多, 至獐塞之險, 會天寒烈, 人馬疲憊, 往往僵仆, 庾信露肩執鞭, 策馬以前驅, 衆人見之, 努力奔走, 出汗不敢言寒, 遂過險, 距平壤不遠, 庾信曰, 唐軍乏食窘迫, 宜先報之, 乃喚步騎監裂起曰, 吾少與爾遊, 知爾志節, 今欲致意於蘇將軍, 而難其人, 汝可行否, 裂起曰, 吾雖不肖, 濫中軍職, 況辱將軍使令, 雖死之日, 猶生之年, 遂與壯士仇近等十五人詣平壤, 見蘇將軍曰, 庾信等領兵致資粮, 已達近境, 定方喜以書謝之, 庾信等行抵楊隩, 見一老人問之, 具悉敵國消息, 賜之布帛, 辭不受而去, 庾信營楊隩, 遣解漢語者仁問・良圖及子軍勝等, 達唐營, 以王旨餽軍粮, 定方以食盡兵疲, 不能力戰, 及得粮, 便廻唐, 良圖以兵八百人泛海還國,

時麗人伏兵, 欲要擊我軍於歸路, 庾信以鼓及桴擊羣牛腰尾, 使揮擊有聲, 又積
柴草燃之, 使煙火不絶, 夜半潛行至瓢河, 急渡岸休兵, 麗人知之來追, 庾信使
萬弩俱發, 麗軍且退, 率勵諸幢將士分發, 拒擊敗之, 生禽將軍一人, 斬首一萬
餘級, 王聞之, 遣使勞之, 及至, 賞賜封邑爵位有差, 龍朔三年癸亥, 百濟諸城
潛圖興復, 其渠帥據豆率城, 乞師於倭爲援助, 大王親率庾信·仁問·天存·
竹旨等將軍, 以七月十七日征討, 次熊津州, 與鎭守劉仁願合兵, 九月十三日,
至于豆率城, 百濟人與倭人出陣, 我軍力戰大敗之, 百濟與倭人皆降, 大王謂倭
人曰, 惟我與爾國隔海分疆, 未嘗交搆, 但結好講和, 聘問交通, 何故今日與百
濟同惡, 以謀我國, 今爾軍卒在我掌握之中, 不忍殺之, 爾其歸告爾王 任其所
之, 分兵擊諸城降之, 唯任存城, 地險城固, 而又粮多, 是以攻之三旬, 不能下,
士卒疲困肬兵, 大王曰, 今雖一城未下, 而諸餘城保皆降, 不可謂無功, 乃振旅
而還, 冬十一月二十日, 至京, 賜庾信田五百結, 其餘將卒賞賜有差.

삼국사기 권 제 43

열전(列傳) 제 3
김유신(金庾信) 하

인덕(麟德 : 唐高宗 연호) 원년 갑자(甲子 : 文武王 4년, 西紀 664) 3월에 백제 (百濟)의 남은 무리가 또 사비성(泗沘城)에 모여 반란을 일으켰다. 웅주도독(熊 州都督)이 자기(自己) 소관(所管)의 병력을 내어 공격했는데, 여러 날 동안 안 개가 끼어 사람과 물건을 분별하지 못하여 싸울 수가 없었다. 백산(伯山)을 시 켜 (사연을) 고하니, 유신(庾信)이 음밀(陰密)한 모책(謀策)[1]을 주어 이기게 하 였다. 인덕(麟德) 2년(文武王 5년)에 (唐)고종(高宗)이 사신 양동벽(梁冬碧)·임 지고(任智高) 등을 보내어 빙문(聘問)하고 겸하여 유신(庾信)을 봉상정경평양 군개국공(奉常正卿平壤郡開國公)을 제수하였으며 식읍(食邑) 2,000호를 봉하여 주었다. 건봉(乾封) 원년(文武王 6년)에 황제(皇帝 : 高宗)가 칙명(勅命)으로 유 신(庾信)의 장자(長子) 대아찬(大阿飡) 삼광(三光)을 불러 좌무위익부중랑장(左 武衛翊府中郞將)을 삼고, 이어 (宮殿에서) 숙위(宿衛)케 하였다.

총장(摠章) 원년 무진(戊辰 : 文武王 8년)에 당고종(唐高宗)이 영국공(英國公) 이적(李勣)을 시켜, 군사를 일으켜 고구려(高句麗)를 치게 하면서, 드디어 우리 에게도 군사를 징발케 하였다. 문무대왕(文武大王)이 군사를 내어 (이에) 호응 하려 하여 흠순(欽純)·인문(仁問)을 명하여 장군(將軍)을 삼았다. 흠순(欽純) 이 왕께 고(告)하기를 "만일 유신(庾信)과 함께 가지 않으면 후회가 있을까 염 려됩니다" 하니, 왕이 공등(公等) 세 신하(欽純·仁問·庾信)는 나라의 보배다. 다 함께 적지(敵地)로 나갔다가 불의(不意)의 일이 있어 돌아오지 못한다면 나

---

1) 어떤 陰謀를 주었다는 것인지 자세치 않다.

라가 어찌될 것인가? 그러므로 유신(庾信)을 머물러 나라를 지키게 하면 은연
(隱然)히 장성(長城)과 같아 끝내 근심이 없을 것이다" 하였다. 흠순(欽純)은
유신의 아우요 인문(仁間)은 유신의 외생(外甥 : 생질)이므로, (유신을) 높이 섬
기고 감히 거역하지 못하였는데, 이 때 유신에게 고(告)하기를 "우리들이 부
족한 자질로 지금 대왕(大王)을 따라 불측(不測)의 땅으로 간다고 하니 어찌하
여야 하겠습니까? 지시(指示)해 주시기를 바랍니다" 하였다. 대답하기를 "대
저 장수된 자는 나라의 간성(干城)과 임금의 조아(爪牙)가 되어서 승부를 시석
(矢石) 사이에서 결정하는 것이니, 반드시 위로는 천도(天道)를 얻고 아래로는
지리(地理)를 얻으며, 중간(中間)으로는 인심(人心)을 얻은 후에야 성공할 수
있다. 지금 우리 나라는 충신(忠信)으로써 존재(存在)하고 백제는 오만으로써
망하고, 고구려는 교만으로써 위태롭게 되었다. 지금 우리의 정직(正直)으로써
저편의 왜곡(歪曲)을 친다면 뜻대로 될 수 있거늘, 하물며 큰 나라의 명천자
(明天子)의 위엄(威嚴)을 빌고 있음에 있어서랴? 가서 노력하여 네가 맡은 일
에 실패함이 없게 하라" 하니, 2 공(公)이 절하며 "받들어 잘 행동하여 감히
실패(失敗)함이 없게 하겠습니다" 하였다.

문무대왕(文武大王)이 영공(英公 : 李勣)과 함께 평양(平壤)을 격파한 다음,
남한주(南漢州 : 漢山州)로 돌아와서 여러 신하들에게 말하기를 "옛날 백제의
명농왕(明穠王 : 聖王의 이름)이 고리산(古利山 : 管山 즉 沃川)에서 우리 나라를
치려고 꾀하였을 때, 유신(庾信)의 조부(祖父) 무력(武力) 각간(角干)이 장수가
되어 (이를) 격격(激擊), 승승(乘勝)하여 왕 및 재상(宰相) 4 명과 사졸(士卒)들
을 사로잡아 그 세력을 꺾었으며, 또 부친(父親) 서현(舒玄)은 양주(良州 : 梁山)
총관(摠管)이 되어 여러 번 백제와 싸워 그 예봉(銳鋒)을 꺾어 변경을 침범하
지 못하게 하였기 때문에 변민(邊民)들은 농상(農桑)의 업(業)을 편안히 하고,
군신(君臣)은 소간(宵[2]旰)의 근심을 없게 하였다. 지금 유신(庾信)이 조(祖)·
고(考)의 업(業)을 계승하여 사직(社稷)의 (重)신(臣)이 되고 출장(出將)·입상
(入相)으로 그 공적(功績)이 많았다. 만일 공(公)의 일문(一門)에 의지하지 않
았더라면 나라의 흥망(興亡)을 알지 못하였을 것이다. 그의 직위(職位)와 상사
(賞賜)를 어떻게 하면 좋겠는가" 하였다. 여러 신하들이 "참으로 대왕(大王)의
생각하심과 같습니다"고 하였다. 이에 태대서발한(太大舒發翰 : 太大角干)의 직

---

2) 宵衣旰食의 略稱이니, 아침 일찍이 일어나 옷 입고 밤 늦게 食事를 하면서 國事에
   골몰한다는 것.

위(職位)를 제수하고 식읍(食邑)을 500 호(戶)로 하며, 이어 수레(乘物)와 지팡이(杖)를 하사(下賜)하고 전상(殿上)에 오름에 있어서도 추창(趨蹌 : 조심해서 빨리 걷는 것)하지 않으며 그의 속관(屬官 : 寮佐)들에게도 각각 위계(位階) 한 급(級)씩을 더 주었다. 총장(摠章) 원년에 당제(唐帝 : 高宗)도 이미 영공(英公)의 공(功)을 책명(策命)하고, 드디어 사자(使者)를 보내어 선위(宣慰)하며, 군사를 내어 싸움(平壤戰)을 돕게 하고 겸하여 금백(金帛)을 하사(下賜)하였다. 또한 조서(詔書)를 유신(庾信)에게 주어 포장(襃獎)하는 한편, (唐나라에) 들어와 조회(朝會)하기를 유시(諭示)하였는데 실행하지 못하였다. 그 조서(詔書)는 집에 전(傳)하여 오다가 5 세손 때에 잃어버렸다.

함녕(咸寧 : 亨의 誤) 4년 계유(癸酉)는 문무대왕(文武大王) 13년인데, 봄에 요성(妖星)이 나타나고 지진(地震)이 있어 대왕이 근심하였다. 유신(庾信)이 나아가 아뢰기를 "지금의 변이(變異)는 액(厄)이 노신(老臣)에게 있으니 국가(國家)의 재앙(災殃)이 아닙니다. 왕은 근심하지 마옵소서"하였다. 대왕이 "이와 같다면 과인(寡人)이 매우 근심하는 바이다"하고 유사(有司)에게 명하여 기축(祈祝)으로써 물리치게 하였다. 6월에, 융복(戎服 : 軍服) 차림에 무기(武器)를 가진 수십 명이 유신의 집에서 나와 울며 가는 것을 남들이 혹 보았는데, 좀 있다가 보이지 아니하였다 한다. 유신이 듣고 "이것은 반드시 나를 보호하던 음병(陰兵 : 神兵)이 나의 복(福)이 다한 것을 보았기 때문에 간 것이니, 나는 죽게 될 것이다"하였다. 그 후 10 여 일이 지나 병들어 누우니, 대왕(大王)이 친히 가서 위문(慰問)하였다. 유신이 말하기를 "신이 고굉(股肱)의 힘을 다하여 원수(元首 : 王을 의미함)를 받들기가 소원이었는데, 견마(犬馬 : 신하 자신의 겸사)의 병이 이에 이르니 오늘 이후에는 다시 용안(龍顔)을 뵈옵지 못하겠습니다"하였다. 대왕이 울며, "과인(寡人)에게 경(卿)이 있음은 고기에게 물이 있음과 같은 일이다. 만일 피하지 못할 일이 생긴다면 백성들을 어떻게 하며, 사직(社稷)을 어떻게 하여야 좋을까?"하였는데, 유신이 대답하기를 "신(臣)이 어리석고 불초(不肖)하니 어찌 국가(國家)에 유익(有益)했다고 할 수 있겠습니까? 다행히도 밝으신 성상(聖上)께서, 써서 의심지 아니하시고, 맡겨서 변함이 없었기 때문에 대왕의 밝으신 덕(德)에 매달려 척촌(尺寸)의 공(功)을 이루게 된 것입니다. 지금 삼한(三韓)이 한집안이 되고, 백성(百姓)이 두 마음을 가지지 아니하며, 태평(太平)에는 이르지 못하였다고 하더라도, 적이 편안하여졌다고 하겠습니다. 신(臣)이 보면 예로부터 대통(大統)을 잇는 임금이 초기(初期)

를 초기답게 잘하지 않는 이가 없지만 나중을 잘하는(有終의 美를 거두는 것)
이가 드물었습니다. 그래서 여러 대(代)의 공적(功績)이 하루아침에 무너져 없
어지니 매우 통탄할 일입니다. 바라옵건대, 전하(殿下)께서는 성공이 쉽지 않
음을 아시고, 수성(守成)이 또한 어려움을 생각하시어, 소인(小人)을 멀리하
고 군자(君子)를 가까이 하시어, 위에서 조정(朝廷)이 화목하고 아래서 백성
(百姓)과 만물(萬物)이 편안하여 화란(禍亂)이 일어나지 않고 기업(基業)이 무
궁하게 된다면 신(臣)은 죽어도 유감이 없겠습니다"하니, 왕이 울면서 받아
들였다.

　가을 7월 1일에 유신(庚信)이 사제(私第)의 정침(正寢)에서 훙거(薨去)하니
향년(享年)이 79세였다. 대왕(大王)이 부음(訃音)을 듣고 크게 슬퍼하여 부의
(賻儀)로 채백(彩帛) 1,000필과 조(租) 2,000석을 주어 상사(喪事)에 쓰게 하
였으며, 군악(軍樂)의 고취수(鼓吹手) 100명을 주었다. 금산원(金山原)[3]에 장
사(葬事)지내게 하고, 유사(有司)를 명하여 비(碑)를 세워 공명(功名)을 기록케
하고, 또 민호(民戶)를 정치(定置)하여 기소(基所)를 지키게 하였다. 아내는 지
소부인(智炤夫人)이니 태종대왕(太宗大王)의 셋째 딸이다. 아들 5명을 낳으니,
장남은 삼광(三光)으로 이찬(伊飡)이요, 다음은 원술(元述) 소판(蘇判)이요, 다
음은 원정(元貞) 해간(海干 : 波珍飡)이요, 다음은 장이(長耳) 대아찬(大阿飡)이
요, 다음은 원망(元望)으로 역시 대아찬이었다. 딸이 4명이요 또 서자(庶子)
군승(軍勝)은 아찬(阿飡)인데, 그 어머니의 성씨(姓氏)가 전(傳)하지 않는다. 후
에, 지소부인(智炤夫人)은 머리를 깎고 베(褐)옷을 입고 여승(女僧)이 되었다.
이 때 대왕(大王)이 부인(夫人)에게 이르기를 "지금 중외(中外)가 편안하고 군
신이 베개를 높이 베고 근심이 없는 것은 곧 태대각간(太大角干 : 庚信)의 사물
(賜物)이요. 부인이 집안을 잘 다스리어 서로 경계하면 음덕(陰德)의 공(功)이
무성(茂盛)할 것이며, 과인(寡人)이 덕(德)에 보답하려는 마음을 하루라도 잊은
적이 없소. 남성(南城)의 조(租)를 매년 1,000석씩 주겠소" 하였다. 후에 홍덕

---

3) 이른바 金山原이 어디인지, 자세히 알 수 없으나, 현재의 '傳金庚信墓'란 것은 당당
　한 王陵으로, 眞正한 金庚信墓가 아니라는 것을 筆者가 밝힌 바가 있다(金載元博士
　回甲紀念論文集 所載 拙文「金庚信墓考」). 愚見으로는 '傳金庚信墓'는 실상 名稱上의
　訛傳(神武・興武)으로 神武王陵과 혼동한 것 같고, 진정한 庚信墓는 저 西岳下의 太
　宗武烈王陵에서 前面 약 60여 미터에 위치한 ─金陽墓의 前面인 ─世稱 '角干墓'가
　그것이라고 認定된다. 자세한 내용은 前記拙文을 참고하기 바란다(同上).

대왕(興德大王)[4]은 공(公)을 봉(封)하여 흥무대왕(興武大王)이라 하였다.

처음 법민왕(法敏王 : 文武王)이 고구려의 반중(叛衆 : 義勇軍)을 받아들이고, 또 백제의 옛땅을 점거(占據)하여 소유하니, 당고종(唐高宗)이 크게 노하여 군사를 보내어 치게 하였다. 당군(唐軍)이 말갈(靺鞨)과 함께 석문(石門 : 黃海道 瑞興 ?) 들에 진을 치니, 왕이 장군 의복(義福)·춘장(春長) 등을 보내어 방어케 하였는데 대방(帶方) 들(黃海道 平山 ?)에다 군영을 설치하였다. 이 때 장창당(長槍幢 : 長槍部隊)만이 홀로 영(營)을 달리하고 있다가 당병(唐兵) 3,000여 명을 만나 (그들을) 잡아서 대장군영(大將軍營)으로 보냈다. 이에 여러 당(幢 : 軍營)에서 함께 말하기를, "장창영(長槍營)이 홀로 있다가 성공하였으니 반드시 후한 상을 얻을 것이다. 우리들은 적당히 둔취(屯聚)하지도 못하여 한갓 자로(自勞 : 自己수고)하였을 뿐이다"라고 하면서 그만 자기 군대를 갈라 분산(分散)하였다. 당병(唐兵)이 말갈(靺鞨)과 함께 (우리 군사들이) 아직 진(陣)을 치지 아니한 틈을 타서 공격하니 우리편에서 크게 패하여 장군 효천(曉川)과 의문(義文) 등이 죽었다. 유신(庾信)의 아들 원술(元述)이 비장(神將)이 되어 또한 전사(戰死)하려고 하니, 그를 보좌(補佐)하는 담릉(淡凌)이 말리며 "대장부(大丈夫)는 죽는 것이 어려운 일이 아니라 죽을 경우를 택(擇)하는 것이 어려운 일이니, 만일 죽어서 이루어짐이 없다면 살아서 후에 공(功)을 도모함만 같지 못합니다"고 하였다. (元述이) 대답하기를 "남아(男兒)는 구차롭게 살지 않는 것이다. 장차 무슨 면목으로 우리 아버지를 보겠는가"하고, 말을 채찍질하여 달려 가려고 하니 담릉(淡凌)이 고삐를 잡아당기며 놓아 주지 않았다. (그래서) 그만 죽지 못하고, 상장군(上將軍 : 義福·春長 등)을 따라 무이령(蕪荑嶺 : 지금 金川 靑石峴 ?)으로 나오니 당군(唐軍)이 뒤를 추격하였다. 거열주(居烈州 : 지금 居昌郡) 대감(大監) 아진함(阿珍含) 일길간(一吉干 : 一吉飡)이 상장군(上將軍)에게 "공등(公等)은 힘을 다하여 빨리 가라. 내 나이 이미 70이니 얼마나 더 살 수 있으랴? 이 때야말로 나의 죽을 날(日)이다"하며, 창을 비껴들고 진중(陣中)으로 돌입(突入)하여 전사(戰死)하였는데, 그 아들이 역시 따라 죽었다.

대장군(大將軍) 등이 미행(微行 : 남모르게 행동)으로 서울(慶州)에 들어왔다. 대왕(大王)이 듣고 유신(庾信)에게 "군사의 실패가 이러하니 어찌할 것인가"

---

4) 三國遺事(권 1) 金庾信條에는 제 54 대 景明王 때에 追封한 양으로 되어 있으나, 史記가 옳은 듯하다.

하자 대답하기를 "당인(唐人)들의 모계(謀計)를 헤아릴 수 없으니 장졸(將卒)들로 각기 요해처(要害處)를 지키게 하여야 하겠습니다. 다만 원술(元述)은 왕명(王命)을 욕되게 하였을 뿐 아니라, 또한 가훈(家訓)을 저버렸으니 베(斬)어야 하겠습니다"하였다. 대왕이 "원술(元述)은 비장(神將 : 副將)인데, 혼자에게만 중한 형벌을 시행함은 불가하다"하고 용서해 주었다. 원술이 부끄럽고 두려워서 감히 아버지를 뵙지 못하고 전원(田園)으로 (가서) 숨어다니다가 아버지가 세상을 떠난 뒤에 어머니를 뵙기를 청하였다. 어머니가 "부인(婦人)은 삼종(三從)의 의리⁵⁾가 있다. (내가) 지금 과부(寡婦)가 되었으니, 아들을 따라야 하겠지만, 원술 같은 자는 이미 선군(先君)에게 아들노릇을 하지 못하였으니 내가 어찌 그 어머니가 될 수 있느냐?"하고 만나보지 아니하였다. 원술이 통곡하며 가슴을 두드리고 땅을 구르면서 차마 떠나지 못하였으나, 부인(夫人)은 끝내 보지 아니하였다. 원술이 탄식하며 "담릉(淡凌)으로 그릇된 것이 이렇게까지 되었다"하고 이에 태백산(太伯山)으로 들어가고 말았다. 을해년(乙亥年 : 文武王 15년, 西紀 675)에 당병(唐兵)이 와서 매소천성(買蘇川城 : 楊州 沙川廢縣 ?)을 치니, 원술이 듣고, 죽어서 전의 수치(羞恥)를 씻으려 하여 드디어 힘써 싸워 공(功)과 상(賞)이 있었다. (그러나) 부모에게 용납되지 못한 것을 분한(憤恨)히 여기어 벼슬하지 않고 한세상을 마쳤다.

적손(嫡孫) 윤중(允中)은 성덕대왕(聖德大王)에게 벼슬하여 대아찬(大阿飡)이 되고 여러 번 은호(恩護)를 입었는데, 왕의 친속(親屬)들이 자못 질투하였다. 때는 중추(仲秋)의 망일(望日)이었는데, 왕이 월성(月城) 잠두(岑頭)에 올라 경치를 바라보며 시종관(侍從官)들과 함께 주연(酒宴)을 베풀고 즐기면서 윤중(允中)을 부르라 하였다. 간(諫)하는 자가 있어, "지금 종실(宗室)·척리(戚里)들 중에 어찌 좋은 사람이 없어 소원(疏遠)한 신하를 부르십니까. 또 이것이 어찌 이른바 친(親)한 이를 친(親)히 한다는 일이겠습니까"하였다. 왕이 "지금 과인(寡人)이 경(卿)들과 더불어 평안무사(平安無事)하게 지내는 것은 윤중(允中)의 조부(祖父)의 덕(德)이다. 만일 공(公)의 말과 같이 하여 잊어버린다면, 선(善)한 이를 선(善)히 하여 자손(子孫)에게 미치는 의리가 아니다"하였다. 드디어 윤중에게 가까운 자리를 주어 앉게 하고, 그 조부(祖父)의 평생(平生) 일을 말하기도 하였다. 날이 저물어 (允中이) 물러가기를 고(告)하니, 절영

⁵⁾ 未婚時에는 父에 從하고, 旣婚해서는 夫에 從하고, 夫死後에는 子에게 從하는 것을 三從의 義라고 한다.

산마(絶影山馬) 1 필을 하사(下賜)하였다. 여러 신하들은 결망(觖望 : 자기네의 바라는 바와 달라짐)해할 뿐이었다. 개원(開元 : 唐玄宗 연호) 21년(聖德王 32년, 西紀 733)에 당(唐)에서 사신을 보내어 권유하기를 "말갈발해(靺鞨渤海)가 밖으로 번한(蕃翰)[6] 노릇을 한다고 일컬으면서 안으로는 교활한 마음을 가지고 있다. 지금 군사를 내어 문죄(問罪)하려 하니, 그대도 군사를 출동하여 서로 기각(掎角)[7]이 되게 하라. 들건대 옛장군 김유신(金庾信)의 손자 윤중(允中)이 있다 하니, 이 사람을 임명하여 장수를 삼으라"하고, 윤중에게 금백(金帛) 약간을 주었다. 여기서 대왕은 윤중과 아우 윤문(允文) 등 네 장군을 명하여, 군사를 거느리고 당병(唐兵)과 회합(會合)하여 발해(渤海)를 치게 하였다.

윤중(允中)의 서손(庶孫) 암(巖)은 천성(天性)이 총민(聰敏)하고 방술(方術)의 학습(學習)을 좋아하였다. 젊어서 이찬(伊飡)이 되어 당(唐)에 들어가 숙위(宿衛)하였을 때, 틈을 타서 스승을 찾아 음양가(陰陽家)의 술법(術法)을 배웠는데, 한 모퉁이의 것을 들으면 미루어서 세 모퉁이의 것을 연술(演述)하였다. 스스로 둔갑입성법(遁甲立成法)을 지어 그 스승에게 드리니, 스승이 무연(憮然)한 모습으로 "오군(吾君)의 명달(明達)이 이렇게까지 될 줄은 생각하지 못하였다"하며, 그 후로는 감히 제자(弟子)로 대우하지 아니하였다. 대력(大曆 : 唐代宗의 연호, 西紀 766~79) 연간(年間)에 귀국하여, 사천대박사(司天大博士)가 되었고, 양(良)・강(康)・한(漢) 3 주(州)의 태수(太守)를 역임하고 다시 집사시랑(執事侍郎)・패강진(浿江鎭) 두상(頭上)이 되었는데, 가는 곳마다 마음을 다해서 (백성들을) 보살펴 사랑하며, 삼계절(三季節 : 春・夏・秋) 농무(農務)의 여가에 육진병법(六陣兵法)을 가르치니 모두들 편하게 여겼다. 일찍이 누리가 있어 서쪽에서 패강진(浿江鎭) 경계로 들어오는데 꾸물거리며 들판을 덮으니, 백성들이 근심하고 두려워하였다. 암(巖)이 산(山)마루에 올라가 분향(焚香)하고 하늘에 기도하니 갑자기 풍우(風雨)가 크게 일며 누리가 다 죽어 버렸다. 대력(大曆) 14년 기미(己未 : 惠恭王 15년)에 (巖이) 왕명(王命)을 받아 일본국(日本國)에 사신으로 갔는데,[8] 그 국왕(國王)이 그의 현명(賢明)함을 알고 강제로 머

---

6) 蕃翰의 蕃은 藩字로 통한다. 藩은 울타리, 翰은 줄기 또는 기둥의 의미로서, 藩翰은 어떤 지방을 맡아 다스리면서 큰 나라의 울타리가 됨을 말하는 것이다.
7) 掎角의 掎는 사슴의 다리를 붙잡는 것, 角은 뿔을 붙잡는 것을 말하는 것으로서, 掎角은 곧 앞뒤에서 敵을 牽制하는 형세를 말한다.
8) 續日本紀(권 35) 光仁紀 寶龜 10년 내지 11년條에 자세히 보인다.

무르게 하려 하였다. 마침 당(唐)의 사신 고학림(高鶴林)이 (日本에) 와서 서로 만나보고 매우 즐거워하니, 암(巖)이 중국(中國)에도 알려진 것을 왜인(倭人)이 인정하고 감히 머물러두지 못하자 이에 돌아오게 되었다.

그 해 여름 4월에 선풍(旋風 : 회오리바람)이 뭉쳐 일어나 유신(庾信) 묘소(墓所)에서 시조대왕(始祖大王 : 未鄒王)의 능(陵)에까지 이르렀는데, 티끌과 안개로 캄캄하여 사람과 물건을 분간할 수 없었다. 능(陵)지기가 들으니, 그 속에서 울고 슬퍼하며 탄식하는 듯한 소리가 났다. 혜공대왕(惠恭大王)이 (그 말을) 듣고 두려워하여 대신(大臣)을 보내어 제사드려 사과하고, 이어 취선사(鷲仙寺)에 밭 30 결(結)을 바쳐 명복(冥福)을 빌게 하였다.[9] 이 절은 유신(庾信)이 고구려·백제 두 나라를 평정하고 세운 것이었다. 유신의 현손(玄孫)으로 신라의 집사랑(執事郎)인 장청(長淸)이 (庾信의) 행록(行錄) 10 권(卷)을 지어 세상에 행하였는데, (거기에는) 만들어 넣은 말(醸辭)이 자못 많으므로 더러 산락(删落)하고 그 중에서 기록할 만한 것을 취하여 전(傳)을 삼는다.

사신(史臣)이 논해 가로되, 당(唐)의 이강(李絳)이 헌종(憲宗)을 대(對)하여 "사특하고 아첨하는 자를 멀리하고 충성되고 정직한 이를 등용하며, 대신과 더불어 말할 때는 공경하고 믿음 있게 하여 소인(小人)을 참여시키지 말며, 어진 이와 놀 때에는 친(親)하되 예절(禮節) 있이 하여 불초(不肖)한 자(者)를 참여시키지 말라"고 하였다. 성실(誠實)한 이 말이여, 사실 인군이 되는 요긴한 도리(道理)이다. 그러므로 서경(書經 : 大禹謨)에 이르기를 "어진 이에게 맡기어 의심하지 말며, 사특한 자를 제거(除去)하여 의심하지 말라" 하였다. 보건대, 신라에서 유신(庾信)을 대우함에 있어 친근히 하여 간격(間隔)이 없고, 위임(委任)하여 의심치 않으며, 그 계교를 행(行)하고 말하는 바를 들어서 쓰지 않는다고 원망하지 않게 하였으니, 가위 육오(六五) 동몽(童蒙)[10]의 길(吉)함을 얻었다고 할 만한 일이다. 그러므로 유신이 그 뜻한 바를 행할 수 있게 되어 중국과 협동모의(協同謀議)해서 삼국(三國)을 합치어 한 집을 만들고, 능히 공

---

9) 三國遺事(권 1) 金庾信條에는 上記 내용보다 더 자세한 이야기가 실려 있는데, 모두 허황스럽기 짝이 없다.

10) 六五 周易 蒙卦(坎下·艮上) 중의 말인데, 六五는 卦의 六爻 중 第五爻의 陰劃을 말하는 것이다. 이 第五爻는 柔順한 陰으로 五의 높은 자리에 있으면서 남의 가르침을 받아들이는 것이 童蒙 즉 어린이같이 하기 때문에 吉하다는 것이다. 대개 新羅의 인군과 신하가 서로 화합하여, 끝내는 三國統一의 큰 사업을 이룰 수 있었던 것을 말함이다.

명(功名)으로써 일생을 마치게 되었던 것이다. 비록 을지문덕(乙支文德)의 지략(智略)과 장보고(張保皐)의 의용(義勇)이 있어도 중국의 서적(書籍)이 아니었으면 민멸(泯滅)하여 전문(傳聞)할 수 없을 것이다. 유신과 같은 이는 우리 나라 사람들이 칭송하여 지금에까지 없어지지 않으니, (이 점) 사대부(士大夫)들이 알아야 할 것이다. 그리고 추동목수(芻童牧竪 : 꼴 베는 아이와 牧童)까지도 능히 알고 있으니, 그 사람됨이 (어딘가) 반드시 보통사람과 다름이 있을 것이다.

〔原文〕

三國史記 卷 第四十三
列傳 第三
金庾信 下

麟德元年甲子三(甲子三, 據本紀補闕)月, 百濟餘衆又聚泗沘城, 反叛, 熊州都督發所管兵士, 攻之累日, 霧塞不辨人物, 是故不能戰, 使伯山來告之, 庾信授之陰謀, 以克之, 麟德二年, 高宗遣使梁冬碧·任智高等, 來聘, 兼冊庾信奉常正卿平壤郡開國公食邑二千戶, 乾封元年, 皇帝勅召, 庾信長子大阿飡三光, 爲左武衛翊府中郞將, 仍令宿衛, 摠章元年戊辰, 唐高宗皇帝遣英國公李勣, 興師伐高句麗, 遂徵兵於我, 文武大王欲出兵應之, 遂命欽純·仁問爲將軍, 欽純告王曰, 若不與庾信同行, 恐有後悔, 王曰, 公等三臣國之寶也, 若摠向敵場, 儻有不虞之事, 而不得歸, 則其如國何, 故欲留庾信守國, 則隱然若長城, 終無憂矣, 欽純, 庾信之弟, 仁問, 庾信之外甥, 故尊事之, 不敢抗, 至是告庾信曰, 吾等不材, 今從大王就不測之地, 爲之奈何, 願有所指誨, 答曰, 夫爲將者, 作國之干城, 君之爪牙, 決勝否於矢石之間, 必上得天道, 下得地理, 中得人心, 然後可得成功, 今我國以忠信而存, 百濟以傲慢而亡, 高句麗以驕滿而殆, 今若以我之直, 擊彼之曲, 可以得志, 況憑大國明天子之威稜哉, 往矣, 勉焉, 無墮乃事, 二公拜曰, 奉以周旋, 不敢失墮, 文武大王旣與英公破平壤, 還到南漢州, 謂群臣曰, 昔者百濟明穠王在古利山, 謀侵我國, 庾信之祖武力角干爲將逆擊之, 乘勝俘其王及宰相四人與士卒, 以折其衝, 又其父舒玄爲良州摠管, 屢與百濟戰, 挫其銳, 使不得犯境, 故邊民安農桑之業, 君臣無宵旰之憂, 今庾信承祖

考之業, 爲社稷之臣, 出將入相, 功績茂焉, 若不倚賴公之一門, 國之興亡未可
知也, 其於職賞宜如何也, 羣臣曰, 誠如王旨, 於是授太大舒發翰之職, 食邑五
百戶, 仍賜輿杖, 上殿不趨, 其諸寮佐各賜位一級, 摠章元年, 唐皇帝旣策英公
之功, 遂遣使宣慰, 濟師助戰, 兼賜金帛, 亦授詔書於庾信, 以褒奬之, 且諭入
朝而不果行, 其詔書傳於家, 至五世孫失焉, 咸寧(寧, 當作亨)四年癸酉, 是文
武大王十三年春, 妖星見, 地震, 大王憂之, 庾信進曰, 今之變異, 厄在老臣,
非國家之災也, 王請勿憂, 大王曰, 若此則寡人所甚憂也, 命有司祈禳之, 夏六
月, 人或見戎服持兵器數十人, 自庾信宅泣而去, 俄而不見, 庾信聞之曰, 此必
陰兵護我者, 見我福盡, 是以去, 吾其死矣, 後旬有餘日寢疾, 大王親臨慰問,
庾信曰, 臣願竭股肱之力, 以奉元首, 而犬馬之疾至此, 今日之後, 不復再見龍
顔矣, 大王泣曰, 寡人之有卿, 如魚有水, 若有不可諱, 其如人民何, 其如社稷
何, 庾信對曰, 臣愚不肖豈能有益於國家, 所幸者, 明上用之不疑, 任之勿貳,
故得攀附王明, 成尺寸功, 三韓爲一家, 百姓無二心, 雖未至太平, 亦可謂小康,
臣觀自古繼體之君, 靡不有初, 鮮克有終, 累世功績, 一朝隳廢, 甚可痛也, 伏
願殿下知成功之不易, 念守成之亦難, 疏遠小人, 親近君子, 使朝廷和於上, 民
物安於下, 禍亂不作, 基業無窮, 則臣死且無憾, 王泣而受之, 至秋七月一日,
薨于私第之正寢, 享年七十有九, 大王聞訃震慟, 贈賻彩帛一千匹, 租二千石,
以供喪事, 給軍樂鼓吹一百人, 出葬于金山原, 命有司立碑, 以紀功名, 又定入
民戶以守墓焉, 妻智炤夫人, 太宗大王第三女也, 生子五人, 長曰三光伊飡, 次
元述蘇判, 次元貞海干, 次長耳大阿飡, 借元望大阿飡, 女子四人, 又庶子軍勝
阿飡, 失其母姓氏, 後智炤夫人落髮, 衣褐爲比丘尼, 時大王謂夫人曰, 今中外
平安, 君臣高枕而無憂者, 是太大角干之賜也, 惟夫人宜其室家, 儆誡相成, 陰
功茂焉, 寡人欲報之德, 未嘗一日忘于心, 其餽南城租每年一千石, 後興德大王
封公爲興武大王, 初法敏王納高句麗叛衆, 又據百濟故地有之, 唐高宗大怒, 遣
師來討, 唐軍與靺鞨營於石門之野, 王遣將軍義福・春長等禦之, 營於帶方之
野, 時長槍幢獨別營, 遇唐兵三千餘人, 捉送大將軍之營, 於是諸幢共言, 長槍
營獨處成功, 必得厚賞, 吾等不宜屯聚・徒自勞耳, 遂各別兵分散, 唐兵與靺鞨
乘其未陣擊之, 吾人大敗, 將軍曉川・義文等死之, 庾信子元述爲裨將, 亦欲戰
死, 其佐淡凌止之曰, 大丈夫非死之難, 處死之爲難也, 若死而無成, 不若生而
圖後效, 答曰, 男兒不苟生, 將何面目以見吾父乎, 便欲策馬而走, 淡凌攬轡不
放, 遂不能死, 隨上將軍出蕪荑嶺, 唐兵追及之, 居烈州大監阿珍含一吉干謂上

將軍曰，公等努力速去，吾年已七十，能得幾時活也，此時是吾死日也，便橫戟
突陣而死，其子亦隨而死，大將軍等微行入京，大王聞之，問庾信曰，軍敗如此
奈何，答曰，唐人之謀不可測也，宜使將卒各守要害，但元述不惟辱王命，而亦
負家訓，可斬也，大王曰，元述神將，不可獨施重刑，乃赦之，元述慙懼，不敢
見父，隱遁於田園，至父薨後，求見母氏，母氏曰，婦人有三從之義，今既寡矣，
宜從於子，若元述者，既不得爲子於先君，吾焉得爲其母乎，遂不見之，元述慟
哭擗踊而不能去，夫人終不見焉，元述嘆曰，爲淡凌所誤，至於此極，乃入太伯
山，至乙亥年，唐兵來攻買蘇川城，元述聞之，欲死之以雪前恥，遂力戰有功賞，
以不容於父母，憤恨不仕，以終其身，嫡孫允中仕聖德大王，爲大阿飡，屢承恩
顧，王之親屬頗嫉妬之，時屬仲秋之望，王登月城岑頭眺望，乃與侍從官置酒以
娛，命喚允中，有諫者曰，今宗室戚里豈無好人，而獨召疏遠之臣，豈所謂親親
者乎，王曰，今寡人與卿等安平無事者，允中祖之德也，若如公言忘棄之，則非
善善及子孫之義也，遂賜允中密坐，言及其祖平生，日晚告退，賜絕影山馬一
匹，羣臣觖望，而已，開元二十一年，大唐遣使教諭曰，靺鞨渤海，外稱藩翰，
內懷狡猾，今欲出兵問罪，卿亦發兵相爲掎角，聞有舊將金庾信孫允中在，須差
此人爲將，仍賜允中金帛若干，於是大王命允中弟允文等四將軍，率兵會唐兵，
伐渤海，允中庶孫巖，性聰敏，好習方術，少壯爲伊飡，入唐宿衞，間就師，學
陰陽家法，聞一隅，則反之以三隅，自述遁甲立成之法，呈於其師，師憮然曰，
不圖吾子之明達，至於此也，從是而後，不敢以弟子待之，大曆中，還國，爲司
天大博士，歷良康漢三州太守，復爲執事侍郎・浿江鎭頭上，所至盡心撫字，三
務之餘，敎之以六陣兵法，人皆便之，嘗有蝗蟲，自西入浿江之界，蠢然蔽野，
百姓憂懼，巖登山頂，焚香祈天，忽風雨大作，蝗蟲盡死，大曆十四年己未，受
命聘日本國，其國王知其賢，欲勒留之，會大唐使臣高鶴林來，相見甚懽，倭人
認巖爲大國所知，故不敢留，乃還，夏四月，旋風坌起，自庾信墓至始祖大王之
陵，塵霧暗冥，不辨人物，守陵人聞，其中若有哭泣悲嘆之聲，惠恭大王聞之恐
懼，遣大臣致祭謝過，仍於鷲仙寺納田三十結，以資冥福，是寺庾信平麗濟二
國，所營立也，庾信玄孫，新羅執事郎長清作行錄十卷，行於世，頗多釀辭，故
刪落之，取其可書者爲之傳.

　論曰，唐李絳對憲宗曰，遠邪佞・進忠直，與大臣言，敬而信，無使小人參
焉，與賢者遊，親而禮，無使不肖預焉，誠哉斯言也，實爲君之要道也，故書曰，
任賢勿貳，去邪勿疑，觀夫新羅之待庾信也，親近而無間，委任而不貳，謀行言

聽, 不使怨乎不以, 可謂得六五童蒙之吉, 故庾信得以行其志, 與上國協謀, 合三土爲一家, 能以功名終焉, 雖有乙支文德之智, 略張保皐之義勇, 微中國之書, 則泯滅而無聞, 若庾信則鄕人稱頌之, 至今不亡, 士大夫知之可也, 至於蒭童牧豎亦能知之, 則其爲人也, 必有以異於人矣.

삼국사기 권 제 44

열전(列傳) 제 4

을지문덕(乙支文德) 거칠부(居柒夫) 거도(居道) 이사부(異斯夫)
김인문(金仁問) 김양(金陽) 흑치상지(黑齒常之) 장보고(張保皐)
· 정년(鄭年) 사다함(斯多含)

을지문덕(乙支文德)은 그의 세계(世系)가 자세치 않다. 자질(資質)이 침착강
용(沈着强勇)하고 지모(智謀)가 있으며, 겸하여 글도 지을 줄 알았다. 수(隋) 개
황(開皇)¹⁾ : 大業의 잘못) 연간(年間)에 양제(煬帝)가 조서(詔書)를 내려 고구려
(高句麗)를 치게 하니, 이에 좌익위대장군(左翊衛大將軍) 우문술(宇文述)은 부여
도(扶餘道)로 나오고, 우익위대장군(右翊衛大將軍) 우중문(于仲文)은 낙랑도(樂
浪道)로 나와서 9군(軍)과 함께 압록수(鴨淥水 : 綠綠江)에 이르렀다. 문덕(文
德)이 왕명(王命)을 받아, 그 진영에 나가 거짓 항복하니, 실은 그 허실(虛實)
을 보기 위함이었다. (宇文)술(述)과 (于)중문(仲文)이 이에 앞서 (皇帝의) 밀
지(密旨)를 받기를, (고구려의) 왕이나 문덕(文德)을 만나거든 잡으라 하였다.
중문(仲文) 등이 구류(拘留)하려 하였는데, (이 때) 위무사(慰撫使)로 있던 상서
우승(尙書右丞) 유사룡(劉士龍)이 굳이 말리므로, 그만 문덕(文德)의 돌아감을
허락하였다. (그러나 중문 등은) 깊이 뉘우치며 사람을 보내어 문덕을 속여
말하기를 "또 의논할 일이 있으니 다시 오라"고 하였다. 문덕이 돌아보지도
않고 드디어 압록강(鴨淥江)을 건너 돌아왔다.

술(述)과 중문(仲文)이 문덕(文德)을 놓치고 속으로 불안하였다. 술(述)은 식
량이 다하였으므로 해서 돌아가려고 하였다. (이 때) 중문(仲文)은 정예부대

---

1) 開皇은 煬帝의 아버지인 文帝의 연호이므로, 大業(煬帝 연호)으로 改看하여야 할 것
이다.

(精銳部隊)로써 문덕을 좇아가면 공(功)을 이룰 것이라고 하였다. 술(述)이 이를 말리니, 중문(仲文)이 노(怒)하여 "장군(將軍)이 10만 명의 병력(兵力)을 가지고 능히 이 소적(小敵)을 무찌르지 못하면 무슨 낯으로 황제(皇帝)를 보겠는가" 하였다. 술(述) 등이 마지못하여 따라 압록수를 건너 추격하였는데, 문덕은 수(隋)의 군사가 주린 기색이 있음을 보고 피로케 하려 하여 (일부러) 싸움마다 패하여 달아나니, 술(述) 등은 하룻동안에 일곱 번 싸워 다 이겼다. (여기서) 갑자기 이긴 것을 믿고 또 중의(衆議)에 몰려 마침내 내처 동쪽으로 살수(薩水 : 淸川江)를 건너 평양성(平壤城)과의 상거(相距) 30리 되는 곳에 와서 산(山)에 의지하여 군영(軍營)을 설하였다. 문덕(文德)이 중문(仲文)에게 시(詩)를 지어 보냈는데, 그 시에 가로되

神策究天文 妙算窮地理
戰勝功旣高 知足願云止[2]

(그대들의) 신책(神策)은 천문(天文)을 궁구했고, 묘산(妙算)은 지리(地理)를 다했도다. 싸움마다 이겨 공(功) 이미 높았으니, 족(足)한 줄 알진대 그만둠이 어떠리.

라 하니, 중문(仲文)이 답서(答書)를 보내어 효유하였다.

문덕(文德)이 또 사자를 보내어 거짓 항복하고, 술(述)에게 청하기를 "(그대들이) 군사를 돌이키면 왕을 모시고 행재소(行在所 : 隋主의 臨時居所)로 가서 조견(朝見)하겠다"고 하였다. 술(述)은 군사들이 피로하여 다시 싸울 수 없고, 또 평양성(平壤城)이 험고(險固)하여 갑자기 함락시키기 어려움으로 해서 마침내 그 거짓 항복에 의하여 돌아가면서 방진(方陣 : 네모지게 친 陣)을 만들어 행군하였다. 문덕이 군사를 출동하여 사면(四面)으로 공격하였다. 술(述) 등이 일변 싸우며 일변 행군하여 살수(薩水)에 이르러 군사가 반쯤 건너자, 문덕이 군사를 내어 그 후군(後軍)을 맹격(猛擊)하여 우둔위장군(右屯衞將軍) 신세웅(辛世雄)을 죽이니, 이에 (敵의) 제군(諸軍)이 다 무너져 이를 금지(禁止)할 수 없었다. 9군(軍)의 장사(將士)가 달아나 돌아가는데, 일일일야(一日一夜)에 압록수에 도달하니, 450리를 간 것이다. 처음 요수(遼水)를 건넜을 때에는 9군(軍)이 30만 5,000명이었는데, 돌아가 요동성(遼東城)에 이르니, 오직 2,700명이 남았다.

---

2) 隋書(권 60) 于仲文傳에서 인용한 것.

(史臣이) 논(論)하여 가로되, 양제(煬帝)의 요동전역(遼東戰役)은 출사(出師)의 성(盛)함이 전고(前古)에 없었다. 고구려가 한 편방(偏方)의 소국(小國)으로서 능히 이를 막아 내어 스스로를 보전하였을 뿐 아니라, 그(敵) 군사를 거의 다 섬멸한 것은 문덕(文德) 한 사람의 힘이었다. 전(傳)[3]에 이르기를 "군자(君子)가 있지 않으면 어찌 능히 나라를 다스릴 수 있으랴?" 하였는데, 참으로 옳은 말이다.

거칠부(居柒夫)[4][혹은 荒宗이라고도 함]의 성은 김(金)씨요, 내물왕(奈勿王)의 5대손(代孫)인데, 조부(祖父)는 잉숙(仍宿) 각간(角干)이요 아버지는 물력(勿力) 이찬(伊飡)이다. 거칠부(居柒夫)는 소시(少時)에 사소한 일에 거리끼지 않고 원대(遠大)한 뜻을 품어 머리를 깎고 중이 되어 사방(四方)으로 다니며 구경하였다. 고구려를 정찰(偵察)하려고 그 지경에 들어갔다가 법사(法師) 혜량(惠亮)이 강당(講堂)을 열고 경(經)을 강설(講說)한다는 말을 듣고, 드디어 나아가 (그의) 강경(講經)을 들었다. 하루는 혜량(惠亮)이 묻기를 "사미(沙彌 : 修道僧을 의미하는 梵語)는 어디서 왔는가" 하므로 대답하기를 "저는 신라(新羅)사람입니다" 하였다. 그 날 저녁에 법사(法師)가 그를 불러다 보고 손을 잡으며 비밀히 말하기를 "내가 사람을 많이 보았는데 네 용모(容貌)를 보니 분명 보통 사람이 아니다. 아마 다른 마음을 가짐이 아니냐"고 하였다. (居柒夫가) 대답하기를 "제가 편방(偏方)에서 태어나 도리(道理)를 듣지 못하다가 스승님의 덕망(德望)과 명성(名聲)을 듣고 와서 말석(末席)에 참여하였사오니, 스승님은 거절하지 마시고 끝까지 계몽(啓蒙)해 주소서" 하였다. 법사(法師)가 말하기를 "노승(老僧)이 불민(不敏)하지만 그대를 능히 알아볼 수 있다. 이 나라가 비록 작기는 하지만 사람을 알아보는 자가 없다고 하지는 못할 것이다. 그대가 잡힐까 염려하여 비밀히 알려 주는 것이니 빨리 돌아가라"고 하였다. 거칠부(居柒夫)가 돌아오려 할 때 법사(法師)가 또 말하기를 "그대의 상(相)을 보니 제비턱에 매의 눈이라, 장래에 반드시 장수(將帥)가 될 것이다. 만일 군사를 거느리고 오거든 나에게 해를 끼치지 말라" 하였다. 거칠부가 "만일 스승님의 말

---

3) 左傳(권 9) 文公 12년條에 보이는 魯의 襄仲의 말.

4) 居柒夫를 혹은 荒宗이라고 함은 國語硏究上 한 재미있는 資料를 제공한 것이라 하겠다. 왜냐하면 居柒은 荒(거칠)의 國語요, 宗의 訓인 '보'는 夫와 같은 것이다. 이러한 예는 '異斯夫或云苔宗'에서도 볼 수 있다(주 10) 참조).

씀과 같다면, 스승님과 애호(愛好)를 같이하지 아니한다면 저 밝은 해를 두고 맹세하겠습니다" 하고 드디어 귀국(歸國)하였다. (그 후) 그는 본심(本心)대로 벼슬길에 종사하여 관직(官職)이 대아찬(大阿湌)에 이르렀다.

진흥대왕(眞興大王) 6년 을축(乙丑 : 西紀 554)에는 왕명(王命)을 받아 여러 문사(文士)들을 모아 국사(國史)를 찬수(撰修)하고 파진찬(波珍湌) 벼슬을 더하였다. 12년 신미(辛未 : 西紀 560)에 왕이 거칠부(居柒夫)와 구진(仇珍) 대각찬(大角湌(干)), 비태(比台) 각찬(角湌(干)), 탐지(耽知) 잡찬(迊湌), 비서(非西) 잡찬, 노부(奴夫) 파진찬(波珍湌), 서방부(西方夫) 파진찬, 비차부(比次夫) 대아찬(大阿湌), 미진부(未珍夫) 아찬(阿湌) 등 8 장군(將軍)을 명하여 백제(百濟)와 더불어 고구려(高句麗)를 침공하였는데, 백제인은 먼저 (南)평양(平壤 : 北漢城)을 격파하고 거칠부 등은 승승(乘勝)하여 죽령(竹嶺) 이북, 고현(高峴 : 鐵嶺 ?) 이내의 10 군(郡)을 취하였다. 이 때에 혜량법사(惠亮法師)가 무리를 이끌고 노상(路上)으로 나왔다. 거칠부가 말에서 내려 군례(軍禮)로 읍배(揖拜)하고 나아가 말하기를 "옛날 유학(遊學)할 때에 법사(法師)의 은혜를 입어 성명(性命)을 보전하였는데, 지금 의외(意外)에 서로 만나니 어떻게 보은(報恩)을 할지 모르겠습니다" 고 하니 대답하기를 "지금 우리 나라의 정사가 어지러워 멸망할 날이 얼마 남지 아니하니 귀지(貴地)로 데려가기 바란다" 고 하였다. 여기서 거칠부가 같이 수레를 타고 돌아와서 왕(眞興)에게 뵈니, 왕이 승통(僧統 : 僧侶의 最高職)을 삼고 처음으로 백좌강회(百座講會)와 팔관(八關)의 법(法)5)을 설하였다.

진지왕(眞智王) 원년 병신(丙申)에 거칠부는 상대등이 되어 군국사무(軍國事務)로써 자임(自任)하다가 집에서 늙어 돌아가니, 향년(享年)이 78 세였다.

거도(居道)는 그의 족성(族性)이 실전(失傳)되어 어느 곳 사람임을 알 수 없다. 탈해이사금(脫解尼師今) 때에 벼슬하여 간(干)6)이 되었다. 그 때, 우시산국(于尸山國)7) : 지금 蔚山·거칠산국(居柒山國)8) : 지금 東萊)이 이웃 지경(地境)에

---

5) 本紀 眞興王 33년條 譯註 40)을 참고.
6) 干은 新羅 官品 칭호에 붙는 '湌'(尺干)·'翰'과 같은 말인데, 初期에는 族長의 칭호였을 것이다.
7) 옛날 地名 중의 尸는 R음(履의 略)의 表示로도 썼으므로, 여기의 于尸山은 즉 '울산'으로 읽는 동시에 지금의 蔚山에 해당한다고 생각된다.
8) 居柒山國은 地理志에 東萊郡을 '本居柒山郡'이라 하였음을 보아, 그 所在가 지금의 東萊郡 부근이었음을 알 수 있다.

개재(介在)하여 자못 나라의 근심이 되었는데, 거도(居道)가 변경의 관장(官長)이 되어 속으로 (위의 두 곳을) 병합(倂合)할 생각을 가졌다. 매년(每年)에 한 번씩 여러 마필(馬匹)을 장토(張吐)⁹⁾ 들(野)판에 모아놓고 군사들로 (하여금) 타고 달리면서 즐겨 놀라 하니, 당시 사람들이 '마숙'(馬叔)이라고 일컬었다. 두 나라(于尸山國과 居柒山國) 사람들이 눈에 익게 보면서 신라(新羅)의 보통 있는 일이라 하며 괴이하게 여기지 아니하였다. 이에 (居道는) 병마(兵馬)를 출동하여 불의(不意)에 쳐들어가 두 나라를 멸하였다.

이사부(異斯夫)[혹은 苔宗이라고도 함]¹⁰⁾의 성은 김씨(金氏)¹¹⁾요, 내물왕(奈勿王)의 4대손(代孫)이다. 지도로왕(智度路王)¹²⁾ 때 연변(沿邊)의 관장(官長)이 되어, 거도(居道)의 권모(權謀)를 도습(蹈襲)하여 마희(馬戲 : 말을 타고 놀이하는 것)로써 가야(加耶)[혹은 加羅라고도 함]를 속여 취하였다.¹³⁾ (知證王) 13년 임진(壬辰)에 (異斯夫는) 아슬라주(阿瑟羅州) 군주(軍主)가 되어 우산국(于山國 : 지금 鬱陵島)의 병합(倂合)을 계획하고 있었는데, 그 나라 사람들이 어리석고 사나워서 위엄으로는 항복받기 어려우니 모계(謀計)로써 복속시킬 수밖에 없다 하고, 이에 나무로 사자(獅子)를 많이 만들어 전선(戰船)에 나누어 싣고, 그 나라 해안(海岸)에 가서 거짓 말하기를 "너희들이 항복하지 않으면 이 맹수(猛獸)를 놓아 밟아 죽이겠다"고 하였다. 그 사람들이 두려워서 곧 항복하였다.

진흥왕(眞興王) 재위(在位) 11년(西紀 550), 즉 (梁簡文帝) 태보(太寶) 원년에 백제(百濟)가 고구려(高句麗)의 도살성(道薩城 : 지금의 天安)을 함락하고, 고구려는 백제의 금현성(金峴城 : 지금 全義郡 金城山 ?)을 함락하였다. 왕이 두 나

9) 張吐의 所在는 이상의 2小國처럼 분명치는 못하나, 그 위치가 필연코 위의 두 곳과 至近하였을 것이니, 지금 月城郡 甘浦面(慶州市의 東南편)이 아닌가 추측된다.
10) 古語에 苔(이끼)를 異斯(이사 혹은 잇)라고 한 듯하고, 夫의 音과 宗의 訓인 '보'는 近似하므로, '異斯夫或云苔宗'이라고 하였던 것 같다.
11) 삼국유사(권1) 智哲老王條에는 異斯夫를 朴伊宗이라 하여 朴氏로 하였는데, 이런 예는 堤上과 其他에도 있다. 어떻든 異斯夫는 史記와 같이 奈勿王의 4代孫, 金氏임이 분명하다.
12) 智度路王은 智證王을 말함이니, 智證王의 이름은 智大路 또는 智度路·智哲老라고 했다(三國遺事 권1 智哲老王條).
13) 잘못인 듯. 本加耶의 取得은 法興王 19년의 일이다.

라 군사가 피로에 지친 틈을 타서 이사부(異斯夫)를 명하여 군사를 출동 공격하여, 두 성(城)을 취하고 증축(增築)해서 갑사(甲士)를 유둔(留屯)시켜 지켰다. 이 때 고구려에서 군사를 보내어 금현성(金峴城)을 공격하다가 이기지 못하고 돌아가는 것을 이사부(異斯夫)가 추격하여 크게 이겼다.

김인문(金仁問)의 자(字)는 인수(仁壽)요, 태종대왕(太宗大王)의 둘째 아들이다. 어려서부터 공부를 하여 유가서(儒家書)를 많이 읽고, 겸하여 장자(莊子)·노자(老子)·부도(浮屠 : 佛敎)의 설(說)도 섭렵하였다. 또 예서(隸書)와 사(射)·어(御)·향악(鄕樂)을 잘하였는데, 기예(技藝)가 익숙하고 식견(識見)·도량(度量)이 넓어 세상 사람들이 추앙(推仰)하였다. 당(唐)영휘(永徽) 2년(西紀 651), 인문(仁問)의 나이 23세에 왕명(王命)을 받아 당(唐)에 들어가 숙위(宿衛)하였다. 당(唐)고종(高宗)이 그가 멀리 바다를 건너 내조(來朝)하니, 충성(忠誠)이 가상하다고 하여 특히 좌령군위장군(左領軍衛將軍)을 제수하였다. 4년(永徽) 조명(詔命)으로 귀국(歸國) 근친(覲親)을 허락하니 태종대왕(太宗大王)이 그에게 압독주(押督州 : 지금의 慶山郡) 총관(摠管)을 제수하였다. 이에 그가 장산성(獐山城 : 慶山郡 慶山邑)을 쌓아 방어시설(防禦施設)을 하니, 태종(太宗)이 그 공(功)을 기록하고 식읍(食邑) 300호(戶)를 주었다. 신라에서 여러 번 백제의 침공을 받자, 당군(唐軍)의 원조(援助)를 얻어 그 수치를 씻으려 하여, 숙위(宿衛)하러 가는 인문(仁問)에게 유시(諭示)하여 군사를 청하려 하였다.

마침 고종(高宗)이 소정방(蘇定方)으로 신구도대총관(神丘道大摠管)을 임명하여 군사를 거느리고 백제를 치게 하였다. 황제(皇帝)가 인문을 불러서, (百濟地域의) 도로(道路)의 험하고 편한 것과 거취(去就)의 편의(便宜) 여하(如何)를 물으므로 인문이 응대(應對)하기를 더욱 자세히 하니, 황제(皇帝)가 기뻐하여 제서(制書)를 내려 신구도부대총관(神丘道副大摠管)을 제수하여 군중(軍中)에 나갈 것을 명하였다. 드디어 정방(定方)과 함께 바다를 건너 덕물도(德物島 : 지금의 德積島)에 이르렀는데, 왕이 태자(太子 : 法敏)에게 명하여 장군 유신(庾信)·진주(眞珠)·천존(天存) 등과 함께 거함(巨艦) 100척에 군사를 싣고 (唐軍을) 맞이하게 하였다. (唐軍이) 웅진강구(熊津江口 : 錦江入口)에 이르니, 백제가 강안(江岸)을 따라 둔병(屯兵)하고 있었다. 이와 싸워서 깨치고 승세(勝勢)를 타서 그 도성(都城)에 들어가 멸하였다. 정방(定方)이 의자왕(義慈王)과 태자(太子) 효(孝), 왕자(王子) 태(泰) 등을 부로(俘虜)로 하여 당(唐)으로 돌아갔다.

대왕(大王)이 인문(仁問)의 공업(功業)을 가상히 여겨 파진찬(波珍飡 : 제 4 位)을 제수하고 또 각간(角干 : 제 1 位)을 더하였다. 얼마 아니하여 (仁問은) 당(唐)에 들어가 전과 같이 숙위(宿衛)하였다.

용삭(龍朔 : 唐高宗 연호) 원년(文武王 원년, 西紀 661)에 고종(高宗)이 불러서 이르기를 "짐이 이미 백제를 멸하여 너희 나라의 우환(憂患)을 제거하였는데, 지금 고구려가 (地理의) 험고(險固)함을 믿고 예맥(濊貊)[14]과 더불어 악(惡)한 짓을 함께 하여 사대(事大)의 예(禮)를 어기고 선린(善鄰)의 의(義)를 저버리고 있다. 짐은 군사를 보내어 치려 하니, 너도 돌아가 국왕(國王)에게 고(告)하고, 군사를 출동, 함께 쳐서 망해 가는 오랑캐를 섬멸하게 하라"하였다. 인문(仁問)이 곧 귀국하여 황제(皇帝)의 명(命)을 전하니, 국왕(國王 : 文武王)이 인문으로 하여금 유신(庾信) 등과 함께 군사를 조련(操練)하여 기다리게 하였다. 황제가 형국공(邢國公) 소정방(蘇定方)을 명하여 요동도행군대총관(遼東道行軍大摠管)을 삼아 6 군(軍)으로써 만 리를 장구(長驅)하여 고구려군(高句麗軍)을 패강(浿江)[15]에서 만나 격파하고 드디어 평양(平壤)을 포위(包圍)하였는데, 고구려군이 굳게 지키기 때문에 이를 극복(克服)치 못하고, 도리어 많은 병마(兵馬)의 사상자(死傷者)를 내었을 뿐 아니라 양도(糧道)도 계속되지 못하였다. 인문이 (熊津의) 유진장(留鎭將) 유인원(劉仁願)과 함께 군사를 거느리고, 쌀 4,000 석과 벼 2 만여 가마를 싣고 (平壤으로) 가니, 당인(唐人)들은 식량(食糧)을 얻었으나 (이 때) 큰눈(大雪)이 내림으로 해서 포위를 풀고 돌아갔다. 신라군(新羅軍)이 돌아가려 할 때 고구려에서는 이를 도중(道中)에서 요격(要擊)하려고 도모하였다. 인문(仁問)이 유신(庾信)과 함께 꾀를 내어 밤중에 몰래 도망하였는데, 고구려 사람이 이튿날에야 깨닫고 뒤를 쫓아왔다. 인문 등이 반격을 가하여 크게 이를 파(破)하고 1 만여 명의 목을 베고, 5,000 여 명을 포로(捕虜)로 하여 돌아왔다.

인문(仁問)은 또 당(唐)에 들어갔다. 건봉(乾封 : 唐高宗의 연호) 원년(文武王 6 년, 西紀 666)에 (唐主의) 거마(車馬)를 따라 태산(泰山 : 山東省)에 올라가 봉선(封禪)[16]의 의식(儀式)을 행한 후, (仁問에게) 우효위대장군(右驍衛大將軍)을 제수하고 식읍(食邑) 400 호를 더 주었다. 총장(摠章 : 唐高宗 연호) 원년(文武王

---

14) 당시 高句麗에 隸屬된 靺鞨大衆을 잘못 指稱한 것 같다.

15) 여기 이른바 浿江은 隋唐代의 浿水, 즉 지금의 大同江.

16) 帝王이 泰山에 올라 壇을 만들고 하늘에 제사드리는 것.

8년) 무진(戊辰)에 고종(高宗)이 영국공(英國公) 이적(李勣)을 보내어 군사를 거
느리고 고구려를 치게 하는 한편, 또 인문(仁問)을 보내어 우리에게도 군사를
징발하게 하였다. 문무대왕(文武大王)이 인문과 함께 군사 20만 명을 출동하
여 북한산성(北漢山城)[17]에 이르렀다. 왕은 여기에 머무르고 먼저 인문 등을
보내어 군사를 거느리고 당군(唐軍)과 회합(會合), 평양성(平壤城)을 공격(攻擊)
하여 한 달여 만에 보장왕(寶臧王)을 잡았다. 인문이 여왕(麗王)으로 하여금
영공(英公) 앞에 꿇어앉게 하고 그 죄(罪)를 세니, 왕이 재배(再拜)하고 영공
(英公)이 답례(答禮)하였다. (英公은) 곧 왕과 남산(男產)·남건(男建)·남생(男
生) 등을 데리고 (唐으로) 돌아갔다. 문무대왕(文武大王)은, 인문의 영략(英略)
과 용공(勇功)이 특이(特異)함으로 해서 고(故) 대탁각간(大琢(琢은 衍文인 듯)
角干) 박뉴(朴紐)의 식읍(食邑) 500호를 내리고 고종(高宗)도 인문의 수차 전
공(戰功)을 듣고 제서(制書)로 이르기를 "조아(爪牙)의 양장(良將)이요, 문무(文
武)의 영재(英才)다. 작(爵)을 제정(制定)하고 봉읍(封邑)을 설하는 아름다운 명
(命)을 내림이 마땅하겠다"하고, 작위(爵位)를 더하고 식읍(食邑) 2,000호를 더
했다. 그 후로 (唐의) 궁궐(宮闕)에서 시위(侍衛)하여 많은 세월을 보냈다.

  상원(上元 : 高宗의 연호) 원년(文武王 13년, 西紀 673)에 문무왕(文武王)은 고
구려의 반중(叛衆)을 받아들이고 또 백제의 옛 땅을 차지하니, 당(唐)의 황제
(皇帝)가 크게 노(怒)하여 유인궤(劉仁軌)로 계림도대총관(雞林道大摠管)을 삼
아 군사를 일으켜 와서 치고, 조서(詔書)로써 왕의 관작(官爵)을 삭탈(削奪)하
였다. 이 때 인문(仁問)은 우효위원외대장군(右驍衛員外大將軍) 임해군공(臨海
郡公)으로 당경(唐京 : 長安)에 있었는데, 그를 세워 왕을 삼고 귀국(歸國)하여
형(兄 : 文武王)을 대신케 하도록 함과 동시에 계림주대도독개부의동삼사(雞林
州大都督開府儀同三司)에 봉하였다. 인문이 간곡히 사퇴하였으나 듣지 아니하
여 드디어 귀국의 길에 올랐다. 그런데 마침 왕이 사절을 보내어 공물을 바치
며 또 사죄하니 황제(皇帝)가 용서하고 왕의 관작(官爵)을 회복시켰다. 인문도
중로(中路)에서 (唐으로) 돌아가 전의 관직(官職)을 다시 맡게 되었다. 조로(調
露 : 唐高宗 연호) 원년(文武王 19년)에 진군대장군행우무위위대장군(鎭軍大將軍
行右武威衛大將軍)에 전임(轉任)되고, 재초(載初 : 唐 武后 연호) 원년(神文王 10
년, 西紀 690)에는 보국대장군상주국임해군개국공좌우림군장군(輔國大將軍上柱

---

17) 本紀(文武王 8년)에 漢山州라 했다. 本紀가 옳을 것이다.

國臨海郡開國公左羽林軍將軍)에 제수되었다.

연재(延載 : 中宗 연호) 원년(孝昭王 3년, 西紀 694) 4월 29일에 병(病)으로 누워 당경(唐京)에서 훙서(薨逝)하니, 향년(享年)이 66이었다. 부음(訃音)을 듣고 상(上 : 唐主)이 놀라고 슬퍼하며, 수의(襚衣 : 염습하는 옷)를 주고 관등(官等)을 더하였다. (그리고) 조산대부행사례사대의서령(朝散大夫行司禮寺大醫署令) 육원경(陸元景)과 판관조산랑직사례사(判官朝散郎直司禮寺) 모(某) 등을 명하여 영구(靈柩)를 호송하게 하였다. 효소대왕(孝昭大王)은 그에게 태대각간(太大角干)을 추증(追贈)하고 유사(有司)를 명하여 연재(延載) 2년 10월 27일, 서울 서원(西原)[18]에 장사지냈다. 인문(仁問)이 일곱 번 당(唐)에 들어가 그 조정(朝廷)에 숙위(宿衛)한 월일(月日)을 계산하면 무릇 22년이나 된다. 이 때 양도(良圖) 해찬(海湌 : 波珍湌, 職官志에는 '或云海干'이라 하였다)도 여섯 번 당(唐)나라에 들어가고 서경(西京)에서 죽었는데, 그 행적(行蹟)의 시말(始末)은 실전(失傳)되었다.

김양(金陽), 자(字)는 위흔(魏昕)이요, 태종대왕(太宗大王)의 9대손이다. 증조부(曾祖父)는 주원(周元) 이찬(伊湌)이요, 조부(祖父)는 종기(宗基) 소판(蘇判), 아버니는 정여(貞茹) 파진찬(波珍湌)이니 모두 대대관록(代代官祿)이 있는 집안으로 장상(將相)이었다. 양(陽)은 생래(生來)로 영걸(英傑)하여 태화(太和 : 唐高宗 연호) 2년, 흥덕왕(興德王) 3년(西紀 828)에 고성군(固城郡 : 지금 固城) 태수(太守)가 되고, 이어 중원(中原 : 지금 忠州) 대윤(大尹)에 임명되었다가 얼마 후에 무주(武州 : 州治는 지금의 光州) 도독(都督)으로 전임(轉任)되었는데, 가는 곳마다 정무(政務)의 명성(名聲)이 있었다. 개성(開成 : 唐文宗 연호) 원년 병진(丙辰 : 僖康王 원년, 西紀 836)에 흥덕왕(興德王)이 돌아가고 적장자(嫡長子)가 없으므로 왕의 당제(堂弟 : 4寸) 균정(均貞)과 당제(堂弟)[19] : 憲貞)의 아들 제륭(悌隆)이 후사(後嗣)를 다투었다. 양(陽)이 균정(均貞)의 아들인 아찬(阿湌) 우징(祐徵)과 균정의 매서(妹壻)인 예징(禮徵)과 함께 균정을 받들어 왕으로 하고, 적판궁(積板宮)에 들어가 족병(族兵 : 私兵)으로써 숙위(宿衛)케 하였는데,

---

18) 西岳下니, 日帝 末期에 지금 西岳書院 構內에서 金仁問의 墓碑 일부가 발견되었다. 그 墳墓도 본래 그 構內에 있었는데, 年久月深, 그 形體가 없어지고 碑石도 埋沒되었다.
19) 均貞의 兄 憲貞.

제륭(悌隆)의 일당 김명(金明)·이홍(利弘) 등이 와서 포위하였다. 양(陽)이 군사를 궁문(宮門)에 배치하여 막으면서 “새 인군이 여기에 있는데 너희들이 어찌 감히 이렇게 거역할 수 있겠느냐”하고 드디어 활을 당겨 십여 명을 쏘아 죽였는데, 제륭(悌隆)의 부하(部下) 배훤백(裴萱伯)이 양(陽)을 쏘아 다리를 맞혔다. 균정(均貞)이 말하기를 “저 편은 수(數)가 많고 우리는 적으니 형세가 막아 낼 수 없다. 공(公)은 거짓 물러가 후일을 계획하라”하였다. 양(陽)이 이에 포위망(包圍網)을 뚫고 나가 한기(韓岐〔漢(漢)祇로도 씌어 있음〕：北川北, 栢栗寺 부근 일대)시(市)에 이르고 균정은 난병(亂兵)들에게 죽었다. 양(陽)이 하늘을 보며 호읍(號泣)하고 백일(白日：해)을 가리켜 맹세하며, 아무도 모르게 산야(山野)에 숨어 때가 오기를 기다렸다.

개성(開成：唐武宗 연호) 2년(僖康王 2년) 8월에 전(前) 시중(侍中) 우징(祐徵：均貞의 아들)이 잔병(殘兵)을 거두어 청해진(淸海鎭)으로 들어가, 대사(大使) 궁복(弓福：張保皐)과 결탁하여 불구대천(不俱戴天)의 원수를 갚으려 하였다. 양(陽)이 소식을 듣고 모사(謀士)와 병졸(兵卒)을 모집하여, (翌) 3년 2월에 해중(海中)으로 들어가 우징(祐徵)을 만나보고 함께 거사(擧事)할 것을 모의하였다. 3월에 강병(強兵) 5,000 명으로써 무주(武州：지금의 全南)를 습격하여 성하(城下：지금의 光州市)에 이르니 고을 사람들이 모두 항복하였다. 다시 내치어 남원(南原)에 이르러 신라군(新羅軍)과 마주 싸워 이겼으나, 우징(祐徵)은 군사들이 오래 피로(疲勞)하였음으로 해서 다시 해진(海鎭)으로 돌아가 병마(兵馬)를 휴양(休養)시켰다. 겨울에 혜성(彗星)이 서방(西方)에 나타났는데, 광채나는 꼬리(芒角)가 동쪽을 가리키니 여러 사람들이 하례하기를, 이것은 옛것을 제거하고 새것을 펴며, 원수를 갚고 수치를 씻을 상서(祥瑞)라고 하였다. 양(陽)은 평동장군(平東將軍)이라 일컬었다. 12월에 다시 출동(出動)하였는데, 김양순(金亮詢)이 무주(鵡洲) 군사로써 내회(來會)하고, 우징(祐徵)은 또 날래고 용맹한 염장(閻長)·장변(張弁)·정년(鄭年)·낙금(駱金)·장건영(張建榮)·이순행(李順行) 등 여섯 장수를 시켜 병사(兵士)를 통솔(統率)케 하니 군객(軍客)이 매우 성(盛)하였다. 북을 치며 행진(行進)하여 무주(武州) 철야현(鐵冶縣：지금 羅州郡 南平面) 북쪽에 이르니 신라의 주대감(州大監) 김민주(金敏周)가 군사를 이끌고 역격(逆擊)하였다. 장군 낙금(駱金)·이순행(李順行)이 기병(騎兵) 3,000 명으로써 저쪽 군중(軍中)에 돌격해 들어가 거의 다 살상(殺傷)하였다.

개성(開成) 4년(閔哀王 2년) 정월 19일에 군사가 대구(大丘)에 이르니 왕(閔

哀)이 군사로써 맞이하여 항거하므로 이를 역격(逆擊), 왕의 군사가 패하여 달아나고 생포(生捕)와 참획(斬獲)은 이루 헤일 수 없었다. 이 때 왕이 허겁지겁 이궁(離宮)으로 도망해 들어갔는데, 군사들이 마침내 그를 찾아 살해(殺害)하였다. 양(陽)이 이에 좌우장군(左右將軍)을 명하여 기사(騎士)를 거느리고 널리 알리기를, "본래 원수를 갚으려 한 것이므로 지금 괴수(魁首)가 죽었으니 의관(衣冠 : 上流層) 사녀(士女)와 백성들은 각각 편안히 거처하여 망동하지 말라"하고, 드디어 왕성(王城)을 수복하니 백성들이 안도(安堵)하였다. 양(陽)이 훤백(萱伯 : 悌隆 部下)을 불러 말하기를 "개는 제각기 주인(主人) 아닌 사람에게 짖는 것이다. 네가 그 주인(主人)을 위하여 나를 쏘았으니 의사(義士)다. 내가 괘념(掛念)하지 아니할 것이니, 너는 안심하고 두려워하지 말라"하였다. 여러 사람들이 듣고서 "훤백(萱伯)이 저러하니, 다른 사람들이야 무엇을 근심하리요"하면서 감동하고 기뻐하지 않는 사람이 없었다. 4월에 궁궐(宮闕)을 깨끗이 하고, 시중(侍中) 우징(祐徵)을 맞아 즉위케 하니, 이가 신무왕(神武王)이다. 7월 23일에 대왕(大王)이 돌아가고 태자(太子)가 왕위(王位)를 이으니, 이가 문성왕(文聖王)이었다. (陽의) 공(功)을 추록(追錄)하여 소판(蘇判 : 第3位) 겸 창부령(倉部令)을 제수하였고, (未久에) 시중(侍中) 겸 병부령(兵部令)에 전임(轉任)하였다. 당(唐)에서 빙문(聘問)하고 겸하여 공(公)에게 검교위위경(檢校衞尉卿)을 제수하였다. 대중(大中 : 唐宣宗 연호) 11년(文聖王 19년, 西紀 857) 8월 13일에 (金陽이) 사제(私第)에서 훙서(薨逝)하니 향년(享年)이 50이었다. 부음(訃音)이 알려지자 대왕은 애통하며 서발한(舒發翰 : 大角干)을 추증(追贈)하고 부의(賻儀)와 염장(殮葬)을 모두 김유신(金庾信)의 구례(舊例)에 의하게 하여, 그 해 12월 8일에 태종대왕릉(太宗大王陵)에 배장(陪葬)하였다.[20]

종부형(從父兄 : 4寸) 흔(昕)의 자(字)는 태(泰)요, 아버지는 장여(璋如)인데 벼슬이 시중(侍中) 파진찬(波珍湌)에까지 이르렀다. 흔(昕)은 어려서부터 빙명(聘明) 영오(穎悟)하고 학문(學問)을 좋아하였다. 장경(長慶 : 唐穆宗의 연호) 2년(憲德王 14년, 西紀 822)에 헌덕왕(憲德王)이 당(唐)에 사람을 보내려고 하는데 그 사람을 얻기 어려웠다. 누가 흔(昕)을 천거하기를, 태종(太宗 : 武烈王)의 후예요 정신이 명랑(明朗)·수려(秀麗)하고 기국(器局)이 심중(沈重)하니, 가히

---

20) 西岳下 太宗武烈王陵 前面 약 15미터 지점에 周圍 약 60미터의 古墳과 또 그 남쪽에 주위 약 86미터의 古墳이 있는바, 後者는 이른바 '角干墓'(金庾信墓)요, 前者가 즉 金陽墓인 것이다.

선발(選拔)에 당할 만하다 하므로 드디어 그를 당(唐)에 입조(入朝)·숙위(宿衛)케 하였다. 일년여에 귀국(歸國)하기를 청하니 황제(皇帝)가 조서(詔書)로서 금자광록대부시태상경(金紫光祿大夫試太常卿)을 제수하였다. 돌아오자 왕은 왕명(王命)을 욕되게 하지 아니하였다 하여 특별히 남원(南原 : 小京) 태수(太守)를 제수하고, 여러 번 자리를 옮겨 강주(康州 : 州治는 지금의 晉州) 대도독(大都督)에 이르렀는데, 얼마 아니하여 이찬(伊飡) 겸 상국(相國)을 더하였다.

　개성(開成 : 唐文宗 연호) 기미년(己未年 : 神武王 원년, 西紀 839) 윤(閏)정월에 (官軍의) 대장군(大將軍)이 되어, 군사 10만 명을 거느리고 대구(大丘)에서 청해진(淸海鎭)의 군사를 방어하다가 패전하였다. 자신(自身)이 패(敗)하고 또 (陣中에서) 죽지 못하였다고 하여 다시 벼슬하지 않고 소백산중(小白山中)으로 들어가 갈의(葛衣) 소식(蔬食)으로 중들과 함께 놀다가 대중(大中) 3년(文聖王 11년) 8월 27일에 병(病)들어 산재(山齋)에서 세상을 떠나니, 향년(享年)이 47세였다. 그 해 9월 10일에 내령군(奈靈郡 : 지금의 榮州郡)의 남쪽 언덕에 장사지냈다. 아들이 없고, 부인(夫人)이 상사(喪事)를 주관하였는데, 일이 끝난 후에는 비구니(比丘尼)가 되었다.

　흑치상지(黑齒常之)는 백제(百濟) 서부(西部) 사람인데, 신장(身長)은 7척이 넘고 효용(驍勇)이 강의(強毅)하여 모략(謀略 : 智略)이 있었다. 백제의 달솔(達率 : 2位)로서 풍달군(風達郡 : 위치 미상) 장수를 겸하니, 당(唐)의 자사(刺史)와 같다고 한다. 소정방(蘇定方)이 백제를 평정하니 상지(常之)가 소속부중(所屬部衆)으로써 항복하였는데, 정방(定方)이 늙은 왕을 가두고 군사를 놓아 크게 노략질하였다. 상지가 두려워하여 좌우(左右)의 관장(官長) 10여 명과 함께 달아나, 흩어져 도망한 사람들을 불러모아 임존산(任存山 : 지금 禮山郡 大興面)에 의거(依據)하여 굳게 지키니, 열흘이 못 되어 돌아오는 자가 3만 명이나 되었다. 정방(定方)이 군사들을 독려(督勵)하여 치다가 이기지 못하니, (常之 등이) 드디어 200여 성(城)을 회복하였다. 용삭연간(龍朔年間 : 西紀 661~3)에 고종(高宗)이 사신을 보내어 초유(招諭)하므로, 이에 상지는 유인궤(劉仁軌)에게 나가 항복하였다. 그는 당(唐)에 들어가 좌령군원외장군(左領軍員外將軍) 양주자사(洋州刺史)가 되었으며, 여러 번 정벌(征伐)에 종군하여 많은 공(功)을 세우고 작상(爵賞)을 받음이 특수(特殊)하였다.

　오랜 후에는 연연도대총관(燕然道大摠管)이 되어, 이다조(李多祚) 등과 함께

돌궐(突厥)을 쳐부수었다. 좌감문위중랑장(左監門衛中郞將) 보벽(寶璧 : 姓은 爨)
이 끝까지 돌궐(突厥)을 추격하여 공(功)을 세우려 하였으므로 조서(詔書)를
내려 상지(常之)와 함께 치게 하였다. 보벽(寶璧)이 혼자 진격하다가 오랑캐에
게 패(敗)하여 전군(全軍)이 함몰(陷沒)되었다. 보벽(寶璧)은 옥리(獄吏)에 내리
어 베고, 상지(常之)도 공을 세우지 못한 죄를 짓게 되었는데, 마침 주흥(周興)
등이, 그가 응양장군(鷹揚將軍) 조회절(趙懷節)과 함께 반(叛)하였다고 무함(誣
陷)하여, 잡아 조옥(詔獄 : 帝命을 받아 重罪人을 다스리는 獄事)에 가두었다가
교형(絞刑)에 처하였다. 상지(常之)는 아랫사람을 부리는 데 은혜가 있었다. 그
의 타는 말이 군사들에게 매질을 당하였을 때, 어떤 사람[21]이 그 자에게 죄
(罪) 주기를 청하니 대답하기를 "어찌 사사로운 말(馬)로 해서 관병(官兵)을
때리겠느냐" 하였다. 전후(前後)에 받은 상사(賞賜)를 부하(部下)들에게 나누어
주고, 남겨두는 것이 (별로) 없었다. 그가 죽게 되자, 사람들이 모두 그의 억
울함을 슬퍼하였다.[22]

장보고(張保皐)〔新羅本紀에는 弓福으로 되어 있음〕와 **정년**(鄭年)〔年은 連으로
도 되어 있음〕은 모두 신라(新羅) 사람이나, 그들의 고향과 부조(父祖)는 알 수
없다. 두 사람이 모두 싸움을 잘하였는데, 연(年)은 그 밖에 바다 밑으로 들어
가 50리를 (걸어) 가면서도 물을 내뿜지 아니하였다. 그 용맹과 씩씩함을 비
교하면, 보고(保皐)가 (年에게) 좀 미치지 못하였으나, 연(年)이 보고를 형(兄)
으로 불렀다. 보고는 연령(年齡)으로, 연(年)은 기예(技藝)로 항상 맞서 서로
지지 아니하였다. 두 사람이 모두 당(唐)에 가서 무녕군소장(武寧軍小將)이 되
어 말을 타고 창(槍)을 쓰는데, 대적할 자가 없었다. 후에 보고(保皐)가 귀국하
여 대왕(大王 : 興德王)을 뵙고 말하기를, "중국의 어디를 가 보나, 우리 사람들
을 노비로 삼고 있습니다. 청해(淸海)에 진영(鎭營)을 설하고, 해적(海賊)들이
사람을 약취(掠取)하여 서쪽으로 가지 못하게 하기 바라나이다" 하였다. 청해
(淸海)는 신라 해로(海路)의 요지(要地)로 지금 완도(莞島)라 하는 곳이다. 대왕
(大王)이 보고(保皐)에게 (군사) 만 명을 주어 (淸海에 設鎭하게 하니),[23] 그 후
로 해상(海上)에서 국인(國人)을 파는(賣) 자가 없었다. 보고는 이미 귀(貴)하

21) 舊唐書(권 109), 黑齒常之傳에는 副使 牛師獎 등이라 하였다.
22) 新舊唐書에 모두 그(常之)의 立傳이 있다.
23) 新羅本紀 興德王 3년 4월條 참조.

게 되었는데, 연(年)은 (唐에서) 직업(職業)을 잃고 기한(饑寒)을 무릅쓰며 사수(泗水 : 淮水의 한 支流)의 연빙(수)현(漣水(水)縣 : 지금 江蘇省 漣水)에 있었다. 하루는 수비하는 장수 풍원규(馮元規)에게 말하기를 "내가 동(東)으로 돌아가서 장보고(張保皐)에게 걸식(乞食 : 依托)하려 한다"하니, 원규(元規)가 "그대와 보고(保皐)의 사이가 어떠한가? 어찌하여 가서 그 손에 죽으려 하는가"하였다. 연(年)은 "기한(饑寒)에 죽는 것이 싸워서 쾌(快)하게 죽느니만 같지 못하다. 하물며 고향에서 죽는 것이랴?"하고 그 곳을 떠나 장보고(張保皐)에게 뵈었다. 보고(保皐)가 함께 술을 마시며 마음껏 즐기는데, 술자리가 끝나기 전에 왕(閔哀王)이 시해(弑害)되고 나라가 어지러우며 임금이 없다고 하는 소식이 들어왔다. 보고가 군사 5,000 명을 나누어 연(年)에게 주며. 연의 손을 잡고 울며 말하기를, "그대가 아니면 화난(禍難)을 평정할 수 없다"고 하였다. 연(年)이 국도(國都)에 들어가 배반한 자를 베고 왕(祐徵 즉 神武王)을 세웠다. 왕은 보고(保皐)를 불러 재상(宰相)을 삼고 연(年)으로 대신 청해(淸海)를 지키게 하였다[이것은 新羅의 傳記와는 퍽 다르나, 杜牧(唐의 文人, 字는 牧之)이 傳[24]을 짓기도 하였으므로 그대로 남겨 둔다].

(史臣이) 논(論)하여 가로되, 두목(杜牧)이 말하기를,[25] 천보(天寶 : 唐玄宗 연호) 연간(年間 : 西紀 742~55), 안록산(安祿山)의 난(亂)에 삭방절도사(朔方節度使) 안사순(安思順)을 녹산(祿山)의 종제(從弟)인 까닭으로 해서 사사(賜死)하고, 조서(詔書)를 내려 곽분양(郭汾陽 : 子儀)을 그에 대신케 하였는데, 순일(旬日) 후에는 다시 이임회(二臨淮)에게 조서(詔書)를 내려 절(節)을 가지고 삭방(朔方 : 郭氏)의 병력(兵力)을 반으로 나누어 동(東)으로 조(趙)·위지방(魏地方)에 나가게 하였다. (安)사순(思順) 때에는 분양(汾陽)과 임회(臨淮)가 모두 아문도장(牙門(本陣)都將)으로 있었는데, 두 사람이 서로 용납하지 못하여, 소반을 함께 하여 음식(飮食)을 먹더라도 항상 서로 흘겨보며 한 마디의 말도 하지 아니하였다. 그러다가 분양(汾陽)이 사순(思順)을 대신하게 되자, 임회(臨淮)는 도망하려다가 결정을 짓지 못하였다. 임회에게 조명(詔命)하여 분양(汾陽)의 절반 병력(兵力)을 나누어 동(東)으로 나가 토벌(討伐)하게 하였다. 임회(臨淮)가 들어가 청하기를 "내 한 죽음은 달게 받겠으니 처자(妻子)나 살려 주

---

24) 宋代의 編纂物인 文苑英華 중에 收錄되었고, 또 唐書(東夷傳) 新羅條 末尾에도 이를 인용하였는데, 彼此間에 詳略의 差가 있다.

25) 同上.

시오" 하였다. 분양(汾陽)이 내려가 손을 잡고 당상(堂上)으로 올라 마주앉아 말하기를 "지금 나라가 어지럽고 임금이 파천(播遷)하였는데, 공(公)이 아니면 동벌(東伐)을 할 수 없소. 어찌 사사로운 분한(忿恨)을 품을 때이겠소" 하였다. 작별하게 되자, 손을 잡고 눈물을 흘리며 서로 충의(忠義)로써 권면(勸勉)하였으니, 큰 도둑(安祿山)을 평정한 것은 사실 두 공(公)의 힘이었다.

그 마음이 변하지 않을 것을 알고 그 재능(材能)이 일을 맡길 만한 것을 안 후에야 마음으로 의심하지 않고 군사를 나누어 줄 수 있는 것이다. 평생(平生)에 분한(忿恨)을 쌓아 왔으니 그 마음 알기가 어렵고, 분한(忿恨)하면 반드시 단점(短點)을 보는 것이니 그 재능(材能)을 알기가 더욱 어려운 일이다. 이 점은 보고(保皐)가 분양(汾陽)의 어짊(賢)과 같은 것이다. 연(年)이 보고에게로 갈 때에 말하기를 "저는 귀(貴)하고 나는 천(賤)하니, 내 자신(自身)를 낮추면 전의 분한(忿恨)을 가지고 나를 죽이지 않을 것이다"라고 하였을 것이다. 보고(保皐)가 과연 죽이지 않았으니 이것은 사람의 상정(常情)이다. 그리고 임회(臨淮)가 분양(汾陽)에게 죽음을 청한 것도 역시 사람의 상정(常情)이었다. 또 보고(保皐)가 연(年)에게 맡긴 것은 그 일이 자기에게서 나온 것이며, 연(年)이 또 기한중(饑寒中)에 있었으므로 감동되기 쉬운 일이었다. 분양(汾陽)과 임회(臨淮)가 평생을 대립하였지만, 임회에 대한 명(命)은 천자(天子)에게서 나왔으니 보고(保皐)에게 견주어 본다면 분양이 우월(優越)한 듯하다. 이것은 곧 성현(聖賢)이 성패(成敗)를 지의(遲疑)하는 기틀이다. 그것은 다름이 아니라, 인의(仁義)의 마음이 잡정(雜情)[26]과 함께 심어져 있어, 잡정(雜情)[27]이 승(勝)하면 인의(仁義)가 멸하고 인의(仁義)가 승(勝)하면 잡정(雜情)[28]이 사라지는 것이다. 저 두 사람(張保皐·郭汾陽)은 인의(仁義)의 마음이 이미 승(勝)하였고, 여기에 다시 명견(明見)이 바탕하였기 때문에 마침내 성공한 것이다.

세간(世間)에서는 주공(周公)[29]·소공(召公)[30]을 100 대(代)의 스승으로 일컫

---

26) 27) 28) 雜情은 文苑英華에는 모두 雜性으로 되어 있는데, 雜情이나 雜性이 다 心性을 의미하는 것이므로, 그다지 문제가 없을 것이다. 어떻든 仁義之心을 本然心·本然性이라고 한다면, 雜性·雜情은 氣質之性·氣質之心이라고 할 수 있다.

29) 周公은 周文王의 아들, 武王의 아우, 이름은 旦. 文王·武王을 도와 開國의 功을 세우고, 武王이 죽은 다음에는 다시 어린 조카 成王을 세우고 補佐하여 周王室의 基礎를 튼튼히 하였다.

30) 召公은 周公의 아우로서, 이름은 奭. 武王과 成王을 補佐하고 또 地方官으로 크게 愛民의 善治를 하였으므로 '召伯'의 일컬음을 받았다.

고 있지만, 주공(周公)이 유자(孺子:成王)를 옹립(擁立)하는 데는 소공(召公:
周公弟)도 의심하였다. 주공(周公)의 성(聖)과 소공(召公)의 현(賢)으로써, 젊어
서는 문왕(文王)을 섬기고, 늙어서는 무왕(武王)을 도와 능히 천하(天下)를 평
정하였지만, 주공(周公)의 마음을 소공(召公)도 알지 못하였다. 진실로 인의(仁
義)의 마음이 있다 하더라도 명견(明見)의 바탕이 없다면 비록 소공(召公)도
오히려 그러하거늘 하물며 그만 못한 사람에 있어서랴? 어(語)에 이르기를
"나라에 한 사람이 있으면 그 나라가 망하지 않는다"고 하였다. 대저 나라를
망치는 것은 사람이 없어서가 아니라, 그 망할 때를 당하여 어진 사람을 쓰지
않기 때문이다. 진실로 능히 (어진 사람을) 쓴다면 한 사람으로서도 족(足)할
것이다(以上이 杜牧의 贊辭) 송기(宋祁)[31]가 말하기를 "아마, 원망과 해독(害毒)
으로써 서로 끼치지 않고 나라의 우환을 먼저 생각한 것은, 진(晉)에 기해(祁
奚)[32]가 있었고, 당(唐)에 분양(汾陽)과 보고(保皐)가 있었다. 누가 동이(東夷)
에 사람이 없다고 할 것인가?"하였다.

  사다함(斯多含)은 그 계통(系統)이 진골(眞骨) 출신(出身)으로 내밀왕(奈密〔奈
勿)王의 7대손이요, 아버지는 구리지(仇梨知) 급찬(級飡)이다. 본래 높은 가문
(家門)의 귀(貴)한 자손으로서, 풍채(風采)가 청수(清秀)하고 지기(志氣)가 방정
(方正)하였다. 당시 사람들이 (그를) 화랑(花郎)으로 받들기를 청하므로 부득이
맡았는데, 그 무리가 무려(無慮) 1,000명인데 모두 그들의 환심(歡心)을 얻었
다. 진흥왕(眞興王)이 이찬(伊飡) 이사부(異斯夫)를 명하여 가라국(加羅〔加耶로
도 하였음)國:大加耶國, 지금 高靈 일대)을 습격하였다.[33] 이 때 사다함(斯多含)
의 나이 15,6세이었는데, 종군(從軍)하기를 청하였다. 왕이 어리다 하여 허락
하지 아니하였더니, 청하기를 열심히 하고 뜻이 굳으므로, 드디어 명하여 귀
당비장(貴幢裨將)을 삼았는데, 그 낭도(郎徒)로서 따르는 자가 역시 많았다. 그

---

31) 宋祁는 宋代의 文人史家로. 歐陽脩와 더불어 唐書(新唐書)를 편찬하였는데 列傳이
   그의 所作이며, 위의 史評은 즉 唐書 新羅傳 贊論末에 실려 있다.
32) 祁奚는 春秋時代 晉의 大夫로서 公平無私한 마음으로 나라에 봉사하였는데, 그가 물
   러갈 때 悼公이 後任者를 물으니 자기와 원수 사이이던 解狐를 천거함으로써 유명
   하다.
33) 新羅本紀에는 眞興王 23년의 사실로 되어 있는데, 거기에 '加耶叛云云'이라고 한 것
   은, 撰者가 이 加耶를 法興王 19년에 新羅에 降附한 本加耶로 誤認한 데 基因한 것
   이라 하겠다(見 本紀譯註).

나라 경계에 닿자 원수(元帥)에 청하여 그 휘하병(麾下兵)을 거느리고 먼저 전
단량(旃檀梁)[34][전단량은 城門 이름이다. 加羅 말에, 門을 梁이라 한다고 한다]으
로 들어갔다. 그 나라 사람들이 뜻밖에 신라군(新羅軍)의 닥쳐 옴을 보고 경동
(驚動)하여 막지 못하므로, 대병(大兵)이 승세(乘勢)를 얻어 드디어 그 나라를
멸하였다. 군사가 돌아오자 왕이 공(功)을 책정(策定)하여 가라(加羅) 인구(人
口) 300 명을 (斯多含에게) 주었는데, 받아서는 다 놓아 주고 한 사람도 남겨
놓은 것이 없었다. 또 전지(田地)를 하사(下賜)하였는데 고사(固辭)하니, 왕이
강권(強勸)하므로 알천(閼川 : 지금 慶州市 北川)의 불모지(不毛地)만을 주도록
청하였다.

함(含)이 처음에 무관랑(武官郎)으로 더불어 사우(死友)가 되기를 약속하였
다. 무관(武官)이 병들어 죽자 곡읍(哭泣)하기를 슬피 하여 함(含)도 7일 만에
또한 죽으니, 그 때 나이 17 세였다.

〔原文〕
三國史記 卷 第四十四
列傳 第四

乙支文德　居柒夫　居道　異斯夫　金仁問　金陽　黑齒常之　張保
皐·鄭年　斯多含

乙支文德, 未詳其世系, 資沈鷙有智數, 兼解屬文, 隋開皇(開皇, 當作大業)
中, 煬帝下詔征高句麗, 於是左翊衞大將軍宇文述, 出扶餘道, 右翊衞大將軍于
仲文, 出樂浪道, 與九軍至鴨淥水, 文德受王命, 詣其營詐降, 實欲觀其虛實,
述與仲文先奉密旨, 若遇王及文德來則執之, 仲文等將留, 尙書右丞劉士龍爲
慰撫使, 固止之, 遂聽文德歸, 深悔之, 遣人紿文德曰, 更欲有議, 可復來, 文
德不顧, 遂濟鴨淥而歸, 述與仲文旣失文德, 內不自始, 述以粮盡欲還, 仲文謂
以精銳追文德, 可以有功, 述止之, 仲文怒曰 將軍仗千萬兵, 不能破小賊, 何
顏以見帝, 述等不得已而從之, 度鴨淥水追之, 文德見隋軍士有饑色, 欲疲之,

---
34) 梁의 訓은 '돌'·'드리'·'도리'로서, 納入 또는 入門 즉 '목'의 뜻이니, 江華의 '孫돌
　(梁)목', 全南 珍島의 '鳴梁'을 '울돌목'이라고도 한다. '돌목'은 실상 같은 의미의 重
　疊語이다.

每戰輒北, 述等一日之中七戰皆捷, 旣恃驟勝, 又逼羣議, 遂進東濟薩水, 去平壤城三十里, 因山爲營, 文德遣仲文詩曰, 神策究天文, 妙算窮地理, 戰勝功旣高, 知足願云止, 仲文答書諭之, 文德又遣使詐降, 請於述曰, 若旋師者, 當奉王朝行在所, 述見士卒疲弊不可復戰, 又平壤城險固, 難以猝拔, 遂因其詐而還, 爲方陣而行, 文德出軍, 四面鈔擊之, 述等且戰且行至薩水, 軍半濟, 文德進軍擊其後軍, 殺右屯衞將軍辛世雄, 於是, 諸軍俱潰不可禁止, 九軍將士奔還, 一日一夜至鴨淥水, 行四百五十里, 初度遼, 九軍三十萬五千人, 及還至遼東城, 唯二千七百人.

論曰, 煬帝遼東之役, 出師之盛, 前古未之有也, 高句麗一偏方小國, 而能拒之, 不唯自保而已, 滅其軍幾盡者, 文德一人之力也, 傳曰, 不有君子, 其能國乎, 信哉.

居柒夫(或云荒宗), 姓金氏, 奈勿王五世孫, 祖仍宿角干, 父勿力伊飡, 居柒夫少䟽弛有遠志, 祝髮爲僧, 遊觀四方, 便欲覘高句麗, 入其境聞, 法師惠亮開堂說經, 遂詣聽講經, 一日惠亮問曰, 沙彌從何來, 對曰, 某新羅人也, 其夕法師招來相見, 握手密言曰, 吾閱人多矣, 見汝容貌, 定非常流, 其殆有異心乎, 答曰, 某生於偏方, 未聞道理, 聞師之德譽, 來伏下風, 願師不拒, 以卒發蒙, 師曰, 老僧不敏, 亦能識子, 此國雖小, 不可謂無知人者, 恐子見執, 故密告之, 宜疾其歸, 居柒夫欲還, 師又語曰, 相汝鷰頷鷹視, 將來必爲將帥, 若以兵行, 無貽我害, 居柒夫曰, 若如師言, 所不與師同好者, 有如皦日, 遂還國, 返本從仕職, 至大阿飡, 眞興大王六年乙丑, 承朝旨, 集諸文士, 修撰國史, 加官波珍飡·十二年辛未, 王命居柒夫, 及仇珍大角飡·比台角飡·耽知迊飡·非西迊飡·奴夫波珍飡·西力夫波珍飡·比次夫大阿飡·未珍夫阿飡等, 八將軍, 與百濟侵高句麗, 百濟人先攻破平壤, 居柒夫等乘勝取, 竹嶺以外高峴以內十郡, 至是, 惠亮法師領其徒出路上, 居柒夫下馬, 以軍禮揖拜, 進曰, 昔遊學之日, 蒙法師之恩, 得保性命, 今邂逅相遇, 不知何以爲報, 對曰, 今我國政亂, 滅亡無日, 願致之貴域, 於是居柒夫同載以歸, 見之於王, 王以爲僧統, 始置百座講會及八關之法, 眞智王元年丙申, 居柒夫爲上大等, 以軍國事務自任, 至老終於家, 享年七十八.

居道, 失其族性, 不知何所人也, 仕脫解尼師今爲干, 時, 于尸山國·居柒山國介居鄰境, 頗爲國患; 居道爲邊官, 潛懷幷吞之志, 每年一度集羣馬於張吐之野, 使兵士騎之, 馳走以爲戲樂, 時人稱爲馬叔, 兩國人習見之, 以爲新羅常事, 不以爲怪, 於是起兵馬, 擊其不意, 以滅二國.

異斯夫(或云苔宗), 姓金氏, 奈勿王四世孫, 智度路王時, 爲沿邊官, 襲居道權謀, 以馬戲誤加耶(或云加羅)國取之, 至十三年壬辰, 爲阿瑟羅州軍主, 謀幷于山國, 謂其國人愚悍, 難以威降, 可以計服, 乃多造木偶師子, 分載戰舡, 抵其國海岸, 詐告曰, 汝若不服, 則放此猛獸踏殺之, 其人恐懼則降, 眞興王在位十一年, 大寶元年, 百濟拔高句麗道薩城, 高句麗陷百濟金峴城, 王乘兩國兵疲, 命異斯夫出兵, 擊之取二城, 增築留甲士戍之, 時高句麗遣兵來攻金峴城, 不克而還, 異斯夫追擊之大勝.

金仁問, 字仁壽, 太宗大王第二子也, 幼而就學, 多讀儒家之書, 兼涉莊老浮屠之說, 又善隸書射御鄕樂, 行藝純熟, 識量宏弘, 時人推許, 永徽二年, 仁問年二十三歲, 受主(主, 當作王)命入大唐宿衞, 高宗涉海來朝, 忠誠可尙, 特授左領軍衞將軍, 四年, 詔許歸國覲省, 太宗大王授以押督州摠管, 於是築獐山城以設險, 太宗錄其功, 授食邑三百戶, 新羅屢爲百濟所侵, 願得唐兵爲援助, 以雪羞恥, 擬謫宿衞, 仁問乞師, 會, 高宗以蘇定方爲神丘道大摠管, 率師討百濟, 帝徵仁問, 問道路險易・去就便宜, 仁問應對尤詳, 帝悅, 制授神丘道副大摠管, 勑赴軍中, 遂與定方濟海, 到德物島, 主(主, 當作王)命太子與將軍庾信・眞珠・天存等, 以巨艦一百艘載兵迎, 延之至熊津口, 賊瀕江屯兵, 戰破之, 乘勝入其都城滅之, 定方俘王義慈及太子孝・王子泰等, 廻唐, 大王嘉尙仁問功業, 授波珍湌, 又加角干, 尋, 入唐宿衞如前, 龍朔元年, 高宗召謂曰, 朕旣滅百濟, 除爾國患, 今高句麗負固, 與獩貊同惡, 違事大之禮, 棄善鄰之義, 朕欲遣兵致討, 爾歸告國王, 出師同伐, 以殲垂亡之虜, 仁問便歸國, 以致帝命, 國王使仁問與庾信等練兵以待, 皇帝命邢國公蘇定方爲遼東道行軍大摠管, 以六軍長驅萬里, 迂麗人於浿江擊破之, 遂圍平壤, 麗人固守, 故不能克, 士馬多死傷, 糧道不繼, 仁問與留鎭劉仁願, 率兵兼輸米四千石, 租二萬餘斛赴之, 唐人得食, 以大雪解圍還, 羅人將歸, 高句麗謀要擊於半塗, 仁問與庾信詭謀夜遁, 麗人翌日覺而追之, 仁問等廻擊大敗之, 斬首一萬餘級, 獲人五千餘口而歸, 仁問又入唐, 以乾封元年, 扈駕登封泰山, 加授右驍衞大將軍, 食邑四百戶,摠章元年戊辰, 高宗皇帝遣英國公李勣, 帥師伐高句麗, 又遣仁問徵兵於我, 文武大王與仁問出兵二十萬, 行至北漢山城, 王住此, 先遣仁問等, 領兵會唐兵擊平壤, 月餘, 執王臧, 仁問使主(主, 當作王)跪於英公前, 數其罪, 王再拜, 英公禮答之, 卽以王及男產・男建・男生等還, 文武大王以仁問英略勇功特異常倫, 賜故大琢(琢, 恐衍文)角干朴紐食邑五百戶, 高宗亦聞仁問屢有戰功, 制曰, 爪牙良將, 文武英材, 制爵疏封, 尤宜嘉命, 仍加爵秩, 食邑二千戶, 自後侍衞宮禁, 多歷年所, 上元元年, 文武王, 納高句麗叛衆, 又據百濟故地, 唐皇帝大怒, 以劉仁軌爲雞林道大摠管, 發兵來討, 詔削王官爵, 時仁問爲右驍衞貟外大將軍臨海郡公, 在京師, 立以爲王, 令歸國以代其兄, 仍策爲雞林州大都督開府儀同三司, 仁問懇辭, 不得命, 遂上道, 會, 王遣使入貢, 且謝罪, 皇帝赦之, 復王官爵, 仁問中路而還, 亦復前衙, 調露元年, 轉鎭軍大將軍行右武威衞大將軍, 載初元年, 援輔國大將軍上柱國臨海郡開國公左羽林軍將軍, 延載元年四月二十九日, 寢疾薨於帝都, 享年六十六, 訃聞, 上震悼, 贈襚加等, 命朝散大夫行司禮寺大醫署令陸元景, 判官朝散郎直司禮寺某等, 押送靈柩, 孝昭大王追贈太大角干, 命有司, 以延載二年十月二十七日, 窆于京西原, 仁問七入唐, 在朝宿衞, 計月日凡二十二年, 時亦有良圖海湌, 六入唐, 死于西京, 失其行事始末.

金陽, 字魏昕, 太宗大王九世孫也, 曾祖周元伊湌, 祖宗基蘇判, 考貞茹波珍湌, 皆以世家爲將相, 陽生而英傑, 太和二年, 景德王三年, 爲固城郡大武(武, 當作守), 尋拜中原大尹, 俄轉武州都督, 所臨有政譽, 開成元年丙辰, 興德王薨, 無嫡嗣, 王之堂弟均貞, 堂弟之子悌隆, 爭嗣位, 陽與均貞之子阿湌祐徵・均貞妹壻禮徵, 奉均貞爲王, 入積板宮, 以族兵宿衞, 悌隆之黨金明・利弘等來圍, 陽陣兵宮門以拒之, 曰, 新君在此, 爾等何敢兇逆如此, 遂引弓射殺十數人, 悌隆下裴萱伯射陽中股, 均貞曰, 彼衆我寡, 勢不可遏, 公其佯退以爲後圖, 陽於是突圍而出, 至韓岐(一作漢祇)市, 均貞沒於亂兵, 陽號泣旻天, 誓心白日, 潛藏山野, 以俟時來, 至開成二年八月, 前侍中祐徵收殘兵入淸海鎭, 結大使弓福, 謀報不同天之讎, 陽聞之, 募集謀士兵卒, 以三年二月, 入海, 見祐徵與謀擧事, 三月, 以勁卒五千人襲武州至城下, 州人悉降, 進次南原, 迎新羅兵與戰克之, 祐徵以士卒久勞, 且歸海鎭, 養兵秣馬, 冬, 彗星見西方, 芒角指東, 衆賀曰, 此除舊布新・報冤雪恥之祥也, 陽號爲平東將軍, 十二月, 再出, 金亮詢以鵡洲軍來, 祐徵又遣驍勇閻長・張弁・鄭年・駱金・張建榮・李順行, 六將

統兵, 軍容甚盛, 鼓行至武州鐵冶縣北州, 新羅大監金敏周以兵逆之, 將軍駱金
・李順行, 以馬兵三千突入彼軍 殺傷殆盡, 四年正月十九日, 軍至大丘, 王以
兵迎拒, 逆擊之, 王軍敗北, 生擒斬獲, 莫之能計, 時王顚沛逃入離宮, 兵士尋
害之, 陽於是命左右將軍, 領騎士, 徇曰, 本爲報讎, 今渠魁就戮, 衣冠士女百
姓, 宜各安居勿妄動, 遂收復王城, 人民案堵, 陽召萱伯曰, 犬各吠非其主, 爾
以其主射我, 義士也, 我勿校, 爾安無恐, 衆聞之曰, 萱伯如此, 其他何憂, 無
不感悅, 四月, 清宮, 奉迎侍中祐徵卽位, 是爲神武王, 至七月二十三日, 大王
薨, 太子嗣位, 是爲文聖王, 追錄功, 授蘇判兼倉部令, 轉侍中兼兵部令, 唐聘
問, 兼授公檢校衛尉卿, 大中十一年八月十三日, 薨于私第, 享年五十, 訃聞,
大王哀慟, 追贈舒發翰, 其贈賵殮葬, 一依金庾信舊例, 以其年十二月八日, 陪
葬于太宗大王之陵, 從父兄昕, 字泰, 父璋如仕至侍中波珍飡, 昕幼而聰悟, 好
學問, 長慶二年, 憲德王將遣人入唐, 難其人, 或薦昕, 太宗之裔, 精神明秀,
器宇深沈, 可以當選, 遂令入朝宿衛, 歲餘請還, 皇帝詔授金紫光祿大夫試太常
卿, 及歸, 國王以不辱命, 擢授南原大守, 累遷至康州大都督, 尋加伊飡兼相國,
開成己未年閏正月, 爲大將軍, 領軍十萬, 禦淸海兵於大丘, 敗績, 自以敗軍又
不能死綏, 不復仕宦, 入小白山, 葛衣蔬食, 與浮圖遊, 至大中三年八月二十七
日感疾, 終於山齋, 享年四十七歲, 以其年九月十日, 葬於奈靈郡之南原, 無嗣
子, 夫人主喪事, 後爲比丘尼.

黑齒常之, 百濟西部人, 長七尺餘, 驍毅有謀略, 爲百濟達率, 兼風達郡將,
猶唐剌史云, 蘇定方平百濟, 常之以所部降, 而定方囚老王, 縱兵大掠, 常之懼,
與左右酋長十餘人遯去, 嘯合遁亡, 依任存山自固, 不旬日歸者三萬, 定方勒兵
攻之, 不克, 遂復二百餘城, 龍朔中, 高宗遣使招諭, 乃詣劉仁軌降, 入唐爲左
領軍員外將軍徉(徉, 唐書作洋)州刺史, 累從征伐, 積功授爵, 賞殊等, 久之爲
燕然道大摠管, 與李多祚等擊突厥破之, 左監門衛中郎將寶璧欲窮追邀功, 詔與
常之共討, 寶璧獨進, 爲虜所覆, 擧軍沒, 寶璧下吏誅, 常之坐無功, 會, 周興
等誣其與鷹揚將軍趙懷節叛, 捕繫詔獄, 投繯死, 常之御下有恩, 所乘馬爲士所
箠, 或請罪之, 答曰, 何遽以私馬鞭官兵乎, 前後賞賜分麾下無留貲, 及死, 人
皆哀其枉.

張保皐(羅紀作弓福), **鄭年**(年或作連) 皆新羅人, 但不知鄕邑父祖, 皆善鬪

戰, 年復能沒海底行, 五十里不噎, 角其勇壯, 保皐差不及也, 年以兄呼保皐, 保皐以齒, 年以藝, 常齟齬不相下, 二人如唐, 爲武寧軍小將, 騎而用槍, 無能敵者, 後保皐還國, 謁大王曰, 遍中國以吾人爲奴婢, 願得鎭淸海, 使賊不得掠人西去, 淸海新羅海路之要, 今謂之莞島, 大王與保皐萬人, 此後海上無鬻鄕人者, 保皐旣貴, 年去職饑寒, 在泗之漣水(水, 當作水)縣, 一日, 言於戍將馮元規曰, 我欲東歸乞食於張保皐, 元規曰, 若與保皐所負如何, 奈何去取死其手, 年曰, 饑寒死, 不如兵死快, 況死故鄕耶, 遂去謁保皐, 飮之極歡, 飮未卒, 聞王弑國亂無主, 保皐分兵五千人與年, 持年手泣曰, 非子不能平禍難, 年入國誅叛者立王, 王召保皐爲相, 以年代守淸海(此與新羅傳記頗異, 以杜牧立傳故, 兩存之).

論曰, 杜牧言, 天寶安祿山亂, 朔方節度使安思順, 以祿山從弟賜死, 詔郭汾陽代之, 時旬日復詔李臨淮, 持節分朔方半兵, 東出趙魏, 當思順時, 汾陽・臨淮, 俱爲牙門都將, 二人不相能, 雖同盤飮食, 常睢相視, 不交一言, 及汾陽代思順, 臨淮欲亡去, 計未決, 詔臨淮, 分汾陽半兵東討, 臨淮入請曰, 一死固甘, 乞免妻子, 汾陽趨下, 持手上堂, 偶坐曰, 今國亂主遷, 非公不能東伐, 豈懷私忿時耶, 及別, 執手泣涕, 相勉以忠義, 訖平巨盜, 實二公之力, 知其心不叛, 知其材可任, 然後心不疑, 兵可分, 平生積憤, 知其心難也, 忿必見短, 知其材益難也, 此保皐與汾陽之賢等耳, 年投保皐, 必曰, 彼貴我賤, 我降下之, 不宜以舊忿殺我, 保皐果不殺, 人之常情也, 臨淮請死於汾陽, 亦人之常情也, 保皐任年事, 出於己, 年且饑寒, 易爲感動, 汾陽・臨淮平生抗立, 臨淮之命出於天子, 權(權, 文苑英華作權)於保皐, 汾陽爲優, 此乃聖賢遲疑成敗之際也, 彼無他也, 仁義之心與雜情並植, 雜情勝則仁義滅, 仁義勝則雜情消, 彼二人仁義之心旣勝, 復資之以明, 故卒成功, 世稱周召爲百代之師, 周公擁孺子, 而召公疑之, 以周公之聖・召公之賢, 少事文王, 老佐武王, 能平天下, 周公之心, 召公且不知之, 苟有仁義之心, 不資以明, 雖召公尙爾, 況其下哉, 語曰, 國有一人, 其國不亡, 夫亡國非無人也, 丁其亡時, 賢人不用, 苟能用之, 一人足矣, 宋祁曰, 嗟乎不以怨毒相甚(甚, 當作悲), 而先國家之憂, 晉有祁奚, 唐有汾陽, 保皐, 孰謂夷無人哉.

斯多含, 系出眞骨, 奈密王七世孫也, 父仇梨知級飡, 本高門華胄, 風標淸秀, 志氣方正, 時人請奉爲花郞, 不得已爲之, 其徒無慮一千人, 盡得其歡心, 眞興王命伊飡異斯夫襲加羅(一作加耶)國, 時斯多含年十五六, 請從軍, 王以幼少不許, 其請勤而志確, 遂命爲貴幢裨將, 其徒從之者亦衆, 乃抵其國界, 請於元帥, 領麾下兵, 先入旃檀梁(旃檀梁城門名, 加羅語謂門爲梁云), 其國人不意兵猝至, 驚動不能禦, 大兵乘之, 遂滅其國, 泊師還, 王策功賜加羅人口三百, 受已皆放, 無一留者, 又賜田, 固辭, 王強之, 請賜閼川不毛之地而已, 含始與武官郞約爲死友, 武官病卒, 哭之慟甚, 七日亦卒, 時年十七歲.

삼국사기 권 제 45

열전(列傳) 제 5

을파소(乙巴素) 김후직(金后稷) 녹진(祿眞) 밀우(密友)·유유 (紐由) 명림답부(明臨荅夫) 석우로(昔于老) 박제상(朴堤上) 귀 산(貴山) 온달(溫達)

을파소(乙巴素)는 고구려(高句麗) 사람이다. (故)국천왕(國川王) 때에 패자(沛 者:職名) 어승류(於昇留)와 평자(評者:職名) 좌가려(左可慮) 등이 모두 (王室) 외척(外戚)으로서 권세(權勢)를 부리고 불의(不義)한 짓을 많이 하니, 국인(國 人)이 원망하고 분히 여겼다. 왕이 노(怒)하여 그들을 목베려 하니, 좌가려(左 可慮) 등이 모반(謀反)하므로 왕이 (그 一黨을) 혹은 베(誅)고 혹은 귀양(竄) 보냈다.[1] 그리고 영(令)을 내리기를, "근자(近者)에 벼슬이 총애(寵愛)로써 제 수(除授)되고 위(位)가 덕(德)으로써 진출(進出)된 것이 아니어서, 그 해독이 백성에게 퍼지고 우리 왕가(王家)를 동요하게 하였으니, 이것은 과인(寡人)의 밝지 못한 탓이다. 지금 너희 4부(部)[2]는 각기 재하(在下:在野)한 현량(賢良) 을 천거하라"하였다. 이에 4부(部)는 함께 동부(東部)의 안류(晏留)를 천거하 였다. 왕이 그를 불러 국정(國政)을 맡기니 안류(晏留)가 왕에게 말하기를, "미신(微臣)은 용렬·우둔하여 참으로 큰 정사에 참여할 수 없습니다. 서압록 곡(西鴨淥谷) 좌물촌(左勿村)의 을파소(乙巴素)라는 이는 유리왕(琉璃王)의 대

---

1) 高句麗本紀에는 故國川王 12·3년의 사실로 되어 있다.
2) 4部는 畿內 또는 國內의 5部(東西南北內) 行政區域 중의 4部를 말한 것으로, 여기 에 특히 1部가 제외되었는데, 그 1部는 생각건대 王族 및 外戚을 중심으로 한 中央 의 內部(黃部) 즉 桂婁部에 틀림없다고 추측된다. 外戚의 禍를 입은 王은 血緣關係가 없는 다른 4部(東西南北)에서 賢者를 구하려고 하였던 것이다.

신(大臣) 을소(乙素)의 손(孫)[3]입니다. 성질이 강의(剛毅)하고 지려(智慮)가 깊은데, 세상에 등용되지 못하고 부지런히 농사를 지어 생활(自給)하고 있습니다. 대왕(大王)이 나라를 다스리려면 이 사람이 아니고는 될 수 없습니다" 하였다.

왕이 사자(使者)를 보내어 겸손한 말과 정중한 예(禮)로 맞아들여 중외대부(中畏大夫)를 임명하고, 가작(加爵)하여 우태(于台 : 職名)를 삼으며 이르기를 "내(孤)가 외람되이 선왕(先王)의 업(業)을 계승하여 신민(臣民)의 위에 처(處)하게 되었는데, 덕(德)이 박(薄)하고 재능이 모자라서 정치를 잘하지 못하고 있소. 선생(先生)은 묘용(妙用)을 감추고 현명(賢明)을 숨겨 시골(草澤)에 파묻힌 지 오래이나 지금 나를 버리지 않고 마음을 고쳐 오니, 이것은 나의 기쁘고 다행일 뿐만 아니라, 사직(社稷)과 생민(生民)의 복(福)이오. 가르침을 받고자 하니 공(公)은 마음을 다하여 주시오"하였다. 파소(巴素)의 생각은 (몸을) 나라에 허(許)할 작정이나, 받은 바 직위(職位)가 일을 하기에는 좀 부족하여 대답하기를, "노둔한 신(臣)으로서는 감히 엄명(嚴命)을 감당할 수 없으니, 대왕(大王)께서는 현량(賢良)한 사람을 뽑아 높은 벼슬을 주어서 대업(大業)을 이루게 하소서"하니, 왕은 그 뜻을 알고 이에 국상(國相)을 제수(除授)하여 정사를 맡게 하였다. 이 때 조정(朝廷) 신하들과 국척(國戚)들은 파소(巴素)가 신진(新進)으로서 구신(舊臣)을 이간(離間)한다 하여 미워하니, 왕이 하교(下教)하되 "귀천(貴賤)을 막론하고 국상(國相)에게 복종치 않는 자가 있으면 족(族)을 멸(滅)하리라"하였다. 파소(巴素)가 물러나와 사람에게 말하기를 "때를 만나지 못하면 숨어서 살고, 때를 만나면 (나아가) 벼슬하는 것은 선비의 당연한 일이다. 지금 상(上)이 후의(厚意)로 나를 대우하니, 어찌 전일(前日)의 은거(隱居)를 다시 생각하랴"하고, 이에 지성으로 나라에 봉사하여 정교(政教)를 밝히고 상벌(賞罰)을 삼가니, 백성들이 편안하고 중외(中外)에 일이 없었다. 왕이 안류(晏留)에게 이르기를 "만일 그대의 말이 없었다면, 내가 능히 파소(巴素)를 얻어서 함께 다스릴 수 없었을 것이다. 지금 모든 치적(治績)이 이루어진 것은 그대의 공(功)이다"하고, 그를 배(拜 : 任命)하여 대사자(大使者)를 삼았다. 산상왕(山上王) 7년(西紀 203) 가을 8월에 파소(巴素)가 죽으니 나

---

3) 故國川王 때(西紀 179~97)로부터 琉璃王 때(紀元前 19~西紀 17)의 相去가 너무도 떨어져 있으므로, 乙素의 後裔‧後孫이라면 몰라도 그의 孫이라고 하면 맞지 않을 것 같다.

라 사람이 슬피 울었다.

김후직(金后稷)은 지증왕(智證王)의 증손(曾孫)으로, 진평대왕(眞平大王)을 섬겨 이찬(伊飡)이 되고 병부령(兵部令)에 전임(轉任)되었다. 대왕(大王)이 자못 사냥을 좋아하니 후직(后稷)이 간(諫)하기를 "옛날의 임금은 반드시 하루에도 만(萬) 가지 정사(政事)를 보살피되 심사(深思)·원려(遠慮)하고, 좌우(左右)에 있는 정사(正士 : 바른 선비)들의 직간(直諫)을 받아들이면서, 부지런하여 감히 편안하고 방심하지 아니한 까닭에 덕정(德政)이 순미(純美)하여 국가를 보전할 수가 있었습니다. (그런데) 지금 전하(殿下)는 날마다 광부(狂夫)와 엽사(獵師)로 더불어 응(鷹)·견(犬)을 놓아 꿩과 토끼들을 쫓아 산야간(山野間)을 달리어 능히 그치시지 못합니다. 노자(老子)는 '말 달리며 날마다 사냥하는 것이 사람의 마음을 미치게 한다' 하였고, 서경(書經 : 五子之歌篇)에는 '안으로 여색(女色)에 빠지고 밖으로 사냥을 일삼으면, 그 중의 하나가 있어도 혹 망하지 아니함이 없다'고 하였습니다. 이로써 보면, 안으로 마음을 방탕히 하면 밖으로 나라를 망하게 하는 것이니 반성하지 않을 수 없습니다. 전하(殿下)께서는 유념(留念)하십시오" 하였다. 왕이 따르지 아니하니, 또 간절히 간(諫)하였으나 받아들이지 아니하였다.

후에 후직(后稷)이 병이 들어 죽게 되었는데, 그 세 아들에게 이르기를 "내가 남의 신하가 되어 능히 임금의 나쁜 행동(行動)을 바로잡아 구(救)하지 못하였다. 아마 대왕(大王)이 유오(遊娛)를 마지아니하면 (결국) 패망(敗亡)에 이를 것이니, 이것이 내가 근심하는 바다. 비록 죽더라도 반드시 임금을 깨우쳐 주려 생각하니 내 유해(遺骸)를 대왕이 사냥 다니는 길 가에 묻으라" 하여, 아들들이 모두 그대로 하였다. 어느 날 왕의 출행(出行)에 도중에서 먼(遠) 소리가 나는데 "가지 마시오" 하는 것 같았다. 왕이 돌아보며 "소리가 어디에서 오는가" 물으니, 종자(從者)가 고(告)하기를 "저것이 후직(后稷) 이찬(伊飡)의 무덤입니다" 하고, 후직이 죽을 때 한 말을 이야기하였다. 대왕이 눈물을 줄줄 흘리며 "그대의 충간(忠諫)이 사후(死後)에도 잊지 않으니, 나를 사랑함이 (이토록) 깊도다. 만일 (내가) 끝내 고치지 아니하면 유명간(幽明間)에 무슨 낯으로 대하겠는가" 하고, 마침내 종신(終身)토록 다시 사냥을 하지 않았다.

녹진(祿眞)의 성(姓)과 자(字)는 자세하지 않으나, 아버지는 수봉(秀奉) 일길찬(一吉飡)이다. 녹진(祿眞)이 23세에 비로소 벼슬하여 여러 차례 내외(內外)의 관직(官職)을 역임(歷任)하다가 헌덕대왕(憲德大王) 10년 무술(戊戌：西紀 818)에는 집사시랑(執事侍郎：侍中의 次席)이 되었다. (同王) 14년에 왕이 사자(嗣子)가 없으므로 아우(同母弟) 수종(秀宗)으로써 태자(太子)를 삼아 월지궁(月池宮)에 들게 하였다. 이 때 충공(忠恭) 각간(角干)이 상대등(上大等)이 되어 정사당(政事堂)에 앉아 내외(內外) 관원(官員)을 전형(銓衡)하였는데, 공사(公事)에서 물러나와(退勤) 병이 들었다. 관의(官醫)를 불러 진맥하니, "병(病)이 심장(心臟)에 있으므로 용치탕(龍齒湯)을 복용하여야 합니다" 하였다. 드디어 그는 삼칠일(三七日：21일間)의 휴가(休暇)를 얻어 문(門)을 닫고 빈객(賓客)을 만나지 아니하였다. 이 때 녹진(祿眞)이 찾아와 뵙기를 청하였는데 문지기가 막고 들이지 아니하였다. 녹진이 말하기를 "하관(下官)은 상공(相公)께서 병환(病患)으로 해서 객(客)을 사절함을 모르는 바 아니나, 꼭 한 말씀을 좌우(左右：相公)에 드려서 답답한 근심을 풀어드려야 하겠기 때문에 여기 온 것이다. 뵙지 않고서는 물러갈 수 없다" 하니, 문지기가 재삼(再三) 왕복(往復)하다가 불러들여서 뵙게 하였다.

녹진(祿眞)이 나아가 말하기를, "듣자온즉 귀체(貴體)가 미녕(未寧)하시다 하오니, (相公께서) 아침 일찍 출근(出勤)하고 저녁 늦게 퇴근(退勤)하여 풍로(風露)에 촉상(觸傷)하여 영위(榮衞：血氣)의 화(和)함을 상(傷)하고, 지체(支體：四肢)의 편안함을 잃었기 때문이 아닙니까" 하였다. 말하기를 "거기까지 간 것은 아니다. 다만 어릿어릿(昏昏嘿嘿)하여 정신이 불쾌한 것뿐이다" 하였다. 녹진(祿眞)이 말하기를, "그렇다면 공(公)의 병환은 약(藥)이나 침(針)으로 할 것이 아니라 지극한 말과 높은 담론(談論)으로 한번 쳐서 깨칠 수가 있는데, 공(公)이 들어 주시겠습니까" 하였다. "그대가 나를 멀리 버리지 않고 특별히 광림(光臨)해 주었으니, 옥음(玉音)을 들려서 나의 가슴 속을 씻어 주기 바라노라" 하였다.

녹진(祿眞)은 말하기를 "목공(木工)이 집을 짓는데 재목(材木)이 큰 것은 보와 기둥을 삼고, 작은 것은 서까래를 삼으며, 흰 것과 곧은 것이 각기 적당한 자리에 들어간 후에야 큰 집이 이루어지는 것입니다. 옛날에 어진 재상이 정사를 하는 데 있어서도 무엇이 다르겠습니까? 큰 인재(人材)는 높은 직위(職位)에 두고 작은 인재(人材)는 가벼운 소임을 준다면, 안으로 6관

(官)[4]·백집사(百執事)[5]와 밖으로 방백(方伯)[6]·연솔(連率)[7]·군수(郡守)[8]·현령(縣令)[9]에 이르기까지 조정(朝廷)에는 빈 직위가 없고, 직위마다 부적당한 사람이 없을 것이며, 상하(上下)의 질서가 정해지고 현(賢)과 불초(不肖)가 갈릴 것입니다. 그런 후에야 왕정(王政)이 이루어질 것입니다. 그런데 지금은 그렇지 않습니다. 사(私)에 의하여 공(公)을 멸(滅)하고, 사람을 위하여 관직(官職)을 택(擇)하며, 사랑하면 비록 재목이 아니더라도 아주 높은 곳으로 보내려 하고 미워하면 유능하더라도 구렁에 빠뜨리려 하니, 취사(取捨)에 그 마음이 뒤섞이고 시비(是非)에 그 뜻이 어지럽게 되면, 비단 국사(國事)가 혼탁(混濁)해질 뿐만 아니라 그 일을 하는 사람 역시 수고롭고 병들 것입니다. 만일 관직(官職)에 있어서 청백(淸白)하고, 일에 당하여 공근(恭勤)한다면 뇌물의 문을 막고, 청탁(請託)의 폐단을 멀리하며 승진(陞進)과 강등(降等)을 오직 그 사람의 어둠과 밝음으로써 하고, 주고 뺏는 것을 사랑과 미움으로써 하지 아니할 것이며, 저울처럼 하여 경중(輕重)을 잘못하지 않고, 먹줄처럼 하여 곡직(曲直)을 속이지 않을 것이니, 이렇게 되면 형정(刑政)이 믿음직하고 국가(國家)가 화평(和平)하여, 비록 손홍(孫弘:公孫弘, 漢武帝 때 名臣)과 같이 문을 열어놓고, 조참(曹參:漢初의 賢臣)과 같이 술(酒)을 내면서, 붕우고구(朋友故舊)들과 담소(談笑)하고 즐거워하여도 좋을 것입니다. 어찌 반드시 복약(服藥)에 여러 가지로 마음을 쓰고, 부질없이 시일(時日)을 소비하며 일을 폐지할 것이겠습니까" 하였다.

각간(角干)은 이에 의관(醫官)을 사절해 보내고 수레를 명하여 왕궁(王宮)으로 입조(入朝)하니 왕이 말하기를, "경(卿)은 날을 정하고 복약(服藥)한다 하였는데, 어찌하여 내조(來朝)하는가" 하였다. 대답하기를 "신(臣)이 녹진(祿眞)의 말을 들으니 약석(藥石)과 같았습니다. 어찌 용치탕(龍齒湯)을 마시는 데 그칠

---

4) 6官은 본시 周代의 제도로 6卿과 같은 말이다. 1 天官 즉 冢宰(百官을 통솔하는 最高行政府), 2 地官 즉 司徒(敎育 등을 管掌), 3 春官 즉 宗伯(邦禮를 管掌), 4 夏官 즉 司兵(軍事를 管掌), 5 秋官 즉 司寇(刑律行政을 管掌), 6 冬官 즉 司空(土地와 人民 등을 맡음).
5) 百執事는 中央의 群官.
6) 9 州의 長官(摠管 혹은 都督).
7) 連率은 太守의 別稱이니, 新羅에서 大郡에는 太守를 두었다.
8) 郡守는 小郡에 두는 少守(혹은 制守)를 말함인 듯.
9) 縣令은 縣의 長官.

정도이겠습니까"하며, 이어 왕을 위하여 일일이 이야기하였다. 왕이 "과인 (寡人)이 인군이 되고 경(卿)이 수상(首相)이 되었는데, 이렇게 직언(直言)하는 사람이 있으니, 얼마나 기쁜 일인가? 태자(太子)로 하여금 이를 알게 하지 않 을 수 없다. 월지궁(月池宮 : 太子宮)으로 가라"고 하였다. 태자가 이 말을 듣고 들어와서 하례하기를 "일찍이 듣사온즉 인군이 밝으면 신하가 곧다고 하였습 니다. 이 역시 국가(國家)의 아름다운 일입니다"하였다. 후에 웅천주도독(熊 川州都督) 헌창(憲昌)이 반(叛)하므로 왕이 군사를 출동하여 토벌(討伐)하였는 데, 녹진(祿眞)이 종사(從事)하여 공(功)이 있었다. 왕이 그에게 대아찬(大阿飡) 의 위계(位階)를 주었으나 사퇴하고 받지 아니하였다.

　밀우(密友)·유유(紐由)는 모두 고구려 사람이다. 동천왕(東川王) 20년(西紀 246)에 위(魏)의 유주자사(幽州刺史) 관구검(毌丘儉)[10]이 군사를 거느리고 내침 (來侵)하여 환도성(丸都城 : 滿浦鎭 對岸의 通溝)을 함락하니 왕이 출분(出奔)하 였다. 위장(魏將) 왕기(王頎)가 추격(追擊)하니, 왕이 남옥저(南沃沮)[11]로 달아 나려 하여 죽령(竹嶺 : 지금 咸興 서북쪽의 中嶺)에 이르니, 군사가 거의 다 분 산(奔散)하였다. 오직 동부(東部)의 밀우(密友)가 혼자 곁에 남아 있어 왕에게 이르기를 "지금 추격(追擊)해 오는 군사가 매우 급하니 형세를 면할 수 없습 니다. 신(臣)이 죽기로 결심하고 막겠사오니, 왕은 도망하소서"하고, 드디어 사사(死士 : 決死隊)를 모집하여 함께 적측(敵側)으로 달려가 역전(力戰)하였다. (이런 사이에) 왕이 겨우 벗어나 달아나는데, 산곡간(山谷間)에 의거하여 흩어 진 군사들을 모아 자위(自衛)하면서 이르기를 "밀우(密友)를 취하여 오는 자 있으면 후한 상(賞)을 주리라"하였다. 하부(下部 : 西部의 別稱)의 유옥구(劉屋 句)가 나와서 말하기를 "신(臣)이 가 보겠습니다"하고, 드디어 전지(戰地)에 서 밀우(密友)가 땅에 엎어져 있는 것을 보고 업고 왔다. 왕이 (친히) 무릎을 베어주며 (救護하니) 오랜 후에야 깨어났다. 왕이 사잇길로 이리저리 옮기면 서 남옥저(南沃沮)에 이르렀는데, 위군(魏軍)은 추격을 마지아니하였다. 왕은

10) 毌丘儉의 제1차 入寇는 魏 正始 5년(高句麗 東川王 18년)에 있었고, 제2차의 入寇 는 그 翌年인 正始 6년(東川王 19년)에 있었는데, 이 때 儉은 丸都를 함락한 후 군사 를 돌이키고 別將인 玄菟太守 王頎를 보내 王의 出奔을 추격케 한 것이다(本紀 東川 王 20년條 譯註 참조).
11) 南沃沮는 東沃沮(지금 咸興 일대)의 남쪽인 東濊의 일부, 즉 魏志 毌丘儉傳의 '買溝 (濊)'가 그것이니, 나의 考察로는 지금 咸南 文川地方에 당한다(同上 本紀 譯註 참조).

계책(計策)이 다하고 형세(形勢)가 궁(窮)하여 어찌할 줄을 몰랐다.

동부인(東部人) 유유(紐由)가 나와 말하기를 "형세가 매우 위급하니 그냥 죽을 수는 없습니다. 신(臣)에게 어리석은 계교가 있으니, 음식(飮食)을 가지고 가서 위군(魏軍)을 공궤(供饋)하다가 틈을 보아 저곳 장수를 찔러죽이려 합니다. 신(臣)의 계교가 이루어진다면 왕(王)은 분격(奮擊)하여 승리를 결정하소서" 하니, 왕이 "좋다"고 하였다. 유유(紐由)가 위군중(魏軍中)에 들어가 거짓 항복하기를, 과군(寡君)이 대국(大國)에 죄(罪)를 짓고 도망하여 바닷가에 이르렀으나 몸둘 곳이 없다. 장차 진전(陣前)에 나가 항복을 청하고, 법관(法官 : 司寇)의 처벌을 받으려 하여, 먼저 소신(小臣)을 보내어 변변치 못한 물건을 가지고 와서 종자(從者)들의 음식을 삼으려 한다 하니, 위장(魏將)이 듣고 항복을 받으려 하였다. 유유(紐由)가 식기(食器) 속에 칼을 숨겨 가지고 앞으로 가서 칼을 빼어 위장(魏將)의 가슴을 찌르고 함께 죽으니 위군(魏軍)이 그만 어지러워졌다. 왕이 군사를 세 길로 나누어 급히 치니, 위군(魏軍)은 요란(擾亂)하여 진(陣)을 치지 못하고 낙랑(樂浪) 방면으로부터 물러갔다.[12] 왕이 나라를 회복하고 공(功)을 의논하였는데 밀우(密友)·유유(紐由)를 제일로 삼아, 밀우에게 거곡(巨谷)·청목곡(靑木谷)을 사(賜)하고, 옥구(屋句)에게는 압록강(鴨淥江)의 두눌하원(豆訥河原)[13]을 사(賜)하여 식읍(食邑)으로 하였다. 그리고 유유(紐由)에게는 벼슬을 추증(追贈)하여 구사자(九使者)로 하고 또 그 아들 다우(多優)를 대사자(大使者)로 삼았다.

명림답부(明臨荅夫)는 고구려 사람이다. 신대왕(新大王) 때(西紀 165∼79)에 국상(國相)이 되었다. 한(漢)의 현도태수(玄菟太守) 경림(耿臨)이 대병(大兵)을 일으켜 우리를 침공(侵攻)하려 하였다. 왕이 여러 신하들에게 싸우고 지키는 것의 어느 쪽이 좋은가를 물었다. 여러 사람들이 의논해 말하기를 "한병(漢兵)은 (자기 편의) 수(數)가 많은 것을 믿고 우리 편을 가벼이 여기니, 만일 나가

---

12) 앞의 武勇譚이 어느 정도의 진실성을 전하는 것인지 알 수 없으나, 어떻든 이 때 高句麗人의 奇襲作戰에 의해서 魏軍이 撤歸한 것은 사실인 듯하며, 또 그들의 撤歸가 樂浪 방면을 거쳤다는 것은 東方側 史書에 전하는 귀중한 資料로서, 이것이 당시 東川王의 행방과 魏軍의 追擊이 모두 南沃沮(東濊)의 一要地인 買溝婁(今 文川)에 있었음을 示唆하여 주는 것이 아니고 무엇이랴?

13) 豆訥河原의 所在는 자세치 아니하나, 그 이름이 平北 江界의 古名인 禿魯(독로)江과 비슷한 점으로 보아, 지금 江界의 禿魯江 유역의 어느 곳이 아닌가 생각된다.

싸우지 않으면 우리가 겁을 낸다고 하여 저들이 자주 내침(來侵)할 것입니다. 또 우리 나라는 산(山)이 험하고 길이 좁으니, 이야말로 일부(一夫)가 관(關)을 지키면 만부(萬夫)로도 당하지 못합니다. 한병(漢兵)이 비록 많다 하더라도 우리를 어찌하지 못할 것입니다. 군사를 출동하여 방어(防禦)하기를 청합니다"고 하였다. 명림답부(明臨荅夫)가 가로되, "그렇지 않다. 한(漢)은 국토(國土)가 크고 인민(人民)이 많은 데다가 지금 강병(强兵)이 멀리 와서 싸우니, 그 예봉(銳鋒)을 당해 낼 수 없다. 또 군사가 많은 자는 마땅히 싸워야 하고 군사가 적은 자는 지켜야 하는 것이 병가(兵家)의 상법(常法)이다. 지금 한인(漢人)들은 천리(千里)길에 군량(軍糧)을 날라왔으므로 오래 싸울 수는 없을 것이다. 만일 우리가 구덩이(城 밑의 塹壕)를 깊이 하고 성루(城壘)를 높이 하고 들판을 비우고(淸野)[14]기다리면 저들은 순월간(旬月間)을 지나지 못하여 굶주리고 피곤해서 돌아갈 것이니, 그 때 우리가 강병(强兵)으로써 뒤쫓는다면 뜻을 이룰 수 있을 것이다" 하였다.

왕이 그렇게 여겨 성문을 닫고 굳게 지키니, 한인(漢人)들이 공격하였으나 이기지 못하고 군사들이 주리므로 거느리고 돌아갔다. 답부(荅夫)가 군사 수천 명을 거느리고 추격하여 좌원(坐原)에서 싸우니, 한군(漢軍)이 대패(大敗)하여 한 필(匹)의 말도 돌아가지 못하였다. 왕이 크게 기뻐하여 답부에게 좌원(坐原)과 질산(質山)을 주어 식읍을 삼게 하였다. 15년 가을 9월에 졸(卒)하니 나이 113 세였다. 왕이 친히 임어(臨御)하여 슬퍼하며 7일간 조회(朝會)를 파하고, 예(禮)를 갖추어 질산에 장사지내고 수묘인(守墓人) 20 가(家)를 두었다.

석우로(昔于老)는 내해이사금(奈解尼師今)의 아들이다[혹은 角干 水老의 아들이라고도 한다]. 조분왕(助賁王) 2년(西紀 231) 7월에 이찬(伊飡)으로서 대장군(大將軍)이 되어 감문국(甘文國 : 지금 慶北 金陵郡 甘文 및 開寧面)을 쳐서 깨치고, 그 땅으로 군현(郡縣)을 삼았다.[15] 4년 7월에 왜인(倭人)이 내침(來侵)하므

---

14) 淸野는 城下 부근의 物資를 모두 옮겨 놓아 (즉 들을 비워 놓아) 敵의 이용을 막게 하는 것.

15) 新羅가 이 때 이미 甘文國을 쳐서 郡縣을 삼았다는 것은 믿을 수 없다. 왜냐하면 慶州에서 가까운 伊西國(지금 慶北 淸道郡 伊西面)이 新羅의 金城을 來攻하였다고 하는 것이 助賁尼師今에서 2·3대 후인 儒理尼師今 14년(西紀 297)의 일로 되어 있기 때문이다(本紀 참조).

로 우로(于老)가 사도(沙道 : 지금 迎日인 듯)에서 요격(邀擊)하여 싸웠는데, 바람을 따라 불을 놓아서 적(賊)의 전함(戰艦)을 불태우니 적(賊)이 물에 빠져 죽고 또 다 없어졌다. 15년 정월에 승진하여 서불야(舒弗耶 : 耶는 邯字의 잘못인 듯)가 되고 겸하여 병마사(兵馬事)도 맡아 보았다. 16년에 고구려가 북쪽 변경을 침범하므로 출격(出擊)했으나 이기지 못하고 물러와 마두책(馬頭柵 : 위치 미상)을 보전하였다. 밤에 군사들이 추위에 괴로워하자 우로(于老)가 몸소 다니며 위로하고 손수 불을 피워 따뜻하게 해 주니, 여러 군사들이 감격하고 기뻐하여 마치 솜(絹綿)을 두른 것(夾纊)같이 여겼다. 첨해왕(沾解王)이 재위(在位)하였을 때, 사량벌국(沙梁伐國 : 지금 尙州)이 전에 우리에게 속(屬)하였다가 문득 배반하여 백제(百濟)로 돌아가므로, 우로(于老)가 군사를 거느리고 가서 토벌(討伐)하여 멸하였다.[16]

7년[17] 계유(癸酉 : 西紀 253)에 왜국(倭國)의 사신 갈나고(葛那古)가 사관(使館)에 와 있었는데 우로(于老)가 주관(主管)하였다. 사객(使客)과 희롱하여 말하기를 "조만간에 너희 왕으로 염노(鹽奴 : 소금 만드는 자)를 삼고 왕비(王妃)로 취사부(炊事婦)를 삼겠다"고 하였다. 왜왕(倭王)이 이 말을 듣고 노(怒)하여 장군(將軍) 우도주군(于道朱君)을 보내어 우리를 치니, 대왕(大王)이 유촌(柚村)으로 나가 있었다. 우로(于老)가 말하기를 "지금 이 환난(患難)은 내가 말을 조심하지 않은 데서 온 것이니, 내가 당하겠다"하고, 왜군(倭軍)에게로 가서 말하기를 "전일(前日)의 말은 희롱이었다. 어찌 군사를 일으켜 이렇게까지 할 줄 알았겠는가"하였다. 왜인(倭人)이 대답하지 않고 잡아서, 나무를 쌓아 그 위에 얹어놓고 불태워 죽인 다음 돌아갔다. 우로(于老)의 아들(訖解)이 어리고 약하여 보행(步行)하지 못하므로 다른 사람이 안아서 말에 태우고 돌아왔는데, 후에 흘해이사금(訖解尼師今)이 되었다. 미추왕(未味鄒王) 때에 왜국(倭國) 대신(大臣)이 내빙(來聘)하였는데, 우로(于老)의 아내가 국왕(國王)에게 청(請)하여 사사로이 왜국(倭國) 사신(使臣)에게 음식을 대접하다가 몹시 취(醉)하게 되자, 장사(壯士)를 시켜 마당에 끌어내려 불태워 전의 원한을 보복하였다. 왜인(倭人)이 분(忿)하여 와서 금성(金城)을 치다가 이기지 못하고 돌아갔다.

---

16) 이 역시 믿기 어렵다. 沾解로부터 2 대 후인 儒禮 14년경에도 역시 앞 註와 같이 伊西古國(淸道郡 伊西面)이 金城을 來侵하였다는 것이다.

17) 本紀에는 沾解 3년(西紀 249)에 이미 于老가 倭人에게 죽은 것으로 되어 있다.

(史臣이) 논(論)하여 가로되, 우로(于老)가 당시의 대신(大臣)으로서 군국대
사(軍國大事)를 맡아 싸우면 반드시 이기고 또 이기지 못하더라도 패(敗)하지
는 아니하였으니, 그 모책(謀策)이 반드시 다른 사람보다 월등(越等)함이 있었
을 것이다. 그런데 한 말의 잘못으로 스스로 죽음을 취하였고, 또 두 나라 사
이에 싸움까지 일어나게 하였다. 그 아내가 능히 원한을 갚았으나 역시 변칙
(變則)이요 정도(正道)는 아니었다. 만일 그렇지 않았다면 그 공업(功業) 또한
기록할 만하였다.

　박제상(朴堤上)[18][혹은 毛末[19]이라고도 함]은 시조(始祖) 혁거세(赫居世)의 후
예요, 파사이사금(婆娑尼師今)의 5대손이며, 조부(祖父)는 아도(阿道) 갈문왕
(葛文王)이요, 아버지는 물품(勿品) 파진찬(波珍飡)이다. 제상(堤上)은 벼슬길에
나가 삽량주(歃良州 : 州治는 지금의 梁山) 간(干)[20]이 되었다. 이보다 앞서 실성
왕(實聖王) 원년 임인(壬寅 : 西紀 402)에 왜국(倭國)과 강화(講和)하였는데, 왜
왕(倭王)이 내물왕(奈勿王)의 아들 미사흔(未斯欣)을 볼모로 삼기를 청하였다.
왕은 일찍이 내물왕(奈勿王)이 자기를 고구려(高句麗)에 볼모로 보낸 것[21]을
한(恨)되이 여겨, 그 아들에게 유감을 풀고자 하던 터이라 거절하지 않고 보냈
으며, 또 11년 임자(壬子)에는 고구려가 역시 미사흔(未斯欣)의 형(兄) 복호(卜
好)[22]를 볼모로 삼고자 하므로 대왕(大王)은 또 그를 보냈다. 눌지왕(訥祇王)이
즉위(卽位)하자[23] 변사(辯士 : 말 잘하는 사람)를 구해 가서 (두 아우를) 맞이해
올 것을 생각하고 있던바, 수주촌간(水酒村干 : 村主) 벌보말(伐寶靺)과 일리촌

18) 三國遺事(권1) 奈勿王條에는 金堤上으로 되어 있으나, 그것은 잘못이다. 堤上이 婆娑
　　尼師今의 血統을 받은 사람이라면 朴氏라고 하는 것이 옳은 까닭이다.
19) 堤上을 혹은 毛末이라 하고, 日本書紀(권 9)에도 그를 毛麻利叱智(叱智는 尊稱)라 하
　　였는데, '毛末'·'毛麻利'는 堤上과 같은 의미의 말이라고 해석된다. 毛의 訓은 '톨'·
　　'토'·'틸'로, 現今語 '둑'·'독'(堤·堰)에 해당하고, 末·麻利는 上·首의 語인 '마
　　리'에 틀림없다.
20) 新羅職官志 外官條에 의하면, 嶽干은 京官의 一吉飡에 準하고, 述干은 京官의 沙飡,
　　高干은 級飡, 貴干은 大奈麻, 選干은 奈麻, 上干은 大舍, 干은 舍知에 準한다고 하였
　　다. 그런즉 堤上은 (삽량주의) 單히 干이라고 하였으므로 京官舍知에 해당하는 下級
　　官이라 하겠다.
21) 本紀 奈勿王 37년條에 보인다.
22) 本紀 官聖王 11년條에 보인다.
23) 訥祇의 즉위에 관한 史話가 本紀에 실려 있다.

간(一利村干) 구리내(仇里迺), 이이촌간(利伊村干) 파로(波老) 세 사람이 어질고 지혜가 있다는 말을 듣고 불러서 묻기를, "나의 아우 두 사람이 왜(倭)·여(麗) 2국(國)에 볼모가 되어 여러 해가 지나도록 돌아오지 못하고 있다. 형제(兄弟)이기 때문에 생각하지 않을 수 없고, 살아서 돌아오게 하기를 바라는데 어찌하면 좋겠는가" 하였다. 세 사람이 함께 대답하기를 "신(臣)들이 듣건대 삽량주간(歃良州干) 제상(堤上)이 강용(剛勇)하고 지모(智謀)가 있다 하니 전하(殿下)의 근심을 풀 수 있겠습니다" 하였다.

이에 제상(堤上)을 불러 앞으로 나오게 하여 (앞의) 세 신하의 말을 하며 원행(遠行)을 청하였다. 제상이 대답하되 "신(臣)이 어리석고 불초(不肖)하나 어찌 감히 명(命)을 받들지 않겠습니까" 하고, 드디어 빙례(聘禮)로써 고구려에 들어가 왕에게 말하기를 "신(臣)이 듣건대 인국(鄰國)과 교제하는 도(道)는 성신(誠信)뿐이라고 합니다. 만일 볼모를 서로 보낸다면 오패(五霸)[24]에도 미치지 못하는 것이니 참으로 말세(末世)의 일이라 하겠습니다. 지금 우리 임금의 사랑하는 아우가 여기에 있은지 거의 10년이나 되니, 우리 임금은 척령(鶺鴒)이 들판에 있는[25]뜻으로서, 두고두고 생각하여 마지않습니다. 만일 대왕(大王)이 은혜로 돌려보내 주신다면 (대왕께는) 구우(九牛)의 일모(一毛)가 떨어지는 정도와 같아서 손해될 바가 없으며, 우리 임금은 대왕을 덕(德)으로 생각함이 한량이 없겠습니다. 왕은 (잘) 생각하옵소서" 하니, 왕이 옳다고 하며 함께 돌아가는 것을 허락하였다. 귀국하자, 대왕(大王 : 訥祇)이 기뻐하며 위로하여 말하기를 "내가 두 아우 생각하기를 좌우(左右)의 팔과 같이 하였는데, 지금 단지 한 팔만을 얻었으니 어찌하면 좋을까" 하였다. 제상(堤上)이 대답하되 "신(臣)이 비록 노둔한 재주이오나 이미 몸을 나라에 바쳤으니 끝내 명(命)을 욕되게 하지 않겠습니다. 그러나 고구려는 큰 나라요, 왕 역시 어진 인군이므로 신(臣)이 한 마디의 말로 깨닫게 할 수 있었지만, 왜인(倭人) 같은 것은 구설

---

24) 5霸는 中國 春秋時代의 다섯 霸道의 諸侯를 말함이니, 대개 齊의 桓公, 晉의 文公, 楚의 莊王, 吳의 闔閭, 越의 句踐을 指稱하는데, 혹은 吳 闔閭, 越 句踐 대신에 秦 穆公과 宋 襄公을 들며, 齊 桓·晉 文·宋 襄·秦 穆·吳王 夫差를 꼽기도 한다. 모두가 國家를 일시 富强케 하였으나, 道義나, 王道에 의한 것이 아니고 權謀術數로 制霸하였기 때문에 儒家에서는 그다지 높게 評價하지 않는다.

25) 鶺鴒在原은 詩經 小雅(鹿鳴) 常棣章에 있는 文句다. 척령은 작은 물새로서 行止가 不安하여 날 때에는 늘 울곤 하므로, 作詩者가 이를 보고 兄弟間에 急難이 있을 때 서로 구원하지 않을 수 없음을 말한 것이다.

(口舌)로 달랠 수는 없으니 거짓 꾀를 써서 왕자(王子)를 돌아오게 하여야겠습니다. 신(臣)이 저 곳에 가거든 (大王께서는) 신(臣)에게 나라를 배반한 죄(罪)로 논정(論定)하여, 왜인(倭人)들이 들어 알게 하소서” 하고 이에 죽음을 맹세하고 처자(妻子)도 보지 않고 속포(粟(栗의 잘못)浦 : 지금 蔚山)로 가서 배를 띄워 왜(倭)로 향하였다. 그 아내가 듣고 포구(浦口)로 달려가서 배를 바라다보며 대성통곡(大聲痛哭)으로 “잘 다녀오시오” 하니 제상(堤上)이 돌아다보며 “내가 왕명(王命)을 받아 적국(敵國)으로 들어가니 그대는 (나를) 다시 볼 기약(期約)을 생각하지 말라” 하였다.

바로 왜국(倭國)으로 들어가서 마치 (本國에서) 반(叛)해 온 자와 같이 하였는데, 왜왕(倭王)이 의심하였다. 백제인(百濟人)으로서 전(앞서)에 왜(倭)에 들어가 참소하기를, 신라(新羅)가 고구려(高句麗)와 더불어 왕의 나라를 침공(侵攻)하려고 꾀한다 하므로, 왜(倭)가 드디어 군사를 보내어 신라 국경(國境) 밖에서 순회정찰(巡廻偵察)케 하였다. 마침 고구려가 와서 왜(倭)의 순라군(巡邏軍)을 모두 잡아죽이니, 왜왕(倭王)은 이에 백제인의 말을 사실로 여겼다. 또 (왜왕은) 신라왕이 미사흔(未斯欣) 및 제상(堤上)의 가족을 가두었다는 말을 듣고 제상을 정말 반(叛)한 자로 여겼다. 이에 (왜왕은) 군사를 보내어 신라를 침습(侵襲)하려 하여, 동시에 제상과 미사흔(未斯欣)을 장수로 임명하는 한편 향도(嚮導)로 삼아 해중(海中) 산도(山島)에 이르렀다. 왜(倭)의 제장(諸將)이 밀의(密議)하기를, 신라를 멸한 후에 제상과 미사흔(未斯欣)의 처자(妻子)를 잡아 돌아오자고 하였다. 제상이 그것을 알고 미사흔(未斯欣)과 함께 배를 타고 놀며 고기와 오리를 잡는 것같이 하니, 왜인(倭人)이 보고 아무런 생각이 없는 것이라고 하여 기뻐하였다. 여기서 제상은 미사흔(未斯欣)에게 가만히 본국(本國)으로 돌아갈 것을 권(勸)하니 미사흔은, “내가 장군(將軍) 받들기를 아버지와 같이 하는데, 어떻게 혼자서 돌아가겠는가” 하였다. 제상이 “만일 두 사람이 함께 떠나면 계획이 이루어지지 못할까 염려합니다” 하니, 미사흔이 제상의 목을 껴안고 울며 작별하고 돌아섰다. 제상이 혼자 방 안에서 자다가 늦게야 일어나니, 미사흔으로 멀리 가게 하려고 함이었다. 여러 사람이 “장군이 어찌 일어나기를 늦게 하는가” 하므로, 대답하기를 “전날 배를 타고 다니느라고 노곤(勞困)해서 일찍 일어나지 못하였다”고 하였다.

(堤上이) 밖으로 나오자, 미사흔(未斯欣)이 도망한 것을 알고 드디어 제상(堤上)을 결박하였다. 배를 저어 (未斯欣을) 쫓아갔으나 마침 연무(煙霧)가 자

욱하고 어두워서 바라보아도 미치지 못하였다. 제상을 왜왕(倭王)의 처소(處所)로 돌려보내니, 그를 목도(木島)로 유배(流配)하였다가 얼마 아니하여 사람을 시켜, 섶(薪)으로 전신(全身)을 불태운 후에 베(斬)었다.[26]

대왕(大王 : 訥祇)이 이 소식을 듣고 애통하며 대아찬(大阿飡)을 추증(追贈)하고, 그 가족에게 후히 물품을 내리었다. 그리고 미사흔(未斯欣)은 제상(堤上)의 둘째 딸을 취(娶)하여 아내를 삼아 (恩功에) 보답하였다. 처음 미사흔이 올 때에 (왕은) 6 부(部)에 명하여 멀리 맞이하게 하였고, 만나게 되자 손을 잡고 서로 울었다. 형제(兄弟)들이 모여 술자리를 마련하고 마음껏 즐겼으며, 왕은 자작(自作)으로 가무(歌舞)하여 그 뜻을 나타냈는데, 지금 향악(鄕樂)의 '우식곡'(憂息曲)이 그것이다.

귀산(貴山)은 사량부(沙梁部 : 慶州市內) 사람인데, 아버지는 무은(武殷) 아간(간)(阿干(飡))이다. 귀산(貴山)이 소시(少時)에 같은 부(部)의 사람 추항(箒項)과 친구가 되었다. 두 사람이 서로 이르기를, "우리들이 꼭 사군자(士君子)와 더불어 놀아야 하겠으며, 먼저 정심수신(正心修身)하지 않으면 아마 봉욕(逢辱)을 면하지 못할지도 모르겠다. 어진 이(賢者) 곁에 나아가서 도(道)를 묻지

---

26) 未斯欣과 朴堤上에 관한 이야기는 日本書紀(권 7)에도 전하거니와, 피차간에 異同이 있다. 日本書紀에는 未斯欣을 微叱己知 波珍干(波珍飡), 堤上을 毛麻利叱智라 하였는데(見上), 未斯欣이 倭國에 볼모로 간 것은 史記에는 實聖王 원년(西紀 402)으로 되어 있음에 대하여 日本書紀에는 神功 攝政 前紀로 되어 있고, 또 新羅王 波沙 寐錦이 보낸 양으로 되어 있다. 波沙는 婆娑, 寐錦은 '임금'(尼師今)의 異寫이나, 사실과 다르다. 아마 堤上이 婆娑의 後裔라는 데서 생긴 錯誤인 듯하다. 이 때의 日本 紀年은 우리의 紀年보다 202년의 差(延長)를 내고 있으므로, 이만큼 깎아 내려야 맞는다. 그런데 書紀 神功 攝政 5년條에 의하면 이 해에 新羅王이 汗禮斯伐·毛麻利叱智 및 富羅母智 등을 倭國에 보내어 微叱許知伐旱(未斯欣)을 返還시키려고 하여 微叱로 하여금 거짓 倭王에 告하기를, 우리 임금이 내가 오랫동안 돌아오지 아니하므로 妻子를 모두 沒入하여 노예를 삼았다 하니, 잠깐 돌아가서 그 眞僞를 알고 싶다고 하였다. 倭王이 이를 허락하고 葛城 襲津彦을 함께 딸려 보내어 對馬島에서 宿泊하였는데, 이 때 新羅 使者 毛麻利叱智(堤上) 등이 몰래 배와 水夫를 나누어 微叱旱岐를 태워 新羅로 도망케 한 다음, 풀로 허수아비를 만들어 微叱이 있던 寢床 위에 두고 거짓 病者와 같이 하여 襲津彦에게 말하기를, 微叱이 갑자기 病이 나서 죽으려고 한다 하였다. 襲津이 사람을 시켜 病者를 보게 하였던바 속은 것을 알고 羅使 3명을 잡아다 불에 태워 죽였다 한다. 대체의 줄거리는 서로 비슷하나, 書紀에는 新羅의 使臣이 堤上(毛末) 뿐만 아니라 그 밖에 두 사람이 있어 犧牲을 당하였다고 한다.

아니하려는가?"하였다. 이 때 원광법사(圓光法師)가 수(隋)나라에 들어가 유학(遊學)하고 돌아와서 가실사(可悉寺)에 있었는데, 그 때 사람들이 높이 예우(禮遇)하였다. 귀산(貴山) 등이 그 문하(門下)로 공손히 나아가 말하기를 "저희들 속사(俗士)가 어리석고 몽매하여 아는 바가 없사오니 종신토록 계명(誡銘)을 삼을 일언(一言)을 주시기 바라나이다"고 하였다. 법사(法師)가 "불계(佛戒)에는 보살계(菩薩戒)가 있는데 그 종목(種目)이 열 가지이다. 너희들이 남의 신자(臣子)로서는 아마 감당하지 못할 것이다. 지금 세속오계(世俗五戒)가 있으니, 1은 임금 섬기기를 충(忠)으로써 하고(事君以忠), 2는 어버이 섬기기를 효(孝)로써 하고(事親以孝), 3은 친구 사귀기를 신(信)으로써 하고(交友以信), 4는 전쟁에 임하여 물러서지 않고(臨戰無退), 5는 생명 있는 것을 죽이되 가려서(擇) 한다(殺生有擇)는 것이다. 너희들은 실행(實行)에 옮기어 소홀히 하지 말라"고 하였다. 귀산(貴山) 등이 "다른 것은 말씀대로 하겠는데 (다만) 이른바 '살생유택(殺生有擇)'만은 잘 알지 못하겠습니다"하였다. 사(師)가 말하기를 "6 재일(齋日)[27]과 봄·여름철에는 살생(殺生)치 아니한다는 것이니, 이것은 때를 택하는 것이다. (또) 부리는 가축(家畜)을 죽이지 않는 것이니 말·소·닭·개와 같은 유(類)를 말한 것이며, (또) 작은 물건(微物)을 죽이지 않는 것이니, 고기(肉)가 한 점(臠)도 되지 못하는 것을 말함이다. 이것들(家畜·微物을 죽이지 않는 것)은 물건을 택하는 것이다. 이렇게 하여 오직 그 소용되는 것에 있어 많이 죽이지 아니할 것이니, 이것이 가히 세속(世俗)의 선계(善戒)[28]라고 할 것이다"하였다. 귀산(貴山) 등이 "지금부터 받들어 행하여 감히

---

27) 6 齋日을 佛家에서 말하는 齋戒日이니, 8, 14, 15, 23, 29, 30일이 그것이다. 이 6일에는 四天王이 사람의 善惡을 엿보는 날이라고 한다.

28) 이른바 世俗五戒는 글자 그대로 世俗的인 誡銘이니, 대개 儒家의 德目(忠·孝·信·勇·仁)에 의한 것이다. 五戒 중 '臨戰無退'는 즉 勇이요, '殺生有擇'은 仁이라 할 수 있다. 佛家에서는 殺生을 10 惡業의 하나로 하여 嚴禁하는 것이 그 根本思想이다. 그러나 世俗的인 誡銘인만큼 殺生을 하되 佛家의 俗忌日인 6 齋日에는 하지 말 것, 또 動物이 번식하는 春夏節에도 하지 말 것(이상은 擇時), 家畜이나 微物을 죽이지 말 것(이상은 擇物) 등인데, 그 중 6 齋日을 제외하고는 모두 儒家思想에서 나온 것이다. 즉 儒家의 古典인 國語(魯語 上)·禮記(月令 및 王制) 등 書에 보면, 春月에는 田獵(사냥)과 犧牲(祭祀用殺生)과 羅網(魚鳥類·捕獲具) 등을 금하고 蟲·胎·卵 등의 微物은 물론, 牛·羊·犬·豚 등 家畜도 無故히 살해하지 말라는 것을 規定하였다. 圓光은 儒學에도 兼通하고 또 國策에도 順應하던 高僧이었기 때문에 그러한 世俗的인 5 戒를 주었던 것이라고 해석된다.

실수하지 않겠습니다" 하였다.

　진평왕(眞平王) 건복(建福) 19년 임술(壬戌 : 西紀 602) 8월에, 백제가 크게 군사를 일으켜 아막성(阿莫[혹은 暮로도 하였음]城 : 지금의 南原郡 雲峰面)을 포위(包圍)하니, 왕이 장군(將軍) 파진간(찬)(波珍干(飡)) 건품(乾品)·무리굴(武梨屈)·이리벌(伊梨伐), 급간(級干 : 級飡) 무은(武殷)·비리야(比梨耶) 등으로 하여금 군사를 거느리고 막게 하였는데, 귀산(貴山)과 추항(箒項)도 함께 소감직(少監職)으로 전선(戰線)에 나갔다. 백제가 패(敗)하여 천산(泉山)의 못가로 물러가 복병(伏兵)하고 기다리는 중, 우리 군사가 진격하다가 기력이 피곤하여 이끌고 돌아왔는데, 이 때 무은(武殷)이 후군(後軍)이 되어 군대(軍隊)의 맨 뒤에 섰는데, 복병(伏兵)이 갑자기 일어나 갈고리로 (武殷을) 잡아당겨 떨어뜨렸다. 귀산(貴山)이 큰 소리로 외치기를 "내가 일찍이 스승에게 들으니, 선비는 전쟁(戰爭)에 있어 물러서지 않는다고 하였다. 어찌 감히 달아날까 보냐"하며 적(敵) 수십 명을 격살(擊殺)하고, 자기 말로 아버지(武殷)를 태워 보낸 다음 추항(箒項)과 함께 창을 휘두르며 힘껏 싸우니 제군(諸軍)이 (이것을) 보고 분격(奮擊)하였다. 적(敵)의 넘어진 시체(屍體)가 들판에 가득하여 한 필의 말, 한 채의 수레도 돌아간 것이 없었다. 귀산(貴山) 등도 온몸에 칼을 맞아 중로(中路)에서 죽었다. 왕이 여러 신하들과 함께 아나(阿那) 들판에서 맞이하여 시체 앞에 나가 통곡(痛哭)하고 예(禮)로 빈장(殯葬)하였으며, 또 추후로 귀산(貴山)에게는 관품(官品) 내마(奈麻)를, 추항(箒項)에게는 대사(大舍)를 주었다.

　온달(溫達)은 고구려 평강(원)왕(平岡(原)王) 때(西紀 559~90)의 사람이다. 얼굴이 파리(龍鍾)하여 우습게 생겼지만 마음씨(心中)는 명랑하였다. 집이 매우 가난하여 항상 밥을 빌어다 어머니를 봉양하였는데, 떨어진 옷과 해어진 신으로 시정간(市井間)에 왕래하니, 그 때 사람들이 지목하기를 바보 온달(溫達)이라 하였다. 평강왕(平岡王)의 어린 딸이 울기를 잘하므로 왕이 희롱하여, "네가 항상 울어서 내 귀를 시끄럽게 하니 커서는 사대부(士大夫)의 아내가 될 수 없고 바보 온달(溫達)에게나 시집보내야 하겠다" 하며, 왕은 매양 말하였다. (그런데) 딸의 나이 이팔(二八 : 16歲)이 되자 상부(上部 : 東部) 고씨(高氏)에게로 시집보내려 하니 공주(公主)가 대답하기를, "대왕(大王)께서 항상 말씀이, 너는 반드시 온달의 아내가 된다고 하셨는데 지금 무슨 까닭으로 전의 말씀을 고치시나이까? 필부(匹夫)도 식언(食言 : 거짓말)을 하지 않으려 하거늘 하물며 지존(至尊)이겠습니까? 그러므로 왕자(王者)는 희언(戱言)이 없다고 하는 것입니다. 지금 대왕의 명령은 잘못된 것이오니 소녀(小女)는 감히 받들지 못하겠습니다" 하였다. 왕이 노(怒)하여 이르기를 "네가 나의 가르침을 따르지 않는다면 정말 내 딸이 될 수 없다. 어찌 함께 있을 수 있으랴? 너는 갈데로 가는 것이 좋겠다"고 하였다.

이에 공주(公主)는 보물 팔찌 수십 개를 팔꿈치에 매고 궁궐(宮闕)을 나와 혼자 길을 가다가, 한 사람을 만나 온달(溫達)의 집을 물어 그 집에 이르렀다. 맹인(盲人) 노모(老母)가 있음을 보고 앞으로 가까이 가서 절하고 그 아들이 있는 곳을 물으니, 노모(老母)가 대답하기를 "우리 아들은 가난하고 추하여 귀인(貴人)이 가까이할 인물이 못됩니다. 지금 그대의 냄새를 맡으니 향기가 이상하고, 손을 만지니 부드럽기 풀솜과 같은즉 반드시 천하(天下)의 귀인(貴人)이요. 누구의 속임수로 여기에 오게 되었소. 내 자식은 굶주림을 참지 못하여 산(山)으로 느릅나무 껍질을 벗기러 간 지 오래인데 아직 돌아오지 않았소" 하였다. 공주(公主)가 (그 집에서) 나와 걸어서 산 밑에 이르러 온달이 느릅나무 껍질을 지고 오는 것을 보고, 공주가 더불어 소회(所懷 : 속에 품은 바)를 말하니 온달이 성을 내며, "이는 어린 여자(女子)의 행동할 바가 아니다. 반드시 사람이 아니라 여우나 귀신이다. 내 곁으로 오지 말라" 하며 그만 돌아보지도 않고 갔다. 공주는 혼자 (온달의 집으로) 돌아와 사립문 아래서 자고, 이튿날 다시 들어가서 모자(母子)에게 자세한 것을 말하였는데, 온달은 우물쭈물하며 결정을 내리지 못하였다. 그 어머니가 말하기를 "내 자식은 지극히 누추하여 귀인(貴人)의 배필(配匹)이 될 수 없고, 내 집은 지극히 가난하여 귀인의 거처할 곳이 못 되오" 하였다. 공주가 대답하기를 "옛 사람의 말에, 한 말 곡식도 방아 찧을 수 있고, 한 자 베도 꿰맬 수 있다고 하였습니다. 마음만 같다면 어찌 반드시 부귀한 후에야 함께 지낼 수 있겠습니까" 하고, 이에 금팔찌를 팔아 전지(田地)·주택(住宅)·노비(奴婢)·우마(牛馬)와 기물(器物) 등을 사니 용품(用品)이 다 갖추어졌다. 처음 말을 살 때에 공주(公主)는 온달에게 이르기를 "아예 시장인(市場人)의 말을 사지 말고, 꼭 국마(國馬)를 택하되 병들고 파리해서 내다파는 것을 사오도록 하시오" 하였다. 온달이 그 말대로 하였는데, 공주가 먹이기를 부지런히 하여 말이 날마다 살찌고 또 건강해졌다.

고구려에서는 항상 봄철 3월 3일이면 낙랑(樂浪) 언덕에 모여 전렵(田獵 : 사냥)을 하고, 그 날 잡은 산돼지·사슴으로 하늘과 산천신(山川神)에 제사를 지내는데, 그 날이 되면 왕이 나가 사냥하고, 여러 신하들과 5부(部)의 병사(兵士)들이 모두 따라 나섰다. 이에 온달도 기른 말을 타고 따라갔는데, 그 달리는 품이 언제나 (남보다) 앞에 서고 포획(捕獲)하는 짐승도 많아서, 그와 같은 사람이 없었다. 왕이 불러 그 성명(姓名)을 물어보고 놀라며 또 이상히 여겼다. 이 때 후주(後周)의 무제(武帝)가 군사를 보내어 요동(遼東)을 치니, 왕이 군사를 거느리고 나가 배산(拜山) 들에서 맞아 싸웠는데, 온달이 선봉장(先鋒將)이 되어 날쌔게 싸워 수십여 명을 베니, 여러 군사가 승승분격(乘勝奮擊)하여 크게 이겼다. 공(功)을 의논할 때에 온달로 제일을 삼지 않는 이가 없었다. 왕이 가탄(嘉歎)하여, "이 사람은 나의 사위라" 하고, 예(禮)를 갖추어 맞이하며 작위(爵位)를 주어 대형(大兄)을 삼았다. 이로 해서 은총(恩寵)과 영화(榮華)가 더욱 우악하고, 위엄과 권세가 날로 성하였다.

양강왕(陽岡王 ?)[29]이 즉위하자 온달이 아뢰기를, "신라가 우리 한북(漢北)의 땅을 빼앗아 군현(郡縣)을 삼았으니, 백성들이 통한(痛恨)하여 일찍이 부모(父母)의 나라를 잊은 적이 없습니다. 원컨대 대왕(大王)께서는 우신(愚臣)을 불초(不肖)하다 하지 마시고 군사를 주신다면 한번 가서 반드시 우리 땅을 도로 찾아 오겠습니다" 하니 왕이 허락하였다. 떠날 때 맹세하기를 "계립현(雞立峴:鳥嶺)과 죽령(竹嶺) 이서(以西:以北)의 땅을 우리에게 귀속(歸屬)시키지 않으면 돌아오지 않겠다" 하고, 나가 신라 군사들과 아단성(阿旦城:지금 廣壯津 북쪽 峨嵯山) 아래서 싸우다가 (新羅軍의) 유시(流矢)에 맞아 넘어져서 죽었다.[30] 장사(葬事)를 행하려 하였는데 영구(靈柩)가 움직이지 아니하므로 공주(公主)가 와서 관(棺)을 어루만지면서, "사생(死生)이 이미 결정되었으니, 아아 돌아갑시다" 하고 드디어 들어서 장사(葬事)지냈는데, 대왕이 듣고 비통해 하였다.

29) 陽岡(陽原)이라면 平岡(原)王의 父王에 해당하므로, 이는 平岡(原)王의 長子인 嬰陽王(一云 平陽王)으로 改着하여야 할 것이다.
30) 이 때 鳥嶺·竹嶺 이북의 漢江 全流域은 新羅의 소유로 되어 있으므로 이것을 奪還코자 하여 悲壯한 결심을 하고 出征한 溫達이 阿旦城下에서 新羅軍의 流矢에 맞아 전사하였다는 것은 溫達이 漢水의 渡江作戰에 있어 阿旦城에서 쏟아져 나온 羅軍의 妨害工作에 의해 失敗를 당하였던 것이라고 보아야 하겠다.

〔原文〕
三國史記 卷 第四十五
列傳 第五
乙巴素　金后稷　祿眞　密友·紐由　明臨荅夫　昔于老　朴堤上
貴山　温達

乙巴素, 高句麗人也, 國川王時, 沛者於昇留·評者左可慮等, 皆以外戚擅權, 多行不義, 國人怨憤, 王怒欲誅之, 左可慮等謀反, 王誅竄之, 遂下令曰, 近者, 官以寵授, 位非德進, 毒流百姓, 動我王家, 此寡人不明所致也, 今汝四部, 各舉賢良在下者, 於是四部共舉東部晏留, 王徵之, 委以國政, 晏留言於王曰, 微臣庸愚, 固不足以參大政, 西鴨淥谷左勿村乙巴素者, 琉璃王大臣乙素之孫也, 性質剛毅, 智慮淵深, 不見用於世, 力田自給, 大王若欲理國, 非此人則不可, 王遣使以卑辭重禮聘之, 拜中畏大夫, 加爵爲于台, 謂曰, 孤叨承先業, 處臣民之上, 德薄材短, 未濟於理, 先生藏用晦明, 窮處草澤者久矣, 今不我棄, 幡然而來, 非獨孤之喜幸, 社稷生民之福也, 請安承教, 公其盡心, 巴素意雖許國, 謂所受職不足以濟事, 乃對曰, 臣之駑蹇, 不敢當嚴命, 願大王選賢良, 授高官, 以成大業, 王知其意, 乃除爲國相, 令知政事, 於是朝臣國戚謂巴素以新間舊, 疾之, 王有教曰, 無貴賤, 苟不從國相者, 族之, 巴素退而告人曰, 不逢時則隱, 逢時則仕, 士之常也, 今上待我以厚意, 其可復念舊隱乎, 乃以至誠奉國, 明政教, 愼賞罰, 人民以安, 內外無事, 王謂晏留曰, 若無子之一言, 孤不能得巴素以共理, 今庶績之凝, 子之功也, 酒拜爲大使者, 至山上王七年秋八月, 巴素卒, 國人哭之慟.

金后稷, 智證王之曾孫, 事眞平大王爲伊飡, 轉兵部令, 大王頗好田獵, 后稷諫曰, 古之王者, 必一日萬機, 深思遠慮, 左右正士, 容受直諫, 孳孳砣砣, 不敢逸豫, 然後德政醇美, 國家可保, 今殿下日與狂夫獵士, 放鷹犬逐雉兔, 奔馳山野, 不能自止, 老子曰, 馳騁田獵, 令人心狂, 書曰, 內作色荒, 外作禽荒, 有一于此, 未或不亡, 由是觀之, 內則蕩心, 外則亡國, 不可不省也, 殿下其念之, 王不從, 又切諫, 不見聽, 後后稷疾病將死, 謂其三子曰, 吾爲人臣, 不能匡救君惡, 恐大王遊娛不已, 以至於仁敗, 是吾所憂也, 雖死, 必思有以悟君, 須瘞吾骨於大王遊畋之路側, 子等皆從之, 他日王出行, 半路有遠聲, 若曰莫

去, 王顧問聲何從來, 從者告云, 彼后稷伊飡之墓也, 遂陳后稷臨死之言, 大王
潛然流涕曰, 夫子忠諫, 死而不忘, 其愛我也深矣, 若終不改, 其何顏於幽明之
間耶, 遂終身不得獵.

祿眞, 姓與字未詳, 父秀奉一吉飡, 祿眞二十三歲始仕, 屢經內外官, 至憲德
大王十年戊戌, 爲執事侍郞, 十四年, 國王無嗣子, 以母弟秀宗爲儲貳, 入月池
宮, 時忠恭角干爲上大等, 坐政事堂, 注擬內外官, 退公感疾, 召國醫診脈, 曰
病在心臟, 須服龍齒湯, 遂告暇三七日, 杜門不見賓客, 於是祿眞造而請見, 門
者拒焉, 祿眞曰, 下官非不知相公移疾謝客, 須獻一言於左右, 以開鬱悒之慮,
故此來耳, 若不見則不敢退焉, 門者再三復之, 於是引見, 祿眞進曰, 伏見寶體
不調, 得非早朝晚罷·蒙犯風露·以傷榮衞之和·失支體之安乎, 曰未至是也,
但昏昏嘿嘿, 精神不快耳, 祿眞曰, 然則公之病, 不須藥石, 不須針砭, 可以至
言高論, 一攻以破之也, 公將聞之乎, 曰吾子不我避遺, 惠然光臨, 願聽玉音,
洗我胷臆, 祿眞曰, 彼梓人之爲室也, 材大者爲梁柱, 小者爲椽榱, 偃者·植
者, 各安所施, 然後大厦成焉, 古者賢宰相之爲政也, 又何異焉, 才臣者置之高
位, 小者授之薄任, 內則六官·百執事, 外則方伯·連率·郡守·縣令, 朝無
闕位, 位無非人, 上下定矣, 賢不肖分矣, 然後王政成焉, 今則不然, 徇私而滅
公, 爲人以擇官, 愛之則雖不材擬送於雲霄, 憎之, 則雖有能, 圖陷於溝壑, 取
捨混其心, 是非亂其志, 則不獨國事溷濁, 而爲之者亦勞且病矣, 若其當官淸
白, 蒞事恪恭, 杜貨賂之門, 遠淸託之累, 黜陟只以幽明, 予奪不以愛憎, 如衡
焉不可枉以輕重, 如繩焉不可欺以曲直, 如是則刑政允穆, 國家和平, 雖曰開孫
弘之閤, 置曹參之酒, 與朋友故舊, 談笑自樂可也, 又何必區區於服餌之間, 徒
自費日廢事爲哉, 角干於是謝遣醫官, 命駕朝王室, 王曰, 謂卿尅日服藥, 何以
來朝, 答曰, 臣聞祿眞之言, 同於藥石, 豈止飮龍齒湯而已哉, 因爲王一一陳之,
王曰, 寡人爲君, 卿爲相, 而有人直言如此, 何喜如焉, 不可使儲君不知, 宜往
月池宮, 儲君聞之, 入賀曰, 嘗聞君明則臣直, 此亦國家之美事也, 後熊川州都
督憲昌反叛, 王擧兵討之, 祿眞徒事有功, 王授位大阿飡, 辭不受.

密友·紐由者, 並高句麗人也, 東川王二十年, 魏幽州刺史毋丘儉, 將兵來
侵, 陷丸都城, 王出奔, 將軍王頎追之, 王欲奔南沃沮, 至于竹嶺, 軍士奔散殆
盡, 唯東部密友獨在側, 謂王曰, 今追兵甚迫, 勢不可脫, 臣請決死而禦之, 王

可遁矣, 遂募死士, 與之赴敵力戰, 王僅得脫而去, 依山谷, 聚散卒自衛, 謂曰, 若有能取密友者, 厚賞之, 下部劉屋句前對曰, 臣試往焉, 遂於戰地, 見密友伏地, 乃負而至, 王枕之以股, 久而乃蘇, 王間行轉輾, 至南沃沮, 魏軍追不止, 王計窮勢屈, 不知所爲, 東部人紐由進曰, 勢甚危迫, 不可徒死, 臣有愚計, 請以飮食往犒魏軍, 因伺隙刺殺彼將, 若臣計得成, 則王可奮擊決勝, 王曰諾, 紐由入魏軍詐降, 曰, 寡君獲罪於大國, 逃至海濱, 措躬無地矣, 將以請降於陣前, 歸死司寇, 先遣小臣, 致不腆之物, 爲從者羞, 魏將聞之, 將受其降, 紐由隱刀食器, 進前拔刀, 刺魏將胷, 與之俱死, 魏軍遂亂, 王分軍爲三道急擊之, 魏軍擾亂不能陳, 遂自樂浪而退, 王復國論功, 以密友・紐由爲第一, 賜密友巨谷・青木谷, 賜屋句鴨淥・豆訥河原以爲食邑, 追贈紐由爲九使者, 又以其子多優爲大使者.

　明臨荅夫, 高句麗人也, 新大王時, 爲國相, 漢玄菟郡太守耿臨, 發大兵欲攻我, 王問羣臣戰守孰便, 衆議曰, 漢兵恃衆輕我, 若不出戰, 彼以我爲怯數來, 且我國山險而路隘, 此所謂一夫當關, 萬夫莫當者也, 漢兵雖衆, 無如我何, 請出師禦之, 荅夫曰, 不然, 漢國大民衆, 今以強兵遠鬪, 其鋒不可當也, 而又兵衆者宜戰, 兵少者宜守, 兵家之常也, 今漢人千里轉糧, 不能持久, 若我深溝高壘, 淸野以待之, 彼必不過旬月, 饑困而歸, 我以勁卒迫之, 可以得志, 王然之, 嬰城固守, 漢人攻之不克, 士卒饑餓引還, 荅夫帥師數千騎追之, 戰於坐原, 漢軍大敗, 匹馬不反, 王大悅, 賜荅夫坐原及質山爲食邑, 十五年秋九月卒, 年百十三歲, 王自臨慟, 罷朝七日, 以禮葬於質山, 置守墓二十家.

　昔于老, 奈解尼師今之子(或云角干水老之子也), 助賁王二年七月, 以伊飡爲大將軍, 出討甘文國破之, 以其地爲郡縣, 四年七月, 倭人來侵, 于老逆戰於沙道, 乘風縱火, 焚賊戰艦, 賊溺死且盡, 十五年正月, 進爲舒弗邪(邪, 當作邯), 兼知兵馬事, 十六年, 高句麗侵北邊, 出擊之不克, 退保馬頭柵, 至夜士卒寒苦, 于老躬行勞問, 手燒薪樵暖熱之, 羣心感喜如夾纊, 沾解王在位, 沙梁伐國舊屬我, 忽背而歸百濟, 于老將兵往討滅之, 七年癸酉, 倭國使臣葛那古在館, 于老主之, 與客戲言, 早晚以汝王爲鹽奴, 王妃爲爨婦, 倭王聞之怒, 遣將軍于道朱君討我, 大王出居于柚村, 于老曰, 今茲之患, 由吾言之不愼, 我其當之, 遂抵倭軍, 謂曰, 前日之言戲之耳, 豈意興師至於此耶, 倭人不答, 執之積柴置其上,

燒殺之乃去, 于老子幼弱不能步, 人抱以騎而歸, 後爲訖解尼師今, 味鄒王時,
倭國大臣來聘, 于老妻請於國王, 私饗倭使臣, 及其泥醉, 使壯士曳下庭焚之,
以報前怨倭人忿, 來攻金城, 不克引歸. 論曰, 于老爲當時大臣, 掌軍國事, 戰
必克, 雖不克, 亦不敗, 則其謀策必有過人者, 然以一言之悖, 以自取死, 又令
兩國交兵, 其妻能報怨, 亦變而非正也, 若不爾者, 其功業亦可錄也.

朴堤上(或云毛末), 始祖赫居世之後, 婆娑尼師今五世孫, 祖阿道葛文王, 文
勿品波珍湌, 堤上仕爲歃良州干, 先是實聖王元年壬寅, 與倭國講和, 倭王請以
奈勿王之子未斯欣爲質, 王嘗恨奈勿王使己質於高句麗, 思有以釋憾於其子, 故
不拒而遣之, 又十一年壬子, 高句麗亦欲得未斯欣之兄卜好爲質, 大王又遣之,
及訥祇王卽位, 思得辯士往迎之, 聞水酒村干伐寶靺·一利村干仇里迺·利伊
村干波老三人有賢智, 召問曰, 吾弟二人質於倭麗二國, 多年不還, 兄弟之故,
思念不能自止, 願使生還, 若之何而可, 三人同對曰, 臣等聞歃良州干堤上剛勇
而有謀, 可得以解殿下之憂, 於是徵堤上使前, 告三臣之言而請行, 堤上對曰,
臣雖愚不肖, 敢不唯命祗承, 遂以聘禮入高句麗, 語王曰, 臣聞交鄰國之道誠信
而已, 若交質子, 則不及五霸, 誠末世之事也, 今寡君之愛弟在此, 殆將十年,
寡君而鶺鴒在原之意, 永懷不已, 若大王惠然歸之, 則若九牛之落一毛, 無所損
也, 而寡君之德大王也, 不可量也, 王其念之, 王曰諾, 許與同歸, 及歸國, 大
王喜慰曰, 我念二弟如左右臂, 今只得一臂奈何, 堤上報曰, 臣雖奴才旣以身許
國, 終不辱命, 然高句麗大國, 王亦賢君, 是故臣得以一言悟之, 若倭人不可以
口舌諭, 當以詐謀, 可使王子歸來, 臣適彼, 則請以背國論, 使彼聞之, 乃以死
自誓, 不見妻子, 抵栗浦汎舟向倭, 其妻聞之, 奔至浦口, 望舟大哭曰, 好歸來,
堤上回顧曰, 我將命入敵國, 爾莫作再見期, 遂徑入倭國, 若叛來者, 倭王疑之,
百濟人前入倭, 讒言新羅與高句麗謀侵王國, 倭遂遣兵邏戍新羅境外, 會高句麗
來侵, 幷擒殺倭邏人, 倭王乃以百濟人言爲實, 又聞羅王囚未斯欣·堤上之家
人, 謂堤上實叛者, 於是出師將襲新羅, 兼差堤上與未斯欣爲將, 兼使之鄉導,
行至海中山島, 倭諸將密議, 滅新羅後, 執堤上·未斯欣妻孥以還, 堤上知之,
與未斯欣乘舟遊, 若捉魚鴨者, 倭人見之, 以謂無心喜焉, 於是堤上勸未斯欣潛
歸本國, 未斯欣曰, 僕奉將軍如父, 豈可獨歸, 堤上曰, 若二人俱發, 則恐謀不
成, 未斯欣抱堤上項, 泣辭而歸, 堤上獨眠室內晏起, 欲使未斯欣遠行, 諸人間
將軍何起之晚, 答曰, 前日行舟勞困, 不得夙興, 及出知未斯欣之逃, 遂縛堤上,

行舡追之, 適煙霧晦冥, 望不及焉, 歸堤上於王所, 則流於木島, 未幾, 使人以
薪火燒爛支體, 然後斬之, 大王聞之哀慟, 追贈大阿飡, 厚賜其家, 使未斯欣娶
其堤上之第二女爲妻, 以報之, 初未斯欣之來也, 命六部遠迎之, 及見握手相
泣, 會兄弟置酒極娛, 王自作歌舞, 以宣其意, 今鄕樂憂息曲是也.

貴山, 沙梁部人也, 父武殷阿干, 貴山少與部人箒項爲友, 二人相謂曰, 我等
期與士君子遊, 而不先正心修身, 則恐不免於招辱, 蓋聞道於賢者之側乎, 時圓
光法師入隋遊學, 還居加悉寺, 爲時人所尊禮, 貴山等詣門, 摳衣進告曰, 俗士
顓蒙, 無所知識, 願賜一言, 以爲終身之誡, 法師曰, 佛戒有菩薩戒, 其別有十,
若等爲人臣子, 恐不能堪, 今有世俗五戒, 一曰事君以忠, 二曰事親以孝, 三曰
交友以信, 四曰臨戰無退, 五曰殺生有擇, 若等行之無忽, 貴山等曰, 他則既受
命矣, 所謂殺生有擇, 獨未曉也, 師曰, 六齋日春夏月不殺, 是擇時也, 不殺使
畜, 謂馬牛雞犬, 不殺細物, 謂肉不足一臠, 是擇物也, 如此唯其所用, 不求多
殺, 此可謂世俗之善戒也, 貴山等曰, 自今已後, 奉以周旋, 不敢失墜, 眞平王
建福十九年壬戌秋八月, 百濟大發兵, 來圍阿莫(一作暮)城, 王使將軍波珍干乾
品・武梨屈伊梨伐・級干武殷・比梨耶等, 領兵拒之, 貴山・箒項幷以少監赴
焉, 百濟敗, 退於泉山之澤, 伏兵以待之, 我軍進擊, 力困引還, 時武殷爲殿,
立於軍尾, 伏猝出, 鉤而下之, 貴山大言曰, 吾嘗聞之師, 曰士當軍無退, 豈敢
奔北乎, 擊殺賊數十人, 以己馬出父, 與箒項揮戈力鬪, 諸軍見之奮擊, 橫尸滿
野, 匹馬隻輪無反者, 貴山等金瘡滿身, 半路而卒, 王與羣臣迎於阿那之野, 臨
尸痛哭, 以禮殯葬, 追賜位貴山奈麻, 箒項大舍.

溫達, 高句麗平岡王時人也, 容貌龍鍾可笑, 中心則晬(晬, 恐作睟)然, 家甚
貧, 常乞食以養母, 破衫弊履, 往來於市井間, 時人目之爲愚溫達, 平岡王少女
兒好啼, 王戲曰, 汝常啼聒我耳, 長必不得爲士大夫妻, 當歸之愚溫達, 王每言
之, 及女年二八, 欲下嫁於上部高氏, 公主對曰, 大王常語, 汝必爲溫達之婦,
今何故改前言乎, 匹夫猶不欲食言, 況至尊乎, 故曰王者無戲言, 今大王之命謬
矣, 妾不敢祗承, 王怒曰, 汝不從我教, 則固不得爲吾女也, 安用同居, 宜從汝
所適矣, 於是公主以寶釧數十枚繫肘後, 出宮獨行, 路遇一人, 問溫達之家, 乃
行至其家, 見盲老母, 近前拜問其子所在, 老母對曰, 吾子貧且陋, 非貴人之所
可近, 今聞子之臭, 芬馥異常, 接子之手, 柔滑如綿, 必天下之貴人也, 因誰之

俯以至於此乎, 惟我息不忍饑, 取楡皮於山林, 久而未還, 公主出行, 至山下, 見溫達負楡皮而來, 公主與之言懷, 溫達悖然曰, 此非幼女子所宜行, 必非人也, 狐鬼也, 勿迫我也, 遂行不顧, 公主獨歸, 宿柴門下, 明朝更入, 與母子備言之, 溫達依違未決, 其母曰, 吾息至陋, 不足爲貴人匹, 吾家至寠, 固不宜貴人居, 公主對曰, 古人言, 一斗粟猶可春, 一尺布猶可縫, 則苟爲同心, 何必富貴然後可共乎, 乃賣金釧, 買得田宅奴婢牛馬器物, 資用完具, 初買馬, 公主語溫達曰, 愼勿買市人馬, 須擇國馬病瘦而見放者, 而後換之, 溫達如其言, 公主養飼其勤, 馬日肥且壯, 高句麗常以春三月三日, 會獵樂浪之丘, 以所獲猪鹿祭天及山川神, 至其日王出獵, 羣臣及五部兵士皆從, 於是溫達以所養之馬隨行, 其馳騁常在前, 所獲亦多, 他無若者, 王召來問姓名, 驚且異之, 時後周武帝出師伐遼東, 王領軍逆戰於拜山之野, 溫達爲先鋒, 疾鬪斬數十餘級, 諸軍乘勝奮擊大克, 及論功, 無不以溫達爲第一, 王嘉歎之曰, 是吾女壻也, 備禮迎之, 賜爵爲大兄, 由此寵榮尤渥, 威權日盛, 及陽岡王卽位, 溫達奏曰, 惟新羅割我漢北之地爲郡縣, 百姓痛恨, 未嘗忘父母之國, 願大王不以愚不肖, 授之以兵, 一往必還吾地, 王許焉, 臨行誓曰, 雞立峴·竹嶺已西不歸於我, 則不返也, 遂行, 與羅軍戰於阿旦城之下, 爲流矢所中, 路而死, 欲葬, 柩不肯動, 公主來撫棺曰, 死生決矣, 於乎歸矣, 遂擧而窆, 大王聞之悲慟.

삼국사기 권 제 46

열전(列傳) 제 6
강수(强首) 최치원(崔致遠) 설총(薛聰)

강수(强首)는 중원경(中原京 : 지금의 忠州市)의 사량(부)(沙梁(部))[1] 사람인데 아버지는 석체(昔諦) 내마(奈麻)이다. 그 어머니가 꿈에 뿔(角) 돋친 사람을 보고 임신하였는데, 아이를 낳으니, 머리 뒤에 높은 뼈가 있었다. 석체(昔諦)가 아이를 데리고 당시의 소위 현자(賢者)를 찾아가서 묻기를 "이 아이의 머리뼈가 이러하니 무슨 까닭인가" 하였다. 대답하기를, "내가 듣건대 복희씨(伏羲氏)는 범의 형상이요, 여와씨(女媧氏 : 伏羲氏의 누이라고 함)는 뱀의 몸이고, 신농씨(神農氏)는 소의 머리요, 고도(皐陶 : 舜의 賢臣)는 말(馬)의 입이라 하였은즉, 성현(聖賢)은 동류(同類)지만 그 상(相)이 역시 범인(凡人)과 다른 바가 있다. 또 아이를 보니 머리에 검은 사마귀가 있다. 상법(相法 : 상 보는 법)에 얼굴의 사마귀는 좋지 아니하나 머리의 사마귀는 나쁘지 않다고 하였으니, 이것은 반드시 기이(奇異)한 것이다" 하였다. 아버지는 돌아와서 그 아내에게 이르기를 "우리 아들은 비상(非常)한 아이니 잘 기르면 장래에 국사(國士)가 될 것이오" 하였다. 장성하여지면서 제 스스로 글을 읽을 줄을 알고 의리(義理 : 글뜻)에 통달하였다. 아버지는 그 뜻을 시험해 보려고 묻기를 "네가 불도(佛道)를 배울 것인가, 유도(儒道)를 배울 것인가" 하니 대답하기를 "제가 듣사온즉 불도(佛道)는 세상 밖의 교(敎)라 합니다. 저는 세간인(世間人)이오니 어찌 불도(佛道)를 배우겠습가? 유자(儒者)의 도(道)를 배우기 원합니다" 하였다. 아버지는 "네가 좋아하는 대로 하라" 하였다. 그리하여 스승에게 나가서 효경(孝

---

1) 沙梁은 6部의 하나니, 新羅의 5小京에도 本서울(慶州)에서와 같이 6部의 制가 있었던 모양이다.

經)・곡례(曲禮)・이아(爾雅)・문선(文選)을 읽었는데, 듣는 것은 비록 천근(淺近)하지만 (깨달아) 얻는 것은 더욱 고원(高遠)하여 우뚝하게 당대의 걸물(傑物)이 되었다.

드디어 벼슬길에 나아가 여러 관직(官職)을 역임하고 세상에 알려진 인물이 되었다. 강수(強首)가 일찍이 부곡(釜谷)의 풀무장이 딸과 야합(野合)하여 애정(愛情)이 퍽 깊었다. 나이 20세가 되자 부모(父母)가 읍중(邑中)의 여자로 용모와 행실이 아름다운 자를 중매하여 아내로 삼게 하려 하였는데, 강수(強首)는 두 번 장가들 수 없다 하여 사절하였다. 아버지가 노하여 말하기를 "네가 세상에 이름이 나서 국인(國人)으로 모르는 자가 없는데 미천한 자로 짝을 삼는다면 수치스러운 일이 아닌가" 하니, 강수(強首)가 재배(再拜)하고 말하기를 "가난하고 천(賤)한 것이 수치스러운 바가 아닙니다. 도(道)를 배워서 행하지 못하는 것이 정말 수치스러운 바입니다. 일찍이 듣자오니 옛사람의 말에 '조강지처'(糟糠之妻 : 가난해서 술지게미나 그 겨를 먹으면서 지내던 妻)는 당하(堂下)에 내려오게 하지 않고 빈천(貧賤)할 때의 교우(交友)는 잊을 수 없다" 하였으니, 천(賤)한 아내라고 해서 차마 버릴 수는 없습니다" 하였다.

태종대왕(太宗大王 : 武烈王)이 즉위하자 당(唐)의 사자(使者)가 와서 조서(詔書)를 전하였는데, 그 중에 알기 어려운 데가 있었다. 왕이 (強首를) 불러 물으니, 왕의 앞에서 한 번 보고 해석(解釋)・설명(說明)하여 의심스럽거나 막히는 바가 없었다. 왕이 놀라고 기뻐하면서 서로 늦게 만난 것을 한탄하고 그 성명을 물으니 대답하기를 "신(臣)은 본래 임나가량(任那加良 : 大加耶, 지금의 高靈 일대) 사람으로, 이름은 우두(牛頭)입니다" 하였다. 왕이 "경(卿)의 두골(頭骨)을 보니 강수선생(強首先生)이라고 할 만하다" 하고, 당황제(唐皇帝) 조서(詔書)에 회사(回謝)하는 표문(表文)을 짓게 하였는데, 글이 잘 짜여지고 뜻이 극진하였다. 왕이 더욱 기특히 여겨 이름을 부르지 않고 임생(任生)이라고만 하였다. 강수(強首)가 일찍이 생계(生計)를 도모하지 않고, 집이 가난하지만 태연하므로 왕이 유사(有司)에게 명하여 해마다 신성(新城)의 조(租) 100 석을 주게 하였다. 문무왕(文武王)이 말하기를, "강수(強首)는 문장(文章)으로 자임(自任)하여 능히 서한(書翰)으로 중국(中國)과 고구려(高句麗)・백제(百濟) 두 나라에 뜻을 전하였기 때문에 우호(友好)를 맺는 데 성공하였다. 우리 선왕(先王)이 당(唐)에 청병(請兵)하여 고구려・백제를 평정한 것이 바로 무공(武功)이라고 하지만, 또한 문장(文章)의 도움도 있었으니, 강수(強首)의 공(功)을 어

찌 소홀히 생각할까 보냐"하고, 사찬(沙湌)의 위(位)를 주고 녹봉(祿俸)을 더
하여 해마다 조(租) 200 석으로 하였다.

신문대왕(神文大王) 때(西紀 681~92)에 죽으니 장사(葬事)에 있어서는 관
(官)에서 부의(賻儀)를 공급(供給)하였는데 의물(衣物) 필단(匹段)이 더욱 많았
다. 집안 사람들이 사사로 가지지 않고 모두 불사(佛事)에 보내 주었다. 그 아
내가 식생활(食生活)에 간핍(艱乏)하여 향리(鄕里)로 돌아가려 하였는데, 대신
(大臣)이 들어 알고 왕에게 청하여 조(租) 100 석을 주니, 그 아내가 사퇴하고
말하기를 "첩(妾)은 천한 사람으로 의식(衣食)을 남편에게 의지하였으며 국은
(國恩)을 받은 바가 많았습니다. 지금 이미 혼잣몸이 되었는데 어찌 감히 다시
후(厚)한 사물(賜物)을 받겠습니까"하며, 그만 받지 않고 (鄕里로) 돌아갔다.
신라고기(新羅古記)에, "문장(文章)은 강수(强首)·제문(帝文)·수진(守眞)·양
도(良圖)·풍훈(風訓)·골번(骨番)이라" 하였는데, 제문(帝文) 이하는 사적이
유실(遺失)되어 전(傳)을 세울 수 없다.

최치원(崔致遠)의 자(字)는 고운(孤雲)[혹은 海雲이라고도 함]이요, 서울(王
京) 사량부(沙梁部) 사람이다. 사전(史傳)이 없어져서 그 세계(世系)는 알 수 없
다. 치원(致遠)은 소년(少年) 시절부터 정민(精敏)하여 학문(學問)을 좋아하였
는데, 나이 12세에 해박(海舶 : 商船 ?)을 따라 당(唐)에 들어가서 공부하려 하
였는데, 아버지가 이르기를 "10년에 급제(及第)하지 못하면 내 아들이 아니다.
가서 힘써 하라"하였다. 치원(致遠)이 당(唐)에 가서 스승을 따라 배우며 게
을리함이 없었다. 건부(乾符 : 唐僖宗 연호) 원년 갑오(甲午 : 西紀 874)에 예부시
랑(禮部侍郎) 배찬(裵瓚)의 고시하(考試下)에 단번에 급제하여 선주(宣州) 표수
현위(漂水縣尉)[2]에 임명되고, 치적고사(治績考査)로 승무랑시어사내공봉(承務郎
侍御史內供奉)이 되었으며 자금어대(紫金魚袋)를 받았다. 그 때 황소(黃巢)가
반(叛)하므로 고변(高駢)이 제도행영병마도통(諸道行營兵馬都統)이 되어 토벌에
나섰는데, 치원(致遠)을 자벽(自辟 : 마음에 맞는 사람을 추천)하여 종사관(從事
官)을 삼고 서기(書記)의 소임을 맡겼다. 그 때의 표장(表狀)과 서계(書啓)가
지금까지 전하여 온다. 28 세 때에 귀녕(歸寧 : 歸鄕)할 뜻을 가지고 있으므로
희종(僖宗)이 알고 광계(光啓) 원년(憲康王 11년, 西紀 885)에 사신(使臣)으로

---

2) 지금 江蘇省 漂陽縣인데, 尉는 典獄 및 捕盜官.

조서(詔書)를 가지고 (本朝에) 내빙(來聘)케 하였다. 이내 머물러 시독(侍讀)
겸 한림학사수병부시랑지서서감(翰林學士守兵部侍郞知瑞書監)이 되었다.

치원(致遠)이 서쪽으로 유학(留學)하여 소득(所得)이 많았고, 돌아와서 자기
의 뜻을 실현(實現)하려고 하였으나 말세(末世)를 당하여 의심과 시기를 많이
받아 용납되지 못하고, 나가 대산군(大山郡 : 지금 扶餘郡 鴻山面 일대) 태수(太
守)가 되었다. 당소종(唐昭宗)의 경복(景福) 2년(眞聖王 7년, 西紀 893)에 납정
절사병부시랑(納旌節使兵部侍郞) 김처회(金處誨)가 (渡唐中) 바다에 빠져 죽었
으므로 곧 추성군(橻城郡 : 지금의 保寧郡) 태수(太守) 김준(金峻)을 고주사(告奏
使)로 임명하였다. 이 때 치원(致遠)은 부성군(富城郡 : 지금의 瑞山郡) 태수(太
守)로 있다가 (왕의) 부름을 받아 (唐에 가는) 하정사(賀正使)가 되었는데, 매
년(每年) 흉년이 들고 따라서 도적(盜賊)이 횡행(橫行)하여 길이 막혀 가지 못
하였다. 그 후에 치원(致遠)이 또한 사절이 되어 당(唐)에 갔었는데, 그 연월은
알 수 없다.

그러므로 그 문집(文集)에 '상대사시중장'(上大師侍中狀 : 大師侍中에게 올리는
글월)이 있으니, 거기에 이렇게 말하였다. "듣건대 동해(東海) 밖에 삼국(三國 :
三韓)이 있었으니, 그 이름은 마한(馬韓)·변한(卞韓)·진한(辰韓)이었으며, 마
한(馬韓)은 고(구)려(高(句)麗 : 著者의 誤認)요 변한(卞韓)은 백제(百濟 : 著者의
誤認), 진한(辰韓)은 신라(新羅 : 傳來의 그릇된 說을 踏襲)입니다." 고(구)려·백
제가 전성(全盛)하였을 때에는 강병(強兵)이 100 만 명이어서 남(南)으로는 오
월(吳越)을 침공(侵攻)하고 북(北)으로는 (北中國의) 유(幽)·연(燕)·제(齊)·
노(魯)의 지역(地域)을 흔들어서(이상은 誇張) 중국의 큰 두통(頭痛)이 되었으
며, 수황제(隋皇帝)의 실세(失勢)는 저 요동정벌(遼東征伐)로 말미암은 것입니
다. 정관연간(貞觀年間)에는 우리 당태종황제(唐太宗皇帝)가 친히 6 군(軍)을 통
솔(統率)하고 바다를 건너 천벌(天罰)을 공행(恭行)하니 고(구)려가 위엄을 두
려워하여 화친을 청하므로 문황(文皇 : 太宗)이 항복을 받고(誤察이거나 阿附의
말), 수레를 돌이키었습니다. 이 무렵 우리 무열대왕(武烈大王)이 견마(犬馬)의
정성으로 한쪽의 난(難)을 조정(助定 : 協助平定)하고자 당(唐)에 들어가 조알
(朝謁)하기는 이 때로부터 시작되었습니다. 후에 고구려·백제가 전에 하던
대로 악(惡)을 저지르므로 무열왕(武烈王)이 입조(入朝)하여 향도(嚮導)되기를
청하였더니, 고종황제(高宗皇帝) 현경(顯慶) 5년(百濟 義慈王 20년, 西紀 660)에
이르러는 (드디어) 소정방(蘇定方)을 명하여 10 도(道)의 강병(強兵)과 누선(樓

船) 만 척을 이끌고 백제를 대파(大破)한 후 그 땅에 부여도독부(扶餘都督府 : 熊津都督府)를 두어 (百濟의) 유민(遺民)을 모으고 한(漢)의 관원(官員)을 배치 (配置)하였는데, 생활(生活 : 臭味)이 같지 않으므로 여러 번 이반(離叛)하는 소 식이 전해 오자 그 사람들을 하남지방(河南地方)으로 옮겼습니다. 총장(摠章) 원년(高句麗 寶臧王 27년, 西紀 668)에는 영공(英公) 서(이)적(徐(李)勣)을 명하 여 고구려를 격파(擊破)하고 안동도독부(安東都督府)를 두었으며, 의봉(儀鳳) 3 년(西紀 678)에는 그 사람들을 하남(河南) 농우(隴右)로 옮겼습니다. 고구려의 잔민(殘民)들이 서로 모여 북쪽으로 태백산(太白山 : 白頭山) 아래에 의거하여 국호(國號)를 발해(渤海)라 하였으며, 개원(開原) 20년(渤海 武王 仁安 14년, 西 紀 732)에는 황조(皇朝)를 원한(怨恨)하여 군사를 거느리고 등주(登州 ; 山東省) 를 엄습하여 자사(刺史) 위준(韋俊)을 죽였습니다. 이에 명황제(明皇帝 : 玄宗)가 크게 노(怒)하여 내사(內史) 고품(高品)·하행성(何行成)과 태복경(太僕卿) 김사 란(金思蘭)을 명하여 군사를 거느리고 바다를 건너 공격케 하였습니다. 그리고 우리 임금 김모(金某 : 聖德王)에게 정대위지절충녕해군사계림주대도독(正大尉 持節充寧海軍事雞林州大都督)을 가직(加職)했는데, 심동(深冬)에 눈이 많이 쌓이 고 번(番)·한(漢) 양군(兩軍)의 한고(寒苦)가 심하자 칙명(勅命)으로 회군(廻 軍)하였습니다. 지금까지 3(2)00여 년에 일방(一方)이 무사하고 창해(滄海 : 東 海)가 편안하니 이것은 우리 무열대왕(武烈大王)의 공(功)입니다. 지금 모(某 : 致遠)는 유문(儒門)의 말학(末學)이요 해외(海外)의 범재(凡材)로서 외람되게 표장(表章)을 받들고 낙토(당)(樂土(唐))에 내조(來朝)하니 모든 정성을 토로(吐 露)하는 것이 예(禮)에 합당하겠습니다.

　　살펴보건대, 원화(元和) 12년(憲德王 9년, 西紀 817)에 본국(本國)의 왕자(王 子) 김장렴(金張廉)이 표풍(飄風)에 밀려 명주(明州 : 지금 浙江省 寧波縣)에 도 착(到着) 상륙(上陸)하였는데, 절동(浙東)의 어느 관원(官員)이 (그를) 발송(發 送)하여 서울(唐京)로 들여보냈으며, 중화(中和) 2년(憲康王 8년, 西紀 882)에는 입조사(入朝使) 김직량(金直諒)이 반신(叛臣 : 唐의 黃巢)의 작난(作亂)으로 길이 막혀서 그만 초주(楚州 : 지금 江蘇省 淮安縣)에 상륙하여 이리저리 헤매다가 양 주(揚州 : 지금 江蘇省 揚州市)에 이르러 성가(聖駕 : 唐 僖宗의 車駕)가 촉(蜀 : 지 금의 泗川省)땅으로 가셨음을 알게 되었습니다. 고태위(高太尉 : 高駢)가 도두 (都頭 : 職名) 장검(張儉)을 보내 (入朝使 金直諒을) 감시압송(監視押送)하여 서 천(西川 : 지금 泗川省의 西部)에 이르렀습니다. 이전의 사례(事例)가 분명하오니, 바라건대 대사시중(大師侍中)께서는 큰 은혜를 내리시어 특별히 수륙(水陸) (通行의) 권첩(券牒 : 通行證)을 주셔서 소재지(所在地)로 하여금 선박(船舶)과 식사(食事) 및 장거리 여행의 여마(驪馬)와 초료(草料 : 馬料)를 공급케 하고 동시에 군장(軍將)을 명하여 어가(御駕 : 唐皇 僖宗) 앞에까지 호송(護送)해 주소서." 여기에 이른바 대사시중(大師侍中)의 성명(姓名)은 또한 알 수 없다.

치원(致遠)이 서쪽에서 대당(大唐)을 섬길 때부터 동(東)으로 고국(故國)에 돌아와서까지 모두 난세(亂世)를 만나, 행세(行世)하기가 자못 곤란(困難)하고 (屯邅蹇連) (또) 걸핏하면 비난(非難)을 받으니, 스스로 불우(不遇)함을 한탄하고, 다시 벼슬에 나갈 뜻이 없었다. (그래서) 산림하(山林下)와 강해빈(江海濱)으로 소요(逍遙)·방랑(放浪)하며 사대(사臺)를 짓고 송죽(松竹)을 심으면서, 서책(書冊)으로 베개를 삼고 풍월(風月)을 읊었으니, 경주(慶州)의 남산(南山), 강주(剛州 : 지금의 榮州郡)의 빙산(冰山), 합주(陜州)의 청양사(淸涼寺), 지리산(智異山)의 쌍계사(雙溪寺), 합포현(合浦縣 : 지금의 昌原)의 별서(別墅)와 같은 곳이 모두 (그의) 놀던 곳이었다. 최후에는 가족을 데리고 가야산(伽耶山) 해인사(海印寺)로 들어가 은거(隱居)하였는데, 모형(母兄)인 승려(僧侶) 현준(賢俊) 및 정현사(定玄師)와 더불어 도우(道友)를 맺고 한가롭게 놀며 지내다가 (棲遲偃仰) 노년(老年)을 마쳤다. 처음 서쪽(唐)으로 유학(遊學)하였을 때에 강동(江東)의 시인(詩人) 나은(羅隱)과 서로 알게 되었다. 은(隱)은 재주를 믿고 고자세(高姿勢)로 남을 쉽사리 인정하지 아니하였는데, 치원(致遠)에게는 가시오축(歌詩五軸)을 보여 주곤 하였다. 또 동년(同年)인 고운(顧雲)과 잘 사귀었는데, 귀국(歸國)하게 되자 고운(顧雲)이 시(詩)로써 송별하였으니 대략 이러하다.

내가 들으니 바다 위에 금(金)자라[3](鼈) 셋이 있어

그 머리로 높고 높은 산(山) 이고 있다네.

그 산(山) 위엔 주궁(珠宮)·패궐(貝闕)·황금전(黃金殿 : 이상은 소위 神仙이 거처하는 궁전)이 있고,

산(山) 아래는 천리(千里) 만리(萬里) 넓은 물결이라네.

그 곁에 찍은 한 점(點), 계림(雞林)이 푸른데,

---

3) 中國傳說에 東海上에 3神山(蓬萊山·方丈山·瀛州)이 있고 金鰲가 등으로 그것을 지고 있다는 것이다. 우리 나라에서는 金剛山을 蓬萊, 智異山을 方丈, 漢拏山을 瀛州라고 일컫는다.

자라 산(山) 빼어난 기운, 기특(奇特)한 이 낳았도다.

12 세에 배를 타고 바다 건너 온 뒤로는

그 문장(文章), 중화국(中華國)을 감동(感動)시켰네.

18 세 되던 해에 전사원(戰詞苑 : 科擧場)에 횡행(橫行)하여

한 화살 쏘아 금문책(金門策 : 과녁, 즉 目標物)을 깨쳤다네.

신당서(新唐書) 예문지(藝文志 : 別集類)에 이르기를 "최치원(崔致遠)의 사륙집(四六集) 1권과 계원필경(桂苑筆耕) 20 권이 있다"하고, 그 주(註)에 "최치원(崔致遠)은 고려인(高麗人 : 新羅人을 誤記)으로 빈공과(賓貢科 : 外國人에게 보이는 科擧)에 급제하여 고변(高騈)의 종사관(從事官)이 되었다"하였으니, 그 이름이 중국에 알려진 것이 이러하였고, 또 문집(文集) 30 권이 있어 세간에 행하여 온다. 처음에 아태조(我太祖 : 高麗太祖 王建)가 흥기(興起)할 때, 치원(致遠)은 비상(非常)한 인물이 반드시 천명(天命)을 받아 개국(開國)할 것을 알고, 인하여 글월을 보내어 문안하면서 "계림(雞林)은 누른 잎이요 곡령(鵠嶺)은 푸른 솔(松)이라(雞林黃葉松 鵠嶺青松)"는 글귀[4]가 있었으며, (후에) 그의 문인(門人)들로 국초(國初 : 高麗 初期)에 내조(來朝)하여 고관(高官)에 이른 사람이 한둘이 아니었다.

현종(顯宗 : 高麗)이 왕위(王位)에 있을 때에, (前日) 치원(致遠)이 은밀히 태조(太祖)의 사업을 협찬(協贊)하였으니, 그 공(功)을 잊을 수 없다하여 교서(敎書)를 내려 내사령(內史令)을 증직(贈職)[5]하였으며, 14년, 태평(太平) 2년[6](遼聖宗 연호) 임술(壬戌) 5월에는 시호(諡號)를 추증(追贈)하여 문창후(文昌侯)라 하였다.

---

4) 崔致遠이 新羅의 衰亡과 高麗의 興起를 예언하였다는 것인데, 나는 일찍부터 이를 의심하여 마지않는다. 新羅의 國祿을 먹고 亂世를 당하여 벼슬을 버리고 조초로이 餘生을 보내려 하여 放浪하다 마침내 海印寺에 들어가 거기서 老卒한 致遠이 新羅의 衰亡과 麗太祖의 興起를 예언하는 詩句를 써서 보냈다는 것은 도저히 常識으로 想像할 수 없는 이야기다. 이는 혹시 致遠의 門人들로 麗京에 來仕하여 榮達을 구하는 무리 가운데서 이를 造作하여 그와 같이 선전하였던 것이 아닌가 推察된다.

5) 高麗史世家에 의하면, 顯宗 11년 8월에 崔致遠에게 內史令을 追贈하고, 동시에 先聖廟(孔子廟)庭에 從祀케 하였다고 한다.

6) 文昌侯의 追封은 世家에도 顯宗 14년(癸亥)으로 되어 있는데, 여기에 이 해를 太平(遼) 2년 壬戌 5월이라 한 것은 잘못이니, '3년 癸亥 2월'로 고쳐 보아야 할 것이다.

설총(薛聰)의 자(字)는 총지(聰智)요, 조부(祖父)는 담날(談捺) 내마(奈麻)이다. 아버지는 원효(元曉)인데, 원효는 처음에 상문(桑門 : 중)이 되어 불서(佛書)에 널리 통하였다. 얼마 후에 본색(本色)으로 돌아와서 소성거사(小性居士)라 자호(自號)하였다. 총(聰)은 천성(天性)이 명민(明敏)하여 슬기로우며 나면서부터 도(道)를 깨달았다. 우리말7)로 구경(九經)8)을 해독(解讀)하여 후생(後生)을 훈도(訓導)하였으므로, 지금까지 학자(學者)들이 종주(宗主)로 삼고 있다. 또 글을 잘 지었는데, 세상에 전해지는 것이 없다. 다만 지금도 남쪽 지방에 더러 총(聰)이 지은 비명(碑銘)이 있으나 글자가 결락(缺落)되어 읽을 수가 없으니, 끝내 그것이 어떤 것인지를 알 수 없다.

신문대왕(神文大王 : 西紀 681~92)이 중하월(仲夏月 : 5월)에 높고 통창한 집에 거처하였을 때에 총(聰)을 돌아보고 이르기를 "오던 비가 오늘 처음으로 개고 훈훈한 바람도 좀 서늘하니 맛있는 음식(飮食)이나 애절한 음곡(音曲)이 있더라도 고명(高明)한 담론(談論)과 재미있는 이야기로 울적한 마음을 푸는 것만 같지 못하겠다. 그대는 반드시 이상한 이야기도 들었을 것이니, 나를 위하여 (무엇을) 말하지 않겠는가"하였다. 총(聰)이 이렇게 말하였다. "신(臣)이 들으니 옛적에 화왕(花王 : 牧丹의 異稱)이 처음으로 오자, 이를 꽃동산에 심고 푸른 장막을 둘러 보호하였더니, 봄철(3春)을 당하여 어여쁘게 피어 백화(百花)를 능가(凌駕), 홀로 뛰어났습니다. 이에 가까운 곳 먼 곳에서 곱고 어여쁜 꽃들이 분주히 와서 (花王을) 뵈려고 애를 쓰던 차에, 홀연히 한 가인(佳人)이 붉은 얼굴과 옥(玉) 같은 이(齒)에 곱게 화장(化粧)하고 맵시있는 옷을 입고 갸우뚱거리며 와서 얌전히 앞으로 나와 말하기를 '첩(妾)은 눈같이 흰 모래밭을 밟고, 거울처럼 맑은 바닷물을 대하고 봄비로 목욕하여 때를 씻고, 맑은 바람을 시원타 하고 제대로 지내는데, 이름은 장미(薔薇)라 합니다. 왕(王)의 착하신 덕망(德望)을 듣고 향기로운 장막 속에서 (하룻밤을) 모시려고 하오니, 왕께서는 저를 허락하시겠습니까' 했습니다.

---

7) 즉 吏讀(이두)를 말함이니, 漢字의 音·訓을 빌어 本文에 吐를 달아 읽는 法은 실상 薛聰보다 훨씬 이전부터 시작되었겠지만, 薛聰은 아마 그것을 集大成하였던 것이 아닌가 생각된다.

8) 9經은 흔히 易經·書經·詩經·禮記·春秋·孝經·論語·孟子·爾雅 등을 말하나, 때와 사람을 따라 그 說이 일정치 않다(大學과 中庸은 본래 禮記 속에 들어 있던 것이다).

또 한 장부(丈夫)가 있어, 베옷에 가죽띠를 띠고 흰머리에 지팡이를 짚고 뒤룩뒤룩(龍鍾)하는 걸음으로 허리를 구부리고 나와 말하기를 '나는 경성(京城 : 慶州市) 밖의 큰길 가에 살고 있는데, 아래로는 푸르고 넓은 야경(野景)을 내려다보고, 위로는 높디높은 산색(山色)을 의지하고 있사오며, 이름은 백두옹(白頭翁 : 할미꽃)이라 합니다. 생각건대 좌우(左右)의 봉공(奉供)이 넉넉하여 고량진미로 충복(充腹)하고 차(茶)와 술로 정신을 맑게 할지라도, 상자(巾衍) 속에는 기운을 보(補)할 양약(良藥)과 독(毒)을 제(除)할 악석(惡石 : 劇藥)이 있어야 하겠습니다. 그러므로 (옛말에) 생사(生絲)와 삼베가 있더라도 왕골이나 띠풀도 버리지 않는다고 하고,[9] 모든 군자(君子)가 결핍(缺乏)에 대비(代備)하지 아니함이 없다[10]고 하오니 왕께서도 여기에 뜻을 두시겠습니까' 했습니다. 어떤 이가 말하기를 '(이렇게) 두 사람이 왔는데 (그 중) 어느 것을 취하고 어느 것을 버리시겠습니까?'하니, 화왕(花王)이 가로되 '장부(丈夫)의 말에도 또한 도리(道理)가 있지만, 미인(美人)은 (한번) 얻기 어려우니 이를 어찌하면 좋을까' 하였습니다. 장부(丈夫)가 나와 말하기를 '나는 왕이 총명하여 사리(事理)를 아시는 줄로 알고 왔더니, 지금 보니 소료(생각)와는 다릅니다. 무릇 임금이 된 사람은 간사하고 아첨하는 자를 가까이하고, 정직(正直)한 자를 멀리하지 않는 이가 드뭅니다. 이러므로 맹가(孟軻 : 孟子)는 불우(不遇)하게 일생을 마쳤으며, 풍당(馮唐)[11]은 낭서(郎署 : 宿衛官이니, 卑職)에 잠기어 흰 머리가 되었습니다. 예로부터 그런 것이니 낸들 어찌 하리오' 하니, 화왕(花王)이 이르기를 '내가 잘못하였다, 내가 잘못하였다'고 하였다 합니다."

이에 왕(神文王)이 안색(顏色)을 바르게 하여 이르기를 "그대의 우화(寓話)에 정말 깊은 의미가 있도다. 글로 써서 왕자(王者)의 계감(戒鑑)을 삼게 하기 바라노라"하고, 총(聰)을 발탁(拔擢)하여 높은 관직(官職)에 임명하였다. 세상에 전(傳)하기를, 일본국(日本國) 진인(眞人 : 氏姓 第一位에 속함)이 신라의 사신 설판관(薛判官 : 仲業, 주 12) 참조)에게 주는 시서(詩序)에 "일찍이 원효거사(元曉居士)가 저술(著述)한 금강삼매론(金剛三昧論)을 열람(閱覽)하고, 그 사람을 보지 못함을 깊이 한(恨)되이 여겼는데, 들은즉 신라국(新羅國) 사신 설(薛 :

---

9) 10) 左傳 成公 9년條에 보임.

11) 馮唐은 漢의 安陵人인데 文帝 때에 國防對策에 관한 좋은 進言을 하기도 하였지만 官職은 좀처럼 승진되지 않았다. 武帝 때에 이르러 賢良으로 천거되었으나 나이 벌써 90이기 때문에 직접 벼슬할 수 없어 그 아들 遂가 대신 郎官에 임명되었다.

仲業)은 곧 거사(居士)의 포손(抱孫)이라 하니, 그 조부(祖父)를 보지 못하였지만 그 손자를 만난 것이 기쁜 일이므로 시(詩)를 지어 준다"고 하였다. 그 시(詩)는 지금도 남아 있는데, 그 자손(子孫)의 명자(名字)만은 알지 못한다.[12]
우리(高麗) 현종대왕(顯宗大王)의 재위(在位) 13년, 천희(天禧) 5년(乾興 원년의 잘못) 신유(辛酉 : 壬戌의 잘못)에 홍유후(弘儒侯)를 추증(追贈)하였다. 혹은 이르기를, 설총(薛聰)이 일찍이 당(唐)에 들어가서 유학(留學)하였다 하나 그런지의 여부를 알 수 없다.

최승우(崔承祐)는 당소종(唐昭宗) 용기(龍紀) 2년(眞聖女王 4년, 西紀 890)에 당(唐)에 들어가서, (昭宗) 경복(景福) 2년(西紀 893)에 시랑(侍郎) 양섭(楊涉)의 고시하(考試下)에 급제하였으며, (文集) 465권이 있는데, 자서(自序)하여 '호본집(餬本集)'이라 하였다. 후에 견훤(甄萱)을 위하여 격서(檄書)를 지어 우리 태조(太祖)에게 보내었다. 최언위(崔彦撝)는 18세에 당(唐)에 유학(遊學)하여 예부시랑(禮部侍郎) 설정규(薛廷珪)의 고시하(考試下)에 급제하고, 42세에 환국(還國)하여 집사시랑(執事侍郎) 서서원학사(瑞書院學士)가 되었으며, 우리 태조(太祖)가 개국(開國)하자 조정에 들어와서 한림원대학사평장사(翰林院大學士平章事)에 이르렀으며, 죽은 후에는 시호(諡號)를 문영(文英)이라 하였다. 김대문(金大問)은 본래 신라 귀족(貴族)의 자제(子弟)로, 성덕왕(聖德王) 3년(西紀 704)에 한산주도독(漢山州都督)이 되었고 전기(傳記) 약간 권을 지었으며, 그의 고승전(高僧傳)·화랑세기(花郞世記)·악본(樂本)·한산기(漢山記)가 아직도 남아 있다. 박인범(朴仁範)·원걸(元傑)·거인(巨仁)·김운경(金雲卿)·김수훈(金垂訓) 등은 (그들의) 문자(文字)가 겨우 전하는 것이 있지만, 사책(史册)에 그들의 사적(事蹟)이 누실(漏失)되었기 때문에 전(傳)을 세우지 못한다.

12) 續日本紀(권 36) 光仁紀 寶龜 11년 정월條에 의하면, 新羅使臣 薩湌(沙湌) 金蘭孫에게 正 5品上을 주고, 副使 級湌 金巖(金庾信의 玄孫)에게 正 5品下를, 大判官 韓奈麻(大奈麻)·薩仲業……3명에게는 각기 從 5品下를 주었다는 등등의 記事가 보이는데, 그 중 薩仲業의 薩은 薛의 誤로, 그가 바로 元曉의 孫子요 薛聰의 아들이었던 것이다.

〔原文〕

三國史記 卷 第四十六

列傳 第六

强首 崔致遠 薛聰

强首, 中原京沙梁人也, 父昔諦奈麻, 其母夢見人有角, 而妊身, 及生, 頭後有高骨, 昔諦以兒就當時所謂賢者, 問曰, 此兒頭骨如此何也, 答曰, 吾聞之伏羲虎形, 女媧蛇身, 神農牛頭, 皐陶馬口, 則聖賢同類, 而其相亦有不凡者, 又觀兒首有黶子, 於相法面黶無好, 頭黶無惡, 則此必奇物乎, 父還謂其妻曰, 爾子非常兒也, 好養育之, 當作將來之, 國士也, 及壯自知讀書, 通曉義理, 父欲觀其志, 問曰, 爾學佛乎, 學儒乎, 對曰, 愚聞之佛世外教也, 愚人間人, 安用學佛爲, 願學儒者之道, 父曰, 從爾所好, 遂就師讀孝經・曲禮・爾雅・文選, 所聞雖淺近, 而所得愈高遠, 魁然爲一時之傑, 遂入仕, 歷官爲時聞人, 强首常(常, 當作嘗)與釜谷冶家之女野合, 情好頗篤, 及年二十歲, 父母媒邑中之女有容行者, 將妻之, 强首辭不可以再娶, 父怒曰, 爾有時名, 國人無不知, 而以微者爲偶, 不亦可恥乎, 强首再拜曰, 貧且賤, 非所羞也, 學道而不行之, 誠所羞也, 嘗聞古人之言, 曰糟糠之妻不下堂, 貧賤之交不可忘, 則賤妾所不忍棄者也, 及太宗大王卽位, 唐使者至傳詔書, 其中有難讀處, 王召問之, 在王前一見說釋無疑滯, 王驚喜, 恨相見之晚, 問其姓名, 對曰, 臣本任那加良人, 名字(字, 趙炳舜本作牛)頭, 王曰, 見卿頭骨, 可稱强首先生, 使製廻謝唐皇帝詔書表, 文工而意盡, 王益奇之, 不稱名, 言任生而已, 强首未嘗謀生, 家貧怡如也, 王命有司, 歲賜新城租一百石, 文武王曰, 强首文章自任, 能以書翰致意於中國及麗濟二邦, 故能結好成功, 我先王請兵於唐, 以平麗濟者, 雖曰武功, 亦由文章之助焉, 則强首之功豈可忽也, 授位沙飡, 增俸歲租二百石, 至神文大王時卒, 葬事官供具贈, 贈衣物匹段尤多, 家人無所私, 皆歸之佛事, 其妻乏於食, 欲還鄕里, 大臣聞之, 請王賜租百石, 妻辭曰, 妾賤者也, 衣食從夫, 受國恩多矣, 今旣獨矣, 豈敢再辱厚賜乎, 遂不受而歸, 新羅古記曰, 文章則强首・帝文・守眞・良圖・風訓・骨沓, 帝文已下事逸, 不得立傳.

崔致遠, 字孤雲(或云海雲), 王京沙梁部人也, 史傳泯滅, 不知其世系, 致遠少精敏好學, 至年十二, 將隨海舶入唐求學, 其父謂曰, 十年不第, 卽非吾子也,

行矣勉之, 致遠至唐, 追師學問無怠, 乾符元年甲午, 禮部侍郎裵瓚下一擧及
第, 調授宣州漂水縣尉, 考績爲承務郎侍御史內供, 奉, 賜紫金魚袋, 時黃巢叛,
高騈爲諸道行營兵馬都統以討之, 辟致遠爲從事, 以委書記之任, 其表狀書啓傳
之至今, 及年二十八歲, 有歸寧之志, 僖宗知之, 光啓元年, 使將詔來聘, 留爲
侍讀兼翰林學士守兵部侍郎知瑞書監(趙炳舜本監下有事字), 致遠自以西學多所
得, 及來將行己志, 而衰季多疑忌, 不能容, 出爲大山郡太守, 唐昭宗景福二年,
納旌節使兵部侍郎金處誨沒於海, 卽差槥城郡太守金峻爲告奏使, 時致遠爲富
城郡太守, 秖召爲賀正使, 以比歲饑荒, 因之盜賊交午, 道梗不果行, 其後致遠
亦嘗奉使如唐, 但不知其歲月耳, 故其文集有上大師侍中狀云, 伏聞東海之外,
有三國, 其名馬韓·卞韓·辰韓, 馬韓則高麗, 卞韓則百濟, 辰韓則新羅也, 高
麗·百濟全盛之時, 強兵百萬, 南侵吳越, 北撓幽燕齊魯, 爲中國巨蠹, 隋皇失
馭, 由於征遼, 貞觀中我唐太宗皇帝親統六軍渡海, 恭行天罰, 高麗畏威請和,
文皇受降廻蹕, 此際我武烈大王, 請以犬馬之誠, 助定一方之難, 入唐朝謁, 自
此而始, 後以高麗百濟踵前造惡, 武烈七(七, 當作王)朝請爲鄕導, 至高宗皇帝
顯慶五年, 勅蘇定方, 統十道強兵, 樓舶萬隻, 大破百濟, 乃於其地, 置扶餘都
督府, 招緝遺甿, 莅以漢官, 以臭味不同, 屢聞離叛, 遂徙其人於河南, 摠章元
年命英公徐(徐, 當作李)勣, 破高句麗, 置安東都督府, 至儀鳳三年, 徙其人於
河南隴右, 高句麗殘孽類聚, 北依太白山下, 國號爲渤海, 開原二十年, 怨恨天
朝, 將兵掩襲登州, 殺刺史韋俊, 於是明皇帝大怒, 命內史高品·何行成·太僕
卿金思蘭, 發兵過海攻討, 仍就加我王金某爲正大尉持節充寧海軍事雞林州大
都督, 以冬深雪厚, 蕃漢苦寒, 勅命廻軍, 至今三百餘年, 一方無事滄海晏然,
此乃我武烈大王之功也, 今某儒門末學, 海外凡材, 謬奉表章, 來朝樂土, 凡有
誠懇, 禮合披陳, 伏見, 元和十二年, 本國王子金張廉, 風飄至明州下岸, 浙東
某官發送入京, 中和二年, 入朝使金直諒爲叛臣作亂, 道路不通, 遂於楚州下
岸, 邐迤至揚州, 得知聖駕幸蜀, 高太尉差都頭張儉, 監押送至西川, 已前事例
分明, 伏乞, 大師侍中俯降台恩, 特賜水陸券牒, 令所在供給舟舳熟食, 及長行
驢馬草料, 幷差軍將, 監送至駕前, 此所謂大師侍中姓名亦不可知也, 致遠自西
事大唐, 東歸故國, 皆遭亂世, 屯邅蹇連, 動輒得咎, 自傷不遇, 無復仕進意,
消遙自放, 山林之下, 江海之濱, 營臺榭植松竹, 枕藉書史, 嘯詠風月, 若慶州
南山, 剛州冰山, 陜州淸涼寺, 智異山雙溪寺, 合浦縣別墅, 此皆遊焉之所, 最
後帶家隱伽耶山海印寺, 與母兄浮圖賢俊, 及定玄師, 結爲道友, 棲遲偃仰, 以

終老焉, 始西遊時, 與江東詩人羅隱相知, 隱負才自高, 不輕許可人, 示致遠所
製歌詩五軸, 又與同年顧雲友善, 將歸, 顧雲以詩送別, 略曰, 我聞海上三金鼇,
金鼇頭戴山, 高高山之上兮, 珠宮貝闕黃金殿, 山之下兮, 千里萬里之洪濤, 傍
邊一點雞林碧, 鼇山孕秀生奇特, 十二乘船渡海來, 文章感動中華國, 十八橫行
戰詞苑, 一箭射破金門策, 新唐書藝文志云, 崔致遠四六集一卷, 桂苑筆耕二十
卷, 注云, 崔致遠高麗人, 賓貢及第爲高駢從事, 其名聞上國如此, 又有文集三
十卷, 行於世, 初, 我太祖作興, 致遠知非常人, 必受命開國, 因致書問, 有雞
林黃葉, 鵠嶺青松之句, 其門人等至國初來朝, 仕至達官者非一, 顯宗在位, 爲
致遠密贊祖業, 功不可忘, 下敎贈內史令, 至十四歲太平二(二, 當作三)年壬戌
五(壬戌五月, 當作癸亥二月(據麗史))月, 贈諡文昌侯.

　薛聰, 字聰智, 祖談捺奈麻, 父元曉, 初爲桑門, 掩該佛書, 旣而返本, 自號
小性居士, 聰, 性明銳, 生知道待(待, 趙炳舜本作術), 以方言讀九經, 訓導後
生, 至今學者宗之, 又能屬文, 而世無傳者, 但今南地或有聰所製碑銘, 文字缺
落不可讀, 竟不知其何如也, 神文大王, 以仲夏之月, 處高明之室, 顧謂聰曰,
今日宿雨初歇, 薰風微涼, 雖有珍饌哀音, 不如高談善謔以舒伊鬱, 吾子必有異
聞, 蓋爲我陳之, 聰曰, 唯, 臣聞昔花王之始來也, 植之以香園, 護之以翠幕,
當三春而發艷, 凌百花而獨出, 於是自邇及遐, 艷艷之靈, 夭夭之英, 無不奔走
上謁, 唯恐不及, 忽有一佳人, 朱顏玉齒, 鮮粧靚服, 伶俜而來, 綽約而前, 曰
妾履雪白之沙汀, 對鏡清之海, 而沐春雨以去垢, 快清風而自適, 其名曰薔薇,
聞王之令德, 期薦枕於香帷, 王其容我乎, 又有一丈夫, 布衣韋帶, 戴白持杖,
龍鍾而步, 傴僂而來, 曰, 僕在京城之外, 居大道之旁, 下臨蒼茫之野景, 上倚
嵯峨之山邑, 其名曰白頭翁, 竊謂, 左右供給雖足膏粱以充腸·茶酒以清神, 巾
衍儲藏, 須有良藥以補氣, 惡石以蠲毒, 故曰, 雖有絲麻, 無棄管蒯, 凡百君子,
無不代匱, 不識王亦有意乎, 或曰, 二者之來, 何取何捨, 花王曰, 丈夫之言,
亦有道理, 而佳人難得, 將如之何, 丈夫進而言曰, 吾謂王聰明識理義, 故來焉
耳, 今則非也, 凡爲君者, 鮮不親近邪佞, 疎遠正直, 是以孟軻不遇以終身, 馮
唐郎潛而皓首, 自古如此, 吾其奈何, 花王曰, 吾過矣吾過矣, 於是王愁然作色
曰, 子之寓言誠有深志, 請書之以謂王者之戒, 遂擢聰以高秩, 世傳, 日本國眞
人贈新羅使薛判官詩序云, 嘗覽元曉居士所著金剛三昧論, 深恨不見其人, 聞新
羅國使薛, 卽是居士之抱孫, 雖不見其祖, 而喜遇其孫, 乃作詩贈之, 其詩至今

存焉, 但不知其子孫名字而, 至我顯宗在位十三歲, 天禧五年辛酉(天禧五年辛酉, 當作乾興元年壬戌), 追贈爲弘儒侯, 或云, 薛聰嘗入唐學, 未知然不, 崔承祐以唐昭宗龍紀二年入唐, 至景福二年, 侍郎楊涉下及第, 有四六五卷, 自序爲餬本集, 後爲甄萱作檄書, 移我太祖, 崔彦撝, 年十八入唐遊學, 禮部侍郎薛廷珪下及第, 四十二還國, 爲執事侍郎瑞書院學士, 及太祖開國, 入朝, 仕至翰林院大學士平章事, 卒諡文英, 金大問, 本新羅貴門子弟, 聖德王三年爲漢山州都督, 作傳記若干卷, 其高僧傳·花郎世記·樂本, 漢山記猶存, 朴仁範·元傑·巨仁·金雲卿·金垂訓輩, 雖僅有文字傳者, 而史失行事, 不得立傳.

열전(列傳) 제 7

해론(奚論) 소나(素那) 취도(驟徒) 눌최(訥催) 설계두(薛罽頭)
김영윤(金令胤) 관창(官昌) 김흠운(金歆運) 열기(裂起) 비녕
자(丕寧子) 죽죽(竹竹) 필부(匹夫) 계백(階伯)

해론(奚論)은 모량(부)(牟梁(部) : 慶州市) 사람이다. 그 아버지 찬덕(讚德)은
용감한 뜻과 영특한 절개가 있어 한때 이름이 높았다. 건복(建福 : 眞平王 연
호) 27년 경오(庚午 : 西紀 610)에 진평대왕(眞平大王)이 찬덕(讚德)을 선발(選
拔)하여 가잠성(椵岑城 : 지금 居昌郡인 듯) 현령(縣令)을 삼았다. 이듬해(建福
28년) 신미(辛未) 10월에 백제가 크게 군사를 일으켜 가잠성(椵岑城)을 내공
(來攻)하기 100 여 일이나 되었다. 진평왕(眞平王)이 장수를 명하여 상주(上州 :
尙州) · 하주(下州 : 昌寧) · 신주(新州 : 漢山州 廣州)의 군사를 거느리고 구원케
하여 백제인(百濟人)과 싸우다가 이기지 못하고 돌아왔다. (城主) 찬덕(讚德)
이 분한(憤恨)하여 군사들에게 이르기를 "3 주(州)의 군수(軍帥)가 적(敵)의 강
함을 보고 나아가지 못하여 성(城)이 위태함에도 구원하지 아니하니, 이것은
의(義)가 없는 것이다. 의(義)가 없이 사는 것은 의가 있이 죽는 것만 같지 못
하다" 하고, 이에 격앙분려(激昂奮勵)하여 한편으로 싸우고 한편으로는 지켰
다. 양식이 떨어지고 물조차 없게 되었는데도 오히려 시체(屍體)를 뜯어먹고
소변(小便)을 받아 마시며, 힘써 싸워 게을리 하지 아니하였다. (이듬해) 정월
이 되어, 사람들이 이미 지칠 대로 지치고 성(城)은 장차 함락되려 하여 형세
가 회복할 수 없게끔 되었다. 그는 이에 하늘을 우러러 크게 외치기를 "우리
임금님이 나에게 한 성(城)을 맡겼는데, 능히 보전(保全)하지 못하고 적(敵)에
게 패(敗)하게 되었다. 죽어서라도 큰 악귀(惡鬼)가 되어 백제 사람들을 다 물

어죽이고 이 성(城)을 수복하겠다"하고 드디어 팔을 휘두르고 눈을 부릅뜨며 달려나가다가 부딪쳐 죽으니, 이에 성(城 : 椵岑)은 함락되고 군사들은 모두 항복하였다.

해론(奚論 : 讚德의 아들)은 20여 세에 아버지의 전공(戰功)으로 대내마(大奈麻)가 되었다. 건복(建福) 35년 무인(戊寅 : 西紀 618)에, 왕이 해론(奚論)을 명하여 금산(金山 : 지금 金陵郡 開寧面) 당주(幢主)를 삼아, 한산주도독(漢山州都督) 변품(邊品)과 함께 군사를 일으켜 가잠성(椵岑城 : 見上)을 습격케 하였는데, 백제에서 이를 듣고 군사를 거느리고 오니 해론(奚論) 등이 반격(反擊)하여 서로 싸우게 되었다. 이 때 해론(奚論)이 여러 장수들에게 이르기를 "전에 우리 아버지가 여기서 세상을 떠났는데, 나도 지금 백제인과 여기서 싸우게 되었으니, 이것은 나의 죽는 날이다"하고, 드디어 칼(短劍)을 가지고, 적진(敵陣)으로 달려가 여러 사람을 죽이고 자신도 죽었다. 왕이 듣고 눈물을 흘리며 그 가족들을 후(厚)히 증휼(贈恤)하였다. 당시 사람으로 애도(哀悼)하지 않는 이가 없었고, 그를 위하여 장가(長歌)를 지어 조위(弔慰)하기로 하였다.

소나(素那)[혹은 金川이라고도 함]는 백성군(白城郡 : 지금 安城郡 일대) 타산(陀山 : 지금 淸原郡 穢山面) 사람이다. 그 아버지는 심나(沈那)[혹은 煌川이라고도 함]인데, 힘이 남보다 세고 몸이 가볍고 또 재빨랐다. 사산(陀山)의 경계는 백제와 교착(交錯)하였기 때문에, 서로 침구(侵寇)·공격(攻擊)이 없는 달이 없었다. 심나(沈那)가 출전(出戰)할 때마다 향하는 곳에 굳센 적진(敵陣)이 없었다. 인평연간(仁平年間 : 仁平은 善德女王 연호, 西紀 634~47)에 백성군(白城郡)에서 군사를 출동하여 백제의 변읍(邊邑)을 초격(抄擊)하니, 백제에서도 정병(精兵)을 내어 급히 치므로 우리편 군사들이 어지럽게 퇴각(退却)하였다. 그러나 심나(沈那)는 혼자 서서 칼을 빼들고 성난 눈으로 크게 꾸짖으며 수십여 명을 베어 죽이니, 적(敵)이 두려워 감히 당하지 못하고 드디어 군사를 이끌고 달아났다. 백제인이 심나(沈那)를 지목(指目)하여 "신라의 나는 장수(飛將)라"하고, 이어 서로들 말하기를 "심나(沈那)가 아직도 살아 있으니, 백성(白城)에 가까이 하지 말라"고 하였다.

소나(素那 : 沈那의 아들)는 영걸(英傑)하여 아버지의 풍도(風度)가 있었다. 백제가 멸망한 후, 한주도독(漢州都督) 유공(儒公)이 대왕(大王)에게 청하여 소나

(素那)로 아달성(阿達城)[1] : 지금 江原道 安峽 ?)으로 옮겨서 북쪽 변방을 수어(守禦)케 하였다. 상원(上元 : 唐高宗 연호) 2년 을해(乙亥 : 文武王 15년, 西紀 675) 봄에, 아달성(阿達城) 태수(太守)인 급찬(級飡) 한선(漢宣)이 백성들에게 이르기를, 아무 날 일제히 나가 삼(麻)을 심을 것이니 영(令)을 어기지 않도록 하라 하였다. 말갈(靺鞨 : 東濊의 誤稱 ?)의 첩자(諜者)가 탐지(探知)하고 돌아가 그 추장(酋長)에게 고(告)하였다. 그 날이 되어 백성들이 모두 성(城)에서 나와 밭에 있는데, 말갈(靺鞨)이 몰래 군사를 이끌고 갑자기 성(城)으로 들어가서 노략질하니, 성(城) 안의 늙은이 · 어린이가 낭패하여 어찌할 줄을 몰랐다. 소나(素那)가 칼을 휘두르며 적(賊)을 향하여 크게 외치기를, "너희들은 신라(新羅)에 심나(沈那)의 아들 소나(素那)가 있는 줄을 아느냐? (나는) 본래 죽기를 두려워하여 살기를 도모하지는 않는다. 싸우고 싶은 자가 있으면 왜 나오지 않느냐" 하고 분노(憤怒)하여 적(敵)에게 돌진(突進)하니, 적(敵)이 감히 다가오지 못하고 다만 향하여 활만 쏘았다. 소나(素那)도 활을 쏘았는데 나는 화살이 (마치) 벌떼와 같았다. 진시(辰時 : 午前 8시)에서 유시(酉時 : 午後 5 · 6시) 까지 싸우는 동안에 소나(素那)의 몸에 화살이 고슴도치털과 같이 꽂히어 그만 넘어져 죽었다.

소나(素那)의 아내는 가림군(加林郡 : 지금의 扶餘郡 林川面)의 양가(良家) 여자였다. 처음에 소나(素那)가 아달성(阿達城)이 적국(敵國)과 이웃해 있기 때문에 혼자서 가고, 그 아내는 집에 머물러 있게 하였다. 그 고을 사람들이 소나(素那)의 죽음을 듣고 조상하니, 아내가 곡(哭)하며 대답하기를 "내 남편이 항상 말하기를, 장부(丈夫)는 마땅히 전쟁(戰爭)에서 죽어야 한다, 어찌 상석(牀席)에 누워 집안 사람의 (看護하는) 손에 죽을 것이랴 하였다. 평소(平素)의 말이 이러하더니, 지금의 죽음이 그 뜻과 같이 되었다"고 하였다. 대왕(大王)이 소식을 듣고 눈물을 흘려 옷깃을 적시며 "부자(父子)가 함께 국사(國事)에 용감하였으니, 대대로 충의(忠義)를 이루었다 하겠다"하며, 잡찬(迊飡)을 추증(追贈)하였다.

---

1) 北鄙라 하고, 또 江原道 安峽의 古名(高句麗 地名)인 阿珍押縣의 阿珍(돌)과 阿達이 音近한 것을 보아, 安峽에 比定하고 싶다. 더욱이 下文에 보임과 같이 靺鞨(東濊의 誤稱인 듯)의 諜者가 거기를 偵探하고 가서 그들의 侵襲을 당하였다는 것 등을 참고하면 彼此 地理的으로 가까웠던 것을 알 수 있는 것이다.

취도(驟徒)는 사량(부)(沙梁(部)) 사람으로, 내마(奈麻) 취복(聚福)의 아들인데, 사상(史上)에는 그 성(姓)이 전하지 않는다. 형제가 3명이니 맏(伯)은 부과(夫果)요, 가운데는 취도(驟徒), 끝(季)은 핍실(逼實)이었다. 취도(驟徒)는 일찍이 출가(出家)하여(僧侶) 이름을 도옥(道玉)이라 하고 실제사(實際寺)에 있었다. 태종대왕(太宗大王) 때에 백제가 와서 조천성(助川城)[2]을 치므로 대왕이 군사를 일으켜 출전(出戰)케 하였으나, 결말(結末)을 짓지 못하였다. 이에 도옥(道玉)이 그 무리들에게 말하기를 "내가 들으니 중이 된 자로, 상등(上等)은 술업(術業)에 정진(精進)하여 그 본성(本性)을 되찾는 것이고, 다음은 도(道)의 용(用)을 일으켜 다른 사람을 이롭게 하는 것이라고 하였다. 나의 형상은 중과 같을 뿐, 한 가지의 선(善)도 취할 만한 것이 없으니 종군살신(從軍殺身)하여 나라에 보답함만 같지 못하다" 하고 법의(法衣)를 벗고 군복(軍服)을 입은 다음, 이름을 고쳐 취도(驟徒)라 하니, 그 뜻은 급히 달려가 무리(徒)가 된다는 것이었다. 이에 병부(兵部)로 나가 삼천당(三千幢)에 속하기를 청하고, 드디어 군대(軍隊)를 따라 적지(敵地)로 갔다. 기(旗)와 북이 서로 어울리자 창검(槍劍)을 가지고 적진(敵陣)으로 돌진(突進)하여 힘써 싸워 적(敵) 수(數)명을 죽이고 자신도 죽었다.

그 후 함형(咸亨 : 唐高宗 연호) 2년 신미(辛未 : 文武王 11년, 西紀 671)에 문무대왕(文武大王)이 군사를 일으켜 백제 변지(邊地)의 화곡(禾穀)을 밟고 드디어 백제인(百濟人 : 義勇軍)과 웅진(熊津) 남쪽에서 싸웠는데, 그 때 부과(夫果 : 驟徒의 兄)는 당주(幢主)로서 전사(戰死)하였는데 논공(論功)하여 제일이었다. 문명(文明)[3] : 唐睿宗 연호) 원년 갑신(甲申 : 神文王 4년, 西紀 684)에 고구려의 잔적(殘賊 : 安勝의 族子 大文 등)이 보덕성(報德城)에 거(據)하여 반(叛)하니, 신문대왕(神文大王)이 장수를 명하여 이를 토벌(討伐)할 때 핍실(逼實 : 夫果의 季弟)로 귀당제감(貴幢弟監)을 삼았다. 떠날 때에 그 아내에게 이르기를, "우리 두 형(兄)이 이미 국사(國事)에 죽어 그 이름이 썩지 않고 전한다. 내가 비록 불초(不肖)하지만 어찌 죽음을 두려워하여 구차히 살 것이랴. 오늘 그대와 살아서 떠나지만(生離別) 끝내는 사별(死別)하게 될 것이니, 잘 살면서 슬퍼하지

---

2) 지금의 永同郡 陽山面 飛鳳城址에 比定된다(百濟研究 제 4 집, 成周鐸「助川城 位置에 對하여」).

3) 唐의 武后가 中宗을 廢하고 그 아우 睿宗(豫王 旦)을 세워 年號를 文明이라 하더니, 드디어 自己가 帝位에 올라 國號를 周라고 改稱하였다.

말라"고 하였다. 그리고 대진(對陣)하게 되자 혼자서 나가 분격(奮擊)하여 수십 명을 참살(斬殺)하고 죽었다. 대왕이 듣고 눈물을 흘리며 탄식하기를 "취도(驟徒)는 죽을 곳을 알고 형제들의 마음을 격동(激動)하였으며, 부과(夫果)와 핍실(逼實)도 역시 의(義)에 용감하여 그 몸을 돌보지 않았으니 장한 일이 아니냐"하며, 모두 사찬(沙湌) 벼슬을 추증(追贈)하였다.

눌최(訥催)는 사량(부)(沙梁(部)) 사람이니, 대내마(大奈麻) 도비(都非)의 아들이다. 진평왕(眞平王) 건복(建福) 41년 갑신(甲申 : 西紀 624) 10월에 백제가 크게 군사를 일으켜 내침(來侵)하였는데, 군사를 나누어 속함(速含 : 지금의 咸陽郡)·앵잠(櫻岑)·기잠(妓岑)·봉잠(烽岑)·기현(旗懸)·용책(冗柵)[4] 등 6 성(城)을 포위 공격하니, 왕이 상주(上州)·하주(下州)와 귀당(貴幢)·법당(法幢)·서당(誓幢) 5 군(軍)을 명하여 구원하게 하였다. (그런데) 가서 본즉, 백제의 군진(軍陣)이 당당하여 그 예봉(銳鋒)을 당할 수 없으므로 서성대며 나아가지 못하였다. 어떤 사람이 의견을 내기를, "대왕(大王)이 5 군(軍)을 여러 장수들에게 맡겼으니 나라의 존망(存亡)이 이 한 싸움에 있다. 병가(兵家)의 말에 '가(可)한 것을 볼 때는 나아가고, 어려움을 알 때는 물러선다'고 하였다. 지금 강적(強敵)이 앞에 있는데, 좋은 모책(謀策)을 하지 않고 바로 나갔다가 만(萬)의 일(一)이라도 여의치 못한 일이 있다면 뉘우쳐도 따를 수 없을 것이다"고 하였다. 장좌(將佐)들이 모두 그러이 여겼지만, 이왕에 명(命)을 받아 군사를 출동하였으니 그저 돌아갈 수는 없었다. 이보다 앞서 국가(國家 : 新羅)에서 노진(奴珍) 등 6 성(城)을 쌓으려고 하면서도 (미처) 겨를이 없었는데, 마침내 거기에 성축(城築)을 마치고 돌아왔다.

여기서 백제는 (그 城들을) 침공(侵攻)하기를 더욱 급하게 하니, 속함(速含)·기잠(妓岑)·용책(冗柵)의 세 성(城)이 혹은 패멸(敗滅)되고 혹은 항복하였다. 눌최(訥催)가 (다른) 세 성(城)[5]을 굳게 지켰는데, 5 군(軍)이 구원하지도 않고 돌아갔다는 말을 듣고 강개(慷慨)하여 눈물을 흘리며 군사들에게 이르기를, "양춘화기(陽春和氣)에는 초목(草木)이 다 빛나지만, 세한(歲寒[6] : 深冬)이

---

4) 本紀에는 穴柵으로 되어 있다(位置 未詳).

5) 本紀(眞平王 46년條)에 의하면, 여기의 3城은 다른 烽岑·櫻岑·旗懸 등으로 되어 있다.

6) 論語 子罕篇에서 나온 말.

되어서는 송백(松柏)이 (홀로 남아 있다가) 나중에 퇴색(退色)하는 것이다. 지금 외로운 성(城)이 구원은 없고 날마다 위급해 가니, 이야말로 지사(志士)와 의기남아(義氣男兒)가 절개를 다하여 이름을 날릴 때다. 너희들은 어찌할 것인가”하니, 군사들도 눈물을 뿌리며 “감히 목숨을 아끼지 않고, 오직 명령대로 따르겠습니다”고 하였다.

성(城)이 점차 함락되려 할 때 군사들은 거의 다 죽고 몇 사람밖에 남지 아니하였지만, 모두가 결사적(決死的)으로 싸워 구차스럽게 (죽음을) 면하려는 마음이 없었다. 눌최(訥催)에게 한 명의 종이 있었는데 힘이 세고 활을 잘 쏘았다. 누가 일찍이 (訥催에게) 말하기를 “소인(小人)으로서 특이한 재주가 있으면 해(害)되지 아니함이 드물다. 이 종(奴)을 멀리하여야 한다”고 하였다. 눌최(訥催)는 듣지 아니하였다. 이 때에 성(城)이 함락되고 적(敵)이 들어오자, 종이 활을 뻗치고 (활시위를 얹고) 살을 메고 눌최(訥催) 앞에서 쏘는데, 빗나가는 것이 없었으니 적(敵)이 두려워하여 앞으로 다가오지 못하였다. 한 적이 뒤로 가서 도끼로 눌최(訥催)를 쳐서 엎어뜨리니 종이 돌아서서 싸우다가 함께 죽었다. 왕이 듣고 비통(悲慟)하여, 눌최(訥催)에게 급찬(級飡) 벼슬을 추증(追贈)하였다.

설계두(薛〔篩로도 되어 있음〕罽頭) 역시 신라의 사대부(士大夫)집 자손이다. 일찍이 친구 네 사람과 함께 모여 술마시며 각기 그 뜻을 말하였다. 계두(罽頭)가 말하기를 “(우리) 신라에서는 사람을 쓰는 데 (먼저) 골품(骨品 : 身分)을 따지므로, 정말 그 족속(族屬)이 아니면 비록 큰 재주와 뛰어난 공(功)이 있더라도 한도(限度)를 넘지 못한다(크게 될 수 없다). 내가 원컨대 멀리 중화국(中華國)에 가서 불출(不出)의 지략(智略)을 발휘하고 비상(非常)한 공(功)을 세워 제 스스로 영화(榮華)의 길을 열고, 고관복(高官服 : 簪紳)에 검패(劍佩)를 갖추고, 천자(天子) 곁에 출입(出入)하였으면 족하겠다”고 하였다. 무덕(武德 : 唐高祖 연호) 4년 신사(辛巳 : 眞平王 43년, 西紀 621)에 비밀히 해선(海船)을 따라 당(唐)에 들어갔다. 마침 태종문황제(太宗文皇帝)가 고구려를 친정(親征)하므로 자천(自薦)하여 좌무위과의(左武衛果毅)가 되었다. 요동(遼東)으로 와서, 고구려군(高句麗軍)과 주필산(駐蹕山 : 皇帝가 머물렀다는 山) 아래에서 싸우는 중, 깊숙이 들어가 빨리 치다가 죽으니 공(功)이 일등이었다. 황제(皇帝)가 어떤 사람인가 물으니 좌우(左右)에서 아뢰되, 신라인(新羅人) 설계두(薛罽頭)라고 하였다. 황제가 눈물을 흘리며 "우리 사람들도 오히려 죽기를 두려워하여 뒤를 돌아보며 나아가지 못하는데, 외국인(外國人)으로서 우리를 위하여 국사(國事)에 죽었으니, 무엇으로 그 공(功)을 갚을 것인가"하고 그 종자(從者)들에게 물어서 그의 평생의 소원을 듣고는, 어의(御衣)를 벗어 덮어 주고 대장군(大將軍)의 관직(官職)을 제수(除授)하고 예(禮)로써 장사(葬事)지냈다.

김영윤(金令胤)은 사량(부)(沙梁(部)) 사람으로, 급찬(級飡) 반굴(盤屈)의 아들이다. 조부(祖父) 흠춘(欽春)[혹은 欽純이라고도 함] 각간(角干)은 진평왕(眞平王) 때에 화랑(花郞)이 되었는데, 인덕(仁德)이 깊고 신의(信義)가 두터워 능히 여러 사람의 마음을 얻었다. 장년(壯年)이 되어서는 문무대왕(文武大王) 때에 정승(冢宰)에 올랐는데, 위를 섬기기를 충성(忠誠)으로 하고 백성에 임(臨)하기를 인서(仁恕)로써 하니, 나라 사람이 다 같이 어진 정승으로 일컬었다. (앞서) 태종대왕(太宗大王) 7년 경신(庚申 : 西紀 660)에 당고종(唐高宗)이 대장군(大將軍) 소정방(蘇定方)을 명하여 백제를 칠 때, 흠춘(欽春)이 왕명(王命)을 받아 장군(將軍) 김유신(金庾信) 등과 함께 정병(精兵) 5만 명을 거느리고 호응하였다. 7월에 황산(黃山 : 지금 論山郡 連山面) 벌에 이르러 백제장군 계백(階伯)과 만나 싸우다 불리(不利)하자 흠춘(欽春)은 아들 반굴(盤屈)을 불러 "신하가 되어서는 충성(忠誠)이 제일이요, 자식이 되어서는 효도가 제일이다. 위태로움에 당하여 목숨을 내놓는 것은 충(忠)과 효(孝)를 양전(兩全)함이다"고 하였다. 반굴(盤屈)이 "옳습니다"하고, 적진중(賊陣中)으로 들어가 힘써 싸우다 죽었다. 영윤(令胤 : 盤屈의 아들)은 대대(代代) 이름난 집안에서 생장(生長)하여 명예(名譽)와 절개(節介) 있는 인물로 자처(自處)하였다. 신문왕(神文王) 때에 고구려의 잔적(殘賊) 실복(悉伏)이 보덕성(報德城)에서 반(叛)하니 왕이 명(命)하여 토벌케 하였는데, 영윤(令胤)으로 황금서당보기감(黃衿誓幢步騎監)을 임명하였다. (令胤이) 떠날 때에 사람들에게 이르기를 "내가 이번 가서, 종족(宗族)과 붕우(朋友)들로 하여금 악명(惡名)을 듣지 않게 하겠다"고 하였다.

실복(悉伏)을 보게 되자 가잠성(椵岑城 : 지금의 居昌郡 ?) 남쪽 7리(里)에 나가 진(陣)을 치고 기다리니, 누가 고(告)하기를 "지금 이 흉당(凶黨)들은, 비유하면 마치 제비가 천막(天幕) 위에 집을 짓고 물고기가 솥 안에서 노는 것과 같으므로, 만 번 죽음으로써 나와 싸우더라도 하루의 목숨밖에 되지 않는다. 옛말에도 궁(窮)한 도둑을 쫓아가지 말라 하였으니, 좀 물러서서 적(敵)이 극도로 피로해짐을 기다려 친다면 칼날에 피를 묻히지 않고 사로잡을 수 있다"
하였다. 여러 장수들이 그 말을 그럴듯이 여기어 잠시 물러갔는데, 영윤(令胤)
만이 홀로 따르지 않고 싸우려 하였다. 종자(從者)가 말하기를 "지금의 여러
장수들이 어찌 다 살려고만 하고 죽기를 아끼는 무리들이겠는가? 전번의 말을
옳다고 여기는 것은 장차 틈을 보아 그 편리함을 얻고자 함이다. 그런데 그대
만이 혼자서 바로 나간다면 불가하지 않겠는가" 하였다. 영윤(令胤)이 "전진
(戰陣)에 임(臨)하여 용맹이 없는 것은 예경(禮經)에서 경계한 바요,[7] 나아감이
있고 물러섬이 없는 것은 사졸(士卒)의 떳떳한 일이다. 장부(丈夫)가 일에 당
하여 스스로 결정할 것이니 어찌 반드시 여러 사람이 하는 대로 따를까 보냐"
하고, 적진(敵陣)으로 달려가 싸우다가 죽었다. 왕이 듣고 슬퍼하며 눈물을 흘
리면서 "그 아버지가 없었으면 그 아들도 없었을 것이다. 그의 의열(義烈)이
가상하다" 하고, 추후로 작(爵)과 상(賞)을 더욱 후(厚)히 주었다.

관창(官昌)〔혹은 官狀이라고도 함〕은 신라(新羅) 장군(將軍) 품일(品日)의 아
들이다. 외양(外樣)이 우아(優雅)하여 젊어서 화랑(花郎)이 되었는데, 남과 사
귀기를 잘하였다. 16세에 말을 타고 활쏘기를 잘하니, 대감(大監) 모(某)가 태
종대왕(太宗大王)에게 천거하였다. 당(唐) 현경(顯慶) 5년 경신(庚申 : 太宗武烈
王 7년, 西紀 660)에 왕이 군사를 내어 당장(唐將)과 함께 백제를 침공(侵攻)하
였을 때 관창(官昌)으로 부장(副將)을 삼았다. 여산(麗山 : 지금의 論山郡 連山
面) 들(野)에 이르러 양편 군사가 서로 대치(對峙)하였을 때, 그 아버지 품일
(品日)이 (官昌에게) 이르기를, "네가 비록 어린 나이지만 사기(士氣)가 있다.
오늘은 공명(功名)을 세워 부귀(富貴)를 취할 때니 어찌 용맹을 내지 않겠느
냐" 하였다. 관창(官昌)이 "그렇습니다" 하고, 말에 올라 창을 비껴들고 곧장
적진(敵陣)으로 달려들어가 여러 명을 죽였는데, 저편은 많고 이편은 적으므
로 적(敵)에게 사로잡혀 그대로 백제 원수(元帥) 계백(階伯) 앞에 가게 되었다.
계백이 갑옷을 벗기게 하고, 그의 연소(年少)함과 또 용감함을 사랑하여 차마
가해(加害)하지 못하고 탄식하기를 "신라에는 기특(奇特)한 선비가 많다. 소년
(少年)도 오히려 이러하거늘 하물며 장사(壯士)에 있어서랴" 하며 살려보내기
를 허락하였다.

---

7) 禮記 曲禮 上에 '臨難毋苟免'이라고 보인다.

관창(官昌)이 (돌아와서) 말하기를 "내가 아까 적진(敵陣)에 들어가 장수를 베고 기(旗)를 꺾지 못하였으니 깊이 한(恨)되는 일이다. 두번째 들어가면 반드시 성공(成功)할 수 있으리라" 하고, 손으로 우물물을 움켜 마신 후 재차(再次) 적진(敵陣)으로 돌입(突入)하여 사납게 싸웠다. 계백(階伯)이 사로잡아서 머리를 베어 말안장에 매달아 보냈다. 품일(品日)이 그 머리를 쳐들고 소매로 피를 씻으며 "내 아이 면목(面目)이 살아있는 것 같다. 능히 국사(國事)에 죽었으니 뉘우칠 것이 없다" 하였다. 삼군(三軍)이 이를 보고 모두 강개(慷慨)하여 뜻을 (굳게) 세운 다음, 북을 치고 떠들며 진격하니 백제가 대패(大敗)하였다. 대왕(大王)이 (官昌에게) 급찬(級飡)의 직위(職位)를 추증(追贈)하고 예(禮)로써 장사를 지내게 하고, 그 집에 당견(唐絹) 30 필과 20 승(升) 포(布) 30 필 및 양곡 100 석을 부의(賻儀)로 보냈다.

김흠운(金歆運)은 내밀(물)왕(奈密(勿)王)의 8 세손이요 아버지는 달복(達福) 잡찬(迊飡 : 第3位)이었다. 흠운(歆運)이 어려서 화랑(花郞) 문노(文努)의 문(門)에 있을 때에 낭도(郞徒)들이, 아무개가 전사(戰死)하여 지금까지 이름을 남기고 있다는 말을 하게 되면 흠운(歆運)은 개연(慨然)히 눈물을 흘리며 (스스로) 격려하여 그를 흠모(欽慕)하는 모습을 보였다. 동문(同門)의 승(僧) 전밀(轉密)이 (그것을 보고) "이 사람이 적진(敵陣)에 나가면 반드시 돌아오지 않을 것이다"고 하였다.

영휘(永徽 : 唐高宗 연호) 6년(太宗武烈王 2년, 西紀 655)에 태종대왕(太宗大王)이 백제와 고구려가 함께 (신라) 변경(邊境)을 침해(侵害)함[8]을 분(憤)히 여겨 정벌할 것을 모의(謀議)하고 군사를 출동할 때에 흠운(歆運)으로 낭당대감(郞幢大監)을 삼았다. 이에 그는 집에서 자지도 않고, 바람에 빗질하고 비에 목욕(風梳雨沐)하면서 군사들과 달고 쓴 것(甘苦)을 같이 하였다. 백제 땅에 당도하여 양산(陽山 : 지금의 永同郡 陽山面) 아래 진영(陣營)을 베풀고 조천성(助川城 : 陽山面 飛鳳山城)을 진공(進攻)하려 할 때, 백제인들이 밤을 타서 급히 달려와서 이른 새벽에 성루(城壘)에 올라 들어오니, 우리 군사가 크게 놀라 엎어지고 자빠지며 진정하지 못하였다. 적(敵)이 (우리의) 혼란을 틈타 급히 공격하니 나는 화살이 비 쏟아지듯 모여들었다. 흠운(歆運)이 말을 비껴 타고 창을 잡아

---

8) 本紀(武烈王 2년)에 '高句麗與百濟靺鞨連兵, 侵軼我北境, 取三十三城, 王遣使入唐救援'이라 하였는데, 아마 이 때의 이야기인 것 같다.

적(敵)을 기다리고 있을 때 대사(大舍) 전지(詮知)가 달래기를 "지금 적(敵)이 어둠 속에서 기동(起動)하여 서로 지척(咫尺)을 분별할 수 없으니, 공(公)이 비록 죽는다 해도 아무도 알 사람이 없습니다. 더구나 공(公)은 신라의 귀골(貴骨)이요 대왕(大王)의 반자(半子 : 사위)이니, 만일 적인(敵人)의 손에 죽는다면 백제의 자랑거리요 우리에게는 매우 부끄러운 일입니다" 하였다. 흠운(歆運)이 말하기를 "대장부가 이미 몸을 나라에 허락하였으니 사람이 알고 모르는 것은 마찬가지다. 어찌 감히 이름을 구할 것이랴" 하고, 굳게 서서 움직이지 아니하였다. 종자(從者)가 고삐를 쥐고 돌아가기를 권하니, 흠운(歆運)이 칼을 빼어 휘두르며 적(敵)과 싸워 수 명을 죽이고 (자기도) 죽었다. 이에 대감(大監) 예파(穢破)와 소감(少監) 적득(狄得)도 함께 전사(戰死)하였다.

보기당주(步騎幢主) 보용나(寶用那)가 흠운(歆運)의 죽음을 듣고 말하기를 "그는 귀골(貴骨)이고 권세(權勢)가 번창하여 사람들이 애석(愛惜)히 여기는데도 절개를 지켜 죽었는데, 하물며 나 보용나(寶用那)는 살아도 이익됨이 없고, 죽어도 손해됨이 없음에 있어서랴" 하고, 적진(敵陣)으로 들어가 수 3명을 죽이고 죽었다. 대왕이 듣고 슬퍼하며 흠운(歆運)·예파(穢破)에게는 일길찬(一吉湌)을 주고, 보용나(寶用那)·적득(狄得)에게는 대내마(大奈麻)의 위(位)를 주었다. 세상 사람들이 듣고 양산가(陽山歌)를 지어 슬퍼하였다.

사신(史臣)이 논(論)하여 가로되, 신라인(新羅人)은 사람을 알아볼 길이 없음을 근심하여, 같은 유(類)의 사람들로 무리지어 놀게 하고 그 행실(行實)과 의리(義理)를 본 다음에 등용(登用)하려 하였다. 드디어 미모(美貌)의 남자(男子)를 장식(粧飾)하여 이름을 화랑(花郞)이라 하고 그를 받들게 하니, 도중(徒衆)이 구름처럼 모여들었다. 그래서 혹은 도의(道義)로써 서로 연마하고(理性陶冶), 혹은 가락(歌樂 : 詩歌와 音樂)으로써 서로 기뻐하고(情緖陶冶), 또 산수간(山水間)을 찾아 놀며 즐기는데 먼 곳이라도 가지 않은 곳이 없었다. 이로 해서 그 (徒衆 중의) 사(邪)와 정(正)을 알아 뽑아서 조정에 천거하였다. 그러므로 (金)대문(大問)이, "현좌(賢佐)와 충신(忠臣)이 여기서 솟아나오고, 양장(良將)과 용졸(勇卒)이 여기서 나온다"고 말한 것이 바로 이것이다. 3 대(代)⁹⁾의

---

9) 三國遺事 王曆表에 의하면, 始祖 赫居世로부터 제 22 대 智證麻立干까지를 上古라 하고, 다음 法興王으로부터 제 28 대 眞德女王(이상은 聖骨)까지를 中古라 하고, 다음 太宗武烈王으로부터 最後王인 제 56 대 敬順王(이상은 眞骨系統)까지를 下古라 하였다. 이것을 三代라고 한다.

화랑(花郎)이 무려 200여 명이나 되는데, 그들의 꽃다운 이름과 아름다운 행실은 그들 전기(傳記)[10]에서와 같이 자세하다. 흠운(歆運)과 같은 사람도 낭도(郞徒：花郞 文努의 門徒)였는데, 국사(國事)에 목숨을 바쳤으니 그 이름을 욕되게 하지 않았다고 할 것이다.

열기(裂起)는 사상(史上)에 그 족계(族系) 성씨(姓氏)가 없다. 문무왕(文武王) 원년(西紀 661)에 당황제(唐皇帝：高宗)가 소정방(蘇定方)을 보내어 고구려를 정벌하려 하여 평양성(平壤城)을 포위하였다. 함자도총관(含資道摠管) 유덕민(劉德敏)이 국왕(國王)에게 국서(國書)를 전하여 군자(軍資)를 평양(平壤)으로 보내게 하니, 왕이 대각간(大角干) 김유신(金庾信)을 명하여 쌀 4,000석과 벼 2만 2,250석을 수운(輸運)하게 하였다. 그런데 장새(獐塞：지금의 黃海道 遂安)에 당도하여서는 풍설(風雪)이 몹시 차서 사람과 말이 많이 동사(凍死)하고, 고구려인(高句麗人)은 우리 군사가 피로한 것을 알고 요격(要擊)하려고 하였다. 당(唐) 진영(陣營)까지의 거리(距離)가 3만여 보인데, 전진(前進)할 수가 없고 글을 보내려 하여도 갈 만한 사람을 구하기 어려웠다. 이 때 열기(裂起)가 보기감(步騎監) 보행(輔行：副使)으로서 나아가 말하기를 "제가 비록 노둔하고 부족하지만 가는 사람의 수효를 채우겠습니다"하고, 드디어 군사(軍師) 구근(仇近) 등 15명과 함께 궁검(弓劍)을 가지고 말을 달려 나가니 고구려 사람이 바라다만 보고 능히 막지 못하였다. 무릇 이틀 만에 소장군(蘇將軍)에게 사명(使命)을 전하니, 당인(唐人)들이 듣고 기뻐하여 회신(回信)을 보냈는데, 열기(裂起)는 또 이틀 만에 돌아왔다. 구신(仇信)이 그 용감함을 가상히 여겨 급찬(級湌)의 벼슬을 주고 군사를 회군하였다.

유신(庾信)이 왕에게 고(告)하기를 "열기(裂起)·구근(仇近)은 천하의 용사입니다. 신(臣)이 편의(便宜：잠시 권한)에 따라 급찬(級湌) 직위(職位)를 허여(許與)하였으나 공로(功勞)에 맞지 아니하오니 사찬(沙湌)을 더하기 청하나이다"하므로 왕이 "사찬(沙湌)의 관품(官品)은 과하지 않은가"하였다. 유신(庾信)이 재배(再拜)하고 아뢰기를 "작(爵)과 녹(祿)은 공공(公共)한 그릇으로서, 공(功)이 있는 사람에게 주는 것이오니 어찌 과하다 하겠습니까"하니 왕이 허락하였다. 후에 유신(庾信)의 아들 삼광(三光)이 정권(政權)을 잡았는데 열기

---

10) 金大問의 花郎世記와 같은 것을 말함인 듯.

(裂起)가 찾아와서 군수(郡守) 되기를 원하였는데 허락하지 아니하였다. 열기 (裂起)가 기원사(祇園寺)의 승(僧) 순경(順憬)으로 더불어 말하기를 "나의 공 (功)이 큰데 군수(郡守)를 청하여 되지 않으니, 삼광(三光)이 아마도 그 아버지 가 죽었음으로 해서 나를 잊은 것인가"하였다. 순경(順憬)이 삼광(三光)에게 말하니, 삼광이 삼년산군(三年山郡 : 지금 報恩郡) 태수(太守)를 제수하였다.

구근(仇近)은 원정공(元貞公 : 金庾信의 第3子)을 따라 서원술성(西原述城)[11]을 쌓았는데, 원정공(元貞公)은 남의 말을 듣고 (그가) 일을 태만히 한다 하여 형 장(刑杖)을 때렸다. 구근(仇近)이 "내가 일찍이 열기(裂起)와 함께 불측지지(不測之地 : 예측할 수 없는 곳)에 들어가서 대각간(大角干)의 명(命)을 욕되게 하지 않았으며, 대각간(大角干)은 나를 무능하다 하지 않고 국사(國士)로 대우하였 다. (그런데) 지금 뜬말을 가지고 (나를) 죄주니, 평생(平生)의 욕(辱)이 이에 서 더 큰 것이 없겠다"고 하였다. 원정(元貞)이 이 말을 듣고 종신(終身)토록 부끄러워하고 뉘우쳤다.

비녕자(丕寧子)는 고향과 족성(族姓)을 알 수 없다. 진덕왕(眞德王) 원년 정 미(丁未 : 西紀 647)에 백제가 많은 병력(兵力)을 이끌고 무산(茂山 : 지금 茂州의 一部)·감물(甘勿 : 지금의 金陵郡 甘文面)·동잠(桐岑) 등의 성(城)을 공격하니, 유신(庾信)이 보(步)·기병(騎兵) 1만 명을 거느리고 막는데, 백제병(百濟兵)이 매우 정예(精銳)하여 고전(苦戰)하며 이기지 못하니 사기(士氣)가 꺾이고 힘이 지쳤다. 유신(庾信)은 비녕자(丕寧子)가 힘을 다하여 깊이 쳐들어가 싸울 뜻이 있음을 알고 불러서 말하기를, "세한(歲寒 : 深冬)이 된 뒤에야 송백(松柏)이 뒤 늦게 퇴색(退色)함을 안다. 오늘의 사세(事勢)가 급하니 그대가 아니면 누가 분려(奮勵)하여 기계(奇計)를 내어, 여러 사람의 마음을 격려할 수 있겠는가" 하고, 이어 술마시면서 은근히 뜻을 비치니, 비녕자(丕寧子)가 재배(再拜)하고 말하기를 "지금 많은 사람들이 있는 중에서 특별히 내게 일을 부탁하니 지기 (知己)라고 할 것이요, 마땅히 죽음으로써 보답하여야 하겠습니다"하고, 나와 서 종 합절(合節)에게 말하기를 "내가 오늘 위로는 국가(國家)를 위하고 아래

---

11) 西原(京)은 지금의 淸州市지만, 여기에 특히 述城(述은 山岳의 뜻)이라 한 것은 그 부근의 著名한 山城을 말한 것이니 아마 勝覽에 보이는 '古上黨城在栗峰驛北山, 石築 周七千七百七十三尺, 內有十二井, 今廢'라고 한 上黨(山)城(在東 15 里)이 그것인 듯 하다.

로는 지기(知己)를 위하여 죽겠다. 내 아들 거진(擧眞)이 나이는 어리지만 장렬(壯烈)한 뜻이 있으니 반드시 함께 죽으려 할 것이다. 그런데 부자(父子)가 함께 간다면 집사람들은 앞으로 누구를 의지할 것인가? 너는 거진(擧眞)과 함께 내 해골(骸骨)을 잘 거두고 돌아가서 그 어미의 마음을 위로하라"하고 말을 마치자, 곧 말에 채찍질 하며 창을 비껴들고 적진(敵陣)으로 돌격해 들어가 여러 명을 쳐 죽이고 죽었다.

거진(擧眞)이 바라보고 나가려 하니 합절(合節)이 청하기를, "대인(大人)의 말씀이 합절(合節)로 아랑(阿郞 : 擧眞의 尊稱)과 함께 집으로 돌아가서 부인(夫人)을 안위(安慰)하라고 하였습니다. 지금 아들로서 아버지의 명(命)을 저버리고 어머니의 자애(慈愛)를 버린다면 효도라 할 수 있겠습니까"하며 말고삐를 잡고 놓지 않았다. 거진(擧眞)이 말하기를 "아버지가 죽는 것을 보고 구차스럽게 사는 것을 어찌 효도라 하겠는가"하고, 곧 칼로 합절(合節)의 팔을 쳐서 끊고 전진중(戰陣中)으로 들어가 싸우다가 죽었다. 합절(合節)이 가로되 "사천(私天 : 上典)이 무너졌는데 죽지 않고 무엇을 하리요"하고 또한 나가 싸우다가 죽었다. 군사들이 세 사람의 죽음을 보고 감격하여 다투어 나가니, 가는 곳마다 적의 기세를 꺾고 진을 함락하며 크게 적병(敵兵)을 깨뜨리고 3,000여 명의 목을 베었다. 유신(庾信)이 세 시신(屍身)을 거두고 옷을 벗어 덮어 주고는 슬피 곡읍(哭泣)하였다. 대왕(大王)이 듣고 눈물을 흘리며 예(禮)로써 반지산(反知山)에 합장(合葬)하고, 그 처자(妻子)와 구족(九族 : 3從兄弟에 이르는 親族)에게 은상(恩賞)을 더욱 후(厚)히 내렸다.

죽죽(竹竹)은 대야주(大耶州 : 지금의 陜川) 사람이다. 아버지 학열(郝熱)은 찬간(撰干 : 一云 選干, 外位로 奈麻에 準함)으로 있었는데, 선덕왕(善德王) 때에 사지(舍知 : 第13等)가 되어 대야성(大耶城) 도독(都督) 김품석(金品釋)의 당하(幢下 : 營中)에서 보좌(補佐)하였다. 동왕(同王) 11년 임인(壬寅 : 西紀 642) 8월에 백제의 장군 윤충(允忠)이 군사를 거느리고 와서 그 성(城)을 공격하였다. 이에 앞서 도독(都督) 품석(品釋)이 막객(幕客)인 사지(舍知) 검일(黔日)의 아내가 미색(美色)이 있음을 보고 빼앗은 일이 있었다. 검일(黔日)이 이를 한(恨)되이 여기던 중 이 때에 (敵에게) 내응(內應)하여 창고(倉庫)를 불지르니, 이 까닭에 성중(城中)이 흉흉하고 두려워하여 능히 고수(固守)치 못할 것 같았다. 품석(品釋)의 보좌관(補佐官)인 아찬(阿湌) 서천(西川)[혹은 沙湌 祗之那라고도 함]이

성(城)에 올라가 (濟將) 윤충(允忠)에게 이르기를, 장군(將軍)이 나를 죽이지 않는다면 성(城)을 들어 항복하기를 청한다고 하니, 윤충(允忠)이 "만일 그렇게 한다면, 공(公)과 더불어 같이 좋아하지 아니할 경우, 저 백일(白日)을 두고 맹세하겠다"고 하였다. (여기서) 서천(西川)이 품석(品釋)과 여러 장사(將士)들을 권하여 성(城) 밖으로 나가려 하였는데, 죽죽(竹竹)이 중지시키며 말하기를 "백제는 반복(反覆)하는 나라이므로 믿을 수 없다. 윤충(允忠)의 말이 달콤한 것은 반드시 우리를 꾀려 함일 것이다. 만일 성(城)에서 나간다면 반드시 적(敵)에게 사로잡힐 것이니, 굴복(屈伏)해서 살기를 구하는 것은 호랑이처럼 싸우다가 죽는 것만 못하다"고 하였다. 그러나 품석(品釋)이 듣지 않고 성문(城門)을 여니 군사들이 먼저 나갔다. 백제측에서는 복병(伏兵)을 일으켜 모두 다 죽였다. 품석(品釋)도 장차 나가려 하다가 장병(將兵)들이 죽었다는 말을 듣고, 먼저 처자(妻子)를 죽이고 목을 찔러 자살(自殺)하였다.[12]

죽죽(竹竹)이 남은 군사들을 수습하여 성문(城門)을 닫고 앞장서서 막았는데, 사지(舍知) 용석(龍石)이 죽죽(竹竹)에게 이르기를 "지금 전세(戰勢)가 이렇게 되었으니 반드시 보전(保全)할 수 없을 것이다. 살아서 항복하였다가 후일(後日)을 도모함만 같지 못하다"고 하니, 대답하기를 "그대 말이 당연하나, 우리 아버지가 나를 죽죽(竹竹)이라고 이름지어준 것은 나로 하여금 세한(歲寒)에도 (松柏처럼) 퇴색(退色)하지 않고, 꺾어도 굴(屈)하지 않게 함이다. 어찌 죽음을 겁내어 살아서 항복할 것이랴"하고 힘써 싸우다가 성(城)이 함락되자 용석(龍石)과 함께 죽었다. 왕이 듣고 슬퍼하여 죽죽(竹竹)에게 급찬(級飡)을, 용석(龍石)에게 대내마(大奈麻)를 증직(贈職)하고 그 처자(妻子)에게도 상(賞)을 주어 왕도(王都)로 옮겨 살게 하였다.

필부(匹夫)는 사량(부)(沙梁(部)) 사람이요, 아버지는 존대(尊臺) 아찬(阿飡)이었다. 백제(百濟)·고구려(高句麗)·말갈(靺鞨)이 서로 친밀(親密)하여 순치

---

12) 百濟本紀 義慈王 2년條에 의하면, 大耶城主 品釋이 妻子와 함께 나와 降伏하자, 允忠이 그들을 모두 죽인 다음, 그 목을 베어 王都(泗沘)로 보내고 男女 1천여 명을 生捕하여 갔다고 하였으며, 또 金庾信傳 上을 보면 後日 金庾信이 狎梁州(지금 慶山) 軍主가 되었을 때, 百濟와의 싸움에서 敵을 大破하고 敵將 8명을 生捕하였는데, 庾信은 이 생포 敵將과 前日 品釋 夫妻의 遺骨을 交換條件으로 하여 그 遺骨을 돌려왔다는 것을 보면, 品釋夫妻의 죽음이 自殺이건 敵殺이건 간에 그 遺骸의 일부가 百濟에 埋葬되었던 것은 틀림없는 사실이라 하겠다.

간(脣齒間)이 되어서 함께 침탈(侵奪)을 꾀하므로, 태종대왕(太宗大王)이 능히
방어(防禦)할 충용(忠勇)한 인재(人材)를 구하여 필부(匹夫)로써 칠중성(七重城
：京畿道 積城郡) 하(下)의 현령(賢令)을 삼았다. 그런데 이듬해 경신(庚申：7년,
西紀 660) 7월에 왕이 당군(唐軍)과 더불어 백제를 멸(滅)하니, 이에 고구려가
우리를 미워하여 10월에 군사를 일으켜 칠중성(七重城)을 내위(來圍)하였다.
필부(匹夫)가 (城을) 지키면서 싸우기를 20여 일이나 하니, 적장(敵將)은 우리
군사가 진심성력(盡心誠力)으로 싸우며 뒤를 돌아보지 않는 것을 보고, 급히
함락시킬 수 없다 하여 돌아가려 하였다. (그런데) 역신(逆臣) 대내마(大奈麻)
비삽(比歃)이 비밀히 사람을 보내어 적(敵)에게 고(告)하기를 “성(城) 안에 양
식이 다하고 힘이 궁(窮)하니 공격하면 반드시 항복할 것이다” 하였으므로,
적(敵)과 다시 싸우게 되었다. 필부(匹夫)가 그것을 알고 칼을 빼어 비삽(比歃)
의 머리를 베어 성(城) 밖으로 던지고 군사들에게 고(告)하기를 “충신(忠臣)·
의사(義士)는 죽어도 굴(屈)하지 않는 것이니 힘써 노력하라. 성(城)의 존망(存
亡)이 이번 한 싸움에 있다” 하고, 주먹을 휘두르며 한 번 외치니, 병자(病者)
도 모두 일어나 앞을 다투어 (城 위로) 올라갔다. 그러나 사기(士氣)가 지치고
사상자(死傷者)가 반이 넘었는데, 적(敵)은 풍세(風勢)를 이용하여 불을 놓아
성(城)을 공격해 들어왔다. 필부(匹夫)가 상간(上干：外位로, 大舍의 準함) 본숙
(本宿)·모지(謀支)·미제(美濟) 등과 함께 적(敵)을 향하여 마주 쏘니 날아드
는 화살은 빗발 같고, 사지(四肢)와 몸이 뚫려 피가 발뒤꿈치까지 흘러내려 이
내 넘어져 죽었다 대왕(大王)이 듣고 매우 슬피 곡(哭)하며 급찬(級湌) 벼슬을
추증(追贈)하였다.

　계백(階伯)은 백제 사람으로 사로(仕路)에 나서 달솔(達率：第2品)이 되었
다. 당(唐) 현경(顯慶) 5년 경신(庚申：西紀 660)에 고종(高宗)이 소정방(蘇定方)
으로 신구도대총관(神丘道大摠管)을 삼아 군사를 거느리고 바다를 건너 신라
와 함께 백제를 치게 하였다. 계백이 장군(將軍)이 되어 결사대(決死隊) 5,000
명을 뽑아 막으며 말하기를 “한 나라의 인력(人力)으로 당(唐)·나(羅)의 대병
(大兵)을 당하니, 나라의 존망(存亡)을 알 수 없다. 내 처자(妻子)가 잡혀 노비
(奴婢)가 될지도 모르니, 살아서 욕을 보는 것보다 죽어서 쾌(快)함만 같지 못
하다” 하고, 그만 다 죽이고 황산(黃山)들(野)에 나와 세 곳에 진영을 베풀었
다. 신라 군사와 만나 장차 싸우게 되었는데, 여러 사람들과 맹세하기를 “옛

날 (越의 임금) 구천(句踐)은 5,000 명으로 오(吳)의 70 만 명의 군사를 무찔렀
다. 오늘은 모두 다 분려(奮勵) 결승(決勝)하여 국은(國恩)에 보답하자"하고
무찔러 싸우니, 한 명이 1,000 명의 적(敵)을 당해 내는 격이어서 신라병(新羅
兵)이 그만 물러갔다. 이렇게 진퇴(進退)하기를 4번이나 하였으나 힘이 모자라
죽었다.

〔原文〕
三國史記 卷 第四十七
列傳 第七

奚論　素那　驟徒　訥催　薛罽頭　金令胤　官昌　金歆運　裂起
丕寧子　竹竹　匹夫　階伯

奚論, 牟梁人也, 其父讚德有勇志英節, 名高一時, 建福 二十七年庚午, 眞
平大王選爲椵岑城賢令, 明年辛未冬十月, 百濟大發兵來, 攻椵岑城一百餘日,
眞平王命將, 以上州·下州·新州之兵救之, 遂往與百濟人戰, 不克引還, 讚德
憤恨之, 謂士卒曰, 三州軍帥見敵強不進, 城危不救, 是無義也, 與其無義而生,
不若有義而死, 乃激昂奮勵, 且戰且守, 以至粮盡水竭, 而猶食屍飲尿, 力戰不
怠, 至春正月, 人旣疲, 城將破, 勢不可復完, 乃仰天大呼曰, 吾王委我以一城,
而不能全, 爲敵所敗, 願死爲大厲, 喫盡百濟人, 以復此城, 遂攘臂瞋目, 走觸
槐樹而死, 於是城陷, 軍士皆降, 奚論年二十餘歲, 以父功爲大奈麻, 至建福三
十五年戊寅, 王命奚論爲金山幢主, 與漢山州都督邊品興師, 襲椵岑城取之, 百
濟聞之, 擧兵來, 奚論等逆之, 兵旣相交, 奚論謂諸將曰, 昔吾父殞身於此, 我
今亦與百濟人戰於此, 是我死日也, 遂以短兵赴敵, 殺數人而死, 王聞之爲流
涕, 贈卹其家甚厚, 時人無不哀悼, 爲作長歌, 弔之.

素那(或云金川), 白城郡蛇山人也, 其父沈那(或云煌川), 膂力過人, 身輕且
捷, 蛇山境與百濟相錯, 故互相寇擊無虛月, 深那每出戰, 所向無堅陣, 仁平中,
白城郡出兵, 往抄百濟邊邑, 百濟出精兵急擊之, 我士卒亂退, 沈那獨立拔劍,
怒目大叱, 斬殺數十餘人, 賊懼不敢當, 遂引兵而走, 百濟人指沈那曰, 新羅飛
將, 因相謂曰, 沈那尙生, 莫近白城, 素那雄豪, 有父風, 百濟滅後, 漢州都督

都儒公請大王, 遷素那於阿達城, 俾禦北鄙, 上元二年乙亥春, 阿達城太守級飡
漢宣敎民, 以某日齊出種麻, 不得違令, 靺鞨諜者認之, 歸告其酋長, 至其日,
百姓皆出城在田, 靺鞨潛師, 猝入城, 剽掠一城, 老幼狼狽, 不知所爲, 素那奮
刀向賊, 大呼曰, 爾等知新羅有沈那之子素那乎, 固不畏死以圖生, 欲鬪者曷不
來耶, 遂憤怒突賊, 賊不敢迫, 但向射之, 素那亦射, 飛矢如蜂, 自辰至酉, 素
那身矢如猬, 遂倒而死, 素那妻, 加林郡良家女子, 初, 素那以阿達城鄰敵國,
獨行, 留其妻而在家, 郡人聞素那死弔之, 其妻哭而對曰, 吾夫常曰, 丈夫固當
兵死, 豈可臥牀席死家人之手乎, 其平昔之言如此, 今死如其志也, 大王聞之,
涕泣沾襟曰, 父子勇於國事, 可謂世濟忠義矣, 贈官迊飡.

　驟徒, 沙梁人, 奈麻聚福之子, 史失其姓, 兄弟三人, 長夫果, 仲驟徒, 季逼
實, 驟徒嘗出家, 名道玉, 居實際寺, 太宗大王時, 百濟來伐助川城, 大王興師
出戰, 未決, 於是道玉語其徒曰, 吾聞爲僧者, 上則精術業以復性, 次則起道用
以益他, 我形似桑門而已, 無一善可取, 不如從軍殺身以報國, 脫法衣著戎服,
改名曰驟徒, 意謂馳驟而爲徒也, 乃詣兵部, 請屬三千幢, 遂隨軍赴敵場, 及旗
鼓相當, 持槍劍突陣, 力鬪, 殺敵數人而死, 後咸亨二年辛未, 文武大王發兵,
使踐百濟邊地之禾, 遂與百濟人戰於熊津之南, 時夫果以幢主戰死, 論功第一,
文明元年甲申, 高句麗殘賊據報德城而叛, 神文大王命將討之, 以逼實爲貴幢弟
監, 臨行, 謂其婦曰, 吾二兄旣死於王事, 名垂不朽, 吾雖不肖, 何得畏死而苟
存乎, 今日與爾生離, 終是死別也, 好住無傷, 及對陣, 獨出奮擊, 斬殺數十人
而死, 大王聞之, 流涕嘆曰, 驟徒知死所, 而激昆弟之心, 夫果・逼實, 亦能勇
於義, 不顧其身, 不其壯歟, 皆追贈官沙飡.

　訥催, 沙梁人, 大奈麻都非之子也, 眞平王建福四十一年甲申冬十月, 百濟大
擧來侵, 分兵圍攻速含・櫻岑・岐岑・烽岑・斯懸・冗(冗, 當作穴)柵等六城,
王命上州・下州・貴幢・法幢・誓幢五軍, 往救之, 旣到, 見百濟兵陣堂堂鋒
不可當, 盤桓不進, 或立議曰, 大王以五軍委之諸將, 國之存亡在此一役, 兵家
之言曰, 見可而進, 知難而退, 今强敵在前, 不以好謀而直進, 萬一有不如意,
則悔不可追, 將佐皆以爲然, 而業已受命出師, 不得徒還, 先是國家欲築奴珍等
六城而未遑, 遂於其地築畢而歸, 於是百濟侵攻愈急, 速含・岐岑・冗柵三城,
或滅或降, 訥催以三城固守, 及聞五軍不救而還, 慷慨流涕, 謂士卒曰, 陽春和

氣, 草木皆華, 至於歲寒, 獨松柏後彫, 今孤城無援, 日益阽危, 此誠志士義夫
盡節揚名之秋, 汝等將若之何, 士卒揮淚曰, 不敢惜死, 唯命是從, 及城將隤,
軍士死亡無幾人, 皆殊死戰, 無苟免之心, 訥催有一奴, 强力善射, 或嘗語曰,
小人而有異才, 鮮不爲害此奴, 宜遠之, 訥催不聽, 至是城陷賊入, 奴張弓挾矢,
在訥催前, 射不虛發, 賊懼不能前, 有一賊出後, 以斧擊訥催, 乃仆, 奴反與鬪
俱死, 王聞之悲慟, 追贈訥催職級飡.

薛(一本作薜(薜, 恐是薛之訛))罽頭, 亦新羅衣冠子孫也, 嘗與親友四人, 同
會燕飮, 各言其志, 罽頭曰, 新羅用人, 論骨品, 苟非其族, 雖有鴻才傑功, 不
能踰越, 我願西遊中華國, 奮不世之略, 立非常之功, 自致榮路, 備簪紳劍佩,
出入天子之側, 足矣, 武德四年辛巳, 潛隨海舶入唐, 會, 太宗文皇帝親征高句
麗, 自薦爲左武衞果毅, 至遼東, 與麗人戰駐蹕山下, 深入疾鬪而死, 功一等,
皇帝問是何許人, 左右奏新羅人薛罽頭也, 皇帝泫然曰, 吾人尙畏死, 顧望不
前, 而外國人爲吾死事, 何以報其功乎, 問從者, 聞其平生之願, 脫御衣覆之,
授職爲大將軍, 以禮葬之.

金令胤, 沙梁人, 級飡盤屈之子, 祖欽春(或云欽純)角干, 眞平王時爲花郞,
仁深信厚, 能得衆心, 及壯, 文武大王陟爲冢宰, 事上以忠, 臨民以恕, 國人翕
然稱爲賢相, 太宗大王七年庚申, 唐高宗命大將軍蘇定方伐百濟, 欽春受王命,
與將軍庾信等, 率精兵五萬, 以應之, 秋七月, 至黃山之原, 値百濟將軍階伯,
戰不利, 欽春召子盤屈曰, 爲臣莫若忠, 爲子莫若孝, 見危致命, 忠孝兩全, 盤
屈曰, 唯, 乃入賊陣, 力戰死, 令胤生長世家, 以名節自許, 神文大王時, 高句
麗殘賊悉伏, 以報德城叛, 王命討之, 以令胤爲黃衿誓幢步騎監, 將行, 謂人曰,
吾此行也, 不使宗族朋友聞其惡聲, 及見悉伏, 出椵岑城南七里, 結陣以待之,
或告曰, 今此凶黨, 譬如鷰巢幕上, 魚戲鼎中, 出萬死以爭, 一日之命耳, 語曰,
窮寇勿迫, 宜左次以待疲極而擊之, 可不血刃而擒也, 諸將然其言, 暫退, 獨令
胤不肯之而欲戰, 從者告曰, 今諸將豈盡偸生之人, 惜死之輩哉, 而以向者之言
爲然者, 將俟其隙而, 得其便者也, 而子獨直前, 其不可乎, 令胤曰, 臨陣無勇,
禮經之所譏(譏, 趙炳舜本作誡), 有進無退, 士卒之常分也, 丈夫臨事自決, 何
必從衆, 遂赴敵陣, 格鬪而死, 王聞之悽慟流涕曰, 無是父無是子, 其義烈可嘉
者也, 追贈爵賞尤厚.

官昌(一云官狀), 新羅將軍品日之子, 儀表都雅, 少而爲花郎, 善與人交, 年十六, 能騎馬彎弓, 大監某薦之太宗大王, 至唐顯慶五年庚申, 王出師, 與唐將軍侵百濟, 以官昌爲副將, 至黃山之野, 兩兵相對, 父品日謂曰, 爾雖幼年有志氣, 今日是立功名, 取富貴之時, 其可無勇乎, 官昌曰, 唯, 卽上馬橫槍, 直擣敵陣, 馳殺數人, 而彼衆我寡, 爲賊所虜, 生致百濟元帥階伯前, 階伯俾脫冑, 愛其少且勇, 不忍加害, 乃嘆曰, 新羅多奇士, 少年尙如此, 況壯士乎, 乃許生還, 官昌曰, 向吾人賊中, 不能斬將搴旗, 深所恨也, 再入必能成功, 以手掬井水, 飲訖, 再突賊陣疾鬪, 階伯擒斬首, 繫馬鞍送之, 品日執其首, 袖拭血曰, 吾兒面目如生, 能死於王事, 無所悔矣, 三軍見之, 慷慨有立志, 鼓噪進擊, 百濟大敗, 大王贈位級湌, 以禮葬之, 賻其家唐絹三十匹, 二十升布三十匹, 穀一百石.

金歆運, 奈密王八世孫也, 父達福迊湌, 歆運少遊花郎文努之門, 時徒衆言及某戰死, 留名至今, 歆運慨然流涕, 有激勵思齊之貌, 同門僧轉密曰, 此人若赴敵, 必不還也, 永徽六年, 太宗大王憤百濟與高句麗梗邊, 謀伐之, 及出師, 以歆運爲郎幢大監, 於是不宿於家, 風梳雨沐, 與士卒同甘苦, 抵百濟之地, 營陽山下, 欲進攻助川城, 百濟人乘夜疾驅, 黎明緣壘而人, 我軍驚駭, 顚沛不能定, 賊因亂急擊, 飛矢雨集, 歆運橫馬握槊待敵, 大舍詮知說曰, 今賊起暗中, 咫尺不相辨, 公雖死, 人無識者, 況公新羅之貴骨, 大王之半子, 若死賊人手, 則百濟所誇託, 而吾人之所深羞者矣, 歆運曰, 大丈夫旣以身許國, 人知之與不知一也, 豈敢求名乎, 强立不動, 從者握彎勸還, 歆運拔劍揮之, 與賊鬪, 殺數人而死, 於是大監穢破, 少監狄得相與戰死, 步騎幢主寶用那聞歆運死曰, 彼骨貴而勢榮, 人所愛惜 而猶守節以死, 況寶用那生而無益, 死而無損乎, 遂赴敵, 殺三數人而死, 大王聞之傷慟, 贈歆運・穢破位一吉湌, 寶用那・狄得位大奈麻, 時人聞之, 作陽山歌以傷之.

論曰, 羅人患無以知人, 欲使類聚羣遊, 以觀其行義, 然後擧用之, 遂取美貌男子, 粧飾之, 名花郎以奉之, 徒衆雲集, 或相磨以道義, 或相悅以歌樂, 遊娛山水, 無遠不至, 因此知其邪正, 擇而薦之於朝, 故大問曰, 賢佐忠臣, 從此而秀, 良將勇卒, 由是而生者, 此也, 三代花郎, 無慮二百餘人, 而芳名美事, 具如傳記, 若歆運者, 亦郎徒也, 能致命於王事, 可謂不辱其名者也.

　裂起, 史失族姓, 文武王元年, 唐皇帝遣蘇定方討高句麗, 圍平壤城, 含資道
摠管劉德敏傳宣國王, 送軍資平壤, 王命大角干金庾信, 輸米四千石, 租二萬二
千二百五十石, 到獐塞, 風雪沍寒, 人馬多凍死, 麗人知兵疲, 欲要擊之, 距唐
營三萬餘步, 而不能前, 欲移書而難其人, 時裂起以步騎監輔行, 進而言曰, 某
雖駑蹇, 願備行人之數, 遂與軍師仇近等十五人, 持弓劍走馬, 麗人望之, 不能
遮閼, 凡兩日致命於蘇將軍, 唐人聞之, 喜慰廻書, 裂起又兩日廻, 庾信嘉其勇,
與級飡位, 及軍還, 庾信告王曰, 裂起·仇近, 天下之勇士也, 臣以便宜許立位
級飡, 而未副功勞, 願加位沙飡, 王曰, 沙飡之秩不亦過乎, 庾信再拜曰, 爵祿
公器, 所以酬功, 何謂過乎, 王允之, 後庾信之子三光執政, 裂起就求郡守, 不
許, 裂起與祇園寺僧順憬曰, 我之功大, 請郡不得, 三光殆以父死而忘我乎, 順
憬說三光, 三光授以三年山郡太守, 仇近從元貞公, 築西原述城, 元貞公聞人
言, 謂怠於事, 杖之, 仇近曰, 僕嘗與裂起入不測之地, 不辱大角干之命, 大角
干不以僕爲無能, 待以國士, 今以浮言罪之, 平生之辱無大此焉, 元貞聞之, 終
護羞悔.

　丕寧子, 不知鄕邑族姓, 眞德王元年丁未, 百濟以大兵來攻茂山·甘勿·桐
岑等城, 庾信率步騎一萬拒之, 百濟兵甚銳, 苦戰不能克, 士氣索而力憊, 庾信
知丕寧子, 有力戰深入之志, 召謂曰, 歲寒然後知松栢之後彫, 今日之事急矣,
非子誰能奮勵出奇, 以激衆心乎, 因與之飮酒, 以示殷勤, 丕寧子再拜云, 今於
稠人廣衆之中, 獨以事屬我, 可謂知己矣, 固當以死報之, 出謂奴合節曰, 吾今
日上爲國家, 下爲知己死之, 吾子擧眞雖幼年有壯志, 必欲與之俱死, 若父子倂
命, 則家人其將疇依, 汝其與擧眞, 好收吾骸骨歸, 以慰母心, 言畢, 卽鞭馬橫
槊, 突賊陣, 格殺數人而死, 擧眞望之欲去, 合節請曰, 大人有言, 令合節與阿
郞還家, 安慰夫人, 今子負父命·棄母慈, 可謂孝乎, 執馬轡不放, 擧眞曰, 見
父死而苟存, 豈所謂孝子乎, 卽以劍擊折合節臂, 奔入敵中戰死, 合節曰, 私天
崩矣, 不死何爲, 亦交鋒而死, 軍士見三人之死, 感激爭進, 所向挫鋒陷陣, 大
敗賊兵, 斬首三千餘級, 庾信收三屍, 脫衣覆之, 哭甚哀, 大王聞之涕淚, 以禮
合葬於反知山, 恩賞妻子九族尤渥.

　竹竹, 大耶州人也, 父郝熱爲撰干, 善德王時爲舍知, 佐大耶城都督金品釋幢
下, 王十一年壬寅秋八月, 百濟將軍允忠領兵來攻其城, 先是, 都督品釋見幕客

舍知黔日之妻有色, 奮之, 黔日恨之, 至是, 爲內應, 燒其倉庫, 故城中兇懼,
恐不能固守, 品釋之佐阿湌西川(一云 沘(沘, 恐是沙之訛)湌祇之那)登城, 謂允
忠曰, 若將軍不殺我, 願以城降, 允忠曰, 若如是, 所不與公同好者, 有如白日,
西川勸, 品釋及諸將士欲出城, 竹竹止之曰, 百濟反覆之國, 不可信也, 而允忠
之言甘, 必誘我也, 若出城, 必爲賊之所虜, 與其竄伏而求生, 不若虎鬪而至死,
品釋不聽, 開門, 士卒先出, 百濟發伏兵盡殺之, 品釋將出, 聞將士死, 先殺妻
子而自刎, 竹竹收殘卒, 閉城門自拒, 舍知龍石謂竹竹曰, 今兵勢如此, 必不得
全, 不若生降以圖後效, 答曰, 君言當矣, 而吾父名我以竹竹者, 使我歲寒不凋,
可折而不可屈, 豈可畏死而生降乎, 遂力戰, 至城陷, 與龍石同死, 王聞之哀傷,
贈竹竹以級湌, 龍石以大奈麻, 賞其妻子, 遷之王都.

　丕寧子, 沙梁人也, 父尊臺阿湌, 太宗大王以百濟高句麗靺鞨轉相親比爲脣齒,
同謀侵奪, 求忠勇材, 堪綏禦者, 以丕寧子爲七重城下縣令, 其明年庚申秋七月,
王與唐師滅百濟, 於是高句麗疾我, 以冬十月, 發兵來圍七重城, 丕寧守且戰二
十餘日, 賊將見我士卒, 盡誠鬪不內顧, 謂不可猝拔, 便欲引還, 逆臣大奈麻比
歃, 密遣人告賊, 以城內食盡力窮, 若攻之必降, 賊遂復戰, 丕寧知之, 拔劍斬
比歃首, 投之城外, 乃告軍士曰, 忠臣義士, 死且不屈, 勉哉努力, 城之存亡,
在此一戰, 乃奮拳一呼, 病者皆起, 爭先登, 而士氣疲乏, 死傷過半, 賊乘風縱
火, 攻城突入, 丕寧與上干本宿·謀支·美齊等, 向賊對射, 飛矢如雨, 支體穿
破, 血流至踵, 乃仆而死, 大王聞之, 哭甚痛, 追贈級湌.

　階伯, 百濟人, 仕爲達率, 唐顯慶五年庚申, 高宗以蘇定方爲神丘道大摠管,
率師濟海, 與新羅伐百濟, 階伯爲將軍, 簡死士五千人, 拒之曰, 以一國之人,
當唐羅之大兵, 國之存亡, 未可知也, 恐吾妻孥沒爲奴婢, 與其生辱, 不如死快,
遂盡殺之, 至黃山之野, 設三營, 遇新羅兵將戰, 誓衆曰, 昔句踐以五千人破吳
七十萬衆, 今之日宜各奮勵決勝, 以報國恩, 遂鏖戰無不以一當千, 羅兵乃却,
如是進退四合, 力屈以死

삼국사기 권 제 48

열전(列傳) 제 8

향덕(向德) 성각(聖覺) 실혜(實兮) 물계자(勿稽子) 백결 선생
(百結先生) 검군(劍君) 김생(金生) 솔거(率居) 효녀 지은(孝女
知恩) 설씨녀(薛氏女) 도미(都彌)

향덕(向德)은 웅천주(熊川州 : 州治는 지금의 公州) 판적향(板積鄕) 사람이다.
아버지의 이름은 선(善)이요 자(字)는 반길(潘吉)인데, 천성(天性)이 온량(溫良)
하여 향리(鄕里)에서 그의 행실을 떠받들었다. 어머니는 그 이름을 모른다. 향
덕(向德)도 역시 효순(孝順)으로서 세상에서 칭찬을 받았다. 천보(天寶 : 唐玄宗
연호) 14년 을미(乙未 : 新羅 景德王 14년, 西紀 755)에 농사가 흉년이 들어 백성
이 굶주렸는데, 여역(癘疫 : 流行病)까지 겹쳤다. 부모가 주리고 병들었으며, 더
욱이 어머니는 종기가 나서 모두 죽게 되었다. 향덕(向德)이 밤낮으로 옷을 풀
지 않고 정성을 다하여 위안하였으나 봉양할 수 없었다. 이에 (自己의) 넓적
다리 살을 베어 먹이고 또 어머니의 종처를 빨아내어 모두 평안(平安)하게 되
었다. 향사(鄕司 : 地方 官廳)에서는 (이 일을) 주(州)에 보고하고, 주(州)에서는
왕에게 아뢰니, 왕이 하교(下敎)하여 벼 300 가마, 집 한 채와 구분전(口分田)[1]
약간을 내리고, 당해 관(官 : 有司)에 명하여 석비(石碑)를 세우고 사실을 적어
표시(標示)하였는데, 지금까지 사람들이 그 곳을 효가(孝家)라고 이름한다.

성각(聖覺)은 청주(菁州 : 州治는 지금의 晉州) 사람인데, 사기(史記)에는 그
씨족(氏族)이 적혀 있지 않다. 세상에 이름난 벼슬을 좋아하지 않고, 거사(居

---

1) 口分田은 唐制에는 丁男 18 세 이상 者에게 주는 田地인데, 기타 篤疾者에게도 준다.

士)라고 스스로 말하면서 일리현(一利縣 : 星州郡 加川面) 법정사(法定寺)에 의지하여 있었다. 후에 집에 돌아와서 어머니를 봉양하였는데, 늙고 병들어 소식(蔬食)하기가 어려우므로 다리의 살을 베어 먹였으며, 사후(死後)에는 지성껏 불공(佛供)을 드려 복을 빌었다. 대신(大臣)으로 있던 각간(角干) (金)경신(敬信)과 이찬(伊飡) 주원(周元) 등이 국왕(國王)에게 아뢰어, 웅천주(熊川州) 향덕(向德)의 고사(故事)에 의거하여 가까운 고을의 조(租) 300 석을 상사(賞賜)하였다.

(史臣이) 논(論)하여 가로되, 송기(宋祁)의 당서(唐書 : 孝友列傳)에 이르기를, "착하다 한유(韓愈)의 논(論)이여, 그가 가로되 부모(父母)가 병이 들었을 때에는 약(藥)을 달여서 드리는 것이 효도라고도 하지만, 지체(支體)를 훼상(毁傷)하면서까지 (孝를) 한다는 것은 아직 듣지 못하였다. 진실로 의(義)를 손상(損傷)하지 않는 행위라면 성현(聖賢)이 다른 사람보다도 먼저 했을 것이다. 이것이 만일 불행하여 그로 해서 죽게 된다면 훼상멸절(毁傷滅絶)의 죄(罪)가 돌아올 것이니 어찌 그 집에 정문(旌門)을 세워 표창(表彰)할 것이랴 하였다. 비록 그러하나, 의젓잖은 동네의 누추한 곳에서, 학술예의(學術禮義)의 자질(資質)이 있는 것도 아닌데, 능히 제 몸을 잊고 그 어버이에게 봉사(奉事)함이 마음에서 나왔으니, 역시 칭찬할 만한 것이므로 열기(列記)한다"(以上의 唐書의 論讚)고 하였다. 즉 향덕(向德) 같은 자도 적어둘 만한 자일 것이다.

실혜(實兮)는 대사(大舍) 순덕(純德)의 아들로서, 성품이 강직하여 의(義) 아닌 일에는 굴(屈)하지 아니하였다. 진평왕(眞平王) 때에 상사인(上舍人 : 上位 近侍職)이 되었는데, 그 때 하사인(下舍人 : 近侍職의 下位) 진제(珍堤)는 그 위인(爲人)이 요사스러워 왕의 사랑을 받았다. 따라서 실혜(實兮)와는 동료간(同僚間)이지만 일에 당하여 시비(是非)할 때가 있는데, 실혜(實兮)는 올바르게 지켜 구차로이 하지 아니하였다. 진제(珍堤)가 시기하고 원망하여 여러 번 왕에게 참소하기를 "실혜(實兮)는 지혜(智慧)가 없고 담기(膽氣)가 많으며 희로(喜怒)에 급하여, 비록 대왕(大王)의 말씀이라도 자기 뜻과 다르면 분을 참지 못하니 징치(懲治)하지 않으면 장차 난(亂)을 일으킬 것입니다. 왜 출퇴(黜退)시키지 아니하십니까. 굴복하기를 기다려 등용(登用)하여도 늦지 않겠습니다" 하였다. 왕이 그러이 여겨 영림(泠林)으로 내보내어 귀양 벼슬을 하게 하였다. 누가 실혜(實兮)에게 "그대는 조부(祖父) 때부터 충성스러운 국가(國家) 인재

(人材)로 세상에 알려져 있는데, 지금 아첨하는 신하의 참소와 훼방을 입어, 멀리 죽령(竹嶺) 밖 황벽(荒僻)한 땅에서 벼슬하게 되었으니 통한(痛恨)스럽지 아니하냐. 어찌 바른 대로 말하여 변명하지 않는가” 하였다. 실혜(實兮)가 대답하기를 “옛날 (中國의) 굴원(屈原)은 외롭게 충직(忠直)하여 초(楚)의 출척(黜斥)을 받았고, 이사(李斯)는 충성을 다하다가 진(秦)의 극형(極刑)을 받았다. 그러므로 아첨하는 신하가 임금을 미혹케 하고 충성된 선비가 배척을 당하는 것은 옛날에도 또한 그러하였으니 어찌 족히 슬퍼하랴” 하고 드디어 (변명의) 말을 하지 않고 가서 장가(長歌)를 지어 뜻을 표(表)하였다.

  물계자(勿稽子)는 내해이사금(奈解尼師今) 때의 사람이다. 집안이 대대로 미미(微微)하지만 사람됨이 활발하고 젊어서 장(壯)한 뜻이 있었다. 이 때에 포상(浦上)의 8국(國)²⁾이 함께 모의하고 아라국(阿羅國)³⁾ : 지금의 咸安郡)을 치니, 아라(阿羅)의 사신이 와서 구원을 청하였다. 이사금(尼師今)이 왕손(王孫) 내음(棕音)⁴⁾으로 하여금 근군(近郡) 및 6부(部)의 군사를 거느리고 가서 구원케 하여 드디어 8국(國) 군사를 파(破)하였다.⁵⁾ 이 싸움에 물계자(勿稽子)가 큰 공(功)이 있었는데, 왕손(王孫)에게 미움을 받았기 때문에 그 공(功)이 기록되지 아니하였다. 누가 물계자(勿稽子)에게 이르기를 “그대 공(功)이 제일 컸는데 기록되지 아니하였으니 원망스럽지 않소?” 하니, “무슨 원망이 있으랴” 하였다. 또 누가 말하기를 “어찌하여 왕에게 아뢰지 않느냐” 하였다. 물계자(勿稽子)는 공(功)을 자랑하고 이름을 구(求)하는 일은 지사(志士)의 할 일이 아니다. 다만 뜻을 분려(奮勵)하여 후일(後日)을 기다릴 뿐이라” 하였다.

  그 후 3년에 골포(骨浦 : 지금 昌原郡) · 칠포(柒浦 : 지금 泗川郡 ?) · 고사포(古

---

2) 浦上 8 國의 이름은 구체적으로 다 보이지 아니하나, 그 중의 骨浦國(지금 昌原) · 柒浦國(지금 泗川 ?) · 古史浦國(지금 固城) 등 몇 나라의 이름은 다음 本文中에 나타나고 있다.
3) 本紀(奈解尼師今 14년條)에는 加羅國으로 되어 있다.
4) 本紀(同上)에는 太子 于老와 伊飡 利音으로 되어 있다. 여기의 이른바 王孫 棕音은 그 名稱으로 보아 利音과 同名異寫인 것 같다.
5) 本紀(同上)에도 이것이 奈解尼師今 시대의 일로 되어 있으나, 慶州에서 가장 가까운 永川의 骨伐國이 新羅에 降屬되었다고 하는 것도 다음 助賁尼師今 7년의 일로 되어 있으므로, 이 때 新羅가 浦上八國의 侵害를 받은 阿羅(혹은 加羅)國을 구원하였다는 것은 믿기 어렵다.

史浦：지금 固城郡) 3국(國) 사람들이 와서 갈화성(竭火城)을 공격하니 왕이 군사를 거느리고 나가 구원하여 3국(國) 군사를 크게 파(坡)하였다. 물계자(勿稽子)가 수십여 명을 베었는데, 공(功)을 의논할 때에 또 소득(所得)이 없었다. 여기서 그 부인(婦人)에게 말하기를 "일찍이 들으니, 신하된 도리는 위태롭게 되면 목숨을 내놓고, 어려운 일을 당하면 자기 몸을 잊는다고 하였소. 전일의 포상(浦上)·갈화(竭火)의 싸움은 위태롭고 어려운 일이라고 할 수 있었다. 그런데도 능히 목숨을 내놓고 몸을 잊는 것으로써 여러 사람들에게 알리지 못하였으니, 장차 무슨 면목으로 저자(市)와 조정(朝廷)에 나갈 것이랴"하고 그만 머리를 풀고, 금(琴)을 가지고 사체산(師彘山 : 위치 미상)에 들어가 돌아오지 아니하였다.

백결 선생(百結先生)은 어떤 (來歷의) 사람인지를 모른다. 낭산(狼山 : 지금 慶州의 狼山) 아래에 살았는데, 집이 매우 가난하여 옷이 해어져 백 군데나 잡아매어 마치 메추라기 달아 맨 것과 같았으므로, 세상 사람들이 동리(東里)의 백결 선생(百結先生)이라 이름하였다. 일찍이 영계기(榮啓期 : 中國古代에 거문고 타며 즐기던 異人)의 사람됨을 사모하여 (언제나) 거문고를 가지고 다니며 모든 희로비환(喜怒悲歡)과 불평사(不平事)를 거문고로 풀었다. 세모(歲暮)가 되어 이웃에서는 방아를 찧는데, 그 아내가 방아 찧는 소리를 듣고 말하기를 "남들은 모두 곡식이 있어 방아를 찧는데 우리만이 없으니 어떻게 이 해를 보낼까"하였다. 선생(先生)이 하늘을 우러러보며 탄식하기를 "무릇 사(死)와 생(生)은 명(命)이 있고 부(富)와 귀(貴)는 하늘에 달리었으니, 그 오는 것을 막을 수 없고 가는 것을 따를 수 없거늘 그대는 어째서 상심(傷心)하는가. 내가 그대를 위하여 방앗소리를 내어 위로하겠소"하고, 이에 거문고를 타며 방앗소리를 내니, 세상에서 전하여 이름하기를 대악(碓樂)이라 하였다.

검군(劍君)은 구문(仇文) 대사(大舍)의 아들로 사량궁(沙梁宮 : 金氏 發祥의 本宮) 사인(舍人 : 宮中 官員)이 되었다. 건복(建福) 44년 정해(丁亥 : 眞平王 즉위 49년, 西紀 627) 8월에 서리가 내려 각종 곡식을 해치고, 이듬해 춘하간(春夏間)에는 크게 기근(飢饉)이 들어 백성들이 자식을 팔아 먹고 사는 형편이었다. 이 때 궁중(宮中)의 여러 사인(舍人)들이 공모하고 창예창(唱翳倉)의 저곡(貯穀)을 훔쳐서 나누었는데, 검군(劍君)만이 홀로 받지 아니하였다. 사인(舍人)들이 말하기를 "여러 사람들이 다 받는데 그대만이 거절하니 무슨 까닭인가? 만일 적다고 해서 그런다면 다시 더 주겠다"고 하였다. 검군(劍君)이 웃으며, "내가 근랑(近郎 : 花郎의 이름)의 문도(門徒)에 이름을 두고 풍월도(風月(花郎道의 別稱)徒)의 마당에서 수행(修行)하는데, 진실로 그 의(義)가 아니면 비록 천금(千金)의 이(利)라도 마음을 움직이지 않는다"고 하였다. 이 때 대일(大日) 이찬(伊飡)의 아들이 화랑(花郎)이 되어 이름을 근랑(近郎)이라 하였기 때문에 그렇게 말한 것이다.

검군(劍君)이 (宮에서) 나가 근랑(近郎)의 문(門)에 이르렀는데, 사인(舍人)들이 비밀히 의논하기를 이 사람을 죽이지 않으면 반드시 말이 샐 것이라 하고 드디어 불러오게 하였다. 검군(劍君)은 (그들이) 자기(自己)의 살해(殺害)를 도모하는 것을 알고, 근랑(近郎)을 작별하며 말하기를 "금일(今日) 이후로는 다시 서로 만나지 못하겠소이다"하니, 낭(郎)이 (그 이유를) 물었지만 검군(劍君)이 말하지 아니하였다. 그러다가 재삼(再三) 물으므로 그제야 대략 그 사유를 말하였다. 낭(郎)이 말하기를 "어찌하여 관사(官司)에 말하지 않는가"하였다. 검군(劍君)이 "자기가 죽을 것을 두려워하여 여러 사람으로 죄(罪)를 짓게 하는 것은 인정상 차마 할 수 없는 일입니다"하였다. "그러면 어찌 도망가지 않는가"하니, 가로되 "저편이 잘못이요 나는 정직(正直)한데 도망하는 것은 장부(丈夫)가 아닙니다"하고 드디어 갔다. 여러 사인(舍人)들이 술을 내어 사죄하면서 비밀히 약을 섞어 먹였다. 검군(劍君)이 알면서도 억지로 먹고 그만 죽었다. 군자(君子)의 말6)에 검군(劍君)은 죽지 않을 데 죽었으니 태산(泰山)을 홍모(鴻毛)보다도 가벼이 할 수 있다고 하였다.

김생(金生)은 부모(父母)가 한미(寒微)하여 그 세계(世系)를 알 수 없다. 경운(景雲 : 唐睿宗 연호) 2년(新羅 聖德王 10년, 西紀 711)에 출생(出生)하였는데, 어려서부터 글씨를 잘 썼다. 평생(平生)에 다른 기예(技藝)를 공부하지 않고 나이 80이 넘도록 붓을 쥐고 쉬지 않았으며, 예서(隷書)·행서(行書)·초서(草書)가 모두 신묘(神妙)한 지경에 이르렀다. 지금까지도 왕왕 그의 진적(眞蹟)을 볼 수 있는데, 학자(學者)들이 전하여 보배로 삼는다. 숭녕(崇寧 : 宋徽宗 연호) 연간(年間 : 西紀 1102~6)에, 학사(學士) 홍관(洪灌)이 진봉사(進奉使)를 따

---

6) 아마 花郎世紀의 撰者인 金大問의 論評을 인용한 것이 아닌가 推察된다.

라 송(宋)에 들어가서 변경(汴京 : 北宋의 서울 河南城 開封)에 묵고 있을 때, 한림대조(翰林待詔) 양구(楊球)와 이혁(李革)이 황제(皇帝)의 칙서(勅書)를 받들고 사관(舍館)에 와서 그림 족자(簇子)를 썼다. 홍관(洪灌)이 김생(金生)의 행초(行草) 한 권을 보이니, 두 사람이 크게 놀라며 "오늘 왕우군(王右軍 : 晉代名筆 王羲之)의 글씨를 보게 될 줄 몰랐다"고 하였다. 홍관(洪灌)이 "그런 것이 아니다. 이것은 신라인(新羅人) 김생(金生)이 쓴 것이라"고 하니 두 사람이 웃으며, "천하(天下)에 우군(右軍)을 제하고 어찌 이런 묘필(妙筆)이 있겠느냐" 하였다. 홍관(洪灌)이 여러 번 말하였지만 끝내 믿지 아니하였다. 또 (羅代에는) 요극일(姚克一)이라는 이가 있어, 벼슬이 시중(侍中) 겸 시서학사(侍書學士)까지 되었는데, 필력(筆力)이 세어 구양솔갱(歐陽率更 : 唐의 名筆 歐陽詢 異名)의 필법(筆法)을 습득(習得)하였다. 비록 김생(金生)을 따르지는 못하였지만 또한 기품(奇品)이었다.

솔거(率居)는 신라인(新羅人)으로, 한미(寒微)한 집에서 출생(出生)하였으므로 그 족계(族系)는 알 수 없으나 타고난 재질(材質)이 그림을 잘 그렸다. 일찍이 황룡사(皇龍寺) 벽(壁)에 노송(老松)을 그렸는데, 나무의 체간(體幹)이 거칠게 비늘지고 지엽(枝葉)이 꾸불꾸불하여, 까마귀·솔개·제비·참새가 간간 바라보고 날아들다가, 다 와서는 어름어름(蹭蹬)하며 떨어졌다. 세월이 오래되어 색(色)이 암담해지자 절 중이 단청(丹靑)으로 덮어 개칠을 하였더니 오작(烏雀)이 다시 오지 아니하였다. 또 경주(慶州) 분황사(芬皇寺)의 관음보살(觀音菩薩)과 진주(晉州) 단속사(斷俗寺)의 유마상(維摩像)이 모두 그의 필적(筆蹟)이니, 세상에서 신화(神畫)로 전하여 온다.

효녀 지은(孝女知恩)은 한기부(韓歧部 : 慶州)의 백성인 연권(連權)의 딸이었다. 천성(天性)이 지극히 효성스러워 소시(少時)에 아버지를 여의고 혼자서 그 어머니를 봉양하면서, 나이 32세가 되도록 시집을 가지 않고 조석(朝夕)으로 보살피며 곁을 떠나지 아니하였다. 그런데 봉양할 거리가 없어, 혹은 품팔이도 하고 혹은 구걸도 하여 얻어다 봉양하기를 오래하니 피곤함을 이길 수가 없었다. 부자 집에 가서 자청하여 몸을 팔아 비자(婢子)가 되고 쌀 10여 석을 받았다. 종일(終日)토록 그 집에서 일을 하고 날이 저물어야 밥을 지어가지고 돌아와 봉양하였는데, 이렇게 하기를 3, 4일 동안 하였다. 그 어머니가 딸에게 이르기를, "전에는 밥이 거칠어도 맛이 좋았는데 지금은 밥이 좋아도 맛은 전과 같지 않고 속(肝心)을 칼로 에는 것 같으니, 웬일이냐" 하였다. 딸이 사실대로 고하니 어머니가 "나 때문에 네가 종이 되었다니 죽느니만 같지 못하다"고 하면서 소리를 내어 크게 울고, 딸 또한 울어서 그 슬픈 정상이 길 가는 사람을 감동케 하였다. 이 때 (花郞) 효종랑(孝宗郞)이 나다니다가 (이 광경을) 보고 돌아와 부모(父母)에게 청하여 집의 곡식 100 석과 옷가지를 실어다 주었다. 또 (그를) 산 주인(主人)에게 몸값을 갚아 주고 양민(良民)이 되게 하였더니, 낭도(郞徒) 수천 명이 각기 곡식 한 섬씩을 내주었다. 대왕(大王 : 제 50 대 定康王)이 듣고 또 벼 500 석과 집 한 채를 하사(下賜)하고 다시 부역(賦役)을 면제하니, 곡식이 많아서 도둑에게 빼앗길 염려가 있으므로 관계관청(關係官廳)에 명하여 군사를 보내어 번차례로 지키게 하고, 그 마을을 표방(標榜)하여 효양방(孝養坊)이라 하였다. 또 당왕실(唐王室)에 표문(表文)을 보내 그 미행(美行)을 드러내기도 하였다. 효종(랑)(孝宗(郞))은 당시 제3 재상(宰相)인 서발한(舒發翰 : 角干) 인경(仁慶)의 아들로 아명(兒名)은 화달(化達)이었다. 왕이 이르되 "비록 어린 나이기는 하나 노성(老成)함을 볼 수 있다"고 하면서, 그 형(兄) 헌강왕(憲康王)의 딸로 아내를 삼게 하였다.

설씨녀(薛氏女)는 율리(栗里) 민가(民家)의 여자다. 비록 한미(寒微)하고 고단(孤單)한 집안이지만, 용모(容貌)가 단정하고 마음과 행실이 의젓하여 보는 이들이 그 아름다움에 혼탁치 않는 이가 없었지만 감히 범(犯)하지 못하였다. 진평왕(眞平王) 때에 그 아버지가 나이 늙게 정곡(正谷 : 위치 미상)에서의 방추(防秋 : 北敵에 대한 防守)하는 번(番)을 들게 되었는데, 딸은 아버지가 노쇠하고 병들었으므로 차마 멀리 떠나 보낼 수 없고, 또 여자의 몸이라 대신해 갈 수도 없어, 한갓 극심하게 번민하기만 하였다. 이 때 사량부(沙梁部)의 소년(少年) 가실(嘉實)이 비록 가난하고 궁핍하나 마음가짐은 곧은 남자(男子)로서, 일찍부터 (마음 속으로) 설씨(薛氏)의 아름다움을 좋아하면서도 감히 말하지 못하였다. 설씨(薛氏)가, 아버지가 늙어서 종군(從軍)하게 됨을 근심한다는 말을 듣고 설씨(薛氏)에게 가서 말하기를 "내가 한낱 용렬한 남자(男子)이지만 일찍부터 의지(意志)와 기개(氣槪)로써 자처(自處)하여 왔다. 불초(不肖)한 몸으로 엄군(嚴君 : 남의 아버지에 대한 尊稱)의 일을 대신하기를 원한다고 하였다. 설씨(薛氏)가 매우 기뻐하여 들어가 아버지에게 고(告)하였다.

아버지가 인견(引見)하고 말하기를, "그대가 이 노인(老人)을 대신하여 가려 한다 하니 기쁘고도 송구스러운 마음 금할 수가 없다. 무엇으로 갚을까 생각 하는데, 만일 그대가 나의 어린 딸을 어리석고 누추하다 하여 버리지 않는다 면 아내로 삼아 그대를 받들게 하고 싶다고 하니, 가실(嘉實)이 재배(再拜)하 며, "감히 바라지는 못하지만 정말로 소원입니다" 하였다. 이에 가실(嘉實)이 물러나와 (혼인할) 기약을 청하니 설씨(薛氏)가 말하기를, "혼인(婚姻)은 인간 의 윤리(倫理)라 창졸간에 이루어질 수는 없다. 내가 마음으로 허락한 이상 죽 어도 변하지는 않겠다. 그대가 방수(防戍)에 나갔다가 교대하여 돌아온 후에, 날을 받아 성례(成禮)하여도 늦지 않겠다 하고, 거울을 가져다 절반씩 나누어 각기 한 조각씩 가지며 말하기를 "이것으로 신표(信標)를 삼는 것이니 후일 에 합하여 봅시다" 하였다. 가실(嘉實)은 말 한 필을 가지고 있었는데, 설씨 (薛氏)에게 이르기를 "이것은 천하(天下)의 좋은 말이니, 후에 반드시 쓸 때가 있을 것이오. 지금 내가 간 뒤에 (이 말을) 기를 사람이 없으니 간직해 두었다 가 소용이 되게 하시오" 하고 작별하고 떠났다.

그런데 마침 나라에는 사유(事由)가 있어 군사들을 교대시키지 않았기 때문 에 (嘉實은) 6년이 되도록 돌아오지 아니하였다. 아버지가 딸에게 이르기를 "처음에 3년으로 기약을 하였는데, 지금 기한(期限)이 넘었으니 다른 집으로 시집가야 하겠다" 하였다. 설씨(薛氏)가 "전일에 아버지를 편안케 하기 위하 여 억지로 가실(嘉實)과 약속을 하였고, 가실도 그 약속을 믿었기 때문에 종군 하여 여러 해 동안 기한신고(飢寒辛苦)하고 있습니다. 하물며 적경(敵境)에 바 싹 가 있어 손에 병기(兵器)를 놓지 않고, 범의 아구리(虎口)에 가까이 있는 것처럼 언제나 물릴까 두려워하고 있는데, 신의(信義)를 저버리고 식언(食言) 하는 것이 어찌 인정이겠습니까? 아버지의 명령은 감히 끝까지 따르지 못하겠 사오니 다시 말씀하지 마십시오" 하였다. 그러나 그 아버지는 늙고 또 늙어 서, 딸이 장성하되 배필이 없다고 하여 억지로 시집을 보내려 하여 비밀히 마 을 사람과 혼인(婚姻)을 약속하였다. 이미 날을 정하여 그 사람을 맞아들이니, 설씨(薛氏)는 굳게 거절하고 몰래 도망하려고 하였으나 이루지 못하였다. 마 굿간에 가서 가실(嘉實)이 두고 간 말을 보고 크게 한숨 쉬고 눈물을 흘렸다. 이 때에 가실이 교대되어 왔는데, 형해(形骸)가 말라빠지고 의상(衣裳)이 남루 하여 집사람들도 모르고 다른 사람이라고 하였다. 가실이 바로 앞에다 쪼개진 거울을 던지니, 설씨(薛氏)가 받아가지고 소리내어 울었으며, 아버지와 집안 사람들도 모두 기뻐하였다. 마침내 다른 날로 약정(約定)하고 서로 만나 일생을 해로하였다.

　도미(都彌)는 백제인(百濟人)이었다. 비록 벽촌의 소민(小民)이지만 자못 의리(義理)를 알며 그 아내는 아름답고도 절행(節行)이 있어, 당시 사람들의 칭찬을 받았다. 개루왕(蓋婁王)[7]이 듣고 도미(都彌)를 불러 말하기를 "무릇 부인(婦人)의 덕(德)은 정결(貞潔)이 제일이지만, 만일 어둡고 사람이 없는 곳에서 좋은 말로 꾀면 마음을 움직이지 않을 사람이 드물 것이다"하니, 대답하기를 "사람의 정(情)은 헤아릴 수 없습니다. 그러나 신의 아내 같은 사람은 죽더라도 마음을 고치지 않을 것입니다"하였다. 왕이 이를 시험하려고 일이 있다 하여 도미(都彌)를 머물게 하고, 근신(近臣) 한 사람에게 왕의 의복(衣服)과 말·종자(從者)를 빌려주어 밤에 그 집에 가게 했는데, 먼저 사람을 시켜 왕이 온다고 알렸다. 왕이 와서 그 부인(婦人)에게 이르기를 "내가 오래 전부터 너의 아름다움을 듣고 도미(都彌)와 장기내기를 하여 이겼다. 내일은 너를 데려다 궁인(宮人)을 삼을 것이니, 지금부터 네 몸은 나의 소유(所有)이다"고 하면서 난행(亂行)하려 하였다. 부인(婦人)이 말하기를 "국왕(國王)에겐 망령된 말이 없습니다. 내가 감히 순종(順從)하지 않겠습니까. 청컨대 대왕(大王)께서는 먼저 방으로 들어가소서. 내가 옷을 고쳐 입고 들어가겠습니다"하고 물러와 한 비자(婢子)를 단장시켜 들어가 수청을 들게 하였다.

　후에 왕이 속은 것을 알고 크게 노(怒)하여 도미(都彌)를 죄로 얽어 두 눈동자를 빼고 사람을 시켜 끌어내어 작은 배에 싣고 물 위에 띄워 보냈다. 그리고 그 부인(婦人)을 끌어들이어 강제로 상관하려 하였는데, 부인(婦人)이 "지금 남편을 잃어버렸으니 단독일신(單獨一身)으로 혼자 살아갈 수 없게 되었습니다. 더구나 대왕(大王)을 모시게 되었으니 어찌 감히 어김이 있겠습니까. 그러나 지금은 월경(月經)으로 온 몸이 더러우니 다른 날 깨끗이 목욕하고 오겠습니다"하니, 왕이 믿고 허락하였다. 부인(婦人)은 그만 도망하여 강(江) 어귀에 이르렀으나 건너갈 수가 없어 하늘을 부르며 통곡하는 중 홀연히 한 척의 배가 물결을 따라 오는 것을 보았다. 그 배를 타고 천성도(泉城島 : 위치 미상)

---

　7) 蓋婁王 때라면, 百濟와 高句麗 사이에 大樂浪郡이 存在하고 있을 때이므로, 아래의 이야기와 맞지 않는다. 아마 제 20 대 蓋鹵王(一云近蓋婁) 때를 背景으로 한 이야기가 아닌가 한다.

에 이르러 그 남편을 만났는데 아직 죽지 아니하였다. 풀뿌리를 캐어 먹으며 드디어 함께 배를 타고 고구려 산산(蒜山 : 위치 미상) 아래에 이르니, 고구려 사람들이 불쌍히 여기며 의식(衣食)을 주어 구차스럽게 살면서 객지(客地)에서 일생을 마쳤다.

〔原文〕

三國史記 卷 第四十八

列傳 第八

向德 聖覺 實兮 勿稽子 百結先生 劍君 金生 率居 孝女知恩 薛氏女 都彌

向德, 熊川州板積鄕人也, 父名善, 字潘吉, 天資溫良, 鄕里推其行, 母則失其名, 向德亦以孝順爲時所稱, 天寶十四年乙未, 年荒民饑, 加之以疫癘, 父母飢且病, 母又發疾, 皆濱於死, 向德日夜不解衣, 盡誠安慰, 而無以爲養, 乃刲髀肉以食之, 又吮母癰, 皆致之平安, 鄕司報之州, 州報於王, 王下敎, 賜租三百斛, 宅一區, 口分田若干, 命有司, 立石紀事, 以標之, 至今人號其地云孝家.

聖覺, 菁州人, 史失其氏族, 不樂世間名官, 自號爲居士, 依止一利縣法定寺, 後歸家養母, 以老病難於蔬食, 割股肉以食之, 及死, 至誠爲佛事資薦, 大臣角干敬信·伊飡周元等, 聞之國王, 以熊川州向德故事, 賞近縣租三百石.

論曰, 宋祁唐書云, 善乎韓愈之論也, 曰父母疾烹藥餌, 以是爲孝, 未聞毁支體者也, 苟不傷義, 則聖賢先衆而爲之, 是不幸因而且死, 則毁傷滅絕之罪有歸矣, 安可旌其門以表異之, 雖然委巷之陋, 非有學術禮義之資, 能忘身以及其親, 出於誠心, 亦足稱者, 故列焉, 則若向德者, 亦可書者乎.

實兮, 大舍純德之子也, 性剛直, 不可屈以非義, 眞平王時爲上舍人, 時下舍人珍堤, 其爲人便佞, 爲王所嬖, 雖與實兮向寮, 臨事互相是非, 實兮守正不苟且, 珍堤嫉恨, 屢讒於王曰, 實兮無智慧多膽氣, 急於喜怒, 雖大王之言, 非其意則憤不能已, 若不懲艾, 其將爲亂, 蓋黜退之, 待其屈服而後用之, 非晚也, 王然之, 謫官泠林, 或謂實兮曰, 君自祖考以忠誠公材聞於時, 今爲佞臣之讒

毀, 遠官於竹嶺之外, 荒僻之地, 不亦痛乎, 何不直言自邊, 實兮答曰, 昔屈原
孤直為楚擯黜, 李斯盡忠為秦極刑, 故知佞臣惑主, 忠士被斥, 古亦然也, 何足
悲乎, 遂不言而往, 作長歌見意.

勿稽子, 奈解尼師今時人也, 家世平微, 為人倜儻, 少有壯志, 時八浦上國同
謀伐阿羅國, 阿羅使來請救, 尼師今使王孫㮈音率近郡及六部軍往救, 遂敗八國
兵, 是役也, 勿稽子有大功, 以見憎於王孫, 故不記其功, 或謂勿稽子曰, 子之
功莫大而不見錄, 怨乎, 曰, 何怨之有, 或曰, 蓋聞之於王, 勿稽子曰, 矜功求
名, 志士所不為也, 但當勵志以待時而已, 後三年骨浦・柒浦・古史浦三國人
來攻竭火城, 王率兵出救, 大敗三國之師, 勿稽子斬獲數十餘級, 及其論功, 又
無所得, 乃語其婦曰, 嘗聞為臣之道, 見危則致命, 臨難則忘身, 前日浦上・竭
火之役, 可謂危且難矣, 而不能以致命忘身聞於人, 將何面目以出市朝乎, 遂被
髮携琴, 入師彘山不反.

百結先生, 不知何許人, 居狼山下, 家極貧, 衣百結若懸鶉, 時人號為東里百
結先生, 嘗慕榮啓期之為人, 以琴自隨, 凡喜怒悲歡不平之事, 皆以琴宣之, 歲
將暮, 鄰里舂粟, 其妻聞杵聲曰, 人皆有粟舂之, 我獨無焉, 何以卒歲, 先生仰
天嘆曰, 夫死生有命, 富貴在天, 其來也不可拒, 其往也不可追, 汝何傷乎, 吾
為汝作杵聲以慰之, 乃鼓琴作杵聲, 世傳之名為碓樂.

劍君, 仇文大舍之子, 為沙梁宮舍人, 建福四十四年丁亥秋八月, 隕霜殺諸
穀, 明年春夏大饑, 民賣子而食, 於時宮中諸舍人同謀, 盜唱翳倉穀分之, 劍君
獨不受, 諸舍人曰, 衆人皆受, 君獨却之, 何也, 若嫌小, 請更加之, 劍君笑曰,
僕編名於近郎之徒, 修行於風月之庭, 苟非其義, 雖千金之利, 不動心焉, 時大
日伊湌之子為花郎, 號近郎, 故云爾, 劍君出至近郎之門, 舍人等密議, 不殺此
人, 必有漏言, 遂召之, 劍君知其謀殺, 辭近郎曰, 今日之後, 不復相見, 郎問
之, 劍君不言, 再三問之, 乃略言其由, 郎曰, 胡不言於有司, 劍君曰, 畏己死,
使衆人入罪, 情所不忍也, 然則蓋逃乎, 曰彼曲我直, 而反自逃, 非丈夫也, 遂
往, 諸舍人置酒謝之, 密以藥置食, 劍君知而強食, 乃死, 君子曰, 劍君死非其
所, 可謂輕泰山於鴻毛者也.

金生, 父母微, 不知其世系, 生於景雲二年, 自幼能書, 平生不攻他藝, 年踰八十, 猶操筆不休, 隸書・行草皆入神, 至今往往有眞蹟, 學者傳寶之, 崇寧中, 學士洪灌隨進奉使入宋, 館於汴京, 時翰林待詔楊球・李革奉帝勅至館, 書圖簇, 洪灌以金生行草一卷示之, 二人大駭曰, 不圖今日得見王右軍手書, 洪灌曰, 非是, 此乃新羅人金生所書也, 二人笑曰, 天下除右軍, 焉有妙筆如此哉, 洪灌屢言之, 終不信, 又有姚克一者, 仕至侍中兼侍書學士, 筆力遒勁, 得歐陽率更法, 雖不及生, 亦奇品也.

率居, 新羅人, 所出微, 故不記其族系, 生而善畫, 嘗於皇龍寺壁畫老松, 體幹鱗皴, 枝葉盤屈, 烏鳶燕雀, 往往望之飛入, 及到蹭蹬而落, 歲久色暗, 寺僧以丹青補之, 烏雀不復至, 又慶州芬皇寺觀音菩薩, 晉州斷俗寺維摩像, 皆其筆蹟, 世傳爲神畫.

孝女知恩, 韓歧部百姓連權女子也, 性至孝, 少喪父, 獨養其母, 年三十二, 猶不從人, 定省不離左右, 而無以爲養, 或傭作或行乞, 得食以飼之, 日久不勝困憊, 就富家請賣身爲婢, 得米十餘石, 窮日行役於其家, 暮則作食歸養之, 如是三四日, 其母謂女子曰, 向食麤而甘, 今則食雖好, 味不如昔, 而肝心若以刀刃刺之者, 是何意耶, 女子以實告之, 母曰, 以我故使爾爲婢, 不如死之速也, 乃放聲大哭, 女子亦哭, 哀感行路, 時孝宗郎出遊見之, 歸請父母, 輸家粟百石及衣物予之, 又償買主以從良, 郎徒幾千人各出粟一石爲贈, 大王聞之, 亦賜租五百石・家一區, 復除征役, 以粟多恐有剽竊者, 命所司差兵番守, 標榜其里, 曰孝養坊, 仍奉表歸美於唐室, 孝宗時第三宰相舒發翰仁慶子, 少名化達, 王謂雖當幼齒便見老成, 郎以其兄憲康王以女妻之.

薛氏女, 栗里民家女子也, 雖寒門單族, 而顏色端正, 志行修整, 見者無不歆艷, 而不敢犯, 眞平王時, 其父年老, 番當防秋於正谷, 女以父衰病不忍遠別, 又恨女身不得侍行, 徒自愁悶, 沙梁部少年嘉實, 雖貧且窶, 而其養志貞男子也, 嘗悅美薛氏, 而不敢言, 聞薛氏憂父老而從軍, 遂請薛氏曰, 僕雖一懦夫, 而嘗以志氣自許, 願以不肖之身, 代嚴君之役, 薛氏甚喜, 入故於父, 父引見曰, 聞公欲代老人之行, 不勝喜懼, 思所以報之, 若公不以愚陋見棄, 願薦幼女子, 以奉箕箒, 嘉實再拜曰, 非敢望也, 是所願焉, 於是嘉實退而請期, 薛氏曰, 婚

姻人之大倫, 不可以倉猝, 妾旣以心許, 有死無易, 願君赴防, 交代而歸, 然後
卜日成禮, 未晚也, 乃取鏡分半, 各執一片, 云此所以爲信, 後日當合之, 嘉實
有一馬, 謂薛氏曰, 此天下良馬, 後必有用, 今我徒行, 無人爲養, 請留之以爲
用耳, 遂辭而行, 會國有故, 不使人交代, 淹六年未還, 父謂女曰, 始以三年爲
期, 今旣踰矣, 可歸于他族矣, 薛氏曰, 向以安親故, 強與嘉實約, 嘉實信之,
故從軍累年, 飢寒辛苦, 況迫賊境, 手不釋兵, 如近虎口, 恒恐見咥, 而棄信食
言豈人情乎, 終不敢從父之命, 請無復言, 其父老且耄, 以其女壯而無伉儷, 欲
強嫁之, 潛約婚於里人, 旣定日引其人, 薛氏固拒, 密圖遁去而未果, 至廐見嘉
實所留馬, 太息流淚, 於是嘉實代來, 形骸枯槁, 衣裳藍縷, 室人不知, 謂爲別
人, 嘉實直前, 以破鏡投之, 薛氏得之呼泣, 父及室人失喜, 遂約異日相會, 與
之偕老.

都彌, 百濟人也, 雖編戶小民, 而頗知義理, 其妻美麗, 亦有節行, 爲時人所
稱, 蓋婁王聞之, 召都彌與語曰, 凡婦人之德, 雖以貞潔爲先, 若在幽昏無人之
處, 誘之以巧言, 則能不動心者鮮矣乎, 對曰, 人之情不可測也, 而若臣之妻者,
雖死無貳者也, 王欲試之, 留都彌以事, 使一近臣, 假王衣服馬從, 夜抵其家,
使人先報王來, 謂其婦曰, 我久聞爾好, 與都彌博得之, 來日入爾爲宮人, 自此
後爾身吾所有也, 遂將亂之, 婦曰, 國王無妄語, 吾敢不順, 請大王先入室, 吾
更衣乃進, 退以雜飾一婢子薦之, 王後知見欺, 大怒, 誣都彌以罪, 矐其兩眸子,
使人牽出之, 置小船泛之河上, 遂引其婦, 強欲淫之, 婦曰, 今良人已失, 單獨
一身, 不能自持, 況爲王御, 豈敢相違, 今以月經, 渾身汙穢, 請俟他日薰浴而
後來, 王信而許之, 婦便逃至江口, 不能渡, 呼天慟哭, 忽見孤舟隨波而至, 乘
至泉城島, 遇其夫未死, 掘草根以喫, 遂與同舟, 至高句麗蒜山之下, 麗人哀之,
丐以衣食, 遂苟活, 終於羈旅.

삼국사기 권 제 49

열전(列傳) 제 9
창조리(倉助利) 개소문(蓋蘇文)

창조리(倉助利)는 고구려인(高句麗人)인데, 봉상왕(烽上王 : 西紀 292~300) 때에 국상(國相)이 되었다. 이 때 모용외(慕容廆)[1]가 변경의 우환(憂患)이 되니, 왕이 여러 신하들에게 "모용씨(慕容氏)의 병력(兵力)이 강하여 자주 우리 강역(疆域)을 침범하니 어찌하면 좋을까" 하였다. 창조리(倉助利)가 대답하기를 "북부대형(北部大兄 : 官職名) 고노자(高奴子)가 어질고 또 용감합니다. 대왕(大王)이 외구(外寇)를 방어(防禦)하고 백성을 편안히 하시려면 고노자(高奴子)가 아니고는 쓸 만한 자가 없습니다" 하였다. 왕이 (高奴子로) 신성(新城 : 奉天 東北쪽) 태수(太守)를 삼으니, 모용외(慕容廆)가 다시 오지 아니하였다.

9년(西紀 300) 8월에 왕이 국내(國內)의 장정(壯丁)으로 15세 이상 된 자를 징발하여 궁실(宮室)을 수리하니, 백성들은 식량이 궁핍하고 노역(勞役)에 피곤(疲困)하여 이 때문에 유망(流亡)하게 되었다. 창조리(倉助利)가 간하기를 "천재(天災)가 거듭되고 연곡(年穀)이 잘되지 못하여, 백성들이 살 곳을 잃고, 장정(壯丁)들은 사방으로 유리(流離)하고, 노유(老幼)는 구렁텅이(溝壑)에 빠지니, 이야말로 하늘을 두려워하고 백성을 근심하며 공구수성(恐懼修省)할 때입니다. (그런데) 대왕(大王)께서는 이것을 생각하시지 않고 주린 사람들을 부리어 토목공역(土木工役)에 시달리게 하시니 이것은 백성의 부모 된 의미(意味)에 매우 어긋나는 일입니다. 더구나 이웃에 강한 적(敵)이 있으니 만일 그들이 우리의 피폐(疲弊)한 틈을 타서 온다면 사직(社稷)과 생민(生民)이 어떻게 되겠습니까. 대왕께서는 깊이 생각하시기 바랍니다" 하였다. 왕이 노여워하여

---

1) 鮮卑族의 酋長이니, 그의 아들 皝은 燕王이라 自稱, 5胡16國의 하나가 되었다.

"임금이란 것은 백성들이 우러러보는 것인데, 궁실(宮室)이 장려(壯麗)하지 않으면 위엄의 중함을 보일 수 없다. 지금 국상(國相)은 대개 과인(寡人)을 비방하여 백성(百姓)의 칭예(稱譽)를 얻으려는 것이다"하였다. 창조리(倉助利)가 말하기를 "임금이 백성을 구휼(救恤)하지 않으면 인(仁)이 아니요, 신하가 임금을 간(諫)하지 않으면 충(忠)이 아닙니다. 신이 국상(國相)의 빈 자리를 이어받고 있으면서 감히 말하지 않을 수 없는 일이온데, 어찌 감히 칭예(稱譽)를 받으려 하는 것이겠습니까"하니, 왕이 웃으면서 말하기를 "국상(國相)은 백성들을 위하여 죽으려는 것인가. 다시 말하지 않기를 바란다"고 하였다. 창조리(倉助利)는 왕이 (잘못을) 고치지 못할 것을 알고 물러나와 여러 신하들과 모의(謀議)하고 왕을 폐하니, 왕이 (죽음을) 면하지 못할 줄 알고 스스로 목매어 죽었다.

개소문(蓋蘇文)〔혹은 蓋金이라고도 함〕의 성(姓)은 천씨(泉氏)[2]인데 자칭(自稱) 수중(水中)[3]에서 출생(出生)하였다고 하여 여러 사람들을 미혹하게 하였다. 외양(外樣)이 웅위(雄偉)하고 의기(意氣)가 호방(豪放)하였다. 그 아버지 동부(東部)〔혹은 西部라고도 함〕 대인(가)(大人(加)) 대대로(大對盧)[4]가 죽으니 개

---

2) 蘇文의 아우에 淵淨土가 있음을 보아, 본시는 淵氏였는데, 후에 唐高祖 李淵의 諱를 피하여 泉이라고 개칭하였다는 一說이 있지만(東史綱目 考異編), 淵이나 泉이나 本意에 있어서는 別差가 없다. 日本書記(卷廿4) 皇極 원년條에 高句麗 使者의 말이라 하여 '大臣伊梨柯須彌弒大王, 並殺……等百八十餘人'이라고 한 것이 蓋蘇文의 政變(쿠데타)을 말한 것임은 學者들의 共認하는 바이어니와 그 이름은 古語研究의 귀중한 參考資料로 보아야 하겠다. 즉 伊梨는 井泉의 古語인 '얼'에 대한 日本式 表音이요, 柯는 蓋와 같이 邊의 뜻인 '가'·'가앗'의 寫音이며, 須彌는 蘇文의 異寫로, 蓋蘇文을 一云蓋金이라고 한 것을 보아, 金 즉 쇰(쇠의 古語인 듯)의 表音일 것이다. 다시 말하면 '얼가쇰'(井邊金)으로, 정작 氏姓은 淵蓋 혹은 泉蓋요, 蘇文은 그의 이름인데, 後에 그 氏姓을 中國式으로 單子化하여 淵 혹은 泉이라 하고, 蓋金 또는 蓋蘇文의 蓋도 單字化시킨 氏姓이라고 나는 해석한다.

3) 蘇文의 長子인 (泉)男生의 墓誌銘(中國洛陽北邙에서 出土)에도 '原夫遠系, 本出於泉, 旣託神以遺祉(降福), 遂因生以命族'이라고 한 것을 보면 先代로부터 井泉信仰에서 泉을 일종의 토템으로 하여 氏族의 記號로 삼았던 것이라고 생각된다(拙著「韓國古代史研究」中「韓國古代社會의 井泉信仰」참조).

4) 前記 泉男生 墓誌銘에 의하면, 男生의 祖인 太祚(蘇文의 父)의 職을 莫離支(실은 大莫離支)라 하고, 男生의 아들 獻誠의 墓誌銘에도 그러하니, 史記의 大對盧는 아마 晩年의 職이거나 死後의 贈職이 아니었던가 추측된다.

소문(蓋蘇文)이 의당 그 뒤(大人)를 이을 것인데, 나라 사람들은 그의 성품의 잔포(殘暴)함을 미워하여 계승하지 못하게 하였다. 소문(蘇文)이 머리를 조아리며 여러 사람들에게 사죄하고 그 직위(職位:大人)를 서리(署理)할 것을 간청하면서, 만일 불가(不可)함이 있으면 폐직(廢職)하더라도 뉘우침이 없겠다고 하였다. 여러 사람들이 애긍(哀矜)히 여겨 드디어 그 직위(職位) 계승을 허락하였다. 그런데 (그가 여전히) 흉악하고 잔포(殘暴)하여 무도(無道)한 짓을 하므로, 여러 대인(大人:諸加)이 왕과 더불어 비밀히 의논하고 죽이려 하였는데 일이 누설되었다. 소문(蘇文)이 (自己) 부(部)의 군사를 다 모아 사열식(査閱式)을 하는 것처럼 하는 동시에 주찬(酒饌)을 성(城)의 남쪽에 성대히 베풀어 놓고, 여러 대신(大臣)들을 초청(招請)하여 함께 관람(觀覽)하자고 하였다. 손들이 오자 모두 죽이기를 백여 명이나 하고, 궁중(宮中)으로 달려들어가 왕(榮留王)을 시해(弑害)하여 몇 도막으로 잘라서 구렁텅이에 버리고, 왕제(王弟)의 아들 장(臧)을 세워 왕을 삼고 제 스스로 (대)막리지((大)莫離支)가 되니, 그 벼슬이 당(唐)의 병부상서(兵部尙書)로서 중서령(中書令)의 직(職)을 겸한 것과 같았다.

이에 원근(遠近)을 호령하고 국사(國事)를 전제(專制)하여 매우 위엄이 있었으며, 몸에 칼 다섯[5]을 차고 있어서 좌우(左右)의 사람들이 감히 쳐다보지 못하였다. 말에 오르고 내릴 때마다 항상 귀인무장(貴人武將)을 땅에 엎드리게 하여 디디는 발판을 삼았으며, 외출(外出)할 때에는 반드시 대오(隊伍)를 베풀고 가는데, 앞에서 인도하는 자가 긴 소리로 외치면 사람들이 달아나면서 구렁텅이라도 피하지(제쳐놓지) 아니하였으니, 나라 사람들이 매우 괴롭게 여겼다. 당(唐)의 태종(太宗)은 개소문(蓋蘇文)이 임금을 시해(弑害)하고 국정(國政)을 오로지한다는 말을 듣고 정벌(征伐)하려 하였는데, 장손무기(長孫無忌)가 말하기를 "소문(蘇文)이 제 스스로 죄(罪)가 큰 것을 알고 대국(大國)의 토벌(討伐)을 크게 두려워하여 수비(守備)를 베풀고 있습니다. 폐하(陛下)께서는 아직 은인(隱忍)하시어, 그가 스스로 안심(安心)하고 더욱 그 악(惡)을 마음대로 한 후에 취(取)하여도 늦지 않습니다"하니, 황제(皇帝)가 그대로 좇았다. 소문(蘇文)이 왕에게 고(告)하기를 "들으니 중국(中國)에는 3교(敎:儒・佛 및 道敎)가 병행(倂行)하는데 우리 나라에는 도교(道敎)가 아직 없습니다. 사신을

---

5) 翰苑 高(句)麗條 雍氏註 所引 梁職貢圖에 '要(腰)有銀帶, 左佩礪而右佩五子刀'라 한 것을 보면, 高句麗 貴族社會의 男子들은 대개 이러한 服飾을 하였던 모양이다.

당(唐)에 보내어 구해 오기를 바랍니다”하니, 왕이 드디어 표문(表文)을 보내어 청하였다. 당(唐)에서 도사(道士) 숙달(叔達) 등 8명을 보내고 겸하여 도덕경(道德經)도 보내 주었다. 이에 불사(佛寺)를 취하여 도관(道館)을 삼았다.

마침 이 때 신라에서 당(唐)에 들어가, 백제가 (新羅의) 40여 성(城)을 공취(攻取)하고 또 고구려와 군사를 연합하여 신라의 입당로(入唐路)를 끊으려고 하므로 소국(小國)이 부득이 군사를 출동하니 구원해 주기를 청한다고 하였다. 여기서 (唐)태종(太宗)은 사농승(司農丞) 상리현장(相理玄奬)을 명하여 새서(璽書 : 玉璽 찍은 文書)를 가지고 (高句麗에) 와서 왕에게 칙명(勅命)하기를, “신라는 우리 나라의 맹방(盟邦)으로서 조공(朝貢)을 (한 번도) 궐(闕)하지 않았으니, 그대와 백제는 각각 군사를 거두어라. 만일 다시 (新羅를) 친다면 명년(明年)에 군사를 일으켜 그대 나라를 치겠다”고 하였다. 처음 현장(玄奬)이 (고구려) 지경에 들어왔을 때 소문(蘇文)은 이미 군사를 거느리고 나가 신라를 쳤는데, 왕이 불러 돌아왔다. 현장(玄奬)이 칙서(勅書)를 선포(宣布)하니, 소문(蘇文)이 말하기를 “전자(前者)에 수(隋)나라 사람들이 우리를 침범(侵犯)하였을 때, 신라가 이 틈을 타서 우리 성읍(城邑) 500리를 분취(奮取)하였다.[6] 이로부터 원한(怨恨)과 간극(間隙)이 있은 지 이미 오래되었으니, 만일 우리의 실지(失地)를 돌려보내지 않으면 싸움을 그칠 수 없다”고 하였다. 현장(玄奬)이 말하기를, 기왕(旣往)의 일을 어찌 추론(追論)할 것인가? 지금의 요동(遼東)은 본시 모두 중국(中國)의 군현(郡縣)이었건마는 중국(中國)에서도 오히려 말하지 않는데 고구려에서 어찌 반드시 옛 땅을 찾으려 하는가 하였다. (그러나) 소문(蘇文)이 듣지 아니하였다. 현장(玄奬)이 돌아가 사실대로 말하니 태종(太宗)이 “개소문(蓋蘇文)은 그 임금을 시해(弑害)하고 대신(大臣)을 살해하며 그 백성을 잔학(殘虐)하고 또 지금 나의 조명(詔命)을 어기니 토벌하지 않을 수 없다”하였다. (그리고) 또 사신 장엄(蔣儼)을 보내어 (다시 한 번) 설유(說諭)하였으나, 소문(蘇文)이 끝내 조서(詔書)를 받들지 않고 군사로써 사자(使者)를 위협하였다. (使者가) 굴하지 않으니 그만 굴실(窟室) 속에 가두었다. 여기서 태종(太宗)은 크게 군사를 일으켜 친정(親征)하였는데, 그 사실이 모두

6) 時代의 착각으로 보아야 하겠다. 新羅가 高句麗의 城邑 500里를 奪取하였다는 것은, 新羅 眞興王 12년(高句麗 陽原王時)에 竹嶺 이북 500리의 땅을 빼앗은 것을 말하는 것인데, 이 때에는 隋가 아직 일어나기 30년 전이나 되는 까닭이다. 그러므로 이것은 蘇文의 記憶錯誤거나 그렇지 않으면 玄奬의 誤傳이거나 할 것이다.

고구려본기(高句麗本紀)에 실려 있다.

소문(蘇文)은 건봉(乾封 : 唐高宗 연호) 원년(寶藏王 廿5년, 西紀 666)에 죽었다[7](최후의 職位는 太大對盧였다[8]). 아들 남생(男生)은 자(字)가 원덕(元德)이었는데 9세에 아버지의 직임(귀)(職任(貴))으로 해서 선인(先人 : 職名)이 되었다가 중리소형(中裏小兄)으로 영전(榮轉)하니 당(唐)의 알자(謁者)와 같은 것이었다. 또 중리소형(中裏小兄)이 되어 국정(國政)을 보살피니, 모든 사령(辭令 : 官員 任命 關係)을 남생(男生)이 주관하였다. 중리위두대형(中裏位頭大兄)에 승진되고, 오랜 후에는 막리지(莫離支) 겸 삼군대장군(三軍大將軍)이 되고, (父 死後에는) 다시 대막리지(大莫離支)를 가(加)하여 (地方에) 나아가 여러 부(部)를 안찰(按察)하고, 아우 남건(男建)·남산(男產)에게 국사(國事)를 살피게 하였다. 그런데 누가 (男建·男產에게) 말하기를 "남생(男生)은 그대들이 (그에게) 핍박(逼迫)함을 미워하여 장차 제거(除去)하려 한다" 하였다. 건(建)과 산(產)은 그대로 믿지 아니하였다. 또 남생(男生)에게 (男建·男產이) 그대를 받아들이지 않을 것이라고 말하는 자(男生黨)가 있었다. 남생(男生)이 첩자(諜者)를 보내어 살피게 하였는데, 남건(男建)이 그를 잡아두었다. 그리고 곧 왕명(王命)이라고 거짓 꾸미어 부르니, 남생(男生)이 두려워하여 감히 들어가지 못하였다. 남건(男建)이 그 (男生)의 아들 헌충(獻忠)을 죽이니, 남생(男生)이 달아나 (舊都) 국내성(國內城 : 지금의 通溝)을 보전하고, 부하 군중을 거느리고 거란(契丹)·말갈병(靺鞨兵)과 함께 당(唐)에 항부(降附)하고, 아들 헌성(獻誠)[9]을 보내어 호소하였다. 고종(高宗)이 헌성(獻誠)을 배(拜)하여 우무위장군(右武衛將軍)을 삼고, 수레·말과 서금(瑞錦)·보도(寶刀)를 주어 돌아가 보(報)하게 하였다.

---

7) 蘇文의 卒年에 대해서는 諸說이 있다. 이 乾封 원년說은 新舊唐書(高麗傳) 등등 中國側 史料에 의거한 것이나, 日本側의 日本書紀(권 27) 天智紀 3년(高句麗 寶藏王 23년) 10월條에 의하면, 이 해 이 달에 高(句)麗 大臣 蓋金(蓋蘇文)이 죽었다고 한다. 前後者 사이에 2년의 差를 보이고 있다. 그런데 往年에 中國 洛陽에서 出土된 泉男生(蘇文 長子)의 墓誌銘을 보면 그 官歷에 있어 '卅二, 加太莫離支, 摠錄軍國, 阿衡(首相)元首, 紹先疇之業云云'이라 하여, 그가 32세, 즉 寶藏王 24년에 父職을 承襲하여 首相이 되었던 것을 말하고 있다. 이로 인하여 蘇文의 卒年이 男生의 襲位한 寶藏王 24년인 것을 확인하게 되었다.

8) 泉男生 墓誌銘과 그 아들 泉獻誠 墓誌銘에 보임, 太大對盧는 마치 新羅의 太大角干과 같은 최고의 職位.

9) 獻誠은 이 때 父(男生)와 함께 巡察中이었고, 나이는 10세이었다(見 同人 墓誌銘).

(그리고) 설필하력(契苾何力)에게 조명(詔命)하여 군사를 거느리고 가서 구원하게 하였다.

남생(男生)이 이에 (禍를) 모면하고 (男生에게) 평양도행군대총관(平壤道行軍大摠管) 겸 지절안무대사(持節按撫大使)를 제수하니, 가물(哥勿)·남소(南蘇)·창암(倉巖) 등 성(城)을 들어 항복하였다. 황제(皇帝)가 또 서대사인(西臺舍人) 이건역(李虔繹)을 명하여 (男生)군중(軍中)에 가서 위로하고, 포대(袍帶)·금구(金鉤) 일곱 가지를 사(賜)하였다. 명년(明年)에는 그를 불러서 입조(入朝)케 하고 요동대도독현도군공(遼東大都督玄菟郡公)에 전봉(轉封)하여 서울(唐京)에 집을 주었다. 그리고 조서(詔書)하여 군중(軍中)으로 돌아가 이적(李勣)과 함께 평양(平壤)을 공격하고 (城內로) 들어가서 왕을 사로잡으니, 황제(皇帝)가 조서하여 아들(獻誠)을 보내어 요수(遼水)에 가서 위로하고 상사(賞賜)하게 하였다. 돌아와서 우위대장군변국공(右衛大將軍卞國公)에 승진되었는데, 나이 46세에 죽었다. 남생(男生)은 순후(純厚)하고 예절(禮節)이 있으며, 상주응대(上奏應對)하는 데 민첩(敏捷)하고, 말을 잘하고 사예(射藝)를 잘하였다. 처음 당(唐)에 갔을 때에 부질(斧鑕 : 도끼)에 엎드려 대죄(待罪)하니 세상에서 이를 칭찬하였다.

헌성(獻誠)은 천원(天授 : 唐 武后의 연호, 西紀 690∼1) 연간(年間)에 우위대장군(右衛大將軍)으로 우림위(羽林衛)를 겸하였다. 무후(武后)가 일찍이 금폐(金幣)를 내어 문무관(文武官) 중에서 활을 잘 쏘는 자 5명을 뽑아 맞히는 자에게 주게 하였다. 내사(內史) 장광보(張光輔)가 먼저 헌성(獻誠)에게 양보하여 제일이 되었는데, 헌성(獻誠)은 후에 우왕령위대장군(右王鈴衛大將軍) 설토마지(薛吐摩支)에게 양보하니 마지(摩支)는 또 헌성(獻誠)에게 양보하였다. 얼마 후에 헌성(獻誠)이 아뢰기를 "폐하(陛下)께서 선사자(善射者)를 뽑으셨는데, 대부분은 중국(中國) 사람이 아닙니다. 아마 당(唐)의 관원(官員)들이 활 쏘는 것을 수치(羞恥)로 여길까 하오니 파(罷)하는 것이 좋겠습니다"하였다. 무후(武后)가 기쁘게 받아들였다. 내준신(來俊臣)이 일찍이 보화(寶貨)를 청구(請求)하였으나,[10] 헌성(獻誠)이 대답하지 않으니 모반(謀叛)한다고 무함(誣陷)하여 목매어 죽였다.[11] 무후(武后)가 후에 그 억울함을 알고 우우림위대장군(右羽林衛大將軍

---

10) 泉獻誠 墓誌銘에 의하면, 來俊臣은 이 때 刑獄을 맡고 威勢를 부리던 자로, 비밀히 獻誠에게 金帛寶物을 請求하였던바, 獻誠은 賄賂를 미워하여 不許하였다 한다.

11) 同上 墓誌에 의하면 이 때 獻誠의 나이 42세였다 한다.

將軍)을 추증(追贈)하고, 예(禮)로써 개장(改葬)하였다.

　(使臣이) 논(論)하여 가로되, 송(宋)의 신종(神宗)이 왕개보(王介甫 : 安石)와 고사(古事)를 논(論)하여 말하기를 "태종(太宗)이 고구려를 치다가 어찌하여 이기지 못하였는가"하니, 개보(介甫)가 "개소문(蓋蘇文)은 비상(非常)한 인물이었습니다"고 하였다. 그런즉 소문(蘇文)은 역시 재사(才士)인데, 곧은 도(道)로써 나라를 받들지 못하고 잔포(殘暴)를 마음대로 하여 (마침내) 대역(大逆)에 이른 것이다. 춘추(春秋 : 公羊傳)에 "임금이 시해(弑害)되었는데, 적(賊)을 토벌하지 아니하면 나라에 사람이 없다고 한다"[12] 하였다. 소문(蘇文)이 몸을 온전히 하여 집에서 죽은 것은 가위 요행으로 면하였다고 할 수 있다. 남생(男生)·헌성(獻誠)은 당황실(唐皇室)에 알려지기는 했지만, 본국(本國)으로 말한다면 반역인(叛逆人)이 됨을 면할 수 없다.

〔原文〕
三國史記 卷 第四十九
列傳 第九
倉助利　蓋蘇文

　倉助利, 高句麗人也, 烽上王時爲國相, 時慕容廆爲邊患, 王謂羣臣曰, 慕容氏兵强, 屢犯我疆場, 爲之奈何, 倉助利對曰, 北部大兄高奴子賢且勇, 大王若欲禦寇完民, 非高奴子無可用者, 王以爲新城太守, 慕容廆不復來, 九年秋八月, 王發國內丁男年十五已上, 修理宮室, 民乏於食, 困於役, 因之以流亡, 倉助利諫曰, 天災荐至, 年穀不登, 黎民失所, 壯者流離四方, 老幼轉乎溝壑, 此誠畏天憂民, 恐懼修省之時也, 大王曾是不思, 驅飢餓之人, 困木石之役, 甚乖爲民父母之意, 而況比鄰有强梗之敵, 若乘吾弊以來, 其如社稷生民何, 願大王熟計之, 王慍曰, 君者百姓之所瞻望也, 宮室不壯麗, 無以示威重, 今相國蓋欲謗寡人, 以干百姓之譽也, 助利曰, 君不恤民, 非仁也, 臣不諫君, 非忠也, 臣旣承乏國相, 不敢不言, 豈敢干譽乎, 王笑曰, 國相欲爲百姓死耶, 冀無後(後, 恐作復)言, 助利知王之不悛, 退與羣臣謀廢之, 王知不免, 自縊.

---

　12) 春秋 公羊傳 隱公 11년 冬11월條에 보이거니와, 原文에는 '春秋, 君弑, 賊不討, 不書葬, 以爲無臣子也, 子沈子曰, 君弑, 臣不討賊, 非臣也, 不復讎, 非子也'라고 하였다.

蓋蘇文(或云蓋金), 姓泉氏, 自云生水中, 以惑衆, 儀表雄偉, 意氣豪逸, 其父東部(或云西部)大人大對盧死, 蓋蘇文當嗣, 而國人以性忍暴惡之, 不得立, 蘇文頓首謝衆, 請攝職, 如有不可, 雖廢無悔, 衆哀之, 遂計嗣位, 而兇殘不道, 諸大人與王密議欲誅, 事洩, 蘇文悉集部兵, 若將校閱者, 并盛陳酒饌於城南, 召諸大臣共臨視, 賓至, 盡殺之, 凡百餘人, 馳入宮弑王, 斷爲數段, 棄之溝中, 立王弟之子臧爲王, 自爲莫離支, 其官如唐兵部尙書兼中書令職也, 於是號令遠近, 事制國事, 甚有威嚴, 身佩五刀, 左右莫敢仰視, 每上下馬, 常令貴人武將伏地而履之, 出行必布隊伍, 前導者長呼, 則人皆奔迸, 不避坑谷, 國人甚苦之, 唐太宗聞, 蓋蘇文弑君而專國, 欲伐之, 長孫無忌曰, 蘇文自知罪大, 畏大國之討, 設其守備, 陛下姑爲之隱忍, 彼得之自安, 愈肆其惡, 然後取之, 未晩也, 帝從之, 蘇文告王曰, 聞中國三敎並行, 而國家道敎尙缺, 請遣使於唐求之, 王遂表請, 唐遣道士叔達等八人, 兼賜道德經, 於是取浮屠寺館之, 會, 新羅入唐, 告百濟攻取我四十餘城, 復與高句麗連兵, 謀絶入朝之路, 小國不得已出師, 伏乞天兵救援, 於是太宗命司農丞相里玄獎, 賫璽書勅王曰, 新羅委質國家, 朝貢不闕, 爾與百濟宜各戢兵, 若更攻之, 明年發兵討爾國矣, 初玄獎入境, 蘇文已將兵擊新羅, 王使召之乃還, 玄獎宣勅, 蘇文曰, 往者隋人侵我, 新羅乘釁 奪我城邑五百里, 自此怨隙已久, 若非還我侵地, 兵不能已, 玄獎曰, 旣往之事, 焉可追論, 今遼東本皆中國郡縣, 中國尙不言, 句麗豈得必求故地, 蘇文不從, 玄獎還具言之, 太宗曰, 蓋蘇文弑其君, 賊其大臣, 殘虐其民, 今又違我詔命, 不可以不討, 又遣使蔣儼諭旨, 蘇文竟不奉詔, 乃以兵脅使者, 不屈, 遂囚之窟室中, 於是太宗大擧兵親征之, 事具句麗本紀, 蘇文至乾封元年死, 子男生字元德, 九歲以父任爲先人, 遷中裏小兄, 猶唐謁者也, 又爲中裏大兄, 知國政, 凡辭令皆男生主之, 進中裏位頭大兄, 久之, 爲莫離支, 兼三軍大將軍, 加大莫離支, 出按諸部, 而弟男建・男産, 知國事, 或曰, 男生惡君等逼已, 將除之, 建・産未之信, 又有謂男生將不納君, 男生遣諜往, 男建捕得, 卽矯王命, 召之, 男生懼不敢人, 男建殺其子獻忠, 男生走保國內城, 率其衆與契丹靺鞨兵附唐, 遣子獻誠訴之, 高宗拜獻誠右武衛將軍, 賜乘輿馬瑞錦寶力, 使還報, 詔契苾何力率詔兵援之, 男生乃免, 授平壤道行軍大摠管, 兼持節安撫大使, 擧哥勿・南蘇・倉巖等城以降, 帝又命西臺舍人李虔繹就軍慰勞, 賜袍帶金釦七事, 明年召入朝, 遷遼東大都督玄菟郡公, 賜第京師, 因詔還軍, 與李勣攻平壤, 入禽王, 帝詔遣子卽遼水勞賜還, 進右衛大將軍卞國公, 年四十六卒, 男生純厚有禮, 奏對敏辯, 善射藝, 其初至, 伏斧鑕待罪, 世以此稱焉, 獻誠天授中以右衛大將軍, 兼羽林衛, 武后嘗出金幣於文武官, 內擇善射者五人, 中者以賜之, 內史張光輔先讓獻誠爲第一, 獻誠後讓右王鈴衛大將軍薛吐摩支, 摩支又讓獻誠, 旣而獻誠奏曰, 陛下擇善射者, 然多非華人, 臣恐唐官以射爲恥, 不如罷之, 后嘉納, 來俊臣嘗求貨, 獻誠不答, 乃誣其謀叛, 縊殺之, 后後知其冤, 贈右羽林衛大將軍, 以禮改葬.

論曰, 宋神宗與王介甫論事曰, 太宗伐高句麗, 何以不克 介甫曰, 蓋蘇文非常人也, 然則蘇文亦才士也, 而不能以直道奉國, 殘暴自肆, 以至大逆, 春秋君弒賊不討, 謂之國無人, 而蘇文保腰領以死於家, 可謂幸而免者, 男生·獻誠, 雖有聞於唐室, 而以本國言之, 未免爲叛人者矣.

삼국사기 권 제 50

열전(列傳) 제 10
궁예(弓裔) 견훤(甄萱)

궁예(弓裔)는 신라인(新羅人)으로 성(姓)은 김씨(金氏)다. 아버지는 제 47 대 헌안왕(憲安王) 의정(誼靖)이며 어머니는 헌안왕(憲安王)의 빈(嬪)으로 그의 성명(姓名)은 전하지 않는다. 혹은 48 대 경문왕(景文王) 응염(膺廉)의 아들로서, 5월 5일에 외가(外家)에서 출생하였다고 한다. 그 때 지붕 위에 긴 무지개와 같은 흰빛이 하늘에까지 닿았는데, 일관(日官)이 아뢰기를 "이 아이가 중오일(重午日 : 5월 5일)에 태어났고, (또) 나면서부터 이가 있습니다. 또 광염(光焰)이 이상하였으니 장래 국가(國家)에 이롭지 못할 듯합니다. 기르지 마옵소서" 하였다. 왕이 중사(中使 : 宮中의 勅使)를 명하여 그 집에 가서 죽이게 하였다. 사자(使者)가 (어린애를) 강보에서 빼앗아 누(樓)마루 아래로 던졌는데 (마침) 젖먹이 비자(婢子)가 몰래 받다가 잘못하여 손으로 찔러 한쪽 눈이 멀게 되었다. (그래서) 안고 도망하여 숨어서 고생스럽게 길렀다. 나이 10 여 세가 되자 유희(遊戲)하기를 마지아니하므로 그 비자(婢子)가 말하기를, "네가 나서 나라의 버림을 받은 것을 내가 차마 보지 못하여 남 모르게 길러 오늘에 이르렀는데, 너의 미친 행동이 이러하니 반드시 남들이 알게 될 것이다. 그렇게 되면 너와 나는 다 (죽음을) 면하지 못할 것이니 어찌하느냐" 하였다. 궁예(弓裔)는 울며 말하기를 "만일 그렇다면 내가 (멀리) 가서 어머니의 근심이 되지 않게 하겠소" 하고, 그만 세달사(世達寺)로 가니 지금의 흥교사(興敎寺 : 開豊郡 豊德)가 그곳이다. 머리를 깎고 중이 되어 선종(善宗)이라고 자호(自號)하였다.

　장성해서는 승려(僧侶)의 계율(戒律)에 구애(拘礙)하지(조심하지) 않고, 기상(氣像)이 활발하며 담기(膽氣)가 있었다. 일찍이 재(齋) 올리는 데 나가 행렬

(行列)에 들었는데, 까마귀들이 무엇을 물어다가 그의 바리때 속에 떨어뜨렸다. 주워 보니 아첨(牙籤 : 象牙로 만든 占친 가지)에 왕자(王字)가 써 있으므로 비밀히 간직하여 말하지 않고 퍽 자부심(自負心)을 가지게 되었다. 신라가 말년(末年)에 쇠미(衰微)하여지므로 정치(政治)가 어지럽고 백성들이 흩어지며, 왕기(王畿)[1] 밖의 주현(州縣)이 반(叛 : 배반) · 부(附 : 內屬)가 서로 반반(半半)씩이 되었고, 원근(遠近)에 여러 도적들이 벌떼와 같이 일어나고 개미처럼 모였다. 선종(善宗)은 어지러운 틈을 타서 무리(군사)를 모으면 뜻을 이룰 수 있으리라 하여 진성(여)왕(眞聖(女)王) 즉위 5년, 대순(大順 : 唐昭宗 연호) 2년 신해(辛亥 : 西紀 891)에 죽주(竹州 : 前日 竹山 일대)의 적괴(賊魁) 기훤(箕萱)에게 귀의(歸依)하였는데 기훤(箕萱)이 업신여기어 예우(禮遇)하지 아니하였다. 선종(善宗)이 우울하여 스스로 안정하지 못하고 비밀히 기훤(箕萱)의 휘하(麾下)인 원회(元會) · 신훤(申煊) 등과 결탁하여 친구가 되었다.

　경복(景福 : 唐昭宗 연호) 원년 임자(壬子 : 眞聖王 6년)에 (善宗이) 북원(北原 : 지금 原州)의 적(賊) 양길(梁吉)에게 가니, 길(吉)이 잘 대우하며 일을 맡겼다. 드디어 군사를 나누어 주면서 동쪽으로 가서 공략(攻略)하게 하니, 이에 그는 치악산(雉岳山 : 지금 原城郡) 석남사(石南寺)에 출숙(出宿)하고, 주천(酒泉 : 지금 原城郡) · 내성(奈城 : 지금 寧越) · 울오(鬱烏 : 위치 미상) · 어진(御珍 : 위치 미상) 등 현성(縣城)을 습격(襲擊)하여 모두 항복받았다. 건녕(乾寧 : 唐昭宗 연호) 원년(眞聖王 8년)에는 명주(溟州 ; 江陵)로 들어가니, 군사가 3,500 명[2]이나 되었다. 이를 14 대(隊)로 나누어 김대검(金大黔) · 모흔(毛昕) · 장귀평(長貴平) · 장일(張一) 등으로 사상(舍上)〔舍上은 部長을 말함이다〕을 삼고 사졸(士卒)과 더불어 감고(甘苦)와 노일(勞逸)을 같이하며, 주고 빼앗고 하는 데 있어서도 공(公)으로 하고 사사(私事)로 하지 아니하니, 이로써 중심(衆心)이 그를 두려워하고 경애(敬愛)하여 장군(將軍)으로 추대하였다. 이에 (善宗은) 저족(猪足 : 지금 麟蹄) ·

---

1) 王畿는 國都 주위의 6 畿亭을 말한 것이니, 本書 地理志(大城郡 및 商城郡條)에 보면, ① 東畿停(毛只停), ② 南畿停(道品兮停), ③ 中畿停(根乃停), ④ 西畿停(豆良彌知停), ⑤ 北畿停(雨谷停), ⑥ 莫耶停(官阿良支停)이 그것이다. 이 6 畿停의 지금 위치는 분명치 않으나, 그 중의 맨 끝인 官阿良支를 一云 北阿良이라 한 것을 보면, 그 곳은 지금의 安康인 것 같다. 어떻든 地理志에 이들 6 畿停이 高麗時代에는 모두 慶州(지금 慶州市와 月城郡 및 그 부근)에 속하였으므로 대체로 羅代의 國都 부근이라고 보아야 할 것이다.

2) 新羅本紀(眞聖女王 8년)에는 6 백여 명이라고 하였다.

생천(牲川 : 지금 華川)·부약(夫若 : 지금 金化)·금성(金城 : 지금 金化郡 金城面)
·철원(鐵圓 : 지금 鐵原郡) 등의 성(城)을 격파(擊破)하고 군사의 성세(聖勢)가
매우 떨치니, 패서(浿西 : 禮成江 이북의 地域)의 적구(賊寇)[3]로서 와서 항복하
는 자가 많았다. 선종(善宗)이 스스로 생각하기를, 무리가 많으므로 개국(開國)
할 수 있다고 하여 임금을 자칭(自稱)[4]하고 내외(內外)의 관직(官職)을 설치하
였다. (이 때 國號를 高麗[5]라고 하였다) 아태조(我太祖 : 高麗太祖 王建)가 송악
군(松岳郡 : 지금 開城)에서 (善宗(弓裔)에게) 내투(來投)하자, 곧 (그를) 철원군
(鐵圓郡) 태수(太守)를 제수(除授)하였다.[6]

3년(乾寧) 병진(丙辰 : 眞聖王 10년)에 승령(僧嶺 : 漣川郡 朔寧)·임강(臨江 : 지
금 長湍)의 두 현(縣)을 공취(攻取)하고, 4년(乾寧) 정사(丁巳 : 眞聖王 11년)에는
인물현(仁物縣 : 지금 開豊郡 豊德)이 항복하였다. 선종(善宗)이, '송악군(松岳郡)
은 한수(漢水) 북쪽의 이름난 군(郡)으로, 산수(山水)가 기이(奇異)하고 수려(秀
麗)하다' 하여, 드디어 (이듬해) 도읍(都邑)으로 정하고,[7] 공암(孔巖 : 지금 金浦
郡 陽川)·검포(黔浦 : 지금 金浦郡 黔丹面)·혈구(穴口 : 지금 江華郡) 등의 성
(城)을 격파(擊破)하였다. 이 때 양길(梁吉)은 그대로 북원(北原 : 原州)에 있어
국원(國原 : 忠州) 등 30여 성(城)을 취하여 소유(所有)하였다. 선종(善宗)의 땅
이 넓고 백성이 많다는 말을 듣고 크게 노하여 30여 성(城)의 강병(强兵)으로

---

3) 新羅本紀(孝恭王 2년條)에는 弓裔가 浿西道 및 漢山州 管內의 30여 城을 取하였다
   고 한다.
4) 新羅本紀에 의하면, 孝恭王 5년 辛酉(西紀 901)의 사실로 되어 있으니, 辛酉란 해는
   讖緯家에서는 革命의 해로 觀念하기 때문에, 讖緯惑信者인 弓裔가 특히 이 해를 擇
   하여 開國稱王하였던 것으로 思料된다.
5) 三國遺事 王曆.
6) 高麗史 太祖世家(緖頭)에 의하면, 당시 太祖의 父親인 世祖 王隆이 松岳郡의 沙粲
   (飡)으로 있었는데, 乾寧 3년 丙辰(眞聖女王 10년)에 郡(松岳)을 들어 弓裔에게 歸依
   하니, 弓裔가 크게 기뻐하여 金城太守를 삼았다 한다. 또 世祖가 弓裔에게 勸하기를
   大王이 朝鮮·肅愼·卞韓 땅에 王하고자 할진대, 먼저 松岳에 城을 쌓고 나의 長子
   (太祖)로써 그 城主를 삼게 하라고 하므로 弓裔가 받아들여 太祖로 하여금 勃禦塹城
   을 쌓게 하고 이내 城主를 삼으니 이 때 太祖의 나이 20세였다. 光化 원년 戊午(孝
   恭王 2년, 西紀 898)에 弓裔가 松岳에 移都하므로 太祖가 來見하니, 弓裔가 精騎大監
   을 삼았다고 한다. 世祖도 太祖와 같이 弓裔를 섬기었다 함은 事實일지도 모르나, 世
   祖가 弓裔를 勸하였다는 上記의 이야기는 믿기 어렵다.
7) 新羅本紀에는 이렇게 孝恭王 2년 戊午에 松岳에 도읍하였다고 하였는데, 三國遺事
   王曆에는 그 前年인 丁巳에 '移都松岳'이라고 하였다. 本紀 쪽이 옳을 것이다.

써 습격하려 하였는데, 선종(善宗)이 탐지(探知)하고 먼저 공격하여 크게 파(破)하였다.

광화(光化) 원년 무오(戊午 : 新羅 孝恭王 2년, 西紀 898) 2월에 송악성(松岳城)을 수즙(修葺)하고 아태조(我太祖)로 정기대감(精騎大監)을 삼아 양주(楊州)·견주(見州 : 楊州郡 舊邑內)를 쳤다. 11월에 팔관회(八關會)[8]를 시작하였으며, 3년(光化) 경신(庚申)에는 또 태조(太祖)를 명하여 광주(廣州)·충주(忠州)·당성(唐城 : 華城郡 南陽)·청주(靑州[靑川이라고도 함] : 지금 淸源郡)·괴양(槐壤 : 지금 槐山郡) 등을 쳐서 모두 평정(平定)하고, 공(功)으로 태조(太祖)에게 아찬(阿飡) 벼슬을 제수(除授)하였다. 천복(天復 : 唐昭宗 연호) 원년 신유(辛酉 : 孝恭王 5년)에 선종(善宗)이 왕(王)을 자칭(自稱)하고 사람들에게 이르기를, "옛날에 신라가 당(唐)에 청병(請兵)하여 고구려를 파(破)하였기 때문에 평양(平壤) 옛 서울이 황폐(荒廢)하여 풀만 무성하니 내가 반드시 그 원수를 갚으리라[9]" 하였다. 대개 그가 출생(出生)해서 (나라의) 버림을 받은 것을 원망하였던 까닭에 이런 말을 한 것이다. 일찍이 남쪽으로 순행(巡行)하여 흥주(興州 : 지금 榮州郡 順興面) 부석사(浮石寺)에 가서 벽(壁)에 그린 신라왕(新羅王)의 상(像)을 보고 검(劒)을 빼어 쳤는데, 그 칼날 자국이 아직도 남아 있다.

천우(天祐 : 唐哀帝 연호) 원년 갑자(甲子 : 孝恭王 8년)에 국호(國號)를 마진(摩震),[10] 연호(年號)를 무태(武泰)라고 하였다. 비로소 광평성(廣評省 : 新羅의 執事省과 같은 最高行政府)을 두어, 광치내(匡治奈)[지금 侍中]·서사(徐事)[지금 侍郎]·외서(外書)[지금 員外郎]의 관원(官員)들을 채우고, 또 병부(兵部)[지금 軍部]·대룡부(大龍部)[倉部를 말함]·수춘부(壽春部)[지금 禮部]·봉빈부(奉賓部)[지금 禮賓省]·의형대(義刑臺)[지금 刑部]·납화부(納貨部)[지금 大府寺

---

8) 高麗의 八關會와 같은 것으로, 神人共樂의 종합적인 冬期大祭典이다.

9) 이것은 弓裔가 옛날 高句麗 境內인 북쪽에서 起國하였기 때문에 그 地方의 人心을 鼓舞하고 煽動코자 하는 의도에서 나온 말이어니와, 그 때의 國號도 高麗(後高麗)라고 했던 것이다(三國遺事 王曆에 '辛酉, 稱高麗'라고 한 것이 그것이다.

10) 弓裔는 讖緯惑信者이기 때문에, 讖緯家에서 역시 神秘視하는 甲子年을 擇하여 國號를 改稱하고 年號를 세웠던 것이다. 國號 摩震은 나의 해석으로는 '摩訶震旦'의 略稱이니, 梵語로 摩訶(마하)는 大의 뜻이요, 震旦은 Cinitana의 音譯으로, 秦人의 住地란 뜻이라 한다. 본시는 印度人이 中國을 持稱한 名詞인데, 그 이름이 擴大되어 東方全體를 意味하는 말로 化하여졌다. 그리고 보면 摩震 즉 摩訶震旦은 大東方國의 뜻임을 알 수 있다(震檀學報 제1, 拙稿「震檀辯」참고).

(시)]·조위부(調位部)[지금 三司]·내봉성(內奉省)[지금 都省]·금서성(禁書省)
[지금 秘書省]·남상단(南廂壇)[지금 將作監]·수단(水壇)[지금 水部]·원봉성
(元鳳省)[지금 翰林院]·비룡성(飛龍省)[지금 太僕寺]·물장성(物藏省)[지금 少
府監]을 설치하였다. 또 사대(史臺)[諸 譯語(外國語)의 學習을 管掌]·식화부(植
貨府)[果樹 栽植을 管掌]·장선부(障繕部)[城隍修理를 管掌]·주도성(珠淘省)[器
物造成을 管掌]을 두고, 정광(正匡)·원보(元輔)·대상(大相)·좌윤(佐尹)·정조
(正朝)·보윤(甫尹)·군윤(軍尹)·중윤(中尹) 등의 품직(品職)을 베풀었다. 7월
에 청주(靑州:지금 淸源郡)의 민가(民家:人戶) 1,000호를 철원군(鐵圓郡:鐵原
郡 北面 楓川原)으로 옮겨 서울을 삼고,[11] 상주(尙州) 등 30여 주현(州縣)을 공
취(攻取)하니, 공주(公州) 장군(將軍) 홍기(弘奇)가 와서 항복하였다.

천우(天祐) 2년 을축(乙丑:孝恭王 9년)에 새 서울(鐵圓城)에 들어가 관궐(觀
闕)·누대(樓臺)를 수즙(修葺)하였는데, 사치(奢侈)를 극(極)하였다.[12] 무태(武
泰:年號)를 고쳐 성책(聖冊) 원년이라 하고, 원년(天祐)에 패서(浿西:見上) 13
진(鎭)을 분치(分置)하였다. 평양(平壤) 성주(城主) 장군(將軍) 검용(黔用)이 항
복하고, 증성(甑城:平南 江西郡 甑山)의 적의(赤衣)·황의(黃衣)의 적(賊)과 명
귀(明貴) 등이 와서 항복하였다. 선종(善宗)이 강성(强盛)함을 자긍(自矜)하면
서 (新羅를) 병탄(倂呑)할 생각을 가지고 나라 사람으로 하여금 신라를 멸도
(滅都)라 부르게 하고, 신라로부터 오는 사람을 모두 베어 죽였다.

주량(朱梁)[13] 건화(乾化) 원년 신미(辛未:孝恭王 15년)에는 성책(聖冊) 연호
를 고쳐서 수덕만세(水德萬歲) 원년이라 하고, 국호(國號)를 (또) 고쳐 태봉(泰
封)[14]이라 하였다. 그리고 태조(太祖)를 보내어 군사를 거느리고 금성(錦城:지
금 羅州) 등지(等地)를 쳐서 금성(錦城)을 나주(羅州)라 개칭(改稱)하였는데, 공

---

11) 松岳에서 鐵圓으로 遷都한 것인데, 이 때는 新羅 孝恭王 9년(西紀 905)이었다(新羅
   本紀).
12) 前日 筆者가 鐵原 北面 楓川原에 있는 그 舊址를 踏査한 일이 있었는데, 그 城址·
   宮址라든가 기타 遺跡을 보았을 때 과연 그 規模가 宏傑하고 奢侈스러웠던 것을 想
   像할 수 있었다.
13) 唐末에 朱全忠이 세웠던 梁이니, 南北朝時代 蕭衍이 세웠던 梁을 前梁, 朱氏의 梁을
   後梁이라고 한다.
14) 泰封의 意義는 확실치 아니하나, 泰는 아마 周易 泰卦의 泰를 取한 듯. 즉 여기의 泰
   는 '天地交而萬物生, 上下交而其志同'(天地上下가 사귀어 萬物이 생하고 心志가 和同
   한다는 뜻)이란 것이다. 그리고 封은 말할 것도 없이 封土·封疆의 뜻일 것이다.

(功)을 논(論)하여 태조(太祖)로 대아찬(大阿湌) 장군(將軍)을 삼았다. 선종(善宗)이 미륵불(彌勒佛)을 자칭(自稱)하며, 머리에 금책(金幘 : 金色 帽子)을 쓰고 몸에 방포(方袍 : 僧服)를 입었으며, 장자(長子)를 청광보살(靑光菩薩), 계자(季子)를 신광보살(神光菩薩)이라 하였다. 외출(外出)할 때에는 항상 백마(白馬)를 타고 채색(彩色) 비단으로 말갈기(鬃)와 꼬리(尾)를 장식하고, 동남동녀(童男童女)로 일산과 향화(香花)를 받들게 하여 앞에서 인도하고, 또 비구(比丘) 200여 명으로 범패(梵唄 : 佛德을 찬양하는 노래)를 부르면서 뒤를 따르게 하였다. 또 경문(經文) 20여 권을 자술(自述)하였는데, 그 말이 요망스럽고 모두 불경(不經 : 正道에 맞지 않는)한 것이었다. 때로는 정좌(正坐)하여 강설(講說)하였는데, 승석총(僧釋聰)이 이르기를 "모두 사설(邪說)·괴담(怪談)으로써 가르칠 수 없는 것이라" 하니, 선종(善宗)이 듣고 노(怒)하여 철퇴(鐵椎)로 때려죽였다.

3년(乾化) 계유(癸酉 : 神德王 2년)에 태조(太祖)를 파진찬(波珍湌) 시중(侍中)을 삼고, 4년(乾化) 갑술(甲戌)에 (年號) 수덕만세(水德萬歲)를 고쳐 정개(政開) 원년이라 하고, 태조(太祖)로 백선장군(百船將軍)을 삼았다. 정명(貞明 : 後梁末帝 연호) 원년(神德王 4년, 西紀 915)에 부인(夫人) 강씨(康氏)가, 왕이 비법(非法)을 많이 행하므로 안색(顔色)을 바르게 하고 간(諫)하니 왕이 미워하여 "네가 다른 사람과 간통(姦通)을 하니 무슨 일이냐" 하였다. 강씨(康氏)가 "어찌 그러한 일이 있으리요" 하였다. 왕이 "내가 신통력(神通力)으로 보아 안다" 하고 무쇠방망이를 열화(烈火)에 달구어 그 음부(陰部)를 쳐서 죽이고, 두 아들까지 죽였다. 그 후로는 의심이 많고 화를 잘내니, 여러 보좌관(補佐官 : 寮左)과 장수·관리로부터 평민(平民)에 이르기까지 죄없이 주륙(誅戮)되는 자가 자주 있으며, 부양(斧壤 : 平康)·철원(鐵圓(原)) 일대의 사람들이 그 해독(害毒)에 견디지 못하였다.

이에 앞서 상객(商客) 왕창근(王昌瑾)이 당(唐)에서 와서 철원(鐵圓) 시전(市廛)에 우거(寓居)하였다. 정명(貞明) 4년 무인(戊寅 : 新羅 景明王 2년)에, 시중(市中)에 모양이 괴위(魁偉)하고 모발(毛髮)이 모두 흰 사람 하나가 나타났는데, 옛날 의관(衣冠)을 입고 왼손에는 자기(磁器) 사발을 가지고 오른손에는 고경(古鏡)을 들고 와서 창근(昌瑾)에게 이르기를 "거울을 살 수 있는가" 하므로 창근(昌瑾)이 곧 쌀로써 바꾸었다. 그 사람은 쌀을 거리의 걸아(乞兒)들에게 나누어 주고 어디로 갔는지 알지 못하였다. 창근(昌瑾)이 그 거울을 벽상

(壁上)에 걸었는데, 해가 거울에 비치며 (거기에) 가는 글자가 씌어 있었다.[15] 읽어 보니, 고시(古詩)와 같은 것으로서 대략 이러한 것이다.

상제(上帝)가 아들을 진마(辰馬 : 辰韓 馬韓) 땅에 내려보내니,

먼저 닭을 잡고 뒤에 오리를 때린다.

사년중(巳年中)에는 두 용(龍)이 나타나는데,

하나는 몸을 청목중(靑木中)에 감추고,

하나는 형상을 흑금동(黑金東)에 나타냈도다.

창근(昌瑾)이 처음에는 문구(文句)가 있는 줄을 몰랐다가 이것을 (자세히) 보고는 보통 일이 아니라 하고, 드디어 왕에게 고(告)하였다. 왕이 유사(有司)에게 명하여 창근(昌瑾)과 함께 그 거울 주인(主人)을 물색(物色)해 찾게 하였으나 볼 수 없었고, 오직 발삽사(勃颯寺) 불당(佛堂)에 있는 진성소상(鎭星塑像)이 그 사람과 같았다.[16]

왕이 오랫동안 이상(異常)함을 탄식하다가, 문인(文人) 송함홍(宋含弘)·백탁(白卓)·허원(許原) 등을 명하여 풀이하게 하였다. 함홍(含弘) 등이 서로 이르기를 "상제(上帝)가 아들을 진마(辰馬)에 내려보냈다는 것은 진한(辰韓)·마한(馬韓)을 말함이요, 두 용(龍)이 나타나 하나는 청목(靑木)에 감추고 하나는 흑금(黑金)에 나타냈다고 하였는데, 청목(靑木)은 소나무이니 송악군인(松岳郡人)으로서 용(龍)으로 이름한 이의 손자, 지금 파진찬(波珍湌) 시중(侍中 : 王建)을 말함인가? 흑금(黑金)은 철(鐵)이니, 지금의 도읍(都邑)인 철원(鐵圓)을 말함이다. 지금 주상(主上)이 처음에 여기서 일어났다가 나중에 여기서 멸망한다는 참언(讖言)이다. 먼저 닭을 잡고 후에 오리를 친다는 것은 파진찬(波珍湌) 시중(侍中)이 먼저 계림(雞林)을 얻고 후에 압록강(鴨淥江)을 거둔다는 뜻이라"고 하였다. 그리고 송함홍(宋含弘) 등이 서로 말하기를 "지금 주상(主上)의 학란(虐亂)이 이와 같은데, 우리들이 사실대로 말한다면 우리들만이 젓갈(菹醢)

---

15) 鏡文의 全部는 모두 145字로 高麗史 太祖世家에 실려 있다. 鏡文의 내용은 高麗太祖 王建의 登極과 三國統一을 豫言한 圖讖詩句로서 造作임에는 틀림없으나, 愚見으로는 그 造作이 後世에 된 것이 아니라 당시 王建을 推戴하려는 革命派에서 일반 民心을 刺戟코자 일부러 이를 造作하여 秘密裏에 사람을 이상한 복색으로 假裝시켜 外國商人인 王昌瑾에게 傳賣하였던 것이라고 해석한다(拙稿 「高麗時代硏究」 8~10面 참조).

16) 아마 古鏡 造作派에서 그러한 塑像(소상)과 비슷한 服飾을 입혀 異人으로 假裝시켰던 모양이다.

이 될 뿐 아니라, 파진찬(波珍湌) 또한 반드시 화(禍)를 당할 것이라" 하고, 이에 말을 (適當히) 고(告)하였다. 왕은 (갈수록) 흉악(凶惡)・포학(暴虐)한 짓을 마음대로 하니, 신하들은 떨며 두려워하여 몸둘 바를 몰라 했다.

그 해(奉封國 政開 5년) 6월에 장군(將軍) 홍술(弘述)・백옥(白玉)・삼능산(三能山)・복사귀(卜沙貴)——이는 홍유(洪儒)・배현경(裴玄慶)・신숭겸(申崇謙)・복지겸(卜知謙)의 소시(少時)의 이름이다——네 사람이 비밀히 모의(謀議)하고 밤에 태조(太祖)의 사제(私第)로 가서 말하기를 "지금 주상(主上)이 형벌(刑罰)을 남용(濫用)하여 처자(妻子)를 죽이고 신료(臣寮)를 주멸(誅滅)하니, 창생(蒼生)이 도탄(塗炭)에 빠져 부지할 수가 없습니다. 예로부터 혼주(昏主 : 暗主)를 폐(廢)하고 명왕(明王)을 세우는 것은 천하(天下)의 대의(大義)입니다. 청컨대 공(公)은 탕(왕)(湯(王))・무(왕)(武(王))의 일을 행하기 바랍니다" 하였다. 태조(太祖)가 안색(顏色)을 고치며 거절하기를 "내가 충성(忠誠)과 순직(純直)으로 자허(自許)하여 왔는데, 지금 (主上이) 포학(暴虐)하다고 하지만 감히 두 마음을 가질 수 없다. 대저 신하로서 임금을 교체(交替)하는 것을 혁명(革命)이라 하는데, 내가 실제 박덕(薄德)으로서 어찌 감히 은(殷)・주(周)의 일을 본받을 수 있으랴" 하였다. 여러 장수들이 말하기를 "때는 두 번 오지 아니하므로, 만나기는 어렵고 잃기는 쉽습니다. 하늘이 주는 것을 취하지 않으면 도리어 그 벌(罰)을 받습니다. 지금 정사(政事)는 어지럽고 나라는 위태로운데, 백성들이 모두 웃사람 미워하기를 원수와 같이 합니다. 지금에 있어 덕성(德聖)이 공(公)의 위에 있을 사람이 없습니다. 하물며, 왕창근(王昌瑾)이 얻은 경문(鏡文)이 저러한데, 어찌 칩복해 있다가 독부(獨夫)의 손에 죽을 것입니까" 하였다. 부인(夫人) 유씨(柳氏)도 여러 장수들의 의논을 듣고 이에 태조(太祖)에게 이르기를 "인(仁)으로써 불인(不仁)을 치는 것은 예로부터 그러합니다. 지금 여러 사람의 의논을 들으니 첩(妾)으로서도 분심(憤心)이 일어나는데, 더구나 대장부(大丈夫)에 있어서이겠습니까? 지금 여러 사람의 마음이 갑자기 변하는 것은 천명(天命)이 돌아왔기 때문입니다" 하며 손으로 갑옷을 들어 태조(太祖)에게 올렸다.

여러 장수들이 태조(太祖)를 부축하여 호위하고 문(門) 밖으로 나오며 외치게 하기를, "왕공(王公)이 이미 의기(義旗)를 들었다"고 하였다. 여기서 전후(前後)로 달려와 따르는 자가 얼마인지 모르며, 또 먼저 궁성문(宮城門)으로 가서 떠들며 기다리는 자가 역시 1만여 명이었다. 왕이 (이 사실을) 듣고 어

찌할 바를 몰라, 이미 사복(私服) 차림으로 도망해서 산림중(山林中)으로 들어
갔다가, 얼마 아니하여 부양민(斧壤(지금 平康)民)에게 해(害)를 입었다. 궁예
(弓裔)는 당(唐) 대순(大順 : 唐昭宗 연호) 2년(眞聖女王 5년)에 일어나 주량(朱
梁) 정명(貞明) 4년(景明王 2년)까지 갔으니 무릇 28년 만에 멸(滅)한 것이다.

견훤(甄萱)은 상주(尙州) 가은현(加恩縣 : 지금 聞慶郡 加恩面) 사람으로, 본성
(本性)은 이(李)인데 후에 견(甄)으로 성씨(姓氏)를 삼았다. 아버지는 아자개(阿
慈介)이니 농사로 자활(自活)하다가 후에 기가(起家)하여 장군(將軍)이 되었다.
처음에 훤(萱)이 태어나서 아직 강보(襁褓 : 포대기)에 싸여 있을 때, 아버지가
들에 나가 밭을 갈고 어머니는 식사(食事)를 가져다 주려 하여 어린애를 수림
(樹林) 아래에 두니 범이 와서 젖을 먹였으므로 마을에서 듣는 이들이 신이(神
異)하게 생각하였다. (甄萱이) 장성하여서는 체모(體貌)가 웅대기이(雄大奇異)
하고 지기(志氣)가 활달하고 비범(非凡)하였다. 종군(從軍)하여 서울에 들어왔
다가 서남해(西南海)의 방수(防戍)에 부임(赴任)하여 창(戈)을 베개로 삼고 적
(敵)을 기다리고 있었는데, 그 용기가 항상 병사(兵士)들에게 앞장섰으며, 공로
(功勞)로 해서 비장(神將 : 補佐官)이 되었다. 당소종(唐昭宗) 경복(景福) 원년은
신라(新羅) 진성왕(眞聖王) 재위(在位) 6년인데, 아첨하는 소인(小人 : 嬖竪)들이
(왕의) 곁에 있어 정권(政權)을 농간하니 기강(紀綱)은 문란하여 해이해지고,
기근(饑饉)이 겹쳐 백성들이 유리(流移)하고 도적들이 벌떼같이 일어났다.
　이에 훤(萱)은 은근히 반심(叛心)을 품고 무리를 모아 서울 서남(西南)쪽의
주현(州縣)들을 진격(進擊)하니, 가는 곳마다 (메아리쳐) 호응(呼應)하여 그 무
리가 달포 사이에 5,000여 명에 달하였다. 드디어 무진주(武珍州 : 州治는 지금
光州市)를 습격하여 스스로 왕이 되었지만 감히 공공연히 왕(王)을 일컫지 않
고 자서(自署 : 自稱)하여 '신라서면도통지휘병마제치지절도독전무공등주군사행
(新羅西面都統指揮兵馬制置持節都督全武公等州軍事行)　전주자사겸어사중승상주
국한남군개국공(全州刺史兼御史中丞上柱國漢南郡開國公), 식읍(食邑)은 2,000호'
라고 하였다. 이 때 북원(北原 : 原州)의 적(賊) 양길(良(梁)吉)이 강성(强盛)하자
궁예(弓裔)가 자진 투신(投身)하여 그 휘하(麾下)가 되니, 훤(萱)이 듣고 멀리
있는 양길(良吉)에게 관직(官職)을 제수(除授)하여 비장(神將)으로 하였다. 훤
(萱)이 서쪽으로 순행(巡行)하여 완산주(完山州 : 全州)에 이르니 주민(州民)들이
맞이하여 위로(환영)하였다. 훤(萱)이 인심(人心)을 얻은 것을 기뻐하여 좌우

(左右)에게 이르기를 "내가 삼국(三國)의 기원(起源)을 상고해 보면, 마한(馬韓)이 먼저 일어나고 후에 혁세(赫世 : 赫居世)가 발흥(勃興)하였으므로 진(한)(辰(韓))·변(한)(卞(韓))이 따라 일어났다.[17] 이에 백제(百濟)는 금마산(金馬山)에서 개국(開國)하여(歷史의 錯覺) 600여 년이 지났는데, 총장(摠章) 연간(年間)에 당고종(唐高宗)이 신라(新羅)의 청원(請願)을 받아들여 장군(將軍) 소정방(蘇定方)을 보내어 선병(船兵) 13만 명으로써 바다를 건너게 하고, 신라의 김유신(金庾信)도 황산(黃山)을 거쳐 사비(泗沘 : 扶餘邑)에 이르기까지 휩쓸어 당군(唐軍)과 합세(合勢)하고 백제를 공멸(攻滅)하였다. 지금 내가 도읍(都邑)을 완산(完山 : 全州)에 정하고, 어찌 감히 의자왕(義慈王)의 숙분(宿憤)을 씻지 아니하랴"하고, 드디어 후백제왕(後百濟王)이라 자칭(自稱)하고[18] 관부(官府)를 설치하여 직책(職責)을 나누니, 이것이 당(唐)의 광화(光化) 3년이요, 신라 효공왕(孝恭王) 4년(庚申)이었다. 사신(使臣)을 보내어 오월(吳越)에 입조(入朝)하니 오월왕(吳越王)이 보빙(報聘)하면서 이어 (萱에게) 검교대보(檢校大保)를 가(加)하고 다른 것(職)은 전대로 하였다. 천복(天復 : 唐昭宗 연호) 원년(新羅 孝恭王 5년. 西紀 901)에 훤(萱)이 대야성(大耶城 : 지금 陜川)을 쳤으나 항복받지 못하였다. 개평(開平 : 後梁 太祖의 연호) 4년(孝恭王 14년)에 훤(萱)은 금성(錦城 : 羅州)이 궁예(弓裔)에게 투항(投降)한 것을 분(憤)히 여겨 보기병(步騎兵) 3,000명으로써 포위 공격하여 열흘이 지나도록 풀지 아니하였다. 건화(乾化 : 後梁 太祖 연호) 2년(神德王 원년)에는 훤(萱)이 궁예(弓裔)로 더불어 덕진포(德津浦 : 지금 大德郡 懷德面)에서 싸웠다.

정명(貞明 : 後梁 太祖 연호) 4년(新羅 景明王 2년, 西紀 918)에 철원경(鐵圓京)의 민심(民心)이 급변(急變)하여 아태조(我太祖 : 王建)를 추대하여 즉위케 하였다. 훤(萱)이 듣고 8월에 일길찬(一吉湌) 민극(閔郤)을 보내어 치하(致賀)하면서 공작선(孔雀扇)과 지리산(地理(異)山) 죽전(竹箭)을 바쳤다. 또 사신(使臣)을 보내어 오월(吳越)에 들어가 말(馬)을 증여(贈與)하니 오월왕(吳越王)이 보빙(報聘)하고 중대부(中大夫)를 더 제수(除授)하며, 다른 것(職)은 전(前)대로 하였다. 6년(貞明)에 훤(萱)이 보기병(步騎兵) 1만 명을 거느리고 대야성(大耶城)을 공격 함락하고 군사를 진례성(進禮城 : 지금 淸道)으로 옮기니, 신라왕(新羅王)이 아찬(阿湌) 김진(金津)을 보내어 (高麗) 태조(太祖)에게 구원을

---

17) 先後를 顚倒한 말이라 하겠다.

18) 弓裔의 稱王보다 1년을 앞섰다.

청하므로, 태조(太祖)가 군사를 출동하니 훤(萱)이 듣고 인퇴(引退)하였다. 훤(萱)은 아태조(我太祖)와 겉으로 화친(和親)하는 체하고 속으로는 상극(相剋)이었다.

동광(同光 : 後唐 莊宗 연호) 2년(新羅 景哀王 원년, 西紀 924) 7월에 아들 수미강(須彌强)을 보내어 대야(大耶)·문소(聞韶 : 지금 義城) 두 성(城)의 군사를 일으켜 조물성(曹物城 : 安東과 尙州 사이 ?)을 공격하였는데, 성중(城中) 사람들이 태조(太祖)를 위하여 굳게 지키고 또 싸우니, 수미강(須彌强)이 이(利)를 얻지 못하고 돌아갔다. 8월에 사신을 보내어 준마(駿馬)를 태조(太祖)에게 바쳤다. 3년(同光) 10월에 훤(萱)이 기병(騎兵) 3,000명을 거느리고 조물성(曹物城 : 見上)에 이르니, 태조(太祖)도 정병(精兵)을 거느리고 대전(對戰)하였다. 이 때 훤(萱)의 군사가 너무도 날래어 승부(勝負)를 결(決)하지 못하였다. 태조(太祖)는 잠시 권도(權道)로 화친하여 그 군사들을 피로(疲勞)케 하고자 서신(書信)을 보내어 화친(和親)을 청하고 당제(堂弟) 왕신(王信)을 볼모로 삼으니, 훤(萱)도 외생(外甥) 진호(眞虎)로써 교질(交質)하였다. 12월에 (萱이) (新羅의) 거창(居昌) 등 20여 성(城)을 공취(攻取)하고 사신을 후당(後唐)에 보내어 번신(藩臣)이라 일컬으니, 당(唐)에서 검교대위겸시중판백제군사(檢校大尉兼侍中判百濟軍事)를 제수(除授)하고 전(前)대로 '지절도독전무공등주군사행(持節都督全武公等州軍事行) 전주자사해동사면도통지휘병마제치등사백제왕(全州刺史海東四面都統指揮兵馬制置等事百濟王) 식읍(食邑) 2,500호'로 하였다. 4년(同光)에 진호(眞虎)가 갑자기 죽으니 훤(萱)이 듣고 (高麗에서) 고의(故意)로 죽인 줄로 의심하여 곧 왕신(王信)을 옥중(獄中)에 가두고, 또 사람을 시켜 전년(前年)에 보낸 준마(駿馬)를 돌려보내기를 청하니 태조(太祖)가 웃으면서 돌려주었다.

천성(天成 : 後唐 明宗 연호) 2년(新羅 景哀王 4년, 西紀 927) 9월에 훤(萱)이 근품성(近品城)[19]을 공취(攻取)하여 불태우고, 나아가 신라의 고울부(高鬱府 : 지금 永川)를 습격하고서 신라 서울 근처로 육박하니 신라왕(新羅王)이 태조(太祖)에게 구원을 청하였다. 10월에 태조(太祖)가 장차 출병(出兵)하여 구원하려 하는 중에 훤(萱)이 갑자기 신라 서울(王都)로 쳐 들어갔다. 이 때 왕(景哀)은 비(妃)·빈(嬪)과 함께 포석정(鮑石亭)에 놀이나가 주연(酒宴)을 베풀고 (한

---

19) 本紀에는 近巖으로 되어 있으므로, 品은 喦의 誤인 듯. 지금 聞慶郡 山陽面 일대.

창) 즐기는 판이었다. 적(賊)이 쳐들어오자 왕은 낭패하여 어찌할 바를 모르다가 부인(夫人)과 함께 성남(城南) 이궁(離宮)으로 돌아갔는데, 여러 시종(侍從)·신료(臣寮) 및 관녀(官女)·영관(伶官 : 奏樂官)들은 모두 난병(亂兵)에게 함몰(陷沒)되었다. 훤(萱)이 군사를 놓아 크게 약탈하고 사람을 시켜 왕을 잡아오게 하여 앞에서 죽이고,[20] 곧 궁중(宮中)에 들어가 거처하면서 (王의) 부인(夫人)을 강제로 끌어다 난행(亂行)하며, 왕의 족제(族弟) 김부(金傅)로써 왕위(王位)를 계승하게 한 후, 왕제(王弟) 효렴(孝廉)과 재상(宰相) 영경(英景)을 포로(捕虜)로 하고, 또 국고(國庫)의 재화(財貨)·진보(珍寶)와 병장(兵仗), 자녀(子女)와 백공(百工) 중의 기교자(技巧者)를 취하여 자신이 데리고 돌아갔다. 태조(太祖)가 정기병(精騎兵) 5,000명을 거느리고 훤(萱)을 공산(公山 : 지금 達城郡 八公山) 아래에서 대기하고 있다가 크게 싸우니, 태조(太祖)의 장수 김락(金樂)과 (신)숭겸((申)崇謙)은 죽고 여러 군사가 패(敗)하니, 태조는 겨우 몸만 빠져 나가니 훤(萱)은 승세(勝勢)를 몰아 대목군(大木郡 : 지금 若木)을 취하였다. 거란(契丹)의 사자(使者) 사고(娑姑)·마돌(麻咄) 등 35명이 내빙(來聘)하니, 훤(萱)이 장군(將軍) 최견(崔堅)을 시켜 마돌(麻咄) 등을 반송(伴送)하였는데, 항해(航海) 북행(北行)하다가 풍랑(風浪)을 만나 당(唐)의 등주(登州 : 山東省 蓬萊縣)에 이르러 모두 살륙(殺戮)되었다.

이 때 신라의 군신(君臣)은 쇠세(衰世)를 당하여 부흥(復興)키 어려우므로, 우리 태조(太祖)를 꾀어 결호(結好)하고 후원(後援)을 삼으니 견훤(甄萱)은 혼자서 나라(新羅)를 도둑질할 마음을 가지고 태조가 혹시 먼저 갈까 두려워하여 군사를 거느리고 왕도(王都 : 新羅 서울)에 들어가 행악(行惡)하였던 것이다. 그러므로 (敬順王 원년) 12월 모일(某日)에 글월을 태조에게 보내어 (이렇게) 말하였다. "전번에 (新羅) 국상(國相) 김웅렴(金雄廉) 등이 장차 족하(足下)를 서울로 불러들이게 하였으니, 이는 (마치 작은) 자라(高麗에 비유)가 큰 자라(鼇 : 新羅에 비유) 소리에 응(應)하고, 종달새(高麗와 新羅에 비유)가 새매(後百濟에 비유)의 날개를 헤치는 것과 같은 것으로, 반드시 생령(生靈)을 도탄(塗炭)에 빠뜨리고, 종사(宗社)를 폐허(廢墟 : 丘墟)로 만들게 하는 것이오. 이러므로 내가 먼저 조편(祖鞭)[21]을 잡고 홀로 한월(韓鉞)[22]을 휘둘러 백료(百僚)에

---

20) 新羅本紀(景哀王 4년條)에는 王을 自盡케 하였다 한다.
21) 祖鞭은 晉의 猛將인 祖生의 鞭(채찍)이란 말.
22) 韓鉞의 韓擒虎의 鐵鉞을 말함이니, 韓은 陳後主를 잡고 陳을 平定한 隋의 장수.

게 백일(白日)을 가리키며 맹세하고 6부(部)를 설유(說諭)하되 의풍(義風)으로
써 하였더니, 뜻밖에 간신(奸臣)이 도망가고 국군(國君)이 흉변(薨變)을 당하
였으므로 마침내 경명왕(景明王)의 표제(表弟 : 外從弟)요 헌강왕(獻(憲)康王)의
외손(外孫 : 金傅)을 받들어 왕위(王位)에 오르도록 권고하여 위태로운 나라를
재건하고, 임금을 잃었으나 (뒤를 잇는) 새 임금이 섰소. (그런데) 족하(足下)
는 충고(忠告)를 자세히 살피지 않고 한갓 유언(流言)을 들어 백계(百計)로
(新羅의 王位를) 엿보고 다방(多方)으로 침노하였으나 오히려 나의 말머리를
보거나 나의 쇠털을 뽑지 못하였소. 겨울 초(初)에 도두(都頭) 색상(索湘 : 麗
將)이 성산진(星山陣) 아래에서 손이 묶였고, 월내(月內)에 좌장(左將) 김락(金
樂 : 見上)은 미리사(美理寺 : 達城郡) 앞에 해골(骸骨)을 드러냈으며, (그 밖에)
살획(殺獲)이 많고 추후(追後) 사로잡은 것도 적지 않으니, 강약(強弱)이 이와
같아 승패(勝敗)를 가히 알 수 있을 것이오. 나의 기약하는 바는 활을 평양문
루(平壤門樓)에 걸고 (나의) 말에게 패강(浿江 : 大同江) 물을 마시게 하는 것이
오.[23]

　그러나 전월(前月) 7일에 오월국사(吳越國使) 반상서(班尙書)가 와서 왕의 조
서(詔書)를 전하기를, '경(卿)이 고려(高麗)와 더불어 오랫동안 화호(和好)를 통
하고 서로 인맹(鄰盟)을 맺었다는 것을 들었는데, 근래 볼모 둘이 다 죽음으로
해서 드디어 화친(和親)의 구호(舊好)를 잃고 서로 지경(地境)을 침략하여 전
쟁을 그치지 아니하므로, 지금 일부러 사신을 보내어 경(卿)의 본도(本道 : 本
土)로 가게 하고, 또 고려(高麗)에도 보내니 각기 서로 친목(親睦)하여 길이 복
(福)을 누리게 하라' 하였다. 나는 존왕(尊王)의 의(義)를 두터이하고 사대(事
大)의 정(情)을 깊이 하였으므로 지금 (吳越의) 조유(詔諭)를 듣고 그대로 따르
려 하나 항상 족하(足下)가 (戰爭을) 파(罷)하려 하면서도 못하고, 곤(困)하면
서도 오히려 싸우려고 함을 (내가) 염려하여 지금 그 조서(詔書)를 등사(謄寫)
하여 보내니 유의(留意)하여 상실(詳悉)하기 바란다. 또 토끼와 날랜 개가 서
로 지칠 대로 지치면 마침내 반드시 비웃음을 남길 것이요, 큰 조개와 황새가
서로 버티면 역시 웃음거리가 될 것이니, 미복(迷復)[24]을 경계로 하여 후회(後

---

23) 高麗를 옛날 高句麗에 비유해서 말한 것.
24) 迷復은 周易 復卦 上六의 말인데, 원래 陰의 柔한 形象으로 復卦의 最終爻에 당하
　　니, 끝내 미혹하여 회복할 수 없게 되는 形像을 말한다. 여기서는 甄萱이 王太祖에
　　게, 끝까지 미혹하여 버티지 말고 회개할 것을 권고하는 의미로 쓴 것이다.

悔)를 스스로 끼침이 없게 하라."25)

　(天成) 3년(敬順王 2년) 정월에 태조(太祖)가 회답하여 (다음과 같이) 말하였
다. "오월국(吳越國) 통화사(通和使) 반상서(班尙書)가 전(傳)한 조서(詔書) 일
통(一通)을 받들고 겸하여 족하(足下)가 보내준 장서(長書)의 사연을 받아 보
았소. 화려(華麗)한 수레를 타고 온 대사(大使)가 제서(制書 : 吳越의 書)를 가져
오고, 척소(尺素 : 편지) 호음(好音 : 좋은 소식)과 겸하여 교회(敎誨)를 배승(拜
承)하였소. 화함(華函) : 芝檢)을 받들어 비록 감격은 하였지만, 귀서(貴書)를 펴
보니 혐의(嫌疑)를 가지지 않을 수 없다. 이제 돌아가는 사절(使節)편에 부탁
을 하여 나의 심중(心中)을 피로하려고 하였소. 나는 위로 천명(天命)을 받들
고 아래로 인민(人民)의 추대(推戴)에 못 이겨 외람되이 장수(將帥)의 권한을
가지고 경륜(經綸)의 기회를 얻었던 것이오. 전번에는 삼한(三韓)의 액운(厄運)
으로 구토(九土 : 九州)가 흉황(凶荒)하여 많은 인민(人民)이 황산적(黃山賊)26)에
속하고, 전야(田野)는 적토(赤土)가 되지 아니한 데가 없었소. 여기서 혹시라도
풍진(風塵)의 소요함을 그치게 하고, 나라의 재앙을 구하려 하여 선린(善鄰)의
우호(友好)를 맺음으로부터는 과연 수천리가 농상(農桑)을 즐겨 업(業)으로 하
여 7, 8년간이나 사졸(士卒)들이 편안한 잠을 잘 수 있었소. 그런데 유년(酉年)
양월(陽月 : 10월)27)에 홀연히 사태가 발생하여 교전(交戰)을 하게 되었소. 족하
(足下)가 처음에는 적(敵)을 가벼이 여기어 (마치) 당랑(螳螂)이 수레바퀴를 막
는 것같이 곧장 달려들다가 마침내 어려움을 알고 용퇴(勇退)한 것은 모기가
산(山)을 등에 진 것과 같았소. 공손히 사과(謝過)하고 하늘을 가리켜 맹세하
노니, 오늘부터는 영구히 화목하여, 조금이라도 맹세를 어기면 신(神)이 벌할
것이오. 나 역시 지과(止戈)의 무(武)28)를 숭상하고 불살(不殺)의 인(仁)을 기
하려 하여 마침내 중위(重圍)를 풀고 피로한 사졸(士卒)을 쉬게 하고, 볼모도

---

25) 이 글월(書信)의 筆者는 羅末 三崔(崔致遠·崔承祐·崔仁滾) 중의 一人인 崔承祐라
　　고 한다. 즉 史記 薛聰傳 附同人傳에 '崔承祐以唐昭宗龍紀二年(眞聖女王四年)入唐,
　　至景福二年(眞聖女王七年), 侍郞楊涉下及第……後爲甄萱作檄書, 移我太祖'라 한 것이
　　그것이다.
26) 後漢末 動亂期의 黃巾賊에 比한 것.
27) 景哀王 2년 乙酉 10월, 甄萱이 曹物城(安東과 尙州 사이인 듯)을 공격하므로, 麗太
　　祖도 나가 싸우다가 勝負를 決치 못하고 잠시 和親을 맺었다 함은 앞에서 旣述하
　　였다.
28) 武字는 본시 止戈(창을 멈춘다, 즉 戰爭을 그만두다)의 合字와 뜻으로 만든 글자.

거절치 않고 다만 백성만을 편안케 하려 하였으니, 이것은 내가 남쪽 사람들에게 큰 은덕(恩德)을 베푼 것이오.

　그런데 (意外로) 삽혈(歃血)[29]이 마르기도 전에 흉악한 위세를 다시 떨쳐 봉채(蜂蠆 : 毒蟲)의 독(毒)이 생민(生民)을 침해(侵害)하고 낭호(狼虎 : 이리·범)의 광(狂)이 기전(畿甸)을 가로막아 금성(金城 : 서울)은 군색하여지고 왕궁(王宮)이 경진(驚震)하도록 되었소.[30] 존주(尊周)[31]의 의(義)를 행함에 있어 누가 제환공(齊桓公)·진문공(晉文公)의 패도(霸道)와 같으리오. 기회를 타서 한(漢)나라를 도모하던 것은 오직 왕망(王莽)·동탁(董卓)의 간악(奸惡)함을 볼 뿐이오. 군왕(君王)의 지존(至尊)으로서 굽히어 그대(足下)에게 자식(子息)이라고 하는 등 존비(尊卑)의 차서(次序)를 잃었으니, 상하(上下)가 다 같이 근심하여 이르기를 원보(元輔)의 충순(忠純)이 아니면 어찌 사직(社稷)을 다시 편안케 할 수 있으랴 한다. 나의 마음은 숨긴 악(惡)이 없고, 뜻은 왕실(王室 : 新羅)을 높이는 데 간절하여 장차 조정(朝廷)을 구원하고, 국가의 위태로움을 붙들어 일으키려고 하는데, 족하(足下)는 털끝만한 소리(小利)를 보고 천지(天地)의 후은(厚恩)을 저버리어 임금을 죽이고 궁궐(宮闕)을 불태우며, 향토는 젓을 담고 사민(士民)을 무찌르며, 귀부인(貴婦人 : 姬美)은 빼앗아 수레에 함께 싣고 보물(寶物)도 빼앗아 가득 실으니, 그 흉악함은 걸(桀)·주(紂)보다 더하고, 불인(不仁)함은 경(獍 : 惡獸)·효(梟 : 猛禽類)보다 심하였소.

　나는 붕천(崩天 : 景哀王의 崩御)의 원한과 각일(却日 : 仰日, 즉 新羅를 위하는)의 정성이 극심하여 응전(鷹鸇)의 축(逐 : 小雀類를 쫓는 매의 威勢)을 본받아 견마(犬馬)의 근(勤 : 主人에게 勤勞)을 펼 것을 맹세하고, 재차(再次) 군사를 일으켜 두 해를 지냈다(兩更槐柳). 육전(陸戰)에 있어서는 우뢰와 같이 달리고 번개와 같이 치며, 수전(水戰)에 있어서는 범처럼 치고 용(龍)처럼 뛰어올라, 움직이면 반드시 성공하고 (손을) 들면 헛되이 발(發)하는 것이 없었다. 윤빈(尹邠)[32]을 해안(海岸)에서 쫓을 때 (버리고 간) 갑옷이 산(山)과 같이 쌓였고, 추조(鄒造 : 後百濟의 장수)를 성변(城邊)에서 사로잡을 때 복시(伏尸 : 屍體)가 들을 덮었으며, 연산군(燕山郡 : 지금 燕岐인 듯)변(邊)에서는 길환(吉奐 : 後百濟

---

29) 歃血은 盟誓할 때에 動物을 죽여 그 피를 마시고 입술에 바르는 儀式.
30) 모두 後百濟의 蠻行을 諷刺한 말들.
31) 周를 높인다는 뜻이지만, 여기는 新羅 王室을 존중한다는 의미로 쓴 것.
32) 三國遺事(甄萱)에는 尹卿으로 되어 있다. 後百濟의 장수.

장수)을 군전(軍前)에서 목베고, 마리성(馬利城 : 居昌郡 馬利面)변(邊)에서는 수오(隨晤 : 後百濟 장수)를 독기하(纛旗下)에 죽였으며, 임존성(任存城 : 지금 禮山郡 大興面)을 빼앗던 날에는 형적(邢積 : 後百濟 장수) 등 수백 명이 몸을 버렸고, 청천(淸川 : 지금 槐山郡 靑川面)을 깨칠 때는 직심(直心 : 後百濟 장수) 등 4, 5 무리가 머리를 바쳤으며, 동수(桐藪 : 지금 達城郡 桐華寺 부근)에서는 기(旗)를 바라보고 무너져 흩어졌고, 경산(京山 : 州星郡)에서는 구슬[33]을 머금고 투항하였으며, 강주(康州 : 지금 晉州)는 남(南)으로부터 내속(來屬)하고, 나부(주)(羅府(州))는 서(西)로부터 이속(移屬)하였다. 침공(侵攻)이 이러하니, 수복(收復)하는 날이 어찌 멀다 하리요. 기필코 지수(泜水)[34] 영중(營中)에서 장이(張耳)의 천한(千恨)을 씻고, 오강(烏江)[35] 안상(岸上)에서 한왕(漢王)의 (最後) 일첩(一捷)의 공(功)을 이룰 것이니, 마침내 풍파(風波)는 쉬고 환해(寰海 : 세상)는 길이 맑게 될 것이다. 하늘이 돕는 바이어늘 명(命)이 어디로 돌아가리요. 하물며 오월왕전하(吳越王殿下)의 덕(德)은 포황(包荒 : 먼곳을 包攝)에 흡족하고 인(仁)은 자소(字小 : 小民을 愛育)에 깊어 특별히 단금(丹禁 : 궁궐)에서 윤음(綸音)을 내리어 청구(靑丘 : 東方)의 난(亂)을 그치라고 효유하였다. 이미 가르침을 받았으니 어찌 감히 존봉(尊奉)하지 아니하랴. 만일 족하(足下)가 왕의 뜻을 이어 흉기(凶機 : 兵器)를 다 놓으면 (이것은) 오직 상국(上國 : 吳越)의 인덕(仁德)과 은혜(恩惠)에 부응(副應)할 뿐 아니라, 해동(海東)의 끊어진 전통을 계속할 수 있을 것이요, 만일 허물이 있는데도 고치지 아니한다면 후회막급(後悔莫及)일 것이다."[36]

---

33) 左傳(僖公 6년條)에서 나온 말인데, 항복할 때에 손을 등 뒤로 結縛하기 때문에 폐백인 구슬(璧)을 입에 물고 바친다는 것.

34) 泜水는 河北省 元氏縣 서쪽에 있는 泜河, 張耳는 漢高祖 때의 장군. 張耳와 陳餘는 매우 친한 친구였는데, 張耳는 陳餘에 배신당하여 憤恨에 싸였던 중 韓信과 함께 泜水에서 陳餘의 군사를 크게 깨치고 陳餘의 목을 베어 울분을 풀었다.

35) 烏江은 安徽省 和縣 東北에 있는 江. 楚漢戰爭 때 楚王 項羽가 쫓겨 烏江 가에까지 왔는데, 烏江 亭長이 배를 대고 江東으로 건너가서 再擧할 것을 권하였으나 項羽는 父老들을 볼낯이 없다 하고 自決하였다.

36) 이 回答書의 筆者에 대하여 東史綱目(五下)에는 崔致遠이라고 直書하였는데, 이는 어디에 근거한 것인지 알 수 없으나, 너무도 추측에 지나친 불합리한 것이라 아니할 수 없다. 혹은 崔致遠傳에 '我太祖作興, 致遠知非常人, 必受命開國, 因致書問有雞林黃葉, 鵠嶺靑松之句'라고 있음에 의해서 그러한 推理를 모색하였는지 모르겠으나 이 記載 자체가 많은 疑問點을 품고 있는 것이다. 무엇보다도 致遠의 人格을 너무도 무시

5월에 훤(萱)이 가만히 군사를 보내어 강주(康州 : 晉州)를 습격하여 300여 명을 살해(殺害)하자, 장군 유문(有文)이 (萱에게) 항복하였다. 8월에 훤(萱)이 장군 관흔(官昕)을 명하여 많은 사람을 거느리고 양산(陽山 : 永同郡 陽山面)에 성(城)을 쌓았는데, 태조(太祖)가 명지성(命旨城 : 위치 미상) 장군(將軍) 왕충(王忠)을 명하여 이를 치니, 물러가 대야성(大耶城 : 陜川)을 보전(保全)하였다. 11월에 훤(萱)은 강병(強兵)을 뽑아 부곡성(缶谷城 : 軍義郡 義興面)을 쳐서 빼앗고, 지키던 군사 1,000여 명을 죽였으며, 장군 양지(楊志)·명식(明式) 등을 항복받았다. 4년 7월에 훤(萱)이 갑병(甲兵) 5,000명으로 의성부(義城府 : 지금 義城郡)를 공격하였는데, 성주(城主)인 장군 홍술(洪術)이 전사(戰死)하니 태조(太祖)가 통곡하며, "내가 좌우의 손을 잃었다"고 하였다. 훤(萱)이 크게 군사를 일으켜 고창군(古昌郡 : 지금 安東郡) 병산(甁山) 아래에 와서 태조(太祖)와 싸워 이기지 못하고 사자(死者)가 8,000여 명이었다. 이튿날 훤(萱)이 잔병(殘兵)을 모아 순주성(順州城 : 지금 安東郡 豐山面)을 습파(襲破)하였는데, 장군 원봉(元逢)이 방어(防禦)하지 못하고 성(城)을 버리고 밤에 도망하므로 훤(萱)이 백성들을 사로잡아 전주(全州)로 옮기어 갔다. 태조(太祖)는 원봉(元逢)이 전에 공(功)이 있다 하여 용서하고 순주(順州)를 고쳐 하지현(下枝縣)이라 이름하였다.

장흥(長興 : 後唐 明宗 연호) 3년(敬順王 6년, 西紀 932)에, 견훤(甄萱)의 신하 공직(龔直)이 용감하고 지략(智略)이 있었는데 태조(太祖)에게 와서 항복하니, 훤(萱)이 공직(龔直)의 두 아들과 한 딸을 잡아다 다리 심줄을 불로 지져 끊었다. 9월에 훤(萱)이 일길찬(一吉湌) 상귀(相貴)를 보내어 병선(兵船)을 거느리고 고려(高麗)의 예성강(禮成江)에 들어가 3일간을 머물면서 염(鹽 : 延安)·백

한 것이라 아니할 수 없는 까닭이다(見 同人傳 筆者註). 나 역시 推理에 불과하나 이 回答書의 筆者는 致遠의 從弟인 崔仁渷이 아닌가 생각된다. 최인연(後改彦撝)은 18세에 渡唐 留學, 侍郎 薛廷珪(考試官) 밑에서 及第, 歸國하여 執事省 侍郎과 瑞書院 學士를 歷任하고 후에 高麗太祖에 入仕하여 文翰이 적지 아니하였던 것이다. 최인연의 後名이 崔彦撝인 것은 그의 所撰인 興寧寺(寧越) 澄曉大師寶仁塔碑 題首에 '崔彦撝奉敎撰'이라 하고, 末瑞에 '仁渷才非吐鳳, 學媿亡羊'이라 한 것으로 알 수 있다. 왜냐하면 題首는 후일 建碑 당시 惠宗 원년의 他人(崔潤)의 所書요, 碑文의 所撰은 彦撝의 改名 이전에 되었던 까닭이다. 또 인연(언위)이 致遠의 從弟인 것은 崔致遠撰 '聖住寺朗慧和尚白月葆光塔碑'末에 '從弟……崔仁渷奉敎書'라고 하였음에서 알 수 있다.

(白：白川)·정(貞：豐德) 3주(州)의 배 100척을 빼앗아 불태우고, 저산도(猪山島)의 목마(牧馬) 300필을 잡아갔다. 청태(淸泰：後唐 廢帝 연호) 원년(敬順王 8년) 정월에 훤(萱)이 태조(太祖)가 혼주(運州：지금 洪城郡)에 주둔(駐屯)하였음을 듣고 갑사(甲士) 5,000명을 뽑아 (거기에) 닥쳐왔는데, 그들이 미처 진(陣)을 치기도 전에 장군(將軍) 검필(黔弼)이 굳센 기병(騎兵) 수천 명으로써 돌격하여 (敵首) 3,000여 명을 베므로, 웅진(熊津) 이북 30여 성(城)이 소식을 듣고 자진해서 항복하였으며, 훤(萱)의 휘하(麾下)인 술사(術士) 종훈(宗訓)과 의원(醫員) 훈겸(訓謙), 용장(勇將) 상달(尙達)·최필(崔弼) 등이 태조(太祖)에게 항복하였다.

　견훤(甄萱)은 취처(娶妻)가 많아서 아들 10여 명[37]을 두었는데, 第4子 김강(金剛)이 키가 크고 지략(智略)이 많으므로 훤(萱)이 특별히 사랑하여 그 자리(位)를 전(傳)해 줄 의사(意思)를 가지고 있었다. 그 형(兄)인 신검(神劍)·양검(良劍)·용검(龍劍) 등이 그것을 알고 근심과 번민(煩悶) 중에 있었다. 이 때 양검(良劍)은 강주(康州：州治는 晉州)도독(都督)이 되고, 용검(龍劍)은 무주(武州：州治 光州)도독(都督)으로 있었으며, 신검(神劍) 만이 (甄萱의) 곁에 있었는데, 이찬(伊飡) 능환(能奐)이 사람을 시켜 강(康)·무(武) 2주(州)로 가서 양검(良劍) 등과 함께 음모(陰謀)하였다. 청태(淸泰) 2년(高麗太祖 18년) 3월에는 드디어 파진찬(波珍飡) 신덕(新德)·영순(英順) 등과 함께 신검(神劍)을 권하여 훤(萱)을 금산불사(金山佛寺：지금 金堤郡 金山寺)에 가두고 사람을 보내어 김강(金剛)을 죽이고 신검(神劍)이 자칭(自稱) 대왕(大王)이라 하고 경내(境內)에 대사(大赦)하였다.

　그 교서(教書)에 (이렇게) 일렀다. "여의(如意)[38]가 특별히 총애(寵愛)를 받았지만 혜제(惠帝)가 임금이 되었고, 건성(建成)[39]이 외람되게 태자(太子)의 자

---

37) 三國遺事(後百濟 甄萱)에도 '萱多妻妾, 有子十餘人' 云云이라 하여 史記와 별로 다름이 없는데, 거기에 인용된 李磾家記에 의하면 萱의 子息은 9명으로서 長은 神劍(一云甄成), 2子는 太師 謙腦, 3子는 佐承 龍述, 4子는 太師 聰智, 5子는 大阿干 宗祐, 6子는 闕(失名), 7子는 佐承 位興, 8子는 太師 靑丘, 1女는 國大夫人이니, 모두 上院夫人 所生이라고 하였다. 그러나 이 李磾家記의 기록이 얼마만큼의 정확성을 가졌는가는 의문이다.

38) 如意(姓은 劉)는 漢高祖의 4子로 戚夫人의 所生인데, 高祖가 그를 사랑하여 太子로 삼고자 元子(惠帝)를 廢하려다가 뜻을 이루지 못하였다.

39) 建成은 唐高祖(李淵)의 元子이었으나, 酒色과 田獵을 좋아하고 世民(太宗)의 功業과

리에 있었지만 태종(太宗)이 일어나 즉위하였으니, 천명(天命)은 바꿀 수 없고 신기(神器 : 임금의 자리)는 돌아갈 데가 있는 것이다. 생각하면, 대왕(大王 : 甄萱)의 신무(神武)는 절륜(絶倫 : 出衆)하고, 영모(英謀 : 영특한 謀策)는 고금(古今)에 뛰어났다. 말세(末世)에 태어나서 천하의 경륜(經綸)을 자신의 임무로 삼아 삼한(三韓)을 경략(經略)하고, 백제의 옛나라를 부흥(復興)하였다. 도탄(塗炭)을 확청(廓淸)하니 백성들이 안집(安集)하고, (王의 威勢가) 풍뢰(風雷)처럼 고무(鼓舞)하니 원근(遠近)이 준마(駿馬) 달리듯 하였다. (그리하여) 공업(功業)을 거의 중흥(重興)하게 되었는데, 지려(智慮)가 문득 한번 잘못되어 어린 아들(金剛)이 사랑을 차지하고 간신(姦臣)이 권세를 농락(弄絡)하여 대군(大君 : 甄萱)을 진혜(晉惠)[40]의 혼암(昏暗)으로 인도하고, 자부(慈父)를 헌공(獻公)[41]의 미혹(迷惑)으로 빠뜨려서 보위(寶位)를 완동(頑童 : 완악한 아이)에게 내려주려고 하였다. 다행한 일은 상제(上帝)가 충심(衷心)을 내리어 군자(君子)가 허물을 고치고, 나 원자(元子)를 명(命)하여 한 나라를 다스리게 하였다. 생각하면 (내가) 진장(震長)[42]의 재목이 아닌데 어찌 임금이 될 지혜가 있으랴. 조심스럽고 송구스러워 엷은 얼음, 깊은 못을 딛는 것 같으니, 부차(不次 : 순서를 넘는 것)의 특은(特恩)을 미루어 유신(維新)의 정치(政治)를 보여야 할 것이므로 경내(境內)에 대사(大赦)를 내리어, 청태(淸泰) 2년(西紀 935) 10월 17일 이른 새벽 이전에 한(限)하여 이미 발각되지 않은 일과 결정(結正 : 結末)되지 않은 유벽(有辟 : 死刑) 이하의 죄(罪)는 다 사(赦)하여 면제한다. 주무자(主務者)가 시행(施行)하라."

훤(萱)이 금산(사)(金山(寺))에 있은 지 3삭(朔) 만인 6월에 막내아들 능예(能

<hr>

名聲이 盛함을 시기하여 그를 죽이려고 陰謀하다가 世民에게 알려진 바가 되었다. 世民은 이 사실을 高祖에게 告하고 伏兵하였다가 闕內로 들어오는 建成 등을 죽이고 대신 太子가 되었다.

40) 晉惠는 晉惠帝(司馬衷)니, 性이 暗愚하여, 안으로 소위 8王의 亂이 일어나고 밖으로 5胡가 蹶起하여 中土에 侵入하는 사태를 빚어냈다.

41) 春秋時代의 晉獻公의 일컬음이니, 여러 夫人에게 所生子를 두었는데 나중에는 驪姬에게 沈惑하여 太子 申生을 죽이고 다음 아들 重耳(後의 文公)·夷吾 등을 내쫓고, 驪姬의 所生子 奚齊에게 位를 내리려 하여 晉을 크게 어지럽게 하였다.

42) 周易에 鼎卦가 震卦가 있다. 鼎은 天子의 寶器를 의미한 말이고 震은 天子의 後嗣者인 長子를 위하여 한 말이다. 震은 陽이 아래에 있어 震動하므로 恐懼謹愼하면 나중에는 亨通한다는 것이다. 요컨대 震長은 天子의 位를 계승할 太子를 의미한 말이다.

父),[43] 여자(女子) 쇠(애)복(衰(哀)福), 애첩(愛妾) 고비(姑比) 등과 함께 금성(錦城 : 羅州)으로 도망해 와서, 사람을 보내어 태조(太祖)에게 만나 보기를 청하였다. 태조가 기뻐하며 장군 검필(黔弼)・만세(萬歲) 등을 보내어 수로(水路)로 가서 위로하는 동시에 오게 하였다. (高麗에) 오자 후례(厚禮)로써 대우하였는데, 훤(萱)이 (太祖보다) 10년 장(長)임으로 해서 (그를) 높여 상부(尙父)라 하고 남궁(南宮)을 주어 사관(舍館)을 삼게 하였으며, 직위(職位)를 백관(百官)의 위에 있게 하였다. 양주(楊州)를 주어 식읍(食邑)을 삼고 금백(金帛) 번욕(藩縟)과 노비(奴婢) 각 40 구(口), 내구마(內廐馬) 10 필을 주었다. 견훤(甄萱)의 사위 장군 영규(英規)가 그 아내에게 비밀히 말하기를 "대왕(大王)이 40여 년을 근로(勤勞)하여 공업(功業)이 이루어졌는데, 하루아침에 집안 사람의 화(禍)로 하여 땅을 잃고 고려(高麗)로 가서 몸을 의탁하고 있다. 대저 정절(貞節)이 있는 여자(女子)는 두 남편을 섬기지 않고, 충신(忠臣)은 두 임금을 섬기지 않는다고 한다. 만일 자기 임금을 버리고 반역(叛逆)의 아들을 섬긴다면 무슨 낯으로 천하(天下)의 의사(義士)를 대(對)하랴? 하물며 들은즉 고려(高麗)의 왕공(王公)은 인후근검(仁厚勤儉)하여 민심(民心)을 얻었다 하니 아마도 하늘이 열어 준 것이리라. 반드시 삼한(三韓)의 임금이 될 것이니, 글을 보내어 우리 왕을 안위(安慰)하고 겸하여 왕공(王公)에게 은근한 뜻을 보여 장래의 복(福)을 도모하지 않겠는가" 하니, 아내가 "그대의 말이 곧 나의 뜻이라" 하였다.

이에 천복(天福 : 後晉 高祖 연호) 원년(高麗太祖 19년, 西紀 936) 2월에 (英規가) 사람을 보내어 뜻을 전하고 태조(太祖)에게 고(告)하기를 "만일 의기(義旗)를 들고 쳐들어오면 내응(內應)하여 왕사(王師)를 맞이하겠습니다" 하니 태조가 크게 기뻐하여 그 사자(使者)에게 후히 물건을 주어 보내고 겸하여 영규(英規)에게 사례하기를 "만일 은혜를 입어 한번 합치고, 도로(道路)의 막힘이 없다면 먼저 장군(將軍)에게 뵌 후에 당상(堂上)에 올라가 부인(夫人)에게 절하고, (公을) 형(兄)으로 섬기고 (公의 夫人을) 누님으로 높이며 반드시 끝까지 후히 보답(報答)하겠다. 천지신명(天地神明)이 모두 이 말을 들을 것이라" 하였다. 6월에 훤(萱)이 (太祖에게) 고(告)하기를 "노신(老臣)이 전하(殿下)께 몸을 의탁한 것은 전하(殿下)의 위세(威勢)에 의지하여 역자(逆子)를 주(誅)하기 위하여서입니다. 바라건대 대왕(大王)께서는 신병(神兵)을 내어 난적(亂賊)을

---

43) 三國遺事(甄萱條)에는 '後宮年少男女二人, 侍婢古比女, 內人能乂男等'이라고 하였다.

섬멸(殲滅)하게 한다면 신은 죽어도 유감이 없겠습니다" 하였다. 태조(太祖)가 그 말을 따라, 먼저 태자(太子) 무(武)와 장군 술희(述希)를 보내어, 보기병(步騎兵) 1만 명을 거느리고 천안부(天安府)로 나가게 하였다.

9월에, 태조(太祖)가 3군(軍)을 거느리고 천안(天安)으로 가서 병력(兵力)을 합하고, 내키어 일선(一善 : 善山)에 주둔(駐屯)하니, 신검(神劍)이 군사를 거느리고 마주 와서 갑오일(甲午日)에 일리천(一利川)⁴⁴⁾ : 지금 善山 東)을 사이에 두고 마주 대하여 포진(布陣)하였다. 태조(太祖)가 상부(尙父) 훤(萱)과 함께 관병(觀兵 : 閱兵)하고, 대상(大相) 견권(堅權)·술희(述希)·김산(金山)과 장군(將軍) 용길(龍吉)·기언(奇彦) 등으로 보기병(步騎兵) 3만 명을 거느리고 좌익(左翼)을 삼게 하고, 대상(大相) 김철(金鐵)·홍유(洪儒)·수경(守卿)과 장군(將軍) 왕(삼)순(王(三)順)·준량(俊良) 등으로 보기병(步騎兵) 3만 명을 거느리고 우익(右翼)을 삼게 하고, 대광(大匡) 순식(順式)과 대상(大相) 긍준(兢俊)·왕겸(王謙)·왕예(王乂)·검필(黔弼)과 장군 정순(貞順)·종희(宗熙) 등은 철갑기병(鐵甲騎兵) 2만 명과 보졸(步卒) 3,000명 및 흑수(黑水)·철리(鐵利) 제도(諸道)의 날랜 기병(騎兵) 9,500명으로써 중군(中軍)을 삼고, 대장군(大將軍) 공훤(公萱), 장군 왕함윤(王含允)은 군사 1만 5,000명으로써 선봉(先鋒)이 되어 북을 치며 행렬(行列)을 지어 나아가니, (후)백제((後)百濟) 장군 효봉(孝奉)·덕술(德述)·명길(明吉) 등이 이편의 군세(軍勢)가 크고 정제(整齊)한 것을 보고 갑옷을 버리고 진전(陣前)에 와서 항복하였다. 태조(太祖)가 위로하며, (후)백제((後)百濟) 장수(將帥)가 있는 곳을 물으니 효봉(孝奉) 등이, "원수(元帥) 신검(神劍)이 중군(中軍)에 있습니다" 하였다. 태조가 장군 공훤(公萱)을 명하여 곧장 중군(中軍)으로 쳐들어가고 전군(全軍)이 일제히 나아가며 협공(挾攻)하니, (후)백제((後)百濟軍)이 무너져 패하였다.

신검(神劍)이 두 아우와 장군 부달(富達)·소달(小達)·능환(能奐) 등 40여 명과 함께 항복하였다. 태조(太祖)가 항복을 받고, 능환(能奐)을 제외한 다른 사람들은 모두 위로하고 처자(妻子)와 함께 서울로 올라오는 것을 허락하였다. (그리고) 능환(能奐)에게 문책(問責)하되 "처음 양검(良劍) 등과 밀모(密謀)하여 대왕(大王)을 가두고, 그 아들을 세운 것은 너의 모책(謀策)이니, 신하된 의리(義理)로 이래야 옳으냐"고 하였다. 능환(能奐)이 머리를 숙이고 말을 못

---

44) 東史綱目(6上)에는 '一利川, 今餘次尼津, 在善山府東十一里'라고 하였다.

하였는데 드디어 명(命)하여 목베었다. 신검(神劍)은 왕을 참칭(僭稱)한 것이 남의 협박(脅迫)으로 된 것이요 그 본심이 아니며, 또 왕명(王命)에 귀의(歸依)하여 죄(罪)를 청하였으므로 특별히 그의 죽음을 용서하였다[혹은 三兄弟가 다 斬刑되었다고도 한다]. 견훤(甄萱)은 우울(憂鬱)하여 등창이 나서 수일(數日) 만에 황산(黃山 : 連山) 불사(佛寺)에서 죽었다.

태조(太祖)의 군령(軍令)이 엄명(嚴明)하여 군사들이 조금도 범(犯)함이 없으므로 주현(州縣)이 안도(安堵)하고 노유(老幼)가 모두 만세를 불렀다. 이에 장사(將士)들을 위문(慰問)하고 그 재능(才能)을 보아 소임을 맡기니, 백성들도 각기 그 하는 일에 안정(安定)하였다. 그리고 신검(神劍)의 죄는 전에 말한 바와 같다 하여 그에게 관위(官位)를 주고, 그 두 아우는 죄가 능환(能奐)과 같으므로 진주(眞州 : 未詳)로 유배(流配)하였다가 얼마 아니하여 죽였다. 영규(英規)에게는 이르기를 "전왕(前王)이 실국(失國)한 후에 그 신자(臣子)로서 한 사람도 위로하는 자가 없었는데, 홀로 경(卿)의 부처(夫妻)가 천리(千里)에 서신(書信)을 보내어 성의를 표(表)하고 겸하여 과인(寡人)에게 미덕(美德)을 돌려 보내니, 그 의리(義理)를 잊을 수 없다"하고, 좌승(左丞)의 직(職)을 주고 전(田) 1,000 경(頃)을 사(賜)하고, 역마(驛馬) 35 필을 빌려주어 가족(家族)을 맞아오게 하고, 두 아들에게 벼슬을 주었다. 견훤(甄萱)은 당(唐) 경복(景福) 원년(新羅 眞聖王 6년)에 일어나서 진(晉) 천복(天福) 원년(高麗太祖 19년)에 이르니, 모두 45년 만에 멸(滅)하였다.

(史臣이) 논(論)하여 가로되, 신라는 운수가 궁하고 도(道)가 상(喪)하니, 하늘이 돕지 않고 백성은 귀의(歸依)할 곳이 없었다. 이에 여러 도적이 틈을 타서 고슴도치털과 같이 일어났는데, 그 중에도 심한 자가 궁예(弓裔)·견훤(甄萱) 두 사람이었다. 궁예(弓裔)는 본시 신라의 왕자(王子)로서 도리어 종국(宗國)을 원수로 삼아 멸망시킬 것을 도모하여, 선조(先祖)의 화상(畵像)을 (칼로) 치기까지 하였으니, 그 불인(不仁)함이 심하다. 훤(萱)은 신라 백성으로 일어나서 신라의 녹(祿)을 먹고 살았는데, 속으로 화심(禍心)을 품고 나라가 위태로움을 다행으로 여기어 도읍(都邑)을 침략하고 군신(君臣)을 살륙(殺戮)하기를 금수 죽이듯, 풀 베듯 하였으니, 실로 천하(天下)의 원악(元惡)이요 대죄(大罪)이다. 그러므로 궁예(弓裔)는 그 신하에게 버림을 당하고 견훤(甄萱)은 화(禍)가 그 아들에게서 일어났으니, 모두 자취(自取)한 것이다. 또 누구를 허물하리요. 비록 항우(項羽)와 이밀(李密)의 웅재(雄才)로도 한(漢)과 당(唐)의 흥

기(興起)를 적대(敵對)하지 못하였는데, 하물며 궁예(弓裔)·견훤(甄萱)의 흉악(凶惡)한 인간(人間)이 어찌 아태조(我太祖)에게 서로 항거(抗拒)할 수 있으랴? 다만 태조(太祖)를 위하여 백성을 몰아다 준 자(歐民者[45])이었다.

〔原文〕
三國史記 卷 第五十
列傳 第十
弓裔 甄萱

弓裔, 新羅人, 姓金氏, 考第四十七憲安王誼靖, 母憲安王嬪御, 失其姓名, 或云, 四十八景文王膺廉之子, 以五月五日生於外家, 其時屋上有素光, 若長虹, 上屬天, 日官奏曰, 此兒以重午日生, 生而有齒, 且光焰異常, 恐將來不利於國家, 宜勿養之, 王勑中使, 抵其家殺之, 使者取於襁褓中, 投之樓下, 乳婢竊捧之, 誤以手觸, 眇其一目, 抱而逃竄, 劬勞養育, 年十餘歲, 遊戲不止, 其婢告之曰, 子之生也, 見棄於國, 予不忍, 竊養以至今日, 而子之狂如此, 必爲人所知, 則予與子俱不免, 爲之奈何, 弓裔泣曰, 若然則吾逝矣, 無爲母憂, 便去世達寺, 今之興敎寺是也, 祝髮爲僧, 自號善宗, 及壯不拘檢僧律, 軒輊有膽氣, 嘗赴齋, 行次有烏鳥銜物, 落所持鉢中, 視之, 牙籤書王字, 則秘而不言, 頗自負, 見新羅衰季, 政荒民散, 王畿外州縣叛附相半, 遠近羣盜蜂起蟻聚, 善宗謂乘亂聚衆, 可以得志, 以眞聖王卽位五年大順二年辛亥, 投竹州賊魁箕萱, 箕萱悔慢不禮, 善宗鬱悒不自安, 潛結箕萱麾下元會·申煊等爲友, 景福元年壬子, 投北原賊梁吉, 吉善遇之, 委任以事, 遂分兵, 使東略地, 於是出宿雉岳山石南寺, 行襲酒泉·奈城·鬱烏·御珍等縣, 皆降之, 乾寧元年, 入溟州, 有衆三千五百人, 分爲十四隊, 金大黔·毛昕·長貴平·張一等舍上(舍上謂部長也), 與士卒同甘苦勞逸, 至於予奪, 公而不私, 是以衆心畏愛, 推爲將軍, 於是擊破猪足·牲川·夫若·金城·鐵圓等城, 軍聲甚盛, 浿西賊寇來降者衆多,

45) 歐民의 歐는 혹은 毆의 뜻으로 사용한 것이니, 東國通鑑에는 바로 驅民으로 되어 있다. 그러나 그 出處를 따지면 孟子(離婁上)에 '爲湯武歐民者, 桀與紂也(湯王·武王을 위하여 人民을 몰아다 준 것은 桀과 紂이다)'에서 나온 것이니, 즉 歐民은 백성들이 기꺼이 歸附하도록 몰아다 주었다는 것이다.

善宗自以爲衆大, 可以開國稱君, 始設內外官職, 我太祖自松岳郡來投, 便授鐵
圓郡太守, 三年丙辰, 攻取僧嶺・臨江兩縣, 四年丁巳, 仁物縣降, 善宗謂松岳
郡漢北名郡, 山水奇秀, 遂定以爲都, 擊破孔巖・黔浦・穴口等城, 時梁吉猶在
北原, 取國原等三十餘城有之, 聞善宗地廣民衆大怒, 欲以三十餘城勁兵襲之,
善宗潛認, 失擊大敗之, 光化元年戊午春二月, 葺松岳城, 以我太祖爲精騎大
監, 伐楊州・見州・冬十一月, 始作八關會, 三年庚申, 又命太祖伐廣州・忠州
・唐城・青州(或云青川)・槐壤等皆平之, 以功授太祖阿飡之職, 天復元年辛
酉, 善宗自稱王, 謂人曰, 往者新羅請兵於唐, 以破高句麗, 故平壤舊都鞠爲茂
草, 吾必報其讎, 蓋怨生時見棄, 故有此言, 嘗南巡至興州浮石寺, 見壁畫新羅
王像, 發劍擊之, 其刃迹猶在, 天祐元年甲子, 立國號爲摩震, 年號爲武泰, 始
置廣評省, 備員, 匡治奈(今侍中), 徐事(今侍郎), 外書(今員外郎), 又置兵部,
大龍部(謂倉部), 壽春部(今禮部), 奉賓部(今禮賓部), 義刑臺(今刑部), 納貨
部(今大府寺), 調位部(今三司), 內奉省(今都省), 禁書省(今秘書省), 南廂壇
(今將作監), 水壇(今水部), 元鳳省(今翰林院), 飛龍省(今天(天, 恐作太)僕
寺), 物藏省(今少府監), 又置史臺(掌習諸譯語), 植貨府(掌栽植菓樹), 障繕府
(掌修理城隍), 珠淘省(掌造成器物), 又設正匡・元輔・大相・元尹・佐尹・正
朝・甫尹・軍尹・中尹等品職, 秋七月, 移青州人戶一千, 入鐵圓城爲京, 伐取
尙州等三十餘州縣, 公州將軍弘奇來降, 天祐二年乙丑, 入新京, 修葺觀闕樓
臺, 窮奢極侈, 改武泰爲聖冊元年, 分定浿西十三鎭, 平壤城主將軍黔用降, 甑
城赤衣黃衣賊明貴等歸服, 善宗以強盛自衿, 意欲幷吞, 令國人呼新羅爲滅都,
凡自新羅來者, 盡誅殺之, 朱梁乾化元年辛未, 改聖冊爲水德萬歲元年, 改國號
爲泰封, 遣太祖率兵伐錦城等, 以錦城爲羅州, 論功以太祖爲大阿飡將軍, 善宗
自稱彌勒佛, 頭戴金幘, 身被方袍, 以長子爲青光菩薩, 季子爲神光菩薩, 出則
常騎白馬, 以綵飾其鬃尾, 使童男童女奉幡蓋香花前導, 又命比丘二百餘人梵唄
隨後, 又自述經二十餘卷, 其言妖妄, 皆不經之事, 時或正坐講說, 僧釋聰謂曰,
皆邪說怪談, 不可以訓, 善宗聞之怒, 鐵(趙炳舜本鐵上有以字)椎打殺之, 三年
癸酉, 以太祖爲波珍飡侍中, 四年甲戌, 改水德萬歲爲政開元年, 以太祖爲百船
將軍, 貞明元年, 夫人康氏, 以王多行非法, 正色諫之, 王惡之曰, 汝與他人奸
何耶, 康氏曰, 安有此事, 王曰我以神通觀之, 以烈火熱鐵杵, 幢其陰殺之, 及
其兩兒, 爾後多疑急怒, 製寮佐將吏, 下至平民, 無辜受戮者, 頻頻有之, 斧壤
鐵圓之人, 不勝其毒焉, 先是有商客王昌瑾, 自唐來, 寓鐵圓市廛, 至貞明四年

戊寅, 於市中見一人, 狀貌魁偉, 鬢髮盡白, 着古衣冠, 左手持甕椀, 右手持古
鏡, 謂昌瑾曰, 能買我鏡乎, 昌瑾卽以米換之, 其人以米俵街巷乞兒, 而後不知
去處, 昌瑾懸其鏡於壁上, 日映鏡面, 有細字書, 讀之若古詩, 其略曰, 上帝降
子於辰馬, 先操雞後摶鴨, 於巳年中二龍見, 一則藏身靑木中, 一則顯形黑金
東, 昌瑾初不知有文, 及見之謂非常, 遂告于王, 王命有司, 與昌瑾物色求其鏡
主, 不見, 唯於敎颯寺佛堂有鎭星塑像, 如其人焉, 王嘆異久之, 命文人宋含弘
・白卓・許原等解之, 含弘等相謂曰, 上帝降子於辰馬者, 謂辰韓馬韓也, 二龍
見, 一藏身靑木, 一顯形黑金者, 靑木松也, 松岳郡人以龍爲名者之孫, 今波珍
飡侍中之謂歟, 黑金鐵也, 今所都鐵圓之謂也, 今主上初興於此, 終滅於此之驗
也, 先操雞後摶鴨者, 波珍飡侍中先得雞林, 後收鴨綠之意也, 宋含弘等相謂
曰, 今主上虐亂如此, 吾輩若以實言, 不獨吾輩爲菹醢, 波珍飡亦必遭害, 迺飾
辭告之, 王凶虐自肆, 臣寮震懼, 不知所措, 夏六月, 將軍弘述・白玉・三能山
・卜沙貴, 此洪儒・裴玄慶・申崇謙・卜知謙之少名也, 四人密謀, 夜詣太祖
私弟, 見曰, 今主上淫刑以逞, 殺妻戮子, 誅夷臣寮, 蒼生塗炭, 不自聊生, 自
古廢昏立明, 天下之大義也, 請公行湯武之事, 太祖作色拒之曰, 吾以忠純自
許, 今雖暴辭(辭, 趙炳舜本作亂), 不敢有二心, 夫以臣替君, 斯謂革命, 予實
否德, 敢效殷周之事乎, 諸將曰, 時乎不再來, 難遭而易失, 天與不取, 反受其
咎, 今政亂國危, 民皆疾視其上如仇讎, 今之德望未有居公之右者, 況王昌瑾所
得鏡文如彼, 豈可雌伏取死獨夫之手乎, 夫人柳氏聞諸將之議, 迺謂太祖曰, 以
仁伐不仁, 自古而然, 今聞衆議, 妾猶發憤, 況大丈夫乎, 今羣心忽變, 天命有
歸矣, 手提甲領進太祖, 諸將扶衞, 太祖出門, 令前唱曰, 王公已擧義旗, 於是
前後奔走, 來隨者不知其幾人, 又有先至宮城門, 鼓噪以待者, 亦一萬餘人, 王
聞之, 不知所圖, 迺微服逃入山林, 尋爲斧壤民所害, 弓裔起自唐大順二年, 至
朱梁貞明四年, 凡二十八年而滅.

　甄萱, 尙州加恩縣人也, 本姓李, 後以甄爲氏, 父阿慈介, 以農自活, 後起家
爲將軍, 初萱生孺褓時, 父耕于野, 母餉之, 以兒置于林下, 虎來乳之, 鄕黨聞
者異焉, 及壯, 體貌雄奇, 志氣倜儻不凡, 從軍入王京, 赴西南海防戍, 枕戈待
敵, 其勇氣恒爲士卒先, 以勞爲裨將, 唐昭宗景福元年, 是新羅眞聖王在位六
年, 嬖堅在側, 竊弄政柄, 綱紀紊弛, 加之以饑饉, 百姓流移, 羣盜蜂起, 於是
萱竊有覦心, 嘯聚徒侶, 行擊京西南州縣, 所至響應, 旬月之間, 衆至五千人,

遂襲武珍州自王, 猶不敢公然稱王, 自署爲新羅西面都統指揮兵馬制置持節都
督全武公等州軍事行全州刺史兼御史中丞上柱國漢南郡開國公食邑二千戶, 是
時, 北原賊良吉(良吉, 卽梁吉也)雄強, 弓裔自投爲麾下, 萱聞之, 遙授良吉職
爲裨將, 萱西巡至完山州, 州民迎勞, 萱喜得人心, 謂左右曰, 吾原三國之始,
馬韓先起, 後赫世勃興, 故辰卞從之而興, 於是, 百濟開國金馬山六百餘年, 摠
章中, 唐高宗以新羅之請, 遣將軍蘇定方, 以船兵十三萬越海, 新羅金庾信卷
土, 歷黃山, 至泗沘, 與唐兵合, 攻百濟滅之, 今予敢不立都於完山, 以雪義慈
宿憤乎, 遂自稱後百濟王, 設官分職, 是唐光化三年, 新羅孝恭王四年也, 遣使
朝吳越, 吳越王報聘, 仍加檢校大保, 餘如故, 天復元年, 萱攻大耶城不下, 開
平四年, 萱怒錦城投于弓裔, 以步騎三千圍攻之, 經旬不解, 乾化二年, 萱與弓
裔戰于德津浦, 貞明四年戊寅, 鐵圓京衆心忽變, 推戴我太祖卽位, 萱聞之, 秋
八月, 遣一吉湌閔郃稱賀, 遂獻孔雀扇及地理山竹箭, 又遣使入吳越進馬, 吳越
王報聘, 加授中大夫, 餘如故, 六年, 萱率步騎一萬攻陷大耶城, 移軍於進禮城,
新羅王遣阿湌金律求援於太祖, 太祖出師, 萱聞之引退, 萱與我太祖陽和以陰
剋, 同光二年秋七月, 遣子須彌強, 發大耶聞詔二城卒, 攻曹物城, 城人爲, 太
祖固守且戰, 須彌強失利而歸, 八月, 遣使獻驄馬於太祖, 三年冬十月, 萱率三
千騎至曹物城, 太祖亦以精兵來, 與之确, 時萱兵銳甚, 未決勝否, 太祖欲權和
以老其師, 移書乞和, 以堂弟王信爲質, 萱亦以外甥眞虎交質, 十二月, 攻取居
昌等二十餘城, 遣使入後唐稱藩, 唐策授檢校大尉兼侍中判百濟軍事, 依前持節
都督全武公等州軍事行全州刺史   海東四面都統指揮兵馬制置等事百濟王食邑
二千五百戶, 四年眞虎暴卒, 萱聞之疑故殺, 卽囚王信獄中, 又使人請還, 前年
所送驄馬, 太祖笑還之, 天成二年秋九月, 萱攻取近品(品, 當作嵒, 本紀作巖故
也)城燒之, 進襲新羅高鬱府, 逼新羅郊圻, 新羅王求救於太祖, 冬十月, 太祖
將出師援助, 萱猝入新羅王都, 時王與夫人嬪御出遊鮑石亭, 置酒娛樂, 賊至,
狼狽不知所爲, 與夫人歸城南離宮, 諸侍從臣寮及官女伶官, 皆陷沒於亂兵, 萱
縱兵大掠, 使人捉王, 至前戕之, 便入居宮中, 強引夫人亂之, 以王族弟金傅嗣
立,   然後虜王弟孝廉 · 宰相英景, 又取國帑珍寶 · 兵伐 · 子女 · 百工之巧者,
自隨以歸, 太祖以精騎五千, 要萱於公山下大戰, 太祖將金樂 · 崇謙死之, 諸軍
敗北, 太祖僅以身免, 萱乘勝取大木郡, 契丹使娑姑麻咄等三十五人來聘, 萱差
將軍崔堅, 伴送麻咄等, 航海北行, 遇風至唐登州, 悉被戮死, 時新羅君臣以衰
季, 難以復興, 謀引我太祖結好爲援甄萱自有盜國心, 恐太祖先之, 是故, 引兵

入王都作惡, 故十二月日寄書太祖曰, 昨者國相金雄廉等, 將召足下入京, 有同鼈應竈聲, 是欲鶏披隼翼, 必使生靈塗炭, 宗社丘墟, 僕是用先着祖鞭, 獨揮韓鉞, 誓百寮如皦日, 諭六部以義風, 不意奸臣遁逃, 邦君薨變, 遂奉景明王之表弟, 獻康王之外孫., 勸卽尊位, 再造危邦, 喪君有君, 於是乎在, 足下勿詳忠告, 徒聽流言, 百計窺覦, 多方侵擾, 尙不能見僕馬首, 拔僕牛毛, 冬初, 都頭索湘束手於星山陣下, 月內, 左將金樂曝骸於美理寺前, 殺獲居多, 追擒不少, 強羸若此, 勝敗可知, 所期者, 掛弓於平壤之樓, 飮馬於浿江之水, 然以前月七日, 吳越國使班尙書至, 傳王詔旨, 知卿與高麗久通歡好, 共契鄰盟, 比因質子之兩亡, 遂失和親之舊好, 互侵疆境, 不戢干戈, 今專發使臣, 赴卿本道, 又移文高麗, 宜各相親比, 永孚于休, 僕義篤尊王, 情深事大, 及聞詔諭, 卽欲祗承, 恒慮足下欲罷不能, 困而猶鬪, 今錄詔書寄呈, 請留心詳悉, 且鷸獱迭憊, 終必貽譏, 蚌鷸相持, 亦爲所笑, 宜迷復之爲戒, 無後悔之自貽, 三年正月, 太祖答曰, 伏奉吳越國通和使班尙書所傳詔書一道, 兼蒙足下辱示長書敍事者, 伏以華軺膚使, 爰致制書, 尺素好音, 兼承敎誨, 捧芝檢而雖增感激, 開華牋而難遣嫌疑, 今託廻軒, 輒敷危衽(衽, 遺事與通鑑作袵), 僕仰承天假, 俯迫人推, 過叨將帥之權, 獲赴經綸之會, 頃以三韓厄會, 九土凶荒, 黔黎多屬於黃巾, 田野無非於赤土, 庶幾弭風塵之警, 有以救邦國之災, 爰自善鄰, 於焉結好, 果見數千里農桑樂業, 七八年士卒閑眠, 及至酉年, 維時陽月, 忽焉生事, 至於交兵, 足下始輕敵以直前, 若螳蜋之拒轍, 終知難而勇退, 如蚊子之負山, 拱手陳辭, 指天作誓, 今日之後, 永世歡和, 苟或渝盟, 神其殛矣, 僕亦尙止戈之武, 期不殺之仁, 遂解重圍, 以休疲卒, 不辭質子, 但欲安民, 此則我有大德於南人也, 豈謂歃血未乾, 兇威復作, 蜂蠆之毒, 侵害於生民, 狼虎之狂, 爲梗於畿甸, 金城窘忽, 黃屋震驚, 伐義尊周, 誰似桓文之霸, 乘間謀漢, 唯看莽卓之奸, 致使王之至尊, 枉稱子於足下, 尊卑失序, 上下同憂, 以爲非有元輔之忠純, 豈得再安於社稷, 以僕心無匿惡, 志切尊王, 將援置於朝廷, 使扶危於邦國, 足下見毫釐之小利, 忘天地之厚恩, 斬戮君王, 焚燒宮闕, 葅醢卿士, 虔劉士民, 姬美則取以同車, 珍寶則奪之梱載, 元惡浮於桀紂, 不仁甚於獍梟, 僕怨極崩天, 誠深却(却有仰字義)日, 誓效鷹鸇之逐, 以申犬馬之勤, 再擧干戈, 兩更槐柳, 陸擊則雷馳電擊, 水攻則虎搏龍騰, 動必成功, 擧無虛發, 逐尹邠(邠, 遺事作卿)於海岸, 積甲如山, 擒鄒造於城邊, 伏尸蔽野, 燕山郡畔, 斬吉奐於軍前, 馬利城邊, 戮隨晤於纛下, 拔任存之日, 邢積等數百人捐軀, 破淸川之時, 直心等四五輩授

首, 桐藪望旗而潰散, 京山銜璧以投降, 廣州則自南而來, 羅府則自西移屬, 侵
攻若此, 收復寧遙, 必期泒水營中, 雪張耳千般之恨, 烏江岸上成漢王一捷之
功, 竟息風波, 永淸寰海, 天之所助, 命欲何歸, 況承吳越王殿下, 德洽包荒,
仁深字小, 特出綸於丹禁, 諭戢難於靑丘, 旣奉訓謀, 敢不尊奉, 若足下祗承睿
旨, 悉戢凶機, 不惟副上國之仁恩, 抑可紹海東之絶緒, 若不過而能改, 其如悔
不可追, 夏五月, 萱潛師襲康州, 殺三百餘人, 將軍有文生降, 秋八月, 萱命將
軍官昕, 領衆築陽山, 太祖命命旨城將軍王忠擊之, 退保大耶城, 冬十一月, 萱
選勁卒攻拔缶谷城, 殺守卒一千餘人, 將軍楊志・明式等生降, 四年秋七月, 萱
以甲兵五千人攻義城府, 城主將軍洪術戰死, 太祖哭之慟曰, 吾失左右手矣, 萱
大擧兵, 次古昌郡甁山之下, 與太祖戰不克, 死者八千餘人, 翌日, 萱聚殘兵襲
破順州城, 將軍元逢, 不能禦, 棄城夜遁, 萱虜百姓, 移入全州, 太祖以元逢前
有功, 宥之, 改順州, 號下枝縣, 長興三年, 甄萱臣襲直, 勇而有智略, 來降太
祖, 萱收襲直二子一女, 烙斷股筋, 秋九月, 萱遣一吉飡相貴, 以船兵入高麗
禮成江, 留三日, 取鹽・白・貞三州船一百艘焚之, 捉猪山島牧馬三百匹而歸,
淸泰元年春正月, 萱聞太祖屯運州, 遂簡甲士五千至, 將軍黔弼及其未陣, 以勁
騎數千突擊之, 斬獲三千餘級, 熊津以北三十餘城, 聞風自降, 萱麾下術士宗
訓, 醫者訓謙, 勇將尙達・崔弼等降於太祖, 甄萱多娶妻, 有子十餘人, 第四子
金剛身長而多智, 萱特愛之, 意欲傳其位, 其兄神劍・良劍・龍劍等, 知之憂
悶, 時, 良劍爲康州都督, 龍劍爲武州都督, 獨神劍在側, 伊飡能奐使人往康・
武二州, 與良劍等陰謀, 至淸泰二年春三月, 與波珍飡新德・英順等勸神劍, 幽
萱於金山佛宇, 遣人殺金剛, 神劍自稱大王, 大赦境內, 其敎書曰, 如意特蒙寵
愛, 惠帝得以爲君, 建成濫處元良, 太宗作而卽位, 天命不易, 神器有歸, 恭惟
大王, 神武超倫, 英謀冠古, 生丁衰季, 自任經綸, 徇地三韓, 復邦百濟, 廓淸
塗炭, 而黎元安集, 鼓舞風雷, 而邇遐駿奔, 功業幾於重興, 智慮忽其一失, 幼
子鍾愛, 姦臣弄權, 導大君於晉惠之昏, 陷慈父於獻公之惑, 擬以大寶授之頑
童, 所幸者上帝降衷, 君子改過, 命我元子, 尹玆一邦, 顧非震長之才, 豈有臨
君之智, 兢兢慄慄, 若蹈冰淵, 宜推不次之恩, 以示維新之政, 可大赦境內, 限
淸泰二年十月十七日昧爽以前, 已發覺・未發覺・已結正・未結正・大辟已下
罪, 咸赦除之, 主者施行, 萱在金山三朔, 六月, 與季男能乂, 女子衰(衰, 麗史
與通鑑作哀)福, 嬖妾姑比等, 逃奔錦城, 遣人請見於太祖, 太祖喜遣將軍黔弼
・萬歲等, 由水路勞來之, 及至, 待以厚禮, 以萱十年之長, 尊爲尙父, 授館以

南宮, 位在百官之上, 賜楊州爲食邑, 兼賜金帛蕃縟, 奴婢各四十口, 內廐馬十匹, 甄萱壻將軍英規密語其妻曰, 大王勤勞四十餘年, 功業垂成, 一旦以家人之禍失地, 投於高麗, 夫貞女不事二夫, 忠臣不事二主, 若捨己君以事逆子, 則何顏以見天下之義士乎, 況聞高麗王公仁厚勤儉, 以得民心, 殆天啓也, 必爲三韓之主, 蓋致書以安慰我王, 兼殷勤於王公, 以圖將來之福乎, 其妻曰, 子之言是吾意也, 於是, 天福元年二月, 遣人致意, 遂告太祖曰, 若擧義旗, 請爲內應, 以迎王師, 太祖大喜, 厚賜其使者而遣之, 兼謝英規曰, 若蒙恩一合, 無道路之梗, 則先致謁於將軍, 然後升堂拜夫人, 兄事而姊尊之, 必終有以厚報之, 天地鬼神皆聞此言, 夏六月, 萱告曰, 老臣所以投身於殿下者, 願仗殿下威稜, 以誅逆子耳, 伏望, 大王借以神兵, 殲其賊亂, 則臣雖死無憾, 太祖從之, 先遣太子武, 將軍述希, 領步騎一萬, 趣天安府, 秋九月, 太祖率三軍至天安, 合兵進次一善, 神劍以兵逆之, 甲午, 隔一利川相對布陣, 太祖與尙父萱觀兵, 以大相堅權・述希・金山・將軍龍吉・奇彦等, 領步騎三萬爲左翼, 大相金鐵・洪儒・守鄕(鄕, 麗史作卿)・將軍王(王, 麗史作三)順・俊良等, 領步騎三萬爲右翼, 大匡順式, 大相兢俊・王謙・王乂・黔弼・將軍貞順・宗熙等, 以鐵騎二萬, 步卒三千, 及黑水・鐵利諸道勁騎九千五百爲中軍, 大將軍公萱・將軍王含允以兵一萬五千爲先鋒, 鼓行而進, 百濟將軍孝奉・德述・明吉等, 望兵勢大而整, 棄甲降於陣前, 太祖勞慰之, 問百濟將帥所在, 孝奉等曰, 元帥神劍在中軍, 太祖命將軍公萱直擣中軍, 一(一, 麗史作三)軍齊進挾擊, 百濟軍潰北, 神劍與二弟及將軍富達・小達・能奐等四十餘人生降, 太祖受降, 除能奐, 餘皆慰勞之, 許令與妻孥上京, 問能奐曰, 始與良劍等密謀, 囚大王, 立其子者, 汝之謀也, 爲臣之義當如是乎, 能奐俛首不能言, 遂命誅之, 以神劍僭位爲人所脅, 非其本心, 又且歸命乞罪, 特原其死(一云三兄弟皆伏誅), 甄萱憂懣發疽, 數日卒於黃山佛舍, 太祖軍令嚴明, 士卒不犯秋毫, 故州縣案堵, 老幼皆呼萬歲, 於是存問將士, 量材任用, 小民各安其所業, 謂神劍之罪如前所言, 乃賜官位, 其二弟與能奐罪同, 遂流於眞州, 尋殺之, 謂英規, 前王失國後, 其臣子無一人慰藉者, 獨卿夫妻千里嗣音, 以致誠意, 兼歸美於寡人, 其義不可忘, 仍許職左丞, 賜田一千頃, 許借驛馬三十五匹, 以迎家人, 賜其二子以官, 甄萱起唐景福元年, 至晉天福元年, 共四十五年而滅.

　論曰, 新羅數窮道喪, 天無所助, 民無所歸, 於是羣盜投隙而作, 若蝟毛然, 其劇者弓裔・甄萱二人而已, 弓裔本新羅王子, 而反以宗國爲讎, 圖夷滅之, 至斬先祖之畫像, 其爲不仁甚矣, 甄萱起自新羅之民, 食新羅之祿, 而包藏禍心, 幸國之危, 侵軼都邑, 虔劉君臣, 若禽獮而草薙之, 實天下之元惡大憝, 故弓裔見棄於其臣, 甄萱産禍於其子, 皆自取之也, 又誰咎也, 雖項羽, 李密之雄才, 不能敵漢唐之興, 而況裔・萱之凶人, 豈可與我太祖相抗歟, 但爲之歐民者也.

	參考 寶文閣修校文林郎禮賓丞同正	臣	金永溫	
	參考 西林場判官儒林郎尙衣直長同正	臣	崔祐甫	
	參考 文林郎國學學諭禮賓丞同正	臣	李黄中	
參考 儒林郎前國學學正臣	臣	朴東桂(桂趙炳舜本作柱)		
	參考 儒林郎金吾衛錄事參軍事	臣	徐安貞	
	參考 文林郎守宮署令兼直史館	臣	許洪材	
	參考 將仕郎分司司宰注簿	臣	李溫文	
	參考 文林郎試掌治署令兼寶文閣校勘	臣	崔山甫	
編修 輸忠定難靖國贊化同德功臣開府儀同三司檢校太保門下侍中判尙書事兼				
	吏禮部事集賢殿太學士監修國史上柱國致仕	臣	金富軾	
	同管句內侍寶文閣校勘將仕郎尙食直長同正	臣	金忠孝	
	管句右丞宣尙書工部侍郎翰林侍講學士知制誥	臣	鄭襲明	
	府使嘉善大夫兼管內勸農防禦使	臣	金居斗	
	權知經歷前奉正大夫三司左咨議	臣	崔得冏	
	嘉靖大夫慶尙道都觀察黜陟使兼			
監倉安集轉輸勸農管學事提調刑獄兵馬公事知中樞院事		臣	閔開	

  삼국사기(三國史記) 인본(印本)으로 계림(雞林 : 慶州)에 있던 것은 세월(歲月)이 오래되어 모두 없어지고, 세간에는 사본(寫本)이 행하고 있는데, 안렴사(按廉使) 심공(沈公) 효생(孝生)이 한 책(冊)을 얻어서 전부사(前府使) 진공(陳公) 의귀(義貴)와 함께 간행(刊行)할 것을 도모하였다. 계유년(癸酉年 : 近朝鮮 太祖 2년, 西紀 2393년) 7월에 부(府[慶州府])에 공문(公文)을 보내어 8월에 비로소 판각(板刻)에 착수하였다. 그런데 얼마 아니하여 이공(二公)이 갈려가고, 내가 그 해 10월에 부사(府使)로 부임(赴任)하여 관찰사(觀察使) 민상공(개)(閔相公(開))의 명(命)을 받들고, 그 뜻을 이어 힘써 시행(施行)하여 일을 쉬지 않게 하였더니, (이듬해) 갑술년(甲戌年) 4월에 이르러 완성(完成)하게 되었다. 아아, 일을 잘 지휘하여 성공(成功)에 이른 것은 삼공(三公 : 沈 · 陳 · 閔)에게 힘입은 바이니, 내가 무슨 힘이 있었으리요. 다만 권말(卷末)에 일의 시종(始終)을 갖추어 적어 둘 뿐이다.

부사(府使) 가선대부(嘉善大夫)　김 거 두(金居斗) 발(跋)

  三國史印本之在雞林者, 歲久而泯, 世以寫本行, 按廉使沈公孝生得一本, 與前府使陳公義貴圖所以刊行, 於癸酉七月, 下牒于府, 八月始鋟諸梓, 未幾二公見代, 余以其年冬十月至府, 承觀察使閔相公之命, 因繼其志, 乃助之施令, 工不斷手, 至甲戌夏四月告成, 嗚呼指揮能事, 以至於成, 惟三公是賴, 余何力之有焉, 但具事之終始, 書于卷末耳, 府使嘉善大夫金居斗跋.

색인(索引)

〈ㅁ〉

〈ㅈ〉

역주자 **이병도**(李丙燾)

일본 早稻田大學 史學及社會學科 졸업, 서울대학교 교수, 동 대
학원장, 문화부장관, 학술원회장, 진단학회 회장 역임.
著書:〈韓國史大觀〉,〈國史와 指導理念〉,〈高麗時代의 研究〉(博士
學位 論文),《韓國史(古代篇)》,《韓國史(中世篇)》,〈韓國古代社會
와 그 文化〉,〈栗谷生活과 思想〉,〈韓國古代史研究〉의 다수가
있다.

세계의 사상 · 13

삼국사기(三國史記) (하)

1996년 7월 25일   초판 제 1쇄 발행
2018년 8월 1일   초판 제16쇄 발행

역주자 이　　병　　도
발행인 정　　무　　영
발행처 (주)을유문화사

03997　서울시 마포구 월드컵로16길 52-7
전화 (02) 733-8153
FAX (02) 732-9154
1950년 11월 1일 등록 제 1-292호

ISBN 89-324-2053-X 04910
ISBN 89-324-2040-8(세트)

값 11,000원

* 파본은 바꾸어 드립니다.